法治建设与法学理论研究部级科研项目成果

完善国家赔偿立法基本问题研究

Study on Foundamental Problems of Perfecting the State Compensation Law

马怀德　主编

北京大学出版社
PEKING UNIVERSITY PRESS

图书在版编目(CIP)数据

完善国家赔偿立法基本问题研究/马怀德主编.—北京:北京大学出版社,2008.1

(法治政府丛书)

ISBN 978-7-301-13300-2

Ⅰ.完…　Ⅱ.马…　Ⅲ.国家赔偿法-立法-研究-中国
Ⅳ.D922.114

中国版本图书馆 CIP 数据核字(2007)第 199034 号

书　　　名:完善国家赔偿立法基本问题研究
著作责任者:马怀德　主编
责 任 编 辑:明　辉　邓丽华
标 准 书 号:ISBN 978-7-301-13300-2/D·1961
出 版 发 行:北京大学出版社
地　　　址:北京市海淀区成府路 205 号　100871
网　　　址:http://www.pup.cn
电　　　话:邮购部 62752015　发行部 62750672　编辑部 62752027
　　　　　　出版部 62754962
电 子 邮 箱:law@pup.pku.edu.cn
印　刷　者:三河市新世纪印务有限公司
经　销　者:新华书店
　　　　　　650 毫米×980 毫米　16 开本　35.5 印张　561 千字
　　　　　　2008 年 1 月第 1 版　2008 年 1 月第 1 次印刷
定　　　价:52.00 元

走向行政法治

（代总序）

改革开放二十多年来，我国的民主法制事业取得令人瞩目的成就。特别是随着依法治国，建设社会主义法治国家基本方略的实施，各项法治事业突飞猛进，行政法治领域取得的成果尤为显著。我们初步建立起门类齐全、职能明确的行政组织法与部门行政法体系，做到政府管理的有法可依；我们建立起了一套具有中国特色的行政行为法体系，包括行政处罚法、行政许可法，和目前正在起草的行政强制法与行政收费法等；同时还建立起比较完善的行政监督与救济法体系，不仅有行政复议制度，而且有行政诉讼与国家赔偿制度；公民的法治观念和意识也有很大提高。特别是2004年《国务院全面推进依法行政实施纲要》的出台以及行政许可法的实施，在各级公务员和领导干部中全面普及了依法行政的观念，为推进行政法治事业起到观念先导的作用。

但是，必须看到，行政立法体系的完善和法治观念的更新并不意味着法治时代的到来。从某种意义上来说，依法行政，建设法治政府的任务还远没有完成。如何应对今后的挑战和困难将是摆在所有行政法实务部门和学术领域的艰巨任务。就目前而言，我们面临的主要任务是：

第一，进一步改革政府机构，转变政府职能，控制行政权力的自我膨胀以及机构的升格冲动，将政府的行政职能真正转变到宏观调控、市场监管、社会管理、公共服务上来，最终实现行政职能与组织编制的法律化是目前最为紧迫的任务。

第二，完善立法与执法制度，使体现公平与正义的良法得到有效实施。要尽快实现立法与决策的民主化，切实反映民意，顺应民心。立法公开透明与公众参与尤其重要，重点要解决立法中的部门利益与行业利益问题，将起草权交给更为中立和公正的人大与社会民众；要重点解决法律难以有效实施的问题，让法律自动运转而不是靠新闻舆论与领导个案批示推动法律的实施；还要解决行政机关超越职权、滥用职权以及不作为问题，防止人为因素影响执法与法律实施的效果，发挥法律在定分止争、监督政府、保障权利方面的作用；同时还应当重点规范国家公权力，提高执法人员的法律素质，健全执法程序，预防、减少和妥善解决各类社会冲突，构建和谐社会。

第三，健全行政程序，提高行政效率。行政机关缺乏统一的行政程序，容易造成行政腐败与效率低下，与经济社会发展要求也不相适应。为此，应当尽快健全会议制度、政务公开制度、行政时限制度、说明理由制度、听证与公示制度，在条件成熟时将这些制度上升为法律。

第四，完善激励与监督制度，改变传统的政绩观，强调正确执行与实施法律在公务员激励制度中的作用。逐步完善地方自治与民主选举制度，使官员对地方经济、社会、政治发展与法律实施负责。强化监督与救济制度，健全民间和行政的纠纷解决机制，消解各类矛盾，疏通现有纠纷解决渠道，减轻信访压力，减少越级行政干预，将冲突化解于地方。要适度发挥政策与非法律化纠纷解决机制的作用，逐步过渡到完全的法律纠纷解决机制。同时要重点解决司法裁判的公正问题，树立司法权威，使之成为解决纠纷的最终途径。

第五，进一步提高公民特别是领导干部公务员的法律素质和法治观念，通过日益广泛的法学教育和普法宣传，树立法律的权威。进一步完善法律普及与法律教育制度，重点做好权利与义务、权力与责任、上级与下级的均衡普法，鼓励公务人员通过实践掌握与运用法律。提高公众的素质，减少和抑制纠纷，鼓励公众通过合法正当的渠道解决争议。

与我们面临的任务相比，行政法治理论研究尚显薄弱，与建设法治政府的要求也存在一定的距离。一方面，行政法治的基础理论研究不够，我们对法治政府的宪政基础、基本内涵、要素、基本特征、价值以及法治政府的实现等基本理论问题，尚缺乏系统而深入的研究；另一方面，行政法学研究的现实应对性还不是很强，行政法学的研究广度还远远不能满足建设法治政府的需要。政府之间关系法治化、部门行政法等大量问题还没有受到行政法学界的高度重视。为此，不仅要对行政法总论进行更深入的研究,更需要关注具体行政领域中的法律问题。

有鉴于此,中国政法大学依托宪法学与行政法学的学科力量,组织一批专家学者对中国法治政府的理论与实践问题进行初步研究,编辑这套《法治政府丛书》,尝试构建适合我国国情的法治政府理论体系,为我国的法治政府建设尽绵薄之力。当然,构建法治政府是一个系统工程,并非朝夕之间可以达成。法治政府的理论研究也必须在深度和广度上不断拓展,以提高其对现实问题的应对与解决能力,为法治政府的实践提供理论支持,我们将对此进行持续性的关注和研究。

《法治政府丛书》的出版,是中国政法大学宪法学与行政法学学者和有关实务部门专家学者努力的成果,得到了中国政法大学"十五"、"211"工程建设项目"法治政府的理论与实践"的资助,也得到北京大学出版社的大力支持,在此表示诚挚谢意。

马怀德

2006 年 6 月于中国政法大学

目　录

第一章 国家赔偿基础论

对一个制度的讨论首先需要界定基本概念的外延和内涵，这是讨论的前提工作，否则各方的讨论将成为无的放矢。具体到国家赔偿课题，我们首先需要弄清楚：什么是我们所指的国家，什么是赔偿，国家赔偿制度是如何发展起来的等基础性问题。在此基础上，才能探求这一制度存在发展的法学机理，以及进一步的制度设计和改进的路向。

一、国家赔偿概念简析

（一）国家赔偿概念的界定

1. 国家与国家赔偿主体

国家赔偿中的"国家"的具体含义是什么？国家这个概念在一个广泛的范围内被学者们所使用。在一个极端，是把国家等同于一种或多种非常具体的特征的论证，诸如有组织的警察力量、确定的空间边界或者正规的法院制度；而在定义的另一端则把国家只是当做政治互动的制度，没有指明具体的结构，国家被等同于社会并消失在普遍性中。[①] 国家在法律规范中被按照不同的方面进行了考虑。它是一个有序的集合体，是人民为在人类发展史中展示并发扬其特征而联合成的。国家活动的整体其

① 〔美〕斯科特·戈登：《控制国家》，应奇译，江苏人民出版社 2001 年版，第 357 页。

实是通常所说的三分论：立法、司法、行政。[1] 这是就法律规范的层面来考虑国家概念时所含有的意义。

从“国家赔偿法”的字面来看，似乎只有“国家”这一个主体，实际上任何行使公权力的主体都可能承担赔偿责任。“国家”一词在这里只是表明了这一赔偿责任承担形式的公法性质以及这一制度发展的脉络，以区别于普通的私主体间的私法赔偿。“国家”并不能囊括所有的国家赔偿主体。

国家赔偿的责任主体与一国的行政主体理论的发展是密切相关的。在行政主体制度发达的国家，国家赔偿的主体实质上是国家和其他公法主体（比如德国、法国的公法人，英国的地方政府等），并且国家承担责任的历史可能要晚于这些公法主体。英国的历史就是实例。国家赔偿责任主体的多元化是现代国家赔偿制度适应行政主体多元化的一个趋势。除了国家之外，地方、行会、大学、社团等法律授权的公权力主体也是国家赔偿的责任主体。“国家赔偿”的“国家”一词，是公权力主体的代称。[2] 从这个意义上来说，“公法赔偿”的概念要比“国家赔偿”概念更符合现代赔偿制度的实际发展。

由于我国的行政主体制度还不发达，以现代分权思想的主体理论为依据来判断我国的行政主体数量，可以说，我国只存在国家这一个行政主体。然而，随着分权的深入和社会自治的不断发展，我国行政主体的数量将会增加，在复数主体的情境下，区分国家和其他行政主体的责任承担问题是非常必要的。

同时，需要指出的是，这里所提到的国家和其他公权力主体，是从最终的国家赔偿责任承担的意义上来说的。就具体国家赔偿责任的发生、确认、履行和执行等程序而言，则需要区分更多的主体形式，包括侵权行为机关、赔偿义务机关、赔偿裁决机关等。[3]

2. 损害

人类社会生活中，因人之行为，使他人财产或精神蒙受不利益，称为损害，例如，因交通事故，侵害他人生命、身体或健康，致被害人发生财产

① 〔德〕奥托·迈耶：《德国行政法》，刘飞译，商务印书馆2002年版，第1—2页。
② 高家伟：《国家赔偿法》，商务印书馆2004年版，第2页。
③ 同上书，第1—8页。

上或精神上不利益。损害发生后,为恢复原状,于不能恢复原状时,以给付金钱赔偿损害,称为损害赔偿。[①] 损害最常见于民事领域,然而随着现代国家权力的扩张、对市民社会的侵入日深,社会对国家的期待、依赖也越发显著,以政府为代表的公权力对市民的侵权损害事件也日益增多。另外,从理论上而言,国家侵权也是不可避免的。政府是人创造的,人的创造之物自然不能不带有人自身的缺陷。正如古人所言:政府本身若不是对人性的最大侮辱,又是什么呢?如果人是天使,就不需要任何政府了。如果是天使统治人,就不需要对政府有任何外来的或内在的控制了。[②]

因此,代表国家权力的政府,在它执行国家意志的时候发生侵权,给公民造成损害在所难免。从损害结果的承受来看,国家造成的损害对公民个人而言,与来自其他公民的侵害并无不同。从这个意义上讲,国家对这些损害给予赔偿至少是符合通常的正义法则的。这就是国家赔偿作为一种制度的现实要求。

从损害的对象而言,各国法制一般仅规定"因侵权行为致生损害之结果……"至于何者受到损害,极少明文订定或予以立法解释。通常系解释为法益受侵害所遭遇之不利益,谓之损害;包括基本权利如生存权之损害、人身之损害、财产及非财产之损害、积极或消极之损害,但反射利益或单纯情感上之损害,则不包括。至直接损害或间接损害,在非所问,依相当因果关系之原理,只须认为侵权行为与结果发生间具有客观上之关联性时,即为已足。[③]

3. 承担责任的模式

国家侵权是不可避免的,那么侵权的责任最后由谁来承担呢?这就是责任模式要解决的问题。国家是一个抽象的实体,它的行为通过"政府"这一代言人来实施。政府通过雇佣公务员的方式来行使国家权力。这就形成了国家——政府——公务员三者之间的一种特殊关系。这种关系的存在给国家赔偿责任承担上的区分造成了难以想象的困难。其实从简单的逻辑出发,政府是国家在实体法上的体现,政府与国家在国家赔偿

---

① 曾隆兴:《详解损害赔偿法》,中国政法大学出版社 2004 年版,第 1 页。

② 〔美〕汉密尔顿等:《联邦党人文集》,程逢如等译,商务印书馆 1997 年版,第 264 页。

③ 城仲模:《行政法之基础理论》,三民书局 1970 年版,第 625—626 页。

的意义上是用两个概念指称相同的主体。但是这种说法仅在公法主体制度不发达的情况下存在。因为,随着公共行政主体的日益多元化,除了代表国家的政府需要承担公行政损害的赔偿责任,其他公行政主体也需要对自己的损害负责。然而,其他主体的公行政责任并不影响基本的赔偿责任的承担模式。所以,国家赔偿责任承担主要在国家(或其他公行政主体)和公务员两者之间进行分配,即存在以下四种逻辑排列:

(1) 公务员责任:即公务员个人责任。

(2) 国家责任:国家对公务员的侵权行为造成的损害后果直接承担责任。

(3) 代位责任:赔偿责任首先由公务员承担,但在一些情况下可以由国家代位承担。它与国家直接责任的区别在于国家的责任是第二位的,责任的主体是公务员,而国家只是出于效率或者其他政策性的考虑,代替公务员承担责任。

(4) 连带责任:公务员和国家相互承担连带责任。

鉴于国家和公务员的特殊关系以及两者间责任关系的复杂性,是否意味着最后由谁来承担责任只是一个处理技巧的问题?笔者认为它至少是一个既涉及公平又关乎处理技巧的问题。

4. 赔偿的方式

综观世界各国国家赔偿制度,主要的赔偿方式是金钱赔偿。从国家公权力自身的特性来说,它相对于私人而言,应该有更大的能量和可能性来充分全面地补救公民的损害。那么,为什么各国赔偿法不约而同地采用了以金钱赔偿为主的赔偿方式呢?这一问题的回答也正是国家赔偿区别于私法赔偿的特殊性所在。

其一,从国家赔偿的历史来看,在国家赔偿责任的相对承认阶段,这一责任被认定为国家的代位责任,即国家代替公务员承担责任。就代位责任而言,责任的本质主体是公务员,公务员作为一个个体,他是不享有公权力的,自然不能随意采取公权行为来补救他造成的损害。公务员无法用职权行为补救损害的前提,决定了替代承担责任的国家也不可能采取公权行为来补救受害人的损失。因为国家的介入、替代公务员承担责任只是考虑到公务员财力的不足以及为公务员的公务行为解除顾虑,并没有因此改变公务员侵害行为的基本性质,所以赔偿的主要方式只能是金钱赔偿。这只是解释了国家代位责任阶段赔偿方式的选择问题。那么，在国家全面承认赔偿责任的时期，为什么还要固守金钱赔偿为主的方式呢？这主要是基于分权的考虑。

其二，司法权和行政权的分立和相互尊重的考虑是现代国家赔偿采用金钱赔偿的主要因素之一。国家赔偿不同于一般的民事赔偿。民事赔偿案件的审理中，司法居中裁判，代表国家正义裁决两个私主体之间的争议，由于争议双方的平等地位以及司法力量相对于双方的居中独立地位，法院裁判可以采取一切有利于保护受损方权益恢复的合法措施。国家赔偿案件的裁判却是另一种情形。它不仅牵涉到争议双方的争议，同时是国家司法权力对行政权力的监督。这种监督首先要遵循的原则是权力分立和相互尊重。如果司法裁判行政或者其他权力为一定的行为，则有超越权限、破坏国家分权平衡的可能，正是基于这个考虑，不适宜给司法普遍权力来裁决公权侵害赔偿的方式。

其三，公共利益的考虑。国家行为的正当性在于它是代表公益的。国家侵权行为有着这样一个特点，有时候出于重大公益的考虑，恢复原状会给公共利益造成极大的困难。用公益的重大损失来补救个别人的权利，这与通常的正义法则有违。因此，不可能用恢复原状的赔偿方式来补救个人的损失，只能退而求其次，用金钱来补偿个人的损失。

当然，金钱赔偿只是各国的主流，这并不排除某些情况下存在其他的赔偿补救措施。比如德国国家赔偿制度中的后果清除请求权就具有恢复损害之前的状态的效力，这相当于私法中恢复原状的救济。但从主要的趋势来看，考虑到公共利益等因素，金钱赔偿仍然是国家赔偿的主要方式。

总之，国家赔偿责任[①]的基本范畴界定在以国家为首的公权力给公民权益造成损害的赔偿补救。至于这种责任是公法性质还是私法性质，责任承担的主体是国家代位还是国家自己责任，责任范围的宽窄，责任承担的方式等问题，则可以依据各国法制和历史等因素而有所不同。

---

① 把国家赔偿界定为一种责任，参见高家伟：《国家赔偿法》，商务印书馆 2004 年版，第 1—2 页。

(二) 国家赔偿责任观念的演变

1. 西方国家的总体脉络

国家赔偿制度在各国的发展是不平衡的。然而,就宏观而言,还是存在一个总体的趋势。目前,学界的通说认为,国家赔偿的发展经历了三个主要的历史阶段。

(1) 国家无责任阶段

这主要是指 19 世纪 70 年代之前的历史。在奴隶社会和封建社会几千年的发展史中,社会处于专制统治之下。在这样的社会结构里,作为主宰者的国王掌握着国家和社会的一切,国家也只是国王一人的囊中之物。对于臣民而言,王权是没有限制的。如果说有限制的话,那么一方面就是对“主”和良心的责任,另一方面就是对目的性和可行性的理智权衡,当然还有其他并不可靠的东西。拥有权力的人就是权力的唯一限制,法律与之完全没有干系。[①] 在这样的情景下,根本不可能产生国家赔偿的思想。

资产阶级革命陆续取得胜利以后,各国纷纷走上民主法治的轨道,然而在法治发展的初期,世界主要的几个发达国家仍然没有实行国家赔偿,究其原因主要有两个:其一,主观上受主权豁免理论的影响,法治的约束对象还没有完全冲破主权笼罩下的国家神话。法治的发展也有一个渐进的过程,并不是一开始就能够达到彻底和完美的法治。其二,客观上由于夜警国家的思想影响,国家的任务范围很有限,国家干涉还没有给公民造成难以忍受的困难。也就是说,国家侵权行为并没有发展到显著不公平的阶段。基于以上两个原因,当时并没有关于国家承担责任的法律规定。需要特别指出的是,我们这里所说的国家无责任阶段的国家是指一国中央政府代表的“国家”而言的,这也正是主权豁免理论的庇护所在。如果单单从公法赔偿的认识出发,我们就会发现,英国的地方政府和公法人组织早在王权诉讼法颁布之前就已经通过承担民事赔偿责任的形式来对其公权力行为负责了。法国地方团体没有主权,也按民法的规定负责,由普通法院管辖。[②] 所以,所谓的国家无责任阶段只是指主权意义上的国家。另一方面,国家无责任往往意味着官吏个人的责任的存在。由于私法体

① 〔德〕奥托·迈耶:《德国行政法》,刘飞译,商务印书馆 2002 年版,第 42 页。

② 王名扬:《法国行政法》,中国政法大学出版社 1988 年版,第 711 页。

系的成熟和发达,官吏个人的过失不法行为往往成为其个人在私法上承担责任的原因。

(2) 国家承担部分责任阶段

19 世纪末到 20 世纪初期,国家赔偿开始在各国逐渐得到承认。其中的原因主要是由于国家行政任务、行政权力的膨胀,国家侵权行为对公民社会的影响已经不像以前那样只是个别的现象。国家侵权行为的激增,呼唤着制度化的解决途径来化解国家给公民造成的损害。因此,国家无责任论、主权至上的坚冰开始破解。在法国,1873 年的布朗戈案是砸向冰面的第一块巨石。权限争议法庭宣称:国家由于其使用人在公务中对私人所造成的损害的责任,不能受民法中对私人相互间关系所规定的原则所支配……这个责任既非普遍性的,也非绝对性的,它有其本身的特殊规则。这些规则根据公务的需要,和平衡国家权利与私人权利的必要性而变化。[①] 德国民法典采用国库理论,认为国家作为国库——即以私法形式出现时——必须同私法人一样,对由其"领导机构、领导机构的成员或其他宪法规定的代理人"对他人所作为的应予赔偿的损害行为负责。[②] 通过为国家创造可适用私法的主体资格,从而实现民事赔偿同样也适用于国家的某些行为。

无论是法国那样力图区别与私法的民事责任,还是像德国那样给国家塑造出一个承担民事责任的法律身份,都可以看出,在这一历史时期,国家赔偿责任的部分承认,带有明显的私法印记。这说明了国家赔偿责任的是从私法责任发展而来的,它孕育于已经日渐成熟的民事赔偿体系。

(3) 国家全面承担责任阶段

第一次世界大战后,学说承认国家与人民之关系,已非从前之权力服从关系,而系基于社会契约所生之权利义务关系。故在学说、裁判以及立法例上均相继承认国家对公务员违法执行职务,不问是公法行为或私法行为所生之损害,均应负赔偿责任,是为全面肯定时期。[③] 第二次世界大战以后,国家赔偿更是广泛地发展起来。二战的残酷再一次严重打击了人们对国家权力的迷信,以人道主义保护为主旨的人权思想兴起,国家赔

---

① 王名扬:《法国行政法》,中国政法大学出版社 1988 年版,第 713 页。

② 〔德〕奥托·迈耶:《德国行政法》,刘飞译,商务印书馆 2002 年版,第 185 页。

③ 翁岳生主编:《行政法》,中国法制出版社 2002 年版,第 1552 页。

偿理论以往存在的理论障碍可以说一扫而光。各国竞相制定国家赔偿法。国家赔偿法的制定成为一国民主法治发展的一个标志。从各国发展的趋势来看,这一阶段国家赔偿制度发展的成绩是十分突出的。

1919 年德国《魏玛宪法》第 131 条规定:官吏行使属于其职务公权力,而违反对于第三人所负之职务义务时,原则上由任用该官吏之联邦或公共团体负赔偿责任。这是人类历史上第一次用宪法的形式肯定国家赔偿责任。从此,国家赔偿成为宪政制度中一项必不可少的内容,成为衡量一国法治发展水平的标尺之一。这一时期国家赔偿制度发展最为迅速,各国纷纷制定了自己的国家赔偿法,国家赔偿逐渐脱离民法体系,发展出独立的法律体系。

除了制定法上的肯定,国家赔偿的理论学说上也有突破性的进展。国家赔偿责任的定性逐渐从国家代位责任向国家自己责任转变,国家直接为其公权力行为造成的损害负责。这一方面有利于减轻公务员不必要的负担和顾虑,另一方面则更有利于受害人得到及时、全面的赔偿。相对于连带责任和代位责任的定性,国家直接责任更注重人权保障的思想。

2. 我国国家赔偿的观念演变

(1) 观念

在晚清之前,我国一直处于封建专制统治时期。封建的"家天下"的帝王思想、以忠君为特征的官本位传统一直占据着思想主流的地位。所谓"普天之下,莫非王土",整个国家都是皇帝一人的私有财产。因此,即使皇帝给臣民造成了损害,百姓也只能忍耐,如果皇帝出于仁心愿意改正、或者给受害者以补救,那也只是皇帝的个人恩赐,与赔偿的观念扯不上关系。至于封建官吏扰民、伤民被发现,则有皇帝的律法制裁。官吏个人对百姓也不承担所谓的赔偿责任。我国古代法律是以权为本位,与西方法律以权利为本位的传统有着本质的区别,所以,这种传统下只有对官吏的惩戒,而无对百姓的赔偿。

在晚清的最后十年里,正统的儒家法文化逐渐让位于西方的近代法文化;专制主义一元化的国家体制逐渐开始向着君民共主、三权分立的国家体制过渡;以人治国的传统逐渐向着以法治国、尊重民权的方向演变;传统的律学终结了,而为西方的法学所取代;以刑为主的封建法律体系瓦解了,新的以大陆法系为范式的六法体系开始建立。因此,近代中国法律的发展是以移植和借鉴为主题的,这不仅仅关涉到法律制度的建设,同时也是一种全新的法文化的培育。这一总体背景同样影射到国家赔偿这一具体制度的建设上来。具体言之，我们是从传统的官本位的思想转化到以权利为本位的近代西方传统，以此为据来发展我国的国家赔偿制度的。以下主要通过描述我国近代国家赔偿制度的发展来展现这一过程。

（2）制度发展

在民国时期，1912 年《临时约法》第 10 条规定：人民对于官吏违法损害权利之行为，有陈述平政院之权利。1914 年《行政诉讼条例》第 3 条：在行政诉讼中，受理要求赔偿的诉讼。1932 年《行政诉讼法》第 2 条：行政诉讼得附带请求赔偿。1936 年的《中华民国宪法草案》（"五五宪草"）第 26 条规定，凡公务员违法侵害人民之自由或权利者，除以法律惩戒外，应负刑事及民事责任；被害人民就其所受损害，并得依法律向国家请求赔偿。这一规定后来被一字不漏地写入 1946 年民国宪法。国家赔偿的入宪标志着中华民国正式承认国家赔偿制度。

在新民主主义革命时期，中国共产党依据马克思主义精神制定的政策和条例也有国家赔偿的具体内容。比如，《三大纪律八项注意》就有"不拿群众一针一线"，"损坏东西要赔"的纪律规定。边区的一些条例也有专门的关于国家赔偿的条文，比如《山东省人权保障条例》第 10 条规定：凡各级政府公务人员违法侵害人民之自由或权利者，除依法惩办外，应负刑事及民事责任。被害人得就其所受损害依法请求赔偿。

新中国成立后，百废待兴，直到 1954 年制定了新中国第一部宪法，该《宪法》第 99 条规定：由于国家机关工作人员侵犯公民权利而受到损失的，有取得赔偿的权利。1954 年《宪法》以根本法的形式确认了公民的赔偿权，在此精神下，我国的其他一些法律法规也规定了国家赔偿的内容，以指导具体部门的工作。由于受"文化大革命"影响，国家赔偿法的发展也一度受挫，对于"文化大革命"期间受到打击的人民和造成的冤假错案，国家通过一系列文件，以政策的形式给予了解决。主要采取了补发工资、发放生活困难补助费、返还查抄没收的财产、安排工作等方式赔偿和补偿受害人的损害。[①] 这一时期，我国国家赔偿的发展虽然有宪法的原则性规定，但是主要的途径还是行政性的政策，没有依据宪法的规定形成制度化的解决途径。

---

① 马怀德：《国家赔偿法学》，中国政法大学出版社 2001 年版，第 22 页。

1982 年《中华人民共和国宪法》(以下简称《宪法》)第 41 条规定:由于国家机关和国家机关工作人员侵犯公民权利而受到损失的人,有依照法律取得赔偿的权利。《宪法》还提出了制定具体法律的要求。1986 年制定的《中华人民共和国民法通则》(以下简称《民法通则》)规定:国家机关或者国家机关工作人员在执行职务中,侵犯公民、法人的合法权益造成损害的,应当承担民事责任。在 1989 年的《中华人民共和国行政诉讼法》(以下简称《行政诉讼法》)设专章规定国家赔偿责任之前,国家赔偿的案件暂时由民事审判途径解决。尽管我国国家赔偿走民事赔偿的途径所经历的时间不长,但是这一过程与国家赔偿制度产生发展的路径依然是暗合的。在法制发展的途径上的这种同一性,值得我们深思。行政诉讼法就行政赔偿责任的相关问题作了较为全面的规定,但是同时,由于受到行诉法本身范围的限制,关于国家赔偿的其他内容、尤其是司法赔偿等内容都缺乏规范,因此,我国赔偿制度的这一发展路径决定了制定统一的国家赔偿法典的必要性。

1994 年 5 月 12 日,第八届全国人民代表大会常务委员会第七次会议通过了《中华人民共和国国家赔偿法》(以下简称《国家赔偿法》),该法于 1995 年 1 月 1 日起正式施行,从此我国国家赔偿制度走上了以国家赔偿法典为主要形式的发展道路。与此同时,各国家机关纷纷制定了配套的法规、规章和司法解释来贯彻实施国家赔偿法。2004 年 3 月第十届全国人大第二次会议对《宪法》进行了重要修改,规定了国家为了公共利益需要可以依照法律对土地实行征收或征用,但要给予补偿和赔偿。自此,国家赔偿的意识被再一次强调,国家补偿则是第一次规定于宪法,从而,我国赔偿制度的基本概念完备起来。

《宪法》第 41 条规定:"由于国家机关和国家机关工作人员侵犯公民权利而受到损失的人,有依照法律取得赔偿的权利。"这一规定立足于受害人权利保障,但是没有表明在国家机关和行使职务的人员之间,谁应该承担赔偿责任。

《民法通则》规定:国家机关或者国家机关工作人员在执行职务中,侵犯公民、法人的合法权益造成损害的,应当承担民事责任。事实上只是规定了国家机关(行政主体)或者工作人员的民事赔偿责任,至于这与国家赔偿责任的关系如何并不清楚,就我国的操作来说是把这一民事责任作为我国未建立国家赔偿责任前的替代手段,但是,在责任的归属上依然是不清晰的。如果依照一般的民事法理，似乎有由国家和执行职务的工作人员承担连带责任的意味在内。这种理论上的解释却与国家赔偿的内在机理有违。

《国家赔偿法》在确定我国国家赔偿责任的归责原则上，摒弃了通行的过失加违法的做法，果断地采用违法一项作为归责原则。《国家赔偿法》第2条明确规定："国家机关和国家机关工作人员违法行使职权侵犯公民、法人和其他组织的合法权益造成损害的，受害人有依照本法取得国家赔偿的权利。"违法原则与依法行政的基本原理是相通的，约束的都是机关的行为，而不是从执行人员的角度来看的。尽管赔偿法还规定有机关对有故意和重大过失的人员的求偿权，但是依据法律规定，这一追偿责任是发生在"行政机关赔偿损失后"。套用内部行为和外部行为的理论。在对外的关系上，我国的行政赔偿主要是以机关自身的责任的性质来定义赔偿责任的。国家不赔偿完受害人的损失之后，是不能取得对有过失工作人员的求偿权的。因此，从总体上来看，我国国家赔偿法确认的是国家机关自身的无过失责任。

二、国家赔偿产生的学理探究

无论认为制度是自发之物，还是人的创造物，都必须承认任何制度的产生都非无源之水。国家赔偿的理论依据是要解决和回答这一制度的产生以及国家为什么要承担赔偿责任这一问题。它也是国家赔偿制度今后深入发展所必须立足的理论基础和加以不断改造突破的根源。对现在的公民来说，国家赔偿似乎是天经地义的事情，因为有损害就有赔偿，权利受到侵害就应该得到救济，并不因为侵权主体是国家而有所不同。但是，从国家赔偿产生的历史以及国家的身份、地位的特殊性来看，国家赔偿的产生和发展并不像我们想象中那么简单。国家赔偿制度的普遍承认大约是在20世纪，而此时，民事侵权的损害赔偿制度已经发展得十分完善了。同时，另一个值得注意的现象是，国家对损害承担责任要明显晚于国家侵权这一事实。也就是说，在很长一段时间里，是有国家侵权而无成体系的国家赔偿制度。国家赔偿作为现代法制建设中一项不可或缺的制度因素，其在历史上从无到有的突破也正是有赖于国家赔偿理论和实践的贡献。我们回顾这些理论的发展以及实践的呼吁，一是为了正本清源，厘清制度发展的进路；二是通过这一努力，为构建我国自身的国家赔偿制度积累理论和实践上的素材。

（一）国家理论的嬗变

有关国家学说理论的实际内容十分广泛，包括国家的产生基础、合法性证明、国家任务、主权学说，等等。从国家赔偿的角度切入，国家学说提供的是解释国家与公民关系中国家的任务和责任。具体言之，国家赔偿的责任主体是国家，国家赔偿制度发展的难点和瓶颈也是由于国家至上观念的根深蒂固。那么，到底国家是什么？国家的赔偿责任何在？如何建立？这是构建国家赔偿体系必须要解决的一个理论前提。

前面已经提到，国家这个概念是在一个广泛的范围内被学者们所使用的。至少，从政治的意义上来看，国家是社会存在的一种方式。而从法律的角度来考察，国家是作为人们实现自身目的，保证社会持续发展的一种有组织的集合体，国家主要体现为几种国家职能的执行：立法、司法、行政。法律作为人类社会一种有效的治理方式，也有一个逐步发展的过程。当法律最终将国家这一凌驾在人民头上的最高主体纳入法治的轨道之后，也就是公法的发展，法治的意义才完整。

1. 国家任务

国家不是从来就有的，这个观点已经得到了不仅是理论上的、而且是历史上的证明。这里隐含着一个追问：国家为何产生？或者为什么要创造国家这样一个庞然大物？已经确定的一点是：国家是一个集合体，这个集合体是人类在发展史中为了自身的利益而发展起来的。正如社会契约论者的国家观所阐述的：政治权威来自它所统治的人民，而国家是一种功利性的社会现象，它是人们创造出来以使他们从和平和有序的市民社会中获益的。这种国家观念的起源远远早于17世纪，但霍布斯和洛克对它的表达仍然是现代政治理论发展中的重要步骤。[①] 最初的人类利益可能只是种族的延续和繁衍，然而随着科技和社会的发展，这些应该和可以由国家这一集合体来提供的保障不断增加，从物质到精神——以福利为主的生活质量到以人的尊严为主的人格保护。可以想见，每一不同的历史时期，人民对国家的信仰和预期是不同的，国家所承担的基本责任和完成的历史使命也是不同的。

在20世纪以前的历史中，国家的主要职能和任务在于维护社会的治

---

① 〔美〕斯科特·戈登：《控制国家》，应奇译，江苏人民出版社2001年版，第1页。

安和秩序。有一句说到极致的话：人民可以在英国生活一辈子，而感觉不到国家的存在。由于在思想上信奉"管得最少的政府才是最好的政府"的自由主义思想，以政府为首的国家力量受到严格的限制。诚如托马斯·潘恩所说：政府（公共权力的主体，也可以说是权力）"即使在最好的情况下，也不过是一种免不了的祸害"①，政府只是通过制止我们的恶行，从而消极地增进我们的幸福。客观方面的因素在于社会的流动和发展还比较有限，在人们有限的生活范围内，所有的生活问题几乎都可以解决。外面世界的发展与人们的日常生活并没有多少关系。这种情况随着新大陆的发现，全球联系的紧密而最终被改变了，不断跟进的科技发展给这一转变提供了技术上的最大支持。

直到20世纪中叶，政府的势力范围依然不大。在第二次世界大战前，美国通过各级政府的税收所得的国民收入不足10%。今天，这个比例是35%，与大多数其他工业化国家相比，这个比例还是比较低的。而且，这种数据还低估了现代国家行使其强制性权威的程度。除了税收和开支，现代国家还强加了其影响不能在报表中得到反映的广泛的调节机制。这种规制包括从刑法的条款到要求试图登记孩子的生日的父母亲们从官方的名单中选择一个名字等五花八门的内容。② 尽管描述起来有一些吓人，但事实就是这样存在着的。人们在口头上说要控制政府的规模，希望政府控制的领域越少越好，希望少干预私人的生活，但是，在具体的问题解决上，人们永远是在要求更多的而不是更少的政府行为。人们要求政府提供这样那样的福利；人们要求政府改善市政建设，提供良好的环境卫生；人们还希望政府能够把经济指标不断提高，保持稳定的政治环境，抵制恐怖势力的袭击，保卫人民的安全。人们在要求着所有这些政府可以做到和目前不能做到的事情。

这就形成了一个悖论，一方面人们希望政府少干涉私人领域，另一方面人们对政府的要求越来越多。悖论的存在在于有这么一个让人可以依赖的制约机制：公民对公共政策形成了广泛参与，而国家权力的行使也受到一种已经确立的宪政秩序的控制。③ 这是两种有影响力的观念的冲

---

① 〔美〕托马斯·潘恩：《潘恩选集》，马清槐译，商务印书馆1997年版，第3页。
② 〔美〕斯科特·戈登：《控制国家》，应奇译，江苏人民出版社2001年版，第3页。
③ 同上。

突，应对此作出权衡：一种是万能国家的观念，这种观念是以对主权界限的摧毁而得以保留的；一种是法律的观念，法律的观念认为应尽量以对法律和法制而言唯一应作为准则的形式来规范国家和臣民之间的关系。[①] 以法治为核心的宪政制度减轻了人们对政府权力膨胀的恐惧。法治的真谛在于法治不是国家手中的治民之术，而是人民用之于控制国家权力保障人民权益的制度建构。

国家职能扩展的必然结果是国家权力不断深入公民生活，给公民带来侵害的隐患不断增加。法律规制在两种意义上保证了公民的权益：一是法律的程序规范，主要是事前的制约机制；二是事后的惩戒补救措施，也就是处罚和赔偿制度。国家赔偿制度在20世纪的突飞猛进是与国家职能的扩张这一客观现实相吻合的。

2. 主权理论

国家有三个要素：人民、土地和主权。[②] 国家学说的一个重要方面就是主权理论。

作为一种人类的政治共同体，国家存在于两层空间之中：一是一定地域范围的空间；二是全球的空间。在前一种空间中，国家作为对一定地域范围内人与物的整合与配置力量而存在；在后一种空间中，国家作为特定人口与地域权利的保障者和人类生活和全球事务的参与者而存在。维系国家在这两层空间存在的根本力量，就是国家主权。国家主权决定国家在不同层次空间的存在，反过来，不同层次空间的结构与内部关系的变化，将影响国家的实际存在，从而影响国家的主权。[③] 国内法制建设中所说的国家主权只是后者，研究的是国家内部结构变化对国家主权的影响，如国家结构形式，国家法律制度变化对国家主权的性质与运行方式的影响。

由于主权是国家对内的最高权力，主权豁免的理论一度阻碍着国家赔偿制度的发展。主权豁免是封建政治的基本特征之一。英国曾是欧洲高度封建化的国家，由于受封建制度的影响，历史上形成“国王不能为非”的传统，国家的代表及国家都享有责任豁免权，著名学者戴西曾说过，

① 〔德〕奥托·迈耶：《德国行政法》，刘飞译，商务印书馆2002年版，第51页。
② 王世杰、钱端升：《比较宪法》，中国政法大学出版社1997年版，第25—27页。
③ 林尚立：《国际关系视野中的国家主权》，载《政治学研究》2004年第3期。

“国王代表国家,不会犯错,所以国家无侵权行为的可能性”。[1] 美国在法律制度上沿袭英国,也包括主权豁免为首的国家免责理论。至于为什么美国会在制度建构中继续采用这样一种落后的理论则至今仍是一个悬案。

在封建时代的法国,主权只是一个描述无限君权的学术概念。[2] 国家是主权者,朕即国家,国王代表国家享有主权。主权的特征是对一切人无条件地发布命令,没有国家通过法律所表示的同意,不能要求国家负担赔偿责任,否则取消了国家的主权。[3]

在德国,主权意味着王侯各种具体权能的集合体,已经出现了限制主权的一些萌芽。1495 年设立的帝国最高法院在一定程度上保证了法律发展维持在主权范围内。帝国法院和帝国枢密院的主要任务是监督邦君主,限制其主权于相对于臣民的界限范围之内。[4] 但是要看到,所谓的这种限制也是在承认主权至上的前提下进行的,而且德国邦君主的权力并不是完整意义上的主权。

总之,受主权豁免理论的支配,法律的约束无法达到国家的高度,因而,国家是不可能承担赔偿责任的。如果国家对损害采取了补救措施的话,也主要是国王的恩赐。

但是随着司法独立的不断深入发展,司法权威的逐渐树立,法律信仰的增强以及人权保障思想的发展,主权豁免理论开始受到挑战。有学者提出主权有限性的主张,更为激烈的学者甚至主张完全取消主权这样一种无用的观念。总体来看,在整个 20 世纪围绕主权理论的争辩中,贬低、否定主权思潮的涌现,成为西方学术界关于主权理论研究的一个突出特点。这股思潮先后掀起的三次高潮,以其不同的内容和表现形式,分别出现在两次世界大战期间、冷战期间和冷战后时期。[5] 其中,对公法学说影响最大的当推法国公共服务论者狄骥。

狄骥面对社会需求日益增加的情势,提出用公务理论取代传统的主权理论。用公务理论来合法化政府职能的不断扩张。他基于社会连带的

① 马怀德:《国家赔偿法的理论与实务》,中国法制出版社 1994 年版,第 21 页。
② 〔德〕奥托·迈耶:《德国行政法》,刘飞译,商务印书馆 2002 年版,第 31 页。
③ 王名扬:《法国行政法》,中国政法大学出版社 1988 年版,第 710 页。
④ 〔德〕奥托·迈耶:《德国行政法》,刘飞译,商务印书馆 2002 年版,第 31 页。
⑤ 林尚立:《国际关系视野中的国家主权》,载《政治学研究》2004 年第 3 期。

理论主张国家权力是有一个限度,这个限度就是它们履行义务所必需的权力的最小值。国家权力如今保有权力的根据不再是它们所享有的权利,而是它们所必须履行的义务。[①]

政府及其官员不再是向其臣民施加主权者意志的人们的主人,不再是某个发布命令的集合性人格的器官。他们只是国家事务的管理者而已……国家行为的延伸与扩张不会必然强化政府的权力。虽然政府的事务增加了,其职责范围扩大了,但它的控制权却消失了。[②]

以公共服务理论为首的新的公法理论的发展冲破了主权至上的传统,自然也使主权豁免失去了立足之地。国家如同普通公民一样,也要为其侵权损害行为负责。

3. 国家责任

国家理论的发展,尤其是上文论述的国家责任的变化、职能的扩张以及国家主权理论的动摇都为国家责任理论的发展奠定了基础。国家为它的行为承担责任是法治国思想从形式主义向实质主义转变的一项重要成果。国家建立国家机关责任体系,在机关实施错误行止之情形,国家应对人民所受之侵害提供赔偿,即赔偿体系原则[③]是法治国思想的构成要件之一。

第二次世界大战中,德国纳粹任意践踏法治、人权,致使国家有法制而无法治,这一严酷的历史在战后的重建中引发学者们深刻反思法治的真正内涵。在这一背景下,实质法治国思想逐渐成为思潮的主流。实质法治国意味着法治国并非只是组合法律技术之集合体,而系以人性尊严、人类价值为基础并加以践履的实质规范原则,且应使个人之价值能受到充分尊重,避免法律屈从于任何个人意愿之下。扩而言之,使统治者和被统治者间并非仅存在单方的权力服从关系,而系使法规范对国家而言具有最优越之地位,并借由制定法之型态来界定人民的活动范围,但法规范之真正目的,乃在使人民于国家内能享有妥适、自由的生活,国家并应对此种生活型态提供保障,而非仅是单单以制定法限制人民的活动。[④] 实

① 〔法〕莱昂·狄骥:《公法的变迁　法律与国家》,冷静译,辽海出版社、春风文艺出版社1996年版,第13页。

② 同上书,第55页。

③ 城仲模:《行政法之一般法律原则》(一),三民书局1994年版,第399页。

④ 同上书,第392—393页。

质法治国思想把人的价值抬高到国家利益的第一位,要求以人性尊严为主来建设法治国家。法治国家通过法律达到治理,任何主体都须遵循法律,依法行为,这就意味着违法行为要受到追究和惩戒,造成损害要进行赔偿和补救。

法治国原则的发展成为国家赔偿制度的主要根据。国家责任是合法性原则和法律保护保障的补充:如果不能或者不再能通过法院的法律保护予以阻止权利侵害行为,就应当通过赔偿的方法弥补。国家任命公务人员,有责任对其进行监督;国家赋予公务人员以主权职权,而这本来就可能导致侵害行为的发生,从法理或者法意的角度来看,不存在反对将公务员的违法行为归责于国家并且由国家承担责任的理由。①

(二)人权保障的兴起

人权概念是所有研究现代法学发展的学者不能回避的问题。然而,不能回避不表示这个问题得到了恰当的解答。事实上,对于人权的内涵、外延、人权的基本理念等这些最基本的作为谈论前提的问题,目前学界仍没有给出较为一致有效的回答。这无疑给人权相关的制度设计增加了难度。笔者自然也无力解答这一疑惑,只是在行文所需的范围内,对人权理论作一简单的梳理,并规范人权概念在国家赔偿制度研究中的基本含义。

1. 人权理论

基本上看来,学界对于人权的界定有两种倾向:一是按照西方古典自然法学家的思路,把人权定义为假设的"自然状态"里的个人所享有的来自本性的或天赋的权利。这一定义的思路有着深刻的西方传统,从借鉴和引用的角度来看,意义并不大。② 毕竟中华传统与西方传统在思想上的区别不是那么容易调和的。第二种界定人权的思路在于通过追溯权利发展的历史来阐释人权的由来。这方面的学者以夏勇为代表。这一思路把人权看作历史的产物,而且,把西方自然权利理论本身也看作人权的观

---

① 〔德〕哈特穆特·毛雷尔:《行政法学总论》,高家伟译,法律出版社 2000 年版,第 621 页。

② 人权概念起源于西方,并不表示它就不能为其他国家所用。因为作为一种对人的独立价值的肯定的精神,它有着普遍性的先进意义。所以,要在具体的制度设计中体现人权的价值,就需要抓住人权的基本精神和内涵,而不是仅仅从它的源流来探讨它的意义。

念历史的一部分[①],从而,建立起人权和传统的权利观念的联系:“人权”本身就是一个新型的权利概念,它具备权利概念的一般特征,所不同的只是加入了关于人的尊严和价值这一特定意蕴。[②]“人权”一词,依其本义,是指每个人都享有或都应该享有的权利,是“人人的权利”。这包括两层意思:第一层指权利,是我们通常所说的法学意义上的权利,它由各种权利构成;第二层指观念和原则,即“每个人都享有或都应该享有的权利”,是关于人的一些原则,它由若干关于人及人类社会应该怎样对待人、尊重人的判断、命题或原则构成,可简称为“人道”。近代人权概念的形成过程,实际上是关于权利的人道原则和关于人道的权利原则的形成并相互结合的过程。近代人权主要是在普遍权利、道德权利和反抗权利这三种意义上使用的。[③] 总结夏勇对近代人权起源的理解,可以看出,哲学上的人道原则和法学上的权利原则是人权概念的两个构成性要素。

人权观念自近代兴起以来,在各国的革命实践和法学发展中发挥了不可估量的作用。正是在人权理念不断作用的过程中,它自身也经历了发展和更新,不但在深度上有了内容的更新,在广度上括及的范围也增大了。就内容而言,法律上规定的人权经历了以独立于国家权力的个人自由为中心的古典的市民权和一个人介入国家权力的行使过程中去的自由为中心的参政权(第一代人权)、以生存权和国家对经济自由的限制为中心的社会权(第二代人权)、以局部文化和集体的差异性的存续自由为中心的第三代人权等不同的发展阶段。[④] 从广度来看,自第二次世界大战以来,人权保障国际化的意义得到了广泛的认知。人权已经从一个附属于主权的内政概念延伸成为国际法上的概念,国家人权观念作为现代公民的一项普遍性权利越来越受到重视。并且,国际人权已经不再只是作为一种人道的观念来宣示,而是已经上升到规范的制度层面,比如欧洲人权法院的判决。在《世界人权宣言》公布之后,人道主义干涉获得了更明确的规范性根据,关于人权的国际法规定也不断增加。人权思潮的这一发展态势与全球化的进程无疑是一致的。然而,就学术研究来说,人权观

---

① 夏勇:《人权概念起源——权利的历史哲学》,中国政法大学出版社 2001 年修订版,原版序言第 4 页。

② 同上书,第 28 页。

③ 同上书,第 166—171 页。

④ 季卫东:《宪政新论》,北京大学出版社 2002 年版,第 11 页。

念不断突破旧我,增加新意,进一步加剧了对其内涵界定的难度,加剧了围绕人权保障进行制度设计时确定考虑因素的难度。人权概念孕育于西方文明,对西方社会的发展起到过不可估量的作用,只是由于其内在的人道主义精神暗合了现代法治的精神,人权概念才得以突破以欧洲为中心的西方这一地域界线,成为包括发展中国家在内的世界各国争相努力的方向。然而,在进行深入的分析后,我们会发现,很多时候我们会遇到仅仅是在孕育了人权的以欧美为中心的现代文明的框架内来思考人权问题的尴尬。人权的普遍性成为人们研究人权问题的新焦点。但是,如果你承认文明之间是存在显著的冲突和差异这样的命题,比如在西欧文明中,价值体系的核心是自由主义大宪章,但在东亚文明中,权威主义和民本主义熔为一炉,其结晶是德治论,前者的基本思路导向个人权益至上,后者则强调个人品格至上、群体优先并主张权益与义务不可分割,那么,人权观的差异同样是显而易见的,人权的普遍性的提法多少有点近似虚幻的乌托邦。

如果说不同的文化、文明之间在价值判断上没有可比性的话,那么不同的制度、程序之间可以按照合理性、公正性或者效率、效果之类的指标进行比较。对人权普遍性定义的困难也可以依照这一思路进行解答。个人都是具体的、历史的,必须通过他所在的集体以及文化传统才能找到自我感觉,所以人权概念不可能孤立于历史和现实条件而存在。并且,从现实的角度来看,无论学界把普遍性的人权理念推崇得多么完美,当国家权力的肆意行使侵犯到个人的自由时,对于个人来说最迫切的不是“我是谁”这样的内在认同问题,而是“我怎么保护自己”这样的对外抵抗问题。人权概念的重心将转移到人权保障的制度性条件这一内政建设的思路上。虽然有关的制度性条件也受到历史和现实的影响,但是,相对于价值和文化传统而言,制度显然具有更切实的可比性。① 这同样也证实了人权保障制度的可借鉴性。就人权保障的具体制度而言,其范围是十分广泛的,包括权力制衡、民主选举、法典编纂、司法救济、行政效率、舆论监督等方面。人权保障的重心在内政的结论是针对国际社会借人权而推行霸权与干涉的现实而提出的。这一思路不仅有利于解决人权的国际冲突问题,而且通过把模糊、复杂、形而上的人权观念切实化、制度化,为人权保

① 季卫东:《宪政新论》,北京大学出版社 2002 年版,第 249—250 页。

障的制度建设起到了推动作用。

2. 我国传统与人权观念的融合问题

人权是一个导源于西方文明的观念。这一起源上的事实是否决定了像我国这样的东方文明国家在借鉴时的内在困难？但是，为什么最近一百多年来，权利在中国成了一个流行术语？如果说权利的语词及其相关联的制度设计初创于西方文化，难道中国人对权利的要求也出自西方文化不成？[①] 这是一个疑问。就深层次而言，它是我们在进行制度移植时首先要解决的问题。理念是共同的，与人性相通的，但是文化是有地域特征的，制度移植是建立在固有文化和传统的基石之上的。这就决定了学者必须回答人权观念与我国传统的内在契合性的问题。

这个问题的回答伴随着中国现代化的整个过程，每每在改革之路遇到坎坷时，这个问题又被激烈地争论了一番。西方所走的途径受它的特殊文化系统所限定，中国的历史文化背景与西方根本不同，这就决定了它无法亦步亦趋地照搬西方的模式。由于中国的价值与现实世界是不即不离的，一般人对这两个世界不易分辨。因此，五四运动以来反传统的人又误以为现代化必须以全面地抛弃中国文化传统为前提。他们似乎没有考虑到如何转化和运用传统的精神资源以促进现代化的问题。[②] 就人权问题来说，很有理论洞察力的历史学家余英时主张中国文化正因为没有西方启蒙传统中的世俗化的阶段，人的尊严的观念自孔子以来便巩固地成立了，两千多年来不但很稳定，而且遍及社会各阶层。孔子用“仁”字来界定“人”字，孟子讲得更细些，提出仁义礼智的四端，后来陆象山更进一步提出“不识一字也要堂堂做一个人”的口号。孟子说的“人皆可以为尧舜”、荀子说“涂之人可以为禹”，以及“天地之性人为贵”都是说人有价值自觉能力。[③] 因此他主张：我们分析中国传统的社会理论必须着眼于两个基本元素：一是有价值自觉能力的个人，一是基于自然关系而组成的“家”。家以外或以上的群体，如“族”、“国”、“天下”都是家的扩大，乡党、宗教团体、江湖结社也不例外。他还指出，在以家为基础的人伦关系中，义务是第一序的概念，只有先尽义务然后才谈得到享有权利，但是人

---

① 夏勇：《中国民权哲学》，生活·读书·新知三联书店2004年版，序言第4页。

② 余英时：《中国思想传统的现代诠释》，江苏人民出版社1998年版，第14页。

③ 同上书，第16页。

伦关系中的义务是以个人的价值自觉为前提、并且按照“礼”的规定推导出来的，“礼”虽然有重秩序的一面，但其基础却在个人，而且特别考虑到个人的特殊情况。

新中国成立后的五十多年，在历尽曲折以后终于开始一步步走向宪政。1997 年我们明确提出要建设法治国家，十六大又提出了“政治文明”的概念。我们中国的法治国家建设现在已进入到了一个新的历史时期，这个新的历史时期最显著的特征就是我们将由宪法走向宪政。我们先后加入了两个世界人权公约，作为一种标志性的努力成果是“国家尊重和保障人权”这一人权的纲领性条款的入宪。

因此，可以这样认定：在当今世界，作为一种旨在借助权利语言和机制来维护弱势者，受压迫者的尊严和自由的普遍道德权利，人权在价值认受上已然无人敢于公开反对，在制度设计上已然成为普通法。①

3. 人权理念在国家赔偿法上的阐释

一个政府要实行良好的治理，需要使用制度资源和非制度资源两种资源来满足人权要求。人权观念的清晰属于人权启蒙的范畴，对于制度建设而言，启蒙只是前提性的工作，关键是其后的人权制度保障的建设工作。

国家是一个抽象的实体，它的行为通过“政府”这一代言人来实施。法国《人权宣言》开篇即宣示：对人权的无知、健忘和蔑视，乃是公共灾难和政府腐败的唯一根源。正如《独立宣言》所阐明的：为了保障这些权利，政府组建于人们中间。人们为了自己的利益创造了政府。一个理性的、符合法治精神的政府，应将人权作为行动的准则。人权观念的不断发展，只是对政府行政提出了更高的要求，而不是改变政府在对待人权等基本价值上的态度。政府的职责在于保护和发展人权，因此，当公民的权益因政府行为而受到损害时，给予赔偿救济是人权观念的应有之义。

国家赔偿制度的发展导源于公民权利意识的苏醒，意味着公民将自己的权利对象直指国家意志的执行者——政府。国家赔偿制度是随着国家侵权行为的不断增加，国家和公民在侵权损害赔偿问题上的制度化解决的途径的建构而发展起来的。国家赔偿制度的不断发展，本身就是一国内政建设中人权保障的应有之义。

国家赔偿制度的发展也将与人权理念的不断深入而展开。第一代人

---

① 夏勇：《中国民权哲学》，生活·读书·新知三联书店 2004 年版，第 14 页。

权以参政权为中心，第二代人权以生存权和国家对经济自由的限制为中心的社会权为中心，第三代人权的视野更加宽泛：以局部文化和集体的差异性的存续自由为中心。国家赔偿的实践主要开始于第二代人权的兴起，而第三代人权的发展，将国际损害的赔偿（比如战争赔偿）也包容到广义的国家赔偿制度之内。

总之，国家赔偿与人权保障的观念密切联系，国家赔偿制度本就是人权保障在内政建设中的一项主要制度性内容。对人权理念的不断深入认识，将不断促进国家赔偿向着人道主义人权保障的方向发展。

（三）公法的发展

1. 公法的产生

法的观念或其本质和国家没有必然的关联。有社会就跟着有法；在与国家无关系的社会中，亦非有其特有的法不可。这是就私法的发展而言，从人类社会和谐发展必须要有规范的角度来看的。但是，现代国家的法律，则是以区别其全部为公法与私法为当然的前提的。对于国家的一切制定法规，若不究明该规定是属于公法或私法，而即欲明了其所生的效果和内容，是不可能的。①

公法和私法的区分最早可以追溯到罗马法时期。《查士丁尼法学阶梯》认为，公法涉及罗马的政体，私法涉及个人利益。当时的法律主要发展了私法，包括自然法、万民法和市民法。② 继受了罗马法的大陆法系国家，一直保留了这种区分，并在近代随着对分权理论的理解而建立的二元法院系统的建立而日益凸显出来。因而，公法真正成为法治的一部分而发展起来却没有多久的历史。

综观人类法治的发展之路，法律原本只存在于私法领域中，是作为统治者稳定民间秩序的工具而用的，公法的兴起只是晚近之物。它是与国法观念一同发展起来的，是法律规制适用于国家的结果。公法本应被用于在民法以及适用民法的法院之外，用以描述作为管理者的国家同其臣

---

① 参见〔日〕美浓部达吉：《公法与私法》，黄冯明译，中国政法大学出版社 2003 年版，第 2—3 页。

② 〔古罗马〕查士丁尼：《法学总论——法学阶梯》，张企泰译，商务印书馆 1997 年版，第 5—6 页。

民之间的法制关系。而警察国家的智慧却作出结论，认为这样一种法是不存在的，即公法不是法。[1] 警察国家的君主享有绝对的权力，是不受法律约束的，此时的法律只是君主用来规范民众的一种手段，法律的权威还没有上升到约束君主的权力。但是历史有其自身的逻辑，君主的权威最终还是要向法律权威低头，这就是公法发展的萌芽。随着市民的经济、社会势力的增大，市民阶级便难以容忍君主自由地行使行政权来制约他们的权利和自由了。因此，市民阶级便选举自己的代表，组织议会以制定法律，对君主行使公权力、干涉国民的自由及财产予以制约。这样，法治行政的原理便产生了。公法的发展成为近代法学发展的一枝奇葩，也正是公法的兴起才真正完善了法治的内涵，意味着法治对人治的全面胜利。

这一理论上的描述在历史上有法国和德国的行政法发展进程为证。法国行政法院建立的历史无需多说，是公法自身特性而要求建立独立审判机制的明证。就德国而言，19 世纪中叶当德国还处于侯国林立的状态时，就已经受法国的影响而采行行政法院制度。当时的德国就流行着这样的观点：公法和私法应该严格区分，其背后的思想实即区分国家与社会，就社会部门内之争议事项，交由普通法院审理，就国家事项，因其性质特殊、具有公益色彩，必须交由专门的行政法院负责。[2] 法国和德国今日法律发展的实践也证实了其公法思想关照下的法律制度建设。

公法的客观存在在现代社会是不容置疑的。在大陆法系国家，它以国家法体系的存在，以独立的行政诉讼体制和形式而不断丰富。在英美法系国家，尽管没有大陆法系国家那样显然存在的法律和制度上的标签，但是，法院在审查与行政有关的案件时仍然不得不讨论行政的特殊需要、特色，并在此程度内承认行政的“特权”，从而限缩司法权的审查界限，这尤其表现于审查密度。[3] 由此可以断定，不管是以什么样的形式生存，公法思想发展起来了，并且以可见的、不可见的方式在各国法制内展现出来。

2. 公法的价值

上文提到，法律自有人类社会即存在了。但是作为现代法律两大部分之一的公法的产生却是近代的事，这里就存在一个疑问：为什么公法的

---

① 〔德〕奥托·迈耶：《德国行政法》，刘飞译，商务印书馆 2002 年版，第 49 页。

② 参见翁岳生主编：《行政法》，中国法制出版社 2002 年版，第 99—100 页。

③ 同上书，第 101 页。

产生与私法存在这么大的时间差距？在法律发展史上的这种时差表明了公法与私法有着某些不同的特性。这是与它们各自的价值相关的。私法是作为规范公民之间关系的法律而存在的，是市民社会和谐相处、保持一定的秩序所必需的。因此，有人类的地方就有一定的私法规范。公法与国家权力、国家意志、公共利益等因素相关，是随着国家权力的膨胀而产生的制约公权力的必要性而来的。

传统的学说把法律建筑在各个人的主观权利之上，以人的自由意志和个体独立性来承认人的价值，继而承认人的权利的与生俱来性和不可剥夺性。这种学说是西方传统的延伸，它在承认个人价值的同时也承认国家主权的至高性，这些观点与西方二元分立的宗教观点有着密切的联系，因而从法治借鉴和移植来看，其意义是有限的。现代法治的世俗化开始从实证角度来论证法律的发生和价值，将法律建筑在社会客观需要的现实上，从而打破了国家的主权神话，国家被赋予了实在法上的主体地位，国家的存在并不是什么神秘力量的结果，只是人类为了自身利益而创建的一个集合体。在此意义上，主权的观点在国家法律地位的阐述上开始衰落，继起的对国家合法性证明的学说主要为公共利益、公共服务提供等观点。无论是国家提供服务，还是国家为公共利益行动，国家都需要在法律的轨道内行为，这就是依法行政和法治国的思想。

法治既是一个公法问题，也是一个私法问题。但是，归根结底，是一个公法问题。[①] 归属公法的法律直接关涉的乃是政府与人民的关系、国家与社会的关系，还要加上与这两类关系密切相关的国家的结构、权力与责任、政府的组成、行为与责任以及国家间的关系。通俗地说，私法的法治其实重在治民，而公法才是真正治官的法。单有私法的发展，建立稳定的社会秩序的理想也许不难实现，但是人民的自由尊严却免不了受公权侵扰的危险。只有公法的发展和完善才将公共权力的专横和腐化规制在法律可约束的范围之内。因此，法治内涵的完满是离不开公法的发展的。正是公法的发展，使得国家与普通个体一样，都需要遵循法律的制约，违法则同样承担法律责任。

3. 建立公法性质的赔偿体系

公法与私法的区别是具体的，也是抽象的。所谓“具体的”指的是应

① 夏勇：《法治与公法》，载《读书》2001年第5期。

该从个案的角度来分析法律的适用及案件的性质，以此定性。所谓“抽象的”则是说总是存在着一些抽象的原则、基准来界定公法与私法之间的区别。在此我们只讨论抽象层面的区分。这些区别在上游理论上体现在主体和利益等方面，即公法规范的是公主体，如国家等，代表的是公共利益的趋向，私法反之。在下游制度上的区别则体现为权利救济管道、司法审查密度，是否考虑国家财力等因素。

如果我们承认公私法这种区分的话，那么国家赔偿制度在更大程度上应该是公法性质的法律制度。尽管在很多国家，如英国、美国等，都是将国家赔偿纳入民事诉讼程序的。但是这种诉讼途径的选择并不能否认国家赔偿在实体内容上的公法性质，它有很多地方不同于私法赔偿。国家赔偿的整个体系都围绕着公共利益和个人利益的权衡，围绕着国家财政的支付能力和国家的任务等因素进行制度建设的考虑。

在应对复杂的社会现象时，法律使用的是类型化的处理方式。因而，建立专门的国家赔偿体系的前提性要素便是国家赔偿自身要具有不同于传统民事赔偿责任的因素。我们将国家赔偿之不同于普通民事赔偿的特征分析如下，以作为制度建设的考虑因素。

其一，公共利益和公共服务。无论是公共利益，还是公共服务，都是为现代公权力提供合法性基础的基点。任何公权力的存在和行使都以此为基础，同时，当公权力因行使不当或不法而产生责任的时候，这也是在救济时必须考虑的一个因素。正是在考虑公权力的这些合法性基础之上，才发展出国家赔偿的各种学说，比如公共负担人人平等、危险责任等。可以说，所有国家赔偿的独特性，都能在公权力的合法性基点上找到合理的解释。

其二，国家责任之不同于私法责任在责任承担方式上得到了显著的体现。如果两者的责任是完全或者在本质上是一致的，那就无法解释为什么要给国家赔偿规定特殊的、只以金钱为主要赔偿方式的规定了。尽管个别国家存在例外规定，但是总体趋势是公法赔偿以金钱为主，不管损害是可计算的还是不可计算的。

其三，权力制约的本质不同。民事赔偿的权力制约关系是，公权居中裁决两个私权主体的争议。裁判的主要目标和考虑因素是如何达到公平的救济。而国家赔偿的权力结构则是，以司法权为代表的国家公权力居中裁判以行政为首的国家权力与公民主体之间的争议。争议的有效解决不仅要达到双方满意从而定分止争，保护公民权益，而且要尊重和考虑国家权力的分立和界限。

其四，国库财政的考虑。国家财力是国家赔偿一个重要的制约因素。正是考虑到国库财力的有限性，国家才不是采取对任何因公权力行使带来的损害都赔偿的原则。因为，如果基于公共负担平等和福利国家的思想，国家是有义务对所有的这些损害承担赔偿责任的。这一点在危险责任的设置以及国家一般不承担立法责任上体现得更为明显，如果不是考虑到国家财力的因素，国家对所有因公权力的行使而给公民带来的危险负担都应该承担责任。但是，考虑到有可能造成国库枯竭的后果，这种从结果考虑的公平赔偿被舍弃了。

（四）侵权损害的激增

理论的发展与实践的需求相呼应。国家赔偿制度的发展一方面固然是因为国家理论、人权思想的发展和公法学说的兴起，另一个更为主要的推动力在于实践的需求。尽管各国在制定体系化的国家赔偿制度之前，都或多或少有自己的个案解决赔偿的方式，但是社会实际的发展使得原来方式的弊端显现出来，要么是效率太低，要么是有失公允。总之，由于客观实践的需要，国家赔偿才从思想上的需要提上了各国议会立法的日程上。

19 世纪中叶以前的国家在实践上为自由主义思想占主导地位，推崇“小政府、大社会”，政府只能作为“必要的恶”存在，从而限制了政府管辖的事务。与公民个人的直接接触较少，损害侵权现象不严重，不至于凸显为难以解决的社会矛盾，对制度化的解决途径的需求不显著。现代工业国家的发展及其相应产生的政治、社会和经济领域的极度扩展急剧地增加了国家与公民社会的接触面，这正是矛盾由来的所在。

从个人的权利基础来看，社会的发展也丰富和发展了公民权利的种类和内容。就基础性的财产权来看，其范围也有所扩大和提高，以前居于首要地位是不动产，而现在是其他财产价值，其中特别是参与工业事业的股权或者工资债权和薪水债权，这对经济领域和个人生活方式具有越来越大的意义。另一方面，活动范围不断扩大的社会国家承担多方面的任务，对公民各种权益的干预越来越强。面临国家的侵入，全部财产权领域都应当予以保障，因此财产概念和征收概念向危险领域相应扩大是符合逻辑的必然。[①] 并且,从国家活动的手段来看,也与传统不可同日而语,原来只是单纯的高权行政,以权力性的强制行为为主,现在则手段更多,方式更柔和,合同、指导等形式综合运用,从而对公民权益的侵害更隐蔽,持续的时间可能更长久。

依据不受自己领地内法院的审判以及国王不能为非原则的制约,1947 年之前的英王基本上是不承担赔偿责任的。唯一的例外是关于契约责任方面的权利请愿制度和侵权行为责任方面指定被告的办法。权利请愿制度的程序过分繁琐,而指定被告的方法则名不副实,导致受害人得不到应有的赔偿。1946 年的亚当斯案以及 1947 年的 Royster v. Cavey 案宣告了指定被告的方法由于缺乏基本的公正性必须终结。[②] 这两个案例原本都以英王为责任人,但是由于指定了不相关的被告而导致无人担当被告,最终没有给予受害人赔偿,引起了极大的民愤。

同样的尴尬也存在于继受英国不赔偿思想的美国。向议会请愿的方式,由于存在着短期内让议会两院通过十分困难、反对党阻挠、议会会期的限制、议员的改选等制约因素,所以最后能真正得到赔偿的个案是少之又少的。

三、国家赔偿理论学说

自国家赔偿制度萌芽至形成体系之后,学界对它的理论阐述成为促进国家赔偿制度发展的基础性工作。各国学者的这些理论努力,成为国家赔偿制度研究的一项基础性工作。现结合各国经验介绍各国的几种主要学说,并在此基础上力图探究国家赔偿的本质观念。

各种理论都有其产生的特定背景、条件和所要解决的问题以及所要达到的目标、价值。因此,从借鉴的意义上来说,不可以轻率地判断何者为优。理论学说的取舍关键在于价值的选择、目标的选择以及适用的条件和背景。并不一定最为先进、最新兴的学说就是最好的。拿来主义的目的在于为我所用。本着这样的精神,我们应该从理论的背景和目标以

---

① 参见〔德〕哈特穆特 · 毛雷尔:《行政法学总论》,高家伟译,法律出版社 2000 年版,第 666 页。

② 参见王名扬:《英国行政法》,中国政法大学出版社 1987 年版,第 236 页。

及其存在的时代条件等因素来立体地理解、解读其内涵。

（一）学说介绍

1. 法律拟制说

由于受主权至上思想的制约，主权行为造成的损害不承担赔偿责任，即主权豁免。随着主权至上的松动，主权有限性的理论得到了发展，发达的民事法律责任体系开始向传统的不受法律制约的所谓主权领域侵入。国家作为雇佣人承担如同民事法律上代理人的责任，就是这一侵入的成果。由于雇佣人理论在主权领域的引入，国家也同一般的民事主体一样，要承担因其所雇佣的公务员的不法行为所造成的损害的赔偿责任。将民事责任适用于国家的机理在于对国家的认识：国家首先是法人，而后才是一个民族政治组织。受到国家侵害的个人应该与受到个人侵害的个人得到同样的救济。国家赔偿责任与一般的民事赔偿责任在性质上没有差别。国家承担责任是将国家拟制为具体个人，与个人一样，适用同样的责任原则而已。[①] 普通法国家多采用这一理论作为国家赔偿制度的基础。英国1947年王权诉讼法、美国的侵权赔偿责任法都是以将国家拟制为具有私法人格的主体而承担赔偿责任的。

在法律拟制的精神下，国家对公务员的行为承担赔偿责任主要是基于雇主的雇佣责任。公务人员由政府雇佣，作为国家行为的帮助者而存在。如果政府行为的帮助者在违背职务义务的前提下对其老板的顾客提供了糟糕的服务并造成了损害，那么对顾客负责的应是老板而不是帮助者本人。[②] 这种将国家人格作法律上的拟制，使得原来由公务人员自己承担民事过错责任的状况改变为由国家代替公务人员来对受损公民承担责任。所以，英美两国的国家责任都是采用国家代位责任的性质。

法律拟制说是国家赔偿制度发展初期的理论。它较多地借鉴了民事侵权责任的基本原理，其独特之处是为国家创设了一个法律上的主体资格。然而，实证法学家对国家这一主体资格的存在一直持否定态度。这一学说最为致命的缺陷在于，它忽视了国家赔偿责任所具有的不同于民

---

① 《国际比较法百科全书》，第11卷，第4章，第95页，转引自马怀德：《国家赔偿法的理论与实务》，中国法制出版社1994年版，第33页。

② 〔德〕奥托·迈耶：《德国行政法》，刘飞译，商务印书馆2002年版，第186—187页。

事侵权责任的特殊之处。国家承担责任与一般民事主体承担责任的要件和机理是不相同的,需要考虑公共利益、国家财力等公法因素,而这些在民事侵权中是不存在的。这也解释了为什么美国联邦侵权赔偿法规定有那么多的例外事项。从国家赔偿制度的独特性出发,法律拟制理论还有待进一步的发展。

2. 国库理论

国库理论发展于德国警察国家[①]时期。当时,现代的宪政法治还没有形成。法律还只是以国王为代表的君王们手中有效统治的一种工具。法律只在私人领域存在。国库理论可以说是法治发展过程中独立的司法力量把审判权伸向国家的一种努力的结果。国家观念把国库财产从邦君主的个人财产、私人钱箱等中划分出来。邦君主的国库由受任于此的公务人员管理,并且在与臣民的法律争议中作为诉讼当事人出庭参加诉讼。国库现在已经是国家的一个方面,在国家于其他方面未被作为法人设定之前,这个方面是被认可并且是作为法人设定的。国库被设置为与邦君主以及其实施公权力的行政机关并列,在所有民事财产法律关系中代表邦君主一方。[②] 从而,存在国家在法律意义上具有了两个不同的法律主体身份:一个是作为国库的私法人身份,一个是行使国家权力的国家。

由于国库理论的引入,使民事赔偿法律适用于国家成为可能。就其实质而言,国库理论只是化解矛盾的一种技巧,是"国家万能论"的垂死挣扎。一个实体在法律上的双重法律主体地位的划分其实是存在逻辑上的问题的。从当时的现实来看,所谓的"国库"其实也只是国家的臣民,接受国家的命令向其他人付款。由于国家侵权行为发生日多,国库理论的解释力出现了问题。但是,客观地说,这种理论为国家神话的破除,为国家逐步揭去神秘面纱,接受法治的规范,做了十分重要的铺垫。

3. 特别牺牲理论

奥托·迈耶首创这一理论。他认为,国家责任说所谓对人民的一般保证的观念,根本是毫无根据的拟制,且非适用私法上的概念不可;私法上的损害赔偿义务是以 Vorwurf(责难)为中心观念,Verschulden(过失)为

---

① "警察国家"一词出自奥托·迈耶的《德国行政法》一书,它描述的是这样一种国家状态:一方面在于国家权力的优势,另一方面是使国家生活受民法和民事审判的调整。

② 〔德〕奥托·迈耶:《德国行政法》,刘飞译,商务印书馆 2002 年版,第 52 页。

前提，但国家公法上损害赔偿责任的基础则全然不同。国家既不得中止其频繁的活动，而人民之受到损害亦为必然之现象，是当然要求人民接受诸种可能的牺牲，而这些牺牲务须公平，才合乎正义之要求。[①]

该理论在实践上的运用始于区分应予补偿的征收和一般财产限制。由于德国国家赔偿制度上对征收的理解不仅包括财产的剥夺，而且包括对财产的限制，因此如何理解和区分《基本法》第 14 条第 3 款规定的应予补偿的征收和第 14 条第 2 句规定不予补偿的财产限制之间的界限成为一个重大的问题。为了解决这一难题，联邦最高法院根据帝国法院的具体行政行为理论(具体侵害视为征收，而一般限制视为内容限制)，创造了特别牺牲理论。从而把征收的概念确立为：对财产的侵害，采取剥夺或者负担形式，以不同于其他人的特别方式影响有关的个人或者人群，从而强制后者为公众承担特别的、与其他人相比不公平的、而且通常不可预期的牺牲。[②] 这一应用的领域主要属于我们现在定义的国家补偿范围。但是，当奥托·迈耶提出这一理论时，他并没有限制这一理论仅仅适用于国家补偿的意思。他认为：官吏个人之不法行为，绝非基于国家之意思，但当然由国家承受，盖其乃国家自身之工具用法上之失策而引起的损害，犹如汽车的火花、流弹一样，应视同国家行为。也就是说，无特别区分原因行为之适法性之必要，亦即不重视责任条件，而注重全体负担之国家责任论。[③] 这一理论注重从结果和国家行为的本质来分析国家赔偿责任的性质，而不是从表面的适法性出发来追究国家责任。

特别牺牲理论的提出意味着学者们已经逐渐认识到国家赔偿不同于私法赔偿的特性和制度价值。它从国家与公民关系的角度，分析国家行为对公民的不可回避性和某种程度上的不可选择性——主要是就干涉行政而言——来界定国家责任的范围，引入了公法思维的基本思路，为国家赔偿理论和实践的发展极大地拓展了空间。同时，这一理论由于同时注重从结果出发来考虑国家责任，因此可以同时为国家赔偿和国家补偿提供了理论基础，换言之，为国家赔偿和补偿的合流提供了基础。

---

① 城仲模：《行政法之基础理论》，三民书局 1970 年版，第 566 页。

② 参见〔德〕哈特穆特·毛雷尔：《行政法学总论》，高家伟译，法律出版社 2000 年版，第 667 页。

③ 城仲模：《行政法之基础理论》，三民书局 1970 年版，第 567 页。

4. 公共负担平等理论

此理论由平等原则导出。[①] 法律面前人人平等是近代资产阶级革命突破封建等级制度后法治建设的基石。作为宪法基本人权最重要的平等权,除拘束立法者外——所谓的“法律制定的平等”,也拘束法律执行者——司法及行政,是为“法律执行的平等”。前者在于防止“立法肆意”,后者在于防止“行政肆意”。[②] 由于平等原则十分抽象,在具体的实践中往往落实为同等情况同等对待、不同情况不同对待。

在国家赔偿制度上的发展始于法国《人权宣言》第 13 条规定的“个人公共负担平等”。这一学说认为国家公务活动的目的是为了公民的公共利益,人民同等享受公务活动的利益结果,同时应由全体成员平等地分担费用。如果因公务作用致个人遭受损害,实际上是受害人在一般纳税负担以外的额外负担。[③] 这种额外负担是受害人为了公共利益而作出的牺牲,从平等原则出发,不应该由受害人自己承担,而应当平等地分配于全体社会成员,也就是说,要由国家代表全体纳税人用纳税人的钱来赔偿受害人的损害。

这一理论在法国的发展主要是作为危险责任承担的主要根据。但是,由于其比较好地解释了现代国家与公民社会的实际关系,因此逐渐成为一般国家赔偿责任的基础。但是公共负担平等学说并未主张凡有公务过失,即毫无例外地由国家当然负担其全责;易言之,国家责任之轻重,应依公务种类、性质、场所环境等而有所区别。[④]

5. 危险责任理论

危险责任说是传统的民法上的理论,这个理论认为,任何人由于某种行为而得到利益时,必须对由于该行为而产生的危险承担责任,不能只得到利益而不承担责任。根据这个理论,行政主体负担无过失责任,是由于行政机关所作出的某些行为或所保管的某些物体具有危险。行政主体行使特权本身也是对公民的一种危险。[⑤] 危险责任指不关涉主观原因行

① 〔德〕哈特穆特·毛雷尔:《行政法学总论》,高家伟译,法律出版社 2000 年版,第 668 页。

② 陈新民:《中国行政法学原理》,中国政法大学出版社 2002 年版,第 40 页。

③ 刘嗣元、石佑启:《国家赔偿法要论》,北京大学出版社 2005 年版,第 17 页。

④ 城仲模:《行政法之基础理论》,三民书局 1970 年版,第 568 页。

⑤ 王名扬:《法国行政法》,中国政法大学出版社 1988 年版,第 727 页。

为，而仅把握客观结果损害之国家责任概念，被害人根本无须证明或主张损害行为的确出于过失，另一方面，被请求单位纵或得以证明无过失，亦无摆脱其责任之可能。换言之，加害行为若已具备国家应负起责任所必要之性质的程度，不管有无过失，即得肯定国家责任之存在。所谓危险责任应包括“不必争执过失与否之推定”，故又称“结果责任”。[1]

危险责任在民事领域是作为过失责任的例外和补充而存在的，但是在公法方面，由于恒存在着公权力的高危性，因此，这一理论在公法方面的发展有着普遍性的意义。这也解释了危险责任学说在公法领域提出后就一直顺利发展的事实。危险责任是从结果角度来定义国家赔偿责任的，自从这一理论被引入到公法后，被赋予了新的理论基础：社会连带与协作的观点。这一观点认为社会协作关系是一切社会赖以存在的客观基础，国家并不是高于个人的人格主体，它所掌握的力量也必须符合客观法。国家合法存在的基础不在于至高无上的主权，而在于公务的提供。国家提供公务而保有和行使权力对公民个人构成了一种危险，这种危险带来的损害应该由国家来负责。这一学说最早来自于法国国家赔偿判例，并经判例发展和学说提炼而成，成为法国国家赔偿制度走在世界前列的另一项显著成果。

危险责任的提出标志着国家赔偿责任的追究从原因行为的归责性原则向着损害结果的填补补救的转变，是社会福利国家的一项重要内容。尽管现在危险责任在法国还只是作为过失责任的补充和例外而存在，但是它的适用范围是很广的，而且，从世界各国的国家赔偿法制来看，几乎没有国家完全采用过失责任的标准，而是或多或少都承认危险责任标准在国家赔偿法上的适用。

这一学说的提出也提示性地说明了，国家权力作为一种对公民社会、公民权益的危险而存在的这样一种思想逐渐被学界、法律界和民众所接受，它将逐渐给国家赔偿法的发展革新注入一股全新的血液。

（二）国家赔偿本质探讨

国家赔偿作为一项法律制度发生并发展起来，我们在分析了其产生的一些重要环境因素以后，又阐述了这一制度发展过程中出现的各种学

---

① 城仲模：《行政法之基础理论》，三民书局1970年版，第600页。

说理论，所有这些实践上的进步、理论上的深入，目的都在于能够更好地认识国家赔偿制度的本质，从而依据对其本质的认识，来设计最符合各国自身需求的国家赔偿法律制度。

从国家赔偿的学理探究的过程中，可以认识到，国家赔偿的产生主要有三方面的因素：一是来自于客观现实的需要，国家活动范围增加，给公民社会造成的损害增多，不赔偿难以符合通常的公平观念；二是人权保障和国家理论等思想的鼓动，人们对国家的盲目崇拜观念被较为现实的国家观取代，人权取代了主权，成为法律关注的焦点；三是公法的发展，为国家赔偿作为一项独立的法律制度的发展提供了基础和空间。

从上文介绍的学说理论来看，依稀可以看出国家赔偿从民法侵权责任发展而来的痕迹，主要是就法律拟制说和国库理论而言的。但是现在较为大陆法系国家所接受的公共负担平等学说和危险责任学说则带有更强的公法色彩，加重了国家赔偿制度中对权力性因素的考虑。

从追究责任的角度来看，由过失责任(即注重追究损害行为的原因)发展到客观过失、无过失责任和危险责任，注重对侵害后果的补救，危险责任的发展是个极端。由于国家赔偿制度总体上存在着一个从成熟的民法侵权赔偿体系内发展独立出来的历史，因此，开始的时候较多地受到民法侵权行为归责要件的影响，但是随着国家赔偿制度的逐步发展，国家赔偿因公权力因素造成损害的特殊性越来越显现出来，主观的过失转化为客观的过失，对行为的责难转移到对结果的补救。这其实是一种立场上的转换，即从对国家违法的谴责追究转移到对公民权利的补救。这一立场上的转换直接影响了国家赔偿制度的具体内容，比如归责原则、构成要件、赔偿方式和数额，等等。而这样带来的一个不可避免的结果是传统上关于国家赔偿和国家补偿的区分将趋于相对化。

向来，各国有关国家责任之实定法上之规定及学说或判例的主张，均偏重于原因行为之分析，而忽略结果责任之探讨。即传统上通常就国家机关违法行为之损害赔偿及适法(或无过失之不法侵害)之损失补偿予以界分，并阐释国家行政行为所应负之责任；显而易见，这种国家责任二元化之理论基础，前者系基于“近代个人主义的道义责任主义”而产生，后者则系根据“团体主义”而构成。设若更换立场，从结果责任去论究，现代国家行政权力的强化及其作用的量与质的增繁多涉，其行为处处具有危险性，其行为纵然未有故意或过失，但国民已首当其冲，遭受损害时，吾人乃不得不再从无过失赔偿责任论或危险责任论去正视问题的本质及补救方法，甚至试图以结果责任之理论为基础，以寻觅行政法上损失补偿与损害赔偿合流之可能途径。①

各种学说理论都在某种程度上回答了国家为什么要赔偿以及如何赔偿的问题。国家赔偿制度本身的发展已经使得如何赔偿这一问题的重要性超过了为什么要赔这样原初性的疑问。在面对公权力的强制时，如果让公民完全暗暗忍受由此而来的痛苦而无从救济，这无论如何不是现代法治社会所能容忍的。因此，学理讨论的重点应该不在于是否赔偿这样的态度问题，而应该是如何赔偿、设计怎样的赔偿体系这样的建设性问题。理论的研究也正是为这种制度设计提供基础、给予引导。在这样的认识下，围绕现有的主要国家赔偿学说，我们认为对国家赔偿的本质认识有以下几点应该给予特别的重视：

其一，国家赔偿制度的前提是要解决国家和公民的关系问题。法律拟制说和国库理论把国家看成是一个法律上等同于民事主体的法人人格；而公共负担平等说和危险责任论则把国家看成是所有公民的一个集合体。也就是说，国家赔偿制度的建设与一国的国家观念密切相关。

其二，我们指出国家赔偿理论存在着一个立场上的转换，即从对国家违法的谴责追究转移到对公民权利的补救。也就是说，国家赔偿制度的设计与国家赔偿的立场问题相关。立足于谴责国家的违法不当行为，则会以侵权责任的基本理论为基础来设计制度。而立足于补救公民权利保护，国家赔偿则是对公权力损害的救济。

其三，从宏观的视角而言，国家赔偿总体上是一个公共利益与私益的平衡问题，是一项个人和公权力在面对损害时由谁来承担损失的风险分配原则，是公权力造成损害的补救方式问题。就国家赔偿制度而言，它是对这种损害风险进行分配的法则，是如何实现对公权力造成损害的补救方式问题。这种风险分配的认识也就意味着国家赔偿与国家是否违法并没有绝对的关系，关键是在国家活动带来损害以后，由谁来负担风险。违法与否的问题主要由司法审查，即我国所谓的行政诉讼来解决，国家赔偿只解决损害承担。违法意味着要赔偿，但是不违法也并不是一定不需要赔偿。

---

① 城仲模：《行政法之基础理论》，三民书局 1970 年版，第 553—554 页。

总之,从各种现存学说以及国家赔偿产生的背景分析,我们至少可以看出,国家赔偿制度自身存在着一个不断发展和丰富的过程,这一过程还包含着许多自我否定的因素,例如国家自己责任对代位责任的否定,公共负担人人平等对国库理论国家私人人格的否定。因此,国家赔偿本身的内涵是随着一国的现实需要、理论发展而不断变迁的。普通法系国家坚持国家的法人人格,适用民事侵权责任法,而大陆法系国家则偏重承认公法的性质,采行公共负担人人平等的理论。因此,就一个国家的国家赔偿制度的理论建设来说,其最关键的是要从本国所处的现实环境出发,认清要解决的主要问题,从而采用适合的理论。

第二章　国家赔偿体系论

国家赔偿制度经过了一个多世纪的发展,已经逐渐形成了自己独特的体系,成为现代法制部门中一个重要的构成部门。本部分从制度体系、分类体系和法律渊源体系三个角度分别讨论国家赔偿制度在体系发展上的成果。制度体系部分主要通过各国国家赔偿制度发展的历史和现实存在的法律状况来白描式地勾勒国家赔偿在世界各国发展的一个总体图像。分类体系主要是从学理分类的角度来分析国家赔偿内部的框架体系。而法律渊源体系则是通过国家赔偿制度在法律上的类别分析,展现国家赔偿制度可能的法律渊源层次架构。

一、国家赔偿制度体系

各国和地区在解决国家赔偿事件的过程中逐渐形成了各自的国家赔偿制度。现简要分析如下。

（一）英国国家赔偿制度

1. 制度介绍

英国是普通法国家的代表,其国家赔偿制度的发展也带着深厚的普通法色彩。张越认为,英国行政赔偿的观念经历了一个从个人责任到代理责任、直到英王责任的过渡过程。[1] 其实,这种说法并不十分科学。因为我们知道,所谓的英王责任其实质也是代理责任,只不过是将代理的责任制度适用到英王而已。因此,毋宁说,英国的赔偿观念经历了从公务员个人责任到行政主体代理责任的变迁,并且这种代理责任的发展最终将英王也容纳进来。尽管将英王纳入到代理责任的范围内具有划时代的意义,但是,这仍脱离不了代理责任的根本。英国国家赔偿制度在制定法上的明确始于1947年的《王权诉讼法》,但是,在此之前,英国已经存在着国家赔偿的萌芽,不过是以案例形式存在的。在1765年涉及非法侵入私人领地的 Entick v. Carrington 一案中,法院认定,英王信使(the King's Messengers)遵循某一由内政大臣颁发的授权委托书行事并不构成法律上的抗辩事由,从而认定该英王信使的行为构成非法侵入私人领地。从制定法来说,1842年英国的国防法已规定,对英王在战时的紧急状态下征用其臣民土地的行为,所有者有权取得制定法上的赔偿。[2] 这一早于《王权诉讼法》一百余年的制定法,以单行制定法的形式规定了英国的赔偿责任。[3]

正是由于英国普通法的法律传统,使得英国国家赔偿制度的发展和研究并没有大陆法系一般国家那样的体系和规范。英国国家赔偿的理念和原则往往从具体的案例中来,并且以此为据不断丰富和发展。这在客观上给我国学者的借鉴和研究造成了困难。

张越的《英国行政法》是目前国内研究英国行政法的最新成果,并且,该书的体例可以说是抓住了英国普通法的精神:论著的主旨虽在介绍英国的行政法,但是作者却从英国法制概况和司法体制说起,并使用了大量的笔墨解释英国的司法制度。这一思路吻合了英国司法中心主义的特征,因为普通法是以司法救济为出发点而设计运行的一套法律体系,这区别于以立法为中心的大陆法。[4] 在介绍英国的赔偿制度时,作者同样注

---

① 张越编著:《英国行政法》,中国政法大学出版社 2004 年版,第 759 页。

② 显然,从我国赔偿制度的概念来看,这是属于国家补偿的范围。必须指出的是,英国国家赔偿制度并不严格区分国家赔偿和补偿的概念。这与英国对赔偿以及国家观念的特殊理解有关。其实,从实用主义的观点看来,国家赔偿制度关键在于救济公民的损失,如果能够达到补偿损失的效果,用什么样的称谓,只是问题的细枝末节。

③ 张越编著:《英国行政法》,中国政法大学出版社 2004 年版,第 757—758 页。

④ 〔英〕R. C. 范·卡内冈:《英国普通法的诞生》,李红海译,中国政法大学出版社 2003 年版,第 18 页。

意了英国普通法传统在国家赔偿制度的发展中所刻下的印记,因此,作者将英国行政赔偿的体系作了如下的整理和介绍。

首先,需要强调作者对英国赔偿概念的解释,即所有行政当局的行政决定或者行为所引起的赔偿责任,在此基础上指出我们在进行比较时需要注意的问题,即这种责任在英国属于不严格意义上的公法侵权责任,其范围不限于王权诉讼……英王所承担的王权赔偿责任只是行政赔偿责任的一部分……而大量的地方事务,特别是警察事务是由不属于英王的地方行政当局和警察当局承担的。[①] 这就为我们在学习时区分英国的赔偿主体与我国的区别奠定了基础。

其次,需要指出的是,鉴于普通法的特征,英国并没有法国那样明确的公私法的界分。在法国公法中公共责任的规则与私法中的责任规则是不同的。但在英格兰法中,公共当局及其官员在理论上与私人受同一民事责任法的拘束。因此,针对某一公共当局提起的损害赔偿诉讼的成立必须基于普通的侵权事由或者基于制定法所创设的起诉权。[②] 具体言之,基于普通法的事由主要有:公共当局的疏忽责任和《王权诉讼法》规定的内容。制定法创设的起诉权主要有:不履行法定职责的赔偿责任,以及制定法上的授权造成损害时的赔偿请求权。

行政赔偿在普通法上的救济主要体现为疏忽责任(liability for negligence[③])。疏忽责任是未尽到应有的注意义务而产生的责任。如何界定疏忽以及何时构成疏忽,其实只能由法院的判决来裁量。疏忽责任强调的是机关行为时的注意义务,规范的是机关的具体活动,属于操作层面的约束规范。这不同于规范机关权限的越权无效原则。

英王的赔偿责任以王权诉讼为主,但并不止于此。与其说1947年的《王权诉讼法》规定了王权诉讼的范围,不如说该法开创了实际由英王承担的代理责任统一划归英王名下的先例。该法所做的不过是将对该法限定了范围的国王的公务员的行为,疏忽或者不履行职责等提起的诉讼,纳

---

① 张越编著:《英国行政法》,中国政法大学出版社2004年版,第753页。

② 同上书,第782页。

③ 按照《元照英美法词典》的解释,negligence通常指过失、过失行为。在英格兰法中,该词在侵权法上亦指一种独立的侵权行为,即指一个通情达理的人在特定情况下应当注意而没有注意从而对他人的人身或财产造成损害的一种侵权行为。在刑法上,译为“疏忽”。如果按此解释,这里翻译作“公共当局的过失责任”似乎更符合习惯。

人以英王为被告的侵权赔偿诉讼的范围内而已。[①] 这表明,《王权诉讼法》的制度意义在于,它是连接普通法和制定法的桥梁,它通过制定法的形式将普通法上逐渐发展的原则稳固、确认。这些原则的主要精神就是该法第 2 条所规定的,如其是成年或具有行为能力的个人,政府应对下述民事侵权行为承担全部责任:(1) 由其公务人员或代理人所实施的民事侵权行为;(2) 违反普通法上作为雇主应对其雇员或代理人所应尽的那些义务;以及(3) 违反普通法上隶属于财产所有权、占有权、持有或控制权的责任。

公法之不同于私法的最大区别之处在于机关的许多权力、义务(职责)来自于法律的规定。而就公民的权利来说,更多的学者倾向于认为它是先于法律规定的,尤其是在有着自由主义传统的英国。法律只是认可权利的观念可谓根深蒂固。因此,对机关违反法定职责、未履行法定职责的制裁和救济,从逻辑上来看就应该并不完全等同于对公民放弃权利义务的法律救济。那么,机关未履行职责,是否就必然构成了对公民损害,并且满足提起赔偿诉讼的充分条件呢?这个问题的回答在英国经历了先肯定后否定的发展过程。曾有一度,英国学界普遍认为,任何人因某一有义务履行制定法上职责的人或者机构未能履行该职责而受到损害时,都可以对该人或者该机构提起赔偿之诉。但是,如果英国的法律现在仍然可以对不履行法定职责的行为提起损害赔偿之诉的话,那将会对公共机构所提供的服务或者所行使的规制、保护等职能产生非常广泛的影响。[②] 深层的原因应该是,随着现代国家任务的扩张,行政任务前所未有的增加,公共服务的内容所具有的福利和提高公民生活质量的特征决定了对其提起单纯的损害救济诉讼往往是不适当的。督促公共机构履行这些职责可以通过司法审查的方式进行,并且,通过司法审查,能够最终促使机关履行职责,为公民提供相应的福利,这比单纯的损害救济具有更积极的意义。

立法授权并不能免除所有的赔偿责任。如果议会明确地授权公共机构做某事,则公共机构按照该授权所实施的行为是不可能有错的。对于

① 张越编著:《英国行政法》,中国政法大学出版社 2004 年版,第 765 页。
② 同上书,第 775 页。

根据授权所剥夺的权利[①]是否需要赔偿的问题，则依立法是否规定可以赔付而定。[②] 立法授权的行为可以分为强制性的义务和许可性的义务两种。对于前者，机关必须执行，不执行是否赔偿，一要看法律是否规定有赔偿，二要看法院的裁判倾向。对于后者，要看执行机关是否有自由裁量权。在机关拥有自由裁量权的情况下给公民造成损害的，如果这种损害是可以避免的，即机关通过加强注意能够回避的话，则机关要负未尽到注意义务的疏忽责任；如果自由裁量权行使所造成的损害是不可避免的，即无论采取何种手段都会给公民造成损害，这时，是否赔偿公民损害，要视立法有没有赔偿的规定，有规定则赔，没有规定则不赔。这是议会至上原则在赔偿领域的体现。

但必须指出的是，英国行政赔偿的范围实质上是开放的。开放的意义表现在两个方面：其一，法院可以通过判例推翻改变原有的赔偿原则；其二，以上所说的赔偿诉讼请求权并不能囊括所有的赔偿，事实上，通过司法救济的途径，法院也可能判决赔偿损害，尽管不是主要的赔偿渠道。这也表明了普通法制度的灵活性。

需要指出的是，作者在书中的介绍仅限于行政赔偿制度，即对于公共当局及英王的侵权责任（Liability of public authorities and the Crown in tort）的追诉[③]，所以作者的介绍并没有完全包括英国的国家赔偿制度，至少从三权分立的角度看来，就缺乏立法赔偿和司法赔偿。而这两者是国家赔偿不可或缺的内容。换言之，行政赔偿只是国家赔偿的一部分，尽管是主要的一部分。

立法赔偿在20世纪开始受到学者的关注。但是在英国，由于特殊国家体制决定的议会至上原则的存在，立法赔偿的发展空间非常狭小。

对于司法行为带来的损害，英国1988年《刑事司法法》第133条第1款规定："如果某人被判决犯罪，其后由于新的事实或者新发现的事实能够排除合理怀疑地表明存在错误判决，在此基础上有罪判决被撤销或者此人获得赦免，国务大臣应当向受到错误判决并受到刑罚处罚的人支付

① 这里需要提醒注意对"权利"的理解，大陆法系把权利理解为制定法所规定认可的权利，而普通法国家则认为权利并不是由制定法创设的，制定法只是认可了权利，即权利先于法律。所以，英国法更多的是关注损害而不是对某些权利的侵害。

② 张越编著：《英国行政法》，中国政法大学出版社2004年版，第778页。

③ 同上书，第759页。

赔偿金。如果此人死亡,应当向其私人代理支付赔偿金,除非这些事实没有披露是部分或者全部归于被判决有罪之人。"

2. 特点总结

总结英国赔偿制度的特征,有以下几点值得特别指出:

第一,建立在普通法和制定法两者互补互长的基础上。

第二,走上了一个把国家视为私人的极端,忽略了国家行政力量能够以与私人不同的方式对人施加影响。这一观念在英国国家赔偿制度建立初期有利于减少这一制度的阻碍,并且减少了设立公法制度的成本,但是随着公法特征的深入探索,英国完全无视行政、国家的公法特征的弊病必然显现出来。就目前情形看来,问题的解决还需要看灵活的判例制度能够在多大程度上消解这一矛盾。

第三,由于传统观念的影响,司法赔偿、立法赔偿的发展极为缓慢,并且滞后,与现代社会的需求有些脱节。

(二)美国国家赔偿制度

1. 主权豁免原则

最初的朝圣者踏上北美这片土地时,他们就用当时世界最先进的理论以及他们对人性的深刻认识为自己制定了最初的宪章。但是,虽然美国在政治上极力摆脱英国的统治而寻求独立,但在法律上自始沿袭了英国的理念和制度。即使是与英国君主制密切相联的一些特权产物也照单全收,比如主权豁免、国王不能为非原则。直到 20 世纪 40 年代之前,美国在思想上紧跟英国的主权豁免原则,一直坚持不予赔偿。这一不赔偿的思想在美国以判例法中发展的主权豁免和官员特免理论得到体现。

主权豁免原则在英国主要表现为国王不能为非的思想,国王不在自己的王国领地内被诉。在美国,虽然没有国王,但是判例中一直坚持美国不能作被告,因此形成了主权者不能被诉的传统。主权豁免原则在美国的法律制度中根深蒂固,迄今仍未被完全消除。国会代表人民,追诉主权者的法律责任必须得到国会的同意。

所谓"官员特免"是指某些人可以在诉讼程序上提出作为防卫的手段,就侵权行为而言,享有特免的人不受赔偿责任的追诉,这是程序方面的规则。[1] 官员特免规则在很长一段时间里保护了行使立法职能的议院、行使司法职能的法官、检察官和行政官员们，使之免于赔偿追诉。

2. 制度介绍

在《联邦侵权赔偿法》制定之前，主权豁免原则在一定范围内有所松动，表现为部分领域内开始出现国家赔偿的方式和法律。

私法律案是公民通过请求国会通过一个私法律案，由政府赔偿。私法律案是一个只适用于特定个人或团体的法律。[2] 私法案的通过，完全采个案的方式处理，没有统一的原则，在性质上没有修正《联邦侵权赔偿法》的效力，也不得作为判例而引用，也没有拘束其他私法案的效力。因此，能够得到赔偿的可能性极小，根本满足不了要求国家赔偿的需求。另外，国会还制定法律规定了一些特殊领域侵权赔偿责任。[3]

1946 年美国制定颁行了《联邦侵权赔偿法》，明确规定，联邦政府之任何人员，于其职务范围内，因过失、不法行为或不行为，致人民遭受金钱上之损失、财产上之损害或丧失或人身上之伤害或死亡，美利坚合众国应和私人一样，依行为地或不行为地法律，对请求人负损害赔偿责任。就基本性质而言，这一法律是用普通法上的侵权赔偿理论与要件来解决联邦政府人员执行职务的不法侵权责任。尽管这部法律的态度是明确地抛弃主权豁免原则，但是法律又规定了十几项除外事项，国家不负赔偿责任，因此并没有完全放弃主权豁免的思想。

《联邦侵权赔偿法》在赔偿责任的归责原则上采用过失主义。该法以侵权行为法为依据，而侵权行为法是以过失为要件的，所以联邦政府职员于执行职务时，必须是过失致使人民的自由、权利受到损害时，联邦政府才负担损害赔偿责任。以过失、不法行为为唯一的侵权原因，不再区分为人的行为和物的设施的责任。即使是公共设施的设置管理欠缺，也必须是设置或管理的欠缺有过失的情形才可以。[4]

联邦侵权赔偿责任的追究在操作程序上有几点值得一提：一是无论

---

① 王名扬：《美国行政法》，中国法制出版社 1995 年版，第 792 页。

② 同上书，第 734 页。

③ 比如 1910 年的一部法律，授权索赔法院受理美国政府侵害私人专利权的赔偿，另一部法律授权海军部由于海军船只的过错而造成的碰撞，给予 500 美元以内的赔偿。其他法案信息参见王名扬：《美国行政法》，中国法制出版社 1995 年版，第 737 页。

④ 王和雄：《赴日本、美国研究国家赔偿法报告》，台湾地区“法务部”1982 年版，第 94 页。

是美利坚合众国或联邦政府人员被诉,均由政府的检察官负责答辩;二是联邦侵权赔偿的预算由联邦财政部编列,但其预算编列的方式很特殊。编列预算时不列确实数字,唯如联邦侵权赔偿专项预算少于美金1000万元时,应即通知国会拨列专款,以供使用。[①] 这种类似于储备金的方式具有很大的灵活性。

官员豁免原则的不良后果直到1988年《联邦职责赔偿责任改革和侵权赔偿法》的颁行才得以改善。这一法律规定由国家代替政府职员负担侵权赔偿责任。依据这一法律,官员继续受到特免的保护,但是受害人得到了向国家提出赔偿请求的权利。值得注意的是,美国代替联邦职员负担的责任限于金钱赔偿,受害人认为必要时,除金钱赔偿以外,可以请求法院对联邦职员或美国发出制止令,命令该职员或机关为一定的行为或不行为。[②]

在对职员的侵权赔偿责任的追究上,区分一般法律上的侵权行为和侵犯宪法权利的行为。由于宪法权利是社会生活中最重要的权利,对于这些权利的侵犯应当特别考虑,国家不代替职员负赔偿责任。受害人应向有管辖权的法院追诉侵权职员个人的赔偿责任。

美国是联邦制国家,各州和地方政府职员的侵权赔偿责任不同于联邦政府职员。州和地方政府职员执行职务时违背联邦宪法和法律的责任,规定在《美国法典》第42编第21章第1983节。这一请求权后来被适用于地方政府。

3. 简评

相对而言,美国的国家赔偿制度还是比较落后的。主权豁免的阴影还没有去除,存在大量的赔偿责任的例外。归责原则仍为过失主义,还没有考虑国家权力的危险性在赔偿中的具体体现。

(三) 德国国家赔偿制度

1. 体例介绍

体例是德国国家赔偿法一个尚未妥善处理的问题。德国国家赔偿法产生于各种不同的历史和事实根源,以不同的成文法、习惯法和法官法规

---

① 王和雄:《赴日本、美国研究国家赔偿法报告》,台湾地区法务部1982年版,第120页。

② 王名扬:《美国行政法》,中国法制出版社1995年版,第830页。

则和原则为根据，针对各不相同并且相互之间不协调的事实要件，从而形成了一堆多层次、遍布漏洞、难以提纲挈领的材料。[①] 总体言之，德国国家赔偿制度是一个开放的系统，它包括公民在国家活动侵害其权利时而提出的损害赔偿、公平补偿、恢复原状的请求。这种源于历史的开放体系给学理的体系化研究带来了困难。

就德国通行的两本行政法教科书来看，它们对德国国家赔偿体系的介绍也有着很大的差别。毛雷尔教授的《行政法学总论》试图从每一种国家赔偿请求权的历史发展出发来梳理其来龙去脉，因此显得很繁杂。正如他自己所说的，由于这些请求权的起源、要求、形式和目标有时差异很大，不可能——原原本本地——将它们纳入全面单一的体系。[②] 毛雷尔教授用自己的理解来尽量融合现有的各种请求权，他认为：尽管现在的法律状态十分凌乱，仍然存在着立法机关、学理和司法都应当注意的宪法根据和规定，即基本权利和《基本法》第 34 条有关国家责任的规定。基本权利的意义表明：如果不只是将其视为单纯的防御权，而是从更为广泛的角度理解，那么，就应当从防御请求权进一步发展到赔偿请求权；如果产生于基本权利的防御请求权和不作为请求权不适用——因为侵害已经造成了确定的后果，那么，第二个阶段可以适用后果清除请求权形式的纠正请求权；如果后果清除请求权仍然不能适用，第三个阶段适用的是赔偿请求权，借此至少进行财产上的公平补偿。[③] 事实上，各种请求权之间的关系并不像作者界定的那么清晰，请求权之间的竞合、转化、排斥关系是经常存在的。它不仅给寻求救济的当事人造成困难，也增加了体系规范化的困难。

沃尔夫教授则用通行的二分法，制造了“过错赔偿责任”和“补偿请求权”这两个大的框架，然后把传统的各种赔偿请求权，依据其产生的原由、发挥的作用和作者的理解，分别装入这两个框架里，从而试图建立起比较规范的、与各国通行的体系具有可比性的德国“公法赔偿”体系。

两位学者基于不同视角的归纳努力本身就说明了德国国家赔偿体例

---

① 〔德〕哈特穆特·毛雷尔：《行政法学总论》，高家伟译，法律出版社 2000 年版，第 615 页。

② 同上书，第 616 页。

③ 同上书，第 617 页。

上难以统一的现状。

2. 现状归纳

现行德国赔偿责任主要由职务责任请求权和其他损害赔偿请求权和补偿请求权共同构成。主要由以下几方面构成。

（1）职务赔偿责任。这是典型意义上的国家赔偿责任，具体可以分为立法赔偿、行政赔偿和司法赔偿。根据《民法典》第 839 条以及《基本法》第 34 条，职务赔偿责任需要满足五个要件：

第一，执行公务，侵害行为必须公务人员在执行公务过程中实施。至于以私法方式执行公务的行为的定性至今仍存在争议。

第二，违反对第三人的义务。当机关对第三人负有职责，并且该职责以保护第三人为目的时，违反该义务可能产生赔偿责任。

第三，过错。公务人员在实施侵权行为时必须具有故意或者过失。过错的概念已经逐渐客观化。

第四，因果关系。侵权行为与损害结果之间存在相当因果关系。

第五，不存在限制赔偿责任情形。这主要针对司法赔偿和立法赔偿。就立法而言，联邦最高法院和学界通说均以不可预测的财政后果为由反对立法机关违法的赔偿责任。①

司法领域适用《民法典》第 839 条第 2 款规定的特殊规则。该款一方面表明，公务员赔偿责任和职务责任也存在于司法领域，另一方面应当作严格限制，以至于几乎不能使用。法官在"裁判法律事件时"，只有在违反职务的行为同时构成犯罪，即故意曲解法律或者受贿的情况下，才承担赔偿责任。②

（2）行政法债务关系中的赔偿责任。具体情形有：

第一，行政法合同债权。根据《联邦行政程序法》第 62 条，行政法合同可以适用民法典有关合同赔偿责任的规定。

第二，公法保管责任。基于公法保管关系产生的赔偿责任。

第三，公法上的无因管理。公民为行政机关提供服务而遭受损害，没

---

① 〔德〕汉斯·J. 沃尔夫等：《行政法》（第 2 卷），高家伟译，商务印书馆 2002 年版，第 392 页。

② 〔德〕哈特穆特·毛雷尔：《行政法学总论》，高家伟译，法律出版社 2000 年版，第 646—647 页。

有任何法律依据的,可以要求行政机关赔偿损害。

第四,公务员法律关系。主要指违反公务员法上的照顾义务而产生的赔偿责任。

(3) 危险责任。危险责任是指不以违法性和过错为要件,因技术风险而产生的损害赔偿责任。在公法领域中只存在单行法特别规定的危险责任,例如军用飞机、核设施、计算机系统产生的危险责任,私人因暴乱或暴行遭受的侵害,不当刑事追诉措施的责任,军事演习的赔偿责任。

(4) 补偿请求权。主要有三种:一是财产征收的补偿责任;二是具有财产价值的内容限制,也就是司法界提出的“征收性侵害”的概念;三是牺牲补偿,指机关侵害非财产权利的补偿,原来只针对合法侵害,现在逐步扩展到非法侵害行为。

(5) 后果清除请求权。权利遭受公权力侵害的公民有时并不需要金钱补偿,而是需要恢复侵害行为发生之前的状态。后果清除请求权正是发挥了这一功用,它是对其他请求权的补充。

1981 年《国家赔偿法》被德国联邦宪法法院以联邦没有立法权限为由宣布撤销。1994 年 10 月 27 日的关于修改基本法的法律授权联邦议会制定《国家赔偿法》的并行立法权,清除了联邦立法权的障碍。一部全面而系统的《国家赔偿法》正在酝酿之中。

3. 特点分析

其一,德国国家赔偿责任是由私法演变而来的。1896 年的德国《民法典》第 89 条,就公务员基于非权力作用加于第三人的损害规定,应准用同法第 31 条规定,国家或其他公法人与私法人同样负私法上赔偿责任。而公务员基于公权力行使违法所加于第三人之损害,依第 839 条规定,公务员本身应负损害赔偿责任。1910 年,德国公布《关于国家(联邦)责任法》时才承认国家的一般赔偿责任。但关于公共设施,直至 1973 年,前联邦德国司法院与内政部共同拟订《国家赔偿法》(草案),其中第 1 条规定,国家赔偿责任的来源有二:第一,公民的权利公权利侵害;第二,公民由于公权利主体因技术设施之保障受侵害。[1] 因为这一过程而留存下来的《民法典》第 839 条关于公务员职权责任的规定与《基本法》第 34 条的

---

① 宋雅芳:《公有公共设施致害赔偿研究》,载《宪政论丛》(第 4 卷),法律出版社 2004 年版,第 426 页。

规定之间的关系成为学界认定国家赔偿范围的一大难题。[①]

其二,赔偿和补偿责任的融合趋势。对牺牲请求权的不断扩大解释,模糊了合法与非法的界线,实际上是将赔偿与补偿责任相混淆。新的发展是从结果意义上来确认国家赔偿责任的,这必然弱化了原来以过失、违法为责任要件的从行为阶段进行赔偿追究的方式。出现这一趋势的根源还应该在于德国国家赔偿的立场,或者说目标在于使受害人处于没有损失的状态。[②] 另一个原因在于法官造法所带来的对"征收"等基本概念的解释的不断扩大。

其三,专门化是德国法院系统设置的一个特征。这带来的一个问题是,对于国家赔偿案件,不但行政法院而且普通法院和宪法法院都有管辖权。由于立场和法律解释技巧上的原因,客观上增加了判决统一的难度。由于赔偿制度发源于私法,所以职务责任引起的违法赔偿是向普通法院寻求救济的。而联邦行政法院出于审查侵害适法性的同时可以判决赔偿。联邦宪法法院通过对行政行为合宪性的审查同样发展了宪法法院对国家赔偿一些概念的解释。比如在著名的水沙判决中,联邦宪法法院确立了比联邦最高法院严格的征收概念。[③] 联邦最高法院认为社会约束之外的任何直接侵害都构成征收,而联邦宪法法院则将具有财产价值的法律地位的剥夺确立为关键标准。这些分歧和差异的存在,为学理和实践的猜测和推想留下了很大的空间。

总之,德国的国家赔偿制度有着独特之处。这主要在于它的体系的庞大,包括的内容较多,对公民权利的保护更周全。

(四)法国国家赔偿制度

法国是行政法之母国,也是国家赔偿制度的先驱。当法国行政法院于19世纪70年代创建行政赔偿责任时,英美法系的普通法院仍处于主权豁免观念的阶段。虽然是大陆法系国家,法国的国家赔偿体系却不能

---

① 具体的分歧参见〔德〕哈特穆特·毛雷尔:《行政法学总论》,高家伟译,法律出版社2000年版,第621—622页;以及〔德〕汉斯·J.沃尔夫等:《行政法》(第2卷),高家伟译,商务印书馆2002年版,第348页。

② 〔德〕哈特穆特·毛雷尔:《行政法学总论》,高家伟译,法律出版社2000年版,第646页。

③ 同上书,第672—673页。

从其零星的国家赔偿法规中找到答案,法国国家赔偿法的精神和活力在于行政法院的判例。行政法院的判例,一方面直接构成了法国国家赔偿的体系,成为公民寻求赔偿的制度依据,另一方面,行政法院的判例也成为学界理论研究的依托,理论与判例相互促进,形成了法国领先的公法理论体系。

1. 历史

最初确立法国国家赔偿责任的是1873年权限争议法庭对布朗戈案件的判决。该案开创了行政法院独立受理行政赔偿案件的先例,从此打开了法国独立的国家赔偿法制发展的大门。依此路径,法国行政法院逐渐发展了国家赔偿的对象、责任根据、责任主体、责任范围等内容。

2. 制度简介

(1) 公务过错责任

相对于其他国家而言,法国行政法不但发展最早,而且它的公法性质也最为明显。这体现在国家责任的构成要件上。一般国家的国家责任构成要件都采用与民事责任相一致的主观过错概念,而法国则独创了适用于公法的公务过错的概念。公务过错的提出一方面表明过错这个传统的主观意味的概念在公法领域的客观化,同时也表明了行政主体应该独立承担责任的地位。在公务过错中,行政人员不对受害人负赔偿责任,也不对行政主体负赔偿责任。受害人只能向行政法院追诉行政主体的责任。[①] 公务过错主要表现为公务的实施不良、不执行公务(不作为)、公务迟延等。

(2) 危险责任

危险责任即无过错责任,是在过错责任之外,考虑到公权力的特殊性和公共利益的平衡而发展起来的国家责任制度,以公共负担平等和公权力危险性为理论依据。危险责任的发展补充了过错责任,填补了公民的公平感,完满了国家责任的公正性。

危险责任适用的领域主要有[②]:

第一,基于公共事业建筑工程之异常性损害或公共事业之存在所从生之异常性;

① 王名扬:《法国行政法》,中国政法大学出版社1988年版,第722—723页。

② 参见城仲模:《行政法之基础理论》,三民书局1970年版,第600—601页。

第二，异常危险，比如炸药库、军火制造厂及战舰等的爆炸；

第三，职务危险，公务员执行公务造成的损害；

第四，拒绝判决之执行，即对于已具有既判力的判决，因基于社会安全之顾虑，未为协助其执行，致生个人财产收益上之损害；

第五，法律制定之责任。1936 年的行政法院的一个判决确定了，凡因经济性立法行为致生损害的，国家基于公共负担平等的原则，应与其他一般性立法行为截然分开，国家应负赔偿责任；

第六，社会危险，包括示威、游行引起的损害，战争引起的损害。

（3）司法、立法行为

司法行为和立法行为都纳入了国家赔偿的范围。立法行为的责任主要体现为危险责任的承担。在司法行为方面，1895 年以来，法律承认国家冤狱赔偿责任；1933 年又规定，司法官对于有关保释金有重大诈欺或过失者，国家应负第二次元责任。依《民事诉讼法》第 505 条，凡是法官因诈欺、渎职、拒绝裁判或其他职务上的重大过失而受有罪判决时，被害人得经民事诉讼程序，请求国家赔偿。1972 年规定了关于司法职能赔偿责任的一般规则，7 月 5 日制定的《建立执行法官和关于民事诉讼程序改革法》第 11 条规定，国家必须赔偿由于司法公务活动的缺陷而产生的损害。这个责任只在重过错或拒绝司法时才发生。国家保障受害人由于法官和其他司法官员的本人过错而造成的损害赔偿，国家对后者有求偿权。①

（4）国家赔偿的除外规定

这主要涉及统治行为。法国将国家行为分为权力行为、非权力行为和统治行为。前两者都逐渐纳入了国家赔偿的体系，现在唯一的例外是统治行为。这主要是指召开国会或变更会期的命令、外交行为、战争行为、有关公共安全的紧急对策等。②

2. 特点分析

其一，以判例法为主。法国国家赔偿责任的产生始于判例的创新，国家赔偿的发展同样得益于判例的发展。虽然也有关于国家赔偿的法律法规，但是，如果抽离了国家赔偿的判例，仅剩的法规是无法支撑法国国家赔偿制度体系的。综观各国国家赔偿法的制度体系，多以成文法来规定，

---

① 王名扬：《法国行政法》，中国政法大学出版社 1988 年版，第 742 页。

② 城仲模：《行政法之基础理论》，三民书局 1970 年版，第 602 页。

即便是英国、美国这样的普通法系国家也不例外。而独有法国以判例法构筑其国家赔偿法体系,别具一格。

其二,过错责任与危险责任二元责任体系。法国国家赔偿责任成立的根据有两个:其一为过错,这种过错不同于民法上的个人过错,指的是公务过错;其二为危险,也就是无过错责任,是基于公共负担平等和公权力自身的危险性而成立的国家赔偿责任。如上所述,危险责任的发展所包括的范围很广,已经不再只是过错责任的一个补充了,而成为与过错责任并存的一种国家责任形式。无论是独立于私法过错的公务过错概念,还是逐渐发展的危险责任体系,都是法国国家赔偿制度对国家赔偿理论研究的独特贡献。

其三,公务过错与公务员个人过错并存。公务过错是主观过错概念客观化的结果,是法国行政法的创造。公务过错指公务活动欠缺正常的标准,这种过错来源于公务人员,但是不能归责于公务人员。[①] 由于公务过错造成的损害,由国家(具体为行政主体)来承担赔偿责任。个人过错是可归责于公务员个人的错误,由公务员以个人的财力来负担赔偿。公务过错和个人过错的区分厘清了侵权活动中行政主体、公务员和受害人之间的法律关系。因公务过错引起的纠纷属于公法关系,由行政法院管辖,诉讼双方是行政主体和受害人。因公务员个人过错给公民造成的损害属于普通的民事侵权,争议由普通法院管辖,适用私法。如果是公务员个人过错给国家行政主体造成损害的,则由行政法院管辖,由行政主体诉请公务员赔偿损害。[②] 这就确立了公务员对行政主体单独的赔偿责任。当案件性质发生争议时,由权限争议法庭裁决。公务过错和公务员个人过错的并存,明确了双方之间的法律关系;但在另一方面,由于公务员和行政主体内部关系的外部化,从而提高了公民寻求赔偿的成本。

其四,赔偿范围十分广泛。法国的国家赔偿制度发展得最早,也最为深入和全面。从国家行为的角度来说,赔偿范围不仅有对行政职务造成的损害进行赔偿,对立法行为和司法行为也进行赔偿。从国家承担赔偿的方式来看,不仅对直接的物质损害给予赔偿,对间接损失和精神损害也

---

① 王名扬:《法国行政法》,中国政法大学出版社 1988 年版,第 722 页。

② 同上书,第 750 页。公务员对行政主体的单独赔偿责任是由 1951 年最高行政法院的判决确立的。在此之前,公务人员原则上不对行政主体负赔偿责任。

给予赔偿。总体说来,不负赔偿责任的除外规定很有限。

(五)日本国家赔偿制度

日本国家赔偿属于行政救济法体系[①]的组成部分,是实体意义上的行政救济制度。实体意义的行政救济主要包括国家赔偿和损失补偿。

1. 历史发展

从国家赔偿的历史来看,日本的国家赔偿制度是第二次世界大战以后才发展起来的。在明治宪法下,由于受主权豁免思想的影响,在《行政裁判法》和旧《民法》得以公布的1890年当时,确立了采用关于公权力行使的主权免责的法理这一基本的法政策。[②] 其他国家虽然不承认国家责任但同时会承认官吏的个人责任,与此不同,在明治宪法下,关于公权力的行使,处于国家和该官吏本人都不承担责任的状况。[③] 可以说是由受害者自己负担损害的一种“格杀勿论”的状况。[④]

绝对国家的观念使得因统治权行使而造成损害的国家赔偿得不到法律的承认。通过把行政作用划分为权力作用和非权力作用,一部分损害赔偿可以依据民法作为一般民事案件向司法法院提起诉讼。关于非权力作用,一般认为是伴随营利行为的纯经济活动。但对有关工程设施的设置管理行为,一开始,判例多认为是“行政行为”或“公法上的行为”,因而不适用民法上的有关规定。这种情况由“德岛游动圆棒案”打破。“德岛游动圆棒案”的性质并不属于国家公权力行使造成损害的赔偿责任问题,大审法院的审判理由说明了这一点,判决认为:该市对校舍具有民法上的占有权,适用《民法》第717条承认原告的请求。因此,本质上本案是对国家或公法主体的私经济作用行为而追究的民事法律责任,并非具有独立的国家赔偿意义。另外,赔偿的主体是市政府,直接的责任人是学校这一社团法人,还谈不上国家责任。比如英国在承认王权诉讼之前,地方团体

---

① 日本的行政救济法制较为健全,从制度上来说,大致可以分为如下三种:其一是有关损害赔偿的制度;其二是有关损失补偿的制度;其三是包括行政不服审查和行政案件诉讼在内的行政争讼制度。另外,还包括苦情处理和行政上调整利害的各种制度。参见杨建顺:《日本行政法通论》,中国法制出版社1998年版,第576页。

② 〔日〕盐野宏著:《行政法》,杨建顺译,法律出版社1999年版,第447页。

③ 同上书,第448页。

④ 杨建顺:《日本行政法通论》,中国法制出版社1998年版,第618页。

就一直依据民事法律承担着赔偿责任。这一案件在国家赔偿上的主要意义在于它对一直予以消极解释的公共事业，通过适用民法而承认损害赔偿请求权。以此为契机，即使是有关公益性的行政活动，对基于道路、河川、下水道等公共事业的实施以及公物管理瑕疵的不法行为，判例逐渐肯定了国家、公共团体的赔偿责任。可见，"德岛游动圆棒案"的主旨在于开启了公共设施的赔偿责任，就国家公权力这一国家赔偿的重心并没有实质性的突破。日本国家赔偿的真正发展还在于，二战后受美国影响，于1946年新宪法直接规定了国家赔偿责任，并要求制定国家赔偿法。由此可见，日本国家赔偿法的发展具有激进的特点，直接嫁接了世界上最为先进的理论和制度，并不是在前述德岛案的萌芽上逐渐发展起来的。

2. 主要内容

1946年《宪法》第17条规定，任何人因公务员之不法行为致受损害者，得依法律对国家或公共团体请求赔偿。据此，日本《国家赔偿法》于1947年10月27日制定公布施行。这部《国家赔偿法》总共只有6条，主要内容如下：

第1条规定行使公权力的国家和公共团体的赔偿责任，采过失加违法的标准。第2条规定公营造物因管理和设置上的瑕疵的赔偿责任，采无过失主义。第3条为了全面保障受损公民得到赔偿，规定了对公务员有选任监督之职的人或者对公务员承担薪俸，对公营造物承担费用的主体的也负担赔偿责任，也就是说，被害人可以自由选择加害人之一以求赔偿。这种立法例属于日本的创新。第4条规定了民法的补充性质。第5条规定其他特别法有规定按其规定的原则。第6条规定了国际法上的相互保证原则。

3. 主要特点

其一，直接规定了国家和公共团体为赔偿主体，适应了多元主体的现代行政发展趋势。《国家赔偿法》第1条明确规定国家赔偿的主体是国家和公共团体。国家为国家赔偿的主体是国家赔偿法的应有之意。而现代权力发展的一个显著特征是随着分权和民主的深入而出现的国家权力主体多元化，由此反映到国家赔偿法上的特征就是国家赔偿主体的多元化，不仅有传统的国家，而且其他行使公权力的主体也应该成为国家赔偿的主体。其他国家或许也承认这一发展趋势，但是往往都是类推适用，或者在国家赔偿法的最后规定其他公共团体也适用本法的形式来承认国家赔偿主体多元的现实。而日本《国家赔偿法》则采用更为直接的方式:在《国家赔偿法》第1条就直接明确规定多元主体。就实践而言,公共团体通常可以分为地方公共团体、公会、营造物法人等。[①] 在操作上,日本规定了法务大臣和检察官在国家赔偿诉讼中的地位与职权来应对诉讼,从而使得国家责任的确认和承担变得简洁、方便。

其二,没有区分一般公务员与审判或追诉职务公务员的赔偿责任构成要件。日本《国家赔偿法》关于公务员职务行为所生国家赔偿责任,仅有第1条规定行使国家或公共团体公权力之公务员,关于其职务之执行,因故意或过失违法加损害于他人者,国家或公共团体应负赔偿之责。在法条的文字上看不出有关于一般公务员和检察、司法审判公务人员在国家责任承担上的区分。司法实践也承认这一同一性,即检察官、判事执行其公权力职务时,因故意或过失违法侵害人民之自由或权利的,国家就负赔偿责任。对于侦察审判人员执行公务造成损害的国家赔偿并没有如其他国家那样规定特殊的较为严格的赔偿构成要件。这样带来的一个后果就是,日本司法赔偿案件要明显多于其他国家。

其三,司法判例的运用极大充实了国家赔偿法。日本《国家赔偿法》内容较少,只有6条。这原本会成为国家赔偿实践发展的窒碍,然而日本司法审判者不断更新思想,采用学界新说,创新判例,以达到与时俱进的目的。司法判决中发展了举证责任转换、行政权消极不作为的责任、行政指导的错误、执行职务的判断标准、公营造物设置或管理瑕疵之判断标准等。[②] 使国家赔偿制度的发展随着社会之进步以及行政权之扩张,而将《国家赔偿法》适用的范围,适时予以扩充。日本司法界不固步自封,积极在实践中创新以跟上行政权不断发展的现实的做法值得各国借鉴。

其四,以民法为补充法。日本《国家赔偿法》第4条规定:对于国家或公共团体之损害赔偿责任,除前三条之规定外,适用民法之规定。其意在以民法为国家赔偿法的补充法。国家赔偿的责任根源在于公法关系而不是私法关系。国家赔偿与民法的关系并不在于它的性质上,而在于国家赔偿责任发生之后,如何赔偿的问题,是完全可以适用民法已经发展完善的程序性规定的。日本《国家赔偿法》直接规定以民法为补充法,既简

① 王和雄:《赴日本、美国研究国家赔偿法报告》,台湾地区法务部1982年版,第8页。
② 同上书,第24页。

洁又实用,避免了重复规定的累赘。

(六)我国台湾地区国家赔偿制度

1. 主要内容

依据我国台湾地区1980年的"国家赔偿法",将其国家赔偿责任的主要内容做如下介绍。

其一,公务员违法行使公权力所生国家赔偿责任。公务员是指依法令从事公务的人员,广义上解释为"五院"的所有公务员,范围涵盖立法、行政、司法。

但是关于司法审判职能人员的赔偿责任,"国家赔偿法"第13条规定了例外:有审判或追诉职务之公务员,因执行职务侵害人民自由或权利,就其参与审判或追诉之案件犯职务上之罪,经判决有罪确定者,适用本法规定。据此,就检察官或法官,因执行其审判或追诉职务时侵害人民之自由或权利的,必须就其参与"参与审判或追诉之案件","犯职务上之罪",并"经判决有罪确定",国家才负赔偿责任。而检察官、法官以此身份从事追诉或审判以外的职务时,则其承担国家赔偿责任的构成要件与一般行政上的公务员相当。

至于立法委员与地方议会议员的立法行为,因一方面受宪法或法律上免责规定的保障,使国家无从代位外,另一方面则系因不论是"中央法律"或是地方自治法规,均为概括抽象之规定,既非针对特定案件,亦非针对特定人。因此,虽然立法委员与地方议会议员,也纳入"国家赔偿法"所说的公务员范围,但是,一般不可能承担起国家赔偿的责任。

总之,"国家赔偿法"所规定的公务员在本意上囊括了所有行使国家公权力的人员,至于具体的赔偿承担则要看法律是否有特殊的规定,以及客观条件的成就与否。但就其立法体例来看,我国台湾地区的"国家赔偿法"还是为立法、司法等其他国家职能的赔偿责任的承担提供了法律上的空间,可以说是一种高瞻远瞩的立法。

其二,公务员怠于执行职务的国家赔偿责任。"国家赔偿法"第2条第2款专门指出公务员怠于执行职务的国家赔偿责任。将作为与不作为责任分别列出,明确了不作为责任。

其三,公有公共设施瑕疵所生的国家赔偿责任。值得注意的是,在此法律只规定人民的"生命、身体或财产"三种权益受到损害,国家应予赔偿,但是在第2条涉及公务人员赔偿责任时则规定的是“自由和权利”,单从文字来看两者包含的内容是不一样的。但是从侵权可能性来看,并不因为公共设施是以物为主体的侵权形态而不可能对公民的自由权益造成损害,所以已有学者建议在公有公共设施损害中也加上“自由”一词。[①]

其四,国家赔偿的方法以金钱赔偿为主,但在斟酌个案情形之后,如果以回复原状更适当的话,则“得依请求回复损害发生前之原状”。赔偿的范围适用民法的规定,包括积极的实际损害与消极的所生利益在内。与日本《国家赔偿法》相似,我国台湾地区“国家赔偿法”也以“民法”为补充法。该法第5条规定,国家损害赔偿,除依本法规定外,适用民法规定。所以损害赔偿的范围并不限于财产上的损害。虽非财产上的损害,如有“民法”第194条或195条之情形,亦属国家赔偿之范围,前者为生命法益遭受不法侵害时,被害人之父母子女及配偶得请求赔偿之范围包括除了支出之医疗费用、殡葬费用、增加生活上需要之费用以及扶养费等财产上之损害赔偿外,尚得就其非财产上之损害请求赔偿相当之抚慰金;而后者则系于身体、健康、名誉、自由、信用、隐私、贞操或其他人格法益而情节重大者,遭受侵害时,被害人亦得请求赔偿相当之金额。其名誉被侵害者,并得请求为回复名誉之适当处分。[②]

2. 特点

第一,采用违法和过失的双重标准,但是在具体操作上弱化客观化过失的标准。我国台湾地区“国家赔偿法”归责原则的重点在于违法这一要件。但是,由于总体上是采国家代位责任的学理,并且是沿袭民法的侵权责任法理,所以仍然规定了过失这一责任要件。但是,该法所规定的过失采用的是推定过失的意义,也就是说,只要能证明权利侵害的事实即可以推定公务员有过失。所以赔偿义务机关如欲免除其赔偿责任,则须提出反证,推翻过失的推定。[③] 显然,在审判时,关于过失要件存否的举证责任是在机关一方,这无疑减轻了受害人的举证义务。因为就常理而言,公民个人是很难了解机关内部工作环境的,因此让公民个人对机关人员的过失举证实际上无疑是否定了赔偿。在各国纷纷采取过失客观化,以

---

① 李建良等:《行政法入门》,元照出版公司2004年版,第664页。
② 同上书,第665页。
③ 同上书,第654—655页。

机关过失作为公务员个人过失替代的情形下，推定过失的方式起到了同样的效果。

第二，总体的立法较为灵活，吸收了各国立法的优势。比如在立法例上采用公务员这个总的概念囊括了所有行使国家权力的主体，为国家赔偿的发展和深入提供了空间。又比如在赔偿方式上不拘泥于传统的金钱赔偿，并大胆以民事赔偿方式为补充，融入了财产抚慰金和精神损害赔偿金。

第三，在侵权对象上，"国家赔偿法"第2条在人的责任和物的责任上作了区分。前者规定为"自由和权利"，后者则规定为"生命、身体或财产"。就这些权益而言，"国家赔偿法"作此列举式的规定到底是起到提示作用，还是意味着仅仅法律规定的这些权益遭受侵害才可以获得赔偿，值得探讨。综观各国国家赔偿立法，多数国家在此问题上采用概括立法来说明，因此，我国台湾地区的这一规定到底是出于财力的考虑，担心国家赔偿案件过多，还是有其他原因所以列举规定了侵权对象，这一点仍值得研究。

第四，赔偿程序的规定较为完整。首先规定了国家赔偿义务机关，解决了案件被告问题；又专门规定了国家赔偿的时效；并规定了书面协议程序作为诉讼的前置程序。除此之外，第12条规定了，损害赔偿之诉，除依本法规定，适用民事诉讼法规定。特殊与一般相结合，完整地规定了有关国家赔偿案件的程序问题。

（七）综述

国家责任的内容与本国政制及国库的支付能力有直接而密切的关系，研究欧洲大陆法系及英美普通法系的国家赔偿制度本身就不是一件容易的事情，因为法国和德国等国的行政法发展形态迥然不同，英美两国的宪政基础和社会化程度又不尽相同，日本于一百多年来逡巡徘徊于两大法系之间，基础不稳，尚处于发展蜕变中。然而，在简单分析了几个主要国家的国家赔偿制度的基本体系之后，还是能够看出一些总体趋势和特征的。

1. 法律渊源的多样性。在德国《魏玛宪法》第一次把国家赔偿的内容规定进宪法之前，国家赔偿制度主要是在判例和法律中出现。在此之后，各国多在宪法中规定国家赔偿，作为进一步立法的宪法根据。就具体的国家赔偿制度来说,有制定专门的国家赔偿法典的,比如德国、日本等;也有以一部法律为主并兼顾其他法律的,比如美国以《联邦侵权赔偿法》为主,但其他特别规定国家赔偿的法律依然有效;也有像法国那样主要是以判例为主的。总之,就法律渊源来说,国家赔偿制度的规范来源是多样的。

2. 程序规范与实体规范相结合。这是各国国家赔偿法典的一个总体特征。无论是英美法系国家,还是大陆法系国家,只要是采用法典形式来规定国家赔偿制度的,往往是将有关国家赔偿的程序性规定和实体性规定融合在一部法律中。但是两大法系的差异还是存在的。英美法系国家往往规定的程序条款较多,而大陆法系国家则主要规定实体规范,对程序性条款往往规定适用民事法律。

3. 国家赔偿的范围与一国法治发展、人民意识有密切关系。各国对此的规定存在着较大的差异。从国家活动的分类来看,国家行为一般分为立法、行政、司法三大主要类型。对行政活动造成的损害给予赔偿,各国具有比较一致的看法。但是,就立法行为和司法行为是否赔偿的态度上,差别则很大。英国一直不承认立法行为的赔偿责任,美国则直接在法典中做了除外规定。只有少数国家承认了立法的赔偿责任,并且是在严格的条件限制下,比如法国规定的以危险责任为特征的立法赔偿。就司法而言,由于牵涉到司法独立和司法补偿的问题,因此承认过错赔偿的范围也比较小,并且是在严格的条件下成立的,比如法官有故意、犯罪的行为。因此,即使是在承认立法和司法赔偿的国家,也往往设置较为严格的责任要件,进行专门规定。

4. 救济方式以金钱为主,但也不排除其他形式。鉴于国家赔偿的起因是国家权力造成损害,不同于一般民事侵权,恢复原状的救济方式在很多时候会影响到公共利益等因素,因此,在对受害公民的损害进行补救的时候,往往把所受损害进行货币化处理,无论是直接的物质损害,还是间接的精神伤害。当然,不排除有的国家规定以恢复原状的方式来救济公民的损害,比如德国规定有后果清除请求权。但是这些方式是在金钱不足于满足公民的请求并且恢复原状不会损害到其他更重要的利益的情况下予以适用的。

5. 从过失责任(即注重追究损害行为的原因)发展到客观过失、无过失责任和危险责任,注重对侵害后果的补救,这其间体现的思想是从追究责任的私法思路向公法保障的社团思想转变。由于国家赔偿制度总体上存在着一个从成熟的民法侵权赔偿体系内发展独立出来的历史，因此，开始的时候较多地受到民法侵权行为归责要件的影响，但是随着国家赔偿的逐步发展，国家赔偿因公权力因素造成损害的特殊性越来越显现出来，主观的过失转化为客观的过失，对行为的责难转移到对结果的补救。而这样带来的一个不可避免的结果是传统上关于国家赔偿和国家补偿的区分将趋于相对化。国家赔偿的本质问题也随之发生了潜移默化的变化。

国家赔偿总体上是一个公共利益与私益的平衡问题，是一种个人和公权力在面对损害时由谁来承担损失的分配原则。就国家赔偿制度而言，它是对这种损害风险进行分配的法则，是如何实现对公权力造成损害的补救方式问题。

二、国家赔偿制度分类体系

（一）职能分类

从职能的角度进行区分，所有的国家活动可以分为立法、行政、司法三大主要类别。立法分为直接立法和委任立法；行政的态样庞杂浩繁，一般分为权力行为及非权力行为（包括公益行为和营利行为）；司法职责分为民事、刑事和行政审判业务。而除了上述直接立法归属于民选议员以外，其他国家作用理论上应均由国家负担违法执行或违法适用的损害赔偿责任。

具体言之，立法赔偿即国家对立法机关在执行立法职权和行使其他法定职权过程中所造成的损害给予的赔偿；行政赔偿即国家行政机关、国家公务员以及其他公务执行机关和人员的侵权行为或者处在他们的管理或监督之下的物体给他人造成损害而引起的国家赔偿；司法赔偿即国家对司法行为所致损害的赔偿。

尽管采用同样的分类，但各国所规定应赔偿的范围相差悬殊，尤其是在限制和除外规定上区别很大。比如多数国家不承认或者只在有限的范围内承认立法行为的赔偿责任。美国《联邦侵权赔偿法》的 13 项国家不赔偿的除外事项中就规定了立法行为。日本《国家赔偿法》尽管在法条上采用概括规定，没有排除立法赔偿，但是判例的发展也否定了立法赔偿的可能性，至少在目前是不可能成立立法赔偿的。而法国则在判例中承认了因危险责任而承担立法行为造成损害的国家赔偿责任。

这种分类的一个缺陷是，某些国家行为由于性质较为模糊不能清晰地归入三种分类之中。比如关于公共设施的赔偿和军事赔偿，有学者将之纳入行政赔偿的范围①，而另有学者则将之作为与立法赔偿、司法赔偿、行政赔偿并列的特殊国家作用②。再如我国公安机关的侦查行为、行政立法行为、监狱机关的管理行为，这些行为的定性长期困扰学界，至今没有定论。由于定性不清，不能适用具体的国家赔偿构成要件，致使因这些行为造成的损害难以得到有效的国家赔偿。

从国家职能的分离来规定国家赔偿责任是各国国家赔偿法立法上的一个趋势。所有的行为都是国家活动，造成的损害都应该由国家承担责任。但是各种行为的目的不同、行为方式不同、造成损害的后果、广度等也不同，因此这些不同的国家活动需要用不同的责任构成要件进行区别规定。

德国法上用“职务责任”这一总的概念来统一所有的国家职能可能带来的损害赔偿责任。然后以执行公务的公务员为主规定国家赔偿的要件，而立法和司法方面的赔偿相对要有更多的限制，享受更多的特权，另行规定特别要件。日本《国家赔偿法》概括地规定“公务员”的违法过失行为，并没有区分是行政性的公务员还是司法审判人员。综观其他国家的国家赔偿体系，基本都是按照国家职能的不同来区分赔偿责任的具体构成要件和赔偿范围的。

（二）功能分类

从国家责任承担的功能角度来看，国家赔偿是对国家行为中那些具有可谴责性、具有否定性后果的，法律规定由国家向受害人承担法律上的责任；而国家补偿则是从公平正义的层面上来协调、平衡国家和个别公民间的权益分配。由于这种功能上的分别，国家责任被分为赔偿责任和补偿责任。这种国家责任的背后机理在我国的法学理论中被翻译为“违法赔偿”、“合法补偿”这样简单的信条。这种简单的翻译有利于操作，但是

---

① 皮纯协编著：《比较国家赔偿法》，中国法制出版社 1998 年版，第 22—23 页。

② 高家伟：《国家赔偿法》，商务印书馆 2004 年版，第 13 页。

由于过于机械地从适法性角度进行理解,容易将国家赔偿和补偿两种责任对立起来。

事实上,二者之间的区别有时候并没有那么大。由于赔偿制度中无过错责任的增加和危险责任的出现,赔偿责任和补偿责任的界限越来越模糊。这一点在德国国家赔偿制度的发展中尤其明显。刑事补偿或者冤狱赔偿,就基于适法行为对犯罪嫌疑人的逮捕、拘留应负补偿责任,就基于违法行为误判致生损害的则要负赔偿责任。如果不从原因行为进行归责追究,而单从结果责任来说,则是一种危险责任。因此,刑事赔偿和补偿,是一种广义上的国家责任,各国一般通过单独立法给予特别的法律规定。比如德国1898年的《再审无罪判决补偿法》、1904年的《羁押补偿法》。这种转变的思想基础在于责任追究从绝对个人主义及道义的责任主义向团体主义的社会公平负担的转变,是以狄骥为首的公法学者提倡的社会连带学说的结果。基于社会连带的观点,无论是违法过失造成的赔偿损害,还是合法行为造成的补偿损害,都是国家应该予以负担的特别牺牲。不问损害的原因,只看损害结果,这为国家赔偿和补偿的合流创造了条件。

德国是这一分类最为典型者。德国用"公法赔偿"的概念来包容国家损害赔偿和国家补偿两部分内容。公法赔偿制度的出发点是两分法,即针对违法国家活动的赔偿,以及针对为执行国家任务而使用或者损害个人权益的补偿。赔偿针对的国家活动为整个法律制度所禁止,是不能实施的行为;而补偿构成要件的核心是公平补偿义务,针对国家活动从总体法律制度来看是合法的,但超越了国家与公民之间的负担界限,因此只有在给予补偿的情况下才能使用个人权益。① 从功能角度来看,赔偿是对违法行为的反应,以国家活动无效为前提,而补偿所涉及的实质问题是国家活动造成的负担或者费用是否以及在多大范围内应当由公民个人承担,公民是否以及在多大范围内应当由公民个人承担,公民是否以及在多大范围内可以要求均衡补偿。② 事实上,德国的损害赔偿和国家补偿两种法律制度的界限并没有学理上区分得那么清晰。究其原因,一是因为

---

① 〔德〕汉斯·J.沃尔夫等:《行政法》(第2卷),高家伟译,商务印书馆2002年版,第346页。

② 同上书,第344页。

两者都有着共同的目标：使受害人处于没有损失的状态[1]；二是由于在法律解释中过于宽泛地界定了“征收”的概念，从而通过“准征收侵害”、“征收侵害”[2]等概念架起了赔偿和补偿之间的桥梁。

根据国家行为合法与否把国家责任区分为赔偿责任和补偿责任，这是传统上区分国家责任的一个重要划分。国家行为违法有过失而给公民造成的损害，由于具有可归责性，国家应该承担赔偿损害的法律责任，因此称为“国家赔偿”。国家合法的行为给公民权益造成的损失，则只适用补偿的原则，因为国家合法行为不具有可归责性。

赔偿和补偿的区分在于国家造成损害的原因不同。如果从结果的角度来看，这种区别就不明显了。因此，由于国家责任的追究日益向结果责任转化，国家赔偿和补偿的界限也变得模糊。但这并不是要否认这种传统的区分。从深层的原因来看，补偿责任的基础理论在于公共负担人人平等，但是赔偿则更倾向于是一种管理的风险。而征收补偿不是风险，而是公共负担人人平等。征收来自国家的警察权和财政权，不同于赔偿来自于国家的行政权，与福利国家等国家的基本性质密切相关。

为了清晰起见，将以上两种分类做如下图示：

- 广义的国家赔偿（公法赔偿）
  - 国家损害赔偿
    - 一般
      - 立法
      - 行政
      - 司法
        - 刑事审判
        - 民事、行政司法赔偿
    - 特殊
      - 军事
      - 单行法
  - 损失补偿

（三）损害分类

1. 损害主体

从损害原因的主体来区分，国家赔偿责任可以分为因公务行为形成

① 〔德〕哈特穆特·毛雷尔：《行政法学总论》，高家伟译，法律出版社 2000 年版，第 646 页。

② 具体的内容参见〔德〕哈特穆特·毛雷尔：《行政法学总论》，高家伟译，法律出版社 2000 年版，第 26 章“财产损害赔偿”。以及〔德〕汉斯·J. 沃尔夫等：《行政法》（第 2 卷），高家伟译，商务印书馆 2002 年版，第 7 编“公法赔偿”第 3 章“补偿请求权内容”。

的责任和因公共设施的管理设置瑕疵形成的责任。日本和我国台湾地区的国家赔偿法都采用了这种区分。以公务员执行公权力职务不法侵权行为所致之损害与公共设施设置或管理之欠缺所致之损害,分别作为国家赔偿法的原因,把人的行为和物的设施分开来规定。《韩国国家赔偿法》中也有与之相同或相似的规定。

这种区分的主要意义在于赔偿责任成立的构成要件不同。公务行为的赔偿责任多采用过失责任,而公共设施设置和管理上的瑕疵造成的损害的责任追究则多采无过失责任,并且这一区分的意义还在于拓展国家赔偿责任的范围。由于受权力观念的影响,往往容易只将权力性行为造成的损害归为国家赔偿范围,而忽视国家的非权力性行为可能造成的损害的赔偿追究,公共设施致害正是典型的非权力性国家活动。我国《国家赔偿法》至今没有将公共设施的损害赔偿纳入国家赔偿的范畴,与这种观念上的狭隘有很大关系。

2. 损害原因

按照损害原因的计较与否将国家赔偿分为:需要原因行为而成立的国家责任和不问原因行为的国家责任即结果责任。赔偿责任成立的原因有两类:一种是过失,所谓的"过失"包括公务员的个人主观过失和客观的公务过失;另一种是违法。如图所示:

- 国家赔偿
  - 原因行为责任
    - 违法
    - 过失
      - 主观过失
      - 客观过失
  - 结果责任

尽管公权力活动本身就具有危险性,但是考虑到国家财力等因素,国家赔偿责任的主要部分还是采用概括规定的原因行为造成的损害,只在原因行为的追究不足以补救社会公正时,才由法律例外规定结果责任。

3. 损害对象

依据损害所属于的公民合法权益类型来区分国家责任。这可以说是我国国家赔偿法的特色,并将这种区分一直贯彻到国家赔偿数额等具体内容中去。我国这种对公民合法权益作列举式规定的立法形式,已经受到学界的质疑,多数学者呼吁修改《国家赔偿法》,对公民合法权益作概括规定。就其他国家或地区的立法来说,对国家赔偿的损害对象一般也是采用概括式规定。比如我国台湾地区的"国家赔偿法"用"自由和权利"等字样来概括公民合法权益。

国家活动范围广阔,公民权利不断发展,国家赔偿制度的发展也并没有停止,国家赔偿的体系应该是一个开放的系统。如德国国家赔偿制度在《基本法》第34条的总规定下不断发展扩大。由于国家赔偿的本质目的在于给受国家行为侵害的公民以损失补救。因此,随着现代行政职能和任务的不断深入和拓展,国家赔偿的内容也将会随之发展。可以说,国家赔偿制度是为以行政为主要特征的国家作用而提供的后备补救力量,为国家活动的畅通做好后勤工作。

三、国家赔偿制度法律渊源体系

(一) 国家赔偿法

各项国家赔偿制度最终都要落实到法的形式,这就是国家赔偿法。国家赔偿法的概念有广义和狭义之分。广义的国家赔偿法是指所有有关国家赔偿的法律法规等规范的总称。狭义的国家赔偿法仅指国家赔偿法典而言。从制度研究和比较的意义上来看,我们讨论的重点在广义的国家赔偿法。

(二) 国家赔偿法的渊源

法的渊源是指法的效力渊源,是由不同国家机关制定或认可,因而具有不同法律效力或法律地位的各种法律类别,如制定法、判例法、习惯法等。[①] 国家赔偿法的渊源指的是具有不同效力或法律地位的各种有关国家赔偿法律制度的法律类别。由于各国国家赔偿制度的发展水平不一致,加之又有法系、国情的区别,因此,在国家赔偿的法律渊源上也呈现出多元化的色彩。因此,本书只在一般意义上来论述各国在国家赔偿法渊源上一些共同的法律形式。

1. 宪法。无论是采成文宪法还是不成文宪法的形式,现代法治国家

① 舒国滢主编:《法理学教科书》,中国政法大学出版社1999年版,第64页。

都以宪法的形式来规定国家的根本制度和人民的基本权利。自《魏玛宪法》第一次将国家赔偿规定进宪法以后,给予国家赔偿以一国基本法的地位成为各国宪政的一项基本内容。比如德国《基本法》第 34 条、日本《宪法》第 17 条。我国宪法也不例外。1954 年《宪法》就已经规定了公民有取得赔偿的权利,1982 年《宪法》进行了更深入的规定,要求制定法律来保障公民享有的国家赔偿的权利。

2. 民法。从国家赔偿的历史发展来看,存在着一条从私法责任逐渐转向公法责任或者说是特殊的国家赔偿责任发展的轨迹。因此,各国在承认国家赔偿责任的初期,在制定专门的国家赔偿法条件尚不成熟的时候,往往在民法中规定有关国家赔偿的内容。这在很多国家的国家赔偿立法历史上都有记载,比如《德国民法典》第 839 条。并且,至今仍有许多国家的国家赔偿法是以民法的基本原则和内容为国家赔偿的准则或补充的。比如英国规定的英王赔偿责任只是将民事责任中雇佣人的责任适用于英王这一特殊主体,日本的国家赔偿制度都是以民法为其国家赔偿法的补充法。就我国而言,在 1994 年《国家赔偿法》制定实施之前,《民法通则》第 121 条一直调整着有关国家赔偿的基本活动。即使在《国家赔偿法》制定以后,《民法通则》的这一条规定还在调整着不受《国家赔偿法》规范的其他有关的国家活动。

3. 国家赔偿法法典。制定国家赔偿法法典是一国国家赔偿制度走向成熟的重要标志。就世界的发展趋势来说,第二次世界大战后,受人权保障思潮的影响,各国掀起了一股制定国家赔偿法典的浪潮。1946 年英国制定《王权诉讼法》,1947 年美国制定《联邦侵权赔偿法》,同年日本也制定了《国家赔偿法》。受这些国家的影响,我国也于 1994 年制定了《国家赔偿法》。

4. 诉讼法。国家赔偿制度既有实体的内容,同样也需要程序的规范。鉴于国家赔偿的实体规范往往规定得比较晚,为了满足实践的需求,很多国家国家赔偿制度的发展是从依附于诉讼法的规定开始。比如我国国家赔偿制度就是从《行政诉讼法》设专章规定行政赔偿诉讼开始的。另外,由于司法赔偿具有自身的特殊性,往往规定在刑事诉讼法典、民事诉讼法典中。

5. 判例。在普通法系国家,判例法和制定法是法的渊源的两种主要形式,而在民法法系国家,制定法是主要的法的渊源,判例法只在特定的情况下才具有法的渊源的意义。但是,这种传统的泾渭分明的状态正在消失,两大法系正在逐渐走向融合。这一点在国家赔偿法上体现得尤为明显。法国作为典型的大陆法系国家,其国家赔偿制度发展最早,但却是发生于判例法并发展于判例法的。而英美两大普通法系国家在国家赔偿制度的发展上却十分依赖制定法的确认。1946 年《王权诉讼法》最终冲破了英国主权豁免的原则。而正是《联邦侵权赔偿法》的出台才真正开始了美国国家赔偿制度的发展。判例对于国家赔偿制度的意义不仅体现在它作为国家赔偿渊源的层面上,从国家赔偿发展的历史来看,也正是一些著名的案例催生了各国国家赔偿法的诞生,比如英国《王权诉讼法》和美国《联邦侵权赔偿法》的制定。

6. 国际条约。国家赔偿法属于国内法的范畴,但是随着国际交流和人权保障等超国界议题的深入,国际条约在国家赔偿制度上的意义逐渐显现。远如《欧洲人权条约》对欧盟各成员国在国家赔偿法审判实践上的指导作用,近如我国参加的两大人权公约,都将逐渐影响到我国国家赔偿制度的发展。

以国家赔偿法的法律渊源为标准,可以将国家赔偿区分为一般国家赔偿和特殊国家赔偿。第二次世界大战以后,各国纷纷制定国家赔偿法,国家赔偿法典成为国家赔偿的主要法律依据。然而,由于国家活动自身是一个广阔的领域,因此一部国家赔偿法往往不能完全容纳所有的国家赔偿责任。除了国家赔偿法外,无疑存在着许多国家赔偿的单行立法、国家赔偿的重要判例等,作为国家赔偿的依据。从而,形成了普通法和特别法相结合的国家赔偿法律体系。

(三)我国国家赔偿法的渊源

我国是一个法治后发外生型的国家,许多法律制度尚处于建构之中,国家赔偿法的建设也不例外。就我国现有的法律而言,国家赔偿法的规定主要见之于以下几部法律之中。

1.《宪法》

现行宪法是 1982 年制定的。《宪法》第 41 条规定,由于国家机关和国家机关工作人员侵犯公民权利而受到损失的人,有依照法律取得赔偿的权利。宪法的这一规定,一方面肯定了公民请求国家赔偿的权利,另一方面又提出了制定法律实现这一权利的要求。由于我国《宪法》并不具有直接适用的效力,因此,公民这一权利的落实只能依靠法律法规的制定。并且,比较其他国家国家赔偿的立法例,我国是从确认公民权利的向度来定义国家赔偿的,而不是从国家责任的角度进行定义的。不管是出于何种原因,这一思路直接影响了后来《国家赔偿法》对于国家赔偿制度的建构。就我国的《国家赔偿法》来说,它是以公民所具有的赔偿请求权来具体设计国家赔偿体系的。

2004 年 3 月第十届全国人大第二次会议通过的"宪法修正案",规定国家为了公共利益需要可以依照法律对土地实行征收或征用,但要给予补偿。国家补偿的制度第一次规定于宪法,通过保护私有财产和征收、征用的规定,获得国家赔偿的权利再一次得到强调。

2.《民法通则》

从法律层面来看,主要有《民法通则》、《行政诉讼法》以及 1994 年制定的《国家赔偿法》。

为了落实 1982 年《宪法》确认的公民请求国家赔偿的权利。1986 年制定的《民法通则》第 121 条规定,国家机关或者国家机关工作人员在执行职务中,侵犯公民、法人的合法权益造成损害的,应当承担民事责任。从字面来看,这一条确定的是国家机关或机关工作人员的民事责任。这一条规定没有交代清楚是把国家责任定性为民事责任,还是只是将民事责任作为国家责任的一种。另外,国家机关与机关工作人员是承担连带责任还是分别就各自的过错承担责任,都是不清晰的。

3.《行政诉讼法》

1989 年制定的《行政诉讼法》设置了专门的第九章"侵权赔偿责任"来规范国家对具体行政行为造成损害而引起的审判。从这仅有的 3 条规定来分析行政赔偿责任的构成要件,包括:

(1) 原因行为:具体行政行为;

(2) 侵权对象:合法权益损害;

(3) 赔偿主体:行政机关赔偿;

(4) 因果关系:通常认为我国采用相当因果关系。

从《行政诉讼法》的规定来看,我国行政侵权赔偿的范围是非常广泛的。只要是行政机关的具体行政行为造成公民等的合法权益损害,行政机关都要赔偿。通过《行政诉讼法》的这些规定,我国的行政赔偿制度通过行政诉讼的途径开始发展起来。

4.《国家赔偿法》

1994 年我国制定了专门的《国家赔偿法》。这是我国国家赔偿法发展上的一个巨大进步。这部法律基本上奠定了我国国家赔偿制度的框架。这部法律一共 6 章 35 条,相对于日本的国家赔偿法来说,这部法律的规模已经十分可观了。依据这一法律,我国国家赔偿主要分为行政赔偿和刑事赔偿两部分内容。之所以没有采用“司法赔偿”的字样,一是因为我国并不是严格采行三权分立的国家,套用三权分立的立法、行政、司法三种国家职能的划分并不合适;二是因为《国家赔偿法》规定的刑事赔偿部分的赔偿范围主要是指由刑事审判而来的国家赔偿责任,其中包括侦查、检察、监狱机关等行使其职权造成公民损害而承担的责任。显然,后者并不是严格意义上的司法责任,更确切地说,是一种行政权的行使。

国家赔偿是一种特殊的制度,它包括了实体和程序两大部分。从法条的比例而言,我国《国家赔偿法》规定了较多的涉及国家赔偿程序操作上的内容。比如有关行政赔偿请求人和赔偿义务机关的确定、行政赔偿、刑事赔偿程序以及赔偿方式和计算标准的规定。这种情况一方面是由于我国国家赔偿程序的多样化造成的。行政赔偿有附带诉讼赔偿和直接诉讼两种途径,并且单独提出赔偿请求还需要先行向赔偿义务机关提出。而刑事赔偿又采取了完全不同于行政赔偿的非讼方式。第二方面的原因是由于我国行政主体理论长期以来争论不休带来的。依据现有的行政主体理论,在复议和诉讼等法律程序中,确认主体都成为法律规定的一大主要内容,占据了较大的篇幅,在赔偿主体的确认上也存在着同样的问题。

《国家赔偿法》规定的赔偿责任构成要件与《行政诉讼法》存在着一些差异。依据《国家赔偿法》的规定,构成行政赔偿的要件为:

(1) 违法。《国家赔偿法》第 2 条明确了国家赔偿的归责原则为违法。

(2) 职权行为。职权行为造成的损失国家责任,个人行为造成的损失公务员承担个人责任,依据其他法律解决。第 5 条排除了个人行为的国家责任。

(3) 侵权对象:人身权、财产权。①

5. 法律解释

法律解释是指由特定的机关、组织或个人,根据国家的立法意图、法理原则和政策观点对现行的法律或法律条文的内容、含义以及所使用的概念、术语、定义等所作的必要说明。② 法律解释是法律实施中一项必不可少的工作。法律解释有法律方法和法律渊源两个方面的含义。法律方法上的意义是指执法机关在适用法律的过程中寻找与案件事实相应的法律规范的方法和学理研究的方法。法律渊源意义上的法律解释包括立法解释和司法解释。立法解释的主体是立法机关,而司法解释的主体是司法机关,在我国是最高人民法院和最高人民检察院。③ 对我国这样一个法制不十分健全的国家来说,法律解释的重要性尤为突出。《国家赔偿法》出台以后,各地有关国家赔偿案件的具体实践都需要明确的法律性规范给予指导,进行《国家赔偿法》的修改完善又不是一朝一夕可以成就的,因此由有权机关出台的各种法律解释就成为国家赔偿制度的重要组成部分,比如1997年出台的最高人民法院《关于审理行政赔偿案件若干问题的规定》。由于我国《国家赔偿法》没有规定公共设施致害的国家赔偿责任问题,2003年12月,最高人民法院公布了《关于审理人身损害赔偿案件适用法律若干问题的解释》。该《解释》第16条第一次明文确立了道路、桥梁等公有公共设施致害的赔偿责任。由此可见,我国在公共设施的赔偿上确立的是民事赔偿责任。

从这些法律解释的内容和效力来看,它们几乎扮演了法律的角色,而不是局限于对现行法律或法律条文的内容、含义等的必要说明。法律解释中反映出来的这些问题,都是在《国家赔偿法》修改完善时应该注意的。

① 在使用人身权和财产权概念时,《国家赔偿法》的规定也是很不规范的。比如第3条在列举完侵犯人身权的几种违法行为后,第(5)项作了个兜底规定:造成公民身体伤害或者死亡的其他违法行为。这里使用的是"身体伤害"和"死亡"这样的用词。显然,单单这两项是不能完全代表人身权的含义的。那么,这里就出现了一个问题:《国家赔偿法》认为国家应该承担责任给予赔偿的侵犯公民人身权的行为,到底是只涉及身体伤害和死亡两种具体的情形,还是以人身权这一权利内涵为依据的所有公民人身权?《国家赔偿法》不严谨的规定给实务操作带来的困难是很大的。

② 舒国滢主编:《法理学教科书》,中国政法大学出版社1999年版,第207页。

③ 高家伟:《国家赔偿法》,商务印书馆2004年版,第66页。

6. 国际条约

国际条约在两种意义上成为国家赔偿法的渊源[①]：

一是作为国际法上国家赔偿制度的依据。这方面的主要依据是《联合国国际法委员会章程》的所谓“国家责任条款”。对国家的国际不法行为造成的损害，采取恢复原状、补偿和抵偿三种方式予以充分赔偿。

二是作为国内法国家赔偿制度设计的依据。主要是有关人权保护的国际文件中有关公民权利，尤其是赔偿请求权的规定。比如我国参加的《公民权利和政治权利国际公约》第 9 条第 5 款规定的，任何遭受非法逮捕或者拘禁的受害者，有得到补偿的权利。

（四）我国国家赔偿制度的问题

1.《民法通则》、《行政诉讼法》和《国家赔偿法》之间的关系问题

由于法律制定进程上的原因，我国有关国家赔偿制度的法律规定出现数法并存的局面。但是，在这种情况下，各部法律的适用范围以及之间的关系并不十分清晰。尤其是《国家赔偿法》和《行政诉讼法》第 9 章关于行政赔偿的规定，以及《国家赔偿法》与《民法通则》第 121 条的关系。

就《行政诉讼法》和《国家赔偿法》的规定，我们至少可以看出以下几点区别：

其一，《行政诉讼法》只规定“具体行政行为”造成的损害要赔偿，而《国家赔偿法》由于采取了“行使职权”这样的提法，因此包括了事实行为造成的损害，比如第 3 条规定的“以殴打等暴力行为或者唆使他人以殴打等暴力行为”则属于事实行为的范畴。显然，《国家赔偿法》规定的行为范围扩展了。

其二，就侵犯的权益而言，《行政诉讼法》只规定为“公民的合法权益”，但是《国家赔偿法》明确了侵权对象是公民的“人身权和财产权”，并且通过列举的方式进一步约束了人身权、财产权的内涵。其所谓的人身权似乎只是“身体伤害和死亡”。依据我国《宪法》规定，公民的人身自由

① 参见高家伟：《国家赔偿法》，商务印书馆 2004 年版，第 71 页。

权包括行动自由和人格尊严两部分内容。[①] 这种对公民基本权利的不适当的限缩无疑将《国家赔偿法》总则部分所标示的立法宗旨大为冲淡。

就以上两点来看,这两部法律在国家赔偿的规定上是存在着较大的差异的。如果说《国家赔偿法》是特别法,基于特别法优于普通法的原则,在国家赔偿的适用上应该依据特别法来适用,那么《国家赔偿法》对公民合法权益保护的这种大范围的限缩不能不说是一种遗憾。

从《国家赔偿法》和民法、主要是《民法通则》第121条的关系来看,有学者认为,《国家赔偿法》已经取代了民法而承担起规范国家赔偿制度的功能。有学者认为,就《民法通则》的法条内容而言,具有较强的概括性,相较于我国《国家赔偿法》的规定,《民法通则》给我国国家赔偿制度留下了更大的发展空间,因此现有的《国家赔偿法》并不能完全取代《民法通则》。

对于这些问题,学者之间有不同的观点,实践中也存在分歧。法律规定和解释中出现的这些分歧,或者依靠司法解释进行澄清,或者在修改《国家赔偿法》时给予必要的交代。

2. 违法归责原则与错案追究法

1994年的《国家赔偿法》第2条确立了违法原则作为我国国家赔偿责任的归责原则。这一规定的原意是为了便于受害人获得赔偿。但是实践表明,违法原则由于极易与司法审查(行政诉讼)中的违法行为相混淆,我国实践中也的确将国家赔偿要件中的违法性与行政诉讼的违法性等同起来,因而最终的结果是,这一原则的使用反而过于严格地限制了受害人获得赔偿的条件。违法原则侧重于对机关行为的法律评价,而不侧重对公民、法人及其他组织是否受到损失以及这种损失是否应当由其承担的考虑,违法原则把归责原则定位于对造成损失行为的评价上,结果就使一些无辜受到损失的人得不到应有的救济,缩小了国家赔偿的范围,无端增加受害人获得赔偿的难度,使赔偿责任变成了评价责任和追究责任。[②] 这在客观造成国家赔偿这一给公民损害予以救济的法律变成了机

---

① 而我国《民法通则》规定的人身权内容则涉及生命健康权、姓名权、肖像权、荣誉权、婚姻自主权、男女平等权等等。参见陈新民:《中国行政法学原理》,中国政法大学出版社2002年版,第251页。

② 刘嗣元、石佑启:《国家赔偿法要论》,北京大学出版社2005年版,第153页。

关行为的"错案追究法"。究其根源是国家赔偿立法在法律宗旨和立法目的上与司法审查相混淆。

因此,从国家赔偿的归责原则来看,一方面,不能对"违法"作拘泥于字面意义的僵化理解,而应作扩张解释。另外,国家的侵权行为样态繁多,性质各异,单一的违法归责原则不能完全调整其赔偿责任。有学者提出应该对违法原则作扩张解释,并且应当以结果责任原则作为辅助性规则原则。① 其实,国家赔偿范围广泛,行为各异,应该综合运用违法、过错和无过错三项原则,以实现对受损公民的救济。

3. 狭窄的赔偿范围

就现有的《国家赔偿法》来看,我国的赔偿范围很有限。主要的原因应该是该法在对违法行为进行规定的时候采取了列举的方式。国家权力行使的样态举不胜举,而列举的必然后果则是无法穷尽所有事项。因此,在赔偿范围上,首先应该改变的是规定的方式。就世界其他国家的国家赔偿范围来看,也多是以概括的形式来规定国家赔偿范围的。

另一个制约赔偿范围的因素在于思想观念上的欠缺。由于一直以来关注权力行为的赔偿,而忽视了以公共设施为主的其他国家活动,因此,以公共设施的赔偿为主的其他形式的国家活动的赔偿责任尚未纳入国家赔偿法的范畴,致使这些活动的赔偿长期以民法、其他法律甚至是非法律的途径来解决,体现不出国家致害赔偿的公法性质。

4. "机关赔偿法"

"机关赔偿法"是从两个意义上来说的。其一是从赔偿金支付方式来说的。我国赔偿金的支付是采用各级财政列支,国家赔偿义务机关先从单位预算经费和留归本单位使用的资金中支付,然后向同级财政机关申请拨款的方式。由于有些赔偿义务机关担心影响政绩及本机关形象,往往用自己的"小金库"中的钱来支付赔偿金,不再向财政机关拨核。② 这就使得国家赔偿责任变成机关赔偿责任,机关在事实上成为赔偿责任的最终承担者。这虽然是我国实践规避法律的问题,但是有法律而得不到实施遵守,本身就应该先检讨法律自身的原因。其二是从国家赔偿义

① 参见中国法学会行政法学研究会编:《修宪之后的中国行政法》,中国政法大学出版社2005年版,第3—6页。

② 同上书,第17页。

务机关的设计来说的。由于我国一直以来坚持的行政主体理论都是以行政权为核心，因此一个机关往往就是一个行政主体。[①] 尽管在法律上最终的赔偿费用由国家财政负担，但是在行政赔偿诉讼中的被告人一方是由赔偿义务机关也就是造成损害的行政主体来担当的。这就使国家赔偿中的"国家"落实为具体的机关。从纠正机关行为的角度来说，这有利于机关改正错误，然而，国家赔偿的目的不完全等同于司法审查，虽然也有监督机关纠正错误行为的作用，但它主要的目的在于补救受害人的损害，从这个主要目的来说，"机关赔偿"只能是增加了当事人获得赔偿的难度。

5. 赔偿的方式和标准

我国国家赔偿的标准主要是采抚慰性原则，因此对受害人所受财产损失只赔偿直接损失而不赔偿间接损失，人身权所受损害只赔偿身体所受损害带来的费用，如医药费，而不赔偿因此导致的间接损失和精神损害，并且还有最高额限制。以国家财力不足来限制违法行为造成的损害的赔偿已经不具有公正性。国家财力不足可以作为社会公平补偿的理由，但是不能成为违法赔偿的借口。

6. 赔偿程序

国家赔偿的本质问题是公权力损害的救济，重点在于赔偿范围的确定和赔偿方式。而程序问题主要起到实现方式和途径的作用。因此，很多国家在规定国家赔偿的实体要件和一些特殊的程序规定以后，往往规定以民事（诉讼）法律作为国家赔偿的补充法，比如日本和我国台湾地区。而我国大陆地区则在赔偿程序上花费了较大的笔墨，设置了赔偿委员会等专门机关，又设计了专门的非讼性质的刑事赔偿程序。究其根源，在于没有弄清楚国家赔偿的性质，对于什么是国家赔偿法应该重点解决的问题缺乏准确的把握。

7. 司法赔偿制度的定性

我国刑事赔偿采取了完全不同于行政赔偿的非讼方式。这主要是考虑了刑事诉讼作为一种司法行为而不同于一般行政赔偿的特殊性。就司法赔偿的本质来说，它与行政赔偿还是有区别的，司法作为法治社会公正

---

① 尽管这种主体理论与法国、英国等国以分权为基础的主体理论存在着本质上的差别，但是在研究时，我们必须承认这种既在的客观问题，从我国的现实法律状况来谈论我国的问题。

的最后一道防线，它的错误往往是通过司法自身的程序来解决，如二审、再审。但是，人作为一种社会的存在，是必然要犯错的，也就是说，司法尽管追求公正，也难免有错误，但是这种可理解的错误是属于制度可容忍程度以内的，是人们自身对法治信仰的代价。所以，司法赔偿更多具有补偿的性质，是基于公平考虑而给予的补救，在这一点上，它不同于一般的行政侵权，后者具有违法归责性。

所以，其他国家往往将司法错误带来损害的补救另设专门法律规定，一般为冤狱补偿法。我国《国家赔偿法》没有采用“司法赔偿”的字样，而是用了“刑事赔偿”的用词，来指称错判、错拘、监狱管理等一系列与刑事审判相关的国家司法活动，这一用词照顾到了某些行为的非司法性，但是由于将所有这些与司法相关的行为都作统一的规定，造成了模糊司法行为与非司法行为的界限，用违法或者过错的标准来泛泛地衡量司法行为，总有些不妥。这里的本质其实是我国没有国家补偿法，而《国家赔偿法》在这里的规定是混淆了国家赔偿和补偿性质的国家责任的概念。如果从这种统一的立法例来看，更适合的途径应该是像德国沃尔夫教授那样用“公法赔偿”这一总概念来统称国家赔偿的所有内容。

第三章　国家赔偿的归责原则

国家赔偿的归责原则是一个重要的理论问题。我国《国家赔偿法》中所确立的归责原则已久为人们所诟病。重构国家赔偿的归责原则体系，是修改《国家赔偿法》要解决的首要问题。

一、归责原则在国家赔偿法中的地位

归责原则在国家赔偿法中的重要性迄今尚无人对此存有异议，基本将之定位为国家赔偿制度的基石，认为归责原则直接决定了国家赔偿责任的构成要件、国家赔偿范围、免责事项、国家赔偿的程序、国家赔偿的方法等。[①] 如马怀德教授在《国家赔偿的理论与实务》一书中提出，“国家赔偿中的归责原则是整个赔偿立法的基石，采用哪种原则不仅是由国家政治司法体制决定的，也直接影响赔偿范围，赔偿程序等问题”[②]；杨小君教

① 学者关于归责原则在国家赔偿法中的地位的认识与归责原则在民事侵权行为法领域的地位基本是一致的。归责原则在民事侵权行为法中的地位被有的学者定位为“在整个侵权行为法中居于核心地位”，其理由是“一定的归责原则决定着侵权行为的分类，也决定着责任构成要件、举证责任的负担、免责条件、损害赔偿的原则和方法、减轻责任的根据等”，因此，“确定合理的规则原则，建立逻辑统一的归责原则体系，实际上是构成整个侵权行为法的内容和体系的关键”。王利明、杨立新编著：《侵权行为法》，法律出版社 1998 年版，第 27 页。有的学者认为，“归责，是指以何种根据确认和追究侵权行为人的民事责任，它所解决的是侵权的民事责任之基础问题”。张新宝：《中国侵权行为法》，中国社会科学出版社 1998 年版，第 33 页。

② 马怀德：《国家赔偿的理论与实务》，中国法制出版社 1994 年版，第 103 页。

授认为:"国家只有在符合归责原则所确定标准的前提下,才会承担因自己行为给他人造成损失的赔偿责任。可见,归责原则在国家赔偿制度中是根本性的制度,它决定着国家是否赔偿和在什么范围内承担赔偿责任,反映国家赔偿的价值取向和赔偿政策。"[①]高家伟教授更是使用独到的语言对此表述道:"归责原则是国家赔偿制度结构的晴雨表,是国家赔偿立法基本立场的试金石,是国家赔偿范围的调节器,是法律适用解释的指南针,是国家赔偿法修改和完善的突破口,因而备受学界和实务界的关注。"[②]樊崇义教授认为:"归责原则是国家承担赔偿责任的依据和标准,在国家赔偿中,归责原则处于核心地位,它直接体现国家赔偿的立法政策,反映了国家赔偿的价值取向,并且决定着可引起国家赔偿的行为范围,直接影响到国家赔偿的程序。"[③]

"有损害必有救济"是现代法治社会遵循的基本规则之一,这条规则无关于人们的身份和社会地位,明确了只要有损害发生,受损害对象就应当获得救济,至于侵权人和受损害人的社会状况如何,不属于考虑的因素。人作为独立个体的主体地位得以体现,法律对公平、正义的追求得到彰显。但这条规则只解决了理念层面的问题,肯定了应当对受损害的权利予以救济,至于具体到每一个案,当损害发生后,某个权利受损害人能否获得赔偿、获得多大范围赔偿、通过何种程序获得赔偿,还需要通过一系列规则来确定。在我们据以解决具体个案赔偿问题的规则体系中,归责原则无疑处于基石地位,因为它解决损害发生后责任归属于谁这个根本问题,直接关系到受害人能否从侵权人处获得赔偿、侵权人要否承担赔偿责任。至于如何赔偿,诸如赔偿范围多大、赔偿方式如何、遵循何种赔偿标准、通过何种程序实现赔偿等,则是在赔偿责任归之于谁这个前提问题解决之后所面临的问题,而且这些问题的答案本身直接受到归责原则的影响。因此,归责原则问题在国家赔偿法中居于核心地位,只有符合归责原则所确定的赔偿发生情形,公民、法人和其他组织才能在权利受到国家侵犯时,获得国家赔偿。由于国家

---

① 杨小君:《国家赔偿的归责原则与归责标准》,载《法学研究》2003年第2期。

② 高家伟:《国家赔偿法》,商务印书馆2004年版,第98页。

③ 樊崇义、胡常龙:《走向理性化的国家赔偿制度——以刑事司法赔偿为视角》,载《政法论坛》2002年第4期。

赔偿是国家作为公权力行使者对私权利享有者公民的赔偿,国家赔偿归责原则的确定过程,实质上也是立法者对国家权力与公民权利关系的定位选择过程,直接反映了一个国家对公民权利的保护程度和对国家权力的制约程度。

二、我国现行国家赔偿归责原则

我国《国家赔偿法》总则的条文数量仅有2条,其中第1条是有关立法目的的规定,第2条即是有关归责原则的规定,“国家机关和国家机关工作人员违法行使职权侵犯公民、法人或其他组织的合法权益造成损害的,受害人有依照本法取得国家赔偿的权利”,此条规定被绝大多数学者称为国家赔偿“违法”归责原则。少数学者认为此条规定的不是违法原则,而是无过错责任原则。该种观点认为,违法责任原则只要求“违法行使职权造成损害”,即可成立国家赔偿责任,而不论国家机关及工作人员是否存在过错,这是正确的,也是符合《国家赔偿法》的规定的,但违法并非确定归责原则的根据。因为确定国家赔偿责任归责原则的标准只能是行为人的主观状态,而不能是行为人的客观行为,因而应以无过错责任原则为国家赔偿的归责原则。[①] 对此,笔者以为,在不考察行为人主观状态这一点上,违法原则和无过错责任原则是相同的。但违法原则要考察行为的性质,进而将之作为是否发生赔偿责任的根据,而无过错责任原则并不考察行为的性质,只问行为与损害之间是否存在因果关系,行为的性质并不影响赔偿是否发生。从《国家赔偿法》的规定看,将侵权行为的违法性作为赔偿发生的前提条件,也就是说,侵权行为的性质直接影响了赔偿能否发生,因此,将违法原则理解为我国国家赔偿的归责原则更符合法律的规定。

由于归责原则条款规定在总则部分,因此,违法原则是统率行政赔偿和司法赔偿的统一归责原则。所谓违法归责原则是指国家机关及其工作人员行使职权的行为违反法律法规的规定,给公民、法人或其他组织的合法权益造成损害的,国家应当承担赔偿责任。与民事侵权赔偿过错归责原则相比较,国家赔偿违法原则的最大特点在于放弃了对侵权行为人主观

---

① 房绍坤、丁乐超、苗声明:《国家赔偿法原理与实务》,北京大学出版社1998年版,第67页。

上是否存在过错的考察，是一种客观归责原则。[①] 在判断国家是否承担赔偿责任时，不管国家机关工作人员主观上是否存在过错，只要能够确认国家机关的职务行为违法，如具体行政行为违法，国家就应承担赔偿责任。

民事侵权法无论在理论研究还是立法实践方面，无疑都远远走在国家侵权赔偿的前列，而且民事侵权赔偿与国家侵权赔偿之间应当说并无本质的不同，在确定国家赔偿原则时，无疑需要对照民事赔偿的原则加以探讨。国家赔偿是适用与民事赔偿相同的原则，还是适用不同的原则？当初在制定《国家赔偿法》时，归责原则就是一个争议很大的问题。有人主张与民事侵权赔偿一样采用过错原则，有人主张采用违法原则，有人主张采用无过错原则，有人主张采用违法和过错双重归责原则。《国家赔偿法》最终采用了违法原则。违法归责原则在《国家赔偿法》制定之初获得了相当的好评，被认为是放弃了对国家工作人员主观状态的考察，更有利于公民、法人或其他组织获得赔偿。[②]

违法原则的含义具体包括以下几项内容：

（一）造成损害的职务行为违法的，国家应当承担赔偿责任

损害事实的发生是国家赔偿责任的构成要件之一，但损害事实的发

① 我国民事赔偿归责原则由几项原则组成，包括过错原则、过错推定原则和公平责任原则。其中，过错原则为适用于一般侵权行为的基本归责原则。参见王利明、杨立新编著：《侵权行为法》，法律出版社1998年版，第28页。马怀德教授在其专著《国家赔偿法的理论与实务》中提出，违法不同于过错，是一个客观的标准，即不问行为人主观有无过错，而是以法律法规作为标准衡量行为。只要国家机关及其工作人员的行为是法律禁止的，而受害人的权益是受法律保护的，那么一旦发生损害，不问行为人主观上有无侵犯他人权益的故意或过失，国家均承担赔偿责任。参见马怀德：《国家赔偿法的理论与实务》，中国法制出版社1994年版，第103页。

② 如肖峋在解释我国《国家赔偿法》为何采用违法原则时提出三点理由：(1) 与法治国原则、依法行政等原则一致。(2) 有利于保护人民的合法权益，有利于人民行使对国家的赔偿请求权，原告无需举证证明国家机关工作人员主观上有无过错，只需证明其行为违反法律并造成损害后果即有可能胜诉。而在实行双重过错原则的国家，原告还需证明被告有主观上的故意或过失，原告在举证上因此而产生的困难往往会导致他败诉，不利于人民行使诉权和赔偿请求权。(3) 符合我国人民法院审判行政赔偿案件和处理冤狱赔偿案件"以事实为根据，以法律为准绳"的传统，操作方便，简易可行。参见肖峋：《中华人民共和国国家赔偿法理论与实用指南》，中国民主法制出版社1994年版，第106页。马怀德教授也提出："综观各种归责原则优劣得失，我国国家赔偿法采用违法原则是十分恰当的。该原则与其他原则相比较，优点十分突出。……避免了过错原则在主观认定方面的困难。……有利于受害人行使国家赔偿请求权，原告无需证明侵权行为人主观有无过错，只要证明国家机关及其工作人员行为客观上违反了法律法规，及因此遭受的损害即有可能胜诉。"参见马怀德：《国家赔偿法的理论与实务》，中国法制出版社1994年版，第104页。

生并不必然引起国家赔偿。如果损害的发生是由合法行为造成、且国家应当承担责任，则称为“补偿”，如三峡库区移民、为修建高速公路征用农民集体所有的耕地等。只有当损害是由违法行为造成的，公民才能获得国家赔偿。造成损害的职务行为的违法性是产生国家赔偿的前提条件。违法原则与民事侵权赔偿中的过错原则相比较，最大特点就是放弃了对实施侵权行为的工作人员主观上是否存在过错的考察，只要能够确定行为的违法性，国家就应当承担赔偿责任。行为是否违法，往往通过一些客观条件加以判断，如具体行政行为的违法可以通过是否具备主体资格、权限是否合法、程序是否合法、证据是否确实充分、适用法律是否正确等进行考察。所以，违法原则一般被认为是客观归责原则，避免了过错原则在主观状态判断方面存在的困难，更便于受害人获得救济。但我们也要看到，违法原则便利性存在的前提条件是违法的判断存在便于执行的标准，如果违法性的判断本身存在相当大的困难，如事实行为领域；或者根本就不能用违法性加以判断，如行政自由裁量行为，此种便利性就不仅不能存在，反而会成为受害人获得国家赔偿的障碍。

在中国，赔偿与补偿的区别得到了相当的强调。这部分地是由于《国家赔偿法》在性质上除救济法之外，还被不恰当地赋予机关负责人和直接工作人员的责任法的属性。特别是随着依法行政的发展，一些部门制定政策，将国家赔偿的案件情况与“一把手”的责任直接挂钩，不仅造成受害人求偿难，也使得一些案件以侵权机关与受害人之间达成补偿协议而了结。此外，当损害是由合法行为造成时，并不意味着必然可以获得补偿。在有的情形中，受害人不能获得救济。例如根据《海关法》第 3 条的规定：“对走私犯罪嫌疑人，经关长批准，可以扣留移送司法机关，扣留时间不超过 24 小时，在特殊情况下可以延长至 48 小时。”如果海关对有走私嫌疑的公民某甲实施了拘留，但事后经查明某甲并未走私，对于某甲来说，其人身自由确实受到了损害，但只要海关的拘留决定符合实体法和程序法的规定，某甲就不能获得国家赔偿，也不能获得国家补偿。在此种情形中，某甲个人实质上承受了国家为公共利益需要而产生的损害，于他而言是不公平的。此种涉及公民人身自由的情形，应当如刑事诉讼中的拘留、逮捕一样，适用结果责任原则为宜。

(二)违法指行为违法,而非结果违法

虽然《国家赔偿法》第2条中仅规定"违法行使职权",没有明确规定违法意指行为违法,但从《国家赔偿法》关于赔偿范围的规定看,违法指行为违法,而非结果违法。如关于行政赔偿范围的第3条第(5)项规定"造成公民身体伤害或者死亡的其他违法行为",第4条第(4)项规定"造成财产损害的其他违法行为"。行为违法意指损害结果是否发生并不影响违法性的构成,只要国家机关工作人员实施的职务行为违反了法律法规设定的义务,如具体行政行为认定事实不清、适用法律法规错误、主体违法、超越职权、违反法定程序等,即可认定行政机关行使职权的行为违法,至于该具体行政行为是否给相对人造成损害不影响违法性的判断。当然,损害事实的存在是国家赔偿责任的构成要件之一,但不是违法的构成因素。

违法行为包括法律行为和事实行为两大类。在行政赔偿领域,包括具体行政行为和暴力行为、违法使用武器警械行为等事实行为;在刑事赔偿领域,包括错拘、错捕、错判等法律决定,以及刑讯逼供、违法使用武器警械行为等事实行为。这一点在行政赔偿领域《国家赔偿法》的规定不同于《行政诉讼法》。《行政诉讼法》所规定的行政侵权赔偿制度仅限于具体行政行为侵权所引起的国家赔偿,而《国家赔偿法》将行政赔偿范围扩展至事实行为,特别是明确列举了暴力行为和违法使用武器警械行为造成公民人身权伤害的情形。

1. 法律行为

(1)行政赔偿领域

在行政赔偿中,由于国家赔偿范围中排除了抽象行政行为,因此,法律行为指具体行政行为。具体行政行为违法性的判断往往根据《行政诉讼法》第54条关于具体行政行为合法性审查的相关规定进行。该条规定的违法形式主要有5种情形:主要证据不足、适用法律法规错误、违反法定程序、超越法定职权、滥用职权。只要具体行政行为具备其中一项情形,就应被认定违法。

裁量行为的法律控制包括符合法律规定的条件和符合法律规定的目的两个方面,即裁量权的行使不仅要合法,还要合理,并符合正当性的要求。但从《行政诉讼法》规定的5个合法性审查标准来看,主要证据不

足、适用法律法规错误、违反法定程序、超越法定职权都属于客观条件方面的审查,只有滥用职权属于合目的性方面的审查标准。这就产生了两个问题:其一,滥用职权是一个内涵不确定的概念,虽然理论上提出了一些注解,然而判例制度的缺乏无疑赋予了法官在认定方面以相当大的自由裁量权,这也是实践中滥用职权作为撤销判决理由的案件相当有限的原因。滥用职权认定上的不确定性无疑增加了受害人获得赔偿的不确定性;其二,受害人针对裁量行为获得赔偿的范围被限制在滥用职权的情形,缩小了受害人获得赔偿的范围。滥用职权是裁量权不合理行使最严重的情形,构成违法。违法原则无疑将滥用职权之外的不正当行使自由裁量权的情形排除在赔偿范围之外。

(2) 刑事赔偿领域

在刑事赔偿中,《国家赔偿法》对错拘、错捕、错判的情形已经作出解释性规定,因此,错拘、错捕、错判的违法性直接根据该法的规定加以确定。错拘是指对没有犯罪事实或者没有事实证明有犯罪重大嫌疑的人错误拘留的;错捕是指对没有犯罪事实的人错误逮捕的。拘留、逮捕是《刑事诉讼法》所规定的5种强制措施中对犯罪嫌疑人和被告人权利影响最大的2种,其适用有非常严格的实体条件和程序条件限制。公安司法机关在适用拘留和逮捕时,必须符合《刑事诉讼法》所规定的条件。因此,《国家赔偿法》关于错拘、错捕的规定理应或者根据《刑事诉讼法》规定的条件加以判断,或者应当与之一致。但《国家赔偿法》关于错拘、错捕的规定与《刑事诉讼法》不一致。[①] 特别是由于1996年的《刑事诉讼法》将逮捕的条件由过去的"主要犯罪事实已经查清"降低为"有证据证明有犯罪事实",也就是说,逮捕的条件低于有罪判决的条件。判决被告人无罪并不意味着逮捕违法,逮捕决定本身可能是合法的。如果仍然适用违法原则,则此种情形中被告人不能获得国家赔偿。对此,有的学者提出不必修改《国家赔偿法》的规定,并认为此种情形不再适用违法原则,而是适用无过错原则。只要被告人被判决无罪,国家就应当对羁押他的行为承

① 修改后的《刑事诉讼法》第61条关于拘留的条件规定如下:对于现行犯或者重大嫌疑分子,如果有下列情形之一的,可以先行拘留:(1) 正在预备犯罪、实行犯罪或者在犯罪后即时被发觉的;(2) 被害人或者在场亲眼看见的人指认他犯罪的;(3) 在身边或者住处发现有犯罪证据的;(4) 犯罪后企图自杀、逃跑或者在逃的;(5) 有毁灭、伪造证据或者串供可能的;(6) 不讲真实姓名、住址、身份不明的;(7) 有流窜作案、多次作案、结伙作案重大嫌疑的。

担赔偿责任,不管是否有过错存在,也不论羁押行为是否合法,只要损害后果发生,被告人就应当获得赔偿。[1] 实践中的一种做法则是只问羁押措施是否违反《刑事诉讼法》的规定,即使受害人无罪,只要羁押符合《刑事诉讼法》的规定,就不予赔偿。[2] 对此,笔者认为,如果不修改《刑事诉讼法》总则关于违法原则的规定,则实践中的做法是符合法律体系的内在要求的,但让受害人独自承担因为维持社会秩序、打击犯罪所产生的职务风险,于受害人而言确实也是不公平的。在拘留、逮捕等对公民人身自由有重大影响的强制措施领域适用结果责任原则更为适当。[3]

刑事错判仅指依照审判监督程序再审改判无罪,不包括经再审重罪改判轻罪。也就是说,如果经再审有罪被改判为无罪,公民能获得赔偿;如果经再审重罪被改判为轻罪,虽然原审判决违法,但公民不能获得赔偿。这将意味着一个服刑 3 年的人如果再审认定无罪,可以获得赔偿,而一个服刑 7 年的人如果再审认定轻罪刑期只为 3 年,那他多服的 4 年刑期不能获得赔偿。而其间的原因就在于前者是无罪之人,后者是有罪之人！这种区分反映出对有罪之人权利保护的漠视。国家赔偿的根本目的是为权利受到国家权力违法行使受到损害的公民提供救济,是一部损害救济法,不应将之与公民的身份挂钩。如果因为是有罪之人,就不保护其权利,那是社会集体合法复仇的做法,已被现代法治文明所抛弃。

在民事、行政诉讼中,如果法院判决错误的,不产生国家赔偿。因为在民事、行政诉讼中,当事人因为法院错判所遭受的损害可以通过如执行回转、责令对方当事人返还等途径获得救济。民事、行政诉讼中的违法仅指《国家赔偿法》第 31 条规定的人民法院在民事、行政诉讼过程中,违法采取对妨害诉讼的强制措施、保全措施或者对判决、裁定及其他法律文书执行错误三种情形。[4]

2. 事实行为

事实行为违法性的判断,存在相当的难度。事实行为是行政机关和

① 薛刚凌主编:《国家赔偿法教程》,中国政法大学出版社 1997 年版,第 218—219 页。

② 陈春龙:《中国司法赔偿实务操作与理论探讨》,法律出版社 2002 年版,第 120 页。

③ 关于此问题将在本章后文详细论证。

④ 最高人民法院《关于人民法院执行〈中华人民共和国国家赔偿法〉几个问题的解释》第 2 条列举规定了属于《国家赔偿法》第 31 条规定范围的几种具体情形,包括错误实施司法拘留、罚款的;实施《国家赔偿法》第 15 条第(4)项、第(5)项规定行为的;实施《国家赔偿法》第 16 条第(1)项规定行为的。

公安司法机关在履行职责的过程中所实施的行为，这些行为并不形成具有明确权利义务内容的决定，因此，法律往往很难对事实行为的实施作出具体的条件规定，导致事实行为违法性的判断存在相当难度。当然，这并不意味着事实行为的实施不需要符合法律的规定。事实行为的实施同样应当符合一定的规则，符合法治的基本要求，例如不能超越职权范围，应当尽到合理注意义务、平等对待、尊重人权等。因此，在事实行为领域适用过错原则较之违法原则更有利于保护受害人的权利。

至于《国家赔偿法》所规定的行政赔偿和刑事赔偿中都存在的殴打或唆使他人以殴打等暴力行为造成公民身体伤害或者死亡的，以及刑事诉讼中的刑讯逼供行为等，上述行为本身是法律所禁止的，是违法的，只要能够证明行为存在，而国家机关又不能证明存在正当防卫、自残、第三人实施等免责情形，行为的违法性即得以确认，无需专门确认，再适用违法原则似乎显得多余。

（三）行政赔偿中的违法既包括作为违法，也包括不作为违法

虽然《行政诉讼法》规定了行政机关不履行或拖延履行法定职责的，相对人可以针对行政机关的不作为违法向人民法院提起行政诉讼，但由于《国家赔偿法》关于行政赔偿和刑事赔偿范围的规定均为作为违法，加之公民由于行政机关不作为受到损害时，往往直接的致害因素并非行政机关，而是来自行政机关之外的主体。例如在尹琛琰诉卢氏县公安局110 报警不作为行政赔偿案件中，造成原告损害的直接主体是小偷。[①] 因此，在《国家赔偿法》颁布后的很长一段时间里，行政机关不作为违法侵犯公民权利造成损害的，公民很难获得国家赔偿。最高人民法院于2001年7月17日作出的《关于公安机关不履行法定行政职责是否承担行政赔偿责任问题的批复》对于这个问题的解决起到了相当重要的作用。最高人民法院在该批复中明确了由于公安机关不履行法定职责，致使公民、法

---

① 2002年6月26日夜，原告在卢氏县东门开办的“工艺礼花渔具门市部”被盗。小偷行窃时惊动了门市部对面“劳动就业培训中心招待所”的店主和旅客。他们即向卢氏县公安局“110指挥中心”报案，但接到报警的值班人员拒不处理。二十多分钟后，小偷将所盗物品装上摩托车拉走。被盗货物价值24546.5元，被毁坏物品折价455元，共计25001.5元。原告认为，被告卢氏县公安局接到报警后不出警，违反了职责，是行政不作为。请求法院根据《国家赔偿法》的规定，责令被告赔偿其全部损失。

人或其他组织的合法权益造成损害的,应当承担行政赔偿责任。但该批复同时也指出在确定赔偿数额时,应当考虑该不履行法定职责的行为在损害发生过程和结果中所起的作用等因素。也就是说,在此类案件中,行政机关并不必然对受害人的损害承担全部赔偿责任[①],受害人所能获得的赔偿将部分来自直接侵权人,或者部分由自己承担。

不作为违法的构成需要满足以下几个条件:其一,行政机关负有履行职责的法定义务。如《环境保护法》第37条规定:"未经环境保护行政主管部门同意,擅自拆除或者闲置防治污染的设施,污染物排放超过规定的排放标准的,由环境保护行政主管部门责令重新安装使用,并处罚款。"根据此条规定,环保局对擅自拆除或者闲置防治污染的设施、污染物排放超过规定的排放标准的违法行为负有处理义务。其二,行政机关的作为义务应当是特定的,而非一般性的义务。如某甲到北京出差,刚出火车站钱包就被小偷偷了,北京的警察确实没有尽到保护公民财产的义务,但不能据此认为北京的公安机关构成不作为违法。因为警察此时负有保护公民财产的义务是《警察法》关于警察的一般性义务的规定[②],其对象是某一群体,没有转化成对某个具体对象的特定义务。但如果小偷偷某甲钱包时,正好有车站警察路过,而警察发现小偷作案没有制止,则构成不作为违法。因为此时警察对公民的一般性义务转化成该警察对某甲的特定义务,因此,警察的沉默构成不作为违法。其三,行政机关应当履行法定职责而没有履行法定职责。行政机关根据法律的规定负有"为"的义务,但当其应当为的事实要件具备后,行政机关"不为",从而构成不作为。例如环保部门对工厂排污不符合标准的行为本负有查处的义务,某工厂排放的污水通过隐蔽渠道排入村民饮用水和生活用水水源,导致不少村民脱发、头痛、恶心等,当村民要求行政机关调查处理,环保部门没有采取任

① 如在前面提及的案件中,法院认为原告尹琛琰门市部的财产损失,是有人进行盗窃犯罪活动直接造成的,卢氏县公安局没有及时依法履行查处犯罪活动的职责,使尹琛琰有可能避免的财产损失没能得以避免,故应对盗窃犯罪造成的财产损失承担相应的赔偿责任。尹琛琰的门市部发生盗窃犯罪时,尹琛琰没有派人值班或照看,对财产由于无人照看而被盗所造成的损失,也应承担相应的责任。法院判决卢氏县公安局赔偿尹琛琰25001.5元损失的50%,即12500.75元。

② 《警察法》第21条规定:人民警察遇到公民人身、财产安全受到侵犯或者处于其他危难情形,应当立即救助;对公民提出解决纠纷的要求,应当给予帮助;对公民报警的案件,应当及时查处。人民警察应当积极参加抢险救灾和社会公益工作。

何调查措施。其四，构成不作为的情形分为两种：一种是应当主动履行职责没有履行，另一种是对相对人的申请在法定期限内没有作出答复。

刑事赔偿范围的规定与行政赔偿范围的规定区别之一在于后者在列举规定之后还规定了兜底条款[①]，而前者没有兜底条款的规定。刑事赔偿范围被严格限制在错拘、错捕、无罪判有罪、刑讯逼供或者殴打等暴力行为、违法使用武器警械、违法对财产采取强制措施等情形。上述情形均为作为违法，不包括不作为违法，因此，对于公安司法机关在应当立案不予立案和办理刑事案件过程中的不作为，如果给公民、法人或其他组织造成损害，受害人不能获得赔偿。

权力不同于权利，行使者不能放弃，当具备法定的事实要件，或者出现权力行使者应当有所作为的情形，权力行使者应当行使，否则，就构成不作为违法。作为违法与不作为违法只是违法之不同形态，二者并无本质不同。如果造成损害，都应当承担赔偿责任。刑事领域中的不作为违法构成和具体形态可以再作分析和探讨，但不应将之排除在国家赔偿的范围之外。[②] 对此，在由国家行政学院杨小君教授主持起草的《国家赔偿法修改建议稿》第 9 条中将“怠于履行职责致损害发生的”列入赔偿范围。

（四）违法中的“法”限于法律、法规、规章等制定法，包括法律原则和制度，但不包括法的精神

违法中的“法”的范围是违法原则的核心问题，因为对违法采广义理解还是狭义理解将直接影响赔偿范围。狭义违法仅指违反实在法的规定，而广义违法除了违反实在法的规定之外，还包括违反法的精神和法的一般原则。如在法国，违法除指违反严格意义上的法规之外，还包括违反诚信原则、公序良俗原则、尊重人权原则、权力不得滥用原则、尽合理注意

---

① 《国家赔偿法》第 3 条第（5）项规定：造成公民身体伤害或者死亡的其他违法行为；第 4 条第（4）项规定：造成财产损害的其他违法行为。最高人民法院《关于审理行政赔偿案件若干问题的规定》第 1 条将这两项中规定的其他违法行为解释为“包括具体行政行为和与行政机关及其工作人员行使职权有关的，给公民、法人或其他组织造成损害的，违反行政职责的行为”。

② 该条条文如下：行使侦查、检察、审判、监狱管理职权的机关及其工作人员在行使职权中违法或者过错侵犯公民、法人和其他组织的合法权益造成损害的，受害人有取得赔偿的权利。前款所列机关及其工作人员怠于履行职责致使公民、法人或其他组织合法权益损害的，受害人有取得赔偿的权利。人民法院判决、裁定的赔偿责任，适用本法第 10 条、第 11 条的规定。

原则等。[1] 综观我国学者的观点，多对违法中的"法"持广义的理解，认为法除了实在法之外，还包括法的精神和法的原则。如有的学者提出违法中的法包括一切现行有效的法律渊源，尤其是宪法、私法、程序法、法律原则、习惯法、内部法。[2] 有的学者认为，违法除指违反严格意义上的法规外，还包括违反诚信原则、公序良俗原则、尊重人权原则及公序良俗干涉他人权益。[3] 有的学者提出法在国家赔偿中是指法律、法规及合法的规章，同时还包括法的原则以及事实行为要符合的一般标准。[4] 有的学者提出违法归责原则中的"法"是广义的法，既包括实体法，也包括程序法；既包括法律、法规和其他具有普遍约束力的规范性文件，也包括法的基本原则和精神。[5] 理由主要包括以下几点：(1) 国家职权十分广泛，理应受到多层次、多角度法律规范的约束；(2) 在国家机关的管理活动中，事实行为很多，法律不可能对所有的事实行为进行规定，如果采用严格的违法概念，将把大量的事实行为致害排除在国家赔偿之外；(3) 我国目前法制尚未健全，在有的领域无法可依，如果对违法理解过窄，将会使相当一部分受害人失去救济的机会；(4) 从国外的赔偿实践来看，采用违法归责原则的国家都对违法作扩张解释，不限于严格意义上的法律规范。

将违法中的"法"的范围扩展至法的精神在功能上确实能够为公民提供更宽泛的权利救济，但如果仔细分析"法的精神"这个概念，我们就会发现存在相当大的操作上的难度，这也是实践中违法实质是在狭义概念上运用的原因。就"法的精神"而言，其内涵是不确定的，不同国家、不同历史时期、不同认识主体会对之得出不同的结论。且不论普通民众，就是同属法律人群体的立法者、法学家、律师、法官、检察官相信也会对法的精神作出不同理解。将一个外延不确定的概念作为行为的判断标准，与标准应当具有明确性的要求是不相一致的。当然，"法的精神"中有的内容如权力应当受到制约、人是独立的主体、尊重人权、权力应当公正、合理

---

① 转引自马怀德：《国家赔偿法的理论与实务》，中国法制出版社 1994 年版，第 98—99 页。

② 其中的法律原则包括分权原则、依法行政原则、诚信原则、比例原则、善良风俗原则、权力不得滥用原则、合理注意原则等；习惯法主要是所谓的"公序良俗"，主要适用于地方国家赔偿案件；内部法是公权力主体制定的只具有内部法律效力的规范，在其违反可能直接损害公民权益时，是确定侵害行为合法性的依据。高家伟：《国家赔偿法》，商务印书馆 2004 年版，第 106 页。

③ 应松年主编：《国家赔偿法研究》，法律出版社 1995 年版，第 84 页。

④ 薛刚凌主编：《国家赔偿法教程》，中国政法大学出版社 1997 年版，第 50 页。

⑤ 马怀德主编：《国家赔偿法学》，中国政法大学出版社 2001 年版，第 35 页。

行使等已经被视为人类文明的共同成果，是人类应当共同遵循的普遍规则。这些内容事实上往往通过基本原则体现在各部门法中。如司法独立原则[①]、无罪推定原则、参与原则、诚信原则等，莫不承载和体现了法的精神。法的精神对人们的行为具有导向作用，但不应直接约束人们的行为，约束人们行为的、体现法的精神的是法的原则和制度。法官在适用法律、解释法律时应当符合法的精神，但需要将法的精神转化为法律上的原则和制度。

就法的原则而言，将之从实在法中剥离出来而与法的精神相并列本身就是不合理的。原则与制度相比较，虽然具有内容概括、抽象的特点，但性质上仍然属于行为规则，具有规范性，是义务人在欠缺制度规定时仍然应当遵循的行为准则。[②] 原则一般需要通过制度加以具体化，但当欠缺具体法律规定时，原则可以发挥"补充性功能"，为行为主体提供行为准则。也就是说，虽然原则的位阶高于制度，但在适用上处于补充性地位。当存在具体法律规定时，应当优先适用具体法律的规定。当欠缺具体法律规定时，行为主体仍然应当遵循原则的要求。这正是原则所能发挥的弥补成文法局限性的工具意义所在。因此，行政机关和公安司法机关合法行使职权既包括符合具体规则的规定，也包括符合法的原则的要求。

在实践中，实务部门对法的理解往往采用严格的规则主义，将之限于具体的制度，原则的功能并未得到充分的肯定和运用。对违法作过于严格的理解不利于保护公民、法人和其他组织的权利，因为立法者不可能对社

---

① 孟德斯鸠在《论法的精神》中提出，"如果司法权不同立法权和行政权分立，自由就不存在了。如果司法权立法权合而为一，则将对公民的生命和自由施行专断的权力，因为法官就是立法者。如果司法权同行政权合而为一，法官便将握有压迫者的力量"。〔法〕孟德斯鸠：《论法的精神》，张雁深译，商务印书馆1961年版。

② 我国学者特别重视各部门法基本原则的研究，而英国、美国的法律和法学一般不使用基本原则的概念，仅用原则与规则相对应。所谓基本原则，意在强调某些原则的根本性，以区别于仅适用于某一阶段，或者仅适用于某一领域的具体原则。如民法中的基本原则是指其效力贯穿民法始终的民法根本规则，是对作为民法主要调整对象的商品关系的本质和规律以及立法者民事领域所行政策的集中反映，是克服法律局限性的工具。行政法的基本原则是指指导行政法的制定、执行、遵守以及解决行政争议的基本准则，贯穿于行政立法、行政执法、行政司法和行政法制监督的各个环节之中。刑事诉讼基本原则是指刑事诉讼法规定的，贯穿于刑事诉讼的全过程，为司法机关和诉讼参与人进行刑事诉讼活动所必须遵循的基本准则。从上述关于基本原则的定义中可以看出，我国学者所总结的法律基本原则具有以下特性：第一，基本原则是行为准则，具有规范性；第二，基本原则的内容具有根本性，是行为主体必须遵循的；第三，基本原则的效力具有普遍性，不同于仅适用于某一领域的具体原则。关于法的基本原则的分析，请参见王万华：《中国行政程序法立法研究》，中国法制出版社2005年版，第6章。

会生活事无巨细作出具体规定，需要通过法的原则所具有的适用灵活性来弥补制定法的缺陷。笔者认为我国《国家赔偿法》所规定的违法中的“法”的范围限于实在法，不包括法的精神，但应当包括法的原则。如果法律中对原则有明确规定的，如《行政许可法》中规定的诚信原则，在制度缺乏具体规定时，国家机关必须符合法的原则的要求，否则，就构成违法。

仔细分析学者主张对违法作扩大解释的理由，不难发现主要针对事实行为而言。由于法律往往不对事实行为的实施如法律决定那样有非常明确的实体条件和程序条件的规定，为了避免受害人不致因无法确定违法性而失去获得救济的机会，故对违法作扩大解释，将事实行为违反法的精神等也视为违法，受害人可以获得国家赔偿。此种做法，如前所述，虽能在功能上满足扩大保护公民利益的要求，却存在法的精神本就是内涵不确定概念的困扰，很难进入操作层面。因此，这个问题的解决，根源还在于事实行为领域不应适用违法原则，而应当以过错原则来替代之。如果国家机关在行使职权的过程中，没有尽到必要的注意义务，就应当对受害人进行赔偿。

三、对违法原则的比较研究

（一）与我国民事赔偿归责原则的比较

与《民法通则》关于民事侵权赔偿归责原则的规定相比较，《国家赔偿法》关于国家赔偿归责原则的规定具有以下特点：

其一，形式上采用单一归责原则。民事侵权赔偿归责原则以过错原则为基本归责原则，在法定特别情形中适用过错推定原则和公平负担原则。[①] 有的民法学者则认为，民事赔偿以过错原则为基本归责原则，在法定特别情形中适用无过错责任原则和公平负担原则。不管学者们持何种观点，在民事侵权赔偿归责原则由多项原则构成这一点上是共同的。归责原则体系的出现反映了民事侵权行为样态的复杂性，反过来，民事侵权行为样态的复杂性要求民事归责原则不应单一化，需要根据不同情形来确定在侵权人和受害人之间如何分担损害后果。

① 王利明、杨立新编著：《侵权行为法》，法律出版社1998年版，第28页。

国家赔偿采用单一违法原则,但如前所述,在如何理解这一原则的内涵上一直存有争议。笔者以为,有的认识上的分歧恰好反映了将违法原则作为统率所有领域国家赔偿的统一归责原则的不合理性。如主张对违法原则作广义理解的主要目的在于解决事实行为的归责问题,而事实行为的问题根本症结就在于这一领域本不应适用违法归责原则,而应适用过错原则。与民事侵权行为相比较,国家侵权行为的样态更为复杂,而非更为简单。这种复杂性体现为:(1) 国家活动分为立法、行政、司法3种,如果将军事活动单列,则为4种。即便《国家赔偿法》只适用于行政与司法领域,行政权与司法权的不同性质也决定了两种行为领域面临的问题是不同的。(2) 职务侵权行为分为法律决定侵权和事实行为侵权两大类,如果说前者可以通过违法归责原则加以确定,后者却由于法律规范中往往缺乏明确的权力行使条件难以适用违法归责原则确定,所以才会出现对违法作扩大解释的主张。也才会造成公民由于国家机关在履行职责的过程中没有尽到合理注意义务,权利受到损害,却由于不属于违法范畴而不能获得赔偿。[①] 面对复杂的国家侵权行为,《国家赔偿法》采用单一归责原则加以应对,自然会带来理解上的困难,也导致实践中受害人获得赔偿的艰难,这恐怕是与当初立法者方便公民获得赔偿的初衷相悖的。

其二,从内容看,与民事侵权赔偿过错归责原则相比较,国家赔偿违法原则的最大特点在于放弃了对侵权行为实施人主观上是否存在主观过错的考察,性质上是一种客观归责原则。在国家赔偿中,当损害发生后,只要造成损害的行政行为是违法的,赔偿即可发生,公务员或者机关是否存在主观上的过错并不影响赔偿。因此,违法原则重在对侵权行为性质的考察。而过错原则并不考察侵权行为的性质,其着眼点在于造成损害的侵权行为实施人是否具有主观过错。民法学者对过错原则的功能作出相当积极的肯定,认为“作为民法上重要的归责原则的过错责任原则,其产生和发展是法律文化的发展和人类文明进步的产物,也是侵权行为法长期发展的结果。在19世纪,过错责任原则曾上升为资产阶级民法的三

① 有的情形由国家机关支付一定数额补偿款了结。如某犯罪嫌疑人在被讯问过程中,浑身虚汗,数次提出自己头痛欲裂,希望能赶快将自己送往医院。但讯问人员认为他故意逃避讯问,不加理睬,结果该犯罪嫌疑人在讯问过程中死亡。后经尸体检验,查明该犯罪嫌疑人患有心脏方面的疾病。公安机关说出于人道考虑,补偿家属3万元人民币。

大原则之一，并对保护自由竞争，促进市场交易，维护个人自由和社会秩序，发挥过极为重要的作用”[①]。在解释确定责任归属为何要考察侵权人主观上是否存在过错时，人们一般都喜欢引用德国学者耶林的观点，“使人负损害赔偿的，不是因为有损害，而是因为有过失，其道理就如同化学上之原则，使蜡烛燃烧的，不是光，而是氧，一般的浅显明白”。也就是说，只要行为人对他人尽到了谨慎和注意义务，努力避免损害后果的发生，即使损害发生，行为人一般也不承担责任。过错原则因之为人们划定了自由行为的范围。通过明确行为或不作为的正当性，过错原则一方面尽量避免损害的发生，另一方面使人们获得了行动的自由，从而推进了社会的发展。

由于民事诉讼举证责任实行“谁主张、谁举证”的分配原则，过错责任原则要求受害人对侵权人存在过错负举证责任，而主观心理状态的证明带有一定的难度，当受害人证明不能时，无法获得赔偿。这一点在确定国家赔偿归责原则时深深影响了当时的立法者和学者。《行政诉讼法》实施过程中遇到的阻碍使得当时的立法者和学者将便于处于弱势地位的受害人获得赔偿作为首要的考虑，寻求便于证明的客观归责原则以替代考察主观状态的过错原则便成为必然的选择。这一点从本章前引的当时国家赔偿立法的主要参与人肖峋和马怀德教授的著作中都可以看到。他们都肯定了违法原则放弃对工作人员主观心理状态考察给受害人获得赔偿带来的便利。就便于受害人获得赔偿这一点，违法原则确实发挥了作用。只要行为客观上违法，受害人就可以获得赔偿。但由于违法行为的范围小于侵权行为的范围，导致违法原则同时也缩小了受害人获得赔偿的范围。违法行为往往造成权利损害的后果，但对权利造成损害的行为并非全部是违法性为。有的行为侵权了，但并未达到违法的程度。违法归责原则之下，针对侵权但并未违法的行为，受害人无法获得赔偿。

赔偿法的着眼点在于为受损害的权利提供救济，而违法原则着眼点在于对国家机关行为的性质的评价[②]，它使得赔偿的产生以对国家行为的性质评判作为前提条件，而非为受害人提供救济作为首要考虑条件。[③]

---

① 王利明、杨立新编著：《侵权行为法》，法律出版社 1998 年版，第 30 页。

② 杨小君：《国家赔偿的归责原则与归责标准》，载《法学研究》2003 年第 5 期。

③ 造成我国国家赔偿实践困境的原因之一就是在性质上将国家赔偿责任定位为责任法，而非救济法，并将国家赔偿与追究领导和经办人员责任直接相联系。

从这个角度来看,违法原则在便于受害人获得赔偿的同时却缩小了受害人获得赔偿的范围。因为只要职权行为合法,受害人即使权利受到损害,也无法获得国家赔偿。此外,就便于受害人获得赔偿而言,在法律行为领域是成立的,在事实行为领域违法原则反而因为违法性难以确认增加了赔偿的难度。确认违法被规定为启动赔偿程序的前置问题的赔偿程序设计,更进一步加大了受害人获得赔偿的难度。

违法原则在我国实践中的严格规则主义理解使得国家承担赔偿责任的标准实质低于民事侵权人承担责任的标准,这就易使国家机关的行为标准低于民事行为人的标准,因为只要职权行为合法,机关就不必承担赔偿责任。而民事行为中,不仅要求行为人行为合法,还要求他应当尽到谨慎、注意的义务。

(二)与外国国家赔偿归责原则的比较研究

从立法体例看,多数国家和地区采用行政赔偿和司法赔偿分别立法的做法。如日本制定单行的《刑事补偿法》、我国台湾地区制定单行《冤狱赔偿法》,法国的司法赔偿制度规定在《刑事诉讼法》和《建立执行法官和关于民事诉讼程序改革法》中。美国1946年的《联邦侵权赔偿法》适用于政府侵权赔偿,司法赔偿由判例确立了有限的赔偿范围。就归责原则的内容而言,行政赔偿与司法赔偿在多数国家都适用不同归责原则。司法赔偿,特别是冤狱赔偿多适用无过错责任原则,或称结果责任原则。[①] 如《联邦德国刑事追诉措施补偿法》第1条规定:对于因一项刑事法庭判决遭受损失者如其判决在再审程序的刑事诉讼中被取消或减轻,或者在能使该判决有效的其他刑事诉讼中被取消或减轻时,由国家予以补偿。[②]

从目前国内收集到的各国和地区国家赔偿法的规定来看,行政赔偿归责原则有三种规定:

① 樊崇义、胡常龙:《走向理性化的国家赔偿制度——以刑事司法赔偿为视角》,载《政法论坛》2002年第4期。

② 再如日本《刑事补偿法》第1条规定:(1)在根据刑事诉讼法规定的普通程序、再审或者非常上告程序中,受到审判宣告无罪的人,如果在判决前曾依据刑事诉讼法、少年法和经济调查厅法的规定,受到关押或者拘禁时,可以根据关押和拘禁的情况向国家请求补偿。(2)在根据恢复上诉权的规定而提起上诉、再审或者非常上告的程序中,受到审判宣告无罪的人,如果已经按照原判决受到刑罚执行,或者根据刑法第11条第2款的规定受到拘押时,可以根据刑的执行或拘押的情况,向国家请求补偿……。

第一，以过错原则为主要归责原则，在特定情况下适用无过错责任原则。传统意义上的过错是对行为人主观心理的考察，当损害发生后，侵权人是否承担赔偿责任要视其是否存在主观上的故意或者过失来确定。由于主观心理状态的证明存在相当难度，行政行为往往由数个公务员共同实施完成、行政机关享有行政权等因素进一步加大了受害人获得赔偿的难度。因此，在国家赔偿中，一些国家对过错的判断设定客观化标准。过失客观化一般是指以善良管理人社会生活上的注意义务来作为过失判断的依据。[①] 在国家赔偿中，往往根据社会一般行为或者社会一般理性确认公权力主体的"注意义务"[②]，也就是说，以公务员是否尽到合理注意义务为标准来判断过错的构成，并不关注公务员是否预见到损害后果。德国行政法中公权力机关的注意义务被进一步区分为"一般的职务义务"和"对特定人的保护义务"。前者是指公务人员针对其所属的行政主体所承担的职务以及行政机关基于行政内部关系承担的义务，后者是针对相对人或者第三人的特定义务，对后者的违反才是承担赔偿责任的必要条件。

法国的公务过错归责原则是此种规定的典型。[③] 公务过错指公务活动欠缺正常标准，正常标准是指任何公务活动都应当达到某种中等水平，低于中等水平就是具有公务过错。公务过错并无一个抽象的判断标准，由行政法院根据具体情况决定是否有过错存在。行政法院往往根据公务的难易程度、执行公务的时间（平时、危机时期）、地点、行政机关所具备的人力物力等各种情况，决定在当时情况下行政机关执行公务时应当达到的中等水平。法律行为、事实行为、抽象行为、具体行为都能产生公务过错。公务过错的形式多种多样，由行政法院通过判例发展，可以表现为行政活动的组织不良或管理不良，也可以表现为行政人员的疏忽、怠惰、自私。归纳起来可以分为三种形式：(1) 公务的实施不良，属于行政机关积极活动中的过错，如警察追捕犯人，误伤行人。(2) 不执行公务，属于

① 叶百修：《国家赔偿法》，载翁岳生主编：《行政法》，中国法制出版社 2002 年版，第 1613 页。

② 朱新力、余军：《国家赔偿归责原则的实证分析》，载《浙江大学学报》（人文社会科学版）2005 年第 2 期。

③ 法国部分资料请参见王名扬：《法国行政法》，中国政法大学出版社 1989 年版，第 698—706 页。

消极行为的过错。行政机关有义务采取行为而不作为,因而引起当事人损失,如海港当局不维修航行标志,造成船舶损伤。(3)公务的实施迟延。行政机关和行政人员有义务忠实执行职务,不得疏忽、怠惰、无故迟延。即使法律没有关于作出行为的期间的规定,行政机关也应当在合理期间内作出决定。

无过错责任在法国适用于特定情形,分为基于危险的无过错责任和基于公共负担平等的无过错责任。前者如卫生当局烧毁有传染源的建筑物,涉及邻舍;后者如企业为了提高效率裁员,劳工视察员为了避免社会骚乱,拒绝同意,企业由此蒙受损失,最高行政法院判决国家赔偿损失。

有一点值得我们注意的是,王名扬教授特别强调了公务过错与违法的区别。他认为这是两个既有联系、又有区别,互相独立的两个概念,作用不一样。公务过错的作用在于决定行政主体的赔偿责任,目的在于保护当事人的主观权利;违法行为的作用在于审查行政行为的合法性,目的在于保障法治原则的实现,维护某一特定社会中的公共利益。公务过错的制裁是完全管辖之诉中的损害赔偿之诉,违法行为的制裁是撤销之诉中的越权之诉。公务过错的范围超过违法行为,行政机关由于笨拙、疏忽、怠惰以及对当事人提供不正确的信息造成的损害,是一种公务过错,可以引起赔偿责任,但不一定都是违法行为。与之相比较,我国《国家赔偿法》的制定当时受到《行政诉讼法》的影响很深,没有体现国家赔偿制度与行政诉讼制度在性质和作用方面的根本区别。

公务过错通过为公务行为设定标准将过错客观化,避免了对行政人员主观心理状态的考察,更有利于受害人获得赔偿。我国有的学者对公务过错原则给予很高评价,认为明显优于主观过错原则或过错违法双重标准原则。[①] 公务过错原则通过确定行为的非难性来判断国家是否应当承担责任,更便于受害人获得赔偿,而且由于公务过错的范围大于违法行为的范围,因此,受害人获得赔偿的范围也较为宽泛。但公务过错是一个内涵不确定的概念,主要通过行政法院的判例来发展规则,因此,该项原则的确定是与法国行政法院体制密不可分的。

美国的归责原则在多数教材和专著中被认为属于违法加过错双重标准,但笔者以为美国的规定类似于法国的公务过错原则。美国《联邦侵权

① 薛刚凌主编:《国家赔偿法教程》,中国政法大学出版社 1997 年版,第 50 页。

赔偿法》第1346节(b)款规定,“在符合本编第171章的范围内,对由于任何政府职员在执行职务或工作范围以内的过失的或不法的行为或不行为而引起的财产损坏或者丧失、或者人身损伤或死亡的金钱赔偿……”。引发国家赔偿的行为有两种:过失的行为或不行为和不法的行为或不行为。过失的构成需要满足两点:其一,机关对于被侵害的利益负有法律上保护的义务,而非道德上义务;其二,机关在对待这一利益时必须遵守一定的注意标准。机关的行为违反了义务和标准,构成过失,应当对由此产生的损害承担赔偿责任。① 不法的行为有广义和狭义之分,广义的不法行为除过失行为外,还包括侵权行为。狭义的不法行为是指过失行为之外的侵权行为。美国国家赔偿不适用无过错责任原则,国家对无过错的行为不承担赔偿责任。

第二,过错加违法双重标准。采用此种归责原则的有日本、韩国以及我国台湾地区。② 日本《国家赔偿法》第1条规定:“行使国家或公共团体公权力的公务员,由于故意或过失,关于其职务的行使,违法给他人施加损害时,国家或公共团体对其损害承担赔偿责任。”③根据此条规定,过错与违法性同为国家赔偿的构成要件,二者缺一,都不发生赔偿。故意是指公务员认识到自己的行为将产生一定的结果,却容忍这种结果的发生。过失是指对一定的事实本来能够认识,但因不注意而未能认识到。关于过失的认定,过去代位责任说将之作为公务员主观预见可能性问题来理解,自己责任说将之作为客观的公务运营上的瑕疵问题来把握。但随着民法领域不法行为法学的发展,持代位责任说的学者也放弃了仅将公务员个人的主观心理状态作为故意或者过失的判断标准的观点,开始重视对该职务上的一般公务员所客观期待的注意能力问题。过失与违法的区分也因之相对化了。日本判例中出现了仅认定过失便承认赔偿责任的倾向,如从违反确保医药品安全义务的事实,直接推定过失及违法性。关于

---

① 王名扬:《美国行政法》(下),中国法制出版社1995年版,第760页。

② 韩国《国家赔偿法》第2条规定:“公务员执行职务,因故意或过失违反法令加损害于他人者,国家或地方自治团体应赔偿其损害。”我国台湾地区“国家赔偿法”第2条规定:“公务员于执行职务行使公权力时,因故意或过失不法侵害人民自由或权利者,国家应负损害赔偿责任。公务员怠于执行职务,致人民自由或权利遭受损害者亦同。”

③ 本书日本部分的写作请参见杨建顺:《日本行政法通论》,中国法制出版社1998年版,第627—642页。

违法，日本学说存在狭义和广义之分，狭义说认为违法就是违反法令，广义说认为只要是客观上欠缺公正，侵害私人法利益的一切行为，都构成违法，并不限于严格的违反法令。

此外，日本在公共营造物领域适用无过错责任原则，由于道路、河川及其他公共营造物的设置或管理有瑕疵，给他人带来损害时，国家或公共团体对该损害承担赔偿责任。日本判例确认《国家赔偿法》第2条关于营造物的设置或管理的瑕疵，是指营造物欠缺通常应该具有的安全性。营造物的构造及形状有物理上的瑕疵，欠缺通常应该具有的安全性时，即使管理者没有过失，也应当承担赔偿责任。

第三，违法原则，如奥地利和瑞士。奥地利1948年《国家赔偿法》第1条规定："公法上团体及社会保险机构于该官署之机关执行法令故意或过失违法侵害他人财产或人格权时，依民法之规定由官署负损害赔偿责任。"1989年则取消了"故意或过失"的要求，修改为"在执行法律中因违法行为——不论过错在谁——所造成的财产或人身损害承担赔偿责任"[①]。瑞士1959年《联邦责任法》第3条规定："联邦对于公务员执行职务时，不法侵害他人权利者，不问该公务员有无过失，应负赔偿责任。"从这两个国家的规定看，没有如日本那样采用过失客观化的做法来解决主观心理状态认定的困难，而是直接取消对主观状态的考察，采用客观违法的原则。

从前述三种规定看，法国、美国采用了过失客观化的做法，奥地利和瑞士则采用完全的客观归责原则，日本、韩国和我国台湾地区虽然实行违法加过错双重原则，然而从发展趋势看，传统理论中将违法视为客观要件、过失视为主观要件的违法与过失二元对立的做法正在改变。持代位责任说者也渐渐主张对过失做客观化解释。如在日本，虽然仍然采过错责任归责原则，但对过错的理解和判断逐渐由过去的对公务员是否存在故意或过失的主观心理考察发展至对公务员是否违反了职务所要求的标准的注意义务。关于《国家赔偿法》第1条规定的过失的认定，不必追究每个公务员具体的心理方面的过失，只要认定公务员违反了职务上要求

① 转引自肖峋：《中华人民共和国国家赔偿法理论与实用指南》，中国民主法制出版社1994年版，第106页。

的标准的注意义务，便可以认定。而且这种见解在日本已经被普遍接受。[①] 在我国台湾地区，也有学者主张放弃对公务员个人主观上是否具有过错的判断，而从整个行政体系运作是否有瑕疵与可非难之处，或从公务员行为违反了职务义务而直接推论有责性。[②] 从中我们不难看出，由于证明特定公务员主观心理状态存在相当大的难度，为了充分保护受害人的权利，即使持过错归责原则的国家也在过错的理解和判断上放弃了传统的主观心理考察的做法，转向寻求对过错作出客观化解释。从这一点来说，我国《国家赔偿法》当初放弃民事归责原则中的过错原则、转向违法客观归责原则与国家赔偿归责原则的发展趋势是相吻合的。我们的问题是归责原则过于单一，在并不适宜的领域也适用违法原则，导致受害人获得赔偿的范围受到严格限制。

四、构建我国国家赔偿归责原则体系

《国家赔偿法》将违法原则作为统帅整个国家赔偿制度的统一归责原则，既不能适应行政活动与司法活动的差异性，亦不能适应法律行为与事实行为的不同。司法赔偿，特别是刑事赔偿，涉及公民的人身自由、生命等最基本的权利，其适用的归责原则与行政赔偿存在很大差别。如果在修改《国家赔偿法》时将公有公共设施致害赔偿也纳入其中，违法原则同样难以在该领域适用。《国家赔偿法》应当取消在总则中规定归责原则的做法，区分行政赔偿和刑事赔偿分别规定各自适用的归责原则，进而区分法律行为和事实行为分别规定不同的归责原则。总之，国家赔偿归责原则应当是由适用于不同领域的归责原则组成的归责原则体系，而非现行单一归责原则。[③]

---

① 杨建顺：《日本行政法通论》，中国法制出版社 1998 年版，第 631—632 页。

② 董保城：《国家责任法》，神州图书出版有限公司 2002 年版，第 146 页。

③ 在杨小君教授主持起草的《国家赔偿法修改建议稿》中，虽然也区分行政赔偿和司法赔偿分别规定各自适用的违法或者过错归责原则，违法原则适用于法律行为，过错原则适用于事实行为。但该建议稿总则第 2 条又规定：“国家机关和法律、法规授权组织及其工作人员行使职权或者履行职责造成公民、法人或其他组织合法权益受到损害的，国家应当承担赔偿责任。”该条规定了结果责任原则，总则与后面的条款难以衔接。

(一)行政赔偿归责原则

确定行政赔偿归责原则首先必须摆脱《行政诉讼法》中具体行政行为合法性审查原则的影响和束缚。因为行政赔偿制度与行政诉讼制度的直接目的不同。行政赔偿制度的目的是为权利受损害之人提供救济,在保护受害人主观权利的同时客观上促进行政机关依法行政。行政诉讼制度通过法院审查行政行为的合法性,保障行政法治,同时保护了公民、法人和其他组织的权利。如果将违法作为行政赔偿发生的条件会限制受害人获得赔偿的范围。因为合法但不合理的行为同样会对相对人造成侵权,公务员没有尽到合理注意义务、但又不构成违法的行为也同样会对相对人造成侵权。《行政诉讼法》所规定的违法行政行为的范围小于行政侵权行为的范围,如果将违法作为行政赔偿发生的条件,就会将不违法但侵犯了相对人权利的行为排除在行政赔偿范围之外,从而限制受害人获得赔偿的范围。

从行政赔偿制度自身目的出发来构建归责原则并非意味着完全否定违法原则。中国完全借鉴法国等国家的公务过错原则,在现行司法体制之下难以实现。我国实定法中并没有对行政机关的注意义务作出详细规定,判例制度的欠缺使得法院无法如法国最高行政法院那样通过判例来完善注意义务的规则。日本等国家实行的过错加违法双重归责原则尽管逐渐对过错采取客观化判断和理解,但并未完全替代对过错持主观理解的传统观点。[①] 而违法原则作为一项客观归责原则,放弃对行为人主观状态的考察,确实非常便于受害人获得赔偿,在具体行政行为领域,仍以适用违法原则为宜。但在不适宜适用违法原则的事实行为领域,应当考虑代之以其他归责原则。具体而言,我国行政赔偿归责原则可以规定如下:

1. 违法原则:适用于具体行政行为和不作为

依法行政原则要求行政机关作出具体的行政决定时应当符合实体法和程序法的规定,如果行政行为违法,对相对人权利造成损害的,行政机关应当承担赔偿责任。作为法律行为,作出具体行政行为应当具备的条

---

① 在我国台湾地区,实践中仍然坚持过错为主观方面的要件,违法加害行为为客观方面的要件。参见伍劲松:《台湾行政赔偿制度研究》,载《台湾研究集刊》2002 年第 1 期。

件有明确的规定，一般包括主体合法、权限合法、程序合法、行为的内容合法等。

不作为是一个具有否定性内涵的概念，指行政机关负有作为义务，却没有作为或者迟延作为。不作为一旦构成，就包含了违法性。当行政机关对是否启动行政程序没有自由裁量权时，不作为的构成容易判断。但当行政机关对是否启动行政程序有自由裁量权时，没有启动行政程序是否构成不作为的判断则具有一定的难度。

2. 过错原则：适用于事实行为和合法但不合理的裁量行为

事实行为在行政管理过程中实施，但与法律行为最终会形成记载权利义务内容的法律决定不同，并不以书面的方式来体现行为的内容和结果，如工商人员对农贸市场进行检查，没有发现商户存在经营方面问题，检查结束。事实行为的作出由于多数缺乏法律要件的规定，行为的违法性很难确定。至于欠缺正当性的裁量行为，本就属于行政机关自由裁量权的范畴，形式上合法但欠缺正当性，不属于违法的情形。因此，违法行为的范围窄于侵权行为。有的行为侵权了，造成损害了，但不一定达到违法的程度。有的行为侵权了，但很难用违法性去评价之。由此造成违法原则之下事实行为和欠缺正当性裁量行为造成相对人权利损害时，受害人或者由于无法确定行为的违法性难以获得赔偿，或者由于行为不属于违法范畴不能获得赔偿，这对受害人是不公平的。侵权赔偿法要解决的是对受损害的权利进行救济的问题，而不是对侵权行为的性质进行评价。因此，在难以适用违法原则的事实行为和合法但不合理的裁量行为领域应当放弃违法原则，适用过错原则更为适宜。

笔者之所以提出适用过错原则而非如多数学者那样对违法作广义解释[①]，是因为考虑到实践中对违法实质作狭义的理解，将之严格限定在违反法律法规的规定（法律原则还往往被排除直接适用），并用《行政诉讼法》关于违法审查的标准来具体判断之。而且，对违法作广义理解，需要判例制度的支持，以确保法的精神在理解上的统一性，否则，容易出现理解上的不一致，损坏司法的权威。而这在中国现在并不具备条件。

从前述介绍的法国、美国、日本、我国台湾地区的国家赔偿归责原则来看，对过错的理解呈现出客观化的趋势。在考察公务人员是否具有过

① 学者对违法作广义理解的表述请参见本章前述违法原则的含义部分。

错时,不必考察基于特定公务人员的知识水平、理解能力、预见能力以及他是否应当预见到损害后果等,而是考察他是否尽到履行该职务所期待的且可以达到的一般公务人员应当尽到的注意义务,考虑他是否满足该职务的一般公务要求。主观过错的证明应当说具有一定的难度,需要针对特定侵权人的知识水平、理解能力、预见能力等个性化主观因素加以判断。在行政行为中,受害人面对的是享有行政权的行政机关,本来就处于弱势地位。加之行政行为有时由数名公务人员完成,就更增加了证明的难度。因此,对过错作客观化理解可以对公务人员的过错进行去个人化处理,使之更易证明。如果我国国家赔偿能采纳过错原则,也应当对过错的判断作客观化理解更为合适。具体指公务人员没有尽到必要的注意义务的情况,必要的注意义务可以根据履行该职务的一般公务人员在该具体情形下应当注意且可以期待其注意的程度来加以判断。

如果《国家赔偿法》的修改采纳过错原则,国家赔偿程序也需要作相应调整。现行国家赔偿程序的启动以行为违法性得到确认为前提条件,如果行为的违法性没有得到确认,不能启动国家赔偿程序。在事实行为等领域取消适用违法原则后,不能再将确认违法作为赔偿程序启动的前提条件。

3. 过错推定原则:适用于受害人失去人身自由状态下权利遭受损害的情形

所谓过错推定,也称过失推定,是指如果受害人能够证明自己受到的损害是由加害人所致,而加害人不能证明自己没有过错,则推定加害人有过错并应承担赔偿责任。民法中适用过错推定原则的必要性在于:其一,由于现有技术水平、知识水平的限制,在很多案件中很难确定行为人是否有过错,因此需要借助于过错推定;其二,从加害人的角度看,由于他常常更了解损害发生的起因,因而也有责任就有无过错问题举证。[1] 过错推定原则的适用领域一般由法律明确规定,从我国民法规定的适用领域看,主要适用于建筑物、悬挂物致人损害(《民法通则》第 126 条)、产品质量不合格造成损害(《民法通则》第 122 条)、国家机关或国家机关工作人员的职务侵权案件(《民法通则》第 121 条)、高度危险作业致人损害(《民法通则》第 124 条)、饲养动物致人损害(《民法通则》第 127 条)等。在这些

① 王利明、杨立新编著:《侵权行为法》,法律出版社 1998 年版,第 35 页。

领域中,对有无过错的证明,在证明能力上加害人明显高于受害人。此外,这些领域适用过错推定也可以起到预防损害发生的作用,会促使加害人尽到必要的注意义务,尽量避免损害的发生。

过错推定原则实质利用了举证责任倒置的技术,将有无过错的举证责任分配给了加害人,更有利于保护受害人的利益。对加害人而言,则在很大程度上强加了严格责任。适用过错推定原则更利于保护受害人,也有利于促进行政机关尽到注意义务。适用过错推定原则的情形主要是指受害人在失去人身自由、处于行政机关监管过程中死亡、失踪、身体受到伤害的。只要受害人及其近亲属能够证明损害在其被监管期间发生,就推定行政机关有过错。除非行政机关能够提供反证、证明自己没有过错。否则,就应当承担赔偿责任。在损害由同室关押人员暴力行为造成时,行政机关如果不能证明自己尽到及时处理义务,也应推定其有过错,应当承担赔偿责任。因为行政机关对处于其监管之下的公民的人身安全负有保障义务,此种义务除了公务人员自身不能实施或者不能唆使他人实施侵权伤害行为之外,还包括及时制止其他关押人员的侵权伤害行为。

(二)刑事赔偿归责原则

1. 取消违法原则在刑事赔偿中的适用

刑事赔偿的范围包括侦查、起诉、审判、执行四个阶段所发生的损害,但不包括符合刑事立案要求却没有立案的情形。统一违法原则之下的刑事赔偿归责原则所遭受的批评之声远远超过行政赔偿。如果说行政赔偿领域存在的问题是部分行政行为领域不适合适用违法原则,而在刑事赔偿中,基于错拘、错捕、错判所发生的赔偿被认为根本就不是违法原则,而是结果责任原则,与总则中关于违法原则的规定之间存在冲突。① 单看《国家赔偿法》关于错拘、错捕、错判的规定,应当属于结果责任原则,但由于违法原则是总则性规定,同样适用于刑事赔偿领域,确认违法同样是刑事赔偿程序的前置程序。如《人民检察院刑事赔偿工作规定》第6条规定:"人民检察院对于请求赔偿的违法情形,应当依法确认。未经确认

① 提出此种观点的包括:樊崇义、胡常龙:《走向理性化的国家赔偿制度——以刑事司法赔偿为视角》,载《政法论坛》2002年第4期;杨小君:《国家赔偿的归责原则与归责标准》,载《法学研究》2003年第2期。

有违法侵权情形的,赔偿申请不应进入赔偿程序。"

由于刑事诉讼程序本身是一个犯罪事实逐渐被证明的过程,采取强制措施决定的条件理应低于作出撤销案件决定、不起诉决定、无罪判决的条件。上述裁判的作出,并不意味着拘留、逮捕等决定必然违法。如果拘留、逮捕等决定本身合法,违法归责原则之下受害人就不能获得赔偿。如《人民检察院刑事赔偿工作规定》第 8 条规定:"对证据不足的撤销案件、不起诉案件或者判决无罪的案件,应当由人民检察院分别情形对检察机关作出的逮捕、拘留决定有无侵犯人身权情形依法进行确认。"其中,对有证据证明有部分犯罪事实的人拘留、逮捕,或者有证据证明有犯罪重大嫌疑的人拘留的,不予确认。不予确认违法,就不能启动国家赔偿程序,受害人就不能获得赔偿。对于受害人而言这是极不公平的。这种做法实质将追究犯罪所带来的侵犯特定公民权利的风险让个人承受,个人独自承担了维持秩序所产生的负担,有悖于社会负担平等负担的公平原则。

刑事案件涉及公民人身自由,在建构赔偿制度时,应将立足点定位于如何最大限度救济无辜公民,尽可能减少追究犯罪的风险由特定公民承受的情形,而不是对行为性质进行评价。从前述德国、日本和我国台湾地区的规定看,刑事赔偿中多采用无过错责任,目的在于为无辜公民提供最大限度救济。我国台湾地区学者何孝元先生认为:"近代各国立法之趋势,正由过失赔偿责任主义进入无过失赔偿责任主义。换言之,行为人似无过失,但若行为结果损及他人,亦须赔偿。'无过失责任'之所以成为各国冤狱赔偿立法之共同趋向者,乃因冤狱赔偿,除为昭雪冤枉外,并寓有对无辜之受害人施于救济之重大意义。"[①]笔者以为我国刑事赔偿领域中应当取消违法原则的适用,法律决定和事实行为分别适用无过错责任原则和过错原则,特定情形中适用过错推定原则。

2. 无过错责任原则:适用于法律决定

无过错责任,也称危险责任、结果责任,是指损害发生后,既不考虑加害人的过失,也不考虑受害人的过失的一种法定责任形式。无过错责任原则只问损害结果与行为之间是否存在因果关系,并不对行为的性质进行评价,其目的在于最大限度地保证受害人获得救济。只要能够证明行

① 转引自马怀德:《国家赔偿法的理论与实务》,中国法制出版社 1994 年版,第 193 页。

为与损害之间存在因果关系，行为实施人就应当承担法律责任。从责任的基础看，无过错责任的基本思想是对不幸损害的合理分配；从责任的性质看，无过错责任不在于对具有反社会性行为的制裁，并没有体现出对被告行为的非难。我国有的学者也因之认为无过错责任并非一项归责原则，而是依法律的特殊规定而存在的责任现象，仅适用于例外情形。① 刑事诉讼程序涉及公民的人身自由，适用无过错责任原则可以最大限度地保护无辜公民，减少让特定公民独自承受因追究犯罪、维护秩序所产生的风险的情形。

人身自由是公民最基本的权利，仅仅因为追究犯罪的需要并不足以使限制人身自由的决定获得不予赔偿的正当性。即使限制公民人身自由的决定本身并不存在错误或者违法的情形，也应当对公民权利所遭受的损害予以赔偿。因为尽管限制人身自由的强制措施决定本身是合法的，为了追究犯罪的需要在刑事诉讼的某个阶段需要对犯罪嫌疑人和被告采取强制措施，但毕竟对公民的基本权利造成了损害。为追究犯罪、维护社会秩序所产生的风险应当由全体社会成员共同承担，不应当由特定公民独自承受。只要发生了损害，损害与公安司法机关的决定之间存在因果关系，即使拘留、逮捕决定合法，也应当赔偿。对于蒙受牢狱之灾的公民来说，即便国家给予赔偿，其实也只能在金钱上给予受害人一定补助，至于受害人心灵上所承受的痛苦、甚至由此带来的家庭变故，国家是无法赔偿的。

由于国家赔偿责任往往与公职人员错案追究责任相联系，如果《国家赔偿法》的修改仍然保留违法原则在刑事领域中的适用，对于拘留、逮捕决定本身合法的，也可以考虑建立刑事补偿制度来为受害人提供救济。即在性质上肯定拘留、逮捕决定的合法性，但同时补偿受害人因失去人身自由所遭受的损害。

对于已经生效的判决，经再审改判无罪的，应当赔偿。经再审重罪改判为轻罪的，对错误判决部分应当赔偿，不应当继续采用如目前轻罪重判只有死刑才能获得补偿的做法。区分有罪无罪情形来确定是否赔偿的做法，实质是对有罪之人作出的集体合法报复，应当放弃。从德国、奥地利等国家的规定看，明确规定轻罪重判的，国家应当承担赔偿责任。如德国

① 王利明、杨立新编著：《侵权行为法》，法律出版社 1998 年版，第 41 页。

《刑事追诉措施赔偿法》规定:"对于因一项刑事法庭判决遭受损失者,如其判决在再审程序的刑事诉讼中被取消或者被减轻,或者在能使该判决有效的其他刑事诉讼中被取消或者减轻时,由国库予以赔偿。"奥地利《刑事赔偿法》规定:"受害人经国内法院判决后,经重新判决并因此被判处较轻刑罚的,赔偿请求成立。"

3. 过错原则:适用于事实行为。受害人在被羁押期间人身权利遭受损害的,适用过错推定原则

与行政赔偿一样,发生在刑事诉讼过程中的事实行为给受害人权利造成损害的,适用过错原则来确定是否赔偿。过错也作客观化理解,如果公安司法人员没有尽到履行其职务应当尽到的、且可以期待其尽到注意义务,就可以认定构成过错。如在下述案件中,公安机关没有尽到必要的注意义务,应当安排警员在三轮车上监控犯罪嫌疑人但没有安排,由此给受害人权利造成损害,应当承担赔偿责任:祖某是某厂职工,根据厂里安排,担任合肥某派出所联防队员。一天夜里祖某在派出所值班,和几名警察一起去市郊抓一名犯罪嫌疑人。抓到犯罪嫌疑人后,需要将他开的一辆三轮车同时带回派出所。由于警察们都不会开三轮车,就让犯罪嫌疑人自己开,并让祖某坐在三轮车上押车,警车跟随其后。两车在夜间凹凸不平的田间小道上行使。途中,犯罪嫌疑人突然跳车逃走,随后三轮车翻倒在田埂上。三轮车内的沸水和热油浇到祖某的头部和上身,祖某被严重烫伤。公安机关承担了30万元的治疗费用,并承诺承担继续治疗的费用。[①]

对于受害人在被羁押期间人身权利受到损害的,也应当适用过错推定原则。只要受害人及其近亲属能够证明损害在其被羁押期间发生,就推定公安司法机关有过错。除非公安司法机关能够提供反证,证明自己没有过错,否则,就应当承担赔偿责任。在损害由同室关押人员暴力行为造成时,公安司法机关如果不能证明自己尽到及时处理义务,也应推定其有过错,应当承担赔偿责任。因为公安司法机关对处于其监管之下的公民的人身安全负有保障义务,此种义务除了公务人员自身不能实施或者不能唆使他人实施侵权伤害行为之外,还包括及时制止其他关押人员的

① 案件源自詹涛:《论我国国家赔偿的范围和标准的完善》,中国政法大学2005年度硕士学位论文。案件为作者代理的案件。

侵权伤害行为。

(三)公有公共设施致害赔偿的归责原则

从法国、日本、我国台湾地区关于公有公共设施致害赔偿的归责原则规定看,基本都适用无过错责任原则。如日本《国家赔偿法》第2条规定:“由于道路、河川及其他公共营造物的设置或管理的瑕疵,给他人带来损害时,国家或公共团体对该损害承担赔偿责任。”根据此条规定,因公共营造物设置、管理的瑕疵而造成的损害,无论是否存在应对其原因行为负责的人,也不管为防止该损害的发生是否尽了注意义务,国家或公共团体必须予以赔偿。日本最高法院对公有公共设施致害适用无过错归责原则的理由是:既然国家及公共团体设置有关设施以供国民广泛利用,那么,由于其物理上的缺陷,使以通常的用法利用之的利用者受到损害时,其设置者就应该作为设施的提供者来承担责任。①

我国《国家赔偿法》没有将公有公共设施致害列入国家赔偿范围,实践中按照民事赔偿处理。如果将公有公共设施致害列入国家赔偿的范围,应当适用无过错责任归责原则。因为公有公共设施由政府提供给公众,政府有义务保证设施具备起码的使用安全性。此种安全性义务既包括设施在物理属性方面符合安全的技术要求,又包括设施管理者通过管理行为维持设施的安全使用。由于设施在物理属性方面存在安全上的瑕疵,或者由于设施的管理不当(包括管理者的作为或不作为)导致设施在安全方面存在瑕疵,造成损害的,国家都应当承担赔偿责任。不管国家在设施的设置和管理方面是否尽到注意义务,都不影响赔偿的发生。只要损害由设施瑕疵造成,国家就应当承担责任。为了确保受害人在损害发生时获得赔偿,又不过分加重设施提供者或者管理者的责任,特别是他不存在过错时,无过错责任可以通过保险的方式实现损害分配的社会化。

---

① 杨建顺:《日本行政法通论》,中国法制出版社1998年版,第644页。

第四章　行政赔偿制度

行政机关及其工作人员在行使职权过程中不可避免地对行政相对人的权益造成损害。为填补损害，国家确立了行政赔偿制度。面临我国《国家赔偿法》的修改，我们有必要重新思考行政赔偿责任的构成要件、行政赔偿的范围、行政赔偿程序等问题。

一、行政赔偿责任的构成要件

（一）我国行政赔偿责任的构成要件

《国家赔偿法》第 2 条、第 3 条、第 4 条，是现有行政赔偿构成要件理论的法律依据。从这三个条文的规定中，我们可以作出以下分析：

《国家赔偿法》第 2 条处于总则的地位，其所规定的内容应当适用于《国家赔偿法》的分则部分。第 2 条规定的国家赔偿构成要件包括：(1) 侵权行为主体是国家机关和国家机关工作人员；(2) 职权行为违法；(3) 损害要件，即国家机关及其工作人员的行为侵犯公民、法人和其他组织的合法权益，并造成损害；(4) 因果关系存在，即职权行为违法与损害之间存在因果关系；(5) 法律要件，即受害人要想获得国家赔偿还须符合《国家赔偿法》的规定，这也就是所谓"依照本法取得国家赔偿的权利"的要求。

从《国家赔偿法》第 3 条、第 4 条的规定来看，行政赔偿的构成要件却发生了微妙变化。具体来说，行政赔偿的构成要件是：(1) 行政侵权行为主体是行政机关及其工作人员;(2) 侵权行为发生在行使行政职权时;(3) 行政职权的行为侵犯人身权、财产权,并存在人身、财产的损害;(4) 因果关系的存在。

可以看出,《国家赔偿法》总则中的构成要件与行政赔偿要件之间存在着略微的差异:(1) 作为整体的国家赔偿要件中的职权行为,采用的是“违法行使职权”,而行政赔偿中则强调“行使行政职权时”;(2) 国家赔偿要件中包括所有合法权益的损失,而行政赔偿中则明确规定损害是人身权、财产权损害,并且将人身权损害仅仅局限于人身自由、身体伤害、死亡等。(3) 国家赔偿构成要件中有“法律要件”,而行政赔偿部分没有再强调。

因此,理解国家赔偿的构成要件和行政赔偿的构成要件,关键之处就是如何看待《国家赔偿法》第 2 条中的“依照本法”的含义。在理论上存在两种理解:

一种是将“依照本法”理解为:受害人获得具体的国家赔偿,必须依照行政赔偿、刑事赔偿的具体规定,不符合行政赔偿、刑事赔偿的具体规定,即使符合第 2 条的其他构成要件规定,也不能获得国家赔偿;

另一种是将“依照本法”理解为整体上的依照,也就是说,既要依照第 2 条的规定,也要依照行政赔偿、刑事赔偿的具体规定和国家赔偿法其他有关规定。具体在行政赔偿构成要件与一般的国家赔偿构成要件的关系上,除法律要件之外,行政赔偿构成要件应当与一般的国家赔偿要件一致。《国家赔偿法》第 3 条、第 4 条的规定并不能突破《国家赔偿法》第 2 条的规定。换言之,第 3 条、第 4 条仅是一种举例、示范。其具体列举的权益损害的类型、重要侵权行为类型等构成要件内容,是为了方便执法者理解,并不是仅限于举例的范围;超出举例的范围,如果符合一般国家赔偿要件,也属于国家赔偿责任范围。这是最有利于当事人权益保护的一种理解。

但实践中往往采取的是第一种解释方法。另外,从法律本身的规定来看,第 2 条“依照本法”的含义就是包含了授权本法其他内容对国家构成要件做具体明确化的规定。只要本法关于某一领域的赔偿要件有特别的规定,就适用该特别的规定,不再适用第 2 条的一般规定。从第 2 条所处的总则地位来看,其规定的“依照本法”更多的是指受害人依照本法规定国家赔偿程序、赔偿的方式、赔偿的标准获得赔偿,其本意并不是为了扩大国家赔偿法中行政赔偿、刑事赔偿的构成要件。所以,行政赔偿构成要件的制度就是《国家赔偿法》第 3 条、第 4 条所规定的内容。第 2 条的规定并不能当然地适用于行政赔偿领域。

其实,如果采取严格法律解释态度的话,《国家赔偿法》第3条、第4条规定的行政赔偿构成要件应当包括:行政侵权的行为主体是行政机关及其工作人员;行政侵权行为发生在行使行政职权时;存在人身权、财产权的损害;因果关系的存在。

(二)现行行政赔偿责任构成要件的问题

从以上严格解释来看,我国《国家赔偿法》关于行政赔偿责任构成要件的规定存在以下一些突出问题:

第一,行政侵权行为主体狭窄,没有反映行政多样化的现实。

我国《国家赔偿法》规定的行政赔偿的行为主体是"行政机关及其工作人员",这样的规定远不符合行政多样性之现实。在现代国家中,行使行政权的行为主体,已经从传统的行政机关及其工作人员一元独占走向了多元化,公行政也从国家行政走向了国家公行政与社会公行政并重。在这样的情况下,公共行政的承担者既有行政机关及其工作人员,也有其他社会组织。在我国台湾地区,行使公行政的主体也不仅包括行政机关,还包括公法团体、营造物、公营事业,甚至还有私人。现代国家的任务已经并非是消极地维持社会秩序与国家安全的秩序行政或干预行政,而实应迈向积极增进人民福利与保障之给付行政,据此,政府之职能必相对扩大,是以,行政机关事务日益繁琐,业务也日渐庞大,但政府人事编制不仅无法扩充,也缺少足够的专业人才,相对的,因民间人力、物力充沛,行政部门在不增加人力之前提下须完成各项业务,则必须尽量委托民间协助执行一些事务性的工作。[①] 在我国,实际行使公共行政权的机关也不仅是行政机关及其工作人员,还包括大量的事业单位,比如学校、公立医院、科研院所、公共社会团体等。这些组织也都行使着一定的行政职能。行政赔偿构成要件中的行为主体,必须与我国行政实践中的主体保持一致,否则,就会造成一些法律的模糊地带,不利于受害人权益的保护,也不利于对侵权行为者的法律监督。

虽然从广义的角度理解"行政机关及其工作人员"的含义,也能够满足学理上的自洽性。但这毕竟是一种理论解释,很难真正获得一致的认

① 参见李震山:《行政法导论》,三民书局2001年版,第106页。

可。一个法律条文的规定在理解与实践上存在如此重大的差异,就已经证明了该条文或多或少地存在一些不周全性。不周全的法律规定甚至会威胁到法律的一体遵循与法制的统一。为了避免严格解释造成的不利后果,行政赔偿的行为主体必须具有更强的现实概括力和包容性。

第二,纳入行政赔偿的行政侵权行为范围狭窄、模糊,不符合行政活动的现实,不利于保护受害的公民、法人或其他组织的合法权益。

这主要体现在:

其一,如果把《国家赔偿法》第 3 条、第 4 条中规定的"行使行政职权"仅仅理解为行政机关及其工作人员作出的法律行为,那么,对大量的事实行为造成的损害当事人就无法得到国家的赔偿。这非常不利于公民、法人或其他组织的合法权益。因为行政机关造成的大量损害往往是行使职权过程中的事实行为造成的。

其二,《国家赔偿法》第 3 条、第 4 条列举的行政赔偿的行政侵权行为种类,都是具体行政行为,并没有明确包括抽象行政行为。这样就会造成一种抽象行政行为不属于国家赔偿范围的认识。因为我国的《行政复议法》、《行政诉讼法》中主要规定的行为也都是具体行政行为,并没有规定抽象行政行为直接属于行政复议或行政诉讼的范围。受到这两部法律的影响,人们往往也都会认为行政侵权行为不包括抽象行政行为。《国家赔偿法》在这个问题上的模糊态度,直接决定了现实中大量抽象行政行为造成的损害无法得到国家赔偿,受害人的权益无法得到国家有效的救济,也不利于对抽象行为的监督。

其三,《国家赔偿法》第 3 条、第 4 条规定所列举的行为都是外部行政行为,对于所谓的"内部行政行为"造成当事人损害是否应当赔偿,《国家赔偿法》未作明确规定。实践中对于大量的"内部行政行为"造成的损害一般都不纳入国家赔偿的范围,这也严重限制了国家赔偿法的权益保护功能。其实,即使是属于典型的内部行政行为的公务员处分中,我国《公务法》第 103 条也已经作了明确规定,即"机关因错误的具体人事处理对公务员造成名誉损害的,应当赔礼道歉、恢复名誉、消除影响;造成经济损失的,应当依法给予赔偿"。这里其实已经承认了内部行政行为造成损害的国家赔偿责任。为了保持与《公务员法》相一致,《国家赔偿法》也应当将内部行政行为明确纳入国家赔偿范围。

其四,行政裁量行为是否纳入行政赔偿范围,也是模糊不清的。行政裁量行为是行政机关及其工作人员为了达到法律规定的目的,在法律规定的范围内自主决定如何、何时、何地、应实施何种行为而采取的法律行为。这种行为只要在法律规定的范围内,就是合法的行为,国家一般都不承担责任。但行政裁量权也不是一种可以专断、任意行使的权力,如果行政机关及其工作人员在行使行政裁量权时存在滥用职权等情况下造成当事人合法权益损害的,也应当属于国家赔偿的范围。如果不将行政裁量行为纳入行政赔偿的范围,势必会纵容行政机关及其工作人员滥用职权、违背法律目的的现象存在,也不符合行政裁量权在现代国家中的地位。行政裁量权是现代各国行政权中重要的组成部分,作为现代国家实现政府职能所必需的权力,行政裁量权以其令人震惊的速度增长和扩张,最大限度地影响着人们的生活。如果《国家赔偿法》不将这种行为纳入国家赔偿的范围,也就放过了大量可能侵害人民权益的一大类行为,对人民权益的保护是非常不利的。

其五,行政不作为违法是否属于行政赔偿范围,《国家赔偿法》的规定不明确。《国家赔偿法》对行政不作为是否赔偿以及哪些不作为需要赔偿、如何赔偿等问题都没有规定。法律上没有给行政不作为的权益保障提供一个明确的依据。实践中已经发生大量需要理论与制度上予以回答的问题,比如,“11·21”包头空难遇难者陈苏阳的妻子桂亚宁诉中国民航总局行政不作为案、北京现代沃尔经贸有限公司诉财政部政府采购监管不作为案等。

第三,行政赔偿的损害范围,与公民、法人或其他组织的合法权益内容不一致、不协调。

从理论上讲,所有的合法权益都应当受到法律保护,只有公民的违法利益不受法律保护。从逻辑上讲,这里的合法权益包括一切法律认可和保障的权利与利益,只要其可能受到国家公权力的侵犯并且可以用赔偿的方式予以补救的,都是《国家赔偿法》所保护和救济的范围。从范围上讲,这里的合法权益可能是民法等私法确立的人身权、财产权等,也可能是行政法等公法上保护的法定权利、应有利益等。总之,所有的合法权益,在受到行政侵害时,都应当属于《国家赔偿法》的损害范围。但我们的《国家赔偿法》却将损害范围局限于人身权、财产权损害,而且仅仅是部分的人身权和财产权。这明显忽略了大量的其他权益类别,具体表现在以下几个方面:

其一,将人身权仅局限于人身自由权、身体伤害或死亡,忽视了其他人身权的保护。这里的人身损害仅仅是指行政行为对受害人的健康、人身自由和生命的损害,对健康的损害,通常包括致残、毁容、破相、肉体痛苦等。对于人身自由的侵害也是多种多样的,如错误拘留等。人身自由是宪法赋予的基本权利,是其他权利的基础,人身自由受到侵害必然带来相应的精神损害和财产损害以及其他可能的损失。因此,对人身自由的损害是《国家赔偿法》所必须予以解决和关注的重大问题之一。生命权则是一切权利的基础,没有了生命就没有了主体,对生命权的侵害,必须予以赔偿;《国家赔偿法》将这些权利明确纳入赔偿范围。可是对人身权的其他内容却存在保护不力或缺乏明确规定的问题,主要包括人格权损害和精神损害。人格权是指公民或法人的姓名、肖像、名誉、荣誉等权利。从广义上讲,人格权是人身权的一部分,它具有非财产性。我国《国家赔偿法》在第30条虽然对名誉权、荣誉权也作了一些规定,但并不彻底。在行政赔偿领域,其范围被严格限制在《国家赔偿法》第3条第(1)、(2)项的行为类别上。这与行政机关其他行为也能造成当事人人格权损害的现实不符。至于精神损害,《国家赔偿法》更是持否定的态度。由于社会的进步,随着人们对精神生活的质量要求越来越高,对精神损害的赔偿已经成为人们的普遍要求,我国民法领域已经确立了精神损害赔偿制度。在这样的情况下,我国《国家赔偿法》更没有理由将精神损害排除在国家赔偿范围之外。

其二,财产权损害内容也是不全面的,间接财产损失被排除在行政赔偿范围之外。从该法关于侵犯财产权的损害赔偿来看,原则上只对受害人的直接损失进行赔偿,对于可得利益等间接损失却没有具体规定。具体说来:(1)处以罚款、罚金、追缴、没收财产或违反国家规定征收财物、摊派费用的,只保护原有财产,采取返还财产的方式,并不保护间接损失,如利息等。(2)对于违法扣押、冻结财产的,只能获得解除对财产的扣押、冻结的赔偿,并予以返还。然而,对于受害人的可得利益损失,如扣押车辆期间正常的营运额、存款被冻结期间的利息损失却不能获得赔偿。在"管尉华诉霍城县工商局违法扣押其沥青造成的损失要求赔偿案"中,原告关于被告非法扣押其10吨沥青8个月所造成的停业损失6万多元的赔偿请求,就被二审法院以此损失为间接损失为由予以驳回。(3)财产已经拍卖的,只赔偿拍卖所得价款。拍卖价格远远低于实际市场价格的情况下,对财产所有人来说,极为不公平。(4)吊销许可证和执照、责令停产停业的,只赔偿停产停业期间必要的经常性费用开支,如水电费等支出。然而,对于停产停业期间可得利润的损失以及其他正常损失等却不予保护。在实践中,往往发生因行政机关的一纸违法决定而导致企业停产直至最终倒闭的情形。但是,国家却不对该企业的可得利润损失及倒闭予以赔偿。其实,财产损害是主要的损害类型,它是指由于国家公权力的行使而使权利人的财产或人身造成经济上的损失。凡是权益人遭受的一切具有财产价值的损失,均可为财产损害。作为行政赔偿责任构成要件的财产损害有:被侵权人财产的全部或部分丧失,如行政处罚中的错误罚款等;财产的外部变形、数量减少或者财产的变质破坏,导致其价值降低或失去价值,常常发生在行政强制措施中的错误扣押、封存等领域;但可得利益的丧失,更应当是财产损失中不可缺少的一个部分,如失去原来可以必然取得的利益、利润或其他收入等。

其三,《国家赔偿法》采用两个条文分别列举人身权和财产权损害,人为地造成了在赔偿范围上的一些交叉与模糊。行政机关的行为所造成的损失,一般而言很难用财产权和人身权进行割裂。一个行为直接针对公民的财产权,也完全可以造成当事人人身上的痛苦,特别是精神痛苦;同样,侵犯人身权的行为,也会造成财产损失。比如,限制人身自由的行为,就会既有人格上的损失,也有财产上的损失。财产损害的来源,即造成财产损害的方式,可以是直接对权利人财产的侵犯,也可以是侵害人的生命健康权所造成的财产损失,还可以是侵害他人的人格权造成的财产损失。现行《国家赔偿法》采取两个条文分别列举的方式,进行归纳,造成了实践中出现赔偿了财产损失,而对人身损害却不予赔偿;或者赔偿了人身损害,财产损害却无法获得赔偿的情况。

(三)行政赔偿责任构成要件之重构

基于以上分析,为克服现有行政赔偿范围的弊端,理论上可以有两种出路:一种是采用概括式的规定;一种是建立在现有条文基础上,对《国家赔偿法》第2条、第3条进行重新整合、扩充,采取概括与列举相结合的方式。以下就对这两种方案进行详细的介绍。

第一种方案:对行政赔偿的范围进行概括式规定。

这种方案可以将行政赔偿的构成要件表述为:“行政机关及其工作人

员,在执行职务行使行政职权的过程中行为违法或存在过错,并造成公民、法人或其他组织合法权益损害的,国家应负赔偿责任。"同时,在条文中对"行政机关及其工作人员"作明确的广义解释:"本法所称行政机关及其工作人员,是依法行使行政职权从事行政公务的机关和人员。"

这种方案具有以下特点:首先,概括式规定的方式从逻辑上而言,是一种对当事人获得国家赔偿权利的整体上的肯定,避免了"挂一漏万"的现象,有利于当事人权利的保护。其次,概括式的规定还可以避免对《国家赔偿法》的误读、误解,肯定式概括使属于行政赔偿范围的情形范围明确、没有歧义,避免发生钻法律空子的现象,有利于对《国家赔偿法》的整体理解和一体遵循,维护法制的统一性和《国家赔偿法》目的的真正实现,发挥其社会纠纷解决的功能。再次,从我国台湾地区的法制经验看,概括式的规定可以提高国家赔偿制度应对复杂的行政情况和不断变迁的社会需要的能力,有利于法律稳定性的保持,避免法律的频繁修改与变动。我国台湾地区的"国家赔偿法"第 2 条第 2 项规定:"公务员于执行职务行使公权力时,因故意或过失不法侵害人民自由或权利者,国家应负损害赔偿责任。公务员怠于执行职务,致人民自由或权利遭受损害者亦同。"这项规定自从该法颁布以来,未曾改动,保持了足够的法律弹性,也体现了立法技术的高超。最后,采取概括式的规定方式也是我国《国家赔偿法》第 2 条规定的要求和落实。《国家赔偿法》第 2 条第 1 项规定:"国家机关和国家机关工作人员违法行使职权侵犯公民、法人和其他组织的合法权益造成损害的,受害人有依照本法取得国家赔偿的权利。"这其实就是现行法律的概括式规定,这种方案对这一项规定进行了贯彻和落实,以避免发生在我国十余年国家赔偿实践领域中的混乱现象的再次发生。

当然,这种方案也有不足之处,主要表现为:第一,概括式规定不具有很强的现实操作性,还需要有关机关作出具体的规定来落实。这可能造成这些实施规定限缩《国家赔偿法》所规定的条件。第二,概括式规定与我们的执法现实、文化有一定的不一致性。概括式规定往往必须建立在执法者具有良好法律素质的基础上,其可以自主地依法判断。而在我国目前体制下,各级执法者都很难依法自主判断,更何况国家赔偿是涉及自己违法或过错行为是否赔偿的问题。如果没有一些明确的具体规定与列举,恐怕对受害者的权益保护也并非完全有利。如果采取完全概括式的规定,在将来实施《国家赔偿法》的时候,恐怕会出现大量下级向上级请求解释的问题,不利于《国家赔偿法》的统一与有效遵循。

第二种方案:概括式与列举式相结合。

这种方案尊重现有行政赔偿的一些规定,在其基础上进行整合与充实,可以做如下调整:"行政机关及其工作人员在执行行政职务行使行政职权的过程中有下列情形之一,侵犯公民、法人或其他组织合法权益并造成损害的,受害人有取得国家赔偿的权利:

(一)违法拘留或违法采取限制公民人身自由或者违法对财产采取查封、扣押、冻结等行政强制措施的;

(二)非法拘禁或者以其他方法非法剥夺公民人身自由的;

(三)以殴打等暴力行为或者唆使他人以殴打等暴力行为造成公民身体伤害或者死亡的;

(四)违法或过错使用武器、警械等造成公民身体伤害或者死亡的;

(五)违法实施罚款、吊销许可证和执照等证书、责令停产停业、没收财物等行政处罚的;

(六)侵犯合法的经营自主权的;

(七)违法实施行政许可的;

(八)违法集资、征收财物、摊派费用或者违法要求履行其他义务的;

(九)负有法定职责,不履行或拖延履行特定法定职责的;

(十一)违法或过错实施行政合同行为的;

(十二)违法或过错实施行政指导的;

(十三)国务院部门、县级以上人民政府及其工作部门、乡镇人民政府作出的除行政法规、规章之外的其他规定违法并造成公民、法人或其他组织合法权益损害的;

(十四)滥用行政裁量权,造成公民、法人或其他组织合法权益损害的;

(十五)因错误的具体人事处理对公务员造成合法权益损害的;

(十六)造成合法权益损害的其他违法或过错行为。

本法所称行政机关及其工作人员,是依法行使行政职权从事行政公务的机关和人员。"

这种方案的特点比较明显,具体而言有以下几点:

首先,具有完全肯定概括式的所有优点。这种方案的行政侵权行为主体,是所有行使行政职权执行行政公务的机关和人员;行政侵权行为是发生在执行行政公务行使行政职权过程中的一切与职权相关的行为；在损害要件上也是包括所有的合法权益，克服了只列举人身权、财产权的弊端。这种方案与完全概括式一样，在侵权行为主体、行政侵权行为、权益损害上也都具有概括性，具有周延性。

其次，适应归责原则多元化的要求。《国家赔偿法》实施十多年以来，凸显了国家赔偿单一的违法归责原则的弊端。所以，我们主张国家赔偿归责原则应当多元化，具体到行政赔偿领域也要多元化。我们主张行政法律行为主要适用违法归责原则、行政事实行为与行政裁量行为主要适用过错归责原则、部分抽象行为适用违法归责原则等。如果使用完全概括式的模式，就很难把这些不同的归责原则与标准明晰地体现出来。采用法条列举的方式，就可以把这些不同的归责原则体现在法条之中。

再次，契合行政活动多样化的现实。行政活动的方式是非常多的，如果采用完全概括式的规定，就容易产生一些非传统的行政活动方式是否属于国家赔偿范围的疑问。采用列举的方式，把理论与实践中已经出现的行为都进行列举，有利于将来《国家赔偿法》的落实。这样的方式也与行政多样化的现实具有一致性。完全概括模式在行政侵权行为要件上具有太强的概括力，在概念外延上也就必然具有了广泛性和模糊性。采用行为列举的方式，就可以弥补概括模式的一些缺陷，尤其可以避免在服务行政、给付行政等方面可能存在的解释困难。一般理论上都认为具有强制性的运用命令等方式作出的干预人民权益的行为是符合行政侵权行为要件的。但对于行政机关积极主动地提供给付、服务、救济、照顾等方法，增进公共及社会成员的利益，以完成国家任务的行为，是否属于行政侵权行为却存在争议。我国台湾地区的"国家赔偿法"就是采用完全概括的模式，这也就导致了我国台湾地区法院通过判决的形式对概括的"行使公权力"进行解释。为了避免将来实施中的一些困难，我们主张在修订《国家赔偿法》时选择科学合理的模式。

再次，列举的内容充分吸收了现行《国家赔偿法》、《行政复议法》以及《行政诉讼法》的科学合理之处。我国现行的《国家赔偿法》、《行政复议法》、《行政诉讼法》中关于行政行为也都从不同的角度进行了列举。这些立法经验也值得在修订《国家赔偿法》时予以吸收和肯定。尤其是《国家赔偿法》中明确列举的一些事项，现在看来基本上都是合理的，实践也证明了其合理之处。我们在修改《国家赔偿法》时，不应当对这些经验持完全否定的态度。另外，从法律变动的幅度上讲，采取概括与举例模式的变动幅度也小，也能克服现有的弊端，能达到修法的目的。

最后，通过列举能够起到示范的作用，有利于法律的有效执行。在《国家赔偿法》中对一些行为或损害进行列举，能够起到一种示范的作用，有利于法律的执行，使执法者能较好地明确理解法律的含义与意图。如果没有列举的内容，就会使执法者丧失参照的对象，增加理解与适用的难度。

通过以上的分析，我们认为两种方案都具有合理之处，都能克服现有《国家赔偿法》的弊端。从理想的层面上而言，完全概括模式是最佳方案。但从现实性而言，我们主张概括式与列举模式相结合的方案。

二、行政赔偿的行为范围

行政活动形态多样，不同的行为往往也都具有不同的特点，在认定国家赔偿责任时也存在一些特性。因此，理论上有必要对不同的行为进行分类研究。这种研究能够避免概括性研究的弊端，当然，针对不同的行为进行有针对性的研究，也是理论研究深化和细化的必然要求。我们以下重点探讨行政不作为、行政指导、抽象行政行为、内部行政行为、行政裁量行为。

（一）行政不作为

理论上一般认为，不作为是最严重的行政侵权之一，国家对不作为造成的损害应当承担责任。但对行政不作为的概念，在理论上却存在较大的争议，至少存在以下几种观点：

一种观点是狭义说，即认为行政不作为是一种具体行政行为的不作为，这种行政不作为是指行政机关未履行特定作为义务，并且在程序上没有明确意思表示的行政行为。这种意义上的不作为具有以下内容：一是行政机关负有某种特定作为义务。首先，特定作为义务来源于一定的法律规定和法律事实；其次，作为义务是具体的，而非抽象的义务；行政机关根据法律法规负有的抽象作为义务，不能作为认定行政不作为的依据，抽象的法定作为义务有待行政机关依职权或者依申请转化为具体的作为义务。二是行政机关具备履行特定义务的能力。行政机关不具备履行特定义务能力的，不构成行政不作为。三是行政机关出于故意或过失没有履行义务。四是表现为程序方面的不作为，即行政机关对于当事人的申请或依职权本应作为而没有作出实体决定的行为。只要行政机关对当事人的申请作出了最后的实体决定，无论其内容是肯定或否定，都属于行政作为行为。[①] 狭义说的特点在于行政机关既有程序上的不为，也有实体上的不为；违反的法定义务也必须是具体的法定义务，而非抽象的法定义务。

第二种观点认为，行政不作为违法是指行政主体（通过其工作人员）有积极实施法定行政作为的义务，并且能够履行而未履行（包括没有正确履行）的状态。此定义需作下列说明：首先，行政不作为违法不等于静止不动。其次，行政不作为违法以行政主体有法定的行政作为义务为前提。所谓"法定的"是指有法律根据的意思；所谓义务是指法定义务。义务有法定义务、道德义务、习惯义务之分，违反不同义务带给行为人不同后果。行政不作为违法违反的义务必须是法律上的行政义务。再次，行政不作为违法以行政主体没有履行法定作为义务为必要条件。"没有履行"不是因客观原因如地震、水灾、火灾等不能履行，而是行政主体有履行能力，但它故意（如拒绝）未履行，因疏忽未履行，或因认识上的错误而未履行。最后，行政不作为违法是一种状态，它可能表现为整个行政行为处于一种不作为违法情形，也可能仅表现为某个行政行为的某处或几处呈行政不作为违法情形。由于判断违法与否通常由结果开始倒溯性进行检验，所以，行政行为的存在是前提条件。但是当行政主体对某个应该作出的行政行为什么也不做时，这种违法虽不具有物理的行为性，但从法学上说，它仍然是一个具有法律意义的行为。

第三种观点是最广义说。这是从行政管理学角度进行分析，认为行政不作为是指在行政管理活动中，对于中央政府和上级政府的决策无正当理由不予执行，或对于职责范围内行政事务不履行以及不完全履行其法定职能，并由此造成不良行政后果的具体行政行为。[②]

从以上可以看出，关于行政不作为的重要理论争议包括以下几个

① 参见应松年、熊菁华：《解读行政不作为》，载《中国党政干部论坛》2003 年第 9 期；周佑勇：《行政不作为的理论界定》，载《江苏社会科学》1999 年第 2 期。

② 参见杨景泉：《用制度遏制行政不作为》，载《中央财经大学学报》2004 年第 7 期。

问题：

第一，行政不作为是否仅指具体行政行为的不作为，即违反具体行政法律义务的不作为，还是既包括违反抽象法律义务的抽象不作为，也包括违反具体法律义务的不作为？

从法律规范的构成上讲，法律规定的义务都是一种具体的义务，而不可能有抽象的法律义务。抽象的义务不具有法律基本的明确性与预测性。如果某一项义务是抽象的，那么所谓的义务主体也就无所适从，不知如何履行法律义务。因而，我们认为法律义务都具有明确性，并不是抽象的。也就是说，法律上不具有抽象的义务存在。立法或其他形式设定的义务都是具体的，公民等个人所享有的对行政机关履行义务的请求权也是具体的，从规定义务与规定权利方面上看，就不存在抽象的权利义务。但是，规定的权利义务要行使或履行，必须具备一定的事实根据，当这种事实出现或存在时，行政机关就应当开始履行其义务，公民等个人就可以开始行使请求权。这就是引起义务履行和权利行使的具体的或特定的事实根据。[①] 另外，一些学者理解的抽象义务是指行政机关所具有的依法作出抽象行政行为的义务。其实，这里的义务也是具体的，并不是抽象的。因为只有法律上明确了具体的义务内容，行政机关才知道如何去从事活动、如何作出行为。这里的义务也是具体的、明确的，只不过行政机关所具有的义务的内容往往是作出某一个具有普遍约束力的抽象行政行为。法律义务内容与法律义务本身并不是一个概念，理论上不能用法律义务的内容是作出普遍约束力的规范，就推出法律义务本身也是抽象的，而不是具体义务的结论。

从实践后果的角度考虑，如果认为行政机关的法律义务是抽象的法律义务，也会为行政机关推脱法律责任提供理论借口，从而不利于从理论上为维护法律的权威和严肃性创造理论条件。理论分歧的典型案例体现在“11·2”包头空难遇难者陈苏阳的妻子桂亚宁诉中国民航总局行政不作为一案中。该案件的一个争议点就是如何理解 1996 年 3 月 1 日实施的《民用航空法》第 128 条规定的“国内航空运输承运人的赔偿责任限额由国务院民用航空主管部门制订，报国务院批准后公布执行”这一条文。在我国，目前空难的理赔标准适用的仍然是 1993 年国务院第 132 号令，

① 参见杨小君：《怠于履行行政义务及其赔偿责任》，载《中国法学》2003 年第 6 期。

也就是《国内航空运输旅客身体损害赔偿暂行规定》,理赔限额是 7 万元人民币。而法律规定的由民航总局制订新的赔偿限额的有关规定却没有得到履行,实际情况是从 1996 年颁布实施《民用航空法》以来,近 10 年民航总局没有依据《民用航空法》制订相关的理赔标准。从 1993 年到 2003 年这 10 年期间,我们国家的 GDP 增加了 4.35 倍,居民平均工资增加 4.33 倍,民航业总收入增加近 6 倍。这么多年的时间内,民航总局没有履行《民用航空法》规定的立法义务,它是有责任的。法律的这一授权规定是明确的,并不是抽象的,义务主体就是国务院民用航空主管部门,义务内容就是制定国内航空运输承运人的赔偿责任限额的有关规定。这样的法律规定的义务,其本身是具体的而不是抽象的义务。理论上必须把行政机关所负有的法律义务与法律义务的内容区分开来,不可混淆。

从理论上而言,行政机关具体的法律义务主要可以分为以下几种:(1) 法律本身规定的职责就是具体明确的,比如工商行政机关对申请营业执照的人所具有的法律义务;(2) 法律规定的职责与具体的法律事实、人或事项相结合,从而使法定职责具体化,比如,公安机关负有保护人身权、财产权的职责,这种法律职责本身是明确的,但它需要与具体的法律事实相结合,才能使某一个行政机关法律职责具体化。

总之,行政机关的法定职责本身是具体与特定的,但这些法律职责必须在具体的情景下,才有法律意义。所谓不履行法定职责,也必然是与具体的情景相联系的,没有法律所规定的具体法律事实的出现,行政机关的法定职责也就不会转化成具体的法律义务。行政机关违反的法定义务,都是具体的法定义务,并不存在抽象的法定义务或职责。行政不作为必定是一种具体行政行为,不是抽象行政行为。即使行政机关不履行法律义务的内容是制定行政规范性文件,其本身也是一种具体行政行为。

第二,行政不作为是以程序上的行为为标准,还是以行为的内容为标准进行认定?

如果以形式的程序为标准,那么只要行政机关作出了一定的程序行为,比如拒绝行为,就已经履行了法定职责;如果以实质性的法律义务为标准的话,行政不作为就是行政机关没有履行或没有达到法定职责的要求程度的种种情形,也就是与法定职责内容不一致的所有情形。我们认为,行政不作为的概念必须要以实质性的法律内容为标准,而不能以形式的程序为标准,主要理由如下:

（1）行政机关法定职责的必然要求。法律赋予行政机关法定职责的目的，就是为了使其切实地履行法定职责，并不是只要求其作出一定的程序行为。法定职责不仅要求行政机关要作出一定的程序行为，还要作出具有实质意义的行为。以实质性的法律职责内容为标准来认定行政不作为，符合法律对行政机关法律职责的实质要求。

（2）采用实质标准，克服了形式标准将拒绝履行法定职责行为纳入行政作为领域的一些弊端。拒绝行为从形式上看，行政机关作出了一个具有行为形态的决定，对申请人申请作出了答复，但其作为的内容则是不实施申请人所要求的行为，即不作为。拒绝这种形式，本质上应当属于完全程度的行政不作为，是对行政义务的完全而明确的不履行。如果将这种明确拒绝行为认定为一种作为行为，就完全违背了法定职责的要求，违背了法律的初衷。拒绝行为是一种以作为的形式掩盖不作为的本质，其违法性具有隐蔽性。这种拒绝行为与典型的作为行为的法律救济方式并不相同，而与不作为的法律救济方式是相同的。法院针对这种拒绝行为往往是责令其履行法定职责，并不是采取撤销、变更等方式。

当然，我们这里所言的“拒绝行为”是行政机关负有法定的作为职责、义务前提下的拒绝。如果是按照法律规定，原本就不属于行政机关的职责，行政机关拒绝履行的行为，是一种合法的行为。所以，从一定意义上讲，行政机关的拒绝行为有两种：一种是负有法定职责应当履行，而明确拒绝不予履行，这是不作为；另外一种拒绝行为是，行政机关不具有法定职责而不予履行，这种拒绝行为是合法行为，并不是不作为，因为其不存在作为的法律义务前提。

第三，行政不作为既包括合法行为也包括违法行为，还是仅仅是一种违法行为？

有学者认为，行政不作为行为不应当被限于不履行法定职责行为，也不宜于被仅限于违法不作为，还应将反映行政权力自我约束和克制的合法不作为行为包括在内。如此，才能将其逐步发展成为与行政作为行为相对应的又一理论范畴与类型。[①] 对于这种观点，我们持不同意见。主要理由是：所谓“合法的不作为”并不属于行政机关行为的范畴，而是法律对行政机关职权授予的范围问题，是一个法律层面的问题。合法的不

① 参见姜明安主编：《行政法与行政诉讼法》，法律出版社 2003 年版，第 108 页。

作为是法律对行政机关法定职权职责范围之外的禁止，并不属于行政机关的法定职责。如果行政机关超越了法律的职责范围，其行为就应当属于超越职权行为，是一种作为违法行为。所谓“合法的不作为”与行政机关的不作为并不属于同一层次的法律概念，不能对应起来。因此，我们认为，行政不作为都是一种违法行为，即违反法定职责、义务的行为，并不存在“合法的不作为”。

从以上分析可以看出，行政不作为是指行政机关依法负有具体法定职责，而不履行其法定职责、义务的种种违法情形。这个概念具有以下要素：(1) 行政不作为的前提是具有法定作为职责、义务；(2) 客观上存在行政机关没有履行法定职责的种种情形；(3) 行政不作为是一种违法行为。

研究行政不作为的国家赔偿责任，必须对行政不作为进行类型化研究。学术界对行政不作为有以下几种分类方法：

1. 依作为义务的类型，将行政不作为区分为以下三类：公务员之作为义务系以法令明文规定，或依法令之解释得予明确确定者；依法令赋予公务员作为权限，然权限之行使系委之公务员裁量者；公务员之作为权限与法令上并无规定者。[①]

2. 依法规究为维持公共秩序而制定抑为保护第三者利益而制定，将不作为之责任类型区分为行政客体为原告者与第三者为原告者。

3. 从危险防止责任之概念，并按行政活动所欲防止之危险类型区分为：(1) 存于自然界危险之不作为，(2) 因人类社会活动所生加害行为之不作为，即未能防止私人所为侵害行为。

4. 从危险管理责任论出发，即国家未能防范损害发生原因之自然现象或第三者行为所生危险责任(又称防备失败之不作为)而区分为以下几类：(1) 灾害、都市公害，例如土地灾害、爆炸、火灾、交通事故、犯罪、违法行为之取缔、动物事故等；(2) 药害、食品公害；(3) 作为起因性之不作为；(4) 许可、认可等之保留、迟延；(5) 建筑确认等之保留；(6) 立法等之不作为等。[②]

---

① 参见刘宗德：《行政不作为之国家赔偿责任——日本国家赔偿诉讼之新动向》，载《政大法学评论》第35期。

② 转引自王和雄：《论行政不作为之权利保护》，三民书局1994年版，第278页。

从以上学术探讨可以看出,不作为大体主要有迟延、作为起因性不作为、危险管理责任或危险防止责任之不作为等类别:(1) 行政迟延,也就是行政机关对人民的申请在法定期间内或相当期间内不依法作出行政行为的情况;(2) 危险管理责任之不作为,系指行政机关对于存在于自然界或社会上之危险及第三者行为所生之危险,未能适当行使规制或取缔权限致生损害,这是一种典型的行政不作为;(3) 起因性的不作为,是指因行政之作为造成违法或危险之状态在先,而未阻止其结果发生于后之情形,其本质乃作为与不作为相结合致全体过程发生疏失。[①] 这种情形也就是行政机关实施了一定的行为,但在行为过程中没有对该行为可能产生的损害尽到合理注意义务。比如,行政机关在隧道内焚烧火药,但未指导附近居民采取任何避难措施致损害发生的情形。

危险责任或为防止责任之不作为是现代国家进入积极行政、服务行政的表现。在认定行政不作为的国家赔偿责任时,理论上往往受到"反射利益理论"与"行政便宜主义"或"自由裁量理论"的影响。一些不作为往往也都是以行政裁量权或反射性利益等借口逃避了国家赔偿责任。在现代国家中,行政机关的公共职责义务已经大为增加,行政机关对公共卫生、公共安全等都负有不可推卸的责任,人民权益保障的意识也随着社会的发展得到空前的高涨。因此,在这样的背景之下,各国的行政法理论都对原有理论进行了反思。但在认定构成这种行政不作为赔偿责任的要件时,理论上还存在一些争议,出现了不同的理论路径。理论上有从请求权的角度进行认定,有从裁量收缩理论出发进行认定,也有从保护规范理论与裁量收缩理论二阶段进行论述的,主要如下:

第一,从请求权的角度认定行政不作为违法责任的理论。这种理论认为,被害人对于公务员为特定职务行为,有公法上请求权存在,经请求其执行而怠于执行,致自由或权利遭受损害者。若公务员对职务只执行,虽可使一般人民享有反射利益,人民对于公务员仍不得请求为该职务之行为者,纵公务员怠于执行该职务,人民尚无公法上的请求权可资行使,以保护其利益。[②] 这种观点认为,行政不作为必须与公民的公法请求权相对应,即有公法请求权,才会有行政不作为。

---

① 转引自王和雄:《论行政不作为之权利保护》,三民书局 1994 年版,第 278 页。

② 参见台北市政府法规委员会:《国家赔偿理论与实务》,自刊 2003 年版,第 471 页。

第二,保护规范理论。这种理论认为,法律规定之内容非仅属于授予国家机关推行公事务的权限,而其目的系为保护人民生命、身体及财产等法益。国家赔偿责任之成立,并不以被害人对公务员怠于执行之职务有公法上请求权存在,经请求其执行而怠于执行为必要,而应以各该职务义务规定之规范目的为判断基准,凡法律规定的规范,系为保护人民生命、身体及财产之重要法益,即为保护规范。不履行保护规范所课以职务义务,则成立怠于执行职务的国家赔偿责任。至于保护规范目的的探求,应就具体个案而定,如法律虽系为公共利益或一般国民福祉而定之规定,但就法律之整体结构、适用对象、所欲产生之规范效果及社会发展因素等综合判断,可得知亦有保障特定人之意旨时,则个人主张其权益因公务员怠于执行职务而受损害者,即许其依法请求救济。[①]

第三,裁量收缩理论。怠于执行职务的国家赔偿责任,除须有保护规范前提外,同时还须具备法律对主管机关应执行职务行使公权力之事项规定明确,该管机关公务员依此规定对可得特定之人所负义务已无不作为之裁量余地。也就是说,除了系争职务义务须为保护规范外,在个案中公务员已经没有不作为的裁量余地。在具体案件中,公务员的裁量权已经收缩至零,也就是说,行政机关依法虽然享有裁量权,是否及如何行使本有不同选择,但遇有特殊事势之发生特别是当事人生命、健康、财产重要法益受到直接侵害时,行政机关除必须采取特定措施外,别无其他选择。[②] 具体判断依人民权益所受侵害之危险迫切程度、公务员对损害是否可预见、侵害之防止是否须仰赖公权力行使始可达成目的而非个人之努力可能避免等因素、已无可裁量余地,始可请求国家赔偿。[③] 这种理论在吸收裁量理论合理之处的同时,对裁量权的行使与存在提出了一些限制性的理论,即认为在某些情况下裁量权收缩至零。大量的学者从被害法益之重要性、危险迫切性、预见可能性、损害结果的回避可能性、期待可能性以及规制权限发动之期待可能性等角度进行认定国家赔偿中的行政不作为。[④]

---

① 参见台北市政府法规委员会:《国家赔偿理论与实务》,自刊 2003 年版,第 57 页。
② 参见董保城:《国家责任法》,神州图书出版有限公司 2002 年版,第 124 页。
③ 参见台北市政府法规委员会:《国家赔偿理论与实务》,自刊 2003 年版,第 58 页。
④ 参见王和雄:《论行政不作为之权利保护》,三民书局 1994 年版,第 278—301 页。

第四，从被害人民生命、健康、财产、人权保障观点出发认定行政不作为。学者董保城认为，怠于执行职务的认定，宜建构在“重大法益”与“损害发生预见可能性”两要件上。“重大法益”是指限于生命、健康、身体与财产之法益，至于单纯经济上损失则不包括在内。其次，行政机关必须有损害发生预见性，亦即具有可归责性。怠于执行职务负赔偿责任必须限于行政机关经各种方法已经明知已有损害可能会发生，所谓各种方法如人民检举、媒体报道、民意代表质询等已明知有损害或危险，公务员仍未采取最基本或最低限度防止生命、身体、健康与财产受损害之措施，此时即具有可归责性，始有怠于执行职务可言。[①] 学者刘宗德也认为，在日本行政诉讼上反射性利益仍被坚持，但在国家赔偿诉讼上，反射利益已被完全打破，如药害、食品公害等大型公害，被告国家反射利益之辩驳已被法院驳回。国家赔偿诉讼将权利扩大，非但指生命、身体、健康等狭义人格权，只要有“损害”即可提起，故不须有“权利”。[②] 这些观点都认为反射利益的援用会造成混乱和滥用，其结果是不当地限制了人民权益的保护，不符合国家赔偿法补救受害人权益损失的宗旨，也混淆了行政诉讼与国家赔偿的差别。

从以上学术争议可以看出，从公法请求权角度认定行政不作为已经与现代社会日益扩张之法律利益不符，已经成为一个落后的理论。同时，反射性利益也是一个不确定的概念。随着社会的发展，一些曾经被认为是反射利益的，也会嬗变为权利。保护规范理论认为对公权力主体课以义务的法规，其目的在于，或至少同时在于承认保护个人之利益，使其得为自己而予以实现时，即存在人民之公权利。这种理论比公法请求权理论有一定的进步。怠于执行职务，亦须在于保护第三人之利益，或除达成公共利益外，至少亦为第三人利益而存在。至于第三人是否具有法律上请求权，并非所问。[③] 但保护规范理论的缺点也是比较明显的：其一，保护规范的认定是一个主观标准，尤其是法官们自由心证的过程，缺乏一定的客观性，会在实践中造成标准不统一的问题。其二，在规范保护说中，判断某些法规“至少具有保护个人之利益之意旨”之法渊有五种：法规赋

① 参见董保城：《国家责任法》，神州图书出版有限公司 2002 年版，第 127 页。
② 参见王和雄：《论行政不作为之权利保护》，三民书局 1994 年版，第 189 页。
③ 参见陈敏：《行政法总论》，神州图书出版有限公司 2003 年版，第 1088 页。

予人民权利之规定；宪法基本权的规定；无瑕疵裁量请求权；行政自我拘束原则；衍生分享请求权。[①] 这些依据本身也决定了第三人利益范围的广泛性与变动性。在法律适用上，对公务员所怠于执行职务，是否亦在于保护第三人之利益，如采较宽之判断标准，将使国家赔偿形同社会保险，如采过窄之标准又无异拒绝国家赔偿责任。[②]

裁量收缩理论既排除了反射性利益理论的不足，也吸收了保护规范理论的优点，更排除了行政裁量权的滥用与混乱。在解释行政机关所具有的职责义务必须与一定的法律事实或风险相结合的案件中，具有一定的说服力。我们认为，行政不作为的国家赔偿责任的认定应当以裁量收缩理论为基础，同时对保护规范理论的认定采用客观的解释方法，即采取以该规范可能牵涉人民法益重要性的高或低，来辅助区别保护规范与公益条款。当系争法令所牵涉的是人民重要法益时，应倾向于将之认定为"保护规范"。[③] 至于如何认定裁量收缩的要件，我们基本赞同学界的通说。总体而言，构成国家赔偿责任的行政不作为必须具有以下要件：

第一，存在法律规定的职责义务，并且该职责义务已经相当明确。

这些职责义务可以来源于法律、法规、规章的规定，也可以来源于行政机关所具有的法定地位。同时，这些职责义务的法律规范也不必是义务性规范，授权性规范也可以成为职责的来源。对于行政机关来说，授权性规范也是职责义务的法律根据，其理由在于，职权与职责相统一的原理，即职权也是职责。不管是羁束性授权规范，还是裁量性授权规范，都可以成为行政机关的职责根据。即使是裁量授权规范，也不是绝对的自由裁量，在某些具体情景下，其也丧失其裁量空间，这也是裁量收缩理论适用的空间。这些职责义务还必须有明确的义务主体，具有主体明确性。总之，职责义务的判断标准是一个客观的法律标准，是从法律规范的本身进行分析，得出的法律上的职责义务。我们所主张的职责义务标准与以上学说存在一定的区别，并不是从公法的请求权角度、单纯的保护规范理论以及损害的结果等角度进行的判断。

---

① 参见我国台湾地区行政法学会编:《行政法争议问题研究》(上)，五南图书出版公司2000年版，第152页。

② 参见陈敏:《行政法总论》，神州图书出版有限公司2003年版，第1089页。

③ 参见我国台湾地区行政法学会编:《行政法争议问题研究》(上)，五南图书出版公司2000年版，第1130页。

第二，行政机关依法必须采取相应作为，已没有不作为的裁量余地。

这个要件是对行政机关职责义务的进一步明确化。由于行政机关在法律规范上的职责义务有羁束性规范与裁量性规范之别。在羁束性规范的情况下，行政机关当然已经没有了裁量空间。如果不履行这种法定职责，当然构成行政不作为。在裁量规范的情况下，行政机关一般存在大量的裁量空间，因此，对裁量权的限制就成为判断行政不作为的一个重要理论与实践问题。这种裁量权的行使往往要结合一定的自然事实或法律事实进行运用、判断。我们认为，判断行政机关是否还具有裁量权，可从是否存在合法重大法律利益、危险发生的迫切性、损害发生的预见可能性、损害结果的回避可能性、人民自行排除危险的可能性以及行政机关权限发动之可能性等角度进行综合判断。危险发生的迫切性越高，行政机关的裁量空间也就越小；受侵害法律利益的重要性越高，行政机关的裁量空间也越小；行政机关及其工作人员对损害结果发生预见可能性越高，行政机关的裁量空间也就越小；行政机关的职务行为排除危险、危机的可能性越大，行政机关的裁量空间也越小；人民自行排除危险的可能性越高，行政机关的裁量空间也越大；行政机关行使权限的可能性越高，行政机关的裁量空间也越小。这些标准是一个综合判断的标准，并不是一个绝对的标准。

第三，行政机关的不作为造成了受害人合法权益的损害，即二者具有因果关系。

因果关系是赔偿责任的构成要件之一。在不作为的情况下，因果关系的认定更是扮演着重要角色。由于行政机关的不作为是一种消极的“不为”，没有物理上的动作，并不存在一个实在的作为，在判断时往往要考虑第三人的角色及作用，有时甚至要考虑自然因素。因此，关于因果关系的认定问题，也就显得更为复杂，有必要专门论述。

受典型的作为行为因果关系影响[①]，在不作为的情况下，一般都采取“相当因果关系”说。其认为，“客观上，如无该不法行为，通常不发生损

① 关于因果关系的判断标准主要有：条件说、原因说及相当因果关系说。条件说主张，凡属于发生结果的条件，皆为原因；原因说认为，多数条件中，一个条件为原因，其余为条件；相当因果关系说主张，无此行为，不生此结果，有此行为，通常即可发生此结果，又称为适当条件说或相当条件说。学术与实务上一般认为相当因果关系说较为合理。

害，反之，如有该不法行为，通常即发生损害者，则该不法行为与损害间，即具有相当因果关系”①。

关于行政不作为的因果关系认定标准，我们总体而言也赞成相当因果关系理论。具体到行政不作为的国家赔偿责任的因果关系认定上有以下几个特点：

其一，行政不作为的客观存在及相当因果关系理论的运用。依客观规律判断，通常会发生此种损害；或者，如果行政机关积极作为、履行法定职责，则必然或通常不会造成此种损害，即构成因果关系。也就是说，在判断行政不作为的因果关系时可以从两个方面进行：一个是从肯定方面入手，即判断行政不作为的存在，是否通常会发生该损害。如果通常会发生该损害，即存在因果关系。如果虽有行政不作为，通常也不会发生此损害，即没有因果关系；也可以从另外一个角度进行判断，如果行政机关积极履行法定职责，则必然或通常不会造成此损害。这两个方面可以结合起来使用，其也是因果关系总的判断标准与规则。

其二，所谓“通常”是一个客观的标准，按照一般的社会与自然规律来判断，要符合正常人的理性观念。只要按照事物发展的一般规律或通常规律，通常就会造成此种损害，就可以认定存在因果关系的相当性；同时，“通常”的标准还必须与正常人的理性观念相一致，尤其要与社会普通民众对政府的期待相一致。这里既有通常人对损害发生的一般性认识和判断，更有通常人对政府作为的期待与预期。只要正常人对政府的介入具有合理的期待，并且，行政机关如果积极作为损害就可以避免的，而政府没有依法积极介入、履行法定职责，造成了当事人权益的损害的，就应当具有相当因果关系。比如，受害人在他人侵害或自然灾害威胁的情况下，请求行政机关介入，而行政机关不作为，如果行政机关介入就能够避免损害发生的，我们就应当认定此种情况具有因果关系。

其三，行政不作为是导致损害结果发生的关键与重要因素。如果不作为对损害的发生没有关键作用，也不应当认定为有因果关系。关键、重要与否也是一个客观的标准，也要与正常人的理性观念相一致，要满足第二点的要求。

其四，由于行政不作为的“多因性”或“多条件性”，国家只对行政不

① 参见陈敏：《行政法总论》，神州图书出版有限公司 2003 年版，第 1094 页。

作为自身引起的损害负责，对于第三人、自己行为或自然力量引起的部分，国家不承担赔偿责任，应当适用共同侵权、过失相抵或国家补偿的规则等。具体而言，如果受害人的损失是第三人和行政不作为共同造成的结果，那么国家和第三人就应当承担共同侵权责任，各负其责。如果自己行为也是造成损害的一个因素，就适用过失相抵的规则；如果是由自然力量直接造成的损害，并且也存在不作为的情况，则国家应当对不作为造成的损害负赔偿责任。自然力量造成的损失，往往应当适用国家补偿的规则和标准。比如，在煤矿事故以及最近发生的黑龙江沙兰镇洪灾事件中，如果能够证明具有不作为的存在，国家就应当对由此而造成的损害负相应的赔偿责任，至于其他损害则应当适用补偿规则与标准。[①] 这也是因果关系认定中"相当性"的必然结果。

从理论上讲，不管是行政机关的积极作为还是消极不作为，只要给当事人的合法权益造成了损害，就属于国家赔偿的范围，此乃自明之理。从立法上为了避免以后在执行法律上产生的不必要争议和歧见以及使行政机关和公务人员积极履行职责并避免推脱，而采取明确的法律规定的方式具有积极意义。因而，我们主张在修改《国家赔偿法》时对行政不作为作明确的规定。明确不作为的赔偿责任，并不是扩大了现有《国家赔偿法》的范围，而只是将隐含于现有制度中的行为范围，在立法上予以明确化和具体化而已。

（二）行政指导

行政指导的概念来源于日本，有人认为，在明治宪法下即已作为行政的行为形式使用过。"行政指导"本身并不是学术上的用语，也不是法令用语，而曾经是大众媒体或行政实践中的用语。[②] 因此，即使在日本，行政法学上论述行政指导时，也存在各种各样的概念规定的方法。行政指导在日本特别发达，这一概念对我国大陆及台湾地区都具有重大影响。我国大陆实务与法律制度上也都认可了行政指导的存在与运用。我国台

---

① 在采取赔偿责任与补偿责任二元化体制的情况下，分清不同的情况具有积极意义，赔偿责任是建立在违法或过错基础上的，其是国家应当承担的法律责任；而补偿责任则是建立在公平观念之上的，具有一定社会救助性质。

② 参见〔日〕盐野宏：《行政法》，杨建顺译，法律出版社 1999 年版，第 142 页。

湾地区的“行政程序法”中也确立了行政指导的概念。

关于行政指导的概念，盐野宏认为，行政指导是指行政主体为了实现一定的公共行政之目的，期待行政客体的一定行为（作为、不作为）而实施的，其本身没有法拘束力，但可对行政客体直接起作用的行政的一种行为形式。① 日本 1993 年通过的《行政手续法》中所规定的行政指导为：行政机关在其任务或所掌事务范围内，为实现一定之行政目的，对特定者要求其为一定作为或不作为之指导、劝告、建言及其他非处分之行为。② 我国台湾地区学者林纪东认为，所谓行政指导是指行政机关就其所掌事务，对特定之个人、公司法人或团体，以非强制之手段，取得相对人之同意与协力，以达行政目的之行为。我国台湾地区“行政程序法”第 165 条明确规定：“本法所称行政指导，谓行政机关在其职权或所掌事务范围内，为实现一定之行政目的，以辅导、协助、劝告、建议或其他不具法律上强制力之方法，促请特定人为一定作为或不作为之行为。”③我国大陆有学者认为：“行政指导是行政主体基于国家的法律、政策的规定而作出的，旨在引导行政相对人自愿采取一定的作为或不作为，以实现行政管理目的的一种非职权的行为。”④有人认为，行政指导（administrative guidance）是指行政机关为谋求行政相对人作出或不作出某种行为以实现一定行政目的而实施的指导、劝告、建议等不具有国家强制力且不直接产生法律效果的行为。⑤

综合以上见解，可以看出行政指导的两个最基本特征：第一，行政指导是行政机关本于其法定职责范围作出的行为，只要属于其管辖范围的事项，行政主体都可以进行指导；第二，行政指导具有非强制性，这是行政指导区别于其他典型行政行为的一个最大特点，被指导人可以自主决定是否接受。

行政指导，从其功能来看，可以分为规制性行政指导、助成性行政指导和调整性行政指导。规制性行政指导，是以规制作为行政相对人的私

① 参见〔日〕盐野宏：《行政法》，杨建顺译，法律出版社 1999 年版，第 143 页。

② 转引自翁岳生主编：《行政法》（下），中国法制出版社 2002 年版，第 911 页。

③ 台北市政府诉愿审议委员会编：《行政争讼法规汇编》，自刊 2003 年版，第 143 页。

④ 姜明安主编：《行政法与行政诉讼法》，北京大学出版社、高等教育出版社 2005 年版，第 334 页。

⑤ 参见莫于川：《行政指导的立法约束》，载《中国法学》2004 年第 2 期。

人企业等的活动为目的而进行的行政指导。比如,违章建筑的防止和抑制以及各种指导纲要等。规制性行政指导,有时在没有规制法律的情况下进行,但大多是作为行使法律的正式规制权限的前阶段来使用的。助成性行政指导,是指以帮助和促进相对人自身利益或事业的发展为目的,即为相对人国民出主意的行政指导,故又称为"出主意的行政指导",例如,农业技术指导、职业指导、生活改善指导、保健指导等。调整性行政指导,是指作为解决私人间纠纷手段而使用的行政指导,调整性指导以行政机关在法律上对当事人某方或双方有一定的权限为基础,与一般的斡旋、调解有所区别。① 比如,对建筑业主与附近居民的建筑纠纷进行调整。从行政指导的形式来看,行政指导可以表现为指导、引导、辅导、规劝、劝导、告诫、劝诫、提醒、建议、意见、主张、商讨、协商、沟通、提倡或不提倡、表彰、赞成或反对、示范、推广、宣传、鼓励、导向、发布官方信息,等等。另外,由于我国最高人民法院《关于执行〈中华人民共和国行政诉讼法〉若干问题的解释》第 1 条中出现了"不具有强制力的行政指导行为"的概念,让人容易产生行政指导有强制性与非强制性之别。其实,这里的"不具有强制力"仅是一个修饰语,而不是限制语。如果所谓的"行政指导"具有了强制力,那么这样的行政指导就是"假行政指导",本质上是一个具有强制性的行政命令或决定了。

行政指导虽然不具有强制力,但是,其仍然是一种行政主体行使行政职权履行行政职责的一种行为方式,在现代社会中这样的行为仍须受到法治原则的约束,以防止该种行为变为一种行政机关的恣意行为,从而破坏法律的安定性。一般而言,行政指导要遵循以下基本规则:其一,行政指导不得违反法律之明确规定,要受法律优越原则的约束。这就要求行政指导不仅不得与法律强行性规范相抵触,也不得滥用行政指导,违反法律的一般性原则,诸如人性尊严之尊重、平等原则、比例原则、诚实信用原则、信赖保护原则、公开性原则等;其二,行政指导必须是属于该行政机关的组织法上的职权职责范围的事项。行政指导一般并不需要具体的法律根据,即不需要根据规范,但需要组织法上的权限规范依据。

关于行政指导的赔偿问题。在日本,由于《国家赔偿法》中规定的国家赔偿要件之一是"公权力的行使",而"公权力的行使"学说上存在最广

① 参见杨建顺:《日本行政法通论》,中国法制出版社 1998 年版,第 540 页。

义说、广义说和狭义说。日本法院的判例采用了广义说。广义说认为“公权力的行使”是除了国家的私经济作用等行为以外的所有活动，其中包括学校的教育活动和行政指导。关于是否是“公权力的行使”行为，最近几年的判例认为：以行政指导的法令上的根据为背景而进行时，如果相对方不服，行政厅基于法令可以转成强制处分而执行，相对方不得已而遵从，因而，这种行政指导相当于“公权力的行使”行为。① 总之，在日本法院的判例中基本上已经将行政指导理解为一种“公权力的行使”行为，属于国家赔偿的范围。在我国台湾地区，由于“国家赔偿法”中也将赔偿行为限于“行使公权力”行为，而行政指导是一种非权力性之行政机关行为，似乎不属于国家赔偿的范围，但学术界与实务界最近也都从法治原则及人民基本权利保护的角度，将行政指导解释为一种公权力行为，从而将其纳入了国家赔偿范围，受害人具有损害赔偿请求权。

我国《国家赔偿法》并没有对行政指导是否属于国家赔偿范围作明确的规定，但在实践中一般都理解为行政指导不属于国家赔偿的范围。

我们认为，将行政指导排除在国家赔偿范围之外，是不合理的，也不符合现代行政的实践要求，应当将行政指导纳入国家赔偿范围，具体理由如下：

第一，行政指导也会存在瑕疵，并给有关主体造成现实的损害。正如前文所言，行政指导是作为行政机关履行职责的一种行为方式，也是一种行使权力的方式。因而，行政指导必须要受法治原则的约束，当然，其在实践中也会存在瑕疵。瑕疵行政指导主要包括行政指导的内容违法、超越职权指导和滥用行政指导等情况。内容违法，如国家明令禁止走私行为，但有些地方政府从地方局部利益出发，指导有关人员如何进行走私或如何逃避打击，使受指导者因此而遭受制裁；超越职权指导，是指行政机关本身没有指导权而进行指导；滥用行政指导，是指行政机关进行行政指导的目的不合法，出于私利或其他不正当的目的而进行指导。也可以表现为行政指导的反复、承诺的不履行等，这些都典型地有违信义原则，具体情形为：行政机关作出行政指导为行政相对方接受，但随后行政机关改变行政指导的内容导致相对方利益之损失。行政机关作出行政指导并承诺若相对方实现行政指导之内容，便享有获得奖励、优惠等权利。相对方

① 参见曾祥瑞：《日本国家赔偿特别领域要论》，载《行政法学研究》2004 年第 1 期。

接受指导并实现指导内容的条件下请求行政机关履行承诺而遭拒绝等。[1] 还有,不公平或违反平等原则的行政指导,如相对人都符合接受指导的条件,却只有部分人得以指导或对接受行政指导的相对人只部分地履行承诺等。所有这些情形都会给相对人造成现实的损害。虽然,从理论上讲,行政指导是行政主体与行政相对人在自由平等的基础上,相对方对行政主体作出的行政指导自由选择的结果。但在现实中,由于各种因素的影响,行政主体与相对方实际处于一种事实上的不平等状态,由此导致行政指导给相对人造成事实上的侵权与损害。[2] 既然行政指导也会造成现实的损害,基于有损害就应当有救济的理念,我们主张国家对因行政指导违法或过错造成的损害应当承担赔偿责任。

第二,将行政指导明确规定为属于国家赔偿的范围,可以有效防止行政机关以“指导”之名行强制性行政行为之实,从而逃避责任的情况,即可以有效防止“强制性行政行为逃避至非强制性行为”。行政指导在理论上长期以来被认为是一种“非强制性”、“非权力性”行为而自然免责。尤其是我国国家赔偿法对行政指导是否赔偿又不是很明确的情况下,行政机关自然都会选择所谓的“指导”、“建议”等行为方式,以达到其逃避与推脱责任的目的。但由于受传统计划经济中的管制惯性的影响,中国的行政指导往往留给公民的自主空间较小,相对人的任意性往往真正难以实现,这就使得其在实施中更倾向于诉诸事实上的强制力。行政指导异化为行政命令的情形也多有发生,以致出现“许多指导性计划实际上是必须执行”的现象。比如,某市爱卫会号召全市范围内灭蝇(此为普遍行政指导),但同时下达具体标准,对不合格者予以罚款,这就使得其在具体适用中转化为行政命令。[3] 这些都是“假行政指导行为”,其原本就应当属于国家赔偿的范围。如果将行政指导纳入国家赔偿范围,就能够避免行政机关以“指导”之名行“强制”、“命令”之实来逃避国家赔偿责任的情况,从而编织一套严密的责任体系。

第三,将行政指导明确纳入国家赔偿的范围,是保护行政指导相对人

① 参见上海市人民政府行政法制研究所“行政指导”课题组:《中国行政指导的实践与理论研究(下)》,载《政治与法律》2003 年第 4 期。

② 参见王士如:《中国行政指导的司法救济》,载《行政法学研究》2004 年第 4 期。

③ 参见吴国干:《中国行政指导的实践及其问题研究》,载《中国行政管理》2000 年第 8 期。

合法权益的必然要求。一般认为,行政指导因为相对人具有任意性之故,因此其侵益性十分薄弱,如果行政指导之相对人认为因该指导将蒙受特别牺牲,则此时应拒绝接受指导,而非顺从指导后再主张损失补偿。[①] 这种观点忽视了行政指导所具有的现实强制力,与现实具有一定的差距。同时,其也忽视了行政指导违法或过错的可能性。其实,按照现代法治原则的要求,即"有损害必有救济"。行政指导违法或过错并造成公民、法人或其他组织合法权益损害的,国家就应当承担赔偿责任。

第四,将行政指导明确纳入国家赔偿范围,有利于促进行政机关依法行政,最终实现行政指导的法治化。为了克服和避免行政指导在实践中被异化、被滥用和凌驾于法律之上,我们必须建立行政指导的国家责任体系。国家对违法与过错的行政指导承担责任,就会促进行政机关慎重、依法、合理地作出指导行为,有利于实现行政指导的法治化。

另外,从信赖保护原则的立场出发,国家对于合法的行政指导造成的损害,也应当承担适当的补救责任。"行政机关为行政指导,使相对人因信赖该指导而具体实现该指导内容,遭受财产上特别损失时,得请求补偿,借以在行政机关之行政责任与相对人之信赖间取得平衡。"[②]法律保护人民对行政机关正当合理的信赖,此乃现代法治的内在必然要求。这里要满足一定信赖保护的条件:第一,存在合法的信赖基础,即行政机关作出了合法的行政指导;第二,存在信赖表现,即公民等主体接受行政指导并按照行政指导实施了相应的行为;第三,信赖利益值得保护。所谓值得保护,就是被指导方没有过错,其信赖利益是正当的,接受指导也是诚实的等。公民、法人或其他组织所受的损害满足这些条件的,国家应当承担补偿责任,以实现社会利益的平衡和法律的正义性之要求。

由于行政指导不具有强制性,相对人是否服从行政指导具有自由性,故在判断行政指导与相对人损害之间是否存在因果关系时也颇困难。突出表现为,相对人的自由接受行政指导能否成为因果关系阻却的理由。我们认为,在判断因果关系时应当结合行政指导所具有的事实强制性来综合认定,行政指导的事实强制性越高,因果关系成立的可能性越大。也

---

① 转引自蔡茂寅:《行政指导》,载我国台湾地区行政法学会编:《行政法争议问题研究》(上),五南图书出版公司2000年版,第594页。

② 参见李震山:《行政法导论》,三民书局2001年版,第233页。

就是说，根据各种客观条件判断，如果行政指导具有很强的现实强制性，服从行政指导已经是顺理成章的，而服从行政指导的结果使相对人蒙受意外损害时，实质上应该承认违法行政指导与损害事实之间存在因果关系。[①] 所谓事实强制性，是一个客观与具体的标准，要按照行政指导作出的时间、内容、后续实施情况、不服从指导的后果等因素进行具体的分析。

（三）抽象行政行为

在我国，抽象行政行为是一个学理概念，是指行政机关针对非特定主体制定的，对后发生法律效力并具有反复适用力的规范性文件的行为。[②] 一般认为，按照我国《行政诉讼法》的规定，相对人对抽象行政行为不得提起诉讼，即使该行为违法造成了相对人合法权益的现实损害，也只能起诉实施该抽象行为的具体行为，不能起诉该抽象行为。另外，在《国家赔偿法》中也没有明确规定这样的行为属于国家赔偿的范围之内，所以，具有普遍约束力的决定、命令造成损害的，不属于国家赔偿的范围。我们认为，这种观点值得商榷。

我们主张将部分抽象行政行为纳入国家赔偿范围，主要理由如下：

第一，抽象行政行为侵犯相对人合法权益的情况相当普遍，其与具体行政行为一样可以造成当事人权益的损害。如果将抽象行为排除在国家赔偿的范围外，就可能出现行政机关借此规避法律，采用抽象行为实施违法行为的现象。因为具体行政行为毕竟是针对个别人的，即使违法，对相对人造成的损失也是局部的。但抽象行政行为则不同，它是针对普遍对象作出的，适用的效力往往不止一次，具有反复性，加之层次多、范围广，因而产生的影响要远远大于具体行政行为。一旦违法，将会给众多人造成损失，如果不能将违法抽象行政行为纳入国家赔偿的范围，那么就有可能导致违法不当的抽象行政行为造成的侵害在一定范围内连续发生并且相对人蒙受的损失得不到赔偿，加剧社会矛盾。从这个意义上说，抽象行政行为比具体行政行为更具有危险性和破坏力，因此更有理由将抽象行政行为纳入国家赔偿的范围。

---

① 参见杨建顺：《日本行政法通论》，中国法制出版社 1998 年版，第 560 页。

② 参见应松年主编：《行政行为法》，人民出版社 1992 年版，第 755 页。

第二,抽象行政行为侵权的现实性和直接性也是存在的。一般认为抽象行为不会对当事人的合法权益造成现实与直接的损害,其必须通过实现其内容的具体行政行为来进行。其实,这是一种片面和不正确的理解,没有看到行政行为的多样性和复杂性,也没有认清抽象行政行为的本质。抽象行政行为是行政机关行使职权的一种方式,它的内容必然是执行法律,是在调整和分配着一定范围内主体的权利与义务。这种经过行政机关分配的权利与义务关系基于行政机关的地位而具有了确定性,并且这种确定性是以国家权威作为最终保证的。所以,我们认为这种损害是现实的、确定的。具有现实性的损害往往也具有直接性。比如,行政机关发布的禁止某些人从事某项活动的规定,自其发布之日就可以对一定范围内的人的合法权益造成损害,而不必通过具体行政行为来实现。这样类型的行为往往是行政机关惯用的管理手段,其通过规范性的文件来设定义务并责令当事人自己履行,否则就会采取强制措施或其他严厉手段以保证其实施。很明显,这样的行为造成损害的直接性和现实性是存在的。《国家赔偿法》的主要目的就是对当事人因为国家公权力的行使而造成的损害予以赔偿,以弥补当事人的特别损害,从而达到社会的基本与整体公平。这样的制度也是维系社会秩序和正义的一个重要组成部分,否则就会破坏社会基本的公平观念。

第三,将抽象行政行为纳入国家赔偿范围是建设法治、诚信政府的必然要求。法治政府是一个责任政府,如果政府机关的行为是以法律为准绳的,那么政府也应当依法勇于承担其在行使权力中产生的责任,责任的承担是法治的应有之义。对于政府而言,没有了责任,就会没有政府的法治行政,公共权力就会被滥用。这是因为政府的所有工作都是由其工作人员来完成的,这些工作人员没有一定的责任为制约机制,那么权力的滥用将是必然的事情。对于整个政府来说,政府的行为是一个系统,具有一定的整体性和全局性,因而在政府(或行政机关)的行为造成当事人的合法权益损害时,我们不应当把行政机关的行为人为地划分为具体与抽象的行为,并且作出不同的制度安排。诚信政府的建设更需要国家勇于承担公共权力行使主体在行使权力中而产生的责任,其中,国家承担责任的重要方式之一就是对当事人的合法权益损害进行赔偿。如果从法治、诚信政府建设的高度认识国家赔偿的范围,我们认为修订《国家赔偿法》的时候就应当真正贯彻和体现以人为本的执政要求,科学构建国家赔偿的范围,将抽象行政行为纳入国家赔偿的范围,以最大程度和全面地保护人民的合法权益。

第四,我国《国家赔偿法》并没有明确禁止对抽象行政行为提起赔偿的规定,抽象行为不可以赔偿的结论是一个对法律的误读、误解。其实,我国现行的《国家赔偿法》中并没有明确规定抽象行政行为造成的损害不属于国家赔偿的范围。从现行《国家赔偿法》第2条、第3条、第4条的规定中,我们完全可以得出我国的《国家赔偿法》并不是排斥抽象行政行为属于国家赔偿的范围,因为第2条规定:"国家机关和国家机关工作人员违法行使职权侵犯公民、法人和其他组织的合法权益造成损害的,受害人有依照本法取得国家赔偿的权利。"第3条也没有明确排除抽象行政行为的赔偿问题。从这些规定中来看,我们现行的《国家赔偿法》对于抽象行政行为是否纳入国家赔偿范围的确没有明确的规定,但从字里行间可以判断出,现行《国家赔偿法》在处理抽象行为的损害赔偿问题上,关键是看抽象行政行为的损害是否符合国家赔偿构成要件,符合国家赔偿的构成要件的就属于国家赔偿的范围,国家应当承担赔偿责任,否则国家就不承担责任。

另外,抽象行政行为是一个学理概念,其一般包括行政立法行为和行政机关制定规范性文件的行为。行政立法在我国包括国务院的行政法规、部门规章、有权地方政府的政府规章等。行政机关制定规范性文件的行为在任何一个级别的行政机关都可以进行,下自乡政府,上至国务院。对于这两类行为,我们认为不能够一视同仁,因为在我国根据《立法法》的规定,行政法规、规章都已经属于"法"的范畴,将这些"法"纳入统一的《国家赔偿法》中,允许对这些"法"造成的损害提出赔偿要求,可能会与这些法的地位不一致,而且会造成实施中的困难,增加国家的负担,也不符合国家赔偿存在的基础。因为国家赔偿制度就是维持公共负担平等原则的一个制度设计,既然大家都受到了损害,在损害上就是平等的,不存在国家赔偿的问题。[①]

从目前的我国实际情况来看,将立法行为纳入统一的国家赔偿法进行规范还不成熟。所以,我们将行政法规、规章排除在国家赔偿的范围之外。但这里值得注意的是,我们并不是说,立法行为造成的损害就绝对不

① 参见杨小君:《国家赔偿法律问题研究》,北京大学出版社2005年版,第26页。

能够纳入国家赔偿的范围，只是说在统一的、一般的国家赔偿法中不宜规定立法赔偿的问题，某些违宪的法律、违宪或违法的法规与规章造成特定范围内人民权益的损害是否赔偿，需要有权机关作出特别的安排。这是一个具有一定政治性和广泛性的问题，需要特别的慎重和严谨。

因此，在处理行政赔偿范围的问题上，我们主张从现实性的角度考虑将抽象行政行为的范围界定在行政机关制定普遍约束力的决定、命令的范围内，即行政机关制定规范性文件的范围内，不包括行政法规、部门规章和地方政府规章。

（四）内部行政行为

在我国内部行政行为是一个学理概念，一般认为，凡行政机关在执行公务中对行政机关及其内部工作人员作出的行为称为内部行政行为，包括对行政机关工作人员的奖惩行为、进出机关的管理行为、监察、审计及行政机关内部审批、指示、授权、计划、会议及制定内部规则的行为。[①] 从这个概念来看，内部行为可以分为两大类：一类是行政机关对公务员作出的影响其公务员个人权益的行为；另一类为行政机关针对其他行政机关作出涉及机关权益的行为，比如内部的审批、指示等。前者可以称为“公务员管理行为”，后者可以称为“机关公务行为”。

我国《国家赔偿法》没有对“内部行政行为造成损害的，国家是否应当承担赔偿责任”作出明确规定。一些学者便根据《行政诉讼法》第12条列举法院不予受理的争议时提出了“行政机关对行政机关工作人员的奖惩、任免等决定”的规定，得出既然这些公务员管理行为不属于行政诉讼的受案范围，所以，其也就不属于国家赔偿范围的结论。

我们认为，两种不同的内部行政行为在国家赔偿法中应当具有不同的地位。对于“机关公务行为”，如职权的划分、机构编制的调整、经费的划拨等，这样的行为并没有直接涉及普通公民、法人身份的合法权益，其不宜纳入国家赔偿的范畴。这样的纠纷目前应当通过内部的程序进行解决。而行政机关针对公务员作出的奖惩、任免、培训、考核、离退休等决定，则应当纳入国家赔偿的范围，具体理由如下：

第一，公务员所具有的独立法律地位和公民身份的属性，决定了公务

① 参见应松年主编：《行政行为法》，人民出版社1992年版，第5—6页。

员管理行为可能侵犯其合法权益。公务员在代表行政机关行使行政职权时，其是行政组织系统的一部分，一般不具有独立的法律地位。如果行政机关对行政职务上的权力与职责进行处理，公务员没有获得国家赔偿的权利，因为这种行为没有涉及其公民身份的权益。但如果行政机关对公务员作出了涉及该公务员公民身份的权益时，该公务员就具有独立的法律地位。公务员的公民权益受到行政机关侵害时，公务员就应当具有与普通公民相同的权利。这是相同性质的权益应当受到平等保护的必然要求。

第二，我国《国家赔偿法》也没有把公务员管理行为明确排除在国家赔偿的范围之外。这样的立法设计其实也体现了立法者对这类行为的态度。在国家赔偿范围上与行政诉讼受案范围问题上采用不同的规定方式，是经过慎重考虑的。立法者也认识到了，如果将这些行为排除在国家赔偿的范围之外，“它保护的并不是国家机关工作人员的合法权益，而是国家机关中各级领导的行政特权”①。

第三，公务员管理行为与一般的行政行为在造成权益损害的方式与结果上并不存在本质的差别。既然公务员也有独立的法律身份与地位，那么针对公务员的管理行为也完全会造成其合法权益的损失。比如，行政机关违法的撤职，其不仅造成了其失去了公职，往往也造成了其财产权益的丧失。对于这种行为完全也应当与一般行为造成的权益损害一样纳入国家赔偿的范围。

第四，认为公务员管理行为不属于国家赔偿范围的观点，是受到了“特别权力关系”理论的影响。特别权力关系理论，原是德国 19 世纪初实行法治国家原则时，为了维持公务员对国君之忠诚关系所创设，而后扩张至其他行政领域。特别权力关系理论不仅通行于第二次世界大战前的德国，也对日本等国也较大的影响。但第二次世界大战以后，世界各国都致力于实质法治国的建设以及基本人权的保障，限制或否定特别权力关系，已是潮流所趋。② 特别权力关系主要有以下几种：公法之勤务关系，如公务员及军人与国家的关系；公营造物之利用关系，如公立学校之学生

① 肖峋：《中华人民共和国国家赔偿法的理论与实用指南》，中国民主法制出版社 1994 年版，第 152 页。

② 参见陈敏：《行政法总论》，神州图书出版有限公司 2003 年版，第 219 页。

与学校的关系、监狱受刑人与监狱的关系、强制治疗之传染病患者与医疗机构之关系；公法之特别监督关系，如自治团体、特许事业、专门职业执业人员或公权力受托人，皆受国家之特别监督，其与国家之关系。特别权力关系的一个重大特点就是其不适用权利保护原则，对于这些权力主体的行为不能提起复议、诉讼和赔偿请求，以使行政自行维护内部秩序，保持其完整性。这样理论是一个落后的理论，并不是一个先进的法治理论。现代国家一般都已经抛弃或修正了传统的特别权力关系理论。因此，我国在制度建构时，不应当再重复他国失败与落后的制度经验，而应当采取与我们确立的人权保障的宪法原则相一致的理论与制度。在行政赔偿范围问题上，只要这些所谓的"特别权力关系"中的公权力行为实际影响到了有关主体的合法权益，并造成损害的，就应当属于国家赔偿的范围。

第五，将公务员管理行为明确纳入国家赔偿范围，是《公务员法》的必然要求。《公务员法》第 103 条明确规定："机关因错误的具体人事处理对公务员造成名誉损害的，应当赔礼道歉、恢复名誉、消除影响；造成经济损失的，应当依法给予赔偿。"这条规定已经肯定了公务员管理行为的损害赔偿责任。为了与《公务员法》保持一致，我们在修改《国家赔偿法》时，必须作出明确的规定，将这种人事处理行为纳入行政赔偿范围，这样就能很好地解决与《公务员法》相衔接的问题。

基于以上理由，我们认为，在《国家赔偿法》中应当明确规定，"机关因错误的具体人事处理对公务员造成合法权益损害的"属于国家赔偿的范围。

（五）行政裁量行为

行政裁量行为是行政机关及其工作人员在法律、法规对行使行政职权的条件、幅度、方式等规定的范围内，根据具体情况进行斟酌、选择而实施的行为。法律赋予行政机关及其工作人员裁量权具有重要意义。"立法者制定法律之目的，原在于实现正义与公平。惟由于事件之情况各有不同，普遍追求正义公平之法律，适用于个别案件时，可能反而发生不符正义与公平之结果。为确保法律之弹性，适用个别事件时，实际上亦发生符合正义公平之结果，法律遂以裁量规定，容许行政机关于处理个案时，得考虑法律之目的及个案之具体情况，为适当及合理之解决，从而实现个案正义。”[①]

“行政裁量行为是法律、法规等法律规范授权行政机关及其工作人员可在具体行使职权时自主进行判断。但裁量并非完全之放任,行政机关行使裁量权限时仍须遵守法律优越原则,所作之个别判断,亦应避免违背诚信原则、平等原则、比例原则等一般法的规范,如裁量系基于法律条款之授权时,尤其不得违反授权之目的或超越授权之范围,凡此均属裁量时应遵守之义务。裁量与上述义务有悖者,构成裁量瑕疵。”[②]在德国、日本,裁量瑕疵的种类主要区分为以下几种:裁量逾越、裁量滥用、裁量惰怠。

裁量逾越是行政机关裁量的法律结果超越了法律规定的授权范围,例如,法律规定对违法治安管理秩序的行为可以处以 50 元以下的罚款,而行政机关处罚了 200 元。

裁量滥用是指行政机关有意不遵守法定的内在活动界限。也就是说,构成滥用裁量权的行政措施本身具有适法性,但其作出的目的与法律授权的目的不符,或出于不相关的目的。具体而言,裁量滥用的情形主要有:违反比例原则,即行政机关的裁量行为违反了行为手段与目的之间的合适性、侵害最小性以及追求利益与附带不利益之间的合比例性等要求;违反平等原则,即违反了非有正当理由不得差别对待的义务;违反信赖保护原则,即违反了行政机关对当事人的合法信赖利益保护的职责;使用不适当的或错误的手段,例如法律形式滥用或者将临时的措施转变为持久的法律效果的措施,构成客观的裁量滥用;行政机关追求客观上错误的目的或以正当的考虑为根据,其裁量权的行使在主观上没有适法性,构成主观上的裁量滥用;对相反的理由不予考虑或者没有给予客观的考虑的,尤其是理由适当但推论不正确,或者说明的理由实际上只是托词的(裁量虚假),也构成滥用裁量;裁量专横,即裁量决定的动机不合法,例如谋取私利、朋友关系、刁难或者其他不正当目的。[③]

裁量怠惰指行政机关依法有裁量的权限,但因故意或过失的消极不

---

① 参见陈敏:《行政法总论》,神州图书出版有限公司 2003 年版,第 182 页。

② 参见吴庚:《行政法之理论与实用》,三民书局 2004 年版,第 122 页。

③ 参见〔德〕汉斯·J. 沃尔夫等:《行政法》(第 2 卷),高家伟译,商务印书馆 2002 年版,第 370 页;陈敏:《行政法总论》,神州图书出版有限公司 2003 年版,第 188—189 页。

行使裁量权的情形。同时,在特定情况下,行政机关及其工作人员的裁量权可能压缩至零或裁量收缩。也就是说,在特定情况下,行政机关及其工作人员必须在法律规定的授权范围内选择一种行为手段与方式,其他行为将皆为有瑕疵裁量。

裁量逾越行为已经超越了法律的界限,明显是一个违法行为,在采取违法归责原则的情况下,其当然属于国家赔偿的范围。但在裁量滥用、裁量怠惰等情形下是否属于国家赔偿范围却存在争议。理论上对其基本有三种态度:一种持绝对豁免观,认为行政裁量行为造成的损害,国家不承担责任;一种是相对豁免观,认为在一定条件下,如滥用裁量权,违反惯例等,造成当事人损害的,国家应当承担赔偿责任;另外一种是不豁免观,认为行政裁量行为造成当事人合法权益损害的,国家应当承担赔偿责任,裁量行为不具有豁免国家责任的性质。我们持不豁免观[①],即只要行政机关及其工作人员在行政裁量过程中存在违法或过错,并造成当事人合法权益损害的,国家就应当承担赔偿责任。

我们主张将行政裁量行为纳入国家赔偿范围的理由如下:

第一,行政裁量权力并不是一个绝对、任性、专断的权力,而是应当依据合理、公正的规则正常行使的权力,必须符合实质法治主义的要求。所有的行政活动都必须依法进行,要符合法治的原则。法治首先意味着法律的绝对至上,排除政府的专断、特权和广泛的自由裁量权。[②] 实行法治,必然排除权力拥有者的专横、武断、全凭个人意志行事等。虽然行政裁量权是现代复杂社会中,法律不得不赋予行政机关的权力。但法律并不是赋予其任意、专横、滥用裁量权的资格与能力。恰恰相反,法律赋予行政机关及其工作人员裁量权,是为了让其发挥积极性,根据自己的判断以最好的方式完成法律的目的。甚至我们可以说,在公法领域中并不存在一个不受约束的裁量权力,公共权力机构的权力只能合理地、诚实地行使,只能为了公共利益的合法定目的行事。无约束的自由裁量权,是不适

---

① 从另外一个角度理解,也是有限豁免观,即合法并无过错的行政裁量也是不属于国家赔偿责任范围的。我们认为,这种行政裁量行为并不是其本身不属于国家赔偿范围,而是不符合行政赔偿的其他构成要件,即违法或过错要件。

② 参见周天玮:《法治理想国——苏格拉底与孟子的虚拟对话》,商务印书馆 1999 年版,第 90 页。

于为公共利益而行使权力和拥有权力的公共权力机关的。[1] 如果允许行政机关及其工作人员在行使行政裁量权时可以任性、专断、故意滥用权力、违反平等原则、比例原则等一般法律原则的话，那么我们的法治国家建设就会落空。从这个意义上讲，行政裁量行为必须纳入法治的轨道。既然要纳入法治的轨道，那么，当出现这种权力被滥用、应当作为而没有作为等不符合法律目的的情况，并且造成损害的，国家就应当承担赔偿责任。

第二，归责原则多元化的直接要求。在重构国家赔偿制度时，我们主张国家赔偿归责原则实行多元归责体系，即以违法、过错、危险责任、结果责任等为主构建新的国家赔偿归责体系。具体到行政裁量领域，我们主张实行违法或过错的归责原则。如果出现裁量逾越的情况，就按照违法归责原则处理；如果从外在形式来看，并没有违反严格的法律规定，但行政机关及其工作人员在行使裁量权时具有过错情形的，国家也应当承担赔偿责任。这里的过错情形的判断标准，既要从行为者的主观心理状态上进行判断，也要从其行为的客观表现上看。也就是说，只要存在裁量滥用的情况，并造成损害的，国家就应当承担赔偿责任。裁量过错的概念可以包括一切滥用行政裁量权以及裁量怠惰的情形。只要我们在国家赔偿法中确立了过错归责原则，行政裁量就必然要进入国家赔偿的范围。

第三，符合国家赔偿法之权益损害补救的根本目的与特征。国家赔偿的首要功能，是对受到公权力行为损害的合法权益进行补救，其并不主要关注行为的类别及其是否属于行政诉讼的审查范围等因素。只要是公权力行为造成的损害，原则上就应当属于国家赔偿的范围。行政裁量行为当然也是一种公权力行为，因此，当这种行为造成损害的，国家也要承担责任。我国《行政诉讼法》中虽然没有确立法院对行政裁量行为审查一般性的机制[2]，但这也不能作为不将行政裁量行为纳入国家赔偿的理由。不可否认，实践中大量出现了滥用职权的现象。在请求赔偿程序上，我们制度上并没有要求必须是在提起行政诉讼时一并提起。这样其实也就否认了以行政诉讼范围限制行政赔偿范围的观点。

第四，促进行政机关及其工作人员合法、适当裁量的必然要求。我们说，行政裁量并不是一种绝对的自由、任性的权力，而是一种依法、合比

① 〔英〕威廉·韦德：《行政法》，徐炳等译，中国大百科全书出版社 1997 年版，第 69 页。

② 行政处罚显失公正的，一般认为是一个例外。

例、正当地符合实质法治原则行使的权力。这些要求不仅体现在行政机关及其工作人员行使裁量行为的过程中,也体现在事后责任的落实上。如果行政机关及其工作人员违法或过错行使裁量权造成损害的,国家不承担赔偿责任,就会造成行政机关及其工作人员违法滥用裁量行为的责任风险大大降低。既然国家对损害都不承担责任,当然也不会对违法或过错的公务员进行追偿了,纪律责任追究也会落空。这样就会纵容滥用裁量权的现象存在与蔓延。因此,从这个意义上讲,将行政裁量行为明确纳入国家赔偿范围,也有利于行政机关及其工作人员在行政活动中正确、适当、合法地行使裁量权。

第五,从域外的经验来看,越来越多的国家和地区将行政裁量行为纳入国家赔偿的范围。美国《联邦侵权赔偿法》曾明确规定,政府和政府官员的自由裁量行为,不论其是否是滥用,都排除政府负损害赔偿责任。但这样的规定,在美国联邦法院的努力下,其范围也正在缩小。美国联邦最高法院的三个判例可以说明这一点,即戴尔海特诉美国案、印第安拖船公司诉美国案以及雷奥尼尔公司诉美国案。自从戴尔海特诉美国案以来,最高法院认为美国不是对行政裁量权的全部行为都能免责。国家不负责任的范围,限于计划水平的自由裁量行为,政府职员在执行水平的自由裁量行为的过失所产生的损害,国家应当负赔偿责任。[①] 同时,计划水平的裁量正在被严格解释与限制。在德国,无论滥用裁量权还是违法地行使自由裁量权,都使公共机构对个人所造成的任何损害承担赔偿责任。在英国、澳大利亚、新西兰、加拿大等国法院,则将自由裁量区分为决策裁量与执行裁量,分别根据不同的标准来决定行政机关应否承担侵权责任,对于决策裁量,如果行政机关实施该行为时越权,且违背了普通法的注意义务,则行政机关应负过失责任;而对于执行裁量,行政机关只要违背了注意义务,就必须负过失责任。[②] 从这些国家来看,基本上都已经放弃了行政裁量行为造成损害的国家责任绝对豁免的观点与制度。行政裁量行为造成的损害,国家一般也都要承担赔偿责任。只不过这种责任还必须与归责原则相配合、相一致,即符合行政赔偿归责原则的行政裁量造成的损害,国家就应当承当赔偿责任。

---

① 参见王名扬:《美国行政法》,中国法制出版社 1995 年版,第 782 页。

② 转引自皮纯协等主编:《国家赔偿法释论》,中国法制出版社 1994 年版,第 138—139 页。

基于以上理由,我们主张,在国家赔偿法修改时应当明确规定"行政裁量行为不当造成合法权益损害的,国家承担赔偿责任"。

三、行政赔偿请求权人

(一)行政赔偿请求权人概述

行政赔偿请求权人是指因国家行政机关及其公务员行使行政职权、履行法定职责或不作为而遭受损害,有权向国家请求赔偿的主体。根据我国《国家赔偿法》第2条、第6条的规定,我国法律制度上有关行政赔偿请求权人的规定,具有以下几个特点:

第一,行政赔偿请求权人必须是公民、法人或者其他组织。这是行政赔偿请求权人在身份上的特点。这种身份一般限于理论上所说的私法人身份。如果是行使公权力的主体在行使公权力过程中与国家行政机关之间产生的纠纷与损害,不属于国家赔偿问题,受到损害的主体也不是行政赔偿的请求权人。这里的公民、法人或其他组织的判断标准就是民法上的判断标准,符合民法上的标准,就符合行政赔偿请求权人的身份要求。

第二,行政赔偿请求权人必须是受害人。这是《国家赔偿法》规定的实质性标准。如何理解"受害人",就成为认定行政赔偿请求权人的核心标准。因为行政赔偿请求人的身份标准,其实就是一个法律人格标准,是一个宽泛的标准,并不能真正地限定范围。而"受害人"标准则是一个具有实质内容的认定标准。如何认定"受害人"在理论上存在争议。一种观点认为,受害人就是行政行为的相对人,即行政管理活动的直接相对人,如被处罚人等。一种观点认为,受害人不仅包括行政活动的直接相对人,还包括一些间接相对人。其中,间接相对人的范围以法定认可的范围为准,比如行政诉讼法的司法解释认可的公平竞争权人、行政处罚的被害人等。还有一种观点认为,受害人的概念本身是一个独立的概念,与行政相对人概念是不同的,也不能够用行政相对人的概念来限定受害人的概念,受害人的概念是一个客观的标准,只要其合法权益受到了行政机关行政职权作为与不作为的行为侵犯,就构成受害人标准。换言之,行政管理相对人,在其合法权益受到侵犯造成损害时,当然构成行政赔偿请求权人,但也可能不是行政管理的相对人,而是其合法权益受到职务行为影响的利害关系人。

第三,行政赔偿请求权人必须是维护自己的合法权益,依法以自己的名义请求赔偿的人。这是受害人维护自己合法权益的必然要求,也是避免民众赔偿的要求。受害人本人才是适格的赔偿请求权人。

这里值得一提的是,《国家赔偿法》中使用"赔偿请求人"的概念,并不等于请求人的法律地位比国家机关、国家的地位低下,国家赔偿不是国家对受害人的恩赐、施舍,而是国家法定的责任,同时,更是受害的公民、法人或者其他组织的权利,只不过这种权利的内容是请求权而已。[①] 从民法来看,债权本身也是请求权,其就是平等主体之间的法律关系,并不是因为使用"请求"二字就代表主体之间法律地位的不平等。

(二)我国现行行政赔偿请求人制度之缺陷分析

我国现行行政赔偿请求权人制度,集中体现在《国家赔偿法》第2、3、4、6条等法律条文中。从这些条文中,我们可以看出,我国现行行政赔偿请求权人制度主要存在以下一些缺陷,具体包括:

第一,行政赔偿请求权人被人为地局限于直接损害人。《国家赔偿法》中规定的行政赔偿请求权人是"受害的公民、法人或其他组织"。这样的立法规定在实践中又被仅仅阐释为直接受害人。对于大量的行政职权、职责行为造成的间接损害却不予赔偿,不承认具有因果关系的间接受害人的赔偿请求权人的资格。这样就严重限制了国家赔偿的范围,也违背了国家赔偿法的立法初衷。

第二,行政赔偿请求权人制度还存在大量模糊地带。这主要表现在:(1)由于行政机关的行为造成公民失踪,并造成有关主体权益损害的,缺乏相应行政赔偿请求权人的规定。比如,某一公民在公安机关羁押期间,由于行政机关的疏忽造成被羁押人失踪,被失踪人的近亲属是否具有行政赔偿请求权人资格?对此,《国家赔偿法》中缺乏明确规定。(2)公民死亡的,近亲属的行政赔偿请求权的行使缺乏明确的顺序规则。现行《国家赔偿法》只规定了继承人或其他有抚养关系的亲属有权提起行政赔偿,但对于他们之间行使权利的顺序却没有任何规定。这明显是法律规定的

① 在一定意义上使用"请求权人"的概念更为科学些,下文为了行文的方便,请求人与请求权人通用。

一个漏洞。(3)"有抚养关系的亲属"的规定不当地限制了具有抚养关系的非亲属人员的行政赔偿主体的资格。将死者生前抚养的非亲属人员排除在行政赔偿请求权人范围之外,不利于被抚养人利益的保护。另外,亲属也不是一个明确的法律概念,其范围具有模糊性。(4)没有明确规定继承人赔偿请求权丧失的情况。也就是说,如果继承人符合继承法规定的丧失继承权的情况,其是否也同时丧失行政赔偿请求权资格在国家赔偿法中没有明确规定。(5)既然抚养关系的人有行政赔偿请求权人资格,为何法律上没有对赡养关系的人可以成为行政赔偿请求权人作明确规定。这也是《国家赔偿法》的一个缺陷。(6)缺乏共同赔偿请求权人规定。行政侵权行为造成多个主体权益损害的现象在实践中大量发生,但国家赔偿法中却对共同赔偿请求权人的行使规则问题没有任何规定,这明显不利于共同赔偿请求权人合法权益的保护。

第三,在公民死亡的情况下,行政赔偿请求权人的继承人和其他有抚养关系的亲属的规定与《行政诉讼法》的有关规定存在不一致之处。根据我国《行政诉讼法》第 24 条第 2 款的规定:"有权提起诉讼的公民死亡,其近亲属可以提起诉讼。"《国家赔偿法》第 6 条第 2 款规定:"受害的公民死亡,其继承人和其他有抚养关系的亲属有权要求赔偿。"这样一来,势必出现如下可能:当作为行政诉讼原告的公民死亡时,有权提起行政诉讼的人不一定有权请求行政赔偿,因为死亡公民的近亲属不一定都是其继承人或者是其他有抚养关系的亲属;而有权请求行政赔偿的人也不一定有权提起行政诉讼,因为与死亡公民有继承关系或其他抚养关系的亲属不一定都是其近亲属。[1] 行政赔偿请求权人与行政诉讼原告之间至少要保证一般类型的行政诉讼原告资格与行政赔偿请求权人资格具有一致性。这主要是因为行政赔偿与行政诉讼二者之间在认定请求权人资格与原告资格的根据方面具有相同性,即都是公民、法人或者其他组织的合法权益受到实际影响(侵犯)或具有法律上的利害关系。

第四,法人或其他组织因为被撤销、变更、兼并、注销等关乎企业主体资格问题的行为造成损害时,缺乏行政赔偿请求权人的规定。这些行为都是关乎企业主体身份存在的行为。由于这些行为本身违法并造成损害

① 参见邢鸿飞:《国家赔偿中赔偿请求人和赔偿义务机关的特殊情形》,载《江苏警官学院学报》2004 年第 5 期。

的，行政赔偿请求权人资格的归属没有法律的明确规定。

第五，《国家赔偿法》关于行政赔偿请求权人的规定，没有针对一些特殊情况做专门规定，概括有余，而具体关注不足。比如，企业股东、出资方等是否具有行政赔偿主体资格问题①、债权人资格问题、保险公司的问题等。

针对以上缺陷，下文将做一些粗浅的探讨。

（三）行政赔偿请求权人的特殊类型

1. 债权人是否具有行政赔偿请求权人资格的问题

关于债权人是否可以成为行政赔偿请求权人，在当初制定《国家赔偿法》的时候，就存在争议。最终《国家赔偿法》没有规定赔偿请求权可以转移为债权人所有。有学者认为其主要原因如下：(1) 国家对公民的赔偿只限于国家对该公民的损害赔偿，并不是对民事债权债务关系的补救；(2) 对于受害的法人或者其他组织的债权人，他们无须借助赔偿请求权的转移来实现债权，法律对他们的债权已经提供了保障手段。② 比如，该法人或组织终止的，其权利承受人继受原债务。

我们认为，一概否定债权人的行政赔偿请求权人资格，不利于保护债权人权益。③ 主要理由如下：

第一，从民法中关于债权的理论发展来看，债权已经突破了传统债权相对性界限，出现了"债权之不可侵性"等理论。依债法的一般原理，债权为相对权，债权人只能向债务人请求履行，债权人不得直接支配债务人的财产，债权无涉及第三人的效力，债权人不得干预债务人与第三人的法律关系。④ 第三人即对债权人不负义务，自无侵害债权的可能。此种理论含有一项基本的价值观念，即保护第三人的活动自由，不致因故意或过失侵害债务人或给付标的，便须对债权人负责。然而，绝对贯彻此种理

---

① 我国行政诉讼的司法解释已经明确承认了这类主体的行政诉讼原告资格，因此，这些主体的行政赔偿请求人资格应当是自然的结论，下文就不再赘述。

② 参见肖峋：《中华人民共和国国家赔偿法的理论与实用指南》，中国民主法制出版社1994年版，第193—194页。

③ 债权人的赔偿资格是一个理论性与实践很强的问题，其涉及债权理论与国家赔偿的基本理论问题。我们只是根据自己的知识提出一些陋见，正确与否还请批评指正。更多的人能够深入思考与关注这个问题，是我们的期待。

④ 参见江平主编：《民法学》，中国政法大学出版社2000年版，第519页。

论,有时难免损害债权人利益。英国在 1853 年 Lumley v. Gye 一案的判决中,提出了债权可被第三人侵害的理论。嗣后,该理论逐渐为一些国家的立法及判例所接受。不法侵害债权,指第三人以损害他人债权为目的而妨碍债务人履行债务的行为。不法侵害债权行为发生后,债权人得对行为人提起损害赔偿之诉,追究其责任。不法侵害债权理论,使债权的效力扩张到一切侵害债权的第三人。[①] 同时,诚实信用原则以及"随义务理论"等都已经从不同的角度,对传统债权的相对性提出了挑战。可以说,现代债权已经超越了其相对性的羁绊。债权的相对性也不是就绝对忽视对债权人利益的保护,如果出现一些特定情况,有必要突破相对性的要求。在我国,也有学者认为,建立侵害债权制度的理论依据,是债权的层面物权化理论,即将侵害债权制度的性质定性为债权的层面物权化的表现形式。所谓债权的层面物权化是指现代社会中,每一项债权实际都包含着某种物权化的因子,当法定条件具备时,该债权即可于某个单一层面反映出物权化的属性。[②] 相对性虽然是债权的本质属性,但其同时也可于另一层面上表现出某些绝对权的属性,权利的性质并不因此变成为物权。债权层面物权化的观点将债权只能存在单一类型的物权化发展为任何债权都可能发生物权化的问题,这可以从根本上解决原有理论在解释侵害债权制度时的自相矛盾和理论混乱,为第三人侵害债权(相对权)后为什么债权人可以向致害人主张承担侵权(绝对权)责任提供可能的合理解释。

第二,从我国的法律制度来看,《合同法》已经确立了债权人的代位权制度,这个制度虽然是合同之债领域中对债权人利益的保障,但这也为我国《国家赔偿法》领域承认债权人行政赔偿请求人资格提供了法律参考标本。《合同法》第 73 条规定:"因债务人怠于行使其到期债权,对债权人造成损害的,债权人可以向人民法院请求以自己的名义代位行使债务人的债权,但该债权专属于债务人自身的除外。"从这一条文出发,债权人代位权的成立条件为:(1) 债权人必须有保全债权的必要;(2) 债务人须陷于迟延;(3) 须债务人怠于行使权利。[③] 既然《合同法》都已确立债

① 参见张广兴:《债法总论》,法律出版社 1997 年版,第 164 页。

② 参见佟强:《侵害债权制度法律性质考察》,载《现代法学》2005 年第 2 期。

③ 参见江平主编:《民法学》,中国政法大学出版社 2000 年版,第 522 页。

权人可在一定的条件下代位行使债务人的债权,当国家行政机关的行政侵权行为造成了债务人合法权益损害的,并且债务人不行使赔偿请求权的,应当允许债权人代位行使债务人的赔偿请求权。其实,这里的债务人与国家之间也是形成了损害赔偿之债的法律关系,应当具有适用民法规定的空间。[①] 甚至出现债务人与行政机关合谋违法侵犯债权人利益的,更应当对债权人有一个利益保护机制。

第三,适当承认债权人的行政赔偿请求权人资格,是保护债权人利益的必然要求。债权也是一种财产性权利,这种权利受到国家行政机关侵害的,也存在保护的必要。如果对这种权益不进行保护,恐怕有悖于市场交易的安全性与公平性。

第四,从理论上而言,行政行为可能会具有一种连锁效应,即所谓的"具第三人效力的行政行为"。日本学者山本隆司教授以法律关系之"垂直因果连锁顺序"观察,认为行政所直接课予义务或扩张其行为可能性之人,为第一次关系人,而因该第一次关系行为可能性被限制或受有保护,而间接接受保护或限制其行为可能性之人,则可称为"第二次关系人"。此时,如立法者有意利用此种第一次关系人利益变动与第二次关系人利益之变动所具有之因果关系作用,以达其规范目的之情形,可承认第二次关系人之权利归属主体地位。[②] 债权人往往可以通过与其的债关系,而受到行政机关直接针对债务人的行政行为的影响。比如,某行政机关故意违法禁止 A 企业购买 B 公司的药品,而 A、B 之间却存在着药品购买的长期合同,这样也就直接危及了 B 公司的债权,出于保护债权人利益的需要似乎应当允许债权人提出赔偿请求。

结合《合同法》及我国《国家赔偿法》的制度精神,我们认为,债权人的行政赔偿请求权人资格是有一定条件限制的,并不是所有债权人在任何时候都可以具有行政赔偿请求权人资格。这些条件限制既是维持传统债权相对性的需要,以防止片面扩大赔偿人范围而损害债关系的稳定性与相对性,同时又可满足保护债权人利益的需要。我们认为,债权人的行

---

① 虽然我国法律制度中只在《合同法》中确立代位制度,但一般理论认为,一般债的领域都应当适用代位权制度。例如,《法国民法典》第 1166 条就规定:"债权人得行使其债务人的一切权利和诉权,惟权利和诉权专属于债务人个人者,不在此限。"

② 参见赖恒盈:《行政法律关系论之研究——行政法学方法论评析》,元照出版公司 2003 年版,第 202 页。

政赔偿请求权人资格的条件可以分为两种情况讨论:

第一,当行政机关直接以故意侵犯债权为目的,对公民、法人或其他组织违法实施行政行为并造成其债权人客观已经无法实现其债权的,债权人可以具有行政赔偿请求权人资格。这里有三个严格条件:其一,行政机关直接以侵犯债权人之债权为目的,这是主观上的要件,同时,这种主观上的目的必须是故意违法;其二,行政机关直接针对公民、法人或其他组织作出了违法的行政行为;其三,违法行政行为造成了与直接相对人有债权关系的债权人客观上已经无法实现其债权。这个条件是最为关键的要件,也是损害后果要件。行政机关的违法行为与债权人的债权无法实现的客观后果之间必须具备因果关系。如果存在行政机关的违法行为,但债权人的债权仍然可以通过向债务人请求而实现的话,债权人也不能直接向行政机关请求赔偿,因为这时的违法行为并不必然对债权的实现造成损害。也就是说,在判断是否具有对债权造成损害后果时,必须首先判断债权人向债务人提出履行债务的请求从而实现债权的可能性。如果不存在了这种实现可能性,我们认为,债权人就应当有权对行政机关违法行为造成的该后果请求赔偿。这种情况也就是民法领域中讨论的"第三人侵犯债权的制度"在国家赔偿法领域中的体现。[①] 该种直接侵犯债权的情形主要表现在公安机关非法干预经济纠纷的案件。

第二,当债务人怠于行使其对国家的赔偿请求权,并且导致债务人已届清偿期的债务的债权人可能无法实现其债权的,该债权人应当具有行政赔偿请求权人资格。[②] 这里包含以下几个要件:其一,债务人必须具有对国家的赔偿请求权,也就是说,行政机关的违法行政职权行为造成了债务人的合法权益损害,符合国家赔偿的要件;其二,债务人怠于行使对国家的赔偿请求权,这是客观上消极地不行使赔偿请求权,其主观原因在所不问;其三,债务人的债务已经到期限,债务人已经陷于迟延;其四,债权人的债权客观上还必须具有不能实现的危险。如果债务人的其他财产可以保障债权人的债权实现的话,债权人也不得直接提出国家赔偿。这四

① 参见王荣珍:《关于在民法典中确立侵害债权制度的构想》,载《现代法学》2004 年第 5 期。

② 这个制度表面上看突破了赔偿请求权不得让与的一般原则,但我们认为,这里并不是请求权让与的问题,而是一个保护债权人利益的制度。

个要件缺一不可。这一制度是民法中债权人代位权制度在国家赔偿领域的必然法理延伸与要求。我们姑且将之称为"债权人的国家赔偿代位权制度"。比如,某一行政机关将公民 A 的房屋违法拆除,而该房屋是其履行其债务的唯一保障,即 A 没有其他财产与收入用来清偿债务,同时,A 不请求国家赔偿,这种情况下 A 的债权人就有资格行使国家赔偿请求权。

2. 精神损害赔偿权利人问题

关于精神损害赔偿的问题,在我国民法领域已经得到司法实践的认可。最高人民法院于 2001 年 2 月 26 日通过并颁布实施了《最高人民法院关于确定民事侵权精神损害赔偿责任若干问题的解释》。该解释已经为我国民事领域中建立精神损害赔偿制度提供了法律基础。在国家赔偿领域,目前还没有明确的法律依据,《国家赔偿法》中对国家赔偿的精神损害赔偿问题没有规定。但我们主张国家赔偿领域也应当建立精神损害赔偿制度,具体理由将由另文详述。[①] 这里主要就国家赔偿领域中精神损害的行政赔偿请求权人做一些理论上的探讨:

第一,行政侵权行为直接受害人可以是赔偿请求权人主体。

如果行政机关及其工作人员的行政违法行为直接造成了当事人精神损害的,受害人具有行政赔偿请求权人资格。只要承认了国家侵权的精神损害赔偿责任,就必然要承认直接受害人的请求权人资格。比如,违法剥夺公民的人身自由并造成被限制人身自由人精神损害的,国家要对被限制人身自由人承担精神损害赔偿责任。

第二,直接受害人的近亲属是否具有赔偿请求主体资格问题。

这里又可以分为两种情况讨论:一种是行政侵权行为已经致使直接受害人死亡的情况,另一种是直接受害人没有死亡的情况。

关于直接受害人已经死亡的情况,一些国家和地区的赔偿制度中认可了被害人死亡后其近亲属的赔偿请求权资格。比如,日本《国家赔偿法》就规定:"有害于他人生命时,……(4) 前项情形,对于被害人之直系尊亲属,直系卑亲属及配偶,斟酌被害人之社会地位或过失程度及遗属生

① 参见马怀德、张红:《论国家侵权精神损害赔偿》,载《天津行政学院学报》2005 年第 2 期。

活状况或遗属赔偿额等,应赔偿慰抚金。"[①]韩国《国家赔偿法》中更是规定:"对于生命或身体之被害人之直系尊亲属及配偶,以及因身体等受伤害之其他被害者,应在总统令所定的标准内,参照被害者之社会地位、过失程度、生计状况、及损害赔偿额等,赔偿其精神慰问金。"[②]在我国台湾地区,损害赔偿请求权人原则上为被害人,即权利或利益直接受到损害之人,间接受害人则不包括在内,但于被害人死亡的情形下,法律对间接受害之人,亦赋予损害赔偿请求权,其情形如下:为被害人支出殡葬之人;被害人对之负有法定抚养义务之人以及被害人之父母、子女及配偶。我国台湾地区"民法"第194条规定:"不法侵害他人致死者,被害人之父、母、子、女及配偶,虽非财产上之损害,亦得请求赔偿相当之金额。"[③]从这些国家与地区的制度看,对于被害人死亡的情况下,一般都认可被害人之近亲属的独立的赔偿请求权人资格。也就是说,死者近亲属的赔偿请求权是一种独立的请求权,并不是继承被害人而取得的。如果在我国国家赔偿法中明确承认精神损害,依据现有规定也可推出近亲属有赔偿请求权资格,即第6条的规定。

但对于受害人没有死亡的情况下,受害人的近亲属能否具有行政赔偿请求权人资格,在理论上存在较大争议,各国的规定也不完全一致。[④]韩国的《国家赔偿法》承认对身体伤害情况下的近亲属的精神损害赔偿权。大多数国家与地区的制度中没有承认此种精神损害赔偿责任。理论上一般认为,此种精神损害是一种反射性损害,例如,子因公安机关殴打致亡,其父母所遭受的精神损害。"损害赔偿法中对反射之损害,原则上采不予赔偿之制度。"但我们认为,此种情况下,被害人之近亲属本身就是蒙受精神痛苦之人,而不是所谓的"反射性损害",应当承认与直接受害人有密切关系的近亲属的行政赔偿请求权人资格。这不仅是对其近亲属所遭受的精神打击的抚慰,也是对人性的关怀,更与我国的情理相符。但这种精神损害请求权人资格也必须有一些严格的条件:其一,受害人所遭受的必须是人格损害,主要表现在人身自由、人格尊严、名誉权、荣誉权、

① 参见皮纯协等主编:《国家赔偿法释论》,中国法制出版社1994年版,第337页。
② 同上书,第339页。
③ 刘春堂:《国家赔偿法》,三民书局2000年版,第99页。
④ 可以参阅有关民法之损害赔偿著作,此处不再赘述。

健康权、身体权、肖像权等内容。其二,直接受害人之近亲属必须客观上存在严重的精神损害。如果近亲属不存在精神损害,其当然不具有请求权。如果近亲属的精神损害不严重,就证明其所受的精神打击与刺激不大,国家可以不予赔偿。在美国法和英国法中,甚至要求其当场火灾附近目睹或耳闻侵害事故。[①] 其三,近亲属的精神损害与受害人所遭受的人格损害之间具有因果关系。近亲属的精神损害乃行政机关的侵权行为所造成。当然,这里的因果关系是一种通过直接受害人的损害作为中介而联系起来的。其四,近亲属必须是与直接侵害对象具有赡养、抚养和扶养关系的近亲属。主要表现为在一起生活的父母、子女、配偶等。这个要件主要为了避免将所有的近亲属都纳入赔偿范围,从而不当地扩大主体。以上四个要件缺一不可。这里需要注意的是,我们承认近亲属的精神损害请求权人资格,并不否定直接受害人的精神损害请求权人资格,二者是各自独立的。

第三,法人或者其他组织是否具有精神损害赔偿请求权人资格。

通说认为,法人或其他组织不具有精神损害赔偿主体资格。其"否定痛苦感受之理由,不外乎法人为组织体。组织体有别于有机体,痛苦之感受惟有有机体方始有之,组织体不可能有此生理上或心理上之感受"[②]。我国司法解释在民法领域也确立了"法人或其他组织以人格权遭受侵害为由,向人民法院起诉请求赔偿精神损害的,人民法院不予受理"。其实,这个问题涉及对法人等组织体法律人格的基本态度,持"法人实在说"者一般会认为,应当肯定法人或其他组织的精神损害主体资格;持"法律人格拟制说"者则持否定说。"法人否定说"更是否定其独立人格,但会承认其组成成员一自然人的独立地位,从而也会承认法人中自然人的主体地位。在民法中这个问题就已经争论不休,此处不涉及。但是,出于法律政策的考虑,国家赔偿法中承认法人等组织体精神损害赔偿主体资格,似乎没有太大需要,也会造成国家负担过重。当然,如果法人等组织体的名誉、荣誉、名称等权益被行政侵权行为侵犯,并造成财产损害的,其可以请求财产赔偿,以保护其权益。如果法人等组织体的名誉、荣誉、名称等权益被行政侵权行为侵犯的,其可以通过请求行政侵权机关消除影响、赔礼

① 参见胡平:《精神损害赔偿制度研究》,中国政法大学出版社 2003 年版,第 75 页。
② 曾世雄:《损害赔偿法原理》,中国政法大学出版社 2001 年版,第 336 页。

道歉、恢复名誉等手段进行补救，没有必要请求金钱赔偿。

3. 保险人的行政赔偿请求权人资格问题

因行政职务行为造成公民、法人或者其他组织合法权益损失的，经保险公司依保险合同理赔后，该保险公司是否具有代位请求国家赔偿权，在理论上存在争议。

在我国台湾地区的国家赔偿实务中，一般认为，依据“国家赔偿法”第5条规定：“国家损害赔偿，除依本法规定外，适用民法规定。”即国家赔偿法以民法为补充法，保险法并非国家赔偿法之补充法，自不发生代位请求国家损害赔偿之问题。[①] 而美国《联邦侵权赔偿请求协议规则》规定：“……4. 全部的损害经由保险人赔偿后，保险人可以代位取得请求人的损害赔偿请求权；损害之一部经由保险人赔偿后，请求人与保险人可以分别或共同就其利益提出损害赔偿请求。”[②]即美国基于其普通法之观念，无公法与私法之界分，认可保险人的代位请求权。

我国《国家赔偿法》中对保险人的代位请求赔偿问题没有明确规定，但实践一般并不认可保险人的赔偿请求人资格，理论上也不支持保险人的代位请求权。但我们认为，国家赔偿领域应当明确规定保险人具有赔偿请求权人资格。理由如下：

第一，保险人承担赔偿责任，并不等于就免除国家的侵权责任。行政机关的违法行为造成合法权益损害的，理应由国家承担责任，这是国家自负其责的必然要求与体现。如果保险人按照其与被害人之间的保险合同承担了保险责任，就免除国家的赔偿责任，势必会造成放纵违法行为的现象。

第二，当受害人的损失由保险人按照保险合同约定理赔后，根据受害人“不能因损害而受益”的一般法理逻辑，受害人就不能够再获得全部的国家赔偿。而此时，国家仍应当承担责任，此责任就通过保险人与被害人之间的保险合同转移给了保险人，保险人就具有了替代受害人而享有请求权的法律地位。

第三，保险人的代位请求权是保险制度得以健康发展的必然要求。在一般的民事侵权领域，我国《保险法》已经确立了代位请求权制度。如

① 参见台北市政府法规委员会编：《国家赔偿理论与实务》，自刊2003年版，第514页。
② 胡建淼主编：《中外行政法规分解与比较》（下），法律出版社2004年版，第2226页。

果仅仅因为侵权人为国家机关,而使保险人丧失代位请求权资格,这明显不符合代位请求权制度的初衷。保险人对侵权人进行代位求偿,不应该仅仅因为主体不同,而有所差异。只要是侵权行为,并且产生理赔,保险人就完全可以取得代位请求权。

第四,现行《国家赔偿法》中关于赔偿标准不足与过低的问题,表面看来构成了保险人代位赔偿请求权人资格的制度障碍。其实,这是一种误解。国家赔偿金额的多少,并不必然否定保险人的代位资格。比如,受害人遭受1000元的全部损失,而保险人已经依照保险合同理赔,此时,保险人向国家代位求偿时,根据国家赔偿法的标准其可能只获得500元的国家赔偿。但这只是其权利实现的范围问题,并不涉及主体资格。当然,如果修改《国家赔偿法》时,确立国家赔偿标准不低于民事赔偿标准的话,这一表面的制度障碍也将不复存在。①

当然,保险人代位请求赔偿资格的条件必须按照《保险法》规则确定。

在《国家赔偿法》中明确规定保险人的代位请求赔偿权,具有重大意义。首先,对于受害人而言,通过保险人获得赔偿比其直接要求国家赔偿来得容易,可以避免国家机关以各种理由不予赔偿的现象。保险人根据保险合同进行赔偿,是一种履行民事合同的行为,对于受害人易于实现补救其损害。其次,对于保险人而言,允许其理赔后,可以向国家代位求偿,既是一般保险规则的必要要求,也可以充分调动保险人参加到国家侵权赔偿领域的积极性。如果不允许保险人的代位求偿权,则保险人可能不愿意积极赔偿。因为,如果依保险法赔偿后,却仅仅因是国家机关侵权行为而使其无法求偿。当然,如果国家采用自己投保,即以责任险的形式,由保险人进行赔偿的话,国家也要向保险人交纳大量的保费。这是保险规则的必含内容。再次,对于国家而言,可以减少其逃避责任的现象。由保险人向国家请求赔偿,当然比受害人自己要求赔偿,国家更难以逃避责任。因为保险人有专门的团队,具有专业知识,国家承担责任的可能性更高。

当然,在国家赔偿领域,也涉及不同法律关系的性质问题。有人认为,国家赔偿请求权人因基于公法或私法性质保险契约而享有保险给付,

① 我们主张,国家赔偿的标准应当不低于民事赔偿标准。对此问题,另文有述。

由于国家赔偿请求权与保险给付请求权之法律依据及请求原因均不同，于发生国家赔偿事件，为了充分保障被害人权益，国家赔偿请求权人虽已经参加社会保险（如人身保险、财产保险等），而享有医疗给付等，由于一为契约、一为侵权行为，请求权基础不同，被保险人即被害人，仍得依法请求国家赔偿。[①] 也就是，认为国家赔偿与保险给付二者之间之请求权并存，不发生由国家赔偿之给付金额中扣除公务员保险金之问题。[②] 此种观点的必然结果是，保险人不具有代位求偿权。因为此种情况下，受害人所谓两种请求权是并存的，受害人的权利并不发生转移，没有发生保险法中代位求偿的基础。[③] 但我们认为，保险人承担保险责任的任务，并不是最终承受应由侵权行为人即国家的损害赔偿责任，国家的责任仍然是存在的，保险人依照保险法履行理赔责任后，当然应具有代位请求权。

四、行政赔偿义务机关

（一）我国行政赔偿义务机关设置之概述

我国行政赔偿义务机关的设置，集中在《国家赔偿法》第7条、第8条的规定之中。从这两条规定来看，我国行政赔偿义务机关理论与制度具有以下一些特点：

第一，国家责任机关化。代表国家从事活动的主体在行使职权过程中产生的法律后果，理应一律由国家来承担。但由于国家是一个抽象的实体，其承担责任的活动，与其职权的行使一样也必须由特定的国家机关来代表。我国《国家赔偿法》采取的是“国家责任，机关赔偿”或“国家责任，机关办事”的模式。从我国采用这种模式的制度安排和实际运作来看，行政赔偿责任还具有机关化的倾向。也就是说，国家将由其对受害人承担的赔偿责任，首先转化为各代表国家行使职权的机关身上，由各机关自己来履行对受害人的赔偿义务。这突出表现在《国家赔偿费用管理办

---

① 转引自董保城：《国家责任法》，神州图书出版有限公司2002年版，第212页。

② 我国台湾地区“法务部”1991年7月19日法80律字第10821号函。

③ 我国《保险法》第44条第1款规定，因第三者对保险标的的损害而造成保险事故的，保险人自向被保险人赔偿保险金之日起，在赔偿金额范围内代位行使被保险人对第三者请求赔偿的权利。

法》中。该《办法》第4条规定,赔偿义务机关能够通过返还财产或者恢复原状实施国家赔偿的,应当返还财产或者恢复原状;第7条规定,国家赔偿费用由赔偿义务机关先从本单位预算经费和留归本单位使用的资金中支付,支付后再向同级财政机关申请核拨;第10条规定,财政机关审核行政赔偿的赔偿义务机关的申请时,发现该赔偿义务机关因故意或者有重大过失造成国家赔偿的,或者超出国家赔偿法规定的范围和标准赔偿的,可以提请本级政府责令该赔偿义务机关自行承担部分或者全部国家赔偿费用。我们从这些规定中丝毫看不出国家责任的特点,而应当说是机关的责任。

第二,行政侵权机关与行政赔偿义务机关一元化。我国有关赔偿义务机关的规定,其实,也就是在确认行政侵权机关。由于我们在理论上认为公务员个人、机关内部的机构、受委托组织等一般不具有独立的行政主体资格,不具有责任能力,因而,在《国家赔偿法》中明确规定了这些特殊情况的行政赔偿义务机关。这些赔偿义务机关的确认与理论上关于行政侵权机关的确认规则完全相同。在二者关系上,《国家赔偿法》采用的是一元化制度模式。从某种意义上言,行政赔偿义务机关与行政侵权机关之间具有相互替代性。

第三,行政赔偿请求受理机关、赔偿决定机关、赔偿义务履行机关、赔偿责任追偿机关一体化。《国家赔偿法》第9条、第10条、第11条、第13条等条款,均涉及行政赔偿义务机关的职责、职权。从这些条款来看,行政赔偿义务机关具有以下职责:(1)赔偿请求人单独请求国家赔偿的,行政赔偿义务机关是赔偿请求的受理机关。(2)赔偿请求人单独提起赔偿请求的,行政赔偿义务机关还是赔偿责任的决定机关。只有在行政赔偿义务机关拒绝受理赔偿、在法定期限内不作出决定或不能达成协议的,受害人才可以提起诉讼。(3)如果国家赔偿责任经有权机关确认而成立的,行政赔偿义务机关也是具体履行赔偿义务的机关,包括返还财产、恢复原状、支付赔偿费用、赔礼道歉等。(4)如果赔偿义务机关赔偿损失后,行政赔偿义务机关还是对有故意或重大过错的人员与组织追偿赔偿费用的机关。从这些规定来看,如果赔偿请求权人单独提起赔偿请求,行政赔偿义务机关就是集行政侵权机关、赔偿受理机关、赔偿决定机关、赔偿责任履行机关和赔偿责任追偿机关于一身。

第四,行政赔偿义务机关分散化。由于《国家赔偿法》中采取的是行政侵权机关与赔偿义务机关一元化的制度模式，其必然结果就是行政赔偿义务机关的分散化。一般而言，凡是依法成立、有独立对外行文权限资格且有独立预算经费的机关都可能是行政赔偿义务机关。不仅一级政府可以是赔偿义务机关，其内部的工作部门也可是行政赔偿义务机关；不仅行政机关可以是赔偿义务机关，法律、法规授权行使行政职权的其他组织也可以是行政赔偿义务机关。可以说，我国行政赔偿义务机关呈高度分散化的特征。

（二）行政赔偿义务机关理论与制度之缺陷分析

从理论与制度的层面进行分析，我国行政赔偿义务机关的理论及其制度安排具有以下缺陷：

第一，赔偿义务机关概念的内涵不确定。

理论上认为，由于行政赔偿责任实质上是国家责任，但国家是一个抽象的、庞大的、结构复杂的政治实体，受害者无法请求抽象的国家承担具体的赔偿义务，必须通过组成国家的各个具体的行政机关去赔偿。[①] 也就是说，必须要有可以代表国家的机关来履行赔偿责任。当行政侵权损害发生后，被害人很难确定向哪个机关请求赔偿，个别机关也会相互推诿，致使被害人无法行使赔偿请求权。[②] 法律制度上必须确立具体代表国家从事赔偿事务的机关，使受害人投诉有门。比较明确地指明在国家赔偿关系中应承担义务的一方当事人，对索赔的公民、法人和其他组织，对承担赔偿义务的机关以至立法和理论探讨都较为明确、方便，因而我国的《国家赔偿法》也采用了这一提法。[③]

但在这里，我们对行政“赔偿义务”机关的内涵却存在争议，甚至可以说，行政赔偿义务机关概念本身就是不具有确定的内涵。理论上有认为，赔偿义务机关就是索赔对象；有认为赔偿义务机关就是依法代表国家向侵权行为受害人直接履行赔偿义务的机关；有认为是对特定赔偿案件具体履行赔偿请求、支付赔偿费用、参加赔偿诉讼等义务的机关；有认为赔偿义务机关是代表国家接受行政赔偿请求、支付赔偿费用、参与赔偿诉

① 参见应松年主编：《国家赔偿法研究》，法律出版社 1995 年版，第 133 页。

② 参见马怀德：《国家赔偿法的理论与实务》，中国法制出版社 1994 年版，第 118 页。

③ 参见应松年主编：《国家赔偿法研究》，法律出版社 1995 年版，第 133 页。

讼的机关。[①]

其实,"赔偿义务机关"是我国台湾地区法律制度中创造的一个概念,创造这个概念的原初目的以及其现实的运转状况,我们在研究赔偿义务机关时,也不得不查。我国台湾地区《"国家赔偿法"草案总说明》中言到:"国家设官分职,机关林立,公务员行使公权力之行为,一旦造成损害,应由何机关履行赔偿义务,被害人每难确知,本法乃明定径以该公务员所属机关或公共设施之设置或管理机关为赔偿义务机关。"[②]这也就是一些学者总结的我国台湾地区采用的是"国家机关赔偿之制度",亦即虽以国家赔偿为主体,但仍以各级行政机关为赔偿义务人。[③] 而我们借鉴我国台湾地区法制的概念时,却主要是用其来界定各机关的实体责任,具有分配各自责任的意义。这样的必然结果就是"赔偿义务机关"的概念在我们理论上具有了不确定性的含义。

第二,赔偿义务机关功能定位不具有公正性,职能严重集中。

一般而言,在国家侵权情况下,以下一些赔偿事务需要有一些机关来代表、来处理:其一,国家的主要义务是承担侵权赔偿责任。对于物质性损失,国家要承担赔偿责任,对于精神损害,要赔礼道歉、恢复名誉、消除影响等,造成精神损害的,还应当支付精神抚慰金。另外,如果能够返还原物、恢复原状的,国家必须要恢复原状。这些都是国家必须承担的实体性义务。这些义务也必须要由特定的国家机关来代表国家进行。其二,国家具有对赔偿请求人之请求行为的受理义务。国家必须保证,受害人投诉有门,即国家必须有赔偿申请的受理机关。其三,国家具有对赔偿请求人的赔偿请求进行处理的义务,即国家必须要设立赔偿纠纷的解决机关;其四,如果赔偿请求人按照行政复议法和行政诉讼法一并提起国家赔偿,还必须有一个机关代表国家应诉,即需要确立特定机关处理有关国家赔偿的复议事宜或诉讼事宜。[④] 从《国家赔偿法》的规定来看,行政赔偿义务机关几乎从事了以上的所有义务与职责。[⑤] 这也就形成了在行政赔

① 以上总结参见杨临萍主编:《行政损害赔偿》,人民法院出版社 1999 年版,第 223 页。

② 转引自肖峋:《中华人民共和国国家赔偿法的理论与实用指南》,中国民主法制出版社 1994 年版,第 298 页。

③ 参见董保城:《国家责任法》,神州图书出版有限公司 2002 年版,第 203 页。

④ 当然,这个义务是在不改变复议法和诉讼法情况下的义务。

⑤ 在赔偿请求人单独提起赔偿的情况下。

偿义务机关在功能定位上的一些混乱，其突出表现在：行政侵权机关与行政赔偿请求受理机关、赔偿义务履行机关一体化的安排，违反了“任何人不得做自己案件法官”的基本公正性要求。

其实，在我国台湾地区台北市的国家赔偿实务中，其赔偿义务机关在功能上与我们赔偿义务机关的功能存在很大区别，其主要承担以下一些职责[①]：(1) 赔偿义务机关收到国家赔偿请求书后，应影印请求文件送法规会建档，并调查事实，收集证据及其他相关资料；必要时，亦得会同法规会组成临时调查小组调查之。(2) 除有事实之调查、证据及其他相关资料之收集费时情形外，应于收到请求书之日起 20 日内签具处理意见移送法规会办理。(3) 各机关于调查事实后自认显无赔偿责任，且于 15 日内不及召开“国赔会”审议答复的，应签会法规会并陈请市长核定后，以书面序明理由拒绝，副知有关机关并由法规会提报“国赔会”[②]追认之。(4) 各机关于调查事实后自认有赔偿责任，且请求金额或预估金额在新台币 30 万元以下的，得经法规会同意后，径与请求权人进行协议。协议成立的，由赔偿义务机关依程序办理拨款；协议不成立的，得核发协议不成立的证明书。(5) 如果法规会对赔偿义务机关移送的案件，认为有事实及证据上的疑义，赔偿义务机关必须再为调查，必要时，法规会可以本于职权会同赔偿义务机关再为调查。(6) “国赔会”决定各机关有赔偿责任的，该赔偿义务机关应在决定赔偿的原则及范围内进行协议。“国赔会”决定各机关无赔偿责任的，该机关应以书面叙明理由拒绝，并副知有关机关。(7) 各机关于收到“国赔会”有赔偿责任的决议后，应速定协议期日及处所，并制作通知书，至迟于协议期日 5 日前送达于请求权人、其代理人及有关人员。如果就同一事件有其他机关、个人或团体应负赔偿责任时，应以书面告知其参加协议或到场陈述意见。各机关进行协议时，得洽法规会派员提供法律意见。各机关进行协议，于协议成立时，应依规定作成协议书并留存一份；自开始协议之日起逾 60 日协议不成立的，应依请求权人之申请，并得依职权发给协议不成立证明书。(8) 国家赔偿的诉讼案件，由被告赔偿义务机关主办，并得洽请法规会协助。(9) 国家

① 以下以台北市为例，资料来源为台北市政府法规委员会网站和台北市政府法规委员会：《国家赔偿理论与实务》，自刊 2003 年版，第 255—263 页。

② 关于台湾地区“国家赔偿委员会”的组成及其职责等内容，将由下文详述。

赔偿事件经协议成立、诉讼上和解成立或判决确定后,赔偿义务机关应即填制国家赔偿金请拨书 2 份,并附协议书或判决书、和解笔录等有关文件,送法规会办理;其为恢复原状的,由赔偿义务机关开填恢复原状之费用凭证及证明原状恢复之文件,送法规会办理。(10) 各机关应于次月 10 日前,将上月受理国家赔偿事件,按月填写统计表送法规会汇办;各机关应于每年 6 月及 12 月底,将半年来受理的国家赔偿事件及其处理情形,送法规会汇办。

从这里可以看出,台北市从事有关国家赔偿事务的主体有台北市政府国家赔偿委员会、台北市政府法规委员会、各赔偿义务机关等。我国台湾地区的赔偿义务机关也并不是从事所有的国家赔偿事务的主体,在政府内部仍然有一些制衡的主体与机制。这里的赔偿义务机关,其从事的活动主要是一些程序性的事务,而国家赔偿委员会则承担作出是否赔偿决定的职能,法规会则是办理国家赔偿委员会的日常事务。也就是说,我国台湾地区的赔偿义务机关主要从事的是有关国家赔偿的具体程序性履行事务。从其有关赔偿义务机关的认定规则来看,赔偿义务机关其实也就是侵权机关,之所以认定赔偿义务机关可能与我国台湾地区采用的"公务员执行职务行使公权力时"的法律表述有关。因为国家赔偿法中的侵权主体是"公务员",是一个个人,因此,必须找到其所属的机关作为赔偿义务机关。

总之,我们认为,从我国台湾地区国家赔偿的实务来看,所谓的赔偿义务机关并不是包揽、从事所有赔偿义务的机关,而是依法从事法定赔偿义务的机关。从一定意义上讲,赔偿义务机关就是侵权机关。因此,在我国台湾法制中的赔偿义务机关的认定规则,其实就是在认定侵权机关。而我国行政赔偿义务机关在赔偿请求人单独提起赔偿的情况下几乎可以包揽一切赔偿事务,这严重违反了法律的基本公正性要求。

第三,行政赔偿义务机关分散化的设置,不利于公民、法人或其他组织获得赔偿。

如上所述,现行行政赔偿义务机关的设置具有分散化的特征。这种分散化的现实给公民、法人或其他组织寻求救济徒增了困难,同时,也为各机关相互推诿责任提供了制度借口和空间。一方面,现行行政赔偿义务机关的确认虽然已经作了较为详细的规定,但对于普通公民、法人或其他组织而言,让其从复杂的行政机关组织系统中准确地区别、鉴别出符合法律规定的赔偿义务机关,会是一种负担。同时,这样分散的制度也具有内部程序外部化的倾向。对于普通民众而言,不管是哪个机关,其都是代表国家行使职权的,至于国家要让哪个机关对外履行赔偿义务,应当由国家在其系统内部进行分配,不应当将这个义务转移给受害人。也就是说,国家不应当将其内部的确认赔偿义务机关的职责转移给外部的公民、法人或其他组织。另一方面,采取分散化的赔偿义务机关模式,也为各侵权机关相互之间推诿责任提供了制度空间。这种情况突出表现在共同行使职权的情况、经过复议的情况、经过上级批准的情况、临时机构、综合执法机构的情况等。这些非典型的行使职权情况下,行使职权的机关与组织往往并非是一个固定的、单一的机关与组织,在发生违法行为的情况下,就会出现相互推诿而无人愿意承担责任情况。其实,分散赔偿义务机关的模式,也必然会增加获得赔偿的难度,也是为国家机关之间相互推诿提供借口。同时,由于国家赔偿责任最终都是要由国库负担的,现在由具体侵权机关垫付的做法在实质上不但不能减少因此支付的费用,反而由于中间环节的增多,产生了中间成本,总量上国家财政支出增加了。此外,在财政困难时,赔偿义务机关自己垫付了之后,无法获得财政的核拨,实际上不得不"自掏腰包",这就使赔偿义务机关倾向于无理拒赔或少赔,从而不利于受害人的救济。①

第四,行政赔偿义务机关具体设置上也存在一些不合理、不完善之处。

由于我国现行的赔偿义务机关在本质上也就是行政侵权机关,因此,从确认行政侵权机关的意义上讲,我国现行《国家赔偿法》也具有较大的不合理、不完善之处,其突出表现在以下两方面:其一,赔偿义务机关被撤销的情况下,如果没有继续行使其职权的机关的,而撤销该机关的主体不是行政机关,而是权力机关时,《国家赔偿法》没有作出相应的规定。其二,复议后的赔偿义务机关的确认规则不合理。法律上规定,最初造成侵权行为的行政机关为赔偿义务机关,但复议机关的复议决定加重损害的,复议机关对加重的部分履行赔偿义务。这种制度安排表面上看是各负其责的体现,其实,这极其不合理。一方面,这种制度安排不符合行政复议的本质。行政复议是行政机关系统内部解决行政争议的一种方式,其本身并不是一个责任划分机制。如果对经过行政复议的损害,人为地进行区分,这样势必会造成复议机关为了不承担责任,而一味地维持原决定的

① 参见杨振山:《国家赔偿难在哪》,载《时代潮》2003年第12期。

现象。[1] 这最终会造成复议的纠纷解决功能无法顺畅发挥。另一方面，从行政复议决定与原行为的关系来看，行政复议决定或多或少会吸收原行为的内容，法律上也很难准确地区分哪些损害是复议机关加重的。同时，针对经过行政复议的情况在制度上作如此详细的责任划分，也有将行政系统内部责任划分与认定予以外部化的倾向，不当地增加了受害人获得赔偿的难度。[2]

（三）行政赔偿义务机关之重构

我们主张，行政赔偿义务机关与行政侵权机关应当相对分离，二者的职能应当相互制衡、互相配合。[3] 总体而言，行政赔偿义务机关应当为县级以上一级人民政府，其负责受理所辖区域内所有行政赔偿请求，并负责统一支付国家赔偿费用、监督与分配行政侵权机关具体的赔偿履行义务。同时，我们主张在县级以上一级人民政府下设具有一定独立性、公正性的国家赔偿委员会，专门从事国家赔偿案件的受理、审议、决定等事项。[4] 国家赔偿委员会的组成人员应当由政府人员和专家、学者、社会公正人士担任，其中政府人员不得超过半数，其组成人员为兼职、无固定工资，但其履行国家赔偿职责时给以适当补助。国家赔偿委员会的日常事务由一级人民政府的法制部门负责。行政侵权机关则负责具体的国家赔偿义务履行职责，不再从事受理赔偿请求和赔偿决定的职责，同时，行政侵权机关依法从事行政复议被申请人和行政诉讼被告的活动。

这种理论改造与制度安排有以下好处：第一，统一了国家赔偿请求的受理机关，使受害人投诉有门。第二，避免了各行政侵权机关之间相互推诿的现象。第三，也最大程度地避免了行政侵权机关私自赔偿、各自为政的现象。第四，给受害人提供了一个公正的赔偿纠纷解决机制。第五，也避免了较大幅度增加人员编制，充分利用了现有组织架构。这种方案唯一新增的机关是国家赔偿委员会，但其组成人员并不是专职人员，也无专

---

① 事实上，这一弊端已经在实践中出现，各地居高不下的复议维持率就是一个证明。

② 因为此时往往针对一个损害事实，受害人却要适用两个程序进行求偿。

③ 如果在理论上要保留行政赔偿义务机关的概念，也只是在指被行政赔偿请求权人指控实施行政侵权行为、并依法实施赔偿活动的机关。相应地，一级人民政府则为统一的国家赔偿受理机关、决定机关、费用支付机关等，在政府下设专门的国家赔偿委员会。

④ 但国家赔偿委员会是代表一级人民政府进行活动的，是政府专设的机关。

门的工资待遇，不会因此增加国家的财政负担。对政府法制部门只是新增了负责具体国家赔偿事务的职能，也不会造成较大的人员膨胀，更何况随着法治国家建设的推进，政府法制部门的重要性与职能也是必须加强的。第六，充分考虑了与现行《行政复议法》、《行政诉讼法》的对接。其实，行政侵权机关做复议被告、诉讼被告，只是一种程序义务，并非是实体义务，因为赔偿的实体义务是由国家财政负担的。具体而言，我们认为，这种制度安排有以下特点：

第一，赔偿义务机关与行政侵权机关相对分离化。一级人民政府作为对行政赔偿请求人的赔偿义务机关，由其对赔偿请求人统一履行国家赔偿的受理、处理、裁决等职责，至于政府内部如何具体分配与协调赔偿义务也由政府来负责。这样就避免了赔偿义务机关与行政侵权机关一体化所带来的一些弊端。同时，如果县级以上一级人民政府是行政侵权机关，由于在其内部设立了具有独立性的赔偿委员会，也具有相对分离化的特点。

第二，赔偿义务机关适当集中、统一化。政府对外作为赔偿义务机关，将赔偿义务适当集中、统一，有利于赔偿请求人投诉有门，避免了各自为政的混乱状况。

第三，行政侵权机关赔偿责任内部化。行政侵权机关是代表国家从事行政职权活动的机关，其公务活动产生的法律后果应由国家负责。采用我们这种模式，就充分体现了行政侵权机关的地位，其最终的法律责任是由政府内部进行追究，并不直接与民众发生关系。

第四，行政侵权机关职能程序化。行政侵权机关主要从事一些程序性的国家赔偿职能，其从事的赔偿事务并不涉及国家赔偿的决定职能、赔偿金的支付等内容，其主要从事有关行政赔偿的证据收集、举证、具体赔偿义务的履行等程序义务。这样以来，行政侵权机关的职能就真正实现了程序化的改造。

五、行政赔偿程序

（一）行政赔偿程序概述

行政赔偿程序是行政赔偿请求权人依法获得国家赔偿、有关国家机关办理行政赔偿事务所应当遵循的方式、步骤、顺序、时限等的总称。《国家赔偿法》的一个重要特点就是，将实体规范与程序法规范规定于一个法律文件之中。这是程序对于实体所具有的重要意义所决定的。

从《国家赔偿法》的规定来看，有关行政赔偿程序的规定是第 9 条至第 14 条。其中，具有实质意义的主要是第 9 条的规定以及第 13 条的规定。就广义的行政赔偿程序而言，其还包括行政追偿程序，《国家赔偿法》第 14 条对此作了规定。从这些规定并结合行政诉讼法有关规定来看，我国的行政赔偿程序具有以下一些特点[①]：

其一，单独式与一并式并存的双重救济途径。这主要体现在第 9 条的规定中。第 9 条规定："赔偿义务机关对依法确认有本法第 3 条、第 4 条规定的情形之一的，应当给予赔偿。赔偿请求人要求赔偿应当先向赔偿义务机关提出，也可以在申请行政复议和提起行政诉讼时一并提起。"一般认为，单独式程序是指行政机关及其工作人员的侵权行为已经被依法确认，赔偿请求人仅就赔偿问题提出请求。受害人应当先向赔偿义务机关提出，遵循"先行处理程序"的原则。只有在请求人向赔偿义务机关提出赔偿请求，而赔偿义务机关拒绝赔偿或请求人对赔偿数额有异议的，才可以向人民法院提起行政赔偿诉讼；未经先行处理程序直接起诉的，人民法院不予受理。一并式程序是赔偿请求人在申请行政复议或行政诉讼时，一并提起赔偿的请求，行政复议机关和人民法院在确认具体行政行为的合法性的基础上进一步解决赔偿问题。由于受到行政复议和行政诉讼受案范围的限制，一般来说，一并式主要解决的是由于具体行政行为违法造成损害的赔偿问题，其具体程序按照有关行政复议和行政诉讼的规定办理。一般认为，这两种方式并存既做到了便民，也有利于人民行使赔偿请求权。[②]

其二，请求时效长而处理期限短。《国家赔偿法》第 32 条则规定："赔偿请求人请求国家赔偿的时效为 2 年，自国家机关及其工作人员行使职权时的行为被确认为违法之日起计算，但被羁押期间不计算在内。"法律上对赔偿请求人的请求时效作了较为宽松的规定，充分考虑了保障权

---

① 参见高家伟：《国家赔偿法学》，工商出版社 2000 年版，第 211 页。

② 肖峋：《中华人民共和国国家赔偿法的理论与实用指南》，中国民主法制出版社 1994 年版，第 206—207 页。

益的需要。同时,《国家赔偿法》第 13 条规定:"赔偿义务机关应当自收到申请之日起两个月内依照本法第四章的规定给予赔偿;逾期不予赔偿或者赔偿请求人对赔偿数额有异议的,赔偿请求人可以自期间届满之日起 3 个月内向人民法院提起诉讼。"这就要求赔偿义务机关一般要在 2 个月内给予赔偿。

其三,明确了共同赔偿义务机关的连带责任。《国家赔偿法》第 10 条规定:"赔偿请求人可以向共同赔偿义务机关中的任何一个赔偿义务机关要求赔偿,该赔偿义务机关应当先于赔偿。"这样就极大地方便了赔偿请求人,避免了其在不同机关之间的奔波,同时,也避免了赔偿义务机关之间相互推诿。

其四,赔偿义务机关处理方式的灵活性与裁量性。《国家赔偿法》只规定了赔偿义务机关"应当给予赔偿"①、"赔偿请求人要求赔偿应当先向赔偿义务机关提出"②、"给予赔偿"③等,而对于赔偿义务机关以何种方式给予赔偿却没有规定。实际上,《国家赔偿法》赋予了赔偿义务机关在结案方式上的灵活性和裁量权。

(二)行政赔偿程序之反思

从总体上而言,我国《国家赔偿法》规定的行政赔偿程序粗糙、简单、可操作性差。具体而言,主要存在以下一些问题:

第一,单独式与一并式并存的程序模式规定具有歧义性与不严密性。

我国《国家赔偿法》第 9 条第 2 款规定:"赔偿请求人要求赔偿应当先向赔偿义务机关提出,也可以在申请行政复议和提起行政诉讼时一并提起。"对这一条文存在不同的理解。第一种观点认为,在单独提起行政赔偿的程序中,不再涉及行政机关及其工作人员是否违法的问题,而是必须在已经确认该行为违法的基础上进行。而确认违法主要是指:(1)作出违法行为的机关自己确认;(2)向作出违法行为的上级机关申请复议,经复议机关确认;(3)向人民法院提起行政诉讼,经法院判决、裁定或调

① 《国家赔偿法》第 9 条第 1 款的规定。
② 《国家赔偿法》第 9 条第 2 款的规定。
③ 《国家赔偿法》第 13 条的规定。

解确认。[1] 这种观点的核心是,认为单独提起的行政赔偿程序是指行政侵权行为已经被有关机关确认为违法后,受害人因合法权益受到损害而请求予以赔偿的程序。在这种情况下,赔偿请求人必须首先向赔偿义务(行政侵权)机关提出书面请求,由其处理。第二种观点认为,单独式请求包括两部分:一是对已经确认为违法侵权的行为向赔偿义务机关提出赔偿请求;二是对无须确认的明显违法行政行为直接向行政机关提出赔偿请求。[2] 该观点的核心是,认为单独提起赔偿要求,并不完全要以行为被确认违法为要件。第三种观点认为,赔偿请求人"可以"在提起行政诉讼时一并提出赔偿请求,但该赔偿请求仍"应当"先向赔偿义务机关提出,由赔偿义务机关负责处理,而并非"可以"同时提起行政赔偿诉讼。人民法院在赔偿义务机关作出决定之前,不能直接作出行政赔偿的裁决,否则,未经先行处理程序,就直接可以提起行政赔偿诉讼,那么"应当"两字就难以解释了。第四种观点认为,赔偿请求人也"可以"未经先行处理程序,在提起行政诉讼时(或后)一并提起行政赔偿诉讼。人民法院在作出行政判决的同时,可以直接作出行政赔偿判决。有学者将这种行政赔偿诉讼模式称为"连带式"的赔偿诉讼,即对于两种性质不同的诉讼请求(行政诉讼请求和赔偿诉讼请求)可以一并审理,并认为它可以简化程序、节省人力物力和时间,方便当事人,避免行政诉讼判决和赔偿判决之间的矛盾。第五种观点认为,行政赔偿诉讼通常以赔偿义务机关先行处理为前提条件。即便在"一并提起"中,先行处理虽非必经程序,但也是法院常常要求赔偿请求人先行完成的程序。[3] 同一个法条,却存在如此多的解读,这不得不令人怀疑法律条文本身的明确性与准确性。

其实,从语义上来说,《国家赔偿法》第 9 条的规定的确不是很明确,其内容具有歧义,不符合法律语言准确性与严密性要求。其实,准确无误是法律语言的生命;严谨周密是法律语言的科学性。法律词语要名实相符、概念具体明晰。从理论与实务界存在的如此多的解释来看,就已经充分暴露了该条文的不足。在《国家赔偿法》的修改过程中,必须对此条文

---

① 参见肖峋:《中华人民共和国国家赔偿法的理论与实用指南》,中国民主法制出版社 1994 年版,第 213—214 页。

② 参见马怀德:《国家赔偿法的理论与实务》,中国法制出版社 1994 年版,第 162 页。

③ 参见张伟君:《完善行政赔偿程序刍议》,载《行政与法》2002 年第 2 期。

的具体含义予以明确化，要符合法律语言的基本要求。

第二，先行处理方式的结案方式不明确。

正如前文所言，国家赔偿法对赔偿义务机关以何种方式进行处理赔偿请求人的赔偿请求没有明确的规定。但是，实践中已经出现的有关行政赔偿实施办法，却往往采用的是决定式，即由行政赔偿义务机关自己决定是否赔偿以及赔偿的方式与数额等内容。比如，1995年8月国家工商行政管理总局发布的《工商行政管理机关赔偿实施办法》中就只明确规定了决定式的结案手段，其中第19条规定："法制机构可以根据认定的事实，提出处理意见，报局长或提交局长办公会决定。"同时，该《办法》第20条规定了作出赔偿或不予赔偿决定的具体情形。1995年9月司法部发布的《司法行政机关行政赔偿、刑事赔偿办法》中也只是规定了决定式，其中第15条规定："司法行政机关对符合法定赔偿条件，决定予以赔偿的，制作《行政（刑事）赔偿决定书》。对不符合法定赔偿条件，决定不予赔偿的，制作《不予赔偿决定书》。《行政（刑事）赔偿决定书》和《不予赔偿决定书》由机关负责人签署，加盖机关印章，并送达赔偿请求人。"从这两个部门的实施办法的规定来看，《国家赔偿法》条文本身的不确定性规定，都被其转化为极为具体的"决定"方式。这些实施办法的规定方式，本身的确都不违反《国家赔偿法》的规定，但也不能说它们完全符合《国家赔偿法》的精神。如果《国家赔偿法》、《行政诉讼法》就主张赔偿义务机关以决定式为唯一的结案方式，其完全可以在法律中予以明确规定，而无须采用"处理"[①]、"赔偿"等模糊的概念进行处理。这样的现状也促使我们不得不思考《国家赔偿法》对赔偿义务机关结案方式作不明确规定的真正含义与实际效果。

第三，先行处理决定程序的设置不符合正当程序的基本要求。

在现代社会中，程序的设置遵循四个基本原则，即正当过程、中立性、条件优势、合理化。[②] 其中，程序的正当过程的最低标准是公民的权利义务将因为决定而受到影响时，在决定之前他必须有行使陈述权和知情权的公正的机会；中立性是程序的基础，要有一系列制度保证程序参加人能

---

① "处理"是《行政诉讼法》第67条的用语。

② 参见季卫东：《法治秩序的建构》，中国政法大学出版社1999年版，第23页。以下有关正当程序的论述，主要来源于该著作的思想。

够获得同等对待;条件优势是程序的基本活动方式,它意味着决定按照“如果甲,那么乙”的思维形态进行判断;合理化是程序效率的保证,它要求程序的安排能使阻碍和浪费最小化、效果和支持最大化。同时,合理化也意味着要对决定的动机和根据给予一个最适当的说明。在程序的结构上,正当的程序必须具备中立的裁判者、对立面的设置、信息与证据的提供与论证、对话与辩论、结果的既定力与确定性等要素。按照这些有关正当程序的观念来反思和检讨我们行政赔偿先行处理程序,就可以发现以下一些突出问题:

其一,先行处理程序违背了程序中立性的原则,自己作了自己案件的法官。在行政赔偿先行决定程序中,赔偿义务机关既是侵权机关,又是赔偿决定机关,没有基本的公正性。其二,赔偿义务机关在作出是否赔偿决定时不具有正当过程。赔偿义务机关在作出是否赔偿的决定时,没有提供一个公开透明的参与机会,没有给赔偿请求人一个陈述、知情的机会,也没有两造对抗、证据提供、辩论的过程。其三,行政先行决定程序的合理化程度较低。就现有规定来看,《国家赔偿法》中关于先行处理程序缺乏一些明确程序要素规定,其主要表现为,没有明确先行处理程序中的期限问题、先行处理的方式与具体规则问题、先行处理结果的法律效力及执行问题等。行政先行处理程序中的期限主要包括确认的期限、立案前的审查期限和处理期限等;赔偿义务机关在先行处理程序中的一些程序义务也缺乏规定;在先行处理程序与当事人提起复议与诉讼期限之间也缺乏明确的协调关系,这也给当事人的救济设置了障碍。[①] 其四,《国家赔偿法》对先行处理程序的结果没有基本的规定。不管法律上认可的是决定式还是协议式,都应当对其结果的内容有一个具体的规定,而不应当没有任何规定。这明显也是一个法律漏洞。

第四,行政追偿程序的定位不明确、追偿内容没有得到落实。

《国家赔偿法》第 14 条确立了行政追偿制度,但该制度在实践中的主要问题是没有得到很好的落实。没有得到落实的原因很多,但从法律本身而言,该条文规定的内容过于概括抽象与绝对以及对行政追偿的性质定位不明,可能也是其中的一些原因。我们认为,有关追偿的规定主要

① 因为受害人提起赔偿请求,而赔偿义务机关却迟迟不予赔偿,受害人要冒着超越复议或诉讼时效的风险。这主要是没有明确规定时效中止的缘故。

存在以下一些问题：

其一，行政追偿程序的具体地位与性质不是很明确。行政追偿程序到底是国家内部责任划分的程序，还是也与赔偿请求人获得赔偿挂钩的程序，《国家赔偿法》并未明确。虽然在《国家赔偿法》中明确规定行政追偿程序，有其进步意义。[①] 但法律上应当明确行政追偿程序的性质，以防止内部程序外部化，即防止将国家对外承担的赔偿责任与对公务员的追偿进行混同，并转嫁于外部的受害人。我国《国家赔偿法》在行政追偿的性质问题上没有任何规定，应当说，也是一个不足。另外，虽然《国家赔偿法》规定，赔偿义务机关赔偿损失后应当责令有重大过失的工作人员或者受委托组织或者个人承担部分或全部赔偿费用，但《国家赔偿法》本身并没有规定不予追偿的法律后果是什么。这也就导致了赔偿义务机关赔偿损失后，出于维护自己工作人员的需要，不进行任何追偿，从而使《国家赔偿法》的规定落空。其实，行政追偿程序仅是国家在其内部进行责任追究的程序，与外部受害人不应当有任何关联。任何一个赔偿案件在对赔偿请求人作出赔偿之后，有关机关都应当就有关公务员是否存在追偿的情形按照正当的程序作出决定，没有对追偿问题作出的决定，该赔偿案件就不应当结案。

其二，由赔偿义务机关进行追偿不符合基本的公正性要求。现有制度中的赔偿义务机关也是行政侵权机关，由其对隶属于自己的工作人员进行追偿，这在实践中几乎不具有可行性。毕竟，赔偿义务机关与其公务员属于同僚关系，往往难以苛责同仁，故实际效果有限。[②] 同时，公务员在行使职权时存在故意或重大过失的行为，也违反了公务员纪律，也是一种违纪行为，应当具有适用公务员法的制度空间。并且，我国《国家赔偿法》也明确规定了“有关机关应当依法给予行政处分”。《国家赔偿法》中对于追偿主体与公务员处分主体作不同的制度安排，也加剧了追偿的不良实际效果。

---

① 有学者认为，行政追偿是国家内部进行责任划分的制度，而《国家赔偿法》是国家对外承担责任的法律，因而，在《国家赔偿法》中不应当规定行政追偿制度，有关行政追偿应当规定在公务员法制中。我们认为，这种观点有一定道理，其指出了二者性质的不同。但我们认为，在《国家赔偿法》中规定追偿制度，是出于制度完整性的考虑，也能弥补在公务员法中规定的一些不足，毕竟在赔偿法中规定比在公务员法中规定更有针对性。

② 参见董保城：《国家责任法》，神州图书出版有限公司 2002 年版，第 217 页。

其三，没有对行政追偿作例外性与限制规定，过于绝对化。这种情况在我国《公务员法》已经出台的法制背景之下，问题更为突出。公务员在行使行政职权过程中要遵循的纪律与公务员应当承担的法律责任之间应当具有一定的关联性。尤其是公务员遵循上级命令而作出的行为造成的损害，国家应否向公务员追偿以及追偿的具体规则，《国家赔偿法》没有规定。另外，从保护公务员生存权的角度考虑，对公务员的追偿数额是否还应当有一个限额；对于集体作出的决定，如何进行追偿也没有一个明确的规定，是要对集体中的所有成员进行追偿，还是仅追偿投赞成票人员的责任等。总之，我国《国家赔偿法》中追偿的规定，过于绝对化。从表面上看，这是一个对公务员责任的严格态度，但由于其不具有合理性，也导致了在实践中无法真正地落实。

其四，行政追偿缺乏正当的程序保障。有关机关对公务员进行追偿，也应当遵循基本的正当法律程序，也应当保障公务员基本的权益，给其维护自己权益一个公正的机制。然而，我国《国家赔偿法》对此问题没有任何规定，这明显也是一个缺陷。

（三）行政赔偿协议程序的确立与精细化

关于行政赔偿的程序，各国与地区基本上都规定了行政程序与诉讼程序两套程序制度，而且绝大多数国家均采用了行政先行处理的原则。先行处理原则的主要含义是，赔偿请求人向法院提起赔偿诉讼之前，一般须经过赔偿义务机关先行处理，或与赔偿义务机关先行协商，若不能达成协议或请求人对行政处理决定不满意的，或者赔偿义务机关逾期不处理，还可以向法院起诉。[①] 理论上而言，行政先行的必要性可以概括如下：

各国把处理侵权赔偿的重心置于行政机关，主要是行政机关能够简易、迅速、廉价的方式解决赔偿纠纷，就不必用费时费钱的复杂程序解决。这样有利于赔偿请求权人迅速受偿，避免讼累。[②] 法院的司法方式应当是最后的手段；行政先行原则体现了对行政机关的尊重，充分利用了行政的优势，有利于行政系统自己处理赔偿事宜；即使行政系统不能满足赔偿

① 参见马怀德：《国家赔偿法的理论与实务》，中国法制出版社 1994 年版，第 160 页。

② 参见肖峋：《中华人民共和国国家赔偿法的理论与实用指南》，中国民主法制出版社 1994 年版，第 214 页。

请求权人的要求,经过行政程序后,也有利于其后赔偿诉讼的进行;行政先行,可以大大疏减诉源,减轻法院处理赔偿案件的负担,起到过滤器的作用。从行政机关处理赔偿事务的方式看,行政机关先行处理分“决定式”和“协议式”两种。它们在处理方式和结果上有一定差异。

“决定式”的最突出特点是:行政赔偿义务机关对受害人的请求采用“决定”形式处理,一般不与请求权人进行协商或讨论,受害人只能被动接受或拒绝此决定。例如,我国《行政诉讼法》第 67 条第 2 款规定:“公民、法人或者其他组织单独就损害赔偿提出请求,应当先由行政机关解决。对行政机关的处理不服,可以向人民法院提起诉讼。”这里虽未明确提出“决定”为解决方式,但其内容实际排除了正式协商形式,而只用了“处理”一词。规定虽然含糊,但实践中多采用半协商半裁决形式。奥地利《国家赔偿法》第 8 条也规定:“被害人应先向有赔偿责任之官署以书面请求赔偿。书面送达官署 3 个月后,未经官署确认,或在此期间内对赔偿义务全部或一部分拒绝者,被害人得以官署为被告提起民事诉讼。”韩国《国家赔偿法》第 9 条规定,“依本法之损害赔偿诉讼,须经赔偿审议会为赔偿金之支付或驳回之决定后,始得提起。但自赔偿金支付申请之日起,经过 3 个月而未决定的,不在此限。”①

“协议式”则以赔偿义务机关与受害人双方协商为基础,以协议为最终处理结果。许多国家和地区之所以采用“协议”方式,主要是考虑到赔偿争议复杂多端,要求当事人间能够共同协商,对损害赔偿额请求达成折衷妥协方案。例如,美国《联邦侵权赔偿法》第 2675 条第 1 项规定:“除非请求权人先向有关联邦行政机关提出赔偿请求,而且被请求之行政机关……作出终局之拒绝,不得对美国政府……提起请求金钱赔偿的民事诉讼”;该法 2672 条规定:“对于受害人的请求,每一联邦行政机关的首长或其指定人必须依法予以考虑。评估、调解、决定或妥协、和解,受害人如果接受了这种决定或妥协、和解,则发生终局之效力,不得再行请求或起诉。”我国台湾地区也采用协议式方式,在实践运作中②,赔偿义务机关往往根据国家赔偿委员会的决议与受害人进行协议,协议成立的,赔偿纠纷得以解决;赔偿义务机关拒绝赔偿或自提出请求之日超过 30 日不开始协

① 皮纯协等主编:《国家赔偿法释论》,中国法制出版社 1994 年版,第 341 页。

② 以台北市政府为例。

议,或自协议之日起超过60日协议不成立的,赔偿请求人可以提起损害赔偿诉讼。

由于我们主张县级以上人民政府为赔偿义务机关,并且赔偿义务机关设立专门处理国家赔偿事务的国家赔偿委员会,所以,我们在坚持行政先行的基础上,认为行政先行的处理方式应当为决定式与协议式相结合,即由赔偿委员会作出是否有国家赔偿责任的决定,行政侵权机关在国家赔偿委员会决议的原则与范围内与赔偿请求人进行具体赔偿数额、方式等内容的协商,经协商一致的,报国家赔偿委员会确认。如此安排的制度特点,可以概括如下:其一,解决了行政侵权机关自己决定自己赔偿责任的问题。由人民政府内部设立的具有一定中立性的国家赔偿委员会进行决定是否承担赔偿责任,具有一定的中立性。同时,这也体现了国家赔偿的性质,而不是机关赔偿。其二,人民政府的国家赔偿委员会作出有责决定后,应当责令行政侵权机关在指定期限内与赔偿请求人进行协商。经过指定期限,双方协商不成的,赔偿请求权人可以依法向人民法院提起行政损害赔偿诉讼。但此时,由于协商程序是一个必经程序,协商未成时,人民政府的国家赔偿委员会也不作出具体的赔偿决定,所以,赔偿请求人应当以行政侵权机关为被告提起诉讼。这就很好地解决了人民政府内部的国家赔偿委员会是否具有被告资格的问题,实现了与现行行政诉讼制度的衔接。其实,人民政府的国家赔偿委员会主要是法律为了制衡与监督行政侵权机关而设立的专门机构,在地位上应当被定位为代表人民政府处理赔偿事务的内部机构。其三,如果人民政府的国家赔偿委员会作出无责决定的,应当送达赔偿请求权人,并告知其以行政侵权机关为被告提起行政诉讼。同时,国家赔偿委员会还应当将无责决定送达行政侵权机关,并通知其做好应诉准备,必要时,行政侵权机关可请人民政府的法制部门协助。其四,国家赔偿委员会可以通过书面审议的方式进行,如果赔偿请求人申请以开庭的方式或双方争议较大的,也可以开庭审议,按准司法程序进行。

行政赔偿协议程序可以作如下具体构建:

1. 赔偿请求的提起方式

赔偿请求权人向赔偿义务机关提出提出国家赔偿请求的,须以书面形式进行,递交国家赔偿书面申请书。如果赔偿请求人书面申请有困难的,也可以口头申请,受理机关必须记入笔录。申请书的内容基本按照现行国家赔偿法规定的要求进行。

2. 受理赔偿请求的机构

受理、处理国家赔偿请求的机关是县级以上人民政府,其是对外的赔偿义务机关。但为了方便老百姓提起请求,在具体设置受理赔偿请求的机构上,赔偿请求人可以通过以下途径提起:第一,直接向县级以上的人民政府提起。其为赔偿管辖机关,当然可以直接接受请求。第二,赔偿请求人也可以通过行政侵权机关提起,行政侵权机关收到请求后,则应在3日内将赔偿请求书移送赔偿管辖机关。如果赔偿请求人同时向第一、第二种机关提出的,则以最先收到请求之日为赔偿管辖机关的收到之日。如此设置的主要原因是接受国家赔偿请求,是一种代表国家受理请求人请求的程序性行为,并不与其自身的对外赔偿责任挂钩。同时,这也极大地方便了普通老百姓进行救济,尤其符合我国的国情。

3. 赔偿请求的处理机关及其管辖权划分

国家赔偿的管辖与处理机关为县级以上人民政府。具体的管辖权划分,实行地域化原则,同时,兼顾行政侵权机关的级别。具体可以作以下规定:

第一,行政侵权机关为地方各级人民政府的,由其上一级人民政府管辖;

第二,行政侵权机关为各级人民政府所属的工作部门的,由其所属的人民政府管辖;

第三,行政侵权机关为国务院以及国务院各部门的,由国务院管辖;

第四,行政侵权机关为垂直管理的部门的,由其所在地的县级以上人民政府管辖,比照该机关的级别具体确定;

第五,共同行政侵权机关的,由对其中任意一个机关具有管辖权的县级以上人民政府管辖;

第六,行政侵权机关为法律、法规授权组织的,为对其具有直接管理、监督职权的部门所属的人民政府管辖;如果对其具有直接管理、监督职权的机关为一级人民政府的,则该级人民政府为赔偿管辖机关;

第七,对赔偿管辖机关有争议或不明的,由行政侵权机关的共同上一级人民政府确定。

4. 赔偿管辖机关决定或与请求权人协议的时限

由于单独提起赔偿请求的,实行协议强制前置的原则,因此,在赔偿管辖机关的处理期限以及协议期限等必须有一个明确的法律期间限制。同时,为了给当事人诉讼权利造成过分的不当限制,我们认为,赔偿管辖机关的处理期限可以考虑为60日。同时,法律上不应当再对此作出例外规定,60日为不变期间。经过60日,赔偿管辖机关无法作出决议、或与赔偿请求人无法达成协议的,赔偿请求人可以依法提其赔偿诉讼。由于协议期限是赔偿管辖机关责令侵权机关与赔偿请求人进行协议的期限,故其必然在60日以内,由赔偿管辖机关根据具体情况决定。

5. 在特殊情况下,赔偿管辖机关可以决定先行赔偿

如果赔偿管辖机关经审议认为,国家应当承担责任,并且不先予执行将严重影响赔偿请求人的生活或生产经营的,经过赔偿请求权人请求,在已经达成协议的部分内,作出先予赔偿的决议。这里有四个条件:(1) 赔偿管辖机关审议认定国家有赔偿责任;(2) 不先于执行将严重影响申请人的生活或者生产经营;(3) 经过赔偿请求人申请;(4) 在已经达成的协议范围内进行。建立先予赔偿制度,有利于保护赔偿请求人的合法权益,满足特殊情况的需要。

6. 赔偿管辖机关确认赔偿决议并直接交有关机关履行

行政侵权机关根据赔偿管辖机关的有责决议,与赔偿请求权人达成赔偿协议的,经过赔偿管辖机关确认后,由赔偿管辖机关直接交付有关机关履行,并书面告知赔偿请求人。有关机关则必须在20日内履行完毕。也就是说,赔偿协议由赔偿管辖机关直接移送,无须赔偿请求人亲自再向有关机关请求履行。这样安排的主要原因是,赔偿请求人提起赔偿请求就已经包含了实际履行的内容,不应当由其再行请求。

7. 超过法定期限有关机关不履行的,赔偿请求权人可以申请法院强制执行,也可以要求有关机关追究有关责任人员的法律责任

如果超过履行期限,有关机关拒不履行经过确认的赔偿协议或生效的赔偿法律文书的,赔偿请求人可以依法向人民法院申请强制执行,也可以向有关机关反映,要求追究责任人员的法律责任。由于国家赔偿费用是由国库专项支出的,赔偿经费的管理机关不依法按赔偿文书支出的,赔偿请求人可以依法向人民法院提出强制执行申请,由人民法院从赔偿经费中直接划拨。赔偿请求人也可以通过其他途径要求追究有关责任人员的法律责任,比如通过公务员管理机关要求给予其公务员处分等。

（四）行政追偿制度

1. 行政追偿主体

行政追偿的主体主要是追偿人与被追偿人。从我国现行法律制度来看，行政追偿主体并非完全一致。《行政诉讼法》第68条第2款规定："行政机关赔偿损失后，应当责令有故意或者重大过失的行政机关工作人员承担部分或者全部赔偿费用。"这里只明确了被追偿人是有故意或者重大过失的行政机关工作人员，对实施追偿的主体没有明确。但从法律用语的连贯性而言，这里的追偿主体可以解释为各实施侵权行为的行政机关。

而《行政诉讼法》第69条规定："赔偿费用，从各级财政列支。各级人民政府可以责令有责任的行政机关支付部分或者全部赔偿费用。具体办法由国务院规定。"这与第68条规定又不相同。① 其规定的实施追偿的主体是人民政府，被追偿的主体是有责任的行政机关。

《国家赔偿法》第14条第1款规定："赔偿义务机关赔偿损失后，应当责令有故意或者重大过失的工作人员或者受委托的组织或者个人承担部分或者全部赔偿费用。"这里实施追偿的主体是赔偿义务机关，即各行政侵权机关；被追偿人是有故意或者重大过失的工作人员、受委托的组织或者个人，与《行政诉讼法》第68条相比增加了"被委托的组织或者个人"。

从这些规定来看，我国现行法制对行政追偿主体的规定，并非完全一致。其实，从理论上讲，关于行政追偿主体，我们制度上确实面临多项选择，具体可以分述如下：

第一，关于行政追偿的实施主体。

国家赔偿责任是国家对外对代表自己的工作人员在实施职权行为过程中出现侵权行为而承担的一种法律责任，是一种自己责任。因此，国家必须对有过错的人员实施追偿。与需要明确对外承担责任的主体一样，对内进行追偿的主体，法律上也应当明确一个机关，具体实施追偿职能。

---

① 也许有人认为，这里并不是"追偿"，而是赔偿费用的具体支付方式，即责任机关先行支付，然后向财政申请核拨。但这个制度的设计隐含具体追偿的性质，让有责行政机关承担责任，具有典型的内部责任外部化的特点。

理论上至少可以有以下一些选择方案：

第一种方案：行政侵权机关进行追偿。这种方案将行政追偿的职能赋予各行政侵权机关，让其对所属的公务员进行追偿。这也是我国大陆及台湾地区的现行做法。这种方案最大的好处是，满足了行政多样性的需要，可以满足对各种行政侵权责任进行追偿的需要。但该制度的最大问题是缺乏中立性与公正性，具有"自我求偿"的性质；同时，也有分散性的特点，不利于追偿标准的统一。所以，实施效果极为不好。[1]

第二种方案：人事主管部门在进行行政处分时一并进行追偿。该种方案将对公务员追偿的职能与对公务员进行处分的职能，都赋予人事主管部门。这种方案的最大好处是，做到了对同一主体的同一行为，由同一主体进行处理，避免了不同处理主体之间出现的相互不一致的现象。同时，由人事主管部门进行追偿，也具有一定的中立性和公正性。公务员在行政追偿过程中，也可以享有公务员处分中的一些权利，具有正当程序保障；公务员对追偿不服的，也可以按照现有的公务员处分救济途径一并进行。该种方案也符合行政追偿的本质，即对公务员惩戒的性质。

但是，该种方案最大的实践障碍是，无法解决非公务员身份的工作人员的追偿问题。毕竟，对于非公务员身份的人员，人事主管部门没有管理权力，也没有公务员处分的权力。比如，一个普通公民在接受委托过程中产生损害，国家赔偿损失后，如果人事部门进行追偿，就具有困难。

第三种方案：一级人民政府即赔偿义务机关进行追偿。该种方案将国家对外进行赔偿与对内进行追偿的职能都集中于一级人民政府，实现追偿的一体化。赔偿管辖机关对外赔偿完毕后，再调查与明确有关工作人员是否具有责任。如果经过调查，有关人员负有责任，则赔偿管辖机关对该公务员进行追偿，并移送有关机关对其依法给予行政处分。这种方案的好处，是实现了追偿标准的一致性和统一性，也具有一定的公正性与中立性；同时，也与现行的公务员管理体制等制度相协调，其他相关制度无须做太大的调整。但其最大的问题是，其需要多个机关配合，内部程序

---

① 我国《国家赔偿法》实施十多年的追偿情况，就已经证明了这个问题。即使在我国台湾地区，自建立"国家"赔偿制度20年内，国家追偿数额占国家赔偿总额的比例也极低，全台湾地区求偿率只有13%，所谓"中央部门"也只有0.46%。转引自董保城：《国家责任法》，神州图书出版有限公司2002年版，第217页。

较为复杂。由于我们主张,县级以上的人民政府为对外的赔偿义务机关①,因此,我们也认为,由其对内进行追偿,是合理、可行的。

第四种方案:国家赔偿经费的管理部门进行追偿。该种方案将赔偿费用的管理部门与追偿费用的部门合一化,体现了收支职能一体化的思想。但该种方案最大的缺陷是容易导致赔偿费用的管理部门将赔偿费用的支出与赔偿费用的追偿进行挂钩,增加赔偿请求权人获得赔偿的难度。同时,如果采用该种方案,也与赔偿管理部门的职能不完全一致。毕竟,行政追偿具有一定的裁决性质,而赔偿费用的管理仅仅是一种执行职能。如果将二者都赋予费用管理部门就有混淆执行与裁决职能的嫌疑。因此,我们也不赞成该种方案。

第二,关于被追偿人。

在被追偿人的范围问题上,域外制度规定的均是有故意或重大过失的公务员。而我国在这个问题上却存在一些不同做法,突出表现在不仅追偿行政机关的工作人员,还追偿行政侵权机关以及受委托组织或个人。以下,对这些主体应否成为被追偿对象作一分析:

关于行政机关。行政机关是国家设立专门从事行政公务的活动,其经费来源全部为国家财政拨款,并无独立的财政来源。即使一些机关在从事公务的过程中依法具有一定的收费权、处罚权等,这些也不是该行政机关的收入,要依法全部缴入国库的。如果国家要对行政机关进行追偿,这些机关难免会利用手中的权力作为牟利、挣钱的手段来满足国家的追偿要求。同时,如果将行政机关作为追偿对象,也势必会因部分公务员的违法行为,而影响整个机关公共职能的实现。毕竟,国家对行政机关的财政支持,是为了满足履行公共管理和服务职能。如果让行政机关利用办公经费等费用来支付国家赔偿费用,必然会影响其职能,与公共利益相悖。总之,无论在何种情况下,国家设立的行政机关都不应成为国家赔偿追偿的对象。

关于行政机关的工作人员,即公务员。这些人员是具体从事行政公务的人员,所有行政活动,都是由这些人员作出的,因而这些主体应当是国家追偿的对象。对这些人员进行追偿,也是建立国家追偿制度的真正初衷。如果不对有故意或重大过失的工作人员进行追偿,势必会纵容这

① 政府内部设立具有一定独立性的国家赔偿审议委员会专门履行赔偿职责。

些人员利用职权胡作非为、故意侵犯人民的合法权益以满足私欲，从而也不利于促进其依法行政。这里要注意的是，行政机关的工作人员，并不仅仅指具体实施行为的工作人员，还应当包括作出领导决定的公务员。只要是对最后的侵权行为具有实质性影响的工作人员，都应当是国家追偿的对象。其实，对公务员进行追偿往往涉及多个公务员，要区别其各自在损害中所起的具体作用而确定各自的具体责任，不可一概而论。

关于法律、法规授权的组织。在现实的行政活动中，存在大量非行政机关身份的组织行使行政职能的现象。对于这些主体在实施授予职权的过程中造成损害的，国家也应当承担责任。这在理论与实践上都没有疑问。但国家承担责任后，国家是否要对这些组织进行追偿呢？《国家赔偿法》对这个问题没有明确规定。从表面上看，这些组织一般都不是由国家财政全额拨款的单位，具有一定的自收自支能力。因而，其与行政机关不同，仿佛具有被追偿的基本条件。但我们认为，目前不宜将这些组织作为追偿对象，仍然应当追偿其负有责任的工作人员。其主要原因是，行政追偿本身并不是国家要将对外承担的赔偿费用完全追回，其主要目的是对负有责任的工作人员进行惩罚。对这些组织的工作人员进行追偿，就已经能够起到了这种作用，没有必要实施"双罚"。

关于受委托的组织或个人。《国家赔偿法》明确肯定了受委托组织和个人的追偿对象，这完全符合行政追偿的本质。毕竟，这些人员本身就是具体、直接实施行政活动的主体。而且，受委托组织一般都不是由国家完全提供财政支持的单位，其有独立的经费。

就行政追偿的条件来看，我国现行国家赔偿制度规定了行政追偿的两个基本条件：一是行政机关已向受害人实际支付损害赔偿金，二是须公务员有故意或者重大过失。这些规定与奥地利、日本、德国、韩国的国家赔偿制度之规定基本相似。[①] 规定合理、科学的追偿条件，既可以防止行政机关工作人员的失职、懈怠的消极怠工现象，也有利于惩治公务员滥用职权、弄权枉法、有恃无恐、无所约束的现象，同时，也有利于保障公务员的合法权益，维护行政系统的纪律。但我国行政追偿制度中尚存在一些值得探讨的课题：

首先，公务员遵从上级命令而为的行为造成的损害，国家是否应当对

① 参见马怀德：《国家赔偿法的理论与实务》，中国法制出版社1994年版，第130页。

其进行追偿。解决这个问题必须要与公务员法中规定的公务员纪律相一致。《公务员法》第54条规定:“公务员执行公务时,认为上级的决定或者命令有错误的,可以向上级提出改正或者撤销该决定或者命令的意见;上级不改变该决定或者命令,或者要求立即执行的,公务员应当执行该决定或者命令,执行的后果由上级负责,公务员不承担责任;但是,公务员执行明显违法的决定或者命令的,应当依法承担相应的责任。”从这一条规定来看,国家是否对执行上级命令、决定而进行追偿,主要区别两个情况:一种情况是上级的决定、命令为“明显违法”的。如果是明显违法,则该公务员应当是追偿对象,但追偿的数额要依法进行,与其具体行为过错、客观作用等相一致。第二种情况是上级的决定、命令并不是“明显违法”的。此时,国家对公务员进行追偿时,就要考虑该公务员是否曾经向上级提出改正或者撤销该决定或者命令的意见。如果公务员提出了意见,上级不改变该决定或者命令,或者要求立即执行的,国家就不应当对该公务员进行追偿,国家应当向该公务员的上级公务员进行追偿;如果公务员没有提出意见,而予以执行的,则该公务员要与其上级共同承担责任,但主要的追偿对象应当是该公务员的上级。

其次,国家追偿的数额是否应当有一个最低限制。《国家赔偿法》本身没有对此作出规定,但一些部门和地区的国家赔偿实施办法中对此作了规定。比如,《工商行政管理机关赔偿实施办法》第29条就规定,追偿的金额为其月工资的1—10倍。从保护公务员基本人权的角度考虑,设立追偿金额限制制度,是完全必要的。我们主张在修改《国家赔偿法》时,应当对行政追偿的数额作出规定,尤其要明确国家进行追偿的考虑因素。

再次,对集体决定作出的行为造成损害的,国家应当对哪些人员进行追偿。《国家赔偿法》对此也没有规定。《安徽省行政执法过错责任追究暂行办法》中有类似制度,其中第13条规定:“行政执法机关集体讨论决定作出的行政执法行为违法或明显不当的,作出决定的负责人承担主要责任,其他责任人员承担次要责任。”这里只是明确了主要责任与次要责任的承担者,但对于什么是负责人与其他责任人员的范围却不是很明确。由于行政机关往往实行行政首长负责制,所以,我们认为,一般情况下主要负责人应当是该机关、该部门的首长,但对于一些决定往往也要考虑具体的情况。总体而言,对于集体作出的决定,要考虑各公务员在该决定作出中所起的客观作用。如果公务员对最后决定的作出产生了实质影响，则该公务员就应当是追偿对象。主要标准有赞成与否、情报提供的情况以及行政系统内部的业务与职责分工等因素。

2. 行政追偿程序

第一，行政追偿的时效问题。《国家赔偿法》中没有行政追偿的时效规定，这无疑是一个立法缺陷。建立追偿时效制度，既是维持法律安定性的需要，更是督促有关机关积极履行追偿职责，提高工作效率的需要。有些国家和地区就建立了追偿时效制度，比如，奥地利《国家赔偿法》规定："本法第3条的偿还请求权自官署向受害人表示承认或自损害赔偿义务机关的判决确定时6个月消灭时效。"我国台湾地区国家赔偿制度也明确规定了，国家求偿权自支付赔偿金或回复原状之日起，因2年不行使而消灭。另有一些国家直接援引民法中的有关时效规定，来解决国家追偿时效问题。我们主张，《国家赔偿法》中必须明确规定追偿时效制度，具体以2年为妥。2年的时效制度，既与一般的民事侵权时效制度相一致，也符合社会发展的现实与对公务员惩处的需要。

第二，行政追偿中公务员应具有的程序权利。行政追偿对于公务员来说，是一个不利行为，也是一种法律责任承担方式。因此，基于权利保护的角度考虑，有关机关对公务员进行追偿时，也必须遵循正当的法律程序，公务员应具有基本的程序权利。主要应包括：申辩和陈述权、要求查清案件事实的权利、获得告知的权利、要求说明理由的权利以及要求回避的权利等。

第三，行政追偿的决定方式。我国《国家赔偿法》对有关机关到底可以采取哪种方式作出追偿决定没有明确规定。理论上有两种思考：一种主张使用单方决定的方式，一种是协商的方式。我国台湾地区国家赔偿法制中，赔偿义务机关应首先与被求偿人进行协商，协商不成的，赔偿义务机关依诉讼程序行使求偿权。从我国现有的一些国家赔偿实施办法来看，行政机关进行追偿一般都是采用单方决定的方式进行。我们认为，行政追偿时也应当允许以协商的方式进行。毕竟，协商是一种让双方都比较容易接受的方式，可以避免矛盾的激烈化。当然，可以进行协商并不意味着追偿主体就可以违法、任意进行，而应当符合法律原则与精神的方式进行。追偿机关在双方无法协商一致的情况下，也可以单方面进行决定。即，我们主张，追偿机关首先应当与被追偿人进行协商，协商不成的，再依法作出追偿决定。

第四，行政追偿的救济。《国家赔偿法》没有明确规定，被追偿人是否可以对行政追偿决定进行救济。这无疑与法治国家的“有权利就有救济”的理念相违背。在修改《国家赔偿法》时，我们应当建立行政追偿的救济制度，允许被追偿人向有关机关提起申诉，以保障被追偿人的合法权益。

第五章　司法赔偿制度

司法权侵犯个人权利的现象在世界范围内普遍存在。为充分保障受害人权利，许多国家和地区纷纷确立司法赔偿制度，通过事后的赔偿，对受害人所受损害进行填补。司法赔偿制度是国家司法机关及其工作人员行使职权侵犯公民、法人或者其他组织合法权益并造成损害后，由国家承担赔偿责任的制度。

一、司法赔偿制度概论

司法机关及其工作人员在行使职权过程中若侵犯公民的合法权益并造成损害，应当承担侵权责任。损害赔偿是司法侵权责任承担方式中最重要的一种。本部分将重点探讨司法赔偿责任具有何种性质，特别是区别于行政赔偿责任的个性特征。通过分析，将回答司法赔偿制度何以区别于行政赔偿制度而成为一项独立的法律制度。

（一）司法侵权行为

“侵权行为无论其为一般的，抑为特殊的，一经成立，即发生损害赔偿之效力，即被害人方面取得损害赔偿请求权，而加害人方面负有损害赔偿义务，综合双方则为一种损害赔偿之债之关系。”[①]司法机关及其工作人

① 郑玉波：《民法债编总论》，三民书局2002年版，第231页。

员违法行使职权,造成公民、法人或者其他组织合法权益的损害,受害人与国家之间即成立了债权债务关系。从性质上而言,司法机关及其工作人员实施的侵犯公民合法权益的行为,是损害赔偿之债发生的原因。司法侵权行为的发生,使得在国家和受害人之间产生了后者请求前者为金钱给付的法律关系。

1. 司法侵权行为的含义

司法侵权行为贯穿着每个国家的历史,至今仍广泛存在于各国和各地区。纵使在刑事司法制度相对发达的西方国家,司法机关对公民错误羁押、错误定罪的事例也时有发生。司法侵权行为,是指国家司法机关及其工作人员在行使职权过程中,违法侵犯公民、法人或者其他组织的合法权益并造成损害,依法应当承担损害赔偿等法律后果的行为。司法侵权行为不同于一般的民事侵权行为,也与行政侵权行为有异,具有以下方面的特征:

其一,司法侵权行为是一种违法行为。违法性是侵权行为的基本性质,从这一性质出发考察,首先,司法侵权行为不是合法行为,而是一种违反法律规定的行为,侵权行为这一概念本身,就体现法律的谴责;其次,司法侵权行为违反的法律是国家关于保护公民、法人或者其他组织民事权利的保护性规范和禁止司法机关侵害公民、法人或者其他组织民事权利的禁止性法律规范;再次,司法侵权行为违反了法定的义务。此处的"违法性"应当理解为既包括行为的违法,也包括结果的违法。所谓"结果违法",即指只要行为导致侵害结果,侵害行为自然构成违法。

其二,司法侵权行为的实施主体是国家司法机关及其工作人员。司法侵权行为的主体具有特定性,只有国家司法机关及其工作人员实施的侵权行为方构成司法侵权行为,否则即可能构成民事侵权行为或者行政侵权行为。我国的司法机关及其工作人员应当包括:公安机关、国家安全机关、军队保卫部门及其工作人员,检察机关及其工作人员,审判机关及其工作人员,等等。

其三,司法侵权行为发生于司法机关及其工作人员行使职权过程之中。我们不可将司法侵权行为狭义地理解为司法机关及其工作人员的职权行为,而应当既包括职权行为,也包括与行使职权有关的行为,如行使职权过程中的事实行为以及怠于履行职责的行为等。如果侵权行为不是发生于司法机关及其工作人员行使职权过程中,则不属于司法侵权行为,而是构成民事侵权行为。

其四,司法侵权行为侵犯公民、法人或者其他组织的合法权益并造成了损害。首先,司法侵权行为侵害的对象是公民、法人或者其他组织的合法权益,主要包括人身权和财产权,随着社会的发展,受到侵权行为法保护的对象逐渐扩展至包括一些合法的人身利益和财产利益。"必须通过对侵权行为做扩张解释:侵害的'权'不仅包括民事权利,而且还包括受到法律保护的利益。"①其次,司法侵权行为侵害公民、法人或者其他组织的权益并造成了损害。"在一定条件下,一方当事人如果没有对对方的权利和利益予以必要的尊重,无论是故意的还是过失的,他将要承担责任。"②仅有行为而没有损害,并不构成侵权。此处的损害既包括财产损害,还包括非财产损害。

其五,司法侵权行为是否成立并不取决于侵权行为实施主体是否有主观过错。一般情况下,民事侵权行为是行为人基于过错而实施的行为。民事侵权法上认为"侵权行为,指因故意或过失侵害他人的权利或利益,应负损害赔偿的违法行为"③。"侵权行为"一词自产生之初就已包含"过错"的含义。侵权行为主要是行为人基于过错而实施的行为,过错本身包含了法律对行为人所实施的行为的否定评价,体现了社会公共规范对行为或事件的价值评判。然而,司法侵权行为不同于民事侵权行为,司法侵权行为是否成立主要从行为的后果,即是否给公民的合法权益造成损害来加以评判,司法机关及其工作人员主观上是否存在故意或者过失,并不影响司法侵权行为的认定。

2. 司法侵权行为类型化分析

司法侵权行为种类很多,以下是两种最基本的分类:

第一,根据司法机关及其工作人员在行使职权过程中所实施的行为是否产生直接的法律效果,可以将司法侵权行为区分为事实行为与法律行为两种类型。引起国家赔偿的司法行为绝大部分为法律行为,只有少部分为事实行为,因此尚未引起人们足够的重视。司法赔偿领域中的事

---

① 张新宝:《侵权行为的一般条款》,载《法学研究》2001年第4期。

② 〔德〕冯·巴尔:《欧洲比较侵权行为法》(上卷),张新宝译,法律出版社2001年版,第6页。

③ 王泽鉴:《民法概要》,中国政法大学出版社2003年版,第200页。

实行为，一般是在没有司法决定的情况下，司法机关及其工作人员在行使职权过程中对公民、法人或者其他组织作出的职务行为。司法事实行为最主要的特征是，该行为没有司法决定为依据。[①] 最为典型的司法侵权事实行为司法机关及其工作人员在行使职权时实施的刑讯逼供；以殴打等暴力行为或者唆使他人以殴打等暴力行为造成公民身体伤害或者死亡；以及违法使用武器、警械造成公民身体伤害或者死亡的情况。除了上述事实行为外，以拘留决定、批准逮捕决定、逮捕决定、判决、裁定、拘传票、罚款决定等为依据，司法机关及其工作人员行使职权作出的行为均属法律行为。

第二，根据行为的方式不同，可以将司法侵权行为区分为作为的司法侵权行为和不作为的司法侵权行为。作为的司法侵权行为，是指司法机关及其工作人员违反对公民负有的不作为义务，侵犯其合法权益并造成损害的行为。以作为形式存在的司法侵权行为范围非常广泛，例如司法机关及其工作人员采取的刑事强制措施、排除妨害诉讼的强制措施等。不作为的司法侵权行为，是指司法机关及其工作人员违反对公民负有的某种作为义务，未实施或未正确实施义务所要求的行为而致他人遭受损害的行为。例如对明知有罪的人而故意包庇不使其受追诉。一般认为这种情况下有罪之人没有得到追诉，对司法公正是一种破坏，同时又损害了社会公共利益，但其可能对具体的公民造成的损害却被忽略。还有的情况下法院收了申请人的“强制执行费”，无正当理由拒不执行。[②] 这种情况下，同样构成不作为的司法侵权行为。

（二）司法赔偿责任

司法机关及其工作人员在行使职权过程中侵犯公民、法人或者其他组织的合法权益并造成损害，应当承担侵权责任。司法赔偿是最重要的

---

① 戴洪斌：《司法赔偿中的事实行为》，资料来源：http://www.law-star.com/cac/6677.htm，访问于2005年8月13日。

② 河北省衡水故城县一位公民就区法院的“法律白条”向上级法院提起申请，要求确认区法院司法不作为、不履行法定职责的行为违法，并请求国家赔偿。原告认为，在被执行人有足额财产可供执行的情况下，法院不在法定期限（6个月）内依法执行，不履行法定职责，完全属于“对已经发现的被执行人的财产，故意拖延执行或者不执行”的违法行为。有关本案具体情况，请参见 http://www.hebei.com.cn/node2/node4/node5/node1503/userobject1ai346761.html，访问于2005年8月13日。

一种司法侵权责任承担方式。

1. 司法侵权责任

司法侵权责任是司法机关及其工作人员在行使职权过程中,违法侵犯公民、法人或者其他组织的合法权益并造成损害,应当承担的一种法律责任。司法侵权行为是承担司法侵权责任的根据,一如民法领域中民事侵权行为是承担民事侵权责任的根据。德国民法学者冯·巴尔教授指出,以损害赔偿为特性的“民事责任法是每一个欧洲国家法律制度的一部分。没有一套对在发生损害之前当事人之间没有任何关系之情形的损失予以赔偿的规则,任何人都无法生存”[①]。在德国法系民法中,侵权行为被作为损害赔偿之债的发生原因之一,即在特定当事人之间产生一方请求另一方为金钱给付法律关系。但是,在我国民法中,侵权行为产生的是侵权责任。同样地,我们认为国家司法侵权行为产生的是国家司法侵权责任,而不是单一的国家司法侵权之债。如果仅仅将司法侵权行为视为债的发生根据,而否定其所发生的责任后果,极易忽视司法侵权损害赔偿中所体现的国家对司法侵权行为的制裁,减弱对司法机关及其工作人员再次实施侵权行为的预防作用。

司法侵权责任有多种承担方式,即实施司法侵权行为之后,所产生的责任种类。根据司法侵权责任方式的不同特点,可以将其分为三种类型[②]:

其一,财产型责任形式。这种责任形式主要是救济受害人的财产损失,当然也包括对非财产利益损害的救济。主要体现为返还财产、恢复原状、损害赔偿三种具体的形式。返还财产是在原物存在的情况下,加害人将其返还给受害人,如果原物已经不存在,受害人只能要求赔偿损失;恢复原状是指恢复权利被侵犯前的原有状态,一般是指将损坏的财产进行修复;损害赔偿是指加害人因侵权行为而给他人造成损害,应以其财产赔偿受害人所受的损失。

其二,精神型责任形式。这种形式主要是救济精神利益的损害和精

① 〔德〕冯·巴尔:《欧洲比较侵权行为法》(上卷),张新宝译,法律出版社 2001 年版,第 1—2 页。

② 此种分类法借鉴了杨立新教授对民事责任形式的分类,参见杨立新:《侵权法论》,人民法院出版社 2004 年版,第 193—194 页。

神痛苦的损害，适用于精神性人格权损害的救济，主要包括停止侵害、消除影响、恢复名誉以及赔礼道歉三种形式。停止侵害，是指行为人实施的侵害他人人身或财产的行为仍在继续进行中，受害人要求侵害人停止侵害行为的一种责任形式；消除影响，是指行为人因其侵害了他人的人格权而应承担的在影响所及的范围内消除不良后果的一种责任形式；恢复名誉是指行为人因其行为侵害了他人的名誉而应在影响所及的范围内将受害人的名誉恢复至未受侵害时的状态的一种责任形式；赔礼道歉是指行为人向受害人公开认错、表示歉意，主要适用于侵害人身权的情况，作为一种责任形式的赔礼道歉不同于一般道德意义上的赔礼道歉，前者是以国家强制力保障实施的。

其三，综合型责任形式。这种责任形式适用于一切侵权行为，对侵害财产权利和人身权利的侵权行为均可适用。主要包括以下两种形式：排除妨碍和消除危险。侵权行为人实施的侵夺占有之外的侵害行为，使得受害人无法行使或不能正常行使自己的财产权利、人身权利时，受害人有权请求排除妨碍。消除危险则是指侵权行为人的行为对他人人身或财产安全造成威胁，或存在着侵害他人人身或财产的可能时，他人有权要求行为人采取有效措施消除已经形成的危险。

在上述多种责任承担形式中，损害赔偿是最基本、最重要的一种。损害赔偿在适用于侵权责任时，其本身即具有多种形式，包括财产损害赔偿、精神损害赔偿以及惩罚性赔偿；既包括对有形财产的赔偿，也包括对无形财产损害的赔偿。

2. 司法赔偿责任及其特性

(1) 司法赔偿责任

司法赔偿责任系“司法侵权损害赔偿责任”一语的简称，是指国家司法机关及其工作人员在行使职权过程中，侵犯公民、法人或者其他组织的合法权益并造成损害，依法应当承担的赔偿责任。司法赔偿责任具有下述几项功能：第一，填补损害功能。填补损害是司法赔偿责任的首要功能，承认司法赔偿责任、确立司法赔偿制度的主要目的在于对公民权利进行充分保护，旨在使受害人被司法侵权行为所侵害的权益得以补救或者恢复。第二，预防功能。司法赔偿责任的预防功能体现在两个方面：一方面，司法赔偿责任能够有效地预防司法侵权行为的发生。司法赔偿立法通过规定司法侵权行为对公民造成损害后承担相应的赔偿责任，使司法机关及其工作人员能够预见到司法侵权行为的法律后果,从而起到预防的作用。尤其在司法工作人员对于侵权行为的发生存在主观上的故意或者重大过失的情形,国家为司法侵权行为承担赔偿责任之后,再向司法工作人员追偿,这对于教育司法机关工作人员,预防其再次实施侵权行为具有重要作用。另一方面,国外有学者研究发现,通过对受到错误定罪与监禁的人进行赔偿,可以降低犯罪的发生率。通过分析大量的数据,他们认为错判会使犯罪的数量上升,而国家为错判承担责任这一制度则会减少犯罪行为。[①] 第三,制裁功能。司法赔偿责任在填补受害人所受损害的同时,也在一定程度上具有制裁实施侵权行为的司法机关及其工作人员的作用,当然这是一种辅助性的功能。司法侵权行为侵害他人的权益,具有一定的社会危害性,应当受到法律的制裁。制裁不法行为人是法律对漠视社会利益和他人利益、违背义务和公共行为准则的行为的谴责和惩戒,它意味着法律依据社会公认的价值准则和行为准则对某种侵权行为所作的否定性评价,也是矫正不法行为的重要措施。[②]

(2) 司法赔偿责任之特性

司法赔偿责任的特性是司法赔偿责任与行政赔偿责任之间的本质区别,这一区别可以解释司法赔偿制度何以成为一项独立的法律制度。如果司法赔偿责任与行政赔偿责任没有什么差异,司法赔偿制度就失去了单独存在的必要性。

行政赔偿责任是国家行政机关及其工作人员违法行使职权侵犯公民、法人或者其他组织合法权益并造成损害,应当由国家依法承担的一种赔偿责任。从国家赔偿的产生和发展看,国家对司法赔偿责任的承认、对司法赔偿制度的确立均晚于行政赔偿。各国和地区现行的司法赔偿制度也远不如行政赔偿制度发达。

通过对司法侵权行为中各种情形的考察,我们发现,导致司法赔偿责任产生的司法侵权行为可以分为两种情形:第一种情形下,司法机关及其工作人员侵犯公民的合法权益,主观上存在故意或者重大过失,客观上也违反了有关法律的规定。例如,公安机关明知某人不是刑事案件的犯罪

---

① Hans-Bernd Schäfer, Vincy Fon: *Incentive Effects of State Liability for Wrongful Conviction on the Level of Crime*, German Working Papers in Law and Economics, Volume 2005, paper 2, p. 2.

② 参见王家福主编:《民法债权》,法律出版社 1991 年版,第 441—443 页。

嫌疑人，而故意将其列为犯罪嫌疑人并对其实施拘留，或者法官明知刑事被告人无罪而判决其有罪等情形。第二种情形下，刑事司法机关在刑事诉讼过程中采取的刑事强制措施或者其他强制性措施在当时符合法律规定的条件和程序，随着刑事诉讼程序的深入，刑事司法机关可能会终止对犯罪的追究，或者法院经审理作出无罪判决。例如，刑事诉讼过程中司法机关采取的拘留、逮捕等刑事强制措施或者对财产采取的查封、扣押、冻结等措施。第一种情形下的司法侵权行为除了是由司法机关及其工作人员实施以外，在权力运作机制、运作程序、产生的法律后果等各方面与一般的行政侵权行为均无实质性区别。例如，刑事诉讼中司法工作人员实施的刑讯逼供或者殴打等暴力行为，违法使用武器、警械等行为与行政机关工作人员实施的同类行为就并没有本质上的区别。第二种情形是司法赔偿与行政赔偿责任的真正区别所在。

在第二种情况下，刑事诉讼过程中司法机关采取的拘留、逮捕等限制人身自由的强制措施，或者对财产的查封、扣押、冻结等强制性措施，其目的一是保障诉讼的顺利进行，二是保护诉讼中当事人的利益。终极目的则是维护社会秩序和社会公共利益。国家为维护社会秩序和公共利益而采取的措施，有可能会给公民造成损害或者给公民行使权利造成障碍。从公民的角度而言，可以说其承担着国家为维护社会秩序和公共利益而造成的风险。因为这一公民有可能根本没有实施犯罪行为或者没有实施妨碍诉讼的行为，或者所实施的妨碍诉讼的行为尚未达到应受法律处罚的程度。从国家的角度而言，在许多情况下其实施的强制性措施本身是合法的，符合法律规定的条件和程序，并且这些行为是为维护社会秩序所必需。但是，在面对公权力的强制时，如果让公民完全忍受由此带来的痛苦和损害，这是为法治社会所不能容忍的。国家不能要求特定的个人为了整个社会的秩序或者公共利益而忍受特定的牺牲或者损害，因此国家应当对其合法行为给公民造成的损害给予赔偿。

司法赔偿责任与行政赔偿责任的最本质区别在于，在刑事诉讼过程中，司法机关及其工作人员采取刑事强制措施或其他强制性措施本身合法，但在其后的诉讼程序中终止对犯罪的追究或者作出无罪判决，国家为此承担的赔偿责任本质上是一种危险责任。所谓危险责任，顾名思义，系以特定危险的实现为归责理由，即持有或经营某特定具有危险的物品、设施或活动之人，于该物品、设施或活动所具危险的实现，致侵害他人权益时,应就所生损害负赔偿责任,赔偿义务人对该事故的发生是否具有故意或过失,在所不问。[①] 危险责任概念的提出,主要是为了公平合理地解决危险行为及危险设施所引发的损害案件,尤其是针对新兴高科技产业、产品所带来的损害风险。危险责任主要是在英美法和德国法中使用的概念。最初是私法领域中的一种责任,后来逐渐发展至国家赔偿领域,被称为"公法上的危险责任"。公法上危险责任的成立要件有三:其一,不以故意、过失为要件,行为人或所有人对于由其行为或设施所引发的损害,纵然无过失也应负责;其二,不以行为之违法性为要件,加害行为究竟是合法或违法与危险责任之成立无关,因为危险责任的主要基础不在于加害行为之违法性,而在于该行为之危险性。主要损害是导因于该行为"本质危险"的实现,就成立危险责任;其三,这项损失对于受害人而言必须是"特别牺牲"。[②] 公法上的危险责任主要适用于公有公共设施致害赔偿、军事赔偿以及司法赔偿中的某些情形。

司法赔偿责任与行政赔偿责任之间的本质区别,是由刑事诉讼活动(尤其是刑事公诉活动)本身的特点决定的。刑事案件是已经发生的事实,对于绝大多数刑事案件来说,查明这种事实的真相并缉获犯罪嫌疑人,是一个相当复杂的过程。刑事诉讼活动大致可以区分为侦查、审查起诉与审判等几个阶段。各个阶段有不同的任务与目的:侦查阶段的直接任务是收集证据、明确犯罪嫌疑人,为起诉准备前提条件;在审查起诉阶段,则由检察机关审查案件是否达到可以提起公诉的条件,如果案件已经达到起诉的条件,则由检察机关向审判机关表明诉讼请求,并使该请求得到审判机关判决的确认;在审判阶段,由审判机关审查证据并作出相应的裁判。可以说,刑事诉讼的整个过程就是一个对犯罪事实不断认识的过程。但由于作为认识对象的犯罪活动已是过去发生的事实,且由于时间的单向性,该历史事实随着时间的流逝永远无法"客观地"摆在司法机关面前,而只能借助间接的手段在人的思维中以观念的形态予以重构。这一认识过程包括两个部分:一是对证据的认识,这一过程中对证据真伪的甄别、证据推理等是否正确等因素均影响着认识结果;二是根据对证据的

---

① 王泽鉴:《侵权行为法》,中国政法大学出版社2001年版,第16页。

② 林三钦:《公法上危险责任》,载《行政法争议问题研究》(上),五南图书出版公司2000年版,第1239页。

认识结果而对过去事实的思维重构。在刑事诉讼过程中，随着侦查工作、审查起诉工作的推进，刑事司法机关对案件事实的认识一步步递进，因此法律对不同阶段规定了不同的证明标准。因此，下述情况很有可能出现：刑事侦查过程中侦查机关对依据一定的证据对某一犯罪嫌疑人实施拘留，但随着侦查工作的展开，发现犯罪嫌疑人并未实施犯罪活动；或者是刑事司法机关对某犯罪嫌疑人进行拘留、逮捕并提起公诉，但法院经审理认为不构成犯罪等。这些情况充分反映了刑事诉讼活动的特征：这是一个对犯罪事实的认识不断深化的过程。正是这一特征决定了司法赔偿与行政赔偿的区别，也将影响到司法赔偿制度的建构。

二、司法赔偿责任的构成要件

司法赔偿责任的构成要件是判断国家是否应当承担司法侵权赔偿责任的标准。司法赔偿责任的构成要件与司法赔偿归责原则关系密切。归责原则是构成要件的前提和基础，构成要件则是归责原则的具体化和细化。国内现有的著述一般并不单独研究司法赔偿责任的构成要件，而是在国家赔偿责任的构成要件部分直接论述。[①] 这种做法并未区分行政赔偿与司法赔偿的构成要件，其合理性值得进一步探讨。虽然性质上同为国家赔偿责任，但行政赔偿与司法赔偿之间存在着许多明显的差异。因此，行政赔偿责任与司法赔偿责任的构成要件并不应完全相同。司法赔偿责任构成要件包括行为主体、职务行为、损害结果和因果关系四部分。

（一）主体要件

首先需要说明的是，作为司法赔偿责任构成要件的主体是指司法侵权行为主体，并非司法赔偿责任主体。司法赔偿责任是因国家司法权的行使给公民、法人或者其他组织造成损害而由国家承担的一种公法赔偿责任。在民事侵权法上，任何自然人或者组织均可成为侵权行为主体。司法赔偿中则不同，只有司法机关及其工作人员可能会成为侵权主体。

① 代表性的著作包括应松年主编：《国家赔偿法研究》，法律出版社 1995 年版；皮纯协、冯军主编：《国家赔偿法释论》，中国法制出版社 1996 年版；高家伟：《国家赔偿法》，商务印书馆 2004 年版。

在我国,司法侵权行为主体有两类,即司法机关和司法工作人员。不过,哪些国家机关是司法机关,哪些人员属于司法工作人员的范畴,有必要进一步探讨。

1. 司法机关

司法机关是行使司法权的机关。要确定司法机关的范围,首先要解决的问题是司法权的范围。在西方国家传统的分权体制之下,为防止国家权力的滥用,立法权、行政权、司法权分别由不同的机关、不同的人员行使。因此,在西方国家语境里,司法权即是一种裁判权。英国《布莱克维尔政治学百科全书》曾下过一个完整的定义:“法院或者法庭将法律规则适用于具体案件或争议。”该书尽管也强调定义“司法性行为”的困难,但仍明确地指出,司法裁判是“在诉讼案件中,对有关当事人之间的权利分配问题作出有约束力的裁决;而这些权利被认为在原则上以为现行的法律所确定”①。这种意义上的司法权具有中立性、消极性、终局性等特征。然而,中国的现行宪政体制并没有承认这种三权分立的国家权力模式,而是确立了国家职能之间的分工。现行宪法中甚至也没有司法权、司法机关的用语,而是确立了人民代表大会、政府、法院和检察院并存的职能分工体制。在《宪法》中,法院又被称为审判机关,检察院被称为检察机关。虽然《宪法》中没有司法机关这一用语,在《刑法》、《刑事诉讼法》等法律中却明确使用了“司法机关”的用语。② 还有个别地方的地方性法规中对司法机关作出了明确的界定。③ 人们对司法机关的认识存在着很大的分歧。理论上,有不少学者主张司法权就是裁判权,司法机关不应当包括公安机关和检察机关。④ 从理论上认清司法权的本质、界定司法权的范围确有必要,但不可脱离中国的现实太远,必须考虑到我国现行的司法体制。

---

① 〔英〕戴维·米勒、韦农·波格丹诺编:《布莱克维尔政治学百科全书》,邓正莱等译,中国政法大学出版社 2002 年版,第 6 页。

② 例如,《刑法》第 67 条第 2 款规定:“被采取强制措施的犯罪嫌疑人、被告人和正在服刑的罪犯,如实供述司法机关还未掌握的本人其他罪行的,以自首论。”《刑事诉讼法》第 38 条规定:“辩护律师和其他辩护人,不得帮助犯罪嫌疑人、被告人隐匿、毁灭、伪造证据或者串供,不得威胁、引诱证人改变证言或者作伪证以及进行其他干扰司法机关诉讼活动的行为。”

③ 例如,2000 年 12 月 28 日通过的《浙江省各级人民代表大会常务委员会监督司法机关工作条例》第 2 条规定:“本条例所称司法机关,是指全省各级人民法院和人民检察院。”

④ 陈瑞华:《司法权的性质——以刑事司法为范例的分析》,载《法学研究》2000 年第 5 期。

作为司法侵权行为主体的司法机关应当包括享有刑事侦查权、检察权和审判权的国家机关。具体而言,包括下列机关:

(1) 公安机关、国家安全机关

公安机关属于国家的行政机关,同时它又担负着部分刑事案件的侦查任务,所以一般认为公安机关属于司法机关之一。在理论上,公安机关是否属于司法机关存有分歧,分歧来自于对刑事侦查权的认识不同。对于侦查权和侦查职能的性质归属,刑事诉讼法学界历来存在争议。[①] 多数学者认为侦查职能属于司法范畴[②],因为侦查职能属于刑事诉讼职能的一部分。近年来,不断有学者对此提出质疑,有观点认为侦查权并非完全的司法权,而是带有行政权的部分特征。侦查权本质上虽然是行政权,因为它符合行政权的主动性、塑造性、隶属性等特征,但同时也具有司法权的特征,如合法性、相对独立性等。[③] 还有学者认为,在现代法治社会中,警察无论就其所发挥的功能还是活动的程序、组织方式上都显示出其行政权的性质。[④] 我们认为,侦查权从本质上来讲属于行政权。但是,刑事侦查属于追诉犯罪的行为,公安机关事实上在刑事侦查活动中还拥有一系列强制处分权。根据我国《刑事诉讼法》的规定,对于搜查、扣押、通缉等涉及个人财产、隐私、自由等权益的强制性侦查行为,公安机关有权直接发布决定并直接执行;对于拘传、取保候审、监视居住、刑事拘留等强制措施,公安机关在侦查中有权自行许可并执行。而在刑事诉讼实践中,刑事拘留、逮捕后对犯罪嫌疑人羁押期间的延长,公安机关基本上是自行决定、自行执行的。可以说,在刑事审判前的程序中,除逮捕以外的其他所有强制措施和强制性侦查手段,都是由公安机关自行决定并执行、甚至自行延长和变更的。对于大量涉及个人基本权益和自由的事项,公安机关在刑事侦查领域都拥有权威的和最终的决定权。因此,将公安机关作为司法机关之一,既符合我国现行的刑事司法体制,又有助于遭受刑事侦查行为损害的受害人获得赔偿。如果将公安机关的赔偿责任纳入行政赔偿的范围将不利于受害人的权益保护,最主要的原因在于行政赔偿适用

① 参见陈永生:《侦查程序原理论》,中国人民公安大学出版社 2003 年版,第 27—32 页。

② 《法学词典》编辑委员会编辑:《法学词典》,上海辞书出版社 1984 年版,第 242 页。

③ 谢佑平、万毅:《刑事侦查制度原理》,中国人民公安大学出版社 2003 年版,第 159—167 页。

④ 陈瑞华:《司法权的性质——以刑事司法为范例的分析》,载《法学研究》2000 年第 5 期。

与司法赔偿不同的归责原则。

国家安全机关是国家安全工作的主管机关，国家安全机关和公安机关按照国家规定的职权划分，各司其职，密切配合，维护国家安全。根据《国家安全法》第6条规定，国家安全机关在国家安全工作中依法行使侦查、拘留、预审和执行逮捕以及法律规定的其他职权。

在此问题上有两点需要注意：第一，根据《监狱法》第60条的规定，对罪犯在监狱内犯罪的案件，由监狱进行侦查。侦查终结后，写出起诉意见书或者免予起诉意见书，连同案卷材料、证据一并移送人民检察院。如果监狱在侦查犯罪过程中侵犯公民权益并造成损害，属司法赔偿的范畴。第二，看守所不是司法机关。《看守所条例》第3条规定："看守所的任务是依据国家法律对被羁押的人犯实行武装警戒看守，保障安全；对人犯进行教育；管理人犯的生活和卫生；保障侦查、起诉和审判工作的顺利进行。"看守所只是保障侦查等刑事司法工作的进行，它本身并不从事侦查工作，更不从事起诉、审判工作。所以，看守所的职能是保障和服务于刑事司法工作，它本身并不是司法机关，不具有刑事司法职能。

（2）人民检察院

根据《宪法》和《人民检察院组织法》的规定，人民检察院是国家的法律监督机关，行使国家的检察权。对于检察权的性质，在不同国家的制度之下会有不同的答案。在英美国家，检察权基本上是行政权。在德国、法国等大陆法系国家，检察机关行使的权力属于刑事追诉权，都对惩治犯罪、维护社会治安负有重大的责任。在我国，检察机关同时拥有法律监督权与刑事追诉权。《刑事诉讼法》赋予了检察机关在刑事案件中自行侦查以及决定是否逮捕、起诉或者免予起诉的权力。有鉴于此，我们认为在现行刑事司法体制下，人民检察院应当属于司法机关。[①] 根据《人民检察院组织法》的规定，我国的人民检察院包括最高人民检察院、地方各级人民检察院和军事检察院等专门人民检察院。

（3）人民法院

根据《宪法》和《人民法院组织法》的规定，人民法院是国家的审判机

---

① 部分学者认为，检察机关尽管在现行宪政体制下行使着司法权，但这种司法权的行使却是有着根本缺陷的，检察机关的司法机构色彩应当逐渐弱化。参见陈瑞华：《司法权的性质——以刑事司法为范例的分析》，载《法学研究》2000年第5期。

关。其组织体系是:地方各级人民法院、专门人民法院和最高人民法院。地方各级人民法院分为:基层人民法院、中级人民法院、高级人民法院。基层人民法院包括县、自治县人民法院、不设区的市、市辖区人民法院。由基层人民法院设若干人民法庭,作为派出机构,但人民法庭不是一个审级。专门人民法院是指根据实际需要在特定部门设立的审理特定案件的法院,目前在我国设军事、海事、铁路运输法院等专门法院。

需要注意的是,作为司法侵权行为主体的司法机关,不应包括监狱管理机关。第八届全国人大常委会第四次会议上初步审议的《中华人民共和国国家赔偿法(草案)》中并没有规定监狱管理机关的赔偿问题。《关于〈中华人民共和国国家赔偿法〉(草案)的说明》中指出,刑事赔偿是指公安机关、安全机关、检察机关、审判机关在刑事诉讼中侵犯当事人人身权、财产权造成损害而给予的赔偿。《草案》规定的刑事赔偿的范围包括:(1) 在刑事诉讼中,错误拘留、错误逮捕、无罪错判的;(2) 刑讯逼供、违法使用武器、警械、殴打或者以其他暴力行为,造成公民身体伤害的;(3) 违法采取查封、扣押、冻结、追缴等措施,造成财产损害的。因而并没有将监狱管理机关及其工作人员行使职权造成损害的行为纳入刑事赔偿的范围。在第八届全国人大常委会第四次会议后,全国人大法律委员会于1993年12月8日、1993年12月15日、1994年4月28日召开会议,内务司法委员会也召开了会议,根据全国人大常委会委员的审议意见和地方、部门、法律专家的意见对草案进行审议,并提出了一些修改意见。《修改意见》第4条指出:一些部门提出,监狱管理机关违法行使职权侵犯被监管人合法权益的赔偿也应当在刑事赔偿范围中明确规定。……建议将草案的第17条、第18条中的"公安机关、安全机关、检察机关及其工作人员",修改为:"行使侦查、检察、审判、监狱管理职权的机关及其工作人员"。[①] 至于立法当时为何要将监狱管理机关致害纳入刑事赔偿的范围,我们没有找到书面的详细说明。最主要的考虑应当是监狱是国家的刑罚执行机关,监狱管理的核心内容是刑罚执行。为了明确司法行政机关的赔偿责任,司法部曾于1995年发布《司法行政机关行政赔偿、刑事赔偿办法》。该《办法》中列举了监狱部门及其工作人员侵犯公民人身权,应当

① 参见全国人大法律委员会《关于〈中华人民共和国国家赔偿法(草案)〉审议结果的报告》。

予以刑事赔偿的几种行为。监狱作为刑罚的执行机关,主要负责刑罚的执行和狱政管理,从行为程序、方式等方面看,监狱管理职能属于行政权的范围,不属于司法权。因此,监狱管理机关及其工作人员致害赔偿应当属于行政赔偿的范畴。

2. 司法工作人员

理论研究中,除"司法工作人员"外,还有"司法人员"、"司法机关工作人员"等用语。采"司法人员"的学者认为,"司法侵权行为大多由司法人员直接所为,公安人员、安全人员、检察人员、审判人员、监狱管理人员均构成职务行为主体。此外,事实上从事司法职务的其他人员,如治安员、联防队员、聘用警察,或自愿协助警察追捕逃犯的公民等,也可以视为职务行为主体。但是,司法机关内的后勤人员应排除在职务行为主体之外"①。采"司法机关工作人员"的学者认为,其包括行使侦查、检察、审判和监狱管理职权的国家机关工作人员。② 鉴于《刑法》、《刑事诉讼法》、《民事诉讼法》中均用"司法工作人员"一词,为保证统一性,本书中也使用此词。

作为司法侵权行为主体之一的国家司法工作人员是指有刑事侦查、检察和审判职责的人员,主要包括:各级公安、国家安全、检察等依法行使侦查权的机关中负责对犯罪嫌疑人的犯罪行为进行侦查、讯问职责的人员;最高人民检察院、地方各级人民检察院和专门人民检察院中担任批准逮捕、审查起诉、出庭支持公诉的人员;最高人民法院、地方各级人民法院和专门人民法院中担任刑事、民事、行政等各类案件审判工作的人员,包括院长、庭长、审判委员会委员、审判员、书记员、执行员。其他在上述机关中从事人事、后勤、研究的人员以及勤杂人员等,不属于司法工作人员的范畴。

此外,司法工作人员还包括受司法机关指派、聘请或委托协助执行公务的人员以及未受司法机关指派或委托、但事实上以协助公务为目的参与到司法机关活动中的其他人员。前者如受司法机关指派或者聘请对案件中某些专门性问题进行鉴定的人,受司法机关委托的医师和其他医学专家等;后者如公民某甲在驱车回家途中发现警察正在追捕逃犯,于是主

① 陈春龙:《中国司法赔偿实务操作与理论探讨》,法律出版社 2002 年版,第 88 页。
② 马怀德主编:《国家赔偿法学》,中国政法大学出版社 2001 年版,第 176 页。

动驾车帮助追截逃犯,但不小心将骑自行车的某乙撞伤。在此情况下,某甲成为事实上的协助执行公务的人员,他对某乙造成的损害应当由国家承担赔偿责任。

(二)职务行为要件

只有司法机关及其工作人员实施的司法侵权行为方能引起司法赔偿责任。作为司法赔偿责任要件之一的行为要件,要求该行为是司法机关及其工作人员的职务行为。职务行为不仅包括执行职务行为本身,还包括与执行职务有关的行为,后者主要表现为执行职务过程中的事实行为以及怠于履行职责的行为。

1. 职务行为

首先要解决的是应当纳入司法赔偿范围的侵权行为的标准问题,即应当是职权行为、公务行为,还是职务行为?公务行为是指工作人员为本机关利益实施的一切行为,例如行使公权力的行为、接待上级领导、参加机关会议、为本机关购买办公用品等。职务行为是指工作人员在行使职权(公权力)过程中实施的一切与执行职务有关联的行为,包括但不限于行使公权力的行为。《辽宁省实施国家赔偿法规定》第6条的规定是"职务相关论"的典型实在法规范。该《规定》第6条规定:"本规定所称执行职务是指行使职权过程中或职权范围内的活动,包括执行职务本身的行为和与执行职务有关连的行为。"职权行为一般是指国家机关及其工作人员行使公权力的行为。[①] 因此,职务行为的范围较职权行为更为广泛,其不仅包括执行职务行为本身,还包括与执行职务有关的行为,后者在实践中最主要的表现就是执行职务过程中的事实行为以及怠于履行职责的行为。

作为司法赔偿责任构成要件之一的行为,应当是司法机关及其工作人员执行职务的行为。这一职务行为包括三部分内容:其一,司法机关及其工作人员行使司法权的行为。例如,司法机关在刑事诉讼过程中采取的拘传、拘留、逮捕等刑事强制措施,人民法院在诉讼过程中采取的排除妨害的强制措施等。值得注意的是,司法机关行使司法权的行为往往是以各种决定(包括判决)的形式表现出来的。其二,司法机关及其工作人

① 高家伟:《国家赔偿法》,商务印书馆2004年版,第116页。

员怠于履行职责的行为，如司法机关无正当理由拒绝启动诉讼程序、拒不履行保护公民人身权、财产权的行为等。其三，在行使司法权过程中实施的事实行为，如司法机关及其工作人员进行的刑讯逼供、暴力侵害行为等。

对于何谓“职务行为”，国外存在两种不同的认定标准：一种是英国、美国等国家的主观标准，即根据雇佣人的主观意思判断。执行职务的行为范围仅限于雇佣人命令受雇佣人办理的事项；另一种是法国、德国、日本等国的客观标准，即根据行为的外在表现来判断。日本把该要件称为“关于职务的执行”，对此要件的含义，日本《国家赔偿法》参议院司法委员长报告中有这样的说明：这个概念比“职务行为本身”要宽，但比“职务行为之际”要窄。因而，作为职务行为的实施手段所进行的拷问等行为，属于特别公务员暴行凌虐罪，同时也属于《国家赔偿法》第1条的“关于职务的执行”。另外，尽管不是“职务行为本身”，但在社会观念上与职务执行有关系的行为，也属于《国家赔偿法》第1条的“关于其职务的执行”。使“关于职务的执行”的解释成为问题的，通常是事实行为。与此有关的典型案例是日本最高法院1956年11月30日判决。[①] 该案中，警视厅的巡查在非值班日和职务管辖区域以外的场所，出于骗取金钱的目的，穿着制服和制帽假装对受害者进行职务质问，并伪称帮助保管骗使受害者提取现金，然后携款逃走。被受害者发现后，该巡查用从同事那里偷来的手枪将其射杀。日本最高法院判示：“为了广泛地维护国民的权益，公务员因自己的行为对他人造成损害的，不管他在主观上是出于行使权限的目的还是出于为自己谋利的意图，只要他作出的行为在客观上具备了职务行为的外型，就应当由国家或者公共团体来承担损害赔偿责任。这是同条(《国家赔偿法》第1条)的立法宗旨。”一般认为，日本最高法院采用的是客观的标准来判断何为“关于职务的执行”行为。在我国台湾地区，其“国家赔偿法”上“执行职务的行为”，是指公务员行使其职务上的权力或履行职务上的义务而与其所职掌的公法上职务有关的行为，包括积极执行职务与怠于执行职务两种。对于积极执行职务的判断，通说采客观说，如果外观上认为具有执行职务的形式，即属之。

---

① 最判昭和31(1956)年11月30日《最高裁判所民事判例集》第10卷第11号，第1502页。

对于职务行为的认定，我们认为客观说较为可采。在判断职务行为时，应当综合考虑执行职务的时间和地点、实施行为时的名义、与职权的内在联系等因素。①

2. 免责事由

在某些情况下，即使司法机关及其工作人员在行使司法权、执行职务过程中侵犯了公民、法人或者其他组织的合法权益并造成损害，但由于某些事由客观存在，国家可以免除或者减轻赔偿责任。

司法赔偿中的免责事由主要包括以下几种情况：其一，因公民自己的行为导致损害发生。这种情况包括因公民自己故意作虚伪供述，或者故意伪造其他有罪证据被羁押或者被判处刑罚，以及因公民自伤、自残等故意行为致使损害发生两种情形。其二，不负刑事责任的人被羁押，包括两种情况：第一种情况是处于绝对无刑事责任年龄的人和处于相对负刑事责任年龄，却实施了根据刑法规定不负刑事责任的犯罪之人。第二种情况是不能辨认或者控制自己行为的精神病人。其三，不追究刑事责任的人被羁押。具体包括犯罪已过追诉期限的，经特赦令免除刑罚的，依照刑法告诉才处理的犯罪，没有告诉或者撤回告诉的，犯罪嫌疑人、被告人死亡的等情形。其四，司法机关工作人员的个人行为和第三人行为。

（三）损害要件

1. 对损害的一般理解

损害常常作为民事责任的构成要件之一，民事责任的承担要有损害事实的存在及损害须与不法行为有因果关联，此即所谓损害赔偿责任的“无损害，无赔偿”原则。几乎所有国家的民法典都明文规定了这一原则。但是，对于什么是损害，却没有一个国家的民法典对此给予明确的答复。我国法律对于什么是损害，也没有明确的规定。民法理论上一般认为，“损害乃财产或法益所受之不利益”。但由于该概念过于抽象，关于究竟何为损害，理论上发展出两种学说②：其一是利益说，又称差额说。该说认为损害即被害人对该特定损害事故之利害关系，即该被害人因该特定损害事故所损害之利益。其二是组织说，认为损害乃法律主体因其

① 参见马怀德：《国家赔偿法的理论与实务》，中国法制出版社 1994 年版，第 92—95 页。

② 参见曾世雄：《损害赔偿法原理》，中国政法大学出版社 2001 年版，第 119—131 页。

财产之构成成分被剥夺或毁损或其身体受伤害,所受之不利益。亦即损害之发生常伴同着物之被剥夺、毁损或身体之伤害等现象。利益说与组织说虽皆非完善无瑕,但目前在德国法、法国法上利益说仍然占据着重要的地位。[①]

对损害的正确理解,应当回答下述问题:一是遭受损害的是否为合法权益?二是受害人所受损害是否包括精神损害?三是受害人所遭受损害是否具有现实性与特定性,损害为直接损害还是包括间接损害?

2. 损害的范围

《国家赔偿法》第2条规定:"国家机关和国家机关工作人员违法行使职权侵犯公民、法人和其他组织的合法权益造成损害的,受害人有依照本法取得国家赔偿的权利。"可见,该法明显采用了"合法权益"的标准,但目前只将人身权和财产权的损害纳入了国家赔偿的范围,而且人身权的内容也很不全面,实际上只有人身自由和生命健康两个方面。这一范围太过狭窄,所有的合法权益均应纳入司法赔偿的范围之内。具体说有两点:一是对"合法权益"应作较为宽泛的解释。法律中并未明确何为"合法权益",行政法学理论界对此部分已经达成共识。有学者将其总结为:第一,国家赔偿责任中的侵权损害只能是对合法权益的损害,这是大前提。如果不具备"合法权益"的标准,即使有损害,也不予赔偿;第二,对"合法权益"的界定标准是所谓的受法律保护,只有受法律保护的利益,才是"合法权益",不受法律保护的利益不是"合法权益",而是非法利益,把"合法权益"与非法利益作为相对概念并列;第三,非法利益就是非法取得的利益,也就是通过不合法的或者是法律禁止的途径和手段取得的利益,如违章建筑、非法所得等。[②] 明确只要不是违反法律的禁止性规定和经过法定程序的认定所获得的权益,就应当属于"合法权益"。二是将"人身权、财产权"的限制规定取消,明确将人身权、财产权之外的其他

① 在民法理论上,损害与损失是两个紧密联系的概念,有时很难区别。但是,损害不是损失,两者之间有着本质的差别。损害是民事主体权利行使的妨害,损失是民事主体利益的丧失。损害因侵害而造成,损害又带来损失。损害主体的权利就必然给权利主体带来损失,不管这种损失是大是小,有形或是无形。因此,有损害必定有损失,但有损失并不一定有损害。换句话说,并非所有的损失皆因损害带来,民事主体行使权利的不当也会带来损失。

② 杨小君:《国家赔偿中的合法权益与非法利益分析》,载《修宪之后的中国行政法》,中国政法大学出版社2005年版,第52页。

权利和利益纳入《国家赔偿法》的范围，例如政治权利、劳动权、休息权、受教育权、宗教信仰权等。

受害人因司法侵权行为所遭受之损害，得向国家申请赔偿者，既包括财产损害损害，也包括非财产损害。财产损害和非财产损害是损害的基本分类，并为各国法律所普遍接受。所谓财产损害，是指因侵害权利人的财产或人身权利而造成受害人经济上的损失。凡是权利人遭受的一切具有财产价值的损失，均可称为财产损害。财产损害一般可用金钱确定。财产损害不仅包括积极损失，即财产价值的直接减少，也包括消极损失，即财产价值应当增加而没有增加。所谓非财产损害，是指赔偿权利人所遭受的财产损害以外的损害。[①] 非财产损害主要是指精神损害。[②] 关于精神损害，学界存在广义说和狭义说。广义说认为，精神损害是指精神利益损失的一切状态，不仅包括失常、失落、痛苦、焦急、能力减损等精神不良状态，而且包括因此失去的财产利益。狭义说认为，精神损害限于纯粹精神利益的损失，即非财产性损失。[③] 目前，狭义说为通说。精神损害赔偿获得金钱赔偿的理念，已经为大多数国家和地区所接受。精神损害赔偿制度的确立是法律发展过程中的一座里程碑，它标志着法律从注重对财产权及外部物质条件的保护，转而更加关注人身权和其他精神性权利不受侵害的平静的精神世界。司法机关及其工作人员实施的侵权行为，往往会给受害人造成极大的精神痛苦。因此，精神损害也应当纳入司法赔偿的范围。

3. 损害的特征

损害应当具备现实性、特殊性和直接性等特征。

损害的现实性是指必须导致现有权益的实际损害。对损害现实性的理解包括两个要点：其一，既有权益的损害。就财产权而言，受损害的权益必须是在法律上已经归属于受害人，并且必须处于受害人可控制或者

---

① 曾世雄：《损害赔偿法原理》，中国政法大学出版社 2001 年版，第 132 页。

② 在我国民法学界，非财产损害也被称为精神损害。但有学者认为“精神损害”的提法并不确切，相比较之下，“非财产损害”的提法更为科学。因为二者并非同一概念，非财产损害赔偿包括了精神损害赔偿，特别是在法人人格权受到侵害时，虽不能请求精神损害赔偿，但就其非财产损害请求非财产损害赔偿，也应准许。参见王利明、杨立新、姚辉编：《人格权法》，法律出版社 1997 年版，第 225 页。

③ 高家伟：《国家赔偿法》，商务印书馆 2004 年版，第 163 页。

可供使用的状态之下。这就意味着,受害人必须是财产的所有人、管理人、使用人或者其他权利人。人格权、名誉权、荣誉权等自不存在这一问题。其二,实际损害,即损害是真实存在的,而不是当事人纯主观上的感觉或者臆想的损害。受害人应当能够证明利益的获得已经确定,或者将来的损害是可以估价或者作出评估的。若受害人没有充分的理由证明其利益的获得已经确定,或者将来的损害目前无法作出评价,即属于非现实性的损害。

损害的特殊性是公共负担平等原则的体现。司法侵权行为的受害人遭受的损害必须是特殊的损害。如果某受害人与社会上其他人遭受到同样的损害,就因此不能获得国家赔偿。例如,警察围捕逃犯时,处于围捕区域内的一切交通工具暂时停驶,因此遭受损失不能请求赔偿。但警察误将路人当作嫌疑犯枪击致伤,该路人受到的损害超过了正常的社会负担,属特殊损害,应当由国家承担赔偿责任。

损害的直接性即指损害为直接损害,而非间接损害。在民法理论上,直接损害与间接损害之区别,历来意见有二。第一种意见着眼于损害之引发,谓损害事故直接引发之损害为直接损害,非直接引发而系其他媒介因素之介入所引发之损害则为间接损害。例如出卖的乳牛染有瘟疫,买受人买回该乳牛不久乳牛即告死亡。该部分的损害为直接损害,盖损害之发生,系由于交易之乳牛与契约不合隐染瘟疫。若瘟牛病亡前传染害及买受人原有的其他乳牛,则该损害为间接损害。第二种意见着眼于损害之标的,谓损害事故直接所损及之标的,其损害即直接损害;其他之损害,则为间接损害。上述瘟牛一例中,如依此说,则买受人原有乳牛沾染瘟疫所受之损害仍为直接损害。[①] 有学者们认为,直接损害是指损害由侵权行为直接造成,直接性指的是必然性。[②] 我们同意这种观点,对于损害是否为直接,关键是侵权行为与损害之间因果关系关联性的确认。如果二者之间存在着相当因果关系,即可视损害为直接损害。大多数国家原则上只赔偿直接损害,不赔偿间接损害。只有在侵权行为是故意实施的或者不赔偿间接损害就会违背社会共同生活原则的情况下,法院才判决国家机关赔偿。

---

① 参见曾世雄:《损害赔偿法原理》,中国政法大学出版社 2001 年版,第 137 页。

② 高家伟:《国家赔偿法》,商务印书馆 2004 年版,第 120 页。

（四）因果关系要件

1. 民事侵权法上的因果关系理论

从哲学上来讲，任何事物或现象都是由其他事物或现象引起的，同时，它自己也必然引起另一些事物或现象。事物或现象之间的引起和被引起关系，就是因果关系。[①] 法律上的因果关系是指损害结果和造成损害结果的原因之间的关联性，它是各种法律责任中确定责任归属的基础。因果关系是司法赔偿责任构成中不可或缺的要件之一，从损害赔偿法的角度观之，因果关系之功能有二：一者系损害赔偿之构成要件，即行为与损害之间须具有因果关系；二者系决定损害赔偿的范围，即须与行为之间有因果关系之损害，方为赔偿范围之损害。前一项功能系因果关系原本所具有的功能，后一项功能乃因决定损害赔偿范围时，经常借助因果关系所衍生之功能。实践中，因果关系要件在确定国家赔偿责任时具有“举足轻重”的地位。有学者曾经就我国台湾地区台北市国家赔偿案例进行分析：在台北市 2000 年国家赔偿案件选辑收录的 111 件案件中，至少有 30 件涉及因果关系问题。该 30 件提请审议意见或提请追认意见以无因果关系否定国家赔偿责任成立者，占 21 件（71%），使“无相当因果关系”成为否定国家赔偿责任的万灵丹。[②]

任何国家的法学领域中，均不能避免因果关系问题，却未见到哪一成文法典对此作出具体规范。这一现象在法学领域甚为少见。各国学者孜孜不倦地探讨因果关系，并形成各种学说，重要者有如下四种：

第一，条件说，认为凡是导致损害后果发生的条件都是原因，都具有同等作用，缺乏任何一个条件，损害都不会发生。即只要该行为为某一损害的条件，该行为与损害之间即具因果关系。

第二，原因说，又称为重要条件说或者限制条件说。原因说认为，在造成损害结果的诸多条件中，只有一项或几项重要的条件可作为损害原因，造成损害的诸个因素对损害结果的发生所起的作用是不同的。其中，起重要作用的是原因，起次要作用的仅仅是条件。

---

① 吴倬：《马克思主义哲学导论》，当代中国出版社 2002 年版，第 137 页。

② 参见陈聪富：《因果关系之判断——台北市国家赔偿案件分析》，载陈聪富：《因果关系与损害赔偿》，元照出版公司 2004 年版，第 167—168 页。

第三,相当因果关系说。该说最经典的表述来自于我国台湾地区民法学者王伯琦:“无此行为,虽必不生此损害,有此行为,通常即足生此损害者,是为有因果关系。无此行为,必不生此种损害,有此行为,通常亦不生此种损害者,即无因果关系。”[①]该说将因果关系的判断分为两个步骤:首先是事实上因果关系的判断,即确定损害是否是在自然发生的过程中形成的,或者是依特别情况发生,是否具有外来因素的介入。当事实上的因果关系确定后,需要进一步判断原因是否具有可责性,这就需要确定因果关系的相当性。从积极的方面来看,如果行为人的行为在通常情况下会导致已经发生的某个损害结果,或者至少在相当程度上增加了某个结果发生的可能性,那么这一行为就是损害发生的相当原因;从消极的方面来看,如果行为人的行为造成了损害,但这种损害仅仅在非常特殊的情况下发生,或者按照事物发展的正常过程是不可能的,那么这一行为就不构成损害发生的相当原因。相当因果关系说与前述二说的区别在于,其不仅要判断事实上的因果关系,而且要进一步判断法律上的因果关系,这就使相当因果关系成为一种“法律政策的工具”。对于“相当性”的解释,理论上存有分歧。各国在司法实践中均将相当性的判断交给法官自由裁量。

第四,法规目的说。该说现已成为德国通说。该说认为,因侵权行为所产生的赔偿责任,应就侵权行为法规的意义与目的进行探讨,尤其应当探讨其本意旨在保护何种利益。[②] 也就是说,只有当被主张之损害根据其种类及存在的方式系属于被法规保护之下时,损害赔偿的义务才能存在。法规目的说把对因果关系的判断从案件发生的实际情况的分析转向对被违反的法规的分析。

2. 司法赔偿责任中的因果关系

由于司法侵权行为与民事侵权行为存在着诸多差异,因此,直接照搬民事侵权法上的因果关系理论难以对司法赔偿责任的构成作出合理的解释。实际上,许多国家对因果关系并不作非常明确的要求,只要公民遭到非法拘禁、逮捕或者被定罪并因这种行为遭受到损失,而后来的决定又推

---

① 转引自陈聪富:《因果关系之判断——台北市国家赔偿案件分析》,载陈聪富:《因果关系与损害赔偿》,元照出版公司 2004 年版,第 180 页。

② 曾世雄:《损害赔偿法原理》,中国政法大学出版社 2001 年版,第 112—113 页。

翻了原来的定罪，就应当给予受害人赔偿。以美国的刑事赔偿为例，各州对于错误定罪与错误监禁承担赔偿责任，只需符合下列条件即可：赔偿请求人被判决犯有针对州的犯罪，并被判一定的刑期，此人已经在州监狱服完全部或部分刑罚；基于事实上的无罪，赔偿请求人获得了州长签发的赦免状，或者有罪判决被撤销、或者起诉书被驳回；此人并未因自己的行为导致对自己的定罪，或者（并且）没有自认其罪；赔偿请求人因错误定罪与错误监禁遭受到一定的损害；赔偿请求的提出并未超过法定的期限。[①]只要受害人证明自己事实上无罪却被判决有罪并被执行，州即应当承担赔偿责任。刑事赔偿责任的裁决机关无须判断受害人所遭受损害与法院错误判决及错误执行刑罚之间存在因果关系。我们可以将此理解为，只要受害人被法院误判并错误执行，且事实上遭受损害，即可认定因果关系存在。

我国学者关于司法赔偿因果关系并没有太多专门论述，主要有以下几种观点：第一种观点认为应当采相当因果关系说，这也是大多数学者的观点。第二种观点认为应当是直接因果关系。所谓直接因果关系是指行为与结果之间存在着逻辑上的直接的关系，其中行为并不要求是结果的必然或根本原因，而仅仅是导致结果发生的一个较近的原因。[②] 第三种观点采“多元因果关系说”，认为应当以相当因果关系为基准，根据不同的赔偿责任类型，采用不同的因果关系。[③]

司法赔偿中因果关系的判断应当采相当因果关系说。我国虽有学者主张采相当因果关系说，但对相当因果关系的阐述不够透彻。司法赔偿实践中，各赔偿义务机关、人民法院赔偿委员会在决定司法赔偿案件时对因果关系的认定也是非常随意的，很多情况下都以“没有因果关系”为由拒绝赔偿。因此，有必要从理论上将因果关系加以明确。对相当因果关系的判断，应当严格区分事实上因果关系与法律上因果关系。相当因果关系的判断包括两个步骤：

第一，事实上因果关系的判断。事实上因果关系系事实上因果律之问题，即侵害行为是否事实上对损害的发生具有原因力。在此阶段，不论损害发生是否仍有其他原因，只要被告行为促成损害发生，即应认定具有

---

① 参见张红：《美国刑事赔偿制度论要》，载《行政法学研究》2005 年第 4 期。

② 皮纯协、冯军主编：《国家赔偿法释论》，中国法制出版社 1996 年版，第 86 页。

③ 高家伟：《国家赔偿法》，商务印书馆 2004 年版，第 124 页。

因果关系。对于如何认定事实上因果关系成立,理论上一般采“必要条件说”。英文中将必要条件说称为“but for rule”,即所谓“若无,则不”法则,是指“若无被告之行为,则损害将不会发生,该行为始为损害之原因。反之,若无被告之行为,损害仍会发生,则被告之行为非损害之原因”①。如何判断侵权行为属损害发生所不可欠缺的条件,有两种学说:一为“删除说”,即在判断因果关系时,将被告的行为从损害发生的整个事件进行的过程中完全排除,而其他条件不变,如果在排除以后,损害结果仍然发生,则被告的行为就不是损害发生的不可欠缺的条件。反之,如果将被告的行为从损害发生的整个事件进行的过程中完全排除以后,损害结果不可能发生,或以完全不相同的方式发生,则被告的行为就是损害发生的原因。二为“代替说”,即在判断因果关系时,假设被告在事件现场,但被告从事了某种合法行为,如果此事仍然发生损害结果,被告的行为和损害结果之间就没有因果关系。

第二,法律上因果关系的判断。侵权行为与损害结果间具有事实上因果关系时,被告是否应对原告负损害赔偿责任,尚须考虑被告行为是否为法律上原因。这在英美法上称为“最近原因”(proximate cause)。法律上因果关系系在事实上因果关系成立后,探求被告是否应对原告损害负责,亦即基于法律政策或其他考虑,被告责任应如何限制的问题。在判断法律上因果关系时,学说上有合理可预见说、法规目的说以及相当因果关系说等。这些学说主张虽有差异,但基本上均认为被告行为若增加损害发生之危险,在异常事件介入并中断被告行为与损害间之因果历程时,二者之间即具有法律上因果关系。换言之,原告损害若属被告行为一般事件发展过程中,通常、自然发生的结果,被告应可预期损害之发生,即应对损害承担赔偿责任。法律上因果关系的判断,是一个法律政策考虑的问题,法官应当基于公平正义的考虑,在个案中判断被告的责任。② 法律上因果关系的判断包括两个部分:其一是责任成立上的相当因果关系,其二是责任范围上的相当因果关系。

① 转引自陈聪富:《侵权行为法上之因果关系》,载陈聪富:《因果关系与损害赔偿》,元照出版公司2004年版,第55页。

② 同上书,第161—162页。

司法赔偿责任中因果关系的判断,基本上应当遵循事实上因果关系与法律上因果关系的两个步骤进行。但由于因果关系与举证责任密切关联,且司法赔偿责任在许多情形下是一种危险责任,因此司法赔偿责任中因果关系的判断应当与民事赔偿责任有所区别。司法赔偿中应当遵循举证责任倒置的原则,这是保障人权这一司法赔偿目的的体现。在事实上因果关系判断阶段,受害人只需证明损害结果存在,证明责任即转移到司法机关,如果司法机关不能举证证明自己的行为与损害结果之间缺乏因果关系,即应当推定因果关系成立。例如,在错误拘留、错误逮捕、错误执行刑罚等给公民造成损害的情形下,受害人只需证明自己无罪却遭受损害,即认为因果关系成立。事实上因果关系成立后,可以认定司法赔偿责任成立,除非在法律上因果关系判断阶段,司法机关能够举出证据证明应当限制司法赔偿责任或者免除司法赔偿责任。当然,对因果关系的认定是由司法赔偿事项处理主体进行的。这一主体在处理司法赔偿事项,判断因果关系是否存在时,拥有很大的自由裁量权。

现将司法赔偿责任因果关系图示如下:

因果关系
- 事实上因果关系(必要条件说)
- 法律上因果关系(相当因果关系说)
  - 责任是否成立
  - 责任范围

三、司法赔偿的范围

司法赔偿范围要解决的问题是国家对哪些司法侵权行为造成的哪些损害应当承担赔偿责任,包括侵权行为的范围和所造成损害的范围两个方面。本节主要研究哪些司法侵权行为应当纳入赔偿范围。不过,仅有司法赔偿范围的肯定性概括与列举并不能周延地描绘出司法赔偿的范围,还应当重点研究司法赔偿责任的免责事由。

(一) 司法侵权行为的范围

本节将从侵权行为的角度探讨司法赔偿范围。学术界有不少论文论及司法赔偿的范围,大家一致认为《国家赔偿法》规定的司法赔偿范围过于狭窄,许多司法侵权行为均被排除在司法赔偿范围之外。学者们纷纷提出修改《国家赔偿法》,拓宽司法赔偿范围的建议。然而,司法赔偿的范围应当如何拓展?哪些事项应当纳入司法赔偿范围?学界对上述问题远未达成共识。

如前文所述,从行为的角度来看,纳入司法赔偿范围的应当是司法机关及其工作人员执行职务的行为。司法赔偿范围的确定是在结合下述两个标准的基础之上进行的:一是作为行为与不作为行为,二是法律行为与事实行为。

1. *司法机关怠于履行职责*

司法机关怠于履行职责,即司法机关的不作为,是指司法机关及其工作人员按照法律规定的程序应当作出司法行为而不作出司法行为。司法不作为的违法性不以后果来决定,只要未按照法定程序应当作为而不作为即构成司法不作为。《国家赔偿法》上并没有规定司法机关的不作为行为属于司法赔偿的范围。《国家赔偿法》中所规定的"错误拘留"、"错误逮捕"、"刑讯逼供"、"殴打"、"唆使"、"使用武器、警械"、"采取查封、扣押、冻结、追缴等措施"等,均是作为行为,没有怠于履行职责的规定,甚至没有预留怠于履行职责行为的"空间"。在探讨司法机关怠于履行职责这一情形之前,我们首先考察行政机关不作为的赔偿问题。我国《国家赔偿法》中没有明确肯定行政不作为的赔偿责任。2001 年,最高人民法院在给四川省高级人民法院的一个批复中明确指出:由于公安机关不履行法定行政职责,致使公民、法人和其他组织的合法权益遭受损害的,应当承担行政赔偿责任。[①] 可以看出,行政机关怠于履行行政职责的不作为行为,已经纳入行政赔偿的范围。

最高人民法院在《关于民事、行政诉讼中司法赔偿若干问题的解释》(2000 年)中明确肯定对于两种司法不作为行为国家应当承担赔偿责任。该《解释》第 3 条规定,对查封、扣押的财物不履行监管职责,严重不负责任,造成毁损、灭失的,属于违法采取保全措施,但依法交由有关单位、个人负责保管的情形除外。第 4 条规定,在执行过程中,对查封、扣押的财产不履行监管职责,严重不负责任,造成财物毁损、灭失的属于对判决、裁

---

① 最高人民法院《关于公安机关不履行法定行政职责是否承担行政赔偿责任问题的批复》,2001 年 6 月 26 日最高人民法院审判委员会第 1182 次会议通过,法释(2001)23 号最高人民法院公告。

定及其他生效法律文书执行错误的情形。最高人民法院《关于审理人民法院国家赔偿确认案件若干问题的规定(试行)》(2004 年)第 11 条作了进一步规定,“被申请确认的案件在原审判、执行过程中,具有下列情形的,应当确认违法:(一) 人民法院决定逮捕的犯罪嫌疑人没有犯罪事实或者事实不清、证据不足,释放后,未依法撤销逮捕决定的;……(九) 对查封、扣押的财物故意不履行监管职责,发生灭失或者其他严重后果,给确认申请人造成损害的;(十) 对已经发现的被执行人的财产,故意拖延执行或者不执行,导致被执行的财产流失,给确认申请人造成损害的”。其中,第(9)项是对 2000 年司法解释第 3 条的修正。虽然最高人民法院的司法解释将部分司法不作为的侵权行为纳入了司法赔偿的范围,是一个很大的进步,但其作用有限。司法解释针对的只是民事、行政诉讼中法院的一部分侵权情况,法院其他的不作为侵权行为没有涉及,侦查、检察机关及其工作人员不作为侵权的国家赔偿责任仍然缺失。这样,同样是怠于履行职责的行为,在行政领域国家承担赔偿责任,而在司法领域,国家只是部分地承担赔偿责任。这种情况不仅不符合形式法治的要求,与实质法治的精神也明显背道而驰。

在怠于履行职责的情形下,国家机关之所以要承担国家赔偿责任,正是因为国家机关没有实施保护行为,没有履行其保护和救济个人权利的法定职责或义务,即怠于履行保护义务。那么,司法上是否存在怠于履行职责行为? 我们认为,国家机关怠于履行职责的行为是以法律上有作为义务为前提的,即法定职责的存在。只要有法定职责存在,就可能有不履行法定职责的行为发生。虽然相对于行政的积极功能而言,司法在整体上是消极的、被动的,但是,这种消极与被动实际上是在启动司法裁判程序上的消极与被动,一旦司法裁判程序被启动,司法裁判的主动性和法定职责存在就是没有疑问的。甚至在很多情况下,对于诉讼是否能够启动,法院也有很大的决定权。况且,在刑事诉讼过程中,公安机关、检察机关等机关行使司法权,实际上与行政机关行使公权力并没有实质区别,相反,倒是与法院的裁判司法相去甚远。[①] 例如,《刑事诉讼法》第 85 条规定:“公安机关、人民检察院或者人民法院应当保障报案人、控告人、举报人及其近亲属的安全。”这种保障安全的义务,就是在刑事诉讼程序中,公

---

① 参见杨小君:《怠于履行职责的国家赔偿责任》,载《国家行政学院学报》2005 年第 1 期。

安机关、检察机关和法院这些司法机关对报案人、控告人和举报人这些个人所负担的法律义务，换句话说，就是对个人承担的法定义务。如果司法机关没有履行这种保障安全的义务，造成个人权益损害的，就是法律上的怠于履行职责并且应当承担因为怠于履行职责行为产生的赔偿责任。在实践中，司法领域存在的腐败和滥权现象，不仅是存在的，而且是严重的。其中，怠于履行职责行为就是一种主要手段。以司法、法院、法官应当具有的独立、公正来抹杀或取代事实上存在的违法、滥权、渎职、怠于履行职责等，实际上是在回避我们所面对的现实。

只要法律中规定司法机关应当履行一定的职责，而司法机关无正当理由不履行职责即构成怠于履行职责。司法机关怠于履行职责主要有以下几种情形：其一，司法机关在诉讼过程中怠于履行保护公民人身权、财产权的职责。例如，根据《刑事诉讼法》第 49 条规定，人民法院、人民检察院和公安机关应当保障证人及其近亲属的安全。如果司法机关明知证人及其近亲属的安全受到威胁或者证人及其近亲属主动要求司法机关保护自己的安全，司法机关没有履行这一职责，致使证人及其近亲属的权利受到损害，则应当由国家承担赔偿责任。再如，人民法院对查封、扣押的财物不履行监管职责，严重不负责任，造成毁损、灭失的情形；人民法院明知当事人有转移、隐匿、出卖或毁损财产等行为，却不依职权积极采取保全措施，造成不能保全等。其二，司法机关应当启动诉讼程序而拒不启动。包括人民法院不予受理、不作出判决或者裁定等行为。其三，诉讼过程中的其他怠于履行职责行为。例如，在民事诉讼中，人民法院收取公民的执行费后却不执行的情况。[①]

2. 事实行为

司法领域中，引起国家赔偿的司法行为绝大部分为法律行为，只有少部分为事实行为，因此尚未引起人们足够的重视。司法赔偿领域中的事实行为，一般是在没有司法决定的情况下，司法机关及其工作人员执行职务时对公民、法人和其他组织作出的职务行为以及与履行职责相关的行为。司法事实行为与司法法律行为的主要区别，在于实施行为时是否有司法决定。一般情况下，如果有司法决定，该司法行为为司法法律行为；

① 参见《收了“强制执行费”不执行　公民状告法院“不作为”》，资料来源：http://www.hebei.com.cn/node2/node4/node5/node1503/userobject1ai346761.html，访问于 2005 年 8 月 13 日。

如果没有司法决定,该司法行为为司法事实行为。因此,司法事实行为无司法决定,即判决、裁定、决定等生效司法决定文书为依据。

目前法律只确定了三种违法司法事实行为才能引起国家赔偿,即司法机关作出刑讯逼供,使用暴力、唆使他人使用暴力,违法使用武器、警械的事实行为。事实上,司法机关在行使司法权过程中的事实行为是大量存在的。因司法机关实施的事实行为侵犯公民权利引起司法赔偿的案件占了相当的比例。有学者调查了四川省成都市自《国家赔偿法》实施以来的情况后发现,以侵犯人身权提起司法赔偿申请中,有53.8%系殴打、违法使用武器、警械、刑讯逼供等事实行为引起的。[①] 我们认为,司法机关在行使司法职权过程中实施事实行为,侵犯公民、法人或者其他组织权益并造成损害的,应当由国家承担赔偿责任,而不仅仅限于国家赔偿法及有关司法解释中的列举。具体而言,应当包括以下几种情形:

其一,刑讯逼供。刑讯逼供是司法机关工作人员在办理刑事案件过程中,对犯罪嫌疑人或被告采取肉刑或者变相肉刑,逼取认罪口供的行为。为了查明案情和有关问题,依照法定程序,在传唤、预审、审讯等场合,以言词方式对犯罪嫌疑人和被告人进行讯问,是办理刑事案件的重要环节。由于犯罪嫌疑人对自己是否实施了犯罪行为、怎样实施犯罪行为、为什么实施犯罪行为等情况最为清楚,通过讯问可以搜集侦破案件的线索,抓获其他犯罪嫌疑人,查找人证,取获物证。正因如此,口供在刑事诉讼过程中一直得到司法工作人员的偏爱。当人类所掌握的司法证明手段还不够发达的时候,办案人员自然认为犯罪人或被告人的口供最有证明价值。我国《刑事诉讼法》第43条规定:"审判人员、检察人员、侦查人员必须依照法定程序,收集能够证实犯罪嫌疑人、被告人有罪或者无罪、犯罪情节轻重的各种证据。严禁刑讯逼供和以威胁、引诱、欺骗以及其他非法的方法收集证据。"《刑法》第247条相应地规定了刑讯逼供罪。但在实践中,司法机关工作人员为收集证据、急于破案、定案而对犯罪嫌疑人刑讯逼供的现象却并不少见。

其二,暴力行为。暴力行为是司法机关工作人员在行使职权过程中实施的殴打、捆绑、电击等暴力行为。殴打等暴力行为与刑讯逼供在客观方面有重叠之处,刑讯逼供过程中一般也会施行暴力。二者的区别在于

① 徐静村主编:《国家赔偿法实施程序研究》,法律出版社2000年版,第15页。

刑讯逼供过程中实施暴力行为，其目的是为了逼取有罪的口供，而殴打等暴力行为的目的往往还包括逼取口供以外的其他目的。并且，刑讯逼供行为的受害对象是犯罪嫌疑人与被告人，暴力行为的受害对象不仅包括犯罪嫌疑人与被告人，还包括其他公民，如证人、律师等。实践中，暴力行为不仅会发生在司法机关工作人员进行刑事侦查、执行拘留、逮捕等过程中，还有可能发生在民事、行政诉讼过程中。实践中就曾发生过法官执行支付令时殴打被执行人的情况。司法机关实施暴力行为，还包括司法机关工作人员以暗示、明示、纵容、引诱、劝说等方法，故意唆使他人向受害人实施暴力行为等。

其三，违法使用武器、警械。在刑事诉讼过程中，司法机关工作人员违法使用武器、警械致使公民身体受到伤害甚至死亡的，国家应当承担赔偿责任。为了保障司法机关依法履行职责，及时有效地阻止违法犯罪行为，国家赋予司法人员中的部分工作人员依法佩戴和使用武器、警械的权利。同时，为防止此种权力的滥用，保护公民人身权不受非法侵犯，法律、法规又对不得使用或停止使用武器、警械的情形作了规定。1996 年国务院颁布的《人民警察使用警械和武器条例》对武器和警械的使用作出了明确规定。根据该法第 14 条规定，人民警察违法使用警械、武器，造成不应有的人员伤亡、财产损失，由该人民警察所属机关依照《中华人民共和国国家赔偿法》的有关规定给予赔偿。最高人民法院、最高人民检察院、公安部、安全部、司法部于 1983 年 9 月 14 日下发的《关于人民警察执行职务中实行正当防卫的具体规定》中规定，有权携带武器的司法警察等，在法律规定的范围内，对正在进行不法侵害的人必须采取正当防卫行为，使用警械直至开枪射击。但防卫超过必要限度造成不应有的伤害时，国家应当承担责任。司法机关工作人员违法使用武器、警械造成公民身体伤害或者死亡的情形比较复杂，实践中一般有以下几种情况：其一，司法机关给不应配备武器、警械的人员配备武器、警械，该人员在行使职权过程中使用；其二，无权佩戴武器、警械的司法人员私自携带并在行使职权过程中使用；其三，有权佩戴武器、警械的司法人员违法使用武器、警械等；其四，有权佩戴武器、警械的司法人员使用武器、警械并没有违法，只是在使用过程中存在过错，从结果上看造成对公民的生命、健康权的侵犯，国家也应当承担赔偿责任。例如，某自治县公安局刑警队在协助市公安局抓捕犯罪嫌疑人时，将等车上班的张某误认为是犯罪嫌疑人，在叫张某过来时,张某转身就跑,刑警追喊其站住,并鸣枪示警,张某仍然没有站住,刑警遂向其开枪,击中张某的左足,造成开放性骨折。在此情况下,应当由国家承担赔偿责任。

其四,其他事实行为。例如,检察院、人民法院对扣押的物品保管不善给所有权人造成损害等。根据 2001 年公布的《人民检察院扣押、冻结款物管理规定》的规定,人民检察院扣押物品后应当尽到保管责任,比如"保管室必须符合防火、防盗、防潮等安全要求。应配置保险柜、物品架等防护管理设备"等。如果检察院保管扣押物时不符合相关规定给有关人员造成损害,应当由国家赔偿。

3. 作为的司法侵权行为

作为的司法侵权行为,是指司法机关及其工作人员违反对公民、法人或者其他组织负有的不作为义务,侵犯公民、法人或者其他组织合法权益并造成损害的行为。以作为形式存在的司法侵权行为范围非常广泛。

(1) 刑事强制措施

根据《国家赔偿法》第 15 条规定,对没有犯罪事实或者没有事实证明有犯罪重大嫌疑的人错误拘留的,对没有犯罪事实的人错误逮捕的,国家应当承担赔偿责任。这一规定存在着许多问题:

第一,根据我国《刑事诉讼法》第 1 编第 6 章的规定,刑事强制措施包括拘传、取保候审、监视居住、拘留和逮捕 5 种。《国家赔偿法》将错误拘留、错误逮捕纳入了司法赔偿范围,但如果没有合法根据,而将无罪的人错误地取保候审、监视居住,侵犯被告人、犯罪嫌疑人的人身自由,给其造成损害,国家是否应予赔偿?对此问题《国家赔偿法》并没有作出规定。

第二,关于错误拘留和错误逮捕,《国家赔偿法》的规定存在着以下几个问题:(1)《国家赔偿法》中错误拘留和错误逮捕的标准与《刑事诉讼法》的规定不符。以逮捕而例,《国家赔偿法》规定的"错误逮捕",是"对没有犯罪事实的人"进行的逮捕。《刑事诉讼法》规定的逮捕标准是"对有证据证明有犯罪事实,可能判处徒刑以上刑罚的犯罪嫌疑人、被告人,采取取保候审、监视居住等方法,尚不足以防止发生社会危险性,而有逮捕必要的,应即依法逮捕"。显然,后者比前者的标准要严格得多,不仅是有没有犯罪事实的问题,还有可能判处徒刑以上刑罚、采取其他方法是否足以防止发生社会危害性和是否有必要逮捕等问题。此外,《国家赔偿法》规定逮捕的核心标准是有"犯罪事实",而《刑事诉讼法》规定的核心标准只是“有证据证明有犯罪事实”。[①] (2) 拘留、逮捕当时符合法律规定,但在将来的审判程序中被判决无罪的人,是否有权就拘留、逮捕造成的损失提出国家赔偿?根据《国家赔偿法》中规定的违法责任原则,只要被拘留的人属现行犯或有作案重大嫌疑,被逮捕的人符合逮捕条件,即使将来因故被解除拘捕,或在将来的诉讼中被判决无罪,也不属于错拘、错捕。只要公民不被起诉或者获得无罪判决,国家应当赔偿对其采取的刑事强制措施所造成的损害,无论该刑事强制措施实施当时是否违法。因此,即使拘留、逮捕当时符合法律规定,但在将来的审判程序中不被起诉或者被判决无罪的人,有权就拘留、逮捕造成的损失提出国家赔偿。

刑事强制措施是指公安机关、人民检察院和人民法院为了保证刑事诉讼的顺利进行,依法对刑事案件的犯罪嫌疑人、被告人的人身自由权进行限制或者剥夺的各种强制方法。[②] 根据我国《刑事诉讼法》第 1 编第 6 章规定,刑事强制措施包括拘传、取保候审、监视居住、拘留和逮捕 5 种。从充分保障人权的司法赔偿目的和“有损害便有救济”的原则出发,《刑事诉讼法》中规定的 5 种刑事强制措施若侵犯公民、法人或者其他组织合法权益并造成损害,均应纳入司法赔偿的范围。在此问题上,需要注意两点:其一,只要刑事案件被撤销,公民不被起诉或者获得无罪判决,国家应当赔偿对其采取的刑事强制措施所造成的损害,无论该刑事强制措施实施当时是否违法。这是无过错责任原则的体现。其二,公民被判决无罪,之前如果因刑事强制措施遭受损害,国家应当承担损害赔偿责任。如公民先被拘留、逮捕,最后法院作出无罪判决,此时对拘留和逮捕两种行为给公民造成的损害均应赔偿。也就是说,在确定国家赔偿责任时,后续的刑事强制措施并不当然吸收先前的刑事强制措施。由于不同的刑事强制措施之间存在着较大的区别,所以下文将对各种刑事强制措施进行具体分析:

其一,拘传。

拘传是公安司法机关对于未被羁押的犯罪嫌疑人、被告人,依法采取的强制其到案接受讯问的一种强制方法。由于拘传对人身自由限制的强制性相对较弱,但又可以依法强制犯罪嫌疑人到案接受讯问,因此,对于

---

① 参见杨小君:《国家赔偿的归责原则与归责标准》,载《法学研究》2003 年第 2 期。

② 陈光中主编:《刑事诉讼法》,北京大学出版社 2002 年版,第 189 页。

不宜采取逮捕、拘留强制措施而又拒不到案的犯罪嫌疑人，可以采取拘传，使其到案接受讯问。由于拘传是限制人身自由措施，刑事诉讼法和有关规定对适用条件和程序进行了严格规定，并规定了时间限制。就公安机关的拘传而言，根据《公安机关办理刑事案件程序规定》第 60 条至第 62 条的规定，公安机关根据案件情况对需要拘传的犯罪嫌疑人，或者经过传唤没有正当理由不到案的犯罪嫌疑人，可以拘传到其所在市、县内的指定地点进行讯问。在实践中，违法拘传主要表现在：(1) 对没有犯罪嫌疑的人采取拘传措施。根据《刑事诉讼法》规定，拘传的对象仅限于被告人和犯罪嫌疑人，如果侦查机关对证人或没有涉嫌犯罪的人采取拘传措施，就是违法拘传。(2) 违法行使拘传权。例如，不应当使用武力的情况下使用了武力，侵犯了公民合法权益，或者违反《刑事诉讼法》第 92 条关于"拘传持续的时间最长不得超过 12 小时"的时限规定，未及时放回或没在规定时限内变更强制措施，超时限拘传的。检察机关也有权对犯罪嫌疑人采取拘传措施。司法机关采取的拘传措施本身违法，或者对没有犯罪嫌疑的人采取拘传措施，给公民造成损害，应当由国家承担赔偿责任。

其二，取保候审。

取保候审是指公安司法机关责令犯罪嫌疑人、被告人提出保证人或者交纳保证金，以保证其不逃避或者妨碍侦查、起诉和审判并随传随到的一种强制方法。《刑事诉讼法》、《公安机关办理刑事案件程序规定》、《人民检察院刑事诉讼规则》等法律规定对取保候审的对象、适用范围及程序等均作了规定。最高人民法院赔偿委员会 1996 赔他字第 3 号《关于取保候审期间国家不承担赔偿责任问题的批复》中明确规定："取保候审期间人身自由虽受到部分限制，但实际上没有被羁押，根据国家赔偿法的有关规定，宣告无罪后，取保候审期间国家不承担赔偿责任。"

取保候审中的一个重要问题是违法对保证人处以罚款和没收保证金。保证金是指公安机关对符合刑事诉讼法所规定取保候审条件的犯罪嫌疑人决定取保候审时，责令犯罪嫌疑人为保证其不妨碍、不逃避刑事诉讼活动而交纳的一定数额的现金。取保候审中的违法罚款和违法没收保证金的行为，应当纳入司法赔偿的范围。根据最高人民法院、最高人民检察院、公安部、国家安全部、司法部、全国人大常委会法工委《关于刑事诉讼法实施中若干问题的规定》(1999 年) 和最高人民法院、最高人民检察院、公安部、国家安全部《关于取保候审若干问题的规定》的规定，取保候审由公检法三机关根据案件的情况依法作出，但统一由公安机关执行：由公安机关在指定银行设立保证金专户，委托银行代为收取和保管；没收保证金的决定、退还保证金的决定、对保证人的罚款决定等，均应当由县级以上公安机关作出；对于决定没收的保证金，亦得由县级以上公安机关及时通知银行按照规定上缴国库。实践中，取保候审的实施存在着许多问题，尤其在保证金的没收、退还上，有的司法机关存在程序不规范，乱没收、借故不予退还等违法现象。保证金一般没收多，退回的少。一部分办案人员在取保候审到期后，既不申请解除，也不对保证金作出处理，成为变相没收。[①]《刑事诉讼法》第 55 条、第 56 条分别规定了对保证人处以罚款和对取保候审人没收保证金的规定，但对违法擅自收取、没收的保证金以及违法罚款是否返还没有规定。为保障被取保候审人、保证人的合法财产权不被侵犯，违法收取、没收取保候审保证金和对保证人处以罚款应当纳入司法赔偿的范围。具体而言包括两种情况：第一种情况是犯罪嫌疑人无罪，却被没收、收取取保候审保证金，应当予以返还；第二种情况是违法收取、没收取保候审保证金和对保证人处以罚款。

其三，监视居住。

监视居住是指公安司法机关为了防止犯罪嫌疑人、被告人逃避或妨碍侦查、起诉和审判，责令其未经批准不得擅自离开住处或者指定居所，并对其行动加以监视和控制的一种刑事强制措施。监视居住是我国独创的一种刑事强制措施。《刑事诉讼法》、《公安机关办理刑事案件程序规定》、《人民检察院刑事诉讼规则》等法律规定对监视居住的对象、适用范围及程序等均作了规定。监视居住的强制程度介于取保候审与逮捕之间，只是对犯罪嫌疑人、被告人行动区域的限制，并不实际剥夺其人身自由。被监视居住的犯罪嫌疑人、被告人不得离开指定区域。指定区域一般是指犯罪嫌疑人、被告人居住地的某一区域或其单位。但在实践中，公安机关、检察机关经常在拘留所、检察院的某办公室等地实施监视居住。监视居住的运用相对取保候审要少得多。司法实践中，赔偿义务机关常

① 参见陈建新：《取保候审适用有点“跑调”》，载《法制日报》2002 年 3 月 23 日。

以监视居住不属于国家赔偿范围为由不予赔偿。①

应当纳入司法赔偿范围的监视居住主要包括以下两种情况:第一种情况是司法机关违法实施监视居住,不论被监视居住的犯罪嫌疑人是否有罪。违法实施监视居住是指违反法律规定的监视居住的条件和程序等,实践中最常见的是监视居住实际上已经构成对犯罪嫌疑人人身自由的限制,成为一种变相羁押。第二种情况下,司法机关对犯罪嫌疑人、被告人实施监视居住,而在随后解除强制措施,或者犯罪嫌疑人、被告人被认定为无罪,应当由国家承担赔偿责任。监视居住虽然并未剥夺公民的人身自由,但却形成限制,公民的日常活动受到了影响。

其四,拘留。

刑事诉讼中的拘留,是指公安机关、人民检察院等机关在法定的紧急情况下,对于现行犯或者重大嫌疑分子采取的暂时剥夺其人身自由并予以羁押的强制方式。② 司法机关在刑事诉讼过程中错误拘留公民,应当承担赔偿责任。对于错误拘留,有多种意义上的理解,在不具备法定条件的情况下予以拘留、逮捕的,可称为错误拘留;执行拘留时未按照法定程序进行的,也可称为错误拘留;从结果的角度来看,即使拘留当时符合法律规定,但由于其后案件被撤销、检察机关作出不起诉决定或者人民法院作出无罪判决,原来的拘留也属错误。错误拘留既包括实体上的错误,也包括形式上的错误,若是执行拘留时未按照法定程序进行,给公民造成损害的,应当纳入司法赔偿的范围。实践中,因错误拘留国家承担赔偿责任

① 例如,张某申请佛山市公安局赔偿一案。该案案情如下:1999 年 10 月 1 日,某区公安分局以涉嫌侵犯商业秘密犯罪为由,对张某予以刑事拘留。26 日,该案移送佛山市公安局管辖。同年 10 月 30 日经佛山市公安局决定,以涉嫌侵犯商业秘密罪为由,对张某转为监视居住。11 月 8 日,佛山市公安局提请佛山市检察院批准逮捕张某。2000 年 1 月 14 日佛山市检察院以张某的行为不涉嫌侵犯商业秘密犯罪为由,作出《不批准逮捕决定书》。张某申请国家赔偿,广东省高级人民法院赔偿委员会经审理认为,佛山市公安局错误拘留,依法应赔偿张某被拘留期间的人身自由赔偿金。而张某在监视居住期间人身自由虽受到部分限制,但实际上没有被羁押,根据《国家赔偿法》和最高人民法院“1997 赔他字第 14 号”、“1998 赔他字第 3 号”批复的规定,国家不承担赔偿责任。资料来源:http://www.gdcourts.gov.cn/alxc/gjpc/t20031228_2812.htm,访问于 2005 年 9 月 5 日。

② 我国法律规定中的“羁押”一词,是指将被拘留或者被逮捕的人关押于看守所进行严格监管,使其完全失去人身自由的措施。它是执行拘留、逮捕的结果,是拘留、逮捕的应有内容,而不是与逮捕、拘留相并列的独立的刑事强制措施。参见张建良:《刑事强制措施要论》,中国人民公安大学出版社 2005 年版,第 220 页。

的情形在刑事司法赔偿中占相当大的比例。有学者统计，广州市中级人民法院自1997年至2004年处理的刑事司法赔偿案件中，因刑事拘留而引起国家赔偿的案件占41%。[①]

作为司法赔偿范围的拘留包括两种情况：第一种情况下司法机关违反法律规定的条件和程序对犯罪嫌疑人进行拘留，给犯罪嫌疑人造成损害；第二种情况下司法机关实施拘留，但在其后的刑事诉讼程序终止追究犯罪，案件被撤销，检察机关作出不起诉决定或者法院作出无罪判决，但拘留本身是合法的。

其五，逮捕。

逮捕是最严厉的刑事强制措施，通常是指公安司法机关为防止犯罪嫌疑人、被告人逃避或者妨碍侦查、起诉或者审判，防止其发生社会危险性，依法采取的剥夺其人身自由并予以羁押的强制方法。实践中，因错误拘留国家承担赔偿责任的情形在刑事司法赔偿中占相当的比例。有学者统计，广州市中级人民法院自1997年至2004年处理的刑事司法赔偿案件中，因刑事逮捕而引起国家赔偿的案件占四分之一。[②] 作为司法赔偿范围的逮捕包括两种情况：第一种情况下司法机关违反法律规定的条件和程序对犯罪嫌疑人进行逮捕，给犯罪嫌疑人造成损害；第二种情况下司法机关实施逮捕，但在其后的刑事诉讼程序终止追究犯罪，案件被撤销，检察机关作出不起诉决定或者法院作出无罪判决，但逮捕行为本身是合法的。

（2）法院采取排除妨害诉讼的强制措施

排除妨害诉讼的强制措施是人民法院在审理案件过程中，为了保证审判和执行的顺利进行，依法采取的排除妨害诉讼秩序行为的强制措施。我国《刑事诉讼法》、《民事诉讼法》和《行政诉讼法》中均规定了排除妨害诉讼的强制措施。刑事诉讼、民事诉讼、行政诉讼中人民法院采取妨害诉讼的强制措施，以诉讼过程中存在妨害诉讼的行为为前提。妨害诉讼的行为，包括违反法庭秩序、扰乱或者阻碍审判和执行、拒不履行协助义务等情况。

---

① 刘跃南、鞠晓雄：《刑事司法赔偿的实际运作——以广州市法院系统的实践为视角》，载《修宪之后的中国行政法》，中国政法大学出版社2005年版，第96—100页。

② 同上。

不过,三大诉讼法中对妨害诉讼的强制措施的规定略有区别。根据《民事诉讼法》第100条至第106条的规定,人民法院在民事诉讼中可以采取的排除妨害诉讼的强制措施包括拘传、训诫、责令退出法庭、罚款和拘留5种。根据《刑事诉讼法》第161条的规定,人民法院在刑事诉讼中可以采取警告、强行带出法庭、罚款和拘留4种。而根据《行政诉讼法》第49条的规定,人民法院在行政诉讼中可以采取的排除妨害诉讼的强制措施包括训诫、责令具结悔过、罚款和拘留4种。

《国家赔偿法》中对民事诉讼、行政诉讼中人民法院采取的强制措施造成损害的情况进行了规定,但存在着以下两个方面的问题:第一,《国家赔偿法》将刑事诉讼中人民法院采取的排除妨害诉讼的强制措施排除在国家赔偿范围之外,而事实上这些强制措施同样可能会给公民权益造成损害;第二,《国家赔偿法》第31条规定,人民法院在民事诉讼、行政诉讼过程中,违法采取对妨害诉讼的强制措施造成损害的,由国家承担赔偿责任。最高人民法院在《关于人民法院执行〈中华人民共和国国家赔偿法〉几个问题的解释》(1996年)第2条将国家予以赔偿的强制措施限定为"错误实施司法拘留、罚款的",缩小了《国家赔偿法》中规定的范围。最高人民法院《关于民事诉讼、行政诉讼中司法赔偿若干问题的解释》(2000年)第2条还规定了具体的认定违法拘留、罚款的标准。[①]

法院在三大诉讼过程中采取排除妨害诉讼的强制措施是为了维持法庭审理秩序、维护司法权威。如果人民法院在诉讼过程中违法采取排除妨害诉讼的强制措施给公民、法人或者其他组织造成损害,应当由国家承担赔偿责任。

(3) 错误判决

在部分国家和地区,违法、错误的判决也是在司法赔偿范围之内,不过各国规定略有不同。

在德国,根据《民法典》第839条第2款第1句的规定,公务员在判决诉讼事件时违反其职务上的义务的,只有在义务的违反属犯罪行为时,才

① 最高人民法院《关于民事诉讼、行政诉讼中司法赔偿若干问题的解释》(2000年)第2条规定:"违法采取对妨害诉讼的强制措施,是指下列行为:(一) 对没有实施妨害诉讼行为的人或者没有证据证明实施妨害诉讼的人采取司法拘留、罚款措施的;(二) 超过法律规定期限实施司法拘留的;(三) 对同一妨害诉讼行为重复采取罚款、司法拘留措施的;(四) 超过法律规定金额实施罚款的;(五) 违反法律规定的其他情形。"

对此发生的损害负有责任。这种责任是一种职务责任，是指国家就其有过错的、违法的公法行为而对受害者所负担的责任。《民法典》第839条第2款中所谓的公务员就是法官。根据同款第2句的规定，在法官仅仅因违反职务义务而拒绝或迟延行使其职权的情况下，并不构成国家责任。因此，在实践中，只有在两种情况下法官才承担责任，即法官故意曲解法律和受贿，并且还需达到构成刑事犯罪的程度。另根据《联邦德国刑事追诉措施赔偿法》第1条的规定，对于因一项刑事法庭判决遭受损失者如其判决在再审程序的刑事诉讼中被取消或被减轻、或者在能使该判决有效的其他刑事诉讼中被取消或被减轻时，由国库予以赔偿。

在日本，检察官、法官执行其公权力职务时，因故意或过失违法侵害人民之自由或权利者，国家应当依国家赔偿法的规定承担赔偿责任，法院的判例见解也与此相同。对于应当如何理解"违法"这一要件，日本学说上发展出"职务行为基准说"。该说着眼点在于：行使公权力的公务员是否违反了其职务上通常应尽之注意义务。与德国不同的是，在日本，国家承担赔偿责任并不以法官或者检察官违反职务义务的行为构成犯罪为前提条件。另根据《刑事补偿法》的规定，如果在上诉、再审或者非常上告程序中，已按原判决执行了刑罚，也应当承担赔偿责任。

在我国台湾地区，根据"国家赔偿法"第13条的规定，有审判或追诉职务之公务员，因执行职务侵害人民自由或权利，就其参与审判或追诉案件犯职务上之罪，经判决有罪确定者，适用"国家赔偿法"的规定。因审判或追诉公权力行使致人民遭受损害，欲请求"国家"赔偿者应当具备两个要件：一是审判或追诉违法；二是当初行使审判或追诉之公务员必须因职务上犯罪，经判决有罪确定。这些犯罪包括"刑法"上规定的枉法裁判罪、滥用职权追诉处罚罪等。如果当初行使审判或追诉职能的公务员并未因该案件而犯职务之罪，受害人仍不可请求"国家"赔偿。另根据"冤狱赔偿法"的规定，依再审或非常上诉程序判决无罪确定前，曾受羁押或刑之执行者，"国家"承担赔偿责任。

可以看到，上述国家和地区应当由国家予以赔偿的错误判决包括两种情况：一种情况是在普通的诉讼，包括民事诉讼、刑事诉讼和行政诉讼过程中，法官违反职务义务违法错误判决。在德国，不仅要求法官违法行使审判职权，还要求这种违法行使职权已经构成犯罪，国家方承担赔偿责任。另一种情况是在刑事诉讼过程中，公民被判决有罪并被执行刑罚，而再审或者非常上诉程序中改判为无罪。

根据我国《国家赔偿法》的规定,法院的错判行为原则上是不承担国家赔偿责任的,只有在刑事诉讼中"再审改判无罪,原判刑罚已经执行的",才承担国家赔偿责任。也就是说,只有刑事错判才属于国家赔偿的范围,民事错判和行政错判等,都不属于国家赔偿的范围。其实,这种制度并不符合中国的实际情况,也有违司法赔偿制度的目的。在我国现行体制和实践中,法院的独立性是有限的而不是绝对的,法院与其他国家机关一样,是执行法律的国家机构,是国家机构体系中的一种,由权力机关产生,对权力机关负责等。这就使法院失去了可以完全免除国家赔偿责任的基础;另外,从事实上来看,法官在办理案件中确实也多多少少存在着徇私舞弊、贪赃枉法、贪污受贿等情形。这些情形下的"错判",实际上是故意违法的错判,是对法律的恶意歪曲,也应当受到惩罚和承担相应的责任。所以,应当将国家承担赔偿责任的错误判决的范围扩大至包括刑事错判、民事错判和行政错判。其中,刑事错判包括再审改判无罪、原判刑罚已经执行和轻罪重判、原判刑罚已经执行两种情况。而应当由国家承担赔偿责任的民事错判与行政错判有一定的条件限制,即必须以法官审判人员有贪污受贿、徇私舞弊、枉法裁判行为,导致判决错误损害当事人权益且又不能执行回转的,国家方承担赔偿责任。

其一,刑事错判。

发生法律效力的刑事判决将无罪的公民定为有罪,经审判监督程序予以改判宣告无罪的,或者经审判监督程序将原判重罪改判为轻罪,原来的判决为错误的刑事判决,简称为"刑事错判"。如果某人遭到有罪判决,而经审判监督程序改为无罪判决,原判刑罚已经执行或者部分执行;或者某人的有罪判决经审判监督程序改判为轻罪,已经执行的刑罚超过了轻罪应当被课予的刑罚,即可申请国家赔偿。有司法赔偿立法的国家几乎都将刑事错判纳入了国家赔偿的范围。对于纳入司法赔偿范围的刑事错判,我们应当需要重点明确以下几个问题:

第一,刑事错判的含义。

我国《国家赔偿法》仅仅规定了"再审改判无罪,原判刑罚已经执行的",才承担国家赔偿责任。除此之外,还应当包括再审改判轻罪,实际执行的刑期已超过改判后的刑罚的情况。正确理解"错判",应当重点解决下述两个问题:

首先,对“再审改判无罪”的正确理解。“无罪”包括确定无罪和存疑无罪两种情况。根据《刑事诉讼法》第 162 条的规定,确定无罪是指案件事实清楚,有足够的确实证据认定被告人不构成犯罪,对此情形,国家应当承担赔偿责任,《国家赔偿法》对此也有规定。此外,数罪并罚的案件经过再审,个罪被改判为无罪,实际执行的刑期超过再审判决确定的刑期的,超出执行的时间也应当赔偿。

对于存疑无罪的情况,理论界和实务界存在着截然相反的观点。第一种观点认为,存疑案件应当列为国家免责的情形,并对免责的范围加以限制。对于某些拘留、逮捕合法,后因证据不足作无罪处理的案件,国家应当免除刑事赔偿责任。① 相反观点则肯定存疑案件的国家赔偿责任,认为从法律属性上讲,存疑案件是无罪结论,对无罪的犯罪嫌疑人如果采取过拘留、逮捕强制措施,就涉及国家赔偿。② 我们认为,存疑无罪也应当纳入司法赔偿的范围。根据《刑事诉讼法》第 162 条第(3)项的规定,对于证据不足、不能认定被告人有罪的,人民法院应当作出证据不足、指控的犯罪不能成立的无罪判决。存疑无罪判决从其法律属性上讲是无罪结论,如果刑事司法机关对犯罪嫌疑人采取过拘留、逮捕措施的,就应当由国家承担赔偿责任。

其次,依照审判监督程序再审改判轻罪,实际执行的刑期已超过改判后的刑罚的情况。对超期执行的这段刑期是否应当给予刑事司法赔偿?依照审判监督程序再审改判轻罪,实际执行的刑期已超过改判后的刑罚的情况,对被告人超期执行的这段刑期是否应给予刑事司法赔偿?这种情形严重侵犯被告人的人身权利,剥夺了被告人根据宪法和基本法律所享有的人身自由。将“轻罪重判,且执行期限已超过改判后刑期案件”排除在国家赔偿范围之外,无论在法理上,还是从实现司法正义、公平的价值角度而言都是不适当的,国家赔偿法显然应当将该部分纳入其中。世界上不少国家的立法例都是将这部分案件纳入国家赔偿范围之中的。德国 1971 年 3 月制订的《联邦德国刑事追诉措施赔偿法》第 1 条第(1)项

---

① 何晔晖、陈雪芬:《刑事赔偿立法修改的几个问题》,载《人民检察》2002 年第 12 期。

② 代表性论著包括杨小君:《需要回归真实的国家赔偿范围——重构〈国家赔偿法〉的赔偿范围》,载中国人民大学宪政与行政法治研究中心编:《宪政与行政法治评论》(第 1 卷),中国人民大学出版社 2004 年版,第 181 页;沈德咏主编:《国家赔偿法法律适用与案例评析》,新华出版社 2000 年版,第 843 页。

规定：对于因一项刑事法庭判决遭受损失者如其判决在再审程序的刑事诉讼中被取消或减轻，或者在能使该判决有效的其他刑事诉讼中被取消或减轻时，由国家予以赔偿。这其中便包括超期服刑的冤狱赔偿。《奥地利刑事赔偿法》第2条规定，被害人经国内法院判决后，经再审的刑事诉讼程序或由于其他原因撤销了原来的生效裁定，并被无罪释放、或者出于其他原因不再受到追究、或者经重新判决并因此被判处较轻刑罚或者因此而撤销了矫正或保安措施、或者以较轻措施取而代之，国家应当承担赔偿责任。捷克在其《关于国家机关的决定或不当公务行为造成损害的责任的法律》第6条规定：刑罚决定造成损害的赔偿包括：(1) 已全部或部分执行判决的人如果在以后的诉讼中被宣告无罪或对其不利的刑事诉讼终止，他便有权请求赔偿。(2) 在以后进行的诉讼中被判处的刑罚比原刑罚轻，并且撤销原判决的，被告人有权请求赔偿。根据这一规定，轻罪重判，且执行刑罚已超过改判后的刑罚是可以获得国家赔偿的。

第二，刑罚已经(部分)执行。

根据《刑法》的规定，我国的刑罚分为主刑和附加刑。主刑是基本的刑罚方法，只能独立适用，不能附加适用。对一个罪只能适用一个主刑。附加刑又称从刑，既可以独立适用又可以附加于主刑适用。对一个罪可以适用一个附加刑，也可以适用数个附加刑。主刑包括管制、拘役、有期徒刑、无期徒刑、死刑；附加刑包括罚金、剥夺政治权利、没收财产和驱逐出境。这里的刑罚执行既包括主刑的执行，也包括附加刑的执行。对于无罪的人被判处管制、有期徒刑缓刑、剥夺政治权利的情况下，国家是否应当承担赔偿责任，《国家赔偿法》没有明确规定。早在《国家赔偿法》制定过程中，已有学者主张“行为不构成犯罪，而被判处管制、罚金、剥夺政治权利以及没收财产刑的”，应当纳入刑事赔偿的范围。[①] 但是，最高人民法院《关于人民法院执行〈中华人民共和国国家赔偿法〉几个问题的解释》第4条却明确规定：“人民法院判处管制、有期徒刑缓刑、剥夺政治权利等刑罚的人被依法改判无罪的，国家不承担赔偿责任。”部分学者对此提出质疑，认为管制、有期徒刑缓刑、剥夺政治权利虽然较有期徒刑、无期徒刑、死刑为轻，但其仍然对公民的人身权利和财产权利影响甚大。因此，建议将无罪的人被判处管制、有期徒刑缓刑、剥夺政治权利的情况纳

① 林准、马原主编：《国家赔偿问题研究》，人民法院出版社1992年版，第351页。

入刑事赔偿的范围。[①] 在被管制、有期徒刑缓刑、剥夺政治权利期间，公民的行动受到限制，名誉权也会受到侵犯，同时还有可能无法从事某些营利活动，也会遭受物质利益损害。因此，上述情况应当纳入司法赔偿的范围。

其二，民事、行政错误判决。

在《国家赔偿法》起草过程中，立法机关认为，民事、行政审判中的错判，原因较复杂，有因当事人举证不能导致错判，有因审判人员错误认定证据、适用法律导致错判，但经改判后可以通过执行回转使原来的利益关系回复，不宜列入赔偿范围。[②] 因此，《国家赔偿法》所规定的非刑事司法赔偿仅以对妨碍诉讼的强制措施、保全措施以及执行措施为限，并不包括民事、行政诉讼中的错判在内。但是，法官在审理案件过程中可能出现违法行为，诸如故意违背事实和法律违法裁判、贪赃枉法等。虽然根据《民事诉讼法》的有关规定，对于法官的上述违法行为，受害人可以上诉或申请再审；但是，这无疑会使诉讼当事人在物质上和精神上遭受重大打击。并且，实践中往往有错判且不能执行回转的情形，如果公民、法人或者其他组织无法获得国家赔偿，显然不公平。实践中也的确出现过因法院在民事诉讼中的错误判决导致公民权利遭受损害的情况。曾有这么一个案例：某甲是美、俄两家公司的股东，也是该两家公司的工作人员，因为一起借款合同纠纷案，成为被告人，法院审理时未按程序送达传票便缺席审理。某甲从俄罗斯前往美国公司述职途经北京探亲时才知道案件不仅已判决且已强制执行，扣押了他在国内工作单位的内退工资；查封了其前妻的住房拟拍卖。某甲上诉后，再审法官篡改了新提供的证据后再次错判。某甲上诉后案件发回重审，再重审纠正了前两次的错判。根据《出入境管理法》的规定，民事案件未了结的当事人不得出境。由于法院的两次错判，长达 4 年四次审理，致使某甲不能在国外公司工作，误工长达近 4 年，国外公司停发了某甲的工资。[③] 这种情况下依据国家赔偿法的规定，受

① 樊崇义、胡常龙：《走向理性化的国家赔偿制度——以刑事司法赔偿为视角》，载《政法论坛》2002 年第 4 期；王宏：《刑事赔偿制度的立法缺失》，载《华北电力大学学报》（社会科学版）2004 年第 4 期。

② 胡康生：《关于〈中华人民共和国国家赔偿法（草案）〉的说明》。

③ 资料来源：http://www.china.org.cn/chinese/zhuanti/flzx/556049.htm，访问于 2005 年 9 月 11 日。

害人却不能获得国家赔偿,显然不利于对公民权利的保护。

不过,此类情形一律由国家予以赔偿既不科学也不现实。在其他国家,对于违法错误的判决,一般情况下只有在法官行使职权过程中故意曲解法律或者受贿、枉法裁判等,并且已经达到刑事犯罪的程度时,国家方承担赔偿责任。德国、法国、我国台湾地区均有这样的规定。参酌域外有关立法例,结合我国现实,我们认为民事诉讼、行政诉讼中的错误判决,应当限于审判人员有贪污受贿、徇私舞弊、枉法裁判、滥用职权等行为导致错判,且不能执行回转时的情况。具体而言,民事、行政错误判决由国家承担赔偿责任,除应当满足司法赔偿责任的一般构成要件外,还必须具备两个条件:

第一,审判人员在审理民事、行政案件过程中有贪污受贿、徇私徇情、枉法裁判、滥用职权等行为,当然也包括已经构成犯罪的情况。枉法裁判是指法官在审判活动中故意违背事实和法律作枉法裁判的行为。违背事实和法律作枉法裁判的行为具体方式多种多样。有的是故意伪造、搜集证据材料,有的是引诱、贿买甚至胁迫他人提供伪证,有的是篡改、毁灭证据材料,有的是故意歪曲理解法律甚至无视法律规定,有的是违反诉讼程序,压制或者剥夺当事人的诉讼权利。徇私、徇情是指法官出于个人目的,为了私利、私情,而故意歪曲事实和违背法律。滥用职权是指法官实施了按照其职务的规定不应当实施的行为,包括擅自处理其无权处理、决定的事项;或者在行使职权时以权谋私,假公济私,不正确地履行职责等情况。

第二,判决已经执行且不能执行回转。这一条件适用于民事诉讼,因为行政诉讼法中没有规定执行回转的问题。我国《民事诉讼法》第214条就执行回转作了原则性规定。执行回转又称再执行,是指在案件执行完毕后,因据以执行的依据法律文书被依法撤销,由执行人员采取措施,强制一方当事人将执行所得到的利益退还给原来的被执行人,恢复到执行程序开始前的一种制度。人民法院制作的判决、裁定,在执行完毕后,该判决、裁定又被本院或者上级人民法院经审判监督程序进行再审后被依法撤销或变更,对因执行原判决、裁定而获得利益的一方当事人应当采取执行回转的措施。如果不能执行回转,应当由国家承担赔偿责任。

（4）民事、行政诉讼中错误采取保全措施、执行错误

其一，错误采取保全措施。

财产保全错误，是指行使审判职权的机关及其工作人员在行使职权时违法对财产采取查封、扣押、冻结等财产保全措施错误。结合最高人民法院《关于民事诉讼、行政诉讼中司法赔偿若干问题的解释》（2000 年）第 3 条的规定，违法采取保全措施应当包括几种情况：① 依法不应当采取保全措施而采取保全措施或者依法不应当解除保全措施而解除保全措施的。② 保全案外人财产的，但案外人对案件当事人负有到期债务的情形除外。例如，某人因交通肇事赔偿，诉讼后申请保全，人民法院决定对异地被告的财产采取保全措施，强行将被告使用的冷藏车予以扣押。后查明，该冷藏车所有权并非该被告（被保全人）合法所有，各种证照票据均证明该车为案外人另一公司所有，而该公司与此案毫无关系。③ 明显超过申请人申请保全数额或者保全范围的。例如，在某购销合同纠纷案中，诉讼请求数额为 30 万元人民币，诉讼中法院根据保全请求，裁定对被保全人价值 200 余万美元的大型设备予以封存扣押。④ 变卖财产未由合法评估机构估价，或者应当拍卖而未依法拍卖，强行将财物变卖给他人的。⑤ 审判机关扣押申请保全方以非法方式所取得的被保全方合法所有的财产，将非法状态的财产控制以财产保全方式转为合法状态。例如因索要贷款未果，便以欺骗方式将债务人所有的汽车强行扣留。之后，又向所在地法院对债务人提起诉讼，同时申请人民法院对强行非法扣留的汽车采取扣押的财产保全措施，法院裁定予以扣押。⑥ 对已被查封、冻结的财产又重复查封、冻结，因而延长剥夺被保全人支配财产权利时限。[①] ⑦ 其他情形。

其二，执行错误。

对判决、裁定及其他生效法律文书执行错误，是指对已经发生法律效力的判决、裁定、民事制裁决定、调解、支付令、仲裁裁决、具有强制执行效力的公证债权文书以及行政处罚、处理决定等执行错误。

结合最高人民法院《关于民事诉讼、行政诉讼中司法赔偿若干问题的解释》（2000 年）第 4 条的规定，包括下列行为：① 执行尚未发生法律效

① 黄福宗：《谈财产保全错误的国家赔偿》，载《内蒙古民族师院学报（哲社版）》1999 年第 1 期。

力的判决、裁定、民事制裁决定等法律文书的;② 违反法律规定先予执行的;③ 违法执行案外人财产且无法执行回转的;④ 违法执行案外人财产且无法执行回转的;⑤ 明显超过申请数额、范围执行且无法执何回转的;⑥ 执行过程中,对查封、扣押的财产不履行监管职责,严重不负责任,造成财物毁损、灭失的;⑦ 执行过程中,变卖财物未由合法评估机构估价,或者应当拍卖而未依法拍卖,强行将财物变卖给他人的;⑧ 其他情形。

(5) 查封、扣押、冻结等强制性措施

在刑事诉讼中,查封是指司法机关将可以用作证据或与案件有关不便提取的财物予以就地封存的一种措施。《刑事诉讼法》第 77 条第 3 款规定,人民法院在必要的时候,可以查封或者扣押被告人的财产。根据刑事诉讼法的有关规定,扣押针对的是物证、书证。所谓扣押物证、书证,是司法机关及其工作人员对发现能够证明犯罪嫌疑人有罪或者无罪的物品、文件,依法强制扣留的一种刑事强制性措施。冻结是指司法机关在案件的侦查和审理中发现被告人的存款、汇款与案件有直接关系时,要求有关单位对其存款、汇款停止支付或者转移的一种措施。还有一种措施是追缴,《刑事诉讼法》中对此没有规定。《刑法》第 64 条规定,犯罪分子违法所得的一切财物,应当予以追缴或者责令退赔。从法律规定和有关的司法解释来看,所谓追缴是指强制收缴罪犯赃款、赃物,退还原主、上缴国库的强制措施。司法机关如果超越职权、无权限或者违反法律规定的条件和程序采取上述措施,给公民、法人或者其他组织的合法权益造成损害的,国家应当赔偿。

(6) 其他行为

除上述几种情况外,司法机关及其工作人员在行使职权过程中侵犯公民、法人或者其他组织合法权益并造成损害的,应当由国家承担赔偿责任。实践中,还有几种情况值得进一步探讨:

其一,超期羁押。

超期羁押是指在刑事诉讼过程中,侦查人员、检察人员、审判人员或者监狱执行人员超越法定的期限,剥夺犯罪嫌疑人、被告人甚或犯人人身自由的行为。当前,我国超期羁押问题严重,而对超期羁押的刑事赔偿问题又没有完全落实,被超期羁押者往往只有在最终被宣告"无罪"的情况下才可能获得国家赔偿,这具有明显的局限性。因此,有学者认为对于超期羁押,不管被超期羁押者最终是判"无罪"还是"有罪",都应进行国家赔偿。[①] 另有学者赞成将被判有罪而被超期羁押部分纳入国家赔偿范围,以进一步完善国家赔偿制度。[②] 我国刑事诉讼过程中的超期羁押现象普遍存在。最高人民检察院于 2003 年 9 月 24 日通过了《关于在检察工作中防止和纠正超期羁押的若干规定》,以防止和纠正超期羁押。最高人民法院于 2003 年宣布 7 月底前超期羁押案件全部清理完毕。据统计,截至 2003 年 12 月 31 日,全国法院共清理超期羁押案件 4100 件,7658 名被超期羁押的被告人获得了公正的判决。[③] 这一数据正好从反面反映出超期羁押现象之严重。不管被超期羁押的公民是否有罪,其人身自由受到司法机关限制的,应当获得国家赔偿。

其二,司法技术鉴定错误给公民合法权益造成损害的情况。

《刑事诉讼法》第 119 条规定:"为了查明案情,需要解决案件中某些专门性问题的时候,应当指派、聘请有专门知识的人进行鉴定。"人身伤害案件中伤者的伤情是确定案件性质和对致害人定罪量刑的主要证据。但由于我国目前证据立法滞后,鉴定标准不完善,导致鉴定结论变更率较大,采信错误鉴定致错拘、错捕、错判的情况时有发生。对于采信错误鉴定导致错拘、错捕、错判是否可以引起刑事赔偿,学界与实务界意见分歧较大,对此问题有两种不同的观点。一种观点认为,这种情况不应当纳入刑事赔偿的范围,而法医鉴定仅是一种证明材料,这种证据与公民之间并不直接发生法律上的权利义务关系,它与司法机关所作出的行为并不存在法律意义上的必然因果关系。所以法医鉴定无论正确与否,都不会产生刑事赔偿问题。[④] 另一种观点认为,若鉴定结论有误,会导致公安、司法机关据此所作的司法决定出现错误,伤及无辜,造成当事人合法权益受损。此时,根据《国家赔偿法》的有关规定,受害的当事人有权就确认侵权事实和损害赔偿向有关机关提出请求,从而引起国家赔偿程序。[⑤] 我

① 房保国:《超期羁押刑事赔偿的若干问题》,载《政法论坛》2004 年第 1 期;刘本燕:《对我国刑事赔偿制度的浅见》,载《江西行政学院学报》2000 年第 4 期。

② 皮宗泰:《刑事赔偿案件中几个问题的思考》,载《人民司法》2003 年第 10 期。

③ 《一周法治热点:全国超期羁押案件如期清理完毕》,资料来源:http://news.xinhuanet.com/legal/2004-01/12/content_1271229.htm,访问于 2005 年 11 月 23 日。

④ 郭敬波:《采信错误鉴定导致刑事赔偿探析》,载《法学杂志》2001 年第 6 期。

⑤ 张祖文、罗黎明:《试析司法技术鉴定错误引起的国家赔偿》,载《人民检察》2000 年第 6 期。

们同意后一种观点。如果错误的鉴定结论与司法裁判错误之间存在相当因果关系,而司法裁判对公民权益造成损害,国家应当承担赔偿责任。

其三,民事、行政审判中其他行为。

除上述民事、行政错误判决、人民法院错误采取保全措施、错误执行等情况外,人民法院在民事审判、行政审判过程中实施了其他行为损害公民权益时,应当由国家承担赔偿责任。例如,人民法院在民事诉讼中错发传票。实践中有这样一个案例:法院把一个离婚案件的传票传错了人,本来是这个村的王某结果发到了另一个村的王某,两个王某的丈夫都在外面打工,收到传票的这个王某想到丈夫这么无情,一气之下就服毒自杀了,后来查明是法院将传票发错了。再如,有时人民法院会出现错列诉讼主体的情况。人民法院在民事、行政诉讼中因错误追加当事人而侵害当事人合法权益造成损害的情形也应当纳入司法赔偿的范围。①

(二)司法赔偿责任的免责事由

免责事由是指减轻或者免除行为人责任的理由。免责事由有广义与狭义之分。广义上的免责事由既包括免除行为人责任的事由,也包括减轻行为人责任的事由。狭义上的免责事由仅限于免除责任的事由。我国侵权法和国家赔偿法理论上通常采用广义的免责事由概念。因为从某种意义上讲,减轻责任实际上就是部分地免除行为人的责任,并且减轻和免除很难严格地区分开来。本节中司法赔偿责任的免责事由,是就广义上的免责事由而言的。有学者对安徽、湖南、湖北、河南、重庆五省市1995—2001年度审查办理的刑事赔偿案件进行调查后,发现适用《国家赔偿法》第17条规定作出不予赔偿决定的案件占办理案件总数的52%,占决定不予赔偿案件总数的90%。② 实践中赔偿义务机关有意引用免责条款规避赔偿义务,误用、滥用免责条款的现象十分突出,这一免责条款已经成为司法机关逃避国家赔偿责任的"避风港"。已有学者认识到这种情况主要是与国家赔偿法立法的粗糙,司法赔偿免责范围过宽有关。

① 钱敏:《错列诉讼主体赔偿责任负担问题探讨》,载《辽宁经济》2002年第12期。

② 本节中的有关数据均来源于尹伊君、陈晓:《惩罚与保护的平衡点——刑事赔偿国家免责的理论与实践》,载《中国社会科学》2004年第1期。

因此，修改《国家赔偿法》关于司法赔偿免责范围的规定，合理划分国家承担责任与免除责任的界限，已经成为学界的共识。

1. 因公民自己的行为导致损害发生

(1) 因公民自己故意作虚伪供述，或者故意伪造其他有罪证据被羁押或者被判处刑罚

根据《国家赔偿法》第17条第(1)项的规定，因公民自己故意作虚伪供述，或者伪造其他有罪证据被羁押或者被判处刑罚的，国家不承担赔偿责任。在决定不予赔偿的案件中，适用本项规定的情况占了相当的比例。上文提到的调查数据表明，五省市1995—2001年处理的刑事赔偿案件中，适用此项规定决定不予赔偿的案件占审查办理案件总数的11%，占适用第17条作出不予赔偿决定案件总数的21%。

对如何正确理解和适用该条款，在司法实践中赔偿义务机关、复议机关、审判机关的认识不尽一致。赔偿义务机关往往把犯罪嫌疑人、被告人在刑事诉讼过程中曾交代过有罪视为故意作虚伪供述，而适用该条款抗辩赔偿。据此，有学者提出这种情形下国家免责的理由是司法机关的错误羁押或错误判刑完全是由该公民故意诱导所致，司法机关完全没有过错。[①] 也有学者提出过失相抵理论，认为不论在何种性质的案件中，也不论当事人出于何种动机、目的，只要司法人员没有刑讯逼供，也没有诱供，因当事人自愿作虚伪供述而造成的错捕、错判，与当事人不如实回答侦查、检察、审判人员的讯问有关，适用过失相抵原则，国家不承担赔偿责任。[②] 甚至有人认为，因犯罪嫌疑人翻供而引起的错捕、错判，只要此前犯罪嫌疑人有一次作过有罪供述，而司法机关又无刑讯逼供或诱供，那么应视为犯罪嫌疑人"故意作虚伪供述"，国家不承担赔偿责任。正是由于存在上述不正确的理解，《国家赔偿法》第17条第(1)项的立法本义遭到曲解，进而导致实践中被滥用。

因公民自己故意作虚伪供述，或者故意伪造其他有罪证据被羁押或者被判处刑罚的，国家不承担赔偿责任；但司法机关及其工作人员有刑讯逼供、诱供等违法或者过错的，国家承担相应赔偿责任。要正确理解此项免责事由，应当注意以下几个问题：

---

① 皮纯协、冯军主编：《国家赔偿法释论》，中国法制出版社1996年版，第166页。

② 杨立新主编：《错案赔偿实务》，法律出版社1998年版，第171页。

第一，正确理解"故意作虚伪供述，故意伪造有罪证据"。如果当事人因种种原因，如受到外在压力或者被司法机关传讯，心理恐惧或者紧张，或者出于对坦白从宽刑事政策的错误理解，以为只要说了有犯罪事实，就能获得从宽处理等，而作了虚伪的供述，不属"故意作虚伪供述"。"因公民故意作虚伪供述，或者伪造其他有罪证据"这一免责条款的构成应包括以下四个要件：① 从主体看，被羁押或者被判处刑罚者必须是故意作虚伪供述或者伪造有罪证据的有行为能力的公民本人。如果是因某一公民提供伪证误导司法机关对另一公民拘留、逮捕或判刑，不能免除司法机关的刑事赔偿责任。② 从行为人主观方面来看，故意作虚伪供述，是其故意且对自己将会受到法律追究的结果持希望或放任态度。一方面，从认识因素分析，行为人明知所提供的供述或证据是不真实的，会妨碍司法机关查明案件真相，会导致对自己不利的后果，而故意为之。另一方面，从意志因素分析，行为人对自己将会受到的处罚后果持希望或放任态度。行为人作虚伪供述或伪造证据是为了对自己法律意义上的不利，如果是为了陷害他人或者隐匿对自己不利而为的，不属于这种情形。如出于亲情或江湖义气、报恩等种种心理或感情，故意替犯罪人开脱，冒名顶替，心甘情愿蒙受不应有的处罚等。如果行为人因自己的过失导致其被司法机关错误羁押或错误判刑的，国家不能免除刑事赔偿责任。③ 根据行为人所作的虚伪供述或提供的伪证足以认定该行为人犯罪。如果行为人虽作了虚伪供述或提供了伪证，但不足以认定行为人犯罪，或者认定行为人有罪实际上是依靠其他证据定案，亦即行为人提供的假证与其被错误羁押和错判没有关系，也不能免除国家的赔偿责任。④ 犯罪嫌疑人曾作有罪供述不能简单地认为"故意作虚伪供述"。"故意作虚伪供述"必须是公民故意所为。如果公民是迫不得已而为之，如因刑事司法人员的刑讯逼供造成屈打成招，从而被羁押或者被判处刑罚的，不属于"故意作虚伪供述"，国家仍应承担赔偿责任。在司法机关曾交待过有罪与故意作虚伪供述的区别主要在于，行为人作虚伪有罪供述时是否违背本人意志，而是否违背本人意志，只能通过是否被采取强制措施、是否有刑讯逼供等外力作用，以及行为人作虚伪有罪供述的动机、目的等综合判断。如果司法机关的羁押行为在先，作虚伪供述在后，不属本条款免责情形。

第二，翻供导致作无罪处理的案件，能否适用此免责条款？实践中对此问题的理解存在分歧。一种理解认为，只要犯罪嫌疑人在正常情况下（排除刑讯逼供、诱供等情况），作过有罪供述，导致被羁押、判刑的，国家就应当免责。另一种理解认为，如果按照作过有罪供述国家就免责，对犯罪嫌疑人来说，有失公平。建议借鉴国外的做法，如《联邦德国刑事追诉措施赔偿法》第6条规定："如果被告有下列行为，则可以全部或部分拒绝予以赔偿：1．被告在关键问题上作伪证或者证词前后矛盾，或者对能减免罪责的情节缄口不言，并由此引起刑事追诉处分的，不论被告是否已就此认错。"

（2）因公民自伤、自残等故意行为致使损害发生

刑事诉讼过程中因公民自伤、自残等故意行为致使损害发生的，国家不承担赔偿责任。公民自伤、自残的行为是指行为人为达到某种个人目的，在无任何外力强制或者胁迫的情形下，将自己致伤、致残的行为。凡非因外力强迫，自己故意伤害自己造成损害的，国家不承担赔偿责任。如果是在执法人员的威逼下致伤、致残的，则不属于自伤、自残。执法人员的威逼须与伤、残有直接的因果关系，如果仅仅因为不堪忍受某些司法人员粗暴的管理方式，自己将自己弄伤、弄残的，不属于受到司法人员的威逼。对司法人员粗暴的管理行为应依照有关规定进行处理，但应当和被追诉者的自伤、自残的行为区别开。

需要注意的是，监管机关（主要包括看守所、派出所等）在行使职权时往往使公民陷于人身自由受到限制的状态，此时就承担着对这些被监管人员的监护职责。如果犯罪嫌疑人、被告人、证人等在司法机关违法行使职权如刑讯逼供时，不堪忍受肉体或精神痛苦，而自伤、自残甚至自杀；或者是因为监管机关及其工作人员滥用职权，采取殴打虐待或指使其他被监管人员殴打或虐待被监管人员造成其难以忍受而自杀或自残的；或监管机关及其工作人员怠于职守，使被监管人员不堪忍受其他被监管人员的殴打和虐待而自杀或自残，那么监管机关仍应该承担消极不作为的赔偿责任。

2．不负刑事责任的人被羁押

根据我国《刑法》的规定，不负刑事责任的人包括两种情况：第一种情况是处于绝对无刑事责任年龄的人和相对负刑事责任年龄，却实施了根据《刑法》规定不负刑事责任的犯罪之人。第二种情况是不能辨认或者控制自己行为的精神病人。根据《国家赔偿法》的规定，这两类人被羁

押，国家免除赔偿责任。对于不负刑事责任的人被羁押的，国家免除赔偿责任的情况应当有所限制。不能将所有的未成年人或精神病人被羁押的行为都统统排除在国家赔偿责任之外，而应当将违法或过错羁押未成年人和精神病人的行为纳入国家赔偿的范围，以实质标准来确定国家赔偿的范围。①

(1) 未成年人被羁押

处于绝对无刑事责任年龄的人和相对负刑事责任年龄，却实施了根据刑法规定不负刑事责任的犯罪之人被羁押的，应当免除国家的赔偿责任。我国《刑法》第17条的规定将刑事责任年龄划分为绝对无刑事责任年龄、相对负刑事责任年龄、完全负刑事责任年龄。实施危害社会的行为而不负刑事责任的包括：绝对不负刑事责任年龄阶段的人实施危害社会的行为的情形，相对负刑事责任年龄阶段的人实施的除故意杀人、故意伤害致人重伤或者死亡、强奸、抢劫、贩卖毒品、放火、爆炸、投毒罪以外的犯罪的情形。这两类人被羁押，要求刑事赔偿的，国家不负刑事赔偿责任。原因在于，上述两种情形的人实施了危害社会的行为，其行为也已达到应当用刑罚进行惩罚的程度，只是由于行为人没有达到承担刑事责任的年龄，才没有追究其刑事责任。刑事司法机关在对其采取羁押措施时主观上不存在过错，所以，应免除国家的刑事赔偿责任。

对于未成人被羁押，国家是否应当承担赔偿责任不能一概而论，应当区分两种情况：第一种情况下为成年人的确实施了犯罪行为，根据《刑事诉讼法》的规定应当进行羁押，仅仅因为其为成年而解除羁押；第二种情况是被羁押的未成年人，其行为并不具备法定的羁押条件或标准，却受到羁押。在第二种情况下，国家应当负赔偿责任，因为刑事司法机关对为成年人违法进行羁押，理应赔偿。

(2) 不能辨认或者控制自己行为的精神病人被羁押

不能辨认或者控制自己行为的精神病人被羁押的，国家不承担赔偿责任。我国《刑法》第18条是关于精神病人犯罪不负刑事责任的规定。

---

① 杨小君：《需要回归真实的国家赔偿范围——重构〈国家赔偿法〉的赔偿范围》，载中国人民大学宪政与行政法治研究中心编：《宪政与行政法治评论》(第1卷)，中国人民大学出版社2004年版，第179页。

精神病人在不能控制自己行为的时候造成危害结果的,不负刑事责任。《国家赔偿法》规定,羁押不负刑事责任的未成年人和精神病人,国家不承担赔偿责任。理由是未成年人和精神病人之所以解除羁押是由于未成年和有精神病不追究刑事责任,而不是因为他们没有犯罪行为等。我们认为应当区分两种不同的情况来确定是否免除国家赔偿责任:一种情况是被羁押人有犯罪行为,应当被羁押,只是因为他患有精神病不追究刑事责任而解除羁押;另一种情况是被羁押人是精神病人,但其行为并不具备法定的羁押条件或标准,换句话说,依照法律本来就不应该羁押。这是两种完全不同的情形,在第一种情形下,国家不承担赔偿责任,因为是符合羁押条件而羁押;在第二种情形下,国家则不能完全免除赔偿责任,因为,该未成年人或精神病人不符合羁押的条件而对他实施了羁押,已经违反了相关法律的规定。

3. 不追究刑事责任的人被羁押

(1) 现行规定

《国家赔偿法》第 17 条规定了宽泛的免除赔偿责任,一方面是当时基于减少国家财政负担而想尽量缩小国家赔偿的范围这一立法思路有关,另一方面也是"无罪羁押赔偿原则"的体现。《国家赔偿法》只赔偿无罪被羁押的公民,而不赔偿有罪被羁押的公民。而对于何为"无罪",可以说国家赔偿法采用了最狭义上的"无罪"概念。最为典型的是,对于"情节显著轻微,危害不大,不认为是犯罪"的情形,国家赔偿法却并不将此归入"无罪"的范畴。这种规定一方面使得司法机关有了逃避赔偿责任的借口,另一方面却造成公民权益保护的巨大漏洞。因此,我们有必要重新审视此项规定,并确定最合理的范围。

(2)"情节显著轻微,危害不大,不认为是犯罪"的问题

根据《国家赔偿法》和《刑事诉讼法》的规定,"情节显著轻微、危害不大,不认为是犯罪的"人被羁押的,国家不承担赔偿责任。其理由是:公民有犯罪行为,且符合起诉条件,但是鉴于其情节显著轻微、危害不大,不认为是犯罪,不按犯罪处理。这是所谓的酌定不起诉情形,而不是公民没有犯罪事实的情形。这一免责条款在实践中经常被用来作为司法机关逃避国家赔偿责任的"法定理由"。因为是否属于"不认为是犯罪"的情形,是由司法机关自己认定的。由于程序上认定主体的自我性,即便是滥用职权作出"不认为是犯罪"的决定,我们也无法从程序上介入其中来推翻其

认定。更关键的是,"不认为是犯罪"的规定,实质上是由于犯罪标准在很多情况下无法量化而导致的,因为犯罪情节的问题在很大程度上是程度问题,而程度又没有一个绝对的标准或界限。标准的模糊性必然导致处理上的两可性。我们认为:其一,"不认为是犯罪",不是由于司法机关的"宽恕"或"恩赐",而是由于客观标准的非绝对性所致;其二,"不认为是犯罪",就是结果上的无罪,而不是事实上有罪而在法律上按无罪处理。对无罪之人的羁押应当承担国家赔偿责任。所以,对情节显著轻微、危害不大,不认为是犯罪的人进行羁押的,根本就不能排除国家赔偿责任,相反应当完全承担国家赔偿责任。具体来说就是:如果"不认为是犯罪"的人当初不符合羁押条件而对他实施了羁押,就是违法羁押,应当承担完全的国家赔偿责任;如果对"不认为是犯罪"的人当初的羁押是符合条件的,只要是最终结果上的无罪,也应当由国家承担赔偿责任。

(3) 具体情形

对于不追究刑事责任的人被羁押,国家不承担赔偿责任,具体包括以下情形:

其一,犯罪已过追诉期限的。犯罪已过追诉期限,是指行为人的行为已经构成犯罪,但根据《刑法》第 76 条的规定,已过了追诉时效期限,不再追究刑事责任。司法实践中,对于犯罪是否已过追诉时效,在明确犯罪人所犯何罪、应判何刑之前,往往是不易认定的。所以,在确认犯罪已过追诉时效前,对犯罪人羁押是难以避免的,国家不应对此负刑事赔偿责任。

其二,经特赦令免除刑罚的。特赦是指行为人确实犯了罪,只是依照宪法和法律的规定,出于某种特殊的社会政治需要的考虑,免除了某些犯罪分子的刑罚,不再追究其刑事责任,并非是对其罪行的否认,也不是确认以前对其追究刑事责任的行为错误或违法,所以国家对此也不予赔偿。

其三,依照刑法告诉才处理的犯罪,没有告诉或者撤回告诉的。依照《刑法》规定告诉才处理的犯罪,主要是指暴力干涉他人婚姻自由罪、侮辱罪、诽谤罪、虐待罪等。对于这些犯罪,只有被害人告发的,法院才受理,否则不予受理。依照《刑法》告诉才处理的犯罪,被害人没有告诉或者撤回告诉,这种情形国家不予赔偿,主要是因为罪犯确有犯罪行为,已经给他人和社会造成了危害,从受害人和社会影响的角度看,国家对其赔偿并不合适。

其四,犯罪嫌疑人、被告人死亡的。根据《刑法》的规定,只对实施犯罪的人科处刑罚。犯罪嫌疑人已经死亡,没有处罚的对象,再追究刑事责任没有实际意义,所以不再追究。如果犯罪嫌疑人、被告人是因违法犯罪受到羁押,那么其死亡后已经不予追究,谈不到赔偿的问题;如果能够证明已经死亡的犯罪嫌疑人、被告人是无罪被羁押的,那么家属可以获得赔偿。

4. 司法机关工作人员的个人行为和第三人行为

(1) 司法机关工作人员的个人行为

司法机关工作人员所实施的与职权无关的个人行为造成的损害,国家不承担赔偿责任。西方国家也比较注意区别职务行为与个人行为,如果法官的行为不在职权范围之内,则其不能享有豁免权。例如,在美国,一个法官在听审一个案件期间,让其助手去买一杯咖啡,法官喝了咖啡后认为味道很糟糕,就叫司法警察去把卖咖啡的抓来。卖咖啡的人被带上手铐带到法官面前。事后,卖咖啡的人向法院提起赔偿诉讼,法院认为该法官的行为不在职权范围之内,应由其个人负赔偿责任。[1] 国家对司法机关工作人员实施的侵权行为负责也应当有限度,仅应对其执行职务的行为所造成的损害负赔偿责任,国家侦查、检察、审判机关工作人员实施的与行使职权无关的个人行为所造成的损害,由其本人负责,国家不承担责任。至于职务行为与个人行为的区分与认定,则以国家侵权赔偿责任构成要件中执行职务行为的认定标准来衡量。

(2) 第三人行为

司法机关及其工作人员行使职权过程中,如果由于司法机关和公民之外的第三人的过错介入造成损害或者导致损害扩大,国家应当减免赔偿责任。国家究竟应当在何种情况下减免赔偿责任,我们应当具体分析:

第一种情况下,对致害结果,第三人过错是直接原因,司法侵权行为是间接原因。一般情况下是第三人实施侵权行为,而负有管理职责的国家机关不作为,造成受害人合法权益受损。该类案件处理应适用救济穷尽原则,即只有受害人向第三人无法求偿时或无法完全得到赔偿时,国家

① 参见〔美〕乔治·贝尔蒙:《美国国家赔偿制度》,载《行政立法研究参考资料》第14辑。

才承担赔偿责任。国家承担赔偿责任还应以国家机关职务行为的目的、性质加以确定。如果职务行为的目的仅是维护抽象的公共利益和公众的一般性利益,公民不得因受到损害而请求国家赔偿;如果职务行为的目的是保护特定人的权利或公众的重大法益,公民可因不作为受到损害而请求国家赔偿。

第二种情况下,对致害结果,司法侵权行为是直接原因,第三人过错是间接原因。由于第三人提供虚假信息,司法机关及其工作人员在行使职权时造成受害人合法权益损害。提供虚假信息主要表现为诬陷、作伪证、错告或检举失实、错误指认等几种形式,而司法机关及其工作人员并未对第三人提供的虚假信息作出正确判断,导致损害发生。例如,公安机关对没有犯罪事实、也没有重大犯罪的嫌疑人实施拘留,即使是第三人过错造成的,但由于公安机关把关不严,拘留了不符合拘留条件的人,国家应负赔偿责任;检察机关在有证据证明犯罪事实是犯罪嫌疑人实施的情况下才能对其作出逮捕决定,若依据第三人提供的不实的证据作出,国家应负赔偿责任。

第三种情况下,对致害结果,司法侵权行为与第三人过错均为直接原因。尽管司法侵权行为与第三人的致害行为对损害结果都有"原因力",但行为性质不同,前者是职务侵权,后者是民事侵权,由于私人无法具有职务侵权的外表,故不能构成共同侵权,只能形成责任竞合。责任竞合时,国家先行承担责任就代替了民事主体的责任,由于国家无追偿权,势必增加国家负担。在这种情况下,职务侵权主体与民事侵权主体不能相互承担连带责任,应分清责任,分别赔偿。有时,国家机关及其工作人员违法行使职权行为造成公民、法人或其他合法权益损害,因第三人的违法行为导致损害扩大,国家对扩大的损失不承担赔偿责任。

5. 其他情形

除上述情形外,如果其他法律规定某种事项免除国家赔偿责任的,应当依照该法律规定。一般认为,从《民法通则》等法律规定来看,因不可抗力、紧急避险等造成损害的,可以免除国家赔偿责任。

此外,司法人员行使正当防卫权的行为造成的损害,国家免除赔偿责任。根据最高人民法院、最高人民检察院、公安部、国家安全部、司法部《关于人民警察执行职务中实行正当防卫的具体规定》(1983 年 8 月 10 日)的规定,人民警察执行职务中遇有下列情形之一,必须采取正当防卫行为,使正在进行不法侵害行为的人丧失侵害能力或者中止侵害行为:(1)暴力劫持或控制飞机、船舰、火车、电车、汽车等交通工具,危害公共安全时;(2)驾驶交通工具蓄意危害公共安全时;(3)正在实施纵火、爆炸、凶杀、抢劫以及其他严重危害公共安全、人身安全和财产安全的行为时;(4)人民警察保卫的特定对象、目标受到暴力侵袭或者有受到暴力侵袭的紧迫危险时;(5)执行收容、拘留、逮捕、审讯、押解人犯和追捕逃犯,遇有以暴力抗拒、抢夺武器、行凶等非常情况时;(6)聚众劫狱或看守所、拘役所、拘留所、监狱和劳改、劳教场所的被监管人员暴动、行凶、抢夺武器时;(7)当人民警察遇到暴力侵袭,或佩带的枪支、警械被抢夺时。上述规定适用于其他刑事司法机关人员。只要司法机关工作人员在执行职务过程中采取了正当防卫行为,即使给公民、法人或者其他组织造成损害,国家也不承担赔偿责任。

四、司法赔偿程序

司法赔偿程序是否公正合理,将直接影响到司法侵权行为受害人的赔偿请求权能否实现,其所受损害能否填补。本节将在考察域外司法赔偿程序各种模式的基础上,结合《国家赔偿法》的规定,正视现行司法赔偿程序所存在的问题,并试图对其进行重构。

(一)现行规定与理论争议

1.《国家赔偿法》的规定

司法赔偿程序在《国家赔偿法》制定过程中就曾引起过广泛的讨论,而《国家赔偿法》关于司法赔偿程序的规定在某种程度上是各司法机关之间利益冲突与妥协的结果,因此略显繁杂、混乱。总体而言,我国的司法赔偿程序由三个程序组成:赔偿义务机关先行处理程序、复议程序、人民法院赔偿委员会的决定程序。但在人民法院是赔偿义务机关时,则只有两个程序:赔偿义务机关先行处理程序、赔偿委员会的决定程序。根据《国家赔偿法》的规定,我们将司法赔偿程序图示如下:

图示一：人民法院为赔偿义务机关的程序

上一级人民法院赔偿委员会作出决定（期限没有规定）

↑

向上一级人民法院赔偿委员会申请作出赔偿决定
（自期限届满之日起3个月内）

↑ 逾期不予赔偿或对赔偿数额有异议

人民法院作出赔偿决定
（自收到申请之日起2个月内）

↑

赔偿请求人向人民法院提出赔偿请求

↑

人民法院确认违法

图示二：公安机关、检察机关和监狱管理机关为赔偿义务机关的程序

人民法院赔偿委员会作出赔偿决定（期限没有规定）

↑

向复议机关的同级人民法院赔偿委员会申请赔偿
（① 收到复议决定之日起30日内或者 ② 期限届满之日起30日内）

↑ ① 申请人不服复议决定或者
② 复议机关逾期不作决定

复议机关作出决定
（收到申请之日起2个月内）

↑

向上一级机关申请复议
（自期限届满之日起30日内）

↑ 逾期不予赔偿或对赔偿数额有异议

赔偿义务机关作出赔偿决定
（收到申请之日起2个月内）

↑

赔偿请求人向义务机关提出赔偿请求

↑

赔偿义务机关确认违法

2. 理论争议

司法赔偿程序是赔偿责任的实现过程,是受害人的权益得到救济或恢复的途径。赔偿程序设置是否合理直接决定着赔偿请求人的权利能否实现以及如何实现。现行《国家赔偿法》对司法赔偿规定了确认程序、先行处理程序、申诉程序、复议程序等一系列程序。经过近十年的实践,《国家赔偿法》实施结果不尽如人意,有许多应当由国家赔偿的侵权行为却未得到赔偿,尤其是司法赔偿更难以实现,其原因是多方面的。其中,司法赔偿程序的不完善是一个非常重要原因。所以,自《国家赔偿法》实施以来,学界对司法赔偿程序的研究与讨论从未停止过。

对于司法赔偿的确认程序,学界存在着取消、改革、完善三种观点。第一种观点主张取消确认程序。这种观点认为《国家赔偿法》事实上赋予了赔偿义务机关对刑事违法侵权行为的终局确认权,这违背了"任何人不得为自己案件的法官"这一程序正义的基本要求。司法赔偿实践表明,实施违法职权行为的赔偿义务机关往往不会对自己的违法职权行为加以确认。违法职权行为不确认,受害人就没有国家赔偿请求权,就无法启动刑事赔偿程序。因此,要求取消确认程序,并将其并入先行处理程序,即受害人认为自己的合法权益受到刑事司法机关的侵害,无须提出确认申请,可直接向赔偿义务机关提出赔偿要求,由赔偿义务机关先行处理。[①]第二种观点认为应当保留确认程序,但应对其进行改革。[②] 第三种观点认为应当保留确认程序,只是从某些方面对确认程序进行完善即可。[③]

对于先行处理程序,大多数学者建议将其改为选择程序,即当事人可以申请赔偿义务机关赔偿,也可以直接向人民法院起诉,这样一方面体现了法律对当事人程序权利的尊重,另一方面也有助于当事人寻求有效的

① 严崇伟、谢文良:《司法赔偿中的确认程序应当取消》,载《中国律师》2000 年第 12 期;钟明曦:《刑事赔偿程序的立法思考》,载《福建公安高等专科学校学报》2004 年第 5 期。

② 代表性观点有王晓杰:《司法赔偿的违法确认程序》,载《天水行政学院学报》2004 年第 4 期;孙在友:《完善国家刑事赔偿程序立法的探讨》,载《天津大学学报》2002 年第 3 期。

③ 代表性观点有徐黎明:《论刑事赔偿的前置程序——确认》,载《经济与社会发展》2003 年第 8 期;徐志刚:《对刑事赔偿案件中"确认"程序的若干思考》,载《法治论丛》2003 年第 5 期;徐静村主编:《国家赔偿法实施程序研究》,法律出版社 2000 年版,第 186 页。

法律救济途径。[①]

司法赔偿决定程序是指赔偿委员会受理司法赔偿请求、作出决定的程序。《国家赔偿法》规定的司法赔偿决定程序是非诉讼性质的。许多学者提出建议,要求完善现行的非诉讼程序[②],或者将非诉讼性质的司法赔偿决定程序改为诉讼程序。[③]

司法赔偿复议程序是司法赔偿请求人不服赔偿义务机关的裁决或者未与其达成协议,有权向赔偿义务机关的上一级机关提出复议申请,由复议机关进行审查并对司法赔偿争议作出决定的程序。司法赔偿复议程序仅适用于公安机关、安全机关、检察机关和监狱管理机关等作为赔偿义务机关的情况。司法赔偿复议是在受害人全部或部分不服赔偿义务机关作出的赔偿决定时给予的救济。对于这一程序设计,部分学者提出了自己的观点。有学者认为,从赔偿请求人权益保护来看,是否需要上一级机关复议,应当取决于其本人的选择。如果实行司法赔偿委员会统一受理赔偿请求的做法,复议程序根本就没有存在的必要性。并且,复议程序应当作相应的司法化改造,增强公开性、对抗性,加强证据规则的运用。[④] 另有学者主张取消复议程序。赔偿请求人对赔偿义务机关的先行处理决定不服,可以直接向人民法院提起赔偿诉讼。[⑤]

(二)司法赔偿程序重构之基本考虑

1. *放弃确认程序*

根据《国家赔偿法》的规定,司法机关职权行为违法的确认,是赔偿请求人请求国家赔偿的前提条件,也可以说确认程序是司法赔偿的前置

---

① 樊崇义、胡常龙:《走向理性化的国家赔偿制度——以刑事司法赔偿为视角》,载《政法论坛》2002 年第 4 期;王宏:《刑事赔偿制度的立法缺失》,载《华北电力大学学报》(社会科学版)2004 年第 4 期。

② 这些学者主要认为应当在决定程序中引入听证程序,参见万玲妮、傅先艳:《我国司法赔偿案件中引入听证制度的构想》,载《甘肃行政学院学报》2004 年第 3 期;谢立新:《司法赔偿案件设置听证程序初探》,载《成都行政学院学报》2004 年第 4 期。

③ 代表性观点包括苏戈:《国家赔偿法刑事赔偿程序的几点思考》,载《人民司法》2002 年第 9 期;杨宇冠:《我国刑事赔偿制度之改革》,载《法学研究》2004 年第 1 期;樊崇义、胡常龙:《走向理性化的国家赔偿制度——以刑事司法赔偿为视角》,载《政法论坛》2002 年第 4 期;钟明曦:《刑事赔偿程序的立法思考》,载《福建公安高等专科学校学报》2004 年第 5 期。

④ 高家伟:《国家赔偿法》,商务印书馆 2004 年版,第 241 页。

⑤ 钟明曦:《刑事赔偿程序的立法思考》,载《福建公安高等专科学校学报》2004 年第 5 期。

程序。也正因如此，司法赔偿的确认程序被人们视为取得赔偿的"拦路虎"。有调查数据表明，广东省人民检察院1995年至2004年7月总共受理刑事确认案件174件，确认的48件，不予确认的126件。对于确认违法的赔偿案件，决定赔偿的占25.88%，决定不赔偿的占35.29%，维持或者作其他处理的占38.83%。实践中，司法赔偿案件的处理出现赔偿申请的多、确认的少、决定赔偿的更少的现象，获赔困难。

之所以主张取消司法赔偿中的确认程序，是因为这一程序存在下述几个方面的弊端：其一，在确认主体方面，无论是行政赔偿确认还是刑事赔偿确认均将违法行为的确认权赋予赔偿义务机关自身。应当承认，立法的原意是给予赔偿义务机关一个有错必纠的机会，以维护其形象和威信。但此举无疑违背了程序正义的基本要求——任何人不得成为自己案件的法官，结果的公正性很难得到保证。其二，赔偿义务机关的确认缺乏规制。赔偿义务机关繁多，无统一的确认主体；确认违法的各机关没有统一的程序，对于申请的时限、确认的时限、确认的形式、确认的内容、逾期不确认的救济等确认程序的诸多方面，《国家赔偿法》均缺乏明确规定。确认程序不规范，导致实践中确认权的滥用。或者收到确认申请后久拖不决；或者给予口头确认但不赔偿，或者拒不确认，致使当事人无从启动赔偿决定程序；在刑事赔偿中由于赔偿义务机关与赔偿决定的人民法院对确认的内容认识分歧，相互牵制，国家赔偿无法实现。如法院认为检察院作出不起诉决定就视为对侦查行为违法的确认决定，而检察院则认为应按违法确认程序由申请人向检察机关申请确认。确认的内容单一，具有局限性，例如在刑事赔偿中，宣判无罪的，一般只对人身的刑事决定确认为违法，通常没有对其财产性质界定。当事人还需对财产的违法确认，不便民，也浪费司法资源。没有明确规定不予确认的法律责任，在此前提下不确认并不承担法律责任，赔偿义务机关往往不予确认，导致赔偿决定程序无从启动，国家赔偿流于空谈。其三，对于行政赔偿义务机关确认不服，《国家赔偿法》规定可以提起诉讼；但对于刑事赔偿义务机关的确认不服，《国家赔偿法》规定可申诉。但对于如何申诉，《国家赔偿法》无进一步的规定。申诉的程序规定缺失，向何种机关申诉、采取何种形式申诉、申诉的期限等均缺乏详细的规定。在此前提下，申诉的效果甚微。大量的赔偿案件无法通过确认程序，也就无法进入赔偿决定程序。

2. 改造先行处理程序

根据《国家赔偿法》第20条的规定，赔偿请求人要求赔偿，应当先向赔偿义务机关提出。可见，赔偿义务机关对赔偿请求的处理是先行处理程序。许多国家和地区的法律均规定，赔偿请求人在最终解决刑事赔偿争议之前须经赔偿义务机关先行处理，这种做法被称为"赔偿义务机关先行处理原则"或者"协议先行主义"。从处理赔偿事务的方式看，先行处理分"决定式"和"协议式"两种。它们在处理方式和结果上有一定差异。"决定式"的最突出特点是：赔偿义务机关对受害人的请求采用"决定"形式处理，一般不与请求权人进行协商或讨论，受害人只能被动接受或拒绝此决定。"协议式"则以赔偿义务机关与受害人双方协商为基础，以协议为最终处理结果。我国台湾地区"冤狱赔偿法"第10条规定："依本法请求损害赔偿时，应先以书面向赔偿义务机关请求之。赔偿义务机关对于前项请求，应即与请求权人协议。协议成立时，应作成协议书，该项协议书得为执行名义。"可见，我国台湾地区采取了"协议式"的先行处理程序。

我们建议将《国家赔偿法》中规定的先行处理程序进行两方面的改造：

第一，将先行处理程序改造为选择性程序，即当事人可以申请赔偿义务机关赔偿，也可以直接向人民法院赔偿委员会提出赔偿请求。将先行处理程序改为选择性程序的主要考虑有：其一，由赔偿义务机关先行处理，表现出对赔偿义务机关的尊重，为其提供了一个自己改正错误的机会；其二，赔偿义务机关为专司司法权的机关，熟悉业务，了解案情，便于司法赔偿争议的解决；其三，有助于当事人寻求有效的法律救济途径。

第二，将赔偿义务机关的先行决定程序改造为赔偿请求人与赔偿义务机关之间的协议程序。将先行决定程序改造为协议程序的主要考虑是：其一，有利于双方及时地解决司法赔偿争议，促进社会秩序的稳定；其二，实践中赔偿请求人与赔偿义务机关之间协商解决争议的处理方式很常见。有学者通过对1997年至2003年广州市两级法院刑事司法赔偿案件的情况进行分析后发现，解决国家赔偿争端的主要方式是“案外协调”方式而不是“法院司法”方式。通过对7年间被宣告无罪的公民的跟踪调查结果表明，这些人均通过不同的方式，不同程度地实现了自己获得国家赔偿的权利，而且大多数人是通过“案外协调”方式获得了赔偿义务机关的“国家赔偿”（由赔偿义务机关实际支付，其支出并不计入财政列表的“国家赔偿支出”），即与赔偿义务机关“私了”，并且这一现象事实上非常普遍。[①] 与其让这种“案外协调”的“潜规则”继续下去，倒不如将此方式上升为“显规则”。

3. 非诉讼程序的选择

《国家赔偿法》规定的司法赔偿决定程序是非诉讼性质的。由于《国家赔偿法》只规定了赔偿委员会的设置和决定原则，并未规定具体的赔偿程序，所以在实践中出现了许多问题，面对这种现象，许多学者提出建议，要求完善现行的非诉讼程序，或者将非诉讼性质的司法赔偿决定程序改为诉讼程序。

完善现行的非诉讼程序，例如增加告知制度、听证制度、公开制度等程序性制度不失为一个很好的选择。之所以不选择诉讼程序的模式，原因主要有以下几个方面：第一，诉讼程序本身有诸多弊端。诉讼是国家司法机关依照法定职权和程序，具体适用法律处理各种案件的活动。它是现代法治国家处理与化解社会矛盾和纠纷的最后手段，它本身蕴涵着多元的价值选择，承担着多重的社会功能，发挥着广泛的社会调控作用。但是，诉讼本身有许多缺点：一方面，诉讼本身要受到立法滞后、法律规范矛盾、调控领域特定、价值选择冲突、案件证据事实认定困难、法官法律信仰偏差以及司法环境侵扰等因素的影响。[②] 另一方面，作为诉讼的当事人，他们要承担诉讼程序复杂、诉讼过程迟延、诉讼费用昂贵、诉讼结果不确定等弊端所造成的不利后果。因而，诉讼及其性质决定了诉讼并不是一种完美的纠纷解决机制，而是一种高成本的纠纷解决机制。当赔偿请求数额不是很大的情况下，请求人很可能会望而却步，宁可放弃权利也不愿

---

① 刘跃南、鞠晓雄：《刑事司法赔偿的实际运作——以广州市法院系统的实践为视角》，载《修宪之后的中国行政法》，中国政法大学出版社2005年版，第103页。

② 夏锦文、徐英荣：《现实与理想的偏差：论司法的限度》，载《中外法学》2004年第1期。

请求赔偿。所以,有学者指出,“就纠纷的解决而言,社会上无时不生、无处不在的纠纷不可能也没有必要都通过诉讼这一正式渠道解决”[①]。第二,通过对域外司法赔偿程序的考察,我们发现以诉讼方式处理司法赔偿案件并不是各国和地区的通制。相反,采用非诉讼方式处理司法赔偿案件的国家和地区占到多数,包括日本、俄罗斯、我国台湾地区以及美国的9个州。采用何种方式处理司法赔偿案件多受到该国或地区法治传统、诉讼制度、司法体制等多种因素的影响,还会与司法赔偿制度体系中的其他制度,如赔偿义务机关的设计相关联。例如,在美国采取诉讼程序处理刑事赔偿案件的州里,法律一般规定赔偿请求人可以向法院提起以州为被告的民事诉讼。[②] 部分州的法律并未明确规定刑事赔偿案件的被告,赔偿请求人可以按照《民事诉讼法》的规定,以州为被告,或者以对其实施逮捕或者起诉的警官、检察官为被告,或者可以同时诉上述二者。第三,中国的传统观念和司法实践的限制。在十几年前让司法机关接受“做了错事应当赔偿”的观念就曾经非常困难,若要让人民法院、人民检察院出现在国家赔偿诉讼的被告席上,更是不可想象。在某些国家,如果法官在执行职务过程中故意或者过失侵犯公民权益,公民可以针对法官提起民事诉讼以求得损害赔偿,这是“人人平等”这一法治基本原则在诉讼领域的体现。中国没有这样的法治传统,假设我们通过诉讼程序解决司法赔偿纠纷,人民法院、人民检察院在赔偿诉讼中作被告,也许会反而不利于纠纷的解决。并且,我国的司法实践中,下级法院经常就个案向上级法院请示汇报,如果下级法院侵犯了公民权益并造成损害,由上级法院来进行处理,无法实现公正的结果。

4. 引入听证程序

在人民法院赔偿委员会审理司法赔偿案件过程中引入听证程序,主要是因为这一程序具有以下几方面的优越性:第一,能够促进司法公正。在审理司法赔偿案件中引入听证程序,实际上就是在审理程序上公开化,增加了案件审理的透明度,增强了公民、法人和其他组织对人民法院赔偿委员会审理司法赔偿案件的信任度,这与人民法院行使审

① 何兵:《现代社会的纠纷解决》,法律出版社 2003 年版,第 2 页。

② 在美国的新泽西州,赔偿请求人提起民事诉讼以州财政厅为被告。

判权的公平、公开、公正原则是一致的。第二，能够提高效率。司法赔偿案件引入听证程序，赔偿请求人与赔偿义务机关在听证过程中面对面地对争议事项进行质辩，有利于赔偿委员会查清事实，使审判人员能够较快地把握双方的理由、观点和争议焦点，加快审理进度。第三，有利于化解矛盾。赔偿请求人和赔偿义务机关通过在听证过程中举证、质证，进行辩论，赔偿请求人不但认为有一个可以“说话”的地方，与赔偿义务机关能平等地陈述自己的观点和理由，而且能进一步了解案件事实，对人民法院赔偿委员会依法作出的赔偿决定更能理解、更能接受，从而减轻了赔偿请求人对赔偿义务机关和人民法院的抵触情绪或对抗心理。近年来，全国绝大多数省、自治区、直辖市专门规定国家赔偿案件中引入听证的具体程序。例如，广东省已于 2003 年 6 月开始实施《广东省法院司法赔偿案件办案规程（暂行）》，该办案规程将听证引入了赔偿委员会审理案件的程序。

司法赔偿中程序的听证程序是在人民法院赔偿委员会作出赔偿决定之前，听取赔偿请求人与赔偿义务机关意见的程序。在赔偿委员会的主持下，双方提出事实和证据，并进行质证和申辩。司法赔偿程序中引入听证程序，需要明确下列问题：

其一，听证应当遵循的原则。听证应当遵循公平、公开、公正的原则。除涉及国家机密、商业秘密或者个人隐私的外，听证应当公开举行。赔偿请求人和赔偿义务机关可以向人民法院申请不公开听证，人民法院也可以自行决定不公开听证。

其二，听证程序的适用范围。目前，许多省、直辖市制定的有关司法赔偿听证程序的规定中对听证程序的适用范围规定极不一致，主要是因为采用了不同的确定标准。有的地方从案件本身涉及到争议的数额大小或者对损害后果争议的大小来确定听证程序适用的范围。例如，《北京市高级人民法院关于人民法院赔偿委员会审理司法赔偿案件听证程序的暂行规定（试行）》第 3 条规定：“具有下列情形之一的司法赔偿案件，赔偿请求人要求听证的，赔偿委员会应当组织听证：（一）对侵权损害后果争议较大的；（二）对赔偿方式或赔偿数额分歧较大的。”而有的地方则从程序的角度，如果案件经过了复议程序或者涉及共同赔偿的情况下，适用听证程序。《广东省法院司法赔偿案件办案规程（暂行）》在规定听证程序的适用范围时就采用了这种标准。我们认为，从程序的角度确定听证程序的适用范围有形式主义之嫌，应当从案件的实体角度确定听证程序的范围。凡是案件重大、疑难，或者争议较大的案件，均应当举行听证。"案件重大、疑难"是指案件涉及的受害人人数较多，社会影响较大，或者案件经历了复杂的诉讼程序、损害后果较为严重等情况；"争议较大的案件"往往是指赔偿请求人与赔偿义务机关关于是否赔偿存在较大争议或者双方对赔偿金数额争议有较大争议等情况。

其三，听证的程序。应当注意的是，听证程序仅限于人民法院赔偿委员会处理赔偿争议时适用。赔偿请求人如果认为案件符合举行听证的要求，可以向赔偿委员会申请举行听证。人民法院赔偿委员会也可以自行决定举行听证。听证主持人由赔偿委员会主任委员指定一名赔偿委员会委员担任。听证可以按照下列程序进行：(1) 核对赔偿请求人及其委托代理人、赔偿义务机关、复议机关法定代表人、委托代理人的身份；(2) 告知赔偿请求人、赔偿义务机关和复议机关的权利和义务；(3) 赔偿请求人陈述其申请赔偿所依据的事实和法律；(4) 赔偿义务机关就赔偿请求人的陈述作出答辩；(5) 赔偿请求人和赔偿义务机关交叉举证，并逐份进行质证；(6) 双方就证据的真实性、合法性和关联性分别提出自己的综合意见；(7) 赔偿请求人、赔偿义务机关和复议机关最后陈述自己的处理意见。

其四，听证过程中的调解。在赔偿请求人、赔偿义务机关自愿的情况下，听证主持人可就赔偿数额、赔偿方式等问题主持调解。调解达成协议的，人民法院可按双方协议制作赔偿决定书。双方要求不制作赔偿决定书的，应当记人笔录，并由双方签字。双方在规定的审限内达不成协议的，应及时提交赔偿委员会讨论，作出赔偿决定，禁止强制调解、久调不决。赔偿请求人与赔偿义务机关自愿达成和解协议，赔偿请求人申请撤回赔偿请求，人民法院经审查认为不违反法律强制性规定的，应予准许。

5. 取消复议程序

司法赔偿复议程序是司法赔偿请求人不服赔偿义务机关的裁决或者未与其达成协议,向赔偿义务机关的上一级机关提出复议申请,由复议机关进行审查并对司法赔偿争议作出决定的程序。司法赔偿复议程序适用于公安机关、安全机关、检察机关和监狱管理机关等作为赔偿义务机关的情况。根据《国家赔偿法》第21条和第22条规定,赔偿义务机关应当自收到申请之日起2个月内给予赔偿,逾期不予赔偿或者赔偿请求人对赔偿数额有异议的,赔偿请求人可以自期限届满之日起30日内向其上一级机关申请复议。复议机关应当自收到申请之日起2个月内作出决定。赔偿请求人如果对复议决定不服或者复议机关逾期不作出决定的,可以向复议机关所在地的同级人民法院赔偿委员会申请作出赔偿决定。这一程序从表面看来是给予了赔偿申请人更多的救济途径,但实践中,对于申请人而言,则是意味着多了一道获得国家赔偿的障碍,使得司法赔偿的程序更加复杂,反而不利于受害人权益的保护。因此,建议取消司法赔偿程序中的复议程序。

6. 增设执行程序

《国家赔偿法》第23条第3款规定:“赔偿委员会作出的赔偿决定,是发生法律效力的决定,必须执行。”《最高人民法院关于赔偿委员会审理赔偿案件的程序规定》规定:“人民法院赔偿委员会决定书应当根据决定事项,分别送达赔偿请求人、赔偿义务机关和复议机关。”由于《国家赔偿法》对于司法赔偿决定的执行缺乏具体的规定,实践中,司法赔偿义务机关拒绝履行自己的赔偿决定或者赔偿委员会赔偿决定的情况比比皆是。这一问题已经成为《国家赔偿法》的难点,引起了社会和学界的广泛关注。增设赔偿决定的执行程序,可以确保赔偿决定书或者赔偿协议中所确定的赔偿义务得到履行,防止赔偿决定书或者赔偿协议成为一纸空文。

(三)司法赔偿程序之重构

1. 赔偿义务机关

(1) 司法赔偿义务机关含义之澄清

在研究司法赔偿义务机关及其确定规则等问题之前,应当澄清这一概念的含义。我国理论上对“赔偿义务机关”的内涵存有争议,有观点认为,赔偿义务机关就是索赔对象;有认为赔偿义务机关就是依法代表国家向侵权行为受害人直接履行赔偿义务的机关;有认为是对特定赔偿案件具体履行赔偿请求、支付赔偿费用、参加赔偿诉讼等义务的机关;有认为赔偿义务机关是代表国家接受行政赔偿请求、支付赔偿费用、参与赔偿诉讼的机关。①

我国《国家赔偿法》上的司法赔偿义务机关是指在国家赔偿中代表国家接受赔偿请求、决定赔偿事宜、具体承担赔偿义务,并支付赔偿费用的国家机关。《国家赔偿法》采用分散制确定司法赔偿义务机关,它们既可能是法院,也可能是检察院,还可能是公安侦查机关。根据《国家赔偿法》第 19 条的规定,行使国家侦查、检察、审判、监狱管理职权的机关及其工作人员在行使职权时侵犯公民、法人和其他组织的合法权益造成损害的,该机关为赔偿义务机关。国家赔偿法及有关的司法解释规定了非常复杂的赔偿义务机关确认规则。尤其是在刑事诉讼过程中,往往会涉及公安机关、检察机关和审判机关,复杂的情况下会涉及到一审法院、二审法院以及再审法院。作为公民来讲,要从如此多的机关中找到赔偿义务机关并非易事。此外,由于法律规定难以穷尽实践中可能会出现的情况,不可避免地存在漏洞,导致实践中司法机关之间相互推诿的情况极为常见。

因此,首先应当从理论上澄清司法赔偿义务机关的含义。我们认为,司法赔偿义务机关是指代表国家,在具体赔偿案件中与赔偿请求人达成赔偿协议、参与赔偿案件处理、履行部分赔偿义务的司法机关。司法赔偿义务机关仅仅具有程序上的意义,并不承担实体上的赔偿责任。司法赔偿义务机关不同于司法赔偿责任主体,后者应当是国家本身,这是国家自己责任的体现。

(2) 取消共同赔偿制度

根据《国家赔偿法》第 19 条第 4 款、第 15 条第(2)项以及最高人民法院、最高人民检察院有关司法解释的规定,对检察机关批准逮捕并提起公诉,一审人民法院判决有罪,二审人民法院改判无罪依法应当赔偿的案件;刑事诉讼被告人一审被判有罪,二审发回重审后一审又改判无罪的案件;刑事诉讼被告人一审被判有罪,二审发回重审,一审退补后公诉机关作出不起诉决定的案件,人民法院、人民检察院应作为共同赔偿义务机关

① 参见杨临萍主编:《行政损害赔偿》,人民法院出版社 1999 年版,第 223 页。

对受害人予以共同赔偿。

《国家赔偿法》规定共同赔偿制度，其本意是在分清责任的情况下，督促各司法机关依法行使职权，公正执法。[①] 但是，在目前情况下，还有其无法克服的种种缺陷和弊端。有学者将其缺陷总结为以下几方面[②]：首先，办理共同赔偿案件程序复杂，环节较多，不利于提高办案效率和保护公民、法人和其他组织的合法权益。其次，由于《国家赔偿法》有关刑事赔偿制度的规定不明确，赔偿义务机关较难作出共同决定。第三，对共同赔偿责任划分存有异议，造成执行难。最高人民法院、最高人民检察院对受害人在起诉、审判阶段的羁押赔偿责任的划分共同作出了一个非常简明的规定，即作为赔偿义务机关的人民法院、人民检察院应各自承担赔偿金额的二分之一。但实践中出现的问题远非如此简单。有不少刑事案件的二审法院审理期限往往较长，个别案件甚至严重超审限，造成受害人长期被羁押。对于此类案件，人民检察院认为主要责任在法院，应由法院承担超审限的赔偿责任，而司法解释要求检、法两家分别承担赔偿金额的二分之一，人民检察院便会认为有失公平，从而不愿执行赔偿决定。此外，现行的共同赔偿制度并不能应对实践中发生的所有情况。有学者举例：检察机关对被逮捕的被告人起诉后法院认定其没有犯罪事实而作出无罪判决，而审理期限超出法定办案期限。在此情况下被告人请求国家赔偿时，赔偿义务机关应当如何确定？检察机关认为自己仅应负责赔偿法院审理案件法定期限内给被告造成的损害，至于超出法定期限以外的损失由于是法院违法职权行为所致，不应由检察机关单独作为赔偿义务

---

① 值得注意的是，《国家赔偿法》在制定过程中曾经就共同赔偿问题进行过修改。第八届全国人大常委会第四次会议上初步审议的《中华人民共和国国家赔偿法（草案）》第 21 条第 3 款规定："对没有犯罪事实的人错误逮捕的，由公安机关或者安全机关提请人民检察院批准逮捕的，公安机关或者安全机关和人民检察院为共同赔偿义务机关，承担连带责任"。但这一规定遭到了最高人民检察院和公安机关的反对，因此这一条被修改为"对没有犯罪事实的人错误逮捕的，逮捕决定的机关为赔偿义务机关"。有关二审改判无罪的问题，在第八届全国人大常委会第四次会议上初步审议的《中华人民共和国国家赔偿法（草案）》中也没有涉及，而是在 1994 年 5 月 11 日全国人大法律委员会主任委员薛驹做的汇报中提到，因法院一审判决有罪，二审法院判决无罪，而使受害人的被羁押时间延长的，法院也应当承担赔偿责任。建议在《草案建议稿》中增加规定："二审改判无罪的，作出一审判决的人民法院和作出逮捕决定的机关为共同赔偿义务机关。"

② 陈成霞、刘小文：《法院、检察院共同赔偿制度的缺陷及立法完善》，载《人民检察》2001 年第 4 期。

机关。[①]

不少学者对《国家赔偿法》中有关共同赔偿义务机关的规定不甚满意,并就《国家赔偿法》中的规定提出了修改意见。这一问题从表面上看来仅涉及共同赔偿义务机关,但事实上关涉到确定赔偿义务机关的原则,此乃研究司法赔偿义务机关的重点。首先应当取消共同赔偿制度,在此基础上确立起确定司法赔偿义务机关的原则。

(3) 确定赔偿义务机关的原则

在讨论确定赔偿义务机关的原则之前,应当解决一个基本问题,即赔偿义务机关的设计,应当最大限度地方便受害人请求赔偿。因为确定赔偿义务机关的根本目的在于使受害人的赔偿请求权真正得到实现,并且还应当尽量减少赔偿请求权人行使请求权的程序性障碍。

确定赔偿义务机关应当以"谁侵权,谁为赔偿义务机关"为一般原则,特殊情况下适用"最终行为机关为赔偿义务机关"的原则。

第一,侵权行为机关作赔偿义务机关。

侵权行为机关包括作出某项决定或者实施某一行为的机关以及实施侵权行为的工作人员所属的机关。前者如作出逮捕决定的人民检察院、作出拘留决定并对犯罪嫌疑人进行羁押的公安机关;后者如对犯罪嫌疑人进行刑讯逼供、暴力侵害的工作人员所属的公安机关、人民检察院。由侵权行为机关作为司法赔偿的义务机关有利于查清案情,及时有效地处理司法赔偿案件。

具体而言,赔偿义务机关的情形主要包括:其一,司法机关怠于履行法定职责的,该司法机关为赔偿义务机关;其二,司法机关工作人员在行使职权过程中实施刑讯逼供、暴力侵害、违法使用武器、警械等事实行为的,由该工作人员所属的司法机关为赔偿义务机关;其三,民事、行政诉讼中错误采取保全措施、执行错误的,由作出保全、执行决定的人民法院为赔偿义务机关;其四,采取的查封、扣押、冻结等措施的,由采取这些措施的机关为赔偿义务机关;其五,采取妨害诉讼的强制措施的,由作出决定的人民法院为赔偿义务机关;其六,民事、行政错误判决,作出错误判决的法院为赔偿义务机关。

---

① 徐静村主编:《国家赔偿法实施程序研究》,法律出版社 2000 年版,第 62—63 页。

第二,最终行为机关为赔偿义务机关。

一般情况下,由实施侵权行为的机关为赔偿义务机关,但在某些特殊情况下,应当由最终行为机关为赔偿义务机关。这主要是指采取刑事强制措施、刑事错误判决等情形。至于为何要由最终行为机关为赔偿义务机关,主要是考虑到刑事诉讼的特点。刑事诉讼的本质,决定了诉讼程序各个阶段或者环节中履行侦查、检察、审判职权的司法机关的职责行为具有相对的独立性。尽管它们互相配合、互相制约,但又分工负责、各司其职,侦查权、检察权和审判权必须由侦查机关、检察机关和审判机关分别行使,不能混淆和相互代替。并且,后一阶段中司法机关往往会对前一阶段是否应当采取强制措施进行审查并作出决定,因此由最终行为机关作为赔偿义务机关是较为合理的。

具体来讲,最终行为机关为赔偿义务机关主要有以下情形:其一,错误拘留的,由作出拘留决定的机关为赔偿义务机关;其二,因同一事实拘留后又被逮捕的,由作出逮捕决定的机关为赔偿义务机关;其三,错误判刑,即二审改判无罪的,由一审人民法院为赔偿义务机关;其四,再审改判的,由作出原生效判决的人民法院为赔偿义务机关。

2. 赔偿事项处理主体

司法赔偿请求权人向国家申请司法赔偿时,应当由哪一个主体负责处理,这一看似程序性的问题,却会直接关涉赔偿请求权的实现。本书中所指司法赔偿事项处理主体,是具体负责处理司法赔偿事宜、决定国家是否赔偿及如何赔偿的机构。赔偿事项处理主体的设置与赔偿程序的设置直接相关,受各自的历史传统、诉讼体制等多种因素的影响,各国司法赔偿事项处理主体的设置与职权呈现出很大的差异。

(1) 现行规定与存在的问题

在我国《国家赔偿法》起草过程中,司法赔偿纠纷最终由哪个机关解决,即司法赔偿终局解决权的归属,是一个难度颇大不易处理的问题,在当时争议非常大。当时,曾经有过四种方案[1]:第一,复议程序终局解决。由侦查、检察、审判、监狱管理机关的上一级机关复议甚至再复议。复议决定为终局决定,不得由法院享有独家终局权。有人认为,此方案"自己

① 肖峋:《中华人民共和国国家赔偿法的理论与实用指南》,中国民主法制出版社 1994 年版,第 222—225 页。

做自己案件的法官”,欠缺公正性;有人则认为可以实现公正,因为经过复议、再复议,最终可能由最高人民法院、最高人民检察院、公安部、安全部、司法部解决赔偿问题。由国家的最高司法机关和部委解决,难道还不能公正?第二,由多方代表组成的赔偿裁决委员会解决。代表由侦查、检察、审判、监狱管理机关、专家、律师组成,地位超脱,可以实现公正。第三,由法院审判程序解决。美国、德国、法国、日本等均采用此种办法,但适用不同于普通案件的特殊程序,如特殊的审判机关或者组织、无被告程序等。第四,由法院审判员组成的赔偿委员会决定,赔偿委员会的决定为终局决定。除法院作为赔偿义务机关的情况外,在赔偿委员会作出决定前,以复议为必经程序,以发挥侦查、检察、审判、监狱管理机关各自解决自身问题的积极性。作为一项制度,也符合法院终局解决的原则。经过全国人大常委会征求各方意见,最终决定采取第四种方案,人民法院赔偿委员会由此产生。

我国《国家赔偿法》第23条规定:“中级以上的人民法院设立赔偿委员会,由人民法院3名至7名审判员组成。赔偿委员会作赔偿决定,实行少数服从多数的原则。赔偿委员会作出的赔偿决定,是发生法律效力的决定,必须执行。”鉴于法律规定得非常原则,司法解释对人民法院赔偿委员会的有关问题进一步作了规定。司法解释主要包括:1996年最高人民法院《人民法院赔偿委员会审理赔偿案件程序的暂行规定》和1999年《最高人民法院赔偿委员会工作规则》。我国的司法赔偿程序是由三个程序组成的:赔偿义务机关处理前置程序、复议程序、人民法院赔偿委员会的决定程序。但在人民法院作为赔偿义务机关时,则只有两个程序:赔偿义务机关处理前置程序和赔偿委员会的决定程序。可见,人民法院赔偿委员会的决定程序是解决司法赔偿争议的最终程序。

赔偿委员会设置于中级以上人民法院,是人民法院专门审理司法赔偿案件的审判组织,是法院内部依法常设的职能部门。同法院内部其他审判庭不同的是,赔偿委员会具有独立的主体资格。赔偿决定以赔偿委员会的名义作出,赔偿委员会对外独立行使赔偿决定权。在业务上,赔偿委员会下设的办公室与法院内设的各庭、处、室处于平行关系。中级人民法院赔偿委员会由3名或5名委员,高级法院赔偿委员会由5名或7名委员组成。关于赔偿委员会委员专职或者兼职的问题,法律尚无明确规定。实践中,因司法赔偿案件涉及法院刑事、民事、行政、执行等各项业务,涉及一审、二审、再审等各道程序,涉及审判纪律、违法犯罪等各类问题,赔偿委员会委员通常由各相关业务庭、处、室负责人或骨干兼任。根据《人民法院赔偿委员会审理赔偿案件程序的暂行规定》第25条的规定,赔偿委员会下设办公室,负责办理具体事宜。人民法院赔偿委员会的职责,是审理和决定司法赔偿案件。此外,赔偿委员会经常受本院委托处理本院作为赔偿义务机关的司法赔偿案件。赔偿委员会实行委员会制,作出赔偿决定,采用书面审理的方式,实行少数服从多数的原则。赔偿委员会作出的赔偿决定为终局决定,具有法律效力,当事人不得上诉。

有学者认为,赔偿委员会由中级以上人民法院设立,与我国现行司法体制不相协调。就赔偿委员会的设置与工作方式而言,主要存在着以下问题[①]:第一,当法院作为赔偿义务机关时,赔偿委员会审理案件的公正性难以保证,也不符合任何人不得成为自己案件法官的法治原则。第二,赔偿委员会的地位、性质与职能在法院内部不好界定。赔偿委员会与审判委员会都是法院的审判组织,一般都是由法院内部各部门的行政领导组成。作为人民法院的审判组织,赔偿委员会与审判委员会一般都是由各个部门的行政领导组成。《人民法院赔偿委员会审理赔偿案件程序的暂行规定》第15条规定:"赔偿委员会认为重大、疑难的案件,必要时由赔偿委员会主任报请院长提交审判委员会讨论决定。审判委员会的决定,赔偿委员会应当执行。"由此可见,审判委员会的决定的效力比赔偿委员会的决定的效力要高。由于二者的组成成员基本相同,这就会出现同样的工作在不同的审判组织间作无谓的重复,而且也可能因为这两个组织的成员基本相同而出现一错再错的有害结果。如果确定案件先由赔偿委员会讨论决定,后由审判委员会讨论决定,审判委员会作出的决定效力高于赔偿委员会,那么法院内部的工作不仅会出现无谓的重复,而且可能因为这两个组织的成员基本是相同的而出现一错再错的结果。第三,审判机关与检察机关在目前司法体制中的地位与职权关系微妙,赔偿委员会也不适于审理检察机关作为赔偿义务机关的案件。即使在处理之后也

① 参见陈春龙:《中国司法赔偿实务操作与理论探讨》,法律出版社2002年版,第61页;徐静村主编:《国家赔偿法实施程序研究》,法律出版社2000年版,第190—193页;徐黎明:《完善人民法院赔偿委员会立法的探讨》,载《经济与社会发展》2004年第1期。

难以得到执行。[①] 第四，赔偿委员会作为人民法院审判组织，其组成人员应当经由同级人大常委会任免，如各级人民法院审判委员会的组成人员须经同级人大任免一样。而依据现行政策，赔偿委员会成员由上级批准，这种状况不利于对赔偿委员会工作进行监督。

（2）我国司法赔偿事项处理主体设想

争议的解决主体在某种程度上会影响到争议的实体处理结果。既然司法侵权行为不可避免，有关司法赔偿的争议也有可能发生，为这些争议的解决确立一个公正的处理主体不仅仅是一个程序问题，更是关乎争议的实体处理结果。我国国家赔偿制度下虽然设立了专门的赔偿委员会，但该委员会属于中级以上人民法院内部的审判组织之一，没有独立的地位。为了保障受害人能够获得合理的司法赔偿，现有的模式必须改变。至于应当如何改变，必须考虑到下述多种因素：一是保障司法赔偿事项处理主体独立的地位，目的是为了实现该主体对司法赔偿事项处理结果的客观公正。二是我国现行的司法体制。《国家赔偿法》制定当初在中级以上各级人民法院内部设立赔偿委员会，这一举措在当时已经构成对传统司法体制的冲撞。直到1997年左右，赔偿委员会才在各中级人民法院真正全部建立起来。在美国的某些州，刑事赔偿请求人可以按照民事诉讼法的规定，以州为被告或者以对其实施逮捕或者起诉的警官、检察官为被告，向法院提起诉讼。我国没有这样的司法传统，若是人民法院实施了侵权行为给公民造成损害，受害人要求国家赔偿，很难想象可以通过诉讼的方式，以人民法院为被告申请赔偿。因此，赔偿委员会这一设置本身是可取的。三是案件的数量。如果司法赔偿案件较多，可以考虑在县一级设立赔偿委员会，如果司法赔偿案件较少，则可以考虑适当提高司法赔偿委员会的级别。

我国学界在认识到赔偿委员会制度缺陷的基础上，纷纷提出改革建议。最切合实际的方案是保留司法赔偿委员会，并对其进行彻底的改造。主要是基于如下考虑：司法赔偿是司法机关及其工作人员违法行使职权的行为侵犯了公民、法人或者其他组织的权益并造成损害，由国家承担的一种赔偿责任。实施侵权行为的是国家公安机关、检察机关以及审判机

---

① 黄广明：《国家赔偿遇阻检察院》，载《南方周末》2002年12月4日。该案中人民检察院拒不执行赔偿委员会决定近五年。

关。如果我们采行由国家赔偿审判庭通过诉讼程序审理司法赔偿案件的方案，必然会出现司法机关作被告的问题。如果说《行政诉讼法》的实行使得公安机关不再会为自己成为被告而感到惊讶，对于检察机关和审判机关来说，要让其接受自己可能会在国家赔偿诉讼中成为被告，恐怕有很大的难度。因为我国没有这样的法治传统，并且即使设计了这样的制度，实践中也会变得难以操作，反而在客观上出现权利保护的漏洞。因此，在法院内部设立国家赔偿审判庭，通过诉讼程序解决司法赔偿纠纷的方案不可取。

司法赔偿委员会应当保留在人民法院内部。有学者认为，在人民法院内部设立司法赔偿委员会，不利于司法赔偿案件的解决，尤其在人民法院自己作为赔偿义务机关的情况下，会直接影响到处理结果的公正性。应当承认，处理结果的公正性在一定程度上会受到处理主体设置于何处的影响，但更为重要的是处理主体的组成以及在解决纠纷时的程序。我们认为应当将司法赔偿委员会设置于中级人民法院、高级人民法院和最高人民法院。县、市辖区及不设区的市人民法院内部不设司法赔偿委员会。人民法院赔偿委员会管辖本辖区内的司法赔偿案件。如果赔偿义务机关为中级人民法院、高级人民法院时，应当由其上一级人民法院赔偿委员会管辖；如果赔偿义务机关时最高人民法院时，由最高人民法院赔偿委员会管辖。赔偿委员会由 5 至 7 名成员组成，可以借鉴国外的做法，由公安机关、检察机关、审判机关的代表以及有关的专家、学者组成。任期为 3 年，任期届满由各机关重新指定，但可以连任，连任不得超过 2 届。赔偿委员会下设办公室，负责处理程序性事务，并负责赔偿委员会审理案件的前期准备工作。主要包括：接受并审查决定是否受理赔偿申请，通知赔偿案件当事人各项程序性事宜，整理赔偿案件的所有资料以及有关案件基本情况的书面材料、负责会议记录等。

司法赔偿委员会审理司法赔偿案件适用非诉讼程序，但这种非诉讼程序应当尽量司法化。对司法赔偿委员会审理司法案件的程序进行改造，主要包括几个方面：第一，实行二级审理制。如果赔偿请求人对司法赔偿委员会的决定不服，可以在一定期限内起 15 日内向上一级人民法院司法赔偿委员会申请复审。复审决定为最终的决定，不得再向上级人民法院司法赔偿委员会申请复审。第二，建立异地管辖制度。如果司法赔偿申请人有理由认为有管辖权的人民法院司法赔偿委员会不能公正地审理案件,可以向上一级人民法院司法赔偿委员会提出申请,要求该司法赔偿委员会审理或者指定其他的下级人民法院司法赔偿委员会审理赔偿案件。第三,人民法院司法赔偿委员会审理赔偿案件应当公开进行,必要情况下应当举行听证。具体的程序详见第六章的论述。

3. 赔偿程序之重构

(1) 申请程序

在司法赔偿程序中,受害人提出赔偿请求,赔偿义务机关或者人民法院赔偿委员会受理请求都应符合一定条件,履行法定手续。

请求权人向赔偿义务机关或者赔偿事项处理主体申请赔偿,应当具备以下实体要件:第一,赔偿请求权人原则上是因司法机关及其工作人员执行职务的行为而直接受损害的人。至于受害人死亡的,其继承人和其他有扶养关系的人为请求权人。未成年人和精神病人等无行为能力人,限制行为能力人受侵害而提出赔偿请求时,由其法定代理人代理。第二,被请求人为司法赔偿义务机关。第三,请求依据是能够证明的损害事实,包括已受损失和必然的可得利益损失,不是假想、预料、期待的非现实损害以及相关的法律文件,包括确定司法机关赔偿义务和受害人请求权的一般赔偿法和特别法。

赔偿请求人申请赔偿,应当同时具备程序要素。从许多国家、地区司法赔偿立法及实践看,程序要素是请求权人提出赔偿请求,司法赔偿义务机关履行赔偿义务的步骤、方法、形式要求等综合因素。它主要包括:书面申请、法定期限内提出、司法机关决定或协议期限、协议及赔偿金额限制等。首先,受害人等向赔偿义务机关提出赔偿请求,应以书面形式进行。请求赔偿行为属要式法律行为,因此,仅以口头表示请求赔偿的意思是不够的,难以构成具有法律效力的法律行为。如果受害人口头向赔偿义务机关提出赔偿申请的,赔偿义务机关应当将申请记录下来,并经申请人签字确认。其次,赔偿请求权人应当在法定期限内提出请求。向司法机关提出赔偿请求,必须在法定期限内提起,这与诉讼上的消灭时效是一致的。许多国家、地区的法律都明确规定了国家赔偿的请求期限,即请求权的消灭时效。其意义在于督促权利人及时行使求偿权利,义务人早日履行其义务,以免时过境迁,发生举证困难。如果请求权人不能在法定期限内提出赔偿请求,则丧失胜诉权,即丧失要求法院强制义务人履行义务的权利。当然,即使在时效届满的情况下,权利人仍提出请求,义务人主动履行义务的，权利人仍有权受领。司法赔偿的请求期限也就是消灭时效、诉讼时效。由于它与民事赔偿有一定区别，因此多采用短时效。赔偿请求人请求司法赔偿的时效应当为2年，自侵权行为实施终了开始计算。再次，司法机关与请求人协议的时限。为了保证请求权人及时获得赔偿，督促赔偿义务机关尽早履行义务，许多国家和地区的法律均规定了赔偿义务机关作出决定或协议的期限。例如，韩国法律规定赔偿审议会作出认可或拒绝的期限为2个月，超过2个月不作决定的，赔偿请求权人可直接起诉。规定行政赔偿义务机关受理请求后的决定或协议期限有利于尽快解决赔偿纠纷，防止一案久拖不决，损害当事人的权益。司法赔偿程序中，也可规定协议期限为60日。

（2）协议程序

在协议程序中，赔偿请求人与赔偿义务机关可以自愿协商赔偿事宜，并达成协议。赔偿请求权人与赔偿义务机关达成的协议具有确定力和拘束力，双方当事人不得随意反悔更改，这是多数国家法律所明确规定的。例如，美国《联邦侵权赔偿法》第2672条规定，“除非前项之行政调解系以欺诈方式达成，行政机关所为的妥协、和解、裁决或决定，在本法关于对美国联邦政府基于侵权行为而提起的民事诉讼的规定限制下，对联邦政府全体官员均有终局的效力”，“请求权人接受前述的裁决、和解或妥协，对于该请求权人应产生终局的拘束力，并对美国联邦政府及其人员因其行为或不行为所生的赔偿请求构成完全之免除”。

在司法赔偿的先行协议程序中，赔偿义务机关与请求人所达成的赔偿协议与法院的调解书具有同等的法律效力，既可以成为赔偿义务机关履行赔偿义务的依据，又可以成为请求权人申请法院强制执行的依据。具体而言，赔偿决定或协议发生以下效力：赔偿请求人可以依据赔偿协议向国家赔偿基金管理部门申请领取赔偿金。如果需要恢复原状、返还原物以及消除影响、恢复名誉、赔礼道歉的，由赔偿义务机关履行上述义务。如果赔偿义务机关拒绝履行上述义务的，赔偿请求人可以申请人民法院强制执行。

赔偿义务机关应在收到赔偿申请之日起60日内与赔偿请求人协商达成赔偿协议。如果赔偿请求人向赔偿义务机关提出赔偿申请，赔偿义务机关拒绝与赔偿请求人达成赔偿协议，或者对赔偿申请人的赔偿申请不予理睬，赔偿申请人可以自期限届满之日起30日内向人民法院司法赔偿委员会提出赔偿申请。

需要注意的是,协议程序并不是必经程序。赔偿请求人也可以不经协议程序,直接向人民法院赔偿委员会提出申请。

(3) 人民法院赔偿委员会审理程序

人民法院赔偿委员会应当自收到赔偿申请之日起 60 日内作出赔偿决定。赔偿委员会审理司法赔偿案件的程序,应当注意以下几点:

第一,人民法院赔偿委员会的管辖权限。人民法院赔偿委员会管辖本法院辖区内的司法赔偿案件,包括赔偿请求人与赔偿义务机关无法达成赔偿协议的案件和赔偿请求人直接向赔偿委员会申请赔偿的案件。如果赔偿申请人有理由认为有管辖权的人民法院司法赔偿委员会不能公正地审理案件,可以向上一级人民法院司法赔偿委员会提出申请,要求该司法赔偿委员会审理或者指定其他的下级人民法院司法赔偿委员会审理赔偿案件。

第二,赔偿委员会办公室自收到立案庭移送的司法赔偿案件后,应视案件具体情况将案件移交 1 名赔偿委员会委员承办。承办委员对司法赔偿案件进行初步审查,并制作审理报告。审理报告应当包括以下内容:案件的由来;赔偿请求人的基本情况、赔偿义务机关及其法定代表人;赔偿请求人申请事项及理由;赔偿请求人与赔偿义务机关达成协议的情况;承办委员审查认定的事实及依据;处理意见和理由。赔偿委员会审理司法赔偿案件应当由 3 名或者 5 名委员组成。赔偿委员会委员会承办委员提交的审理报告进行审查。对于案件重大、疑难或者争议较大的案件,均应举行听证赔偿决定书由承办委员根据赔偿委员会的决定制作,经赔偿委员会办公室主任审核后,报请赔偿委员会主任签发,加盖人民法院印章。

第三,人民法院司法赔偿委员会审理赔偿案件应当建立回避制度。赔偿委员会委员、书记员、翻译人员、鉴定人员、勘验人员与案件存在利害关系,有可能影响案件公正审理的,应自行提出回避;赔偿请求人、赔偿义务机关也有权提出回避申请。人民法院对上列人员和机关提出的回避申请,应当在申请提出的 3 日内,以口头或者书面形式作出决定。书记员、翻译人员、鉴定人员、勘验人员的回避由承办委员决定;承办委员和赔偿委员会委员的回避由赔偿委员会主任决定;赔偿委员会主任的回避由赔偿委员会讨论决定。

第四,赔偿委员会讨论司法赔偿案件,实行少数服从多数的原则。少数委员的意见可以保留并记录在案。赔偿委员会作出的赔偿决定,必须取得赔偿委员会全体委员的过半数同意。人民法院赔偿委员会经过审理，应当制作赔偿决定书。赔偿决定书应当载明侵权事实、应当赔偿或者不予赔偿的事实、证据及理由。

(4) 举证责任的分配

举证责任是当事人为了实现自己的主张，按照法定的程序、范围和标准证明特定事实的权利和义务。[①] 举证责任是诉讼制度中的核心问题，司法赔偿程序中由人民法院赔偿委员会作出赔偿决定的程序虽然不是传统意义上的诉讼程序，但具有明显的裁决性质，具有较强的司法性。人民法院赔偿委员会作出赔偿决定，前提条件是权行为的认定以及侵权行为是否应当承担赔偿责任的判断。证明案件事实的责任在赔偿申请人与赔偿义务机关之间应当如何分配，是人民法院赔偿委员会处理赔偿争议的前提性问题。举证责任是一个兼具理论性与实践性的问题。[②]

我国《民事诉讼法》、《行政诉讼法》和《国家赔偿法》分别确立了不同的举证责任分配规则。民事诉讼中采用"谁主张，谁举证"的原则。根据《最高人民法院关于民事诉讼证据的若干规定》(2001 年)第 2 条的规定，当事人对自己提出的诉讼请求所依据的事实或者反驳对方诉讼请求所依据的事实有责任提供证据加以证明。没有证据或者证据不足以证明当事人的事实主张的，由负有举证责任的当事人承担不利后果。《行政诉讼法》中确立了举证责任倒置原则，最高人民法院 2002 年发布的《关于行政诉讼证据若干问题的规定》第 4 条第 1 款规定，公民、法人或者其他组织向人民法院起诉时，应当提供其符合起诉条件的相应的证据材料。第 5 条针对行政赔偿诉讼作了专门的规定："在行政赔偿诉讼中，原告应当对被诉具体行政行为造成损害的事实提供证据。"《国家赔偿法》第 12 条第(2)项规定，申请书应当载明"具体的要求，事实根据和理由"，除此以外，赔偿法条文中没有其他有关证据的规定。最高人民法院《人民法院赔偿委员会审理赔偿案件程序的暂行规定》(下称《赔偿案件程序规定》)第 9 条规定，赔偿委员会根据审理案件的需要，可以通知赔偿请求人、赔偿义

① 高家伟等:《证据法原理》，中国人民大学出版社 2004 年版，第 124 页。

② 有关举证责任与证明责任之间的关系，理论界有三种学说，即同一说、并列说和包容说。本书采并列说。有关举证责任的性质，本书采"权利义务说"，即举证责任既是当事人的权利，也是当事人的诉讼义务。参见高家伟:《行政诉讼证据的理论与实践》，工商出版社 1998 年版，第 74—75 页。

务机关和复议机关的有关人员或者相关证人提供有关情况、案件材料、证明材料或者到人民法院接受调查。除上述规定以外，法律、司法解释没有其他关于赔偿委员会审理赔偿案件的举证责任的规定。正是由于立法中的欠缺，导致实践中对于一些真伪不明的事实，赔偿委员会要么久拖不决，要么糊里糊涂地进行主观臆断。赔偿委员会审理司法赔偿案件过程中具有较重的职权色彩。为了实现司法赔偿处理决定的公正性，我们应当为司法赔偿举证责任找出合理的分配规则。

司法赔偿案件中应当确立“举证责任倒置”的规则，主要是考虑到以下几方面因素：

第一，司法赔偿的目的。填补损害是司法赔偿责任的首要功能，司法赔偿制度的直接目的即在于对公民、法人或者其他组织权利进行充分保护，旨在使受害人被司法侵权行为所侵害的权益能够得以补救或者恢复。因此，在司法赔偿举证责任的分配上，赔偿请求人不应承担太多的证明义务。有学者曾指出，举证责任的分配是一种价值衡量的方法，探寻举证责任分配的目的不纯粹是寻求个案中的事实真相，而在于通过举证责任的分配及证明标准的确定，公正和有效率地分配社会资源，指引当事人应当遵循的行为规则。[①] 我们赞同这种观点，并且认为分配司法赔偿程序中的举证责任，在进行价值衡量时，应当本着公平的原则，赋予司法赔偿的目的(尤其是保护公民权益这一直接目的)更大的份量。

第二，司法赔偿程序的结构。举证责任是诉讼程序中的一个组成部分，诉讼程序则是举证责任的运行环境。这一环境会对举证责任的分配产生深刻的影响。我们对司法赔偿程序结构的分析，主要是在与行政诉讼相比较的基础上进行的。正是因为司法赔偿程序与行政诉讼有一些共同点，才使得在考虑司法赔偿程序举证责任时有可能借鉴行政诉讼中的举证责任。行政诉讼是人民法院应相对人的申请对行政行为进行审查的一种制度，它体现为相对人与行政机关在法庭上的对峙。司法赔偿程序中双方分别是赔偿申请人和赔偿义务机关。二者各自的地位和相互之间的关系与行政诉讼有很大的相似之处。从世界各国来看，行政诉讼大体可以分为当事人主义模式和职权主义模式。在实行当事人主义模式的国家，行政诉讼举证责任的分配往往遵循“谁主张，谁举证”的原则；而在实

① 何海波：《举证责任分配：一种价值衡量的方法》，载《中外法学》2003 年第 2 期。

行职权主义模式的国家,行政诉讼举证责任的分配实行“举证责任倒置”原则,由被告行政机关承担较多的举证责任。在我国,司法赔偿程序也具有较强的职权主义模式的色彩。因此,可部分借鉴“举证责任倒置”的分配原则。

第三,赔偿请求人与赔偿义务机关的各自举证能力。赔偿请求人与赔偿义务机关因各自在司法机关行使职权过程中的地位不同,导致二者的举证能力不同。在司法机关行使职权的过程中,司法机关具有明显的优势,而赔偿请求人则相对处于弱势。司法行为的过程由司法机关控制,赔偿请求人被动服从,司法行为有国家强制力保障,司法机关掌握控制大量的信息。赔偿请求人与司法机关之间存在着严重的信息不对称。受害人对损害发生的依据、内容不甚了解,难以提供充足的证据。如司法机关的查封、扣押等侵犯财产的违法行为,被查封、扣押的财产或者是司法机关保管,或者是委托他人保管,或者责令赔偿请求人自己保管,司法机关仍然具有控制被查封、扣押财产的优势,决定如何处理、何时处置等,仍然比赔偿请求人占有更多的信息优势。

举证责任的分配不仅是一个重要的证据法理论问题,同时也是一个重要的实践课题。司法赔偿程序应当确立“举证责任倒置”的规则。前文已经论及,司法赔偿责任构成要件包括行为主体、职务行为、损害结果和因果关系四部分。只有在司法机关及其工作人员在行使职权过程中侵犯公民、法人或者其他组织合法权益并造成损害的情况下,国家方为此承担司法赔偿责任。司法赔偿事项处理主体在判断赔偿责任是否成立以及责任的大小时,必须对上述四个要素进行审查。这四个因素中对于司法侵权行为的主体是否为司法机关及其工作人员一般情况下无须证明,最重要的是损害结果、职务行为与因果关系三项因素。于是就出现一个问题,这些要素应当由哪一方举出证据证明存在呢?这就涉及司法赔偿中举证责任的具体分配问题。司法赔偿举证责任分配的具体规则包括举证责任全部倒置和部分倒置两种情况,两种规则分别适用于不同的情形。

第一种情况下,举证责任全部倒置,即判断司法赔偿责任是否成立的四项要素均由司法赔偿义务机关承担举证责任。这是针对现实中赔偿权利人被限制人身自由后出现的伤害、死亡而引起的举证责任难题而提出的解决方案。当然,这是一种法律上的推定,如果赔偿义务机关没有责任,那么其可以通过提出相关证据,进行证明,最后推翻原先的假设。这一规则仅仅适用于公民人身自由被司法机关限制或者剥夺的情形。在法治国家中，司法机关实施剥夺、限制公民人身自由的行为，从程序上而言，应当向公民出具书面决定书。但在实践中，司法机关实施剥夺、限制人身自由的行为却并不出具任何书面决定书，特别是在司法机关故意违法剥夺、限制公民人身自由的情况下，或者司法机关实施了拘留、逮捕等行为时虽然出具了决定书，但却对公民进行超期羁押的情形。还有的情况下，公民在被拘留、逮捕过程中死亡、失踪或者身体受到伤害。如被刑事拘留的嫌疑人人身伤害的因果关系，嫌疑人的人身自由完全被公安机关限制，对于伤害其身体的工具等证据无法提取获得，对于公安机关而言则非常容易。上述情况下，应当由司法赔偿义务机关就加害行为是否存在、损害结果与加害行为之间是否存在着因果关系承担举证责任。如果司法赔偿义务机关不能提供证据证明加害行为不存在以及加害行为与损害结果之间没有因果关系，即应当认定司法赔偿责任成立。

第二种情况下，举证责任部分倒置。在此情况下，赔偿请求人承担初步证明责任，即赔偿请求人在司法赔偿程序中应当对司法机关及其工作人员行使职权或者与行使职权有关的行为造成损害的事实提供证据。这个说明责任要求赔偿请求人说明损害结果是因为违法司法行为造成且仅仅是可以造成即可，这个说明可以用证据证明，也可以分析说理，只要达到令人信服所指的违法司法行为可以造成所指的损害结果即可，而不必达到确定所指的违法司法行为造成的损害结果。当然，实践中赔偿请求人为了支持自己的赔偿请求，往往会提供更多的证据，但这并不能免除赔偿义务机关的责任。除了损害结果外，其他的因素不成立的举证责任由赔偿义务机关承担。当然，这里应当区别两种情况：第一种情况下对于适用违法归责原则的行为，赔偿义务机关应当提供证据证明两项内容：一是损害结果与侵权行为之间因果关系不成立，二是司法机关实施的行为本身是合法的。例如，司法机关及其工作人员拒绝履行法定职责的不作为行为，刑讯逼供或者以殴打等暴力行为或者唆使他人以殴打等暴力行为造成公民身体伤害或死亡的暴力侵害行为，人民法院在民事、行政诉讼过程中错误采取保全措施、或者对判决、裁定及其他生效法律文书执行错误，等等。第二种情况下赔偿义务机关仅须承担损害结果与侵权行为之间因果关系不成立的举证责任，不必证明司法机关及其工作采取行为本身具有合法性。这种情况主要适用于冤狱赔偿。

(5) 上一级人民法院赔偿委员会复审程序

人民法院司法赔偿委员会实行二级审理制。赔偿请求人若对人民法院赔偿委员会的赔偿决定不服,可以自收到赔偿决定书之日起15日内向上一级人民法院司法赔偿委员会申请复审。如果人民法院赔偿委员会逾期不作出赔偿决定,赔偿请求人可以自决定期满之日起15日内向上一级人民法院司法赔偿委员会申请复审。复审的赔偿委员会对赔偿申请进行书面审查,应当于收到申请之日起60日内作出赔偿决定。复审决定为最终决定,不得再向上级人民法院司法赔偿委员会申请复审。

(6) 赔偿决定执行程序

之所以会出现赔偿决定的执行问题,是因为《国家赔偿法》赋予了赔偿义务机关太多的权力。因此,有必要增设赔偿决定或者协议的执行程序。赔偿决定的履行,可以考虑根据赔偿义务的不同内容来设计不同的执行程序。当然,这一问题还与国家赔偿的费用管理有着密切的联系。

司法赔偿决定的执行,应当因赔偿决定中所确定的赔偿义务的不同内容而有不同。具体而言:第一,对于应当支付赔偿金的,赔偿权利人凭生效的赔偿决定书、协议书等向国家赔偿基金管理部门申领赔偿金。不再采用赔偿义务机关先从本单位预算经费和留归本单位使用的资金中支付后再向同级财政机关申请核拨的方式。国家赔偿基金管理部门应在10日内审核决定书、判决书、调解书、协议书及申领人身份证明材料的真实、有效和齐全。经审核真实、有效、齐全的,应当在10日内支付全部赔偿金。逾期不履行义务的,赔偿权利人可以向人民法院申请强制执行。第二,对于应当恢复原状、返还原物以及为受害人消除影响、恢复名誉和赔偿道歉的,由赔偿义务机关负责履行。如果赔偿义务机关拒绝履行上述义务,赔偿请求人可以向人民法院申请强制执行。赔偿义务机关拒绝履行义务的,赔偿请求人可以向人民法院申请强制执行。强制执行的程序可参考《行政诉讼法》及其司法解释中的规定。发生法律效力的赔偿协议书、赔偿决定书,赔偿义务机关拒不履行的,由赔偿义务机关所在地同级人民法院的上一级人民法院执行。对于拒绝履行赔偿义务的机关负责人可以追究其法律责任。第三,司法赔偿决定作出后,受害人可以在1个月内向作出赔偿决定的机关申请将司法赔偿决定的要旨进行公告。作出赔偿决定的机关应当在接受申请之日起1个月内向社会发布公告。① 公告可以刊登于当地较有影响力的报纸。至于公告的范围,可以考虑控制在作出赔偿决定的机关所在的一级行政区域内。例如,司法赔偿决定若是某地级市人民法院赔偿委员会作出的,应当在该地级市行政区划范围内予以公告。

行文至此,我们将司法赔偿程序图示如下:

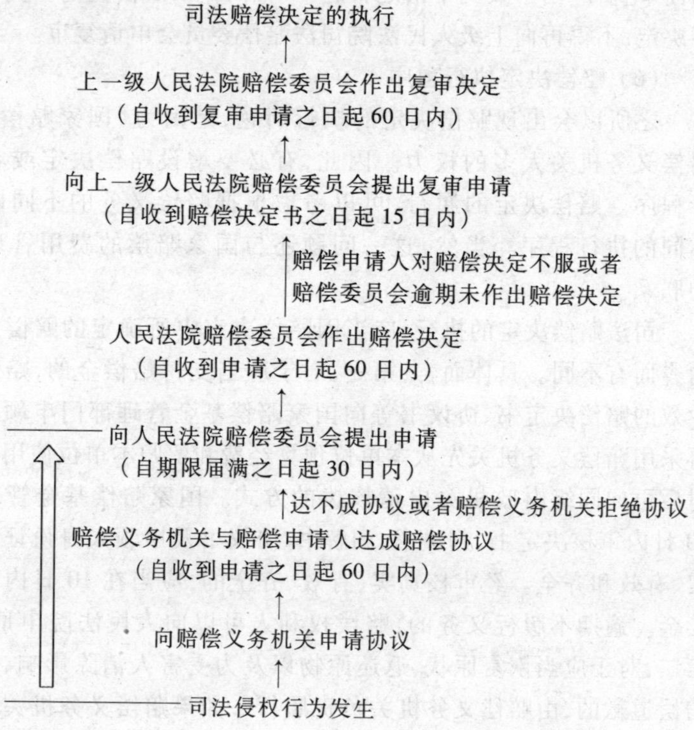

① 在许多国家和地区都设置了公告这一程序。例如,俄罗斯《联邦刑事诉讼法典》第136条规定,如果关于被平反人拘捕、羁押、停职、适用医疗性强制处分的材料以及关于对被平反人判刑和适用其他非法行为的材料曾在报刊公布,在广播、电视或其他信息媒体传播,则根据被平反人的要求;被平反人死亡的,根据其近亲属或亲属的要求,或者根据法院、检察长、侦查员、调查人员的书面指示,相应信息媒体必须在30日之内进行关于平反的报道。日本《刑事补偿法》第24条规定,法院在作出补偿决定后,应接受该决定者的申请,必须迅速在官报以及申请人所选的三种以内的报纸上将补偿决定的要旨各公示一次以上。前项的申请必须在补偿决定确定后的2个月以内提出。我国台湾地区"冤狱赔偿法"第22条规定,原决定机关应于决定后10日内将主文及决定要旨公告,并登载公报及受害人所在地之报纸。

第六章　公有公共设施致害国家赔偿

行政国的崛起是现代社会的一个重要特征。在一个社会依赖性不断扩大的时代,政府需要广泛地承担起生存照顾的职责,建设公路、桥梁、机场、堤坝等公共设施供公众利用,便是履行这种职责的重要方式。毫无疑问,这些设施的存在极大地提高了公众的福利水平,且对保障公民生存权而言具有基础性作用。[①] 然而,大量事故的存在也要求建立健全的法律机制,在政府和个人之间妥善地分配风险,公有公共设施致害的赔偿制度便是其中重要的一环。

一、公有公共设施的含义

(一)有关公有公共设施含义的分歧

在规范公有公共设施致害的赔偿责任时,各国或地区立法采用的术语并不一致,范围也不尽相同。

日本《国家赔偿法》第2条采用了"公营造物"的概念[②],该概念是从德国行政法上引入的。根据奥托·迈耶的解释,公营造物"掌握于行政主

① 〔日〕大须贺明:《生存权论》,林浩译,法律出版社2001年版,第57—58页。
② 参见王和雄:《国家赔偿法公有公共设施概念之探讨》,载《法学丛刊》第115期。

体手中，由人与物作为手段之存在体，持续性地为特定公共目的而服务”[①]。但是，在《国家赔偿法》中，公营造物被解释为其中作为设施部分的有体物，日本判例认为公营造物“是由国家或者公共团体直接提供用于公共目的的各个有体物，不包括无体财产及人力设施”[②]。需要强调的是，《国家赔偿法》中的公营造物是指供公众使用的物，对于国家拥有的未供公众使用的普通财产，根据《民法》第717条进行赔偿。[③] 同时，公营造物并不以国家或者公共团体所有为限，国家或公共团体事实上处于管理状态即可。例如，日本判例认为，警察为追捕疑犯而搭乘市民之汽车时，该汽车属于公营造物；公立中学借用的跳水台和其他教育设施，是学校设施的一部分，属于《国家赔偿法》上的公营造物。[④]

我国台湾地区“国家赔偿法”第3条首次采用了“公有公共设施”一词。但是，台湾“国家赔偿法”本身对何谓公有公共设施并未解释，其他法律由于立法目的不同，对公共设施的界定也有所不同。因此，学者对“国家赔偿法”中公有公共设施的含义有不同理解。[⑤] 其争论主要集中在两个方面：其一，对于公有的涵义，有学者认为公共设施以国家、公共团体或者其他公法人所有为限[⑥]，而有学者认为公有不以国家所有为限，凡公共设施为国家所管有即可。[⑦] 其二，对于公共的涵义，有学者认为，公共设施是为公共目的设置的物质设备，不以供一般国民使用为限，行政主体供自己使用之物亦包括在内[⑧]；而有学者认为，公共设施仅是指直接供公

---

① 参见吴庚：《行政法之理论与实用》，台湾三民书局增订9版，第180页。

② 参见〔日〕盐野宏：《行政法》，杨建顺译，法律出版社1999年版，第479页。

③ 同上；杨建顺：《日本行政法通论》，中国法制出版社1998年版，第646页。

④ 参见王和雄：《国家赔偿法公有公共设施概念之探讨》，载《法学丛刊》第115期。

⑤ 参见叶百修：《国家赔偿法》，载翁岳生主编：《行政法》，中国法制出版社2002年版，第1548—1666页。

⑥ 如王和雄认为：“至于是否公有，应以所有权归属为要件。此与日本、韩国国家赔偿法之规定并不相同，故在解释上不宜采取只须行政主体对之有管理权即视为公有。”参见王和雄：《国家赔偿法公有公共设施设置或管理欠缺之判断标准——日本相关学说，判例之介绍、分析与批判》，载《政大法学评论》第31期。

⑦ 如廖义男认为：“强调公共设施限于公有，并非妥当，宜扩张解释，凡公共设施由国家或其他公共团体设置或管理者，即确有适用，毋庸重其所有权之归属。”参见廖义男：《国家赔偿法》，自刊初版，第65页。

⑧ 如吴庚认为：“公共设施非以专供公众使用者为限，例如禁止公众使用之军事设施造成损害者，非无本条之适用。”参见吴庚：《行政法之理论与实用》，台湾三民书局增订9版，第749页。

众使用的物资设备。[①]

我国法律上并未使用公有公共设施这一术语，学者们在讨论相关赔偿责任时使用的称谓很不统一。大部分学者使用了公有公共设施这一概念，有部分学者使用国有公共设施的概念[②]，也有学者直接使用公共设施这一概念。[③] 从研究对象的内容看，学者们对公有公共设施的概念也存在类似于我国台湾地区学者的争论。例如，有学者认为公有公共设施以国家所有为限[④]，而有学者认为公有不以国家所有为限，不看重所有权归属，事实上处于行政主体管理状态者即可[⑤]；有学者认为公有公共设施包括一般公民所使用的公共用物和行政主体本身使用的公用设施[⑥]，而有学者认为公有公共设施以供社会公众利用为限[⑦]。

（二）公有公共设施的界定

有关公有公共设施含义的争论反映了学界的分歧：应该将何种设施致害的侵权责任从其他政府侵权责任中划分出来，形成一套具有特殊规

① 如陈新民认为："所谓公共设施，指供公众使用的公物而言……至于行政机构使用之公物，则非属供公用之公共设施，故应不在此列。"参见陈新民：《行政法学总论》，第 420 页，转引自叶百修：《国家赔偿法》，载翁岳生主编：《行政法》，中国法制出版社 2002 年版，第 1548—1666 页。

② 杨立新、尹艳：《论国有公共设施设置及管理欠缺致害的行政赔偿责任》，载《中央政法管理干部学院学报》1994 年第 1 期；薛刚凌主编：《国家赔偿法教程》，中国政法大学出版社 1997 年版，第 95 页。

③ 赖之雄、吕华：《论我国公共设施管理责任制度之建立》，载《云南学术探索》1998 年第 1 期；高家伟：《国家赔偿法学》，工商出版社 2000 年版，第 103 页；马怀德主编：《国家赔偿法学》，中国政法大学出版社 2001 年版，第 71 页。

④ 如金立琪等认为，公有公共设施是指为公共使用的目的，由国库资金建造并由政府负责管理的铁路、航空、核电站、邮电等设施，属于公营事业的一部分。金立琪、彭万林、朱思东：《国家赔偿法原理》，中国广播电视出版社 1990 年版，第 52、108 页。

⑤ 如林准等认为，公有，并不限于所有权归国家或集体所有，不看重其所有权的归属。凡由国家、集体以及其他社会团体设置或者虽非其设置但在事实上出于其管理状态者，均可称为公有。林准、马原主编：《国家赔偿问题研究》，人民法院出版社 1992 年版，第 115—116 页。

⑥ 如杨立新等认为：公共，应指公众利益和公众使用，即指多数人，且不以不特定之多数人的利益和使用为限，包括一般公民所使用的公共用物和行政主体本身使用的公用设施。杨立新、尹艳：《论国有公共设施设置及管理欠缺致害的行政赔偿责任》，载《中央政法管理干部学院学报》1994 年第 1 期。

⑦ 如马怀德等认为，公有公共设施指由行政机关或其特许的公务法人设置或管理，供公众使用的设施，包括公路、铁路、桥梁、港阜、码头、堤防、下水道、车站、机场、自来水厂、煤气供应站等。马怀德、喻文光：《公有公共设施致害的国家赔偿》，载《法学研究》2000 年第 2 期。

则的赔偿制度。对这一问题的回答,必然由于对公共行政的不同理解,公法与私法划分标准的观念差异,甚至政治哲学的不同而各异。诚如一位学者所言,界定公有公共设施的范围,是与当代行政法中公共行政的范围界定密切联系且同样复杂的一个问题。①

公有公共设施致害赔偿之所以可能成为一种特殊的侵权赔偿制度是因为:一方面,在给付行政时代,设置和管理公共设施并供公众使用已经成为国家的一项重要职能,甚至成为宪法要求,体现了公共的目的。因此,对其法律地位便不能单从普通私法角度考虑,而需要回应公共行政的现实需要。"用于公共目的,对其法律地位不能只从私法认识,相反,应当将其作为行政法上的一项专门制度。"②相应地,对其致害的赔偿责任,也需要建立一些特殊的规则。正如法国权限争议法庭在1873年布朗戈案中声称的,国家赔偿责任应当"根据公务的需要,和平衡国家权力和私人权利的必要性而变化"③。另一方面,公有公共设施致害赔偿从民法上的建筑物责任演化而来,是一种基于物的瑕疵产生的责任。正是这种因物致害的特殊性要求在归责原则、因果关系认定、进而在风险分配上采用不同于公务员行为侵权的制度设计。因此,本部分在界定公有公共设施的时候,将从国家的公共职能,即公务的角度来分析公有、公共的涵义,并从物的角度分析设施的含义,进而界定公有公共设施。

首先,就公有而言,设置和管理公共设施之所以成为国家的一项公务活动,在于它是国家为了公共目的,而向公众提供使用的活动,国家所有权的存在与否并不是关键。只要为了公众使用的目的,国家在事实上管理公共设施即应当适用相应的公法制度,而无论这种管理源自于所有权、租借、法律授权甚至无权限的管理。德国学者提出的公物二元结构理论为此提供了有说服力的解释。根据该理论,在公物上,私法所有权和公共役权同时存在,正是这种公共役权的存在带来了特殊的法律后果,要求适

① 黄文忠:《公有公共设施国家赔偿制度的立法探讨》,载《上海青年管理干部学院学报》2004年第1期。

② 〔德〕汉斯·J.沃尔夫、奥托·巴霍夫、罗尔夫·施托贝尔:《行政法》(第2卷),高家伟译,商务印书馆2002年版,第456页。

③ 王名扬:《法国行政法》,中国政法大学出版社1988年版,第714页。

用一套特殊的制度[1],而所有权并不是问题的关键。因此,正如我国台湾学者廖义男举例说明的那样,私有土地因供公众通行而发生公用地役关系时,虽然土地所有权人仍保有所有权,但其所有权的行使受到了限制,不得违反供公众通行之目的,国家因公有地役关系而取得该私有土地的管理权,这也是所称的公有公共设施。[2]

其次,就公共而言,所谓“公共”应当指国家为公务目的供一般公众使用,不包括专供行政机关自身使用。这是因为,前者是直接以满足公共利益为目的的活动,属于公务,应当适用特殊的公法制度。[3] 后者只是间接地满足公共利益的行为,其性质与私产管理行为无异,没有必要适用特殊的法律制度。当然,对是否供公众使用应当从实质上考察,专供行政机关公务使用的设施,如办公大楼,由于同时也供公众进入接洽相关事务,其实质仍属供公众使用,属于公有公共设施。[4]

再次,就设施而言,公有公共设施指有体物或者其他物之设备,不包括人的行为或无形财产。设施以不动产居多,对于是否包括动产,学者们存在争论。从法律史的角度观察,公有公共设施致害的赔偿,起源于民法上的建筑物责任,应当以不动产为限,但从有效保障公民权利的角度来看,应当将其解释为包括一定范围的动产。当然,对于手枪、警犬之类,仅仅是公务员执行职务的手段,不能独立构成一项公务,不应将其认定为公有公共设施。[5]

综上,公有公共设施是指行政主体为了公共目的设置或者管理的,供公众使用的有体物或物之设备。

---

① 参见肖泽晟:《公物、公物法与公营造物》,载应松年主编:《中国当代行政法》,中国方正出版社 2005 年版,第 433—497 页。

② 廖义男:《国家赔偿法》,自刊初版,第 65 页。

③ 有关公务的理论,参见王名扬:《法国行政法》,中国政法大学出版社 1988 年版,第 480—483 页。

④ 谢荣盛:《国家赔偿构成要件之研究》,政大法研所硕士论文,第 211 页,转引自叶百修:《国家赔偿法》,载翁岳生主编:《行政法》,中国法制出版社 2002 年版,第 1548—1666 页。

⑤ 日本学者原田尚彦也认为手枪和警犬之类的事故,与其说是起因于该物件本身的瑕疵,倒不如说是起因于管理、操作该物件的人的过失和错误。〔日〕原田尚彦:《行政法要论》(全订版),学阳书房 1986 年版,第 240 页,转引自杨建顺:《日本行政法通论》,中国法制出版社 1998 年版,第 645 页。

二、我国的现状与争论

公有公共设施致害赔偿是指公有公共设施存在某种欠缺，致人人身或财产受到损害时给予赔偿的制度。对于该制度的必要性，理论界和实务界均无异议，但是对该类赔偿应当由国家赔偿法调整还是普通民事侵权法调整，却存在极大的争论。

（一）《国家赔偿法》制定前的争论

《国家赔偿法》制定前，对于公有公共设施致害赔偿应当适用《民法通则》规定的普通民事侵权制度，还是由《国家赔偿法》调整，学者们产生了较为激烈的争论。

主张适用普通民事赔偿制度的理由主要有：首先，公有公共设施的致害，本质上属于平等主体间的一般民事侵权行为，与基于国家权力而为的行政、司法等侵权行为有本质区别，不宜列入国家赔偿范围[①]，其中，邮政、铁路、电讯等公用事业正趋于企业化，基本上不具有公共管理职能，其侵权行为原则上不是国家机关及其工作人员违法执行职务的侵权；[②]其次，从我国经济制度看，公有制经济是我国社会主义经济制度的基础，几乎一切事关国计民生的大、中型工矿企业、铁路、邮电、桥梁、堤坝、水电站等设施，都属于国家所有，如果把这类设施的致害责任也列入国家赔偿范畴，将使国家的赔偿责任扩及整个国营经济领域，这既非国家财力所及，也违背了《国家赔偿法》的宗旨[③]；第三，公有公共设施致害的赔偿责任由国家承担与经济体制改革方向不符，管理公有公共设施的企业或者事业单位赚钱归己，损失归国家，不公平。[④]

主张由《国家赔偿法》调整的主要理由有：首先，国家出于公共目的，

---

① 参见金立琪、彭万林、朱思东：《国家赔偿法原理》，中国广播电视出版社 1990 年版，第 108—114 页。

② 马怀德：《国家赔偿法的理论与实务》，中国法制出版社 1994 年版，第 142 页；张新宝：《国家赔偿的若干民法问题》，载《法商研究》1995 年第 5 期。

③ 金立琪、彭万林、朱思东：《国家赔偿法原理》，中国广播电视出版社 1990 年版，第 108—114 页。

④ 参见肖峋：《中华人民共和国国家赔偿法的理论与实用指南》，中国民主法制出版社 1994 年版，第 131—134 页。

设置和管理道路及其他公共设施,为社会公众谋利益,就必须对受害人因此受到的损害予以赔偿,从而达到公共负担平等①;其次,由国家机关,而非企事业单位管理的公有公共设施,在国家机关或国家机关工作人员违法执行职务中使公民、法人或其他组织的合法权益受到损害,应由《国家赔偿法》调整②;最后,我国公有财产及设施的产权明确,但管理权、经营权模糊,因此常出现公有公共设施致害无人负责的现象,如公路边的树木被风刮倒致人伤亡的例子很多,完全依照《民法通则》难以解决此类问题,应当由《国家赔偿法》一并规范或解决。③

(二)我国现行公有公共设施致害赔偿制度

我国《国家赔偿法》第2条规定,国家机关和国家机关工作人员违法行使职权侵犯公民、法人和其他组织的合法权益造成损害的,受害人有依照本法取得国家赔偿的权利。从字面意义来看,该条以"职权"作为划分国家赔偿与普通民事赔偿的标准,并不能排除公有公共设施致害的国家赔偿责任。因为,如果我们把行政主体对公有公共设施的设置管理行为认定为一种职权的话,那么设置管理的瑕疵就可以构成违法行使职权。事实上,在日本,判例也承认学校管理、空港事故等的管理瑕疵可以作为《国家赔偿法》第1条规定的行使公权力行为来构筑。④

但是,从立法意图来看,《国家赔偿法》是不包含公有公共设施致害赔偿的。《关于〈中华人民共和国国家赔偿法(草案)〉的说明》明确规定:"关于邮电、医院等国有企业、事业单位,桥梁、道路等国有公共设施,因设置、管理欠缺发生的赔偿问题,不属违法行使职权的问题,不纳入国家赔偿的范围。受害人可以依照民法通则等有关规定,向负责管理的企业、事业单位请求赔偿。"⑤而对于由政府设置并由政府实施具体管理的公共设施致害引起的赔偿责任,在现行《国家赔偿法》中没有明确规定,在实践

① 梁慧星:《道路管理瑕疵的赔偿责任——大风吹断路旁护路树砸死行人案评释》,载《法学研究》1991年第5期。

② 杨临萍:《国家赔偿范围探讨》,载《中国社会科学院研究生院学报》1994年第4期。

③ 马怀德:《国家赔偿法的理论与实务》,中国法制出版社1994年版,第75页。

④ 参见杨建顺:《日本行政法通论》,中国法制出版社1998年版,第646—647页;〔日〕盐野宏:《行政法》,杨建顺译,法律出版社1999年版,第486—487页。

⑤ 参见胡康生:《关于〈中华人民共和国国家赔偿法(草案)〉的说明》。

中也常作为民事侵权案件处理。具体说来,相关的民事法律法规主要包括:

1.《民法通则》的相关规定及其司法解释

《民法通则》第126条规定,建筑物或者其他设施以及建筑物上的搁置物、悬挂物发生倒塌、脱落、坠落造成他人损害的,它的所有人或者管理人应当承担民事责任,但能够证明自己没有过错的除外。《最高人民法院关于审理人身损害赔偿案件适用法律若干问题的解释》第16条规定,下列情形,适用《民法通则》第126条的规定,由所有人或者管理人承担赔偿责任,但能够证明自己没有过错的除外:(1)道路、桥梁、隧道等人工建造的构筑物因维护、管理瑕疵致人损害的;(2)堆放物品滚落、滑落或者堆放物倒塌致人损害的;(3)树木倾倒、折断或者果实坠落致人损害的。前款第(1)项情形,因设计、施工缺陷造成损害的,由所有人、管理人与设计、施工者承担连带责任。因此,如果公有公共设施致害符合《民法通则》126条及相应司法解释规定的建筑物责任的要件,将通过适用该条进行赔偿。该条适用的是推定过错原则,对受害者的权利保护较为有利。

《民法通则》第126条调整的范围仅限于建筑物及其他设施,对于不属于建筑物或其他设施的公共设施致害,如风景区发生落石砸伤游客事件,无法援用该条进行赔偿。但是,如果侵权行为符合《民法通则》其他条文规定的构成要件,也可以通过适用其他条文来获得赔偿,如第106条。

2.《铁路法》等特别法的规定

《铁路法》等法律实际上并未在《民法通则》之外创设新的赔偿责任,如《铁路法》第58条规定,因铁路行车事故及其他铁路运营事故造成人身伤亡的,铁路运输企业应当承担赔偿责任;如果人身伤亡是因不可抗力或者由于受害人自身的原因造成的,铁路运输企业不承担赔偿责任。该条款并未规定赔偿责任的构成要件,相应的责任仍然需要适用民法通则的相关规定。但是,这些法律往往明确了赔偿的主体或明确赔偿范围,也可以看作公有公共设施致害赔偿的特别规定。

(三)对现行规定的反思与争论

实定法的规定并未消除理论的争议。相反,实践中暴露的大量问题,如关于江宁县东山镇副业公司诉南京机场高速公路管理处案的分歧[①]，更促进了学界的争论。尤其考虑到中国的公有公共设施，如公路、铁路、桥梁、下水井、消防栓等，绝大部分属于国家所有，由国家行政机关的有关部门负责设置或管理，其相应的管理权力和责任由法律明文规定，性质属于公法职责，而对这种职责的违反所造成的损害却适用私法赔偿，从理论上难以自圆其说。针对这些问题，有学者从国家职能的扩张、公有公共设施利用的法律关系等方面出发，对公有公共设施致害国家应承担赔偿责任作了系统的论证[②]：

首先，公有公共设施致害责任适用民法的主张未跳出国家赔偿主权理论的窠臼，随着现代行政从权力行政转向服务行政（给付行政），国家为保障人民福祉，有义务提供公共服务，公民有权利用公有公共设施以及从政府得到福利给付。如果行政机关怠于履行这种义务或未尽合理注意义务，即构成不作为违法，由此给利用者造成的损害，国家应承担赔偿责任。

其次，在公有公共设施的法律关系中，存在三方当事人：所有者（国家或其他依法拥有所有权的主体）、维护者（行政机关或其特许的或法律授权的企业、事业单位、其他组织）、利用者（公民、法人），前两者之间为行政特许或行政合同、行政委托关系，公民与设置管理者之间是利用关系。公有公共设施不因设置、管理者的性质而改变其自身的性质，由此产生的赔偿责任不应由设置、管理者承担。因为设置、管理者只是被委托者，由国家选任、受国家监督而实施行为，故他们只能作为赔偿义务机关，最终的赔偿责任应由所有者及义务负担者承担。

最后，从法律关系的角度看，利用者与设置、管理者之间是公有公共设施利用关系，并不是平等的民事合同关系。对公有公共设施利用者收费也不能证明利用者与设置管理者之间是民事合同关系。一般而言，这种收费不是营利性的，而是一种规费，价格上以设置、管理成本为标准，目

① 该案的案情为：1997 年 9 月 28 日，某公司驾驶员缴纳公路管理费后驶入南京机场高速公路，途中因避让前方一捆塑料编织布撞上护栏，造成一死二伤、车辆严重损坏的交通事故。该公司提起民事诉讼，认为其因缴费而与南京机场高速公路管理处形成合同关系，被告没有及时清除高速公路上的障碍，未履行提供安全服务的义务，应承担违约赔偿责任。被告辩称，高速公路管理处是具有行政管理职能的事业单位，本案应适用行政诉讼，且事发当日，高速公路管理处巡查道安路 7 次，已尽安全维护义务，不应对原告的损失承担责任。案件详见《最高人民法院公报》2000 年第 1 期。

② 下文参见马怀德、喻文光：《公有公共设施致害的国家赔偿》，载《法学研究》2000 年第 2 期。

的是为了养护、修缮公有公共设施。所以,利用者与设置、管理者之间不是以对价为基础的民事合同关系,公有公共设施致害不应适用《民法通则》中的等价有偿、过错责任原则,不应承担违约赔偿责任。此外,由于两种赔偿制度之间的差异,适用民法规定不利于保护受害者的合法权益。

然而,对于公有公共设施纳入国家赔偿范围的必要性和可行性,学界仍然存在大量的争论,有学者较系统地反驳了将公有公共设施致害纳入国家赔偿的主张①:

第一,对许多国家而言,民事责任正是实现国家赔偿的形式,虽然可以说确实存在着将公有公共设施纳入国家赔偿的"通行做法",但这里的国家赔偿是广义的概念,是指国家为自己的侵权行为承担赔偿责任,因此,用"一般都纳入国家赔偿"的惯例来否认民事赔偿是站不住脚的。

第二,民事赔偿与国家赔偿并没有天然的优劣之分,对于公共设施的损害赔偿,并不是在民事赔偿中就必然受到更多的限制,一旦纳入国家赔偿法就能脱胎换骨。《民法通则》第126条规定的建筑物责任条款由于没有涉及建筑物以外的其他设施,保护范围的确有漏洞。但这个问题完全可以通过修改民法来解决,不一定非要纳入国家赔偿不可。在归责原则上,我国民法采取的是德国、日本式的过错推定责任,至于是否有必要对公有公共设施致害采用更为严格的无过错责任,考虑到我国的公共管理能力和国外的立法例,目前还是以不作修改为宜。我国采用的是抚慰性标准,无论是人身伤害还是财产损失,国家赔偿的范围都十分有限,并且有最高数额的限制。从目前的情况看,即使修改《国家赔偿法》提高赔偿标准,也不可能达到与民事赔偿相当的程度。对受害人来说,民事赔偿显然是更为有利的选择。

第三,公共设施致害赔偿的责任主体是一个非常复杂的问题,一些公有公共设施的设置者、管理者的资金来源和运转完全脱离了国家财政,国家没有理由要对它的侵权或违约行为承担责任。

第四,从公有公共设施的实际运转情况分析,绝大部分的公共设施管理者都是以自己的名义与第三者发生法律关系的,所以用行政委托来解释公有公共设施的所有者和管理者之间的关系并不恰当。

---

① 参见周云帆:《也谈公有公共设施的损害赔偿——与马怀德、喻文光先生商榷》,载《西南民族学院学报(哲学社会科学版)》2002年第6期。

三、域外制度及启示

上述争论的激烈程度反映了公有公共设施赔偿的复杂性。争辩双方的理由都相当有说服力，论证的角度也显示出多样性：既包括对域外经验的不同解释，也包括对中国国情的不同判断；既包括宏观上对国家公共管理职能的不同理解，也包括对两种赔偿方式细节差异的不同分析。因此，要对争论的问题作出一个较有说服力的判断，需要对问题本身进行大量细致的分析，为此，我们不妨先进行比较法的考察。

（一）日本

日本的公有公共设施致害最早适用民法的规定进行救济。在明治宪法时代，宪法本身对违法行政行为所产生损害的国家和地方公共团体的赔偿责任没有任何规定，实务也不承认国家赔偿责任。而且，旧的《行政法》第16条明确规定“行政法院不受理要求损害赔偿的诉讼”，明文否定行政损害赔偿责任[①]，从而确立了公权力行使的主权免责法理。[②] 但是，日本是实行公私法二元制的国家，政府行政分为公权力行政和私经济行政，对于后者适用私法规定。[③] 因此，对于属于私经济行政活动的公共事业的实施及公务管理的瑕疵所造成的损害，可以通过适用私法性质的民法获得赔偿。其中，对于非权力行为，一般认为其中伴随营利行为的纯经济活动，适用民法的规定承担赔偿责任；但对于有关工程设施的设置管理行为，一开始判例多认为是“行政行为”或“公法上的行为”，因而不适用民法上的有关规定。[④] 1916年，在著名的德岛小学游动圆棒（即秋千）案中，大审院认为该市对校舍设施具有民法上的占有权，适用《民法》第717条，承认了原告的请求。该判决认为，“小学管理权中所包括的对小学校舍及其他设备的占有权，不属于公法上的权力关系，只是一种纯私法上的占有权，且这一占有权与私人占有地位相同，因此应适用《民法》第717条

① 参见杨建顺：《日本行政法通论》，中国法制出版社1998年版，第620页。

② 〔日〕盐野宏：《行政法》，杨建顺译，法律出版社1999年版，第447页。

③ 关于当时的公私法划分观念，参见〔日〕美浓部达吉：《公法与私法》，黄冯明译，中国政法大学出版社2003年版，第1—70页。

④ 参见杨建顺：《日本行政法通论》，中国法制出版社1998年版，第621—622页。

的规定”[①]。以此为契机，对于道路、河川、下水道等公共事业的实施以及公物管理瑕疵的侵权行为，判例逐渐肯定通过民事赔偿途径救济。

然而，这种对于国家、公共团体的非权力行政侵权通过民事赔偿途径救济的做法，虽然通过判例得以展开，但其范围、理论构成都没有得以确立。[②] 而且，对于政府管理公有公共设施这种明显有关公益的活动适用私法规则，也不无疑义。例如，对于上述德岛小学游动圆棒案的判决，就有如下疑问：对学校设施那样的管理行为，使用民法上的“占有”观念是否适当？[③]

当然，在国家的权力性行为享受主权豁免的情况下，这种变通的做法仍然得到了广泛的支持，并一直持续到《国家赔偿法》的颁布。1946 年 11 月 3 日，新制定的《日本国宪法》第 17 条规定：“由于公务员的不法行为受到损害时，任何人都可以根据法律规定，向国家或公共团体提出赔偿请求。”其后颁布的《国家赔偿法》第 2 条规定了公营造物致害的国家赔偿责任，从而将公共管理行为致害纳入了国家赔偿的体系。而且，《国家赔偿法》第 2 条规定的国家赔偿责任呈现出比民法上的赔偿责任更广、也更有保障的倾向。首先，与民法上土地的工作物相比，公共营造物是更广泛的概念；其次，《国家赔偿法》上不存在民法上占有者免责的规定；最后，关于费用负担的方法，《国家赔偿法》上有独立的规定。因而，从近几年来的国家赔偿请求案件来看，根据《国家赔偿法》第 2 条请求赔偿的案件极多，而且原告方胜诉的不少。一般来说，只要没有空前的天灾等，根据该条提起的请求，国家或公共团体想要免除赔偿责任几乎不可能。[④]

（二）德国

德国早在 1900 年就通过《民法典》确立了公务员对其违法行为承担法律责任的制度。[⑤] 该法第 839 条规定，公务员故意或因过失违背其

---

① 1916 年 6 月 1 日，民录第 22 辑，第 1088 页，转引自杨建顺：《日本行政法通论》，中国法制出版社 1998 年版，第 622 页。

② 〔日〕盐野宏：《行政法》，杨建顺译，法律出版社 1999 年版，第 478 页。

③ 同上书，第 447 页。

④ 同上书，第 478—479 页；杨建顺：《日本行政法通论》，中国法制出版社 1998 年版，第 621—622 页。

⑤ 这一责任的根据是所谓的委托理论，即公务员只被委托从事合法行为，因此违法行为不能归责于国家，而只能归责于公务员。参见〔德〕哈特穆特·毛雷尔：《行政法学总论》，高家伟译，法律出版社 2000 年版，第 620 页。

对第三人负担的职务的，应向第三人赔偿由此而发生的损害。[①] 后来的《基本法》第34条规定，“公职人员受委托执行公务时，相对第三人违反了有关应履行的公职义务的，原则上由国家或其所在的公共服务机构承担责任。出于故意或有重大过失的，国家或公共服务机构对此保留追索权”[②]，从而确立了国家对公务员职务责任的代位赔偿制度。前联邦德国曾于1981年制定了《国家赔偿法》，因侵犯了州的立法权而被宣布为违宪。因此，《民法典》第839条和《基本法》34条确定的国家代位赔偿责任制度继续适用，通说认为前者是请求权规范，后者是责任归属规范。[③] 但是，德国的法律传统是公私法二元分立，职务责任只针对国家机关的公法活动，国家机关实施的私法活动不适用《民法典》第839条和《基本法》第34条，而是根据一般的侵权行为规则承担赔偿责任。

在公有公共设施致害领域，这一划分同样适用。如果设施的设置和管理属于主权性的任务，则属于职务责任；相反，则属于普通的民事侵权责任。例如，关于道路管理，法院将道路管理的责任分为道路交通管理义务和道路安全化义务。前者指为了保障公共交通的安全和畅通而设立交通设施或者标志的义务，后者指确保公共交通使用的路面尽可能没有危险，在可预期的范围之内尽一切努力消除危险，以避免危害过往车辆和行人的义务。对于前者，法院认为属于主权性任务，对其违反适用职务赔偿的规定；对于后者，法院认为属于私法义务，违反时应当根据《民法典》第823条第1款规定[④]解决[⑤]，除非通过法律或者明示的、一般的、可允许的

---

① 参见《德国民法典》，杜景林、卢谌译，中国政法大学出版社1999年版，第204页。

② 德国技术合作公司、中国国家行政学院编：《联邦德国的宪法和行政法》，内部发行，第69页。

③ 参见〔德〕汉斯·J.沃尔夫、奥托·巴霍夫、罗尔夫·施托贝尔：《行政法》（第2卷），高家伟译，商务印书馆2002年版，第348页。

④ 《德国民法典》第823条第1款规定，故意或因过失不法侵害他人的生命、身体、健康、自由、所有权或其他权利的人，对他人负有赔偿由此而发生的损害的义务。参见《德国民法典》，杜景林、卢谌译，中国政法大学出版社1999年版，第201页。

⑤ 参见〔德〕汉斯·J.沃尔夫、奥托·巴霍夫、罗尔夫·施托贝尔：《行政法》（第2卷），高家伟译，商务印书馆2002年版，第354—356页；〔德〕哈特穆特·毛雷尔：《行政法学总论》，高家伟译，法律出版社2000年版，第630—631页。

机构将其作为主权性任务予以授权。[1] 需要指出的是，判断是否属于主权性任务采取实质性标准，即使行政主体通过私法合同使用独立的私人企业执行高权性任务，如果该私人企业受指令或者其他干预措施的控制，因而应当视为主管行政机关的工具时，即在行政机关的目标和造成损害的活动之间存在如此密切的关系，以至于应当将该活动视为高权性活动时，则存在职务责任；否则，不产生职务责任。[2] 当然，由于主权性任务本身也是一个具有极大分歧的概念[3]，判断标准也涉及组织形态、权力作用、任务的性质等不同因素，加之赔偿性质的认定由判例展开，使得德国的公有公共设施致害赔偿的性质呈现出比较复杂的形态。[4]

德国1981年《国家赔偿法》曾在总结判例的基础上对此类国家责任进行统一规定。该法第1条第2款规定："公权力机关如果是以技术性设施代替其人员独立行使公权力，而这种技术性设施发生事故造成的损害，视为公权力机关人员违反义务造成的损害。造成义务损害的人员不承担责任。"同时，明定下列行为虽然属于高权行政，但国家仅依私法规定负其责任[5]：对土地、内陆水域建筑物或其他设备违反交通安全义务时；参与陆、海与空之交通时；人与物之运输交通营利事业，包括德国联邦铁路与德国所办邮政旅游服务；医生或牙医之医疗，但违反被治疗者意愿所为之医疗不在此限；水与能源供应。

（三）法国

法国没有"公有公共设施"这一概念，类似表达为"公共工程"。但是，法国的公共工程损害赔偿是一个范围极广的制度，它包括一切和公共

① 实际上，各州的道路法立法机关已经完全将道路交通安全化义务确定为联邦最高法院判决意义上的主权任务。通行理论也认为道路交通安全化义务本质上属于主权任务，违反该义务构成职务责任请求权的根据。参见〔德〕哈特穆特·毛雷尔：《行政法学总论》，高家伟译，法律出版社2000年版，第631页。

② 参见〔德〕汉斯·J.沃尔夫、奥托·巴霍夫、罗尔夫·施托贝尔：《行政法》（第2卷），高家伟译，商务印书馆2002年版，第351页。

③ 如上述对于道路交通安全化义务的性质，法院和学界就有不同的意见。

④ 我国台湾地区学者黄越钦曾对德国主权行为的范围进行过归纳。参见黄越钦：《国家赔偿责任之比较观察》，载《政大法学评论》第18期。

⑤ 参见叶百修：《国家赔偿法》，载翁岳生主编：《行政法》，中国法制出版社2002年版，第1548—1666页。

工程以及公共建筑物有联系的损害赔偿,而且法院判例不要求这种联系关系密切。[①] 下面几种情况都属于公共工程损害的范围[②]:实施公共工程而产生的损害;行政主体有义务进行公共工程却不实施所产生的损害,例如河道缺乏必要的标志;由于公共建筑物存在所产生的损害;公共建筑物缺乏正常维修造成的损害;公共建筑物的运行所造成的损害。因此,我们大体上可以说法国的公共工程损害赔偿包括了我们要讨论的公有公共设施致害赔偿。

法国是典型的实行公私法二元分立的国家。对于公共工程的损害赔偿,适用公法赔偿制度,由行政法院管辖。这一制度在布朗戈案正式确立国家赔偿制度之前就存在。《共和八年雨月法律》即规定国家对公共工程所产生的损害负赔偿责任,由省参事会(地方行政法庭)管辖。同时,由于公私法二元分立的传统,当某些公共工程被法院认为不具备公共因素,不是政府履行公务的行为时,则由普通法院管辖,适用一般的损害赔偿规则。如工商业公务使用者所受到的损害,汽车及其他各种运载物体所造成的损害等。[③]

(四)英国

作为普通法国家,英国并不存在公法与私法的划分,相反,政府与公民均受普通法的调整,被认为是英国法治的一个重要特征。[④] 在这种传统下,英国并没有形成独立于普通侵权法的国家赔偿制度,在公有公共设施致害赔偿领域同样如此。在 1866 年的 Mersey Docks and Harbour Board Trustees v. Cibbs 一案中,一艘船及其货物在进入船坞时被丢弃在船坞入口处的一个污泥箱损坏,法院判决认为海港管理局由于没有尽到普通法上的合理注意义务而承担赔偿责任。尽管该局并不是一家从交通中获利的公司,而是一个由议会设立的旨在维护、修理船坞的公共机构,通过清

---

① 这种广范围被解释为公共工程观念的吸引力,即一个行政活动中具有公共工程因素时,全部活动都受公共工程制度支配。公共工程观念具有吸引力的原因,一方面由于公共工程观念本身范围很广,另一方面由于行政法官有意使公共工程活动的各个方面受同一公法支配。参见王名扬:《法国行政法》,中国政法大学出版社 1988 年版,第 421 页。

② 同上书,第 441—442 页。

③ 同上书,第 448—449 页。

④ 参见〔英〕戴雪:《英宪精义》,雷宾南译,中国法制出版社 2001 年版,第 237—239 页。

偿船坞的资本金以期最终达到为了公共利益减少船坞收费的目的。①

但是,公务行为仅能在有限的范围内与私人行为类比,政府的义务产生了许多难以通过适用普通法原则解决的问题②:一方面,在一般责任问题下讨论的注意义务适用于公共机构时会产生不同的问题;另一方面,被告是公共机构的事实导致了一个合法性问题,即法院应当在何种程度上干涉一个处于政治过程中的机构工作。具体说来,这些困难主要源于以下三个方面的关系:(1)普通法中有关注意义务的规则;(2)宽泛地对某一行为设定义务或权力的立法(即涉及自由裁量权的立法,笔者注);(3)寻求司法审查时的行政法规则。③

例如,在1970年的Dorset Yacht Co v. Home Office一案中,一群出逃的少年犯损坏了一艘快艇,而上议院认为,内政部的官员对游艇主人负有注意义务,其对游艇所遭受的损失是完全可以合理预见到的,损害的发生也是违反这种注意义务的结果。但是,从普通侵权法的角度而言,这种损害赔偿请求是非常奇特的。法院在这里为政府设定的注意义务极大地扩张了普通法的注意义务,所需要的因果关系程度也并不要求像普通法要求的那样明显。④尽管这种变化仍然是在普通法的分析框架之内,通过扩张性的解释某个要件(如注意义务)来获得,但是,已经反映出法院试图追求超越普通侵权法的目的,即"将代价分摊给整个社会,而没有要求让受害者个人负担"⑤。同时,在很多情况下,判定政府是否应当承担赔偿责任时,不可避免地要对政府自由裁量权的行使状况作出判断,这是一般侵权责任没有遇到的问题,也不能在一般侵权责任法的体系内得到解释。"行政自由裁量权的责任问题应当通过适用公法的越权无效原则予以解释,而不是通过私法上的疏忽概念予以解决。"⑥这样,在国家赔偿案

① 参见张越编著:《英国行政法》,中国政法大学出版社2004年版,第761页。

② See Alastair Mullis, Ken Oliphant, *Torts*, Palgrave Publishers Ltd., 2nd, p.88.

③ See A. W. Bradley, K. D. Ewing, *Constitutional and Administrative Law*, Pearson Education, 13edn. p.764.

④ 参见〔英〕威廉·韦德:《行政法》,徐炳等译,中国大百科全书出版社1997年版,第454—455页;张越编著:《英国行政法》,中国政法大学出版社2004年版,第768页。

⑤ 参见〔英〕威廉·韦德:《行政法》,徐炳等译,中国大百科全书出版社1997年版,第455页。

⑥ See A. W. Bradley, K. D. Ewing, *Constitutional and Administrative Law*, Pearson Education, 13ed. p.764.

件中,法院必须妥善地处理公法上的越权无效原则和私法上的疏忽二者之间的关系,这为国家赔偿的案件引入了新的课题,从而导致不同于一般民事侵权的法律规则。[①]

此外,与一般民事侵权诉讼不同,法院在判断政府是否承担责任时,还必须广泛地考虑公共行政的现实需要。例如,在另外一个公有公共设施致害的案件 Stovin v. Wise 中,地方议事会拥有制定法赋予的清除危险路口上限制视野的路堤的权力,但是该地方议事会没有这样做,导致该路口发生交通事故。上议院认为,确立该地方议事会对公路使用者所承担的清除路堤的注意义务需要基于以下两个事实:(1) 从公法的角度看不行使该权力是没有理由的;(2) 有特别的迹象表明,法律政策是在该权力没有行使时,赋予受害一方起诉的权利。但是,上议院认为本案不符合这两个条件中的任何一个。在扩充公共当局所承担的注意义务之前,还必须考虑的一个重要因素是,公共机关为了避免这种责任而采取的防范措施所造成的公共成本。[②]

因此,尽管仍然通过适用普通法的侵权赔偿制度来规范政府侵权赔偿责任(包括公有公共设施致害的责任),基于公共行政的现实需要和政府责任的特性,法院对普通法规则进行了大量的修正,这种修正已经很大程度上改变了普通法的面貌。有学者指出,"英国法上行政侵权行为责任之成立要件系由权利侵害→过失→违法之发展过程演变而成,其中,逐渐脱离普通法制桎梏而承认公法特殊性之倾向更是值得注目"[③]。这一变化的背后蕴含了国家赔偿的特殊性:法院需要在公法原则与私法原则之间作出平衡,需要将涉及私人案件中的侵权法的一般发展与司法审查原则进行权衡;过失侵权中的"不合理"与韦德内斯伯里意义的"不合理"之间也存在交叉;侵权法必须对履行法定职责、行使法定权力的行政机关带来威慑效果;最后,还需要考虑公共资金的分配影响。总之,在国家责任

---

① Lord Wilberforce 在 Anns v. Merton Council 一案中曾指出:"一项权力或义务越有可操作性,越容易课以注意义务。"See A. W. Bradley, K. D. Ewing, *Constitutional and Administrative Law*, Pearson Education, 13edn. p. 764. 这实际上是通过裁量权范围来确定注意义务的程度。

② See A. W. Bradley, K. D. Ewing, *Constitutional and Administrative Law*, Pearson Education, 13ed. p. 765.

③ 刘宗德:《英国国家责任法之研究(上)——公法与私法之区别》,载《政大法学评论》第33期。

案件中，法院面对的是多中心问题。[①]

（五）美国

和英国一样，美国也是普通法国家，法律体系中没有公法和私法的区分。政府的侵权赔偿责任适用普通法的规定，公有公共设施致害的赔偿责任也是如此。

作为联邦制国家，美国侵权法的规则由各州通过立法或者判例发展而来，《联邦侵权赔偿法》也要求根据行为地的法律来判断政府是否承担赔偿责任。[②] 因此，美国各州公有公共设施致害赔偿制度存在极大的差异。从判例来看，国家承担因国家供给的设施维护不当、欠缺安全性的损害赔偿责任地。例如，联邦海岸防卫队因过失没有妥善尽到管理灯塔的义务，致使货轮航行搁浅受损；联邦政府因过失使某处机场设施不良，经常发生空难事件，致使居住于该地区附近的某一居民心脏病加重；未在灌溉运河的桥梁上设置护栏，致使被害人掉入水中溺死；联邦政府为了挖掘河道，致使河岸上码头下陷，码头上的货物因此受损；兴建公路有欠缺，致使公民权利受损；邮局进口楼梯未设栏杆，致使人摔伤；联邦政府将土地出租与他人作娱乐场，对该地面仍有控制权，致使游客溺毙；对公路的建筑维护不当，如无完备的排水系统，路面结冰致车辆滑行倾覆，造成伤亡；管理人疏忽未在航行水闸上燃灯，致使航行者溺毙等。[③]

虽然美国的国家赔偿责任整体上适用普通法的制度，但是并不意味着没有自己的特殊规则。例如，在政府因过失而侵权时，相应的注意义务除了要符合普通法的明智谨慎人（a reasonably prudent person）标准外，还要符合授权机关（authorized agencies）发布的立法和行政规则；另外，在非过失侵权行为中，就构成错误的标准而言，规范国家责任部分与私人部分也未完全统一。[④] 同时，一些公有公共设施的案例突破了普通法的过失责任，确立了严格责任，如弗吉尼亚州的判例就规定对街道缺陷须负严格

---

① 〔英〕卡洛尔·哈洛、理查德·罗林斯：《法律与行政》（下卷），杨伟东、李凌波、石红心、晏坤译，商务印书馆2004年版，第1137页。

② 参见王名扬：《美国行政法》（下），中国法制出版社1995年版，第758页。

③ 参见曹竞辉：《国家赔偿立法与案例研究》，三民书局再版，第141页。

④ 参见黄越钦：《国家赔偿责任之比较观察》，载《政大法学评论》第18期。

责任。[1] 另外，一些交通设施致害案件，如未能妥善维护交通标志，而导致损害时，即可构成对公共设施缺陷致害的诉讼；航空管制塔的操作过失及海岸灯塔之未受妥善维持，受害者可以请求国家为损害赔偿。这实际上已经"超出侵权行为范围之外，承认国家赔偿责任"[2]。

（六）比较与总结

各国公有公共设施致害赔偿责任呈现出不同的发展路径，充分反映了法律很大程度上是一种"地方性知识"[3]。

英美两国在国家赔偿领域延续了其普通法的传统，并未创设一套与普通民事侵权赔偿制度截然分离的国家赔偿制度，公有公共设施致害赔偿也同样适用普通民事侵权赔偿的规则。日、法、德实行公私法二元分立的制度，相应地，国家赔偿也根据国家行为的性质分别适用公法赔偿和私法赔偿。但是，三国的做法也并不完全一样。

日本在明治宪法时代拒绝对违法行政作用造成的损失由国家给予赔偿。为缓和这种主权豁免理论下公民权利无法得到保护的困境，日本法院将公有公共设施致害归入私经济行政的范畴，通过适用民法给予赔偿。待国家赔偿法颁布实施时，确认性地设置一条，并将原民法上的赔偿责任予以适当的扩大。

法国也在尚未普遍承认国家赔偿责任的时候便率先发展出国家对公共工程的赔偿责任，其背后有深刻的现实需求，"这时处在资本主义上升时期，国家从事大量的基本建设，例如修运河、筑铁路等，为了保护资产阶级的财产利益，特别是不动产的利益"[4]，需要建立对公共工程致害的赔偿制度。此后，公共工程致害赔偿的范围得到极大扩张，我们现在讨论的公有公共设施致害赔偿基本上是作为公共工程致害赔偿的一个方面来讨论的。与日本不同的是，法国的公共工程致害赔偿从开始就由行政法庭管辖，公法特征显著。

---

① Burcham v. City of Mullens, 139 W. Va. 399, 83 S. E. 2d 505(1954)，转引自黄越钦：《国家赔偿责任之比较观察》，载《政大法学评论》第18期。

② 参见黄越钦：《国家赔偿责任之比较观察》，载《政大法学评论》第18期。

③ 参见〔美〕吉尔兹：《地方性知识——阐释人类学论文集》，王海龙、张家瑄译，中央编译出版社2000年版。

④ 王名扬：《法国行政法》，中国政法大学出版社1988年版，第710页。

德国早在1900年就通过《民法典》第839条确定公务员对其违法行为承担法律责任，但在当时，有关国家对公务员的错误行为承担责任的要求已经得到了普遍的承认。[①] 随着《基本法》的颁布和判例的发展，《德国民法典》第839条和《基本法》第34条构成的职务责任逐渐形成一套独立于普通民事侵权赔偿责任的制度，适用于政府高权行政所产生的责任。而对于国家作为类似于私主体的活动产生的损害，仍然适用普通民事侵权赔偿制度，公有公共设施致害赔偿也是如此。而且，德国法院对不同国家活动从逻辑上严格划分为公法性质和私法性质，即使对同一领域的活动也要严格区分，并分别适用不同的法律制度。[②] 这一点与法国的法律实践表现出较大的不同。[③] 德国1981年《国家赔偿法》试图对技术性设施致害赔偿建立一套统一的国家赔偿制度，并同时例外规定对土地、内陆水域建筑物或其他设备违反交通安全义务时；水与能源之供应等事项适用私法赔偿。该法虽然因违宪而无效，但是表现出来的力图追求法律的系统化和照顾公共管理的传统和现实需要之间协调的精神，仍不失为德国法治的特点。

虽然各国的制度实践存在较大的差异，但在公有公共设施致害赔偿需要一些不同于普通民事侵权赔偿的特殊规则上却是相似的。

首先，在实行公私法二元分立的国度，尽管国家赔偿制度与普通民事赔偿制度有很大的相似性，国家赔偿要准用一些民事赔偿的规则，但是，从整体上，国家赔偿都已经形成一套独立于普通民事赔偿的规则体系，而公有公共设施致害赔偿一般由这套规则调整。这种发展趋势有其深刻的原因。要求履行公务职责的公共机构承担赔偿责任与要求私人承担赔偿责任其背后的机理是不一样的：它要求从公务履行的现实需要出发确定相应的注意义务，而不能机械地适用普通的合理注意义务；它要求从公务履行的客观瑕疵方面确定归责原则，而不宜诉诸较为主观化的故意、过失……公私法区分的传统，为整合这些特殊规则，建立一套特殊的国家赔偿制度提供了良好的契机。而这种制度一旦建立，将那些公共管理色彩浓

① 参见〔德〕哈特穆特·毛雷尔：《行政法学总论》，高家伟译，法律出版社2000年版，第620页。

② 参见上述道路管理责任的划分。

③ 法国的公共工程吸引力实际上就是根据一种占据主要地位的活动的性质来确定法律的适用。参见王名扬：《法国行政法》，中国政法大学出版社1988年版，第421页。

厚而私产管理色彩淡薄的公有公共设施设置管理行为纳入其中，便是顺理成章了。

其次，在英美等普通法系国家，不存在公法与私法的划分，国家赔偿适用普通民事侵权赔偿制度，公有公共设施致害赔偿也是如此。但是，这并不意味着相应的国家赔偿不需要特殊的规则。如前所述，公共机构只能在有限程度上与私人类比，因此，普通法的规则在适用于公共机构时，必须作出相应的调整：一方面，普通民事侵权法要在平等的、两个利益相互冲突的主体之间合理地分配风险，补偿因他人行为而受到损失的个人，并公正地将成本分配于应当承受它的人身上。① 而《国家赔偿法》则更多的是要将国家活动的风险公平地分配于社会，"政府活动的目的是造福于社会，因此而产生的风险也必须由全社会来承担"②。因此，普通侵权法的个人主义色彩浓厚，而国家赔偿则体现了植根于平等宪法理想的"社会权利"与集体保障的理念。③ 在这种理念的指导下，国家赔偿中的注意义务，过失标准以及因果关系将会在相当程度上修正普通法的规则，如在上述 Dorset Yacht Co. v. Home Office 一案中，上议院对内政部注意义务的解释就突破了普通法的规范。另一方面，由法院判决政府承担赔偿责任，涉及两个公共机构之间的权力划分和制约这一基本的公法问题。法院需要在一定程度上尊重政府的自由裁量权，需要考虑公共利益和私人财产权的平衡，特别是在公有公共设施致害赔偿领域，大多数的设置管理瑕疵都与政府在有限的预算下选择的公共资源配置方式有关。对此，法院显然不能仅仅从普通侵权法来考虑，而必须照顾公共行政的现实，如上述 Stovin v. Wise 一案中，法院便要求考虑赔偿可能带来的公共负担。

因此，在普通法系国家，虽然没有公法赔偿和私法赔偿的区分，但并不能认为它们的国家赔偿就没有自己的特殊规则。实际上，公法与私法

---

① Edward J. Kionka, *Torts*, West Group, 2nd, p.5.

② 〔美〕伯纳德·施瓦茨：《行政法》，徐炳译，群众出版社 1986 年版，第 531 页。

③ D. Cohen, J. Smith, "Entitlement and the Body politic: Rethink Negligence in public law", in Can. Bar Rew. 1986, Vol.64, p.1. 转引自〔英〕卡洛尔·哈洛、理查德·罗林斯：《法律与行政》（下卷），杨伟东、李凌波、石红心、晏坤译，商务印书馆 2004 年版，第 1111 页。

本身都只是作为认知工具的主观概念[①],不使用这种概念,并不代表没有相应的法律实践。事实上,也可以用公私法的概念来分析普通法系的法律实践。如达维德将英国的王权诉讼称为"公法"上的诉讼[②],詹宁斯也宣称,"如果将普通法编成法典,我们可能发现公法包括了英国三分之二的法律"[③]。只是,这些事实上的公法往往被认为"是对私法规则的概括性和普适性一系列不幸的例外,而不被认为是具有自身正当性,甚至自己哲学的理性的体系"[④]。

四、公有公共设施致害赔偿应当纳入我国国家赔偿的范围

(一)建立公有公共设施赔偿制度应考虑的因素

从上述各国公有公共设施致害赔偿制度的介绍和分析,我们可以看出,无论通过普通民事赔偿途径进行赔偿,还是通过国家赔偿途径进行赔偿,公有公共设施(特别是那些管理行为具有较强公权力色彩的公有公共设施)的致害赔偿都需要一些不同于普通民事侵权赔偿的规则。

这一结论同样适用于我国。因为在为公有公共设施致害制定赔偿规则时,我国同样需要考虑给付行政时代国家应当承担的生存照顾职责;同样需要考虑根据公务履行的现实需要来确定相应的注意义务或者说管理瑕疵标准;同样需要考虑赔偿规则可能给公共行政带来的负担。因此,真正的问题应当是:我们应当通过修改或者解释《民法通则》相关的侵权赔偿规则来适应这些需要,还是应当将其纳入《国家赔偿法》,适用特殊的赔偿规则。就中国的制度现实而言,应当将公有公共设施致害赔偿纳入《国家赔偿法》调整的范围。

---

① 参见金自宁:《追问公法、私法二元区分理论——从政治国家——市民社会的分立开始》,载《行政法论丛》(第7卷),法律出版社2004年版,第158—183页。

② 〔法〕勒内·达维德:《当代主要法律体系》,漆竹生译,上海译文出版社1983年版,第26页。

③ 〔英〕詹宁斯:《法与宪法》,龚祥瑞、侯健译,三联书店1997年版,第54页。

④ J. D. B. Mitchell, *The Causes and Effects of the Absence of a System of Public Law in the United Kingdom*. 转引自 Robert Thomas, *Legitimate Expectations and Proportionality in Administrative Law*, Hart Publishing 2000, p. 8.

（二）公有公共设施致害纳入国家赔偿范围的理由

1. 公有公共设施致害纳入国家赔偿范围是实行国家赔偿二元制国家的趋势

我国的法律实践接近大陆法系，实行公私法二元分立的制度。特别是《行政诉讼法》颁布后，公法争议的解决机制开始独立于普通民事诉讼，可以说，标志着我国已经开始用公私法的二元区分来构建我国的法律体系。此后的《国家赔偿法》进一步将国家赔偿制度从民事侵权赔偿中独立出来，形成了一套独立的公法赔偿[①]制度。[②] 在这种现实下，对于国家承担的赔偿责任而言，我们需要根据一定的标准对国家职能进行划分，以便确定哪些行为造成的损害由特殊的国家赔偿规则调整，哪些行为造成的损害由一般民事赔偿规则调整。[③] 这一标准的设定，各国有不同的做法。

在德国，职务责任产生于某人执行公务时的行为，在这里公务是指主权（或公法）行为领域的事务。[④] 德国的公务概念经历了一个逐渐扩张的过程。早期学说认为只限于国家统治权作用中具有命令、强制效力的高权行政。后来，随着《魏玛宪法》确立福利国家理念，国家公行政活动日渐增多，涉及经济、社会、文化领域。公权力概念逐渐扩张至行政契约、营造物的设置管理等领域。在法国，布朗戈案件确立了按照公务标准来划分公法和私法，相应地，如果国家行为属于履行公务的范畴，就应当适用公法赔偿制度。因此，不仅行政机关采取命令和禁止方式的行为（传统意义上的权力行为）要适用行政法，受行政法院管辖，行政机关直接以公共利益为目的的活动——如教育、卫生、公用事业等也要适用行政法。故而公法人的公务行为致害的赔偿责任，适用公法赔偿制度。

---

① 在此，笔者无意卷入《国家赔偿法》本身是公法还是私法的争论，对该问题需要另外做大量细致的研究。本书所称公法赔偿是指违反因违反公法义务而承担的赔偿责任，私法赔偿是指违反私法义务而承担的赔偿责任。

② “事实上，我国《行政诉讼法》、《国家赔偿法》的颁布，标志着我国已经从法律上确认了国家赔偿的国家责任性质，从立法上完成了从民事责任向国家责任的过渡。”参见姜明安主编：《行政法与行政诉讼法》，北京大学出版社、高等教育出版社 2005 年版，第 642 页。

③ 参见江必新：《国家赔偿法原理》，中国人民公安大学出版社 1994 年版，第 56—57 页。

④ 参见〔德〕哈特穆特·毛雷尔：《行政法学总论》，高家伟译，法律出版社 2000 年版，第 620 页。

这些标准的一个共同特点就是,公法赔偿的范围不仅包括国家以主权者的地位进行的有关命令、禁止等行为,而且包括了国家履行公共服务职能的行为。一些国家,如日本,早期曾通过适用民法对公有公共设施致害进行赔偿,但那是在不承认国家对主权行为造成的损害赔偿责任下的一种变通做法,《国家赔偿法》颁布后,为了法律体系统一的需要,公有公共设施致害的赔偿被纳入《国家赔偿法》调整的范围。这一发展趋势背后有深刻的原因:福利国家的兴起和经济、社会、文化权利被确认为宪法权利,意味着国家设置管理公共设施之类的行为不再是一种恩惠,而是国家对公民承担的义务。因此,国家的这种设置管理行为便不能像私主体那样拥有自治的自由,而必须受到公法的严格约束,以防止"向私法逃避"。既然设置管理行为本身已经受到公法的严格约束,那么相应的赔偿制度便也需要考虑到公法的因素。①

2. 成文法传统决定了我国不可能采用英美的路径

公有公共设施是国家履行公共服务职能的一种手段,对其致害赔偿需要一些特殊规则,即使适用普通民事侵权规则,也应当根据需要作出相应的调整。对此,英美是通过对普通侵权法进行解释或修正来适应公有公共设施致害赔偿的特殊要求。这种路径和判例法的特点有关:法院可以通过对案件的事实和先例中的规则进行解释,使判决结果保证个案的公正②,如在上文所述的 Dorset Yacht Co. v. Home Office 一案中,法院就扩大解释了普通法的注意义务和因果关系。但是,中国作为成文法国家,存在具有约束力的法律文本,解释的空间是有限的。以《民法通则》第 126 条为例,该条规定的建筑物或者其他设施以及建筑物上的搁置物、悬挂物的特殊侵权责任的适用范围不能涵盖所有的公有公共设施致害类型。对此,虽然最高人民法院《关于审理人身损害赔偿案件适用法律若干问题的解释》第 16 条对其作了扩大解释,但 126 条的文本决定了不可能将其解释为包括河川、自然景观等公共设施,因而仍然存在保护的漏洞。在备受关注的"田珍等诉泰山风景名胜区管

---

① 如上引"行政自由裁量权的责任问题应当通过适用公法的越权无效原则予以解释,而不是通过私法上的疏忽概念予以解决"。

② 对判例法方法的介绍,参见 John J. Bonsignore, Ethan Katsh, Peter d'Errico, Ronald M. Pipkin, Stephen Arons, Janet Rifkin, *Before the law: An Introduction to the Legal Process*, Houghton Mifflin Company, 3rd, pp. 12—28。

理委员会”一案中，对于自然景观中的落石造成的人身损害，法院便不能适用《民法通则》第126条的规定，而是适用第106条第2款的规定。然而，该款规定的是过错责任原则，对于泰山风景名胜区管理委员会是否存在过错便存在很大的争论。①

对此，有学者认为，《民法通则》第126条规定的建筑物责任条款保护范围的确有漏洞，但这个问题完全可以通过修改民法来解决，不一定非要纳入国家赔偿不可。② 然而，一个明显的疑问就是，该条实行的是推定过错，属于较为严格的责任。如果适用范围为了国家赔偿的公平而扩张，该扩张会适用于私人之间相同的侵权行为。这可能导致不合理的结果：私人间侵权行为的一般归责原则是过错责任原则，这是为了使“损失停留于其发生之处，除非有特别干预的理由”③。仅仅在特殊的情况下，通过过错推定原则实行举证责任倒置，使法院基于社会需要，衡量当事人利益，合理分配损害。④

3. 公有公共设施致害纳入国家赔偿范围有利于利用现有的制度资源

如上所述，在给付行政时代，公有公共设施的设置和管理行为受到公法的约束，相应损害赔偿制度也应当根据公共行政的现实需要进行特别设计。这些特殊规则的形成要么通过对原有普通侵权法进行解释或修正；要么设立一套自成体系的国家赔偿法。从我国的制度实践来看，已经存在对国家机关及其工作人员行使职权侵权进行系统调整的国家赔偿法，其目的就是为国家的公法行为设立一套系统的赔偿规则，以充分照顾国家公共活动的现实需要。因此，将公有公共设施致害赔偿纳入国家赔偿范围有助于充分地利用现有的制度资源，同时也可以防止在普通侵权法体系内创造特殊规则可能造成的判决不统一及对普通侵权法逻辑的破坏。

---

① 参见国家法官学院、中国人民大学法学院编：《中国审判案例要览（2002年民事审判案例卷）》，人民法院出版社、中国人民大学出版社2003年版，第294—301页。

② 参见周云帆：《也谈公有公共设施的损害赔偿——与马怀德、喻文光先生商榷》，载《西南民族学院学报（哲学社会科学版）》2002年第6期。

③ See Oliver Wendell Holmes, *The Common Law*, Little, Brown and Company, fifty-third printing, p. 50.

④ 王泽鉴：《侵权行为法》（第1册），中国政法大学出版社2001年版，第15页。

4. 公有公共设施设置管理行为的性质要求其致害赔偿纳入国家赔偿范围

1995年实行的《国家赔偿法》系统地设计了调整国家机关及其工作人员行使职权侵权的法律规则，以求国家赔偿制度符合公共活动的特殊要求。从公有公共设施设置管理行为的性质来看，其公法职权的特点明显，不能用单纯的私产管理行为解释。因此，应当将公有公共设施致害赔偿纳入国家赔偿范围，试以下述几个案件为例分析。

在上述江宁县东山镇副业公司诉南京机场高速公路管理处一案中，法院认为，高速公路管理处本身并非行政机关，不具有行政执法权，只是代为行使的路政管理、规费征收和行政处罚权，车辆通行费属于经营性收费，不是行政事业性收费。高速公路管理处与副业公司之间因收支费用的行为而形成了有偿使用高速公路的民事合同关系。[①] 然而，这一判断是值得推敲的，正如有学者指出的[②]，我国《公路法》规定了公路管理机构可以由交通主管部门决定行使公路行政管理职责，对出现损坏、污染的路面，影响管理畅通的单位和个人有权进行管理，有权检查、制止各种侵占、损坏公路、公路用地、公路附属设施及其他违反公路法的行为；对公有公共设施利用者收费也不能证明利用者与设置管理者之间是民事合同关系，一般而言，这种收费不是营利性的，而是一种规费，价格上以设置、管理成本为标准，目的是为了养护、修缮公有公共设施。因此，管理机构与利用者之间形成的只能是行政法律关系，而非民事法律关系。

如果说在该案中，由于车辆通行费的收取而使双方之间的法律关系变得存有争议的话，那么另外一个案件则更为清楚[③]：

2002年8月19日，因台风"黄蜂"袭击，海口市青年路的一些行道树被刮倒，其树桩和树干横在公路上。台风过后，被告海口市园林管理局下属的公共绿化管理部门组织清理被刮倒的树木。但因被刮倒的树木较多，被告对青年路某些被刮倒的树木未立即予以扶正或清理，只是剔除枝叶。2002年8月22日凌晨5时许，原告吉某的丈夫陈某骑自行车途经青

① 参见《最高人民法院公报》2000年第1期。

② 参见马怀德、喻文光：《公有公共设施致害的国家赔偿》，载《法学研究》2000年第2期。

③ 参见国家法官学院、中国人民大学法学院编：《中国审判案例要览（2003年民事审判案例卷）》，人民法院出版社、中国人民大学出版社2004年版，第197—200页。

年路华天药行前面时，撞到横在公路上的树干，导致头部受伤死亡。原告提起诉讼要求园林局赔偿损失。法院认为，被告作为园林管理部门，对属于公共树木的道路行道树负有勤勉管理、清理的责任和义务，以保证安全，被告未履行该义务，应对损失负主要责任。

在这里，园林局管理、清理行道树，以保证道路通行安全是一项针对不特定公众的义务，具有明显的维护公共利益的目的，并且，园林管理局与道路利用者并无收费关系，而是依靠国家财政资金进行工作，因此应当认定为行政活动。在本案中，法院回避了对该项清理义务性质界定的问题。主要原因应当在于如果认定园林管理局的清理义务属于行政管理职责，而对不履行该项职责所致损失适用民事赔偿，将导致自相矛盾的状况。然而，回避并不能解决问题，法律适用的冲突仍然存在，甚至可能会更加尖锐。①

2000 年 2 月 15 日，曹某骑自行车路经博兴县刑警大队门北侧张某经营的洗车场时，因洗车场前的污水结冰，路面湿滑，曹某未加注意而摔倒在地，右下肢受伤。曹某认为该事故是因为张某的洗车场排放的污水流到公路上结冰所致，博兴县市政管理处对张某洗车场流到公路上的污水未尽到管理和清理责任，对其造成的伤害也应当承担责任。博兴县人民法院判决，张某排放污水流至路面结冰导致路过行人摔伤，应当承担责任，博兴县市政管理处作为县城市容环境卫生行政主管部门，对被告张某经营的洗车场负有监督管理责任，应当承担责任；曹某骑车疏忽大意，也应当承担一定责任。遂根据《民法通则》相关规定判决张某和博兴县市政管理处承担赔偿责任。

在该案中，博兴县人民法院明确认定博兴县市政管理处是“卫生行政主管部门”，对被告张某经营的洗车场负有“监督管理责任”。那么，这应当属于行政职责，违反该职责造成的损害赔偿责任属于国家赔偿责任。对此，编写该案例的山东滨州市中级人民法院（该案的二审法院）的法官也毫不讳言：“这种管理责任是一种行政法上的责任，由于市政管理处没有尽到其应尽的管理责任，未及时督促该洗车场合理排污并及时消除该处污水结冰造成的危险状态，由于这种管理瑕疵产生的赔偿责任属于国

① 参见最高人民法院中国应用法学研究所编：《人民法院案例选（2004 年民事专辑）》，人民法院出版社 2005 年版，第 178—183 页。

家赔偿责任的范畴,且适用民法中的无过错责任,即不论市政管理处有无主观上的过错,只要存在其未尽管理责任的事实,就应对损害事实承担民事赔偿责任。”[①]认定属于行政责任,却适用《民法通则》赔偿,合理的解释只能是《国家赔偿法》没有相应的规定,而从公平出发又不能不给与当事人赔偿。这种困境凸现了《国家赔偿法》不承认公有公共设施致害的国家赔偿责任的不合理性。

如果我们进一步分析,可能还会提出这样的疑问,既然属于不履行行政职责,由民事审判庭直接判决是否侵犯了行政诉讼法赋予行政审判庭对于行政争议的专属管辖权?民事审判庭判决博兴县市政管理处承担赔偿责任的一个前提是,市政管理处不履行其行政法的职责,属于行政不作为。但是,行政不作为的认定涉及大量的公法问题,传统上均由行政审判庭管辖,并适用相应的特殊规则。[②] 本案案情尚属简单,由民事审判庭予以认定可能尚不致发生错误。但是,假如案情变得更复杂,例如道路结冰是由于气温骤降所致,并造成大面积的道路结冰,从而使我们需要从市政管理机关反应的可能性,预算及人手的限制等多方面来考虑公务履行是否有瑕疵时,没有相应行政审判经验的民事审判庭能否作出有说服力的判断?再例如,假设在事故发生前,张某认为结冰应当由市政管理处清理而市政管理处拒绝清理,从而向人民法院提起要求市政管理处履行法定职责的行政诉讼,这时,受理损害赔偿诉讼的民事审判庭应当如何处理?相应的,如果出现判决的冲突,又应当如何解决?

这些可能出现的复杂情况表明,如果某种争议不根据先前已经确立的标准进行归类,那么就很可能出现复杂的法律适用,甚至导致冲突,从而影响法治的权威。

5. 适用普通民事侵权赔偿法存在较大缺陷

普通民事侵权规则适用于履行公务职责的政府机关可能产生不公正的结果。如果法官没有高超的解释技巧,根据政府职责的内在要求解释相关规则,往往会造成不合理的结果,这在中外都不乏相关案例。例如,在英国的 Smeaton v. Ilford Cpn 一案中,由于人口增长,伊尔福德原有完善

---

① 最高人民法院中国应用法学研究所编:《人民法院案例选(2004 年民事专辑)》,人民法院出版社 2005 年版,第 182 页。

② 参见熊菁华:《论行政不作为的救济》,中国政法大学 2001 年度博士论文。

的排水系统超量运行，下水道漫溢，流入一个入水孔道，导致一住户的房屋被淹，他起诉负责管理的政府公司，结果被判败诉，原因是伤害的成因不是公司的行为，而是别人对下水道的使用，而这些又是公司所无法阻止的。[①] 在本案中，法院并未考虑政府公司对下水道的管理职责，也未考虑由于下水道超量运行给原告带来的特别损失，而机械地适用民法上的因果关系，认定伤害是由于“别人对下水道的使用”，从而判定政府公司不承担赔偿责任。这反映了公有公共设施致害适用私法的缺陷。[②]

相似的案例也存在于中国[③]：

2004年9月2日，王某驾驶二轮摩托车从凯里出发行至国道320线的水毁路段时，连车带人坠入公路缺口（据了解公路缺口是事发前两个月被洪水冲垮的），没入河中，当场死亡，车辆损坏。死者的亲属龚某认为，造成此次严重后果的原因，是由于公路管理部门疏于对公路的管理和维护，未在危险缺口前方设立安全防护设施，公路部门应当依法承担损害赔偿责任。法院认为，王某虽然系在被告台江公路段管养公路的水毁缺口处发生交通事故死亡，但该后果是王某本人的行为直接造成，并非台江公路段管养不力所致，该段只能按照规定尽到警示职责，不可能在该缺口处设置安全防护措施，达到车辆通行无任何危险的程度。因此，被告台江公路段对王某的死亡无任何责任。

在该案中，法院并未考虑公路管理部门承担的保证道路通行安全的责任，以及履行这种职责的可能性（公路缺口是事发前两个月被洪水冲垮的），而认定该后果是王某本人的行为直接造成。

由这些案例我们可以看出，在适用普通民事侵权规则确定公有公共设施致害赔偿的责任时，虽然一些法官正确地理解了公共设施管理行为的意义，从而正确地确定了相应的管理瑕疵标准，从而做出较为合理的判决，如上述路某诉海口园林局，曹某诉博兴县市政管理处两案。但是，在适用民事法律规范的惯性下，法官们也往往忽略公共管理责任的因素，从而导致不合理的判决。

---

① 参见〔英〕威廉·韦德：《行政法》，徐炳等译，中国大百科全书出版社1997年版，第450页。

② 有关英国国家责任私法构成理论的缺陷，可以参见刘宗德：《英国国家责任法之研究（上）——公法与私法之区别》，载《政大法学评论》第33期。

③ 参见齐白生：《人工构筑物致害责任引起关注》，载《法制日报》2005年1月18日。

此外,公有公共设施致害适用普通民事侵权法在执行法院判决时也会带来相应的困难。根据《民法通则》第50条的规定,有独立经费的机关从成立之日起,具有法人资格。但是,这里的独立经费是指拥有独立的财政预算,并不意味着该机关可以自由支配经费,也不意味着人民法院可以强制执行,从最高人民法院的司法解释来看,人民法院也拒绝将财政资金作为普通民事责任的执行标的。① 目前,在行政机关承担普通民事侵权责任时,法院曾判决行政机关从"自有经费"中支付赔偿费用。② 也有认为应当用行政机关的预算包干的节余经费来独立承担民事责任。③ 然而,预算包干的节余经费毕竟有限,尤其考虑到我国基层政府的财政现状,大量的公有公共设施致害将无法得到赔偿,而由"自有经费"赔偿同样存在大量问题。首先,并不是所有公有公共设施的管理机关都有"自有经费",目前,"自有经费"主要来自经营性收入,行政事业收费和行政罚没收入。没有这些职能的公有公共设施管理机关将没有经费支付赔偿费用。其次,"自有经费"的存在是我国现行公共财政体制不健全的表现,从应然角度来看,公共资金的使用必须严格遵守预算的约束,不允许存在"自有经费"。而且,根据预算外资金收入收缴管理制度改革方案,预算外资金将进行"收支两条线"管理,逐步纳入国库单一账户管理,"自有经费"也将失去生存的空间。④

由此可见,按照普通民事侵权赔偿将发生执行难的问题,而根据《国家赔偿法》第29条的规定,国家赔偿有专项经费的保证⑤,执行一般不会发生困难。

---

① 最高人民法院《关于审理军队、武警部队、政法机关移交、撤销企业和与党政机关脱钩企业相关纠纷案件若干问题的规定》第16条规定:"人民法院在执行涉及开办单位承担民事责任的生效判决时,只能用开办单位财政资金以外的自有资金清偿债务。如果开办单位没有财政资金以外自有资金的,应当依法裁定终结执行。"

② 参见肖峋:《中华人民共和国国家赔偿法的理论与实用指南》,中国民主法制出版社1994年版,第132页。

③ 参见李亮:《试论国家机关作为侵权主体的性质》,载《中南民族学院学报(哲学社会科学版)》1999年增刊,第93—94页。

④ 参见《财政部、中国人民银行关于印发〈预算外资金收入收缴管理制度改革方案〉的通知》(财库[2002]37号)。

⑤ 《中华人民共和国国家赔偿法》第29条规定:"赔偿费用,列入各级财政预算,具体办法由国务院规定。"

五、公有公共设施致害赔偿制度的构建

公有公共设施致害纳入国家赔偿范围之后，除了适用国家赔偿法的一般性规定外，尚需建构一些特殊的制度。

（一）纳入国家赔偿的公有公共设施范围

前述公有公共设施含义的界定，本身可以作为划定纳入国家赔偿的公有公共设施的标准。但是，由于我国经济体制的特殊性，大量公共设施由国有企事业单位管理，对这类公共设施的致害赔偿问题需要特别讨论。因为，在反对公有公共设施致害纳入国家赔偿的理由中，基于我国这种特殊经济体制提出的理由是很有影响力的一种。但是，这种理由并不能否定公有公共设施纳入国家赔偿的意义，而只是表明我们在制度设计时，需要妥善考虑纳入国家赔偿的公有公共设施的范围。

对于国家公营事业机构管理的公共设施致害是否纳入《国家赔偿法》范围，我国台湾地区学者有详尽的讨论。有学者认为应当根据公营事业的性质判断，如果公营事业性质上属于公用事业，不论采用何种组织形态，其设施都应当认定为公有公共设施，以防止公营事业"向私法逃避"，从而规避国家赔偿法的适用；相反，如果公营事业性质上只是以营利为目的，则不宜将其归入公有公共设施的范围。[1] 有学者认为应当根据公营事业的组织形态区分，如果公营事业为公司组织者，仅其股份为公用财产，其设施属于公司所有而非国有，不能认定为公有公共设施；相反，如果公营事业属于公法上组织者，其设施应当认定为公有公共设施。[2] 另外，有学者认为应当综合两种标准讨论：如果公营事业性质属于公用事业，其组织也是以公法或公法组织，则应当认定其设施属于公有公共设施；如果公营事业性质属于公用事业，其组织是依私法或公司组织者，则不应当认定为公有公共设施；如果公营事业属于以营利为目的，不论其组织型态如

① 参见王和雄：《国家赔偿法公有公共设施概念之探讨》，载《法学丛刊》第 115 期。
② 廖义男：《国家赔偿法》，自刊 1993 年版，第 64 页。

何,均不能认定为公有公共设施。[①]

上述第三种观点合理务实,可供我们参考。但是,我们还需考虑到中国的实际情况。正如上述学者所言,中国正在进行建立社会主义市场经济的改革,大量国有企事业单位将成为独立的市场主体,而政府将逐渐转变为有限政府,国家赔偿法也应当顺应这一趋势。但是,有限政府并不意味着放弃政府职能,也不意味着政府的所有职能都可以交给市场去解决[②],政府必须切实地承担起社会管理和公共服务的职能。[③] 正如有学者所言,市场经济要求建立既"有限"、又"有为"的政府。[④] 因此,对于一些仍然属于政府职能范围之内的事务,必须遵守公法(包括《国家赔偿法》)的严格约束,不能因为其采取了企业或事业单位的管理形式,就不受相关法律的约束。因此,企事业单位管理的公共设施能否纳入国家赔偿的范围,需要分类分析。

首先,对于国家设立的以营利为目的的企事业单位,如各级烟草专卖局,并不符合前述公有公共设施含义中要求的供社会公众使用的要件。因此,他们管理的设施不能认定为属于公有公共设施。

其次,对于国家设立的为社会公众提供服务的企事业单位,其管理的设施的性质应当具体分析。

一是对于国有企业管理的设施。一般而言,由于国有企业仅股份为公用财产,其设施属于公司所有而非国有。而且,采用企业的形式一般也表明该项服务的提供适宜通过私法形式的组织提供。因此,对其不能认定为公有公共设施,相应的赔偿责任适用普通民事侵权法的规定。但是,我国实践中大量的政府公司并未建立起独立的经营机制,与政府未完全分离。如很多地方的风景区管理委员会和相应的风景区旅游开发公司实际上是一套班子,两块牌子,承担的职责既包括经营开发,又包括公共管理,相应的人、财、物并未与政府分离。对于这类企业,其管理的设施应当

① 参见叶百修:《国家赔偿法》,载翁岳生主编:《行政法》,中国法制出版社 2002 年版,第 1548—1666 页。

② 医疗卫生体制改革的失败就是例证。参见国务院发展研究中心:《对中国医疗卫生体制改革的评价与建议(概要与重点)》,资料来源:http://news.sina.com.cn/c/2005-07-29/12246561593s.shtml,访问于 2006 年 6 月 17 日。

③ 这一点也被《全面推进依法行政实施纲要》所肯定,参见《纲要》第 2 章第 3 条。

④ 参见姜明安:《建设"有限"与"有为"的政府》,载《中国党政干部论坛》2004 年第 4 期。

认定为国家赔偿法调整的公有公共设施。

二是对于事业单位管理的设施。事业单位在我国是一个极具概括性的概念，有些属于营利性的组织，如经营性的出版社；有些属于提供公共服务的公务法人，如学校；有些则具有行政管理职权，如一些地方的公路局。由于性质存在巨大差异，对事业单位管理的设施致害是否纳入国家赔偿范围难以作出一般性的规定，需要具体问题具体分析。从总体而言，对于那些履行政府管理职能，人事、财政也与政府有较密切关系的事业单位管理的设施应当纳入国家赔偿范围，如某些地方按照事业单位设立的公路局管理的道路交通设施。[①]

最后，对于一些单行法已经规定了赔偿责任性质的企事业单位管理的设施，按照单行法的规定办理。例如，虽然我国的铁路企业和铁路行政主管部门尚未完全分离，铁路行政部门控制着铁路运输企业的财务，掌握运力调配权，实行内部命令式的管理方式[②]，但是，由于铁路体制改革的目标是政企分开，《铁路法》也按照这一目标确立了铁路运输企业对铁路行车事故及其他铁路运营事故造成人身伤亡承担赔偿责任的制度，所以应当按照单行法的规定赔偿。

（二）设置和管理瑕疵的判断

公有公共设施的国家赔偿责任，以存在公有公共设施设置或管理欠缺为前提。

1. 设置和管理的含义

设置是指公有公共设施在投入使用前的设立行为，如设计、建造、施工、装设等，扩充或者扩建行为也包括在内。设置有欠缺一般是指设计不完备、施工不良、施工方法错误或者材料低劣、品质规格不符合相关标准而生的瑕疵。管理是指公共设施投入使用后，为维持其发挥预定的功能，以及维

① 从公路局的形成过程来看，公路局脱胎于交通行政主管部门。为了配合我国的几次行政机构改革，改组成事业单位，以在形式减少行政机关的数量和编制。更由于公路局履行职责过程中能够收取一定的费用，很多地方把公路局的经费来源也独立出去—公路局成了所谓“自收自支型事业单位”，但其履行的仍然是政府职责。参见邹荣：《论公有公共设施侵权责任的性质与责任分配》，华东政法学院硕士论文。

② 参见邹荣：《论公有公共设施侵权责任的性质与责任分配》，华东政法学院 2005 年度硕士论文。

持可运营的状态而做的保存、维护、改良等。管理有瑕疵,主要指建造或装设后,未为妥善保管,或者怠于维护,致使公共设施发生瑕疵。有学者认为,所谓管理,不仅指具体的行政行为或事实行为,也包括订立管理规则的抽象作用。[①] 对于受害者而言,公有公共设施的瑕疵究竟是由于设置行为所导致,还是管理行为所导致,难以辨别。因此,受害人只要能证明公有公共设施存在瑕疵,就可以请求国家赔偿,无需具体指明瑕疵发生的原因。

2. *设置和管理瑕疵的判断标准*

关于设置和管理瑕疵的判断标准,学说上主要有三种:主观说、客观说和折衷说。主观说认为,国家有保持公有公共设施无瑕疵或无欠缺的良好状态的责任,在这一责任的前提下,负有各种作为或不作为的义务,对上述义务的违反构成归责事由,从而将瑕疵统一理解为"因为管理者违反了客观化的安全确保义务,而对公物的物理性危险置之不理的状态"[②]。客观说认为,设置、管理的瑕疵是指公有公共设施的构造及其性质等物理状态有缺陷,欠缺通常应具有的安全性。设置的瑕疵,是指成立当初便原始地欠缺安全性;管理的瑕疵,是指后发性欠缺安全性。[③] 该说对瑕疵的判断,仅就客观状况而为,不探究公有公共设施的设置或管理者有无违反义务,也不探究其主观上有无故意或过失[④],即只要公有公共设施存在物理性欠缺,给利用者带来损害,便承认国家或公共团体的赔偿责任。折衷说认为,客观说从物理缺陷状态求得归责事由,当公物本身无缺陷,管理者管理行为有疏忽而导致事故时,追究责任便会出现困难。为使这种情形得到救济,瑕疵应当不仅指公有公共设施本身欠缺客观上应具备的安全性,管理者的行为也应包含在内,因为"公有公共设施是否能够保持安全良好的状态,与设置或管理主体是否违反作为或不作为的义务有很大的关系"[⑤]。因此,在判断瑕疵是否存在时,除客观物理缺陷以外,

---

① 〔日〕古崎庆长:《国家赔偿法》,有斐阁昭和49年7版,第217页,转引自王和雄:《国家赔偿法公有公共设施设置或管理欠缺之判断标准——日本相关学说、判例之介绍、分析与批判》,载《政大法学评论》第31期。

② 参见杨建顺:《日本行政法通论》,中国法制出版社1998年版,第652页。

③ 同上书,第647页。

④ 参见叶百修:《国家赔偿法》,载翁岳生主编:《行政法》,中国法制出版社2002年版,第1548—1666页。

⑤ 王和雄:《国家赔偿法共有公共设施设置或管理欠缺之判断标准——日本相关学说、判例之介绍、分析与批判》,载《政大法学评论》第31期。

还将公物管理者管理行为的过失、错误一并考虑。

通观上述三种学说，多数学者倾向于客观说，主要理由如下[①]：第一，义务的违反，与故意或过失相关联，公有公共设施设置或管理欠缺的国家赔偿责任，既然采取了无过失责任主义，那么是否存在欠缺，就不以个人主观意思为必要。只就该公有公共设施设置或管理作客观的观察就足够了，不再涉及是否违反义务。因此，主观说不可采。第二，公共设施国家赔偿责任的依据，不是公共设施的设置、管理或使欠缺发生的人——设置者、管理者或第三者之人的行为本身，而是将具有使他人发生损害的危险公共设施，因公之目的而提供利用本身。法律科以国家或公共团体的责任，是为了避免因公共设施之设置或管理有欠缺致损害于他人，但如确有因公有公共设施设置或管理之欠缺致损害他人，国家或公共团体即应负赔偿责任，在这种情形下，是一种基于危险责任或结果责任的无过失责任，只要有这一事实发生，就应该负赔偿责任，不以是否违反作为或不作为义务为必要。况且，将瑕疵的意义求诸于是否违反作为或不作为义务，仍旧没有摆脱过失主义的范畴，强令被害人对设置或管理人的故意或过失负举证责任，对被害人而言，显然不利。第三，折衷说认为公共设施设置或管理欠缺，不仅指公共设施本身的客观瑕疵，人的措置也应包括在内，因为公有公共设施是否能保持安全良好的状态，与设置或管理者的作为与不作为义务是否违反有很大关系。但所谓的"人的措施"或"违反作为或不作为义务也有关系"，究竟何指无法在裁判上明确，此说在事实上与主观说没有不同，因此也不可采。

公有公共设施致害赔偿的特殊性在于它是一种"物"的侵权责任，而不同于一般公务员履行公务时的侵权。这种物的侵权责任产生的基础在于供公众利用的公共设施本身产生了致使损害发生的某种欠缺性，而非设置管理该公共设施的人的行为或不行为。否则，我们就没有必要将这种责任进行独立调整，而完全可以将国家赔偿法规定的"违法行使职权"进行扩大解释，以涵盖这种侵权责任。因此，强调设置、管理人员违反义

---

① 参见叶百修：《国家赔偿法》，载翁岳生主编：《行政法》，中国法制出版社 2002 年版，第 1548—1666 页；王和雄：《国家赔偿法共有公共设施设置或管理欠缺之判断标准——日本相关学说、判例之介绍、分析与批判》，载《政大法学评论》第 31 期；杨建顺：《日本行政法通论》，中国法制出版社 1998 年版，第 647—652 页。

务的主观说和折衷说不如客观说有说服力。就实际操作而言,如果根据主观说和折衷说,为了判明是否存在瑕疵,我们必须考察相关设置、管理人员是否违反了作为和不作为的义务。但是,这种义务是非常难以在裁判上明确的,实定法不可能毫无遗漏地规定相关设置管理人员应当遵守的行为准则。这样,很容易产生裁判的不确定性,影响受害人权利的救济。

例如,在上述路某诉海口市园林管理局一案中,法院认定被告作为园林管理部门,对属于公共树木的道路行道树负有勤勉管理、清理的责任和义务,被告未履行该义务,应对损失负主要责任。而在龚某诉台江公路段一案中,法院则认为,该段只能按照规定尽到警示职责,不可能在该缺口处设置安全防护措施,达到车辆通行无任何危险的程度。因此,被告台江公路段对王某的死亡无任何责任。两案的案情相似,但是对相应管理机关是否违反了安全保障义务,法院却表现出不同的看法,这反映了从义务违反角度界定瑕疵存在的缺陷。相反,如果将瑕疵界定为公共设施客观上欠缺通常所具有的安全性,则判断较容易统一。

当然,在运用客观标准判断公有公共设施是否存在瑕疵时,我们必须注意公有公共设施设置管理瑕疵的相对性①:一方面,公有公共设施的设置管理水平是随着社会文明,科技进步而逐渐发展的。相应地,公有公共设施通常所应当具有的安全性,也应当随着科学技术与社会环境变化而适时调整。公有公共设施设置时是依照当时的技术水平而为的,如果随着社会环境日益复杂,其危险性日益增大,则应当适时维修,否则就可能构成设置和管理的瑕疵。另一方面,公有公共设施设置和管理是否存在瑕疵,应当依据各个设施的构造、用法、场所环境、利用状况与事故的形态而为具体判断,并非一成不变。例如同为道路上的坑洞,在乡村道路上,通常被认为可以忍受;而在交通繁忙地段,则很可能认为构成瑕疵。此外,对于不同的公共设施应当根据其内在的特性确定是否存在设置管理瑕疵。例如,河流是自然发生性的公共用物,本来内在的包含了因洪水等自然原因带来灾害的危险性,因此与起初就具备了安全性的道路等公共

① 王和雄:《国家赔偿法共有公共设施设置或管理欠缺之判断标准——日本相关学说、判例之介绍、分析与批判》,载《政大法学评论》第31期。

设施有所不同。[①]

（三）归责原则

1. 域外有关公有公共设施致害归责原则的简述

在德国，公共设施存在缺陷致人损害的赔偿并不构成一项单独的制度，而是统一由《民法典》第839条和《基本法》第34条确立的职务责任调整。《民法典》第839条规定的责任以公务员存在故意或过失为前提，不包括无过错责任。这种情况可能造成不公正的结果，如某人驾驶摩托车因交通灯故障，同时向两个方向显示绿灯而受到损害，如果事后不能证明管理的官员有过失，国家将不承担赔偿责任。[②] 德国1981年《国家赔偿法》第1条第2款规定："公权力机关如果是以技术性设施代替其人员独立行使公权力，而这种技术性设施发生事故造成的损害，视为公权力机关人员违反义务造成的损害。造成义务损害的人员不承担责任。"试图建立无过错责任，但是该法因侵犯了州立法权而被宣布违宪。

法国也没有独立的公有公共设施致害赔偿制度，相应的赔偿责任包含于公共工程赔偿制度中。公共工程致害归责原则根据受害人的地位而不同：第三者适用无过错责任，公共建筑物的使用者适用推定过错原则，参加者适用过错责任原则。其中，参加者主要是指承包商之类，与我们要讨论的公有公共设施致害关系不大，这里不予讨论。第三者范围很广，凡公共工程的使用者和参加者以外的都是第三者，对其所受损害适用无过错责任原则。但是，这种损害必须是已经发生的异常损害，超过相邻关系中一般必须忍受的程度。所谓公共建筑物的使用者，是指事实上正常使用公共建筑物的人。由于使用者在利用公共建筑物时得到某些利益，不能要求行政主体负无过错责任。但在发生损害后，法律推定行政主体具有过错，行政机关必须证明它对公共建筑物已经尽到正常维修义务。

日本《国家赔偿法》第2条对公营造物设置管理瑕疵致害确立了无过错责任原则，我国台湾地区"国家赔偿法"仿照日本的立法例，也确立了无过错责任原则。这种归责原则也是与判断公有公共设施设置瑕疵的

① 〔日〕盐野宏：《行政法》，杨建顺译，法律出版社1999年版，第483页。

② 参见〔德〕平特纳：《德国普通行政法》，朱林译，中国政法大学出版社1999年版，第195—197页。

客观说相对应的。因此,受害者只需要证明公共设施存在瑕疵,自己的损失也是由于该瑕疵造成的,即可获得赔偿。当然,这种责任并不是绝对的结果责任,而是以存在公共设施管理设置的欠缺为前提,而且,考虑到公共管理的现实,还存在着某些限制。

2. 我国的现行规定及其改革

目前,我国公有公共设施致害赔偿适用《民法通则》的相关规定。从司法实践来看,如果相应的公共设施属于《民法通则》第126条规定的建筑物或者其他设施,适用推定过错责任;如果不属于,则一般适用该法第106条规定的过错责任。如上述案例所体现的,适用民法通则的过错责任或推定过错责任,在实践中造成了一定的不确定性,并且难以体现法律对公务行为的特殊要求。基于公有公共设施的安全运行在给付行政时代的特别重要性,公有公共设施致害赔偿与其说是就不法行为即管理者方面的失职而规定的追究责任的制度,倒不如说是以公共之手连带弥补营造物的利用者偶然蒙受损害的社会保险性质的制度。更进一步说,该制度具有一种"采取不法行为的形式的社会保障"的机能。[①]

因此,在修改《国家赔偿法》,将公有公共设施致害纳入国家赔偿范围时,应当考虑对该类赔偿采取无过错责任。这顺应了国际的趋势:日本和我国台湾地区明确规定了无过错责任;德国试图建立无过错责任;法国虽然对使用者采取推定过错责任,但不少公共工程符合危险责任而适用危险责任原则,同时法国的公务过错是指公务活动欠缺正常的标准,这是一种已经相当客观化了的过错原则。[②]

(四)免责事由

在无过错责任原则之下,只要因为公共设施的物理缺陷导致损害发生,就承认国家赔偿责任,这样可能导致对公共设施的管理者提出不可能实现的过分要求。因此,法院在对瑕疵进行判定时,有时还要考虑该物的客观状态以外的因素。在日本,判例大多以有无关于损害发生的预测可能性及回避可能性为基准,判定是否存在瑕疵。例如,对于因积雪冻结在坡路上发生的汽车打滑事故,判例认为,要排除因边下边积的雪导致路面

---

① 参见杨建顺:《日本行政法通论》,中国法制出版社1998年版,第648页。

② 参见王名扬:《法国行政法》,中国政法大学出版社1988年版,第722页。

冻结这一危险,不是瞬时就能够完成的,因而否定道路管理的瑕疵。[1] 法国也允许在公共建筑物具有缺陷时,行政主体有一个合理的修复期间,这个期间的长短由行政法院根据具体情况判断。[2]

对于这种限制,有学者将其解释为在判断公有公共设施的瑕疵是否存在时,除了考虑客观状态外,还应当考虑有无损害发生的预测可能性及其回避可能性,从而将主观因素一并考虑,予以限定性解释。但是,这种解释有可能导致公有公共设施致害赔偿向过错责任方向发展,不利于其功能的发挥。而且,考虑到所谓的预测可能性或者回避可能性,并不是判断是否欠缺通常安全性的一般方法,而是当只有更加限定的瑕疵存在而承认赔偿责任时,才使用的特别限制方法。[3] 因此,将其作为特殊情况下的免责事由考虑,如考察相关的预测可能性或者避免可能性是否构成了不可抗力,更符合公有公共设施致害赔偿的宗旨。

具体说来,公有公共设施致害赔偿的免责事由主要包括以下几方面:

1. 预算不足

对于预算不足能否作为免责事由,学者有不同的看法。肯定者认为,如果因为真正不得已之情事导致设施具有欠缺,且以国家之人力与物力仍然无法改善,可以作为违法阻却事由;否定者则认为从国家赔偿法的立法精神和公有公共设施设置或管理瑕疵之判断标准采客观说,只要存在瑕疵即应赔偿,不能以预算不足作为免责事由。[4] 就判例而言,日本道路缺陷致害的几个案例认为,不得以预算不足为理由而主张道路管理无欠缺,有否认该项免责事由的趋势。[5]

在给付行政时代,政府向公民提供尽可能完善的服务已经成为一项宪法性的要求。但是,伴随而来的一个明显问题是,在所能运用的公共资金有限的情况下,如何来达成这一任务。这更多地是一个经济现实,而非法律所能解决的问题,对于处于发展中的中国更是如此。因此,在确实存

---

① 参见杨建顺:《日本行政法通论》,中国法制出版社 1998 年版,第 650—651 页。

② 参见王名扬:《法国行政法》,中国政法大学出版社 1988 年版,第 446 页。

③ 参见杨建顺:《日本行政法通论》,中国法制出版社 1998 年版,第 651 页。

④ 参见叶百修:《国家赔偿法》,载翁岳生主编:《行政法》,中国法制出版社 2002 年版,第 1548—1666 页。

⑤ 王和雄:《国家赔偿法共有公共设施设置或管理欠缺之判断标准——日本相关学说、判例之介绍、分析与批判》,载《政大法学评论》第 31 期。

在以国家的人力与物力仍然无法改善的情况下,应当承认这种免责事由,否则有可能破坏正常的公共管理活动,并带来一些附加的成本,正如上述英国法院在 Stovin v. Wise 一案中所主张的那样,法院有必要考虑公共当局为了避免赔偿责任而采取的防范措施对社会的公共成本。

2. 不可抗力

对于不可抗力作为公有公共设施瑕疵致人损害时的免责事由,域外的学说和判例均承认。但是,对于何谓不可抗力,学者们有不同的见解[①]:主观说认为,所谓不可抗力,系指对损害发生并无预见可能性,而且在社会与经济上亦无避免之可能性而言;客观说认为,所谓不可抗力,是指客观外力,即公共设施已具备通常应备之安全性下,因外部之原因致损害发生,从而异于通常情形,无从避免。

虽然客观说主张的不可抗力系指公共设施已经具备通常应具备的安全性下,因外部原因致损害发生这一严格解释,有利于保护受害者权益。但是,就是否可避免的角度考察,仍然无法回避考察行政机关是否有反应时间,以及现有技术手段能否避免等主观因素。因此,仍然需要从预测可能性和避免可能性着手进行考察。此外,不可抗力具有相对性,要根据具体情况及管理机关所可能拥有的技术水平的变化而变化。

(五)公有公共设施致害赔偿的当事人

1. 请求权人

公有公共设施致害赔偿的请求权人是因为公有公共设施设置管理瑕疵而遭受损失的人。通常而言,因提供给公众利用的公有公共设施设置和管理瑕疵而蒙受损失的,通常是该公共设施的利用者,该利用者是公有公共设施致害赔偿的请求权人,没有疑义。但是,在某些情况下,受害者并非限于利用者。由于公共设施的存在,周围居民也受到损害——即公共设施存在社会性瑕疵时,受损害的居民能否根据《国家赔偿法》的规定请求国家赔偿,值得研究。

在日本,空港、新干线、高速公路等为公共利用提供的营造物,在与其直接利用者的关系上没有瑕疵,但却给直接利用者以外的周围地区居民

① 参见叶百修:《国家赔偿法》,载翁岳生主编:《行政法》,中国法制出版社 2002 年版,第 1548—1666 页。

带来噪音、震动、大气污染等损害，这些居民因此而追究国家赔偿责任的情况，近年来不断增加。在著名的大阪国际空港案中，由于在空港起飞、着陆的飞机噪音，使周围的居民受到损害，判例将营造物的通常安全性作扩大解释，认为除对利用者的安全性外，还包括对周围地区居民等第三人的安全性，该损害起因于空港设施的缺陷，根据《国家赔偿法》第2条，命令国家支付赔偿金。

在我国，目前该类赔偿请求是通过民事诉讼途径予以审理。但是，如前所述，民事赔偿的个人主义立场，决定了其侵权责任构成要件有其特殊的机理。将其适用于国家的公共活动，有时并不能发挥国家赔偿所应当具有的社会保险功能，而该功能有将国家公共活动的风险公平的分担给全社会的重要作用。以下案例可以为证①：

1995年，北京铁路局开始大秦铁路西疏解工程建设，西疏解工程通车后，由于阴秉权、郎仕忠等居住的房屋位于几条铁路的交汇点，噪声振动和粉尘污染严重。郎仕忠因噪声振动引发高血压、冠心病；阴秉权、郎仕忠等的房屋在秦皇岛西疏解工程施工时因抽水导致部分房屋地基下沉，通车后噪声振动，房屋破损，已成危房。阴秉权、郎仕忠等因此向北京铁路运输法院提起诉讼，要求排除危害、赔偿损失。

北京市铁路运输法院经审理后驳回了原告的诉讼请求，其主要理由是：被告北京铁路局的噪声排放行为未超过国家规定的噪声排放标准，其行为不具有违法性；我国目前尚无铁路边界振动的排放标准，没有禁止性法律规定；施工时造成的损害与本案没有关系。

从上述案件可以看出，在民事赔偿途径下，根据《民法通则》第124条的规定，违反国家保护环境防止污染的规定，污染环境造成他人损害的，应当依法承担民事责任。因此，如果公共设施的安全性不违反国家的禁止性规定，将被认为不具有违法性，由于公共设施的运营而受到损害的公民在此情况下无法获得赔偿。但是，在国家赔偿的途径下，由于有国家强大的财政实力支持，赔偿要件可以相对放松，以达到国家赔偿所应当具有的社会保险功能。实际上，日本、我国台湾地区就倾向于将设置管理瑕疵作扩大解释，即使设施符合法定标准，也可能被认为具有瑕疵，从而使公

① 参见国家法官学院、中国人民大学法学院编：《中国审判案例要览（2002年民事审判案例卷）》，人民法院出版社、中国人民大学出版社2003年版，第265—269页。

有公共设施致害赔偿责任基本上是一种结果责任。如我国台湾学者王和雄就认为:“在法令已就公共设施设置或管理设定标准时,仍不得遂以该标准作为公共设施设置或管理有无欠缺之唯一或绝对判断标准。”[①]因此,在完善公有公共设施致害国家赔偿制度下,公民的权益将获得更为充分的保护。

2. 赔偿义务机关

公有公共设施致害赔偿的赔偿义务机关是公有公共设施的设置或管理机关。公民因为公共设施设置有瑕疵而受损害的,以该公共设施的设置机关为赔偿义务机关;因公共设施的管理有瑕疵而受到损害的,以管理机关为赔偿义务机关。设置机关与管理机关不同,而公有公共设施的瑕疵与设置和管理均有关时,应当认定两者形成一种不真正连带债务关系,设置机关和管理机关均是赔偿义务机关,被害人可以对他们两者或者其一请求全部或者部分损害赔偿。此外,被害人对于公共设施的瑕疵,是由于设置还是管理所导致无法确定时,向谁请求赔偿,我国台湾地区学者有不同的观点。有学者认为,在此情况下,被害人应当请求上级机关确定之,如果上级机关逾期不确定,可以以该上级机关为赔偿义务机关。[②] 有学者认为,可以对他们两者或者其一,请求全部或者部分损害赔偿。[③] 由于赔偿义务机关只是代替国家履行赔偿责任,其本身并不承担实质责任,由何者作为赔偿义务机关对赔偿义务机关本身并无实质影响。因此,从方便受害人行使权利的角度,应当采取第二种观点。

(六) 追偿权

国家在对公有公共设施的受害者履行完赔偿责任后,有权向对公有公共设施的设置管理瑕疵负有责任的人追偿。对于这种追偿权的性质,学说上有不同意见。有学者认为系债务不履行或对公有公共设施的侵权行为责任,有学者认为是法律特别规定的债权,可以与债务不履行责任或

---

① 王和雄:《国家赔偿法公有公共设施设置或管理欠缺之判断标准——日本相关学说、判例之介绍、分析与批判》,载《政大法学评论》第31期。

② 参见廖义男:《国家赔偿法》,自刊初版,第87页。

③ 参见叶百修:《国家赔偿法》,载翁岳生主编:《行政法》,中国法制出版社2002年版,第1548—1666页。

者瑕疵担保责任竞合成立。[①] 国家的这种追偿权的对象主要有[②]：

1. 设计错误的设计人或者施工错误的承揽人。一般而言，设计人、承揽人与赔偿义务机关会订立合同，因为错误的设计或者不良的施工而使合同的相对人对第三人承担赔偿责任，是一种积极侵害债权的加害给付行为，合同相对人即赔偿义务机关，有权就该加害给付行为所造成的损害，请求设计人或者承揽人承担赔偿责任。

2. 不当使用公共设施而导致设施损坏的使用人。在使用人因不当使用公共设施而导致公共设施损坏的时候，该使用人的行为，不仅导致公共设施所有人的财物遭受损坏，并且使该设施的管理人对第三人承担赔偿责任，这种赔偿责任是因为使用人的行为所致，因此，赔偿义务机关有权对该使用人追偿。

3. 怠于执行维护义务的管理人员。如果公共设施的瑕疵是因为管理人员怠于执行维护义务而导致，国家在履行完赔偿责任后，有权对相关人员追偿。如果管理人是与赔偿义务机关订立合同关系的私人，该管理人因为怠于履行义务造成瑕疵而使合同的相对人对第三人承担赔偿责任，是一种积极侵害债权的加害给付行为，合同相对人即赔偿义务机关，有权就该加害给付行为所造成的损害，请求该管理人承担赔偿责任。如果管理人员是赔偿义务机关的公务员，赔偿义务机关在履行完赔偿责任后也有权向其追偿，但是，为了保证公务活动的顺利进行，这种追偿应当以该公务员存在故意或者重大过失为限。

---

① 参见叶百修：《国家赔偿法》，载翁岳生主编：《行政法》，中国法制出版社 2002 年版，第 1548—1666 页。

② 参见廖义男：《国家赔偿法》，自刊初版，第 117—118 页。

第七章 国家赔偿的方式、标准和费用

国家赔偿的方式是国家通过何种方式承担损害赔偿责任,标准则是根据损害程度确定赔偿额的计算准则。国家赔偿的方式、标准和费用将直接影响到赔偿请求人的赔偿请求权能否得到实现。

一、国家赔偿的方式

(一) 概述

国家赔偿方式是指国家对其侵权行为承担国家赔偿责任的形式。国家采用何种方式对受害人进行赔偿,与受害人权益的实现直接相关。分析英国、美国、德国、日本、奥地利等国家和我国台湾地区的相关规定,有两种做法[①]:一种是如奥地利仅规定了金钱赔偿一种方式[②];另一种是如德国和我国台湾地区在金钱赔偿之外规定了回复原状的赔偿方式,但以金钱赔偿为原则。[③] 金钱赔偿之所以被选择为最主要的国家赔偿方式是

---

① 这些国家有关国家赔偿方式和标准的规定,可以参见高家伟:《国家赔偿法》,商务印书馆2004年版,第263—268页。作者在该书中将各国相关规定作了详细列举。

② 奥地利《国家赔偿法》第1条规定:"损害赔偿形式仅为金钱赔偿。"

③ 德国《国家赔偿法》第2条规定:"公权力主体对于因侵害权利所生之赔偿,应以金钱赔偿之。"第3条规定:"公权力主体对受害人因侵权行为造成不利状态者,应予恢复原状。"我国台湾地区"国家赔偿法"第7条规定:"国家负担赔偿责任者,应以金钱为之。但以回复原状为适当者,得依请求,回复损害发生前原状。"

因为其以支付货币的形式对受害人进行赔偿，简便易行，既可以使受害人的赔偿请求迅速得到满足，又便于赔偿机关承担和履行赔偿义务，且能够适用于多种形式的损害赔偿。

我国在制定《国家赔偿法》的过程中，对赔偿方式曾经存在两种不同意见：一种意见认为，国家赔偿应以金钱赔偿为原则，以恢复原状为例外。就行政赔偿而言，如果以恢复原状为原则的话，行政机关将因此承担许多不必要的工作，不仅浪费人力物力，不符合经济要求，而且影响行政机关正常的管理活动和行政效率。[①] 另一种意见认为，恢复原状的赔偿方式更有利于保护受害人。因为国家赔偿应当是全面赔偿，其宗旨在于恢复受损害的合法权益，我国现有体制和传统决定了恢复原状比金钱赔偿更适于填补被害人的损失，恢复受害人的权益如恢复工作、职务、工资级别、户口、住房等比金钱赔偿更重要。[②]

最终出台的《国家赔偿法》综合了上述两种意见，该法第 25 条规定："国家赔偿以支付赔偿金为主要方式。能够返还财产或者恢复原状的，予以返还财产或者恢复原状。"根据这一规定，我国国家赔偿方式以金钱赔偿为主、返还财产和恢复原状为补充。此外，《国家赔偿法》第 30 条规定，特定情形中造成受害人名誉权和荣誉权损害的，适用在侵权行为影响范围内为受害人消除影响、恢复名誉和赔礼道歉的方式。

比较《国家赔偿法》和《民法通则》的规定，《民法通则》采用的是"侵权的民事责任"（该法第六章第三节）、"承担民事责任的方式"的提法（该法第 134 条），"赔偿损失"只是该法所规定 10 种民事责任方式的一种，意指责任人向受害人支付金钱以填补损失的方式。[③] 而《国家赔偿法》采用的是"赔偿方式"的提法（该法第四章），"赔偿"的内涵宽于民法通则，不限于对损失的金钱填补，还包括返还财产、恢复原状，以及消除影响、恢复名誉和赔礼道歉。在明确二者的区别之后，应当说《民法通则》的规定更符合赔偿的本来文字含义，也更利于保护受害人的损失得到全面填补。

对《国家赔偿法》第 25 条的适用，目前存在两种理解：

---

① 王克稳：《论我国行政赔偿的若干问题》，载《法学天地》1991 年第 2 期。

② 肖峋：《关于国家赔偿法的几个问题》，载《中外法学》1991 年第 1 期。

③ 《民法通则》第 134 条规定，承担民事责任的方式有以下 10 种：停止侵害；排除妨碍；消除危险；返还财产；恢复原状；修理、重做、更换；赔偿损失；支付违约金；消除影响、恢复名誉；赔礼道歉。

第一种观点认为，金钱赔偿方式的适用优先于返还财产和恢复原状。所谓金钱赔偿为主，就是指除特别情形外，绝大部分的赔偿应当通过支付货币的方式进行。无论对于人身自由还是健康或生命的损害，无论是财产损害，还是精神损害，一般均考虑通过支付货币的方式进行。特别是对财产损害，必须采用金钱赔偿方式。只有在恢复原状为适当时，可以选择恢复原状的方式。①

第二种观点认为，二者之间是一种主从关系，而非优先关系，提出“为主”并不意味“优先”。在造成财产损害的情况下，是否支付赔偿金，以是否能够返还财产或者恢复原状为前提，只有在不可能采取返还财产或者恢复原状的情况下，才采取赔偿金的方式。② 肖峋也提出与之类似的观点，认为赔偿方式从总体上说是金钱支付为主，恢复原状和返还财产为辅。但仅就财产损失来说，是恢复原状和返还财产为主，金钱支付为辅。③

我国《国家赔偿法》将受害人可以获得国家赔偿的权利类型限定为人身权和财产权。而人身权的性质决定了返还财产和恢复原状实质只能适用于财产权受损害的情形。④ 就财产损害而言，分析《国家赔偿法》第25条的条文表述，再联系该法第28条的规定⑤，笔者以为，法条中的“能

---

① 马怀德：《国家赔偿法的理论与实务》，中国法制出版社1994年版，第253页。但马怀德教授在后来主编的教材中改变了此种观点，认为根据我国《国家赔偿法》的规定，金钱赔偿的适用，应当以不能返还财产或者恢复原状为前提。参见马怀德主编：《国家赔偿法学》，中国政法大学出版社2001年版，第250页。

② 高家伟：《国家赔偿法》，商务印书馆2004年版，第245页。

③ 肖峋：《中华人民共和国国家赔偿法的理论与实用指南》，中国民主法制出版社1994年版，第239页。

④ 也有学者提出受中国国情决定，人身权受到损害时有的情形应当适用恢复原状更能保护受害人的权利。如某公民无罪被判有期徒刑10年，经再审改判无罪。此人的城市户口已经被注销，原来的国家机关的职务、工作已经失去，仅对其进行金钱赔偿没有多大意义。此种情形中，对其恢复原状较之金钱赔偿更能保护其利益。应松年主编：《国家赔偿法研究》，法律出版社1995年版，第228页。

⑤ 《国家赔偿法》第28条规定：(一) 处罚款、罚金、追缴、没收财产或者违反国家规定征收财物、摊派费用的，返还财产。(二) 查封、扣押、冻结财产的，解除对财产的查封、扣押、冻结。造成财产损坏或者灭失的，依照本条第(三)(四)项的规定赔偿。(三) 应当返还的财产损坏的，能够恢复原状的恢复原状，不能恢复原状的，按照损害程度给付相应的赔偿金。(四) 应当返还的财产灭失的，给付相应的赔偿金。(五) 财产已经拍卖的，给付拍卖所得的价款。(六) 吊销许可证和执照、责令停产停业的，赔偿停产停业期间必要的经常性费用开支。(七) 对财产权造成其他损害的，按照直接损失给予赔偿。扣留、吊销许可证和执照或者责令停产停业的，赔偿停产停业期间必要的经常性费用开支。对财产权造成其他损害的，按照直接损失给予赔偿。

够”二字含有“首先选择”的内涵。对于财产权受到损害的情形，在赔偿方式的选择适用上，应当尽量适用返还财产或者恢复原状。只有在不能采用返还财产或者恢复原状的方式予以赔偿时，才适用金钱赔偿。也就是说金钱赔偿是最后的选择，目的在于国家可以少付钱或者不用付钱。

（二）人身损害的赔偿方式

《国家赔偿法》规定的人身损害的情形包括：限制人身自由；损害健康致病、致残、致人死亡；损害名誉权、荣誉权。根据《国家赔偿法》的规定，前两种损害适用金钱赔偿的方式，后一种损害适用消除影响、恢复名誉和赔礼道歉的方式。

对于人身自由、生命健康权的损害适用金钱赔偿的方式并无争议。受害人由于人身自由受到限制，或者生命健康权受到损害后，原本可以得到的收入减少或者丧失，应当履行的法定扶养义务无法履行，同时还要支付治病、安葬所产生的费用等等。金钱赔偿的方式应当说能够最为直接地填补受害人遭受的损失，也便于赔偿义务机关进行赔偿。

需要注意的是，消除影响、恢复名誉和赔礼道歉的适用有非常严格的限制条件：第一，只适用于名誉权和荣誉权受到损害，不包括其他类型的权利。第二，只适用于特定违法行为所造成的名誉权和荣誉权损害。特定情形指《国家赔偿法》第 3 条第(1)(2)项、第 15 条第(1)(2)(3)项所规定的赔偿义务机关违法限制受害人人身自由对受害人的名誉权、荣誉权造成损害的情形[①]，不包括其他侵犯受害人权益的情形。[②] 第三，只在侵权行为影响的范围内实施。

对于采用何种方式来实施消除影响、恢复名誉和赔礼道歉，国家赔偿

① 《国家赔偿法》第 3 条第(1)(2)项的规定分别是：(一) 违法拘留或者违法采取限制公民人身自由的行政强制措施的；(二) 非法拘禁或者以其他方法非法剥夺公民人身自由的。该法第 15 条第(1)(2)(3)项的规定分别如下：(一) 对没有犯罪事实或者没有事实证明有犯罪重大嫌疑的人错误拘留的；(二) 队没有犯罪事实的人错误逮捕的；(三) 依照审判监督程序改判无罪，原判刑罚已经执行的。

② 在杨小君教授主持起草的《国家赔偿法专家建议稿》第 15 条中建议取消此种限制，条文如下：“侵犯公民、法人和其他组织合法权益，造成受害人名誉权、荣誉权损害的，受害人可以单独或者一并要求停止侵权，消除影响，恢复名誉，赔礼道歉。”

法并无具体规定。有的学者建议采用书面的形式来实施。[①] 笔者以为，消除影响、恢复名誉采用书面形式较为合适，如根据案件影响程度在相应级别的报纸上登载，在受害人工作的单位或者生活的社区、村子张贴等，为受害人恢复名誉、消除不利影响。但赔礼道歉以当面向受害人口头作出更为合适。

综观《国家赔偿法》关于人身损害赔偿方式的规定，与民事领域的相关规定相比较，国家赔偿具有以下几个特点：其一，受害人的生命权、健康权、身体权受到侵害时，受害人及死者的近亲属仅就遭受的物质损害获得赔偿，不能就因此而遭受的精神损害获得赔偿。其二，受害人的名誉权、荣誉权受到损害时，只在损害由限制人身自由所造成时能获得赔偿，不包括其他损害名誉权、荣誉权的情形。其三，名誉权和荣誉权受到损害时不适用金钱赔偿，只采用消除影响、恢复名誉和赔礼道歉的赔偿方式，受害人不能如民事受害人那样获得精神损害抚慰金。与民事赔偿相比较，国家赔偿无疑在赔偿范围、赔偿方式等方面为受害人增加了一些限制性条件。由于第一点与第二点的问题涉及国家赔偿范围，本部分仅探讨第三点涉及的问题，即精神损害应否适用金钱赔偿的问题。

对名誉权和荣誉权的损害在性质上应当属于精神损害。对于精神损害，《国家赔偿法》排除了金钱赔偿方式的适用，受害人不能如民事受害人那样要求赔偿义务机关支付精神损害抚慰金。这一规定的合理性不仅遭到学者的质疑，更是伴随着一些案件中当事人遭受了巨大精神损害却无法获得赔偿金而引发了广泛的关注。发生在 2001 年的麻旦旦案件就是其中之一。[②] 在该案件中，原告方提出 500 万元的精神损害赔偿请求，并要求法院判令第三人及被告公开赔礼道歉、恢复名誉，但请求被一审法院驳回。二审法院判令公安局在其侵权行为影响范围内为麻旦旦消除影响、恢复名誉、赔礼道歉，500 万元的精神损害赔偿请求不符合《国家赔偿

---

① 如杨小君教授主持起草的《国家赔偿法专家建议稿》第 16 条规定："赔偿义务机关应当以书面形式在侵权行为影响范围内为受害人消除影响，恢复名誉，赔礼道歉。"

② 在这个曾经受到公众、新闻媒体、法学界广泛关注的案件中，当事人麻旦旦作为一个 19 岁的姑娘，却被强迫承认卖淫，被以本不可能存在的嫖娼行为处以拘留。在中国这样一个妇女贞操观念极强的国家里，在观念相对落后、封闭的农村里，在一个周围全是熟人的社会里，如此的遭遇对一个小姑娘所带来的精神上的伤害无疑是巨大的。这个可怜的小姑娘不仅患上了严重的精神衰弱，还在开庭时数次瘫倒在法庭上。

法》的规定，请求公安机关在媒体上公开赔礼道歉没有事实依据，不予支持。对于法院的判决，公众和媒体一片愤愤之声。[①] 然而，法官的判决并不违法，因为《国家赔偿法》就是如此规定的。应当受到质疑的是《国家赔偿法》，而非适用法律的法官。在深深同情遭受巨大精神损害的小姑娘的同时，人们不禁要问，既然民事侵权责任人要就精神损害承担金钱赔偿责任，为何国家机关不用对其违法职权行为给受害人造成的精神损害承担金钱赔偿责任？国家不承担金钱赔偿的正当性何在？

让我们到立法者当初制定《国家赔偿法》过程中公布的一些文件，以及当初参与立法的人员的论著中去探究一下《国家赔偿法》作出此种规定的原因。[②] 由全国人大常委会法制工作委员会副主任胡康生所作的《关于〈中华人民共和国国家赔偿法（草案）〉的说明》中提出，国家赔偿的标准和方式，是根据以下原则确定的：第一，要使受害人受到的损失能够得到适当弥补；第二，考虑国家的经济和财力能够负担的状况；第三，便于计算，简便易行。解读此段文字，其中：

第一点明确了国家赔偿给予受害人损失的弥补是适当弥补，而非全面弥补。精神损害与物质损害相比较，是一种无形的损害，自然要先考虑弥补有形的物质损害。这一点在行政立法研究小组 1989 年撰写的《关于国家赔偿法的十一个问题》中也有表达："关于精神损害赔偿，多数同志认为，如果损害既有物质的，又有精神的，而且对物质损害已经赔偿，对精神损害就可不必再给赔偿；如果损害只是精神的，可给予象征性的赔偿，但赔偿数额不宜过大。"

第二点明确了要考虑中国是一个发展中国家、国家并不富裕的现实，国家赔偿不能让国家因此背负沉重的财政负担。这一点其实不仅仅是确定国家赔偿方式和标准的指导思想，可以说也是整部《国家赔偿法》的立

---

① 如有的报纸刊文激愤喊出"难道麻旦旦非得被折磨成个真的疯子、精神病人才能得到依法赔偿吗"。参见雨腾：《陕西泾阳县荒唐处女嫖娼案再起风波》，载《华商报》2001 年 4 月 2 日。

② 有的学者认为是基于三方面的考虑：其一是当时对这个问题的社会需求并不迫切，至少历史的经历会给人这样的印象；其二是用金钱方式来赔偿精神损害，会遇到一个审判技术上的难题，那就是赔多少算够？似乎缺乏可操作性的客观衡量标准；其三是在当时立法者可能有一种错误的预期，以为《国家赔偿法》一出台，赔偿案件会大幅度上升，造成国家财政的过重负担。参见胡锦光主编：《中国十大行政法案例评析》，法律出版社 2005 年版，第 279—280 页。对这三点看法，笔者表示赞同，但可惜受篇幅所限，作者没有将思考过程完全展现出来。

法指导思想。在肖峋的论著中,作者也写道:“按照我国国家赔偿法,赔偿方式的适用和赔偿金的计算,可以说是根据生存权保障原则,即以保障公民、法人或其他组织的生活和生存的需要为限。……我国的经济实力虽然大有增强,但国家的财政状况并非十分良好,财政赤字仍然居高不下。因此,在赔偿方式的确定和适用上,在赔偿水平上决不能同发达国家攀比,而应当同我国人民的生活水平和国家财政状况相适应。”①

第三点明确了赔偿方式要有客观标准可供衡量,便于数字化。精神损害主观性强,受害人个体上的差异往往直接影响其受伤害的程度,具体办案人员在损害程度的判断和把握上存在一定难度,将之金钱化则更为困难。这一点,在应松年教授主编的论著中也有提及,认为人身权中的名誉权、荣誉权遭受损害时,属于精神损害,因为它们无法用金钱计算,国家不予赔偿,但可以要求赔偿义务机关在侵权行为影响的范围内,为受害人消除影响,恢复名誉,赔礼道歉。②

第一点所涉及的适当弥补而非全面弥补,既有当时人们对精神损害认识的局限,也有第二点所涉及的中国尚不富裕的原因。随着计划经济向市场经济的转型,个人作为独立权利主体的地位日益得到认同。随着物质的逐渐丰富和人们收入的逐渐增长,精神层面的东西日益受到关注,人性化、人文关怀等词语越来越多出现在政府管理、市场交往中。时代的发展要求我们应当给予精神损害与物质损害同等的关注,为受害人所受到的损害提供全面弥补。至于中国仍然是一个穷国的问题,笔者以为,中国确实尚未成为发达国家,人均产值大大低于发达国家,但对受害人所遭受的精神损害进行金钱赔偿还是能够承担的。特别是国家赔偿法制定迄今已是十余年,国家经济已经取得很大发展,不应当再拿中国是穷国作为理由了。与教育问题一样,是否给予受害人金钱赔偿,不是国家能否拿得出钱的问题,而是决策者如何对事项进行排序的问题。③ 保护公民的权利在国家财政支出序列中应当放在优先的地位,不应当是最终的选择。否则,

---

① 肖峋:《中华人民共和国国家赔偿法的理论与实用指南》,中国民主法制出版社 1994 年版,第 240 页。

② 应松年主编:《国家赔偿法研究》,法律出版社 1995 年版,第 85 页。

③ 据报道,广东省作为经济大省,2005 年全省 GDP 达到 21701 亿元,但其义务教育阶段负债 73 亿元,近 20 万中小学生在危房中读书,一些学校取消期中期末考试目的只为了节省纸张费和印刷费,有的农村学校为节省电费光线不足也不敢开灯。

我们永远都可以中国人多、国家并不富裕作为不解决问题的最好理由。

关于第三点精神损害缺乏客观操作标准问题,与物质损害相比较,精神损害的赔偿需要考虑的因素确实更为复杂,受害人的性别、年龄、成长经历、受教育程度、生活的环境、婚姻状况等等都会对个案中精神损害的程度产生影响。虽然对精神损害进行金钱赔偿较之物质损害确实更为困难,但并非无法计算。2001 年通过的最高人民法院《关于确定精神损害赔偿责任若干问题的解释》就对精神损害抚慰金的确定作出了明确规定。[①] 国家赔偿完全可以参照民事赔偿的规定。精神损害金钱赔偿并不缺乏客观性的可操作标准,只是需要根据个案加以具体判断,存在操作上的难度,但并非不能操作。

对精神损害进行金钱赔偿的主张为越来越多的学者所赞成,如杨小君教授主持起草的《国家赔偿法修改建议稿》第 18 条规定:"侵犯公民合法权益造成精神损害的,受害人有权要求精神损害抚慰金。精神损害抚慰金标准,依照民事赔偿有关规定。"这条规定在规定精神损害适用金钱赔偿的同时,还取消了目前《国家赔偿法》将精神损害限于侵犯名誉权、荣誉权的限制性规定,将之扩展至只要侵犯公民合法权益造成精神损害,就应当赔偿。此种观点在胡锦光教授、余凌云教授的论著中均有表述。[②]

(三)财产损害的赔偿方式

《国家赔偿法》第 4 条和第 16 条分别列举规定了行政领域和刑事领

① 该解释第 9 条规定,因侵权致人精神损害,造成严重后果的,人民法院除判令侵权人承担停止侵害,恢复名誉,消除影响,赔礼道歉等民事责任外,可以根据受害人的请求判令其赔偿相应的精神损害抚慰金。第 10 条规定,精神损害的赔偿数额根据以下因素确定:(一)侵害人的过错程度,法律另有规定的除外。(二)侵害的手段、方式、场合、行为方式等具体情节。(三)侵权行为造成的后果。(四)侵权人的获利情况。(五)侵权人承担责任的经济能力。(六)受诉法院所在地平均生活水平。

② 胡文认为,随着社会主义市场经济的建立,人们权利意识的增强,光赔礼道歉等已不能满足人们的要求,还必须表现为一定的货币形式。民事赔偿的相关规定为行政赔偿中引进精神赔偿奠定了很好的基础,是金钱性的赔偿变成实实在在可以操作的东西。此外,中国的传统文化和司法体制等因素,使得民告官存在一定难度,加入金钱性的赔偿不太可能给国家财政带来太大的负担。参见胡锦光主编:《中国十大行政法案例评析》,法律出版社 2005 年版,第 281 页。余文更是充满激情地写道,我们可以满怀希望地说,在《国家赔偿法》中引进金钱性的精神赔偿,不再是、也不应该是遥远的梦想。参见余凌云:《警察行政权力的规范与救济——警察行政法若干前沿性问题研究》,中国人民公安大学出版社 2002 年版。

域侵犯财产权的情形,包括:(1) 罚款、吊销许可证和执照、责令停产停业、没收财物、罚金;(2) 查封、扣押、冻结财产;(3) 征收财物、摊派费用;(4) 以其他违法行为造成财产损害的。前述几种情形,以侵害财产行为的外在表现形态为标准可以分为侵占财产、损坏财产和损害其他财产利益。侵占财产是指违法占有受害人的财产,如罚金、罚款、没收财物,以及查封、扣押、冻结财产等;损坏财产是指对受害人所有的财产造成毁损,使该财产的价值和使用价值受到破坏,甚至灭失。损害其他财产利益是指违法职权行为侵犯了受害人所有权之外的财产利益,如吊销营业执照、责令停产停业造成的损失。

财产损害的赔偿方式,根据《国家赔偿法》第25条的原则性规定,能够返还财产或者恢复原状的,应当首先适用返还财产或者恢复原状。不能采用返还财产或者恢复原状的方式予以赔偿时,支付赔偿金。由于损害财产的情形较为复杂,为了适用的方便,该法第28条针对前述损害财产权的各种情形,规定了相应的赔偿方式。包括:(1) 返还财产。适用于处罚款、罚金、追缴、没收财产或者违反国家规定征收财物、摊派费用的情形。(2) 解除强制措施。适用于查封、扣押、冻结财产的情形,解除对财产的查封、扣押、冻结。(3) 恢复原状。应当返还的财产损坏的,能够恢复原状的,恢复原状。(4) 支付赔偿金。适用于以下情形:① 财产损害不能恢复原状的,按照损害程度给付相应的赔偿金。② 应当返还的财产灭失的,给付相应赔偿金。③ 吊销许可证和执照、责令停产停业的,赔偿停业期间必要的经常性费用开支。(5) 给付拍卖所得价款。财产已经拍卖的,给付拍卖所得价款。

对于被侵占财产是金钱的情形,如罚金、罚款、摊派费用、冻结银行存款、没收钱款等,返还财产的适用一般不存在问题,赔偿义务机关将违法收取的钱款返还给受害人即可。对于被侵占、被损害财产是物的情形,则由于"能够适用返还财产或者恢复原状"中的"能够"二字带有很强的主观色彩,不同主体可能会作出不同的判断,造成赔偿方式的适用在有的案件中存在争议,需要区分不同情形进行探讨。

情形一,原物没有遭受任何损害,且返还原物不存在操作上的困难。此种情形的处理最为简单,一般返还原物即可。但在有的案件中,虽然原物没有遭受任何损害,但返还原物对于受害人由于某些特殊情形已经没有意义,受害人往往主张支付赔偿金,而非返还原物。如在林庆章等诉某公安局交通警察支队直属高速公路大队违法扣押财产行政赔偿案件中[①],原告车辆由于交通事故被扣押,车上承运的大理石由于没有及时转运延误运输,原告赔偿货主石材款 13650 元。由于被扣车辆上的大理石没有受到任何损害,一审法院判决被告返还原告大理石,但原告认为大理石返还给原主已不能恢复原来的承运状态和价值,法院判决错误,要求支付赔偿金。二审法院维持了一审法院的判决。二级法院判决的理由相同,均认为原物没有遭受任何损害,根据《国家赔偿法》关于赔偿方式规定,应当适用返还财产。

由于此案材料中没有详细介绍大理石没有及时转运的原因,难以判断没有及时转运货物的责任在哪一方。如果没有及时转运货物主要由于被告的行为造成,笔者以为,应当以何种赔偿方式最能够弥补受害人的损失作为法院选择赔偿方式的首要考虑因素,而不应当简单机械地套用条文。

情形二,原物没有灭失,也没有遭受损害,但返还原物存在操作困难,如操作成本太高。如某案件中,乡政府在收取农税、提留时牵走农民的一头黄牛,并将黄牛卖给了牛贩子,牛贩子又将黄牛卖到外地。此时如果返还农民所有的那头牛,操作成本太高,支付赔偿金应当说更为便利。因此,此种情形的处理以支付赔偿金为宜。

但如果原物是被拍卖处理的,只能给付拍卖所得的价款,而非支付赔偿金。由于涉案物品的拍卖所得价款往往低于物品实际价值,返还拍卖款而非支付赔偿金的方式往往造成受害人的损失不能获得完全填补。如本案中的黄牛,乡政府变卖价款为 645 元,但该黄牛的实际市场价值近 2000 元。受害人实际上只就部分损失获得救济,对于受害人来说是非常不公平的。不应当让受害人为国家的违法职权行为承担损失,应当按照受害人购买与原物相同的物所需要支付的费用进行赔偿。

情形三,原物遭受损害。财物遭受损害的,首先考虑能否恢复原状,能够恢复原状的,适用恢复原状的赔偿方式。学者对恢复原状的认识存在分歧。此种分歧主要集中在两个方面:其一是恢复原状的方式。有的认为恢复原状仅指对受损害物进行修复,使之恢复到侵害发生前的性能、

---

① 参见最高人民法院中国应用法学研究所编:《人民法院案例选》(2004 年行政 · 国家赔偿专辑),人民法院出版社 2005 年版,第 483—484 页。

形状或者状态。[1] 有的则认为除对物进行修复外，还包括重做、更换。[2]其二是恢复原状的适用客体。有的认为恢复原状适用于财物受到损害的情形[3]，有的则认为除财物之外，还包括对其他受损害的权利的恢复原状，包括恢复工作、职务、工资级别、住房、户口，恢复职位，恢复名誉、消除影响等。[4]

恢复名誉、消除影响等是名誉权受到损害时的赔偿方式，是恢复原状之外的赔偿方式，将之归入恢复原状不太妥当。恢复工作、职务、工资级别、住房、户口等是受害人获得国家赔偿之后相应发生的一系列后果，但并非国家赔偿方式本身的内容。对于有罪改判无罪的受害人，即便其没有提出国家赔偿的请求，由于有罪判决所相应产生的开除公职、吊销城镇户口等后果也应当解除，应为之恢复，也就是说恢复工作、户口等并不需要通过国家赔偿途径解决。因此，将恢复工作、职务、工资级别、住房、户口、恢复职位等作为国家赔偿方式来理解并不恰当。最高人民法院在多次批复中也明确提出"国家赔偿与单位补发工资性质不同，不能相互混淆。不能基于单位已经补发工资就剥夺该公民依法获得的申请并取得国家赔偿的权利"[5]。

恢复原状的适用以受到损害的财产能够恢复原状为前提条件。如果损害的程度达至物的功能完全丧失，或者难以恢复到原来的性能或者状态时，不能适用恢复原状。不能恢复原状的，按照损害程度给付相应的赔偿金。赔偿金的计算标准应当区分不同的情形。如果损害发生时物能够马上进行修复的，以损害发生时物的价值计算赔偿金。如果损害发生时物无法立即进行修复的，以赔偿发生之时物的价值为标准计算赔偿金。

---

① 薛刚凌主编：《国家赔偿法教程》，中国政法大学出版社1997年版，第78页。

② 高家伟：《国家赔偿法学》，工商出版社2000年版，第119页；马怀德主编：《国家赔偿法学》，中国政法大学出版社2001年版，第252页。

③ 薛刚凌主编：《国家赔偿法教程》，中国政法大学出版社1997年版，第78页。

④ 肖峋：《关于国家赔偿法的几个问题》，载《中外法学》1991年第1期；张红：《司法赔偿研究》，中国政法大学博士学位论文，2006年，第199页；马怀德：《国家赔偿法的理论与实务》，中国法制出版社1994年版，第253页；马怀德主编：《国家赔偿法学》，中国政法大学出版社2003年版，第252页；江必新：《国家赔偿法原理》，中国人民公安大学出版社1994年版，第196页。

⑤ 参见《最高人民法院赔偿委员会关于补发工资后仍需进行国家赔偿的批复》，（1999）赔他字第20号；《最高人民法院关于被限制人身自由期间的工资已由单位补发国家是否还应支付被限制人身自由的赔偿金的批复》，（1999）赔他字第21号。

根据最高人民法院《关于民事、行政诉讼中司法赔偿若干问题的解释》第11条的规定，在民事、行政诉讼中司法赔偿的赔偿方式主要是赔偿金，对于财产受到损害的，赔偿义务机关支付赔偿金，赔偿修复所需费用。

情形四，原物灭失的。原物灭失的，给付相应赔偿金。民事、行政诉讼司法赔偿中，财物灭失的，赔偿金按照侵权行为发生时当地市场价格予以赔偿。此规定不利于受害人。如果赔偿发生时物的价格高于侵权行为发生时的价格，价格差将由受害人承担，赔偿金的计算应当以赔偿发生时受害人取得原物所需支付的市场价格为标准来确定更为合理。

二、国家赔偿的标准

（一）我国现行国家赔偿标准：抚慰性标准的确立

国家赔偿标准对受害人所能获得的国家赔偿的数额有着直接影响。国家赔偿标准的确定需要在国家财政与受害人权利保护之间寻求平衡点。立法时一国的经济发展程度、人权发展状况、国家对受害人权利保护的政策考虑、公民对国家立法的影响力等因素都会对立法的最终选择产生影响。从外国的规定看，存在三种确立国家赔偿标准的原则：(1) 惩罚性标准。赔偿金超过受害人的实际损失。超过受害人实际损失的部分是对侵权主体的惩罚。(2) 补偿性标准。赔偿金填平、补齐受害人的实际损失。(3) 抚慰性标准。赔偿金低于受害人的实际损失。前述三种标准，惩罚性标准对受害人最有利，但国家支付的金额最大。抚慰性标准对受害人最不利，但国家支付的金额最小。补偿性标准则居于二者之间。

我国国家赔偿法采用了抚慰性标准。《中华人民共和国国家赔偿法（草案）》说明中指出："国家赔偿的标准和方式，是根据以下原则确定的：第一，要使受害人受到的损失能够得到适当弥补。第二，考虑国家的经济和财力能够负担的状况。第三，便于计算，简便易行。""适当弥补"，而非"实际弥补"，表明我国采用的是抚慰性标准。立法当初作出此种选择主要是基于我国当时经济发展水平和国家财政能力负担的考虑，学者们也将之解读为生存权保障原则，即以保障公民、法人和其他组织的生活和生存的需要为限。[1] 抚慰性标准的采用使得受害人所能获得的国家赔偿数额低于、甚至是大大低于其实际损失。

与民事赔偿相比较,国家赔偿远远不能弥补受害人的损失。过低的国家赔偿标准是造成国家赔偿法屡遭诟病的原因之一。抚慰性标准与公平负担原则存在一定程度的冲突,由于受害人不能就实际损害获得赔偿,意味其较之其他公民、组织承担了更多的负担。侵权赔偿制度的价值在于弥补受害人受损害的权利,在确定赔偿标准时不应当因侵权主体是国家就与民事赔偿有所区别。如果说要有所区别,那也应当是高于民事赔偿,而非低于民事赔偿,因为在法治国家中,公权力的行使应当较之民事行为领域遵循更为严格的要求,相应地,应当承担更严格的法律责任。事实上,适当提高国家赔偿标准,修改抚慰性标准为补偿性标准已经成为学界的共识。有的学者进而提出有的情形中还应当规定惩罚性赔偿金。[2]

此外,与日本、法国等国家不同,我国国家赔偿中不采用损益相抵原则。所谓损益相抵,也称损益同销原则,是指赔偿权利人基于发生损害的同一原因受有利益者,应由损害额内扣除利益而由赔偿义务人就差额予以赔偿的确定赔偿责任范围的原则。[3] 日本《刑事补偿法》第 5 条规定:"应受到补偿的人,出于同一原因,已按照其他法律受到损害赔偿的,……则应在扣除损害赔偿的数额后,核定补偿金的数额。"而法国甚至包括个人从事有收入的职业所得收益也抵销赔偿金的数额。例如公务员在被违法撤职期间从事有收入的职业,应从赔偿金中扣除其收入部分。而我国由于不采用损益相抵原则,受害人通过保险或者其他途径就同一损害事实所获得的赔偿并不抵销赔偿金,国家赔偿金额的计算不受影响。

在抚慰性标准之下,我国国家赔偿法区分人身权、财产权分别规定了具体的计算标准,下面区分不同情形进行探讨。

---

① 肖峋:《中华人民共和国国家赔偿法的理论与实用指南》,中国民主法制出版社 1994 年版,第 240 页。

② 如杨小君教授认为,有下列情形之一的,受害人有权要求惩罚赔偿金:(1) 赔偿义务机关及其工作人员故意违法侵犯公民、法人和其他组织合法权益的;(2) 赔偿义务机关及其工作人员严重过失并造成公民、法人或其他组织合法权益重大损害的。惩罚赔偿金根据侵权行为的性质、情节、违法或者过错程度及损害后果等决定。参见《国家赔偿法修改建议稿》第 20 条。

③ 王利明、杨立新编著:《侵权行为法》,法律出版社 1998 年版,第 329 页。

（二）人身权计算标准

人身权损害赔偿分为限制人身自由的赔偿和生命健康受损害的赔偿两种情形。

1. 限制人身自由的赔偿标准

从国外的规定看，一些国家和地区对于刑事赔偿中的每日羁押赔偿金规定一个幅度，由裁决机关根据具体情形在个案中确定具体赔偿数额。如我国台湾地区规定羁押或者刑罚执行每日赔偿金是新台币3000元以上5000元以下；日本《刑事补偿法》规定羁押每日赔偿金是1000日元以上12500日元以下。美国《加利福尼亚刑法典》中则规定错误监禁每日赔偿100美元。

我国则采用了单一工资标准。《国家赔偿法》第26条规定："侵犯公民人身自由的，每日赔偿金按照国家上年度职工日平均工资计算。"根据最高人民法院司法解释，"上年度"为赔偿义务机关、复议机关或者人民法院赔偿委员会作出赔偿决定时的上年度。复议机关或者人民法院赔偿委员会决定维持原赔偿决定的，按作出原赔偿决定时的上年度执行。上年度职工平均工资数额，应当以职工年平均工资除以全年法定工作日数的方法计算。年平均工资以国家统计局公布的数字为标准。[①] 根据最高人民法院公布的数据，2000年至2005年的全国职工日平均工资数额分别是37.33、43.30、49.48、55.93、63.83、73.30元人民币。

人身自由现行计算标准存在两个大问题：

其一，不考虑受害人的实际收入状况，不分地区、不分行业，所有人简单适用统一标准，形式上似乎公平，实质上对有的受害人远远不能弥补其实际损失。与民事赔偿区分不同情形按照受害人的实际收入计算误工费的做法相比较，国家赔偿立法无疑在保护受害人权利方面远远落后于民事赔偿。

其二，"全国职工日平均工资"标准太低。其实在《国家赔偿法》公布之后不久，就有人提出国家统计部门公布的上年度职工日平均工资由于种种原因，大大低于职工的实际收入，建议在确定"国家上年度职工日平

---

① 参见最高人民法院1996年颁布的《关于人民法院执行〈中华人民共和国国家赔偿法〉几个问题的解释》。

均工资"时,除参照国家统计部门公布的数字外,还应充分考虑职工的其他收入、社会零售商品总值等因素,由最高人民法院在此基础上,每年确定一个比较符合我国职工实际收入的数字,发给各级人民法院执行。[①]有的学者则建议按照赔偿义务机关所在省、自治区、直辖市上年度日平均工资计算,但不得低于国家上年度日平均工资。[②] 有的建议在统一标准之上规定一个幅度,按照国家上年度职工日平均工资的1至3倍计算。[③]

如果《国家赔偿法》修改能够采用补偿性标准,按照受害人的实际收入损失计算赔偿金无疑是我国现有经济发展水平之下最有利于受害人的做法。如果不能采用补偿性标准,也应当放弃目前"全国职工日平均工资"的做法,应当考虑地区差异,代之以受害人所在地职工平均工资标准,但不得低于全国职工平均工资。如上海市统计局公布的2005年上海职工平均工资为26823元,高于国家2005年度18405元职工平均工资。同时应当规定1至5倍的幅度,根据个案中赔偿义务机关违法的具体情形确定适用标准。如对于赔偿义务机关工作人员故意违法或存在重大过失的,赔偿金额就应当更高。

2. 生命健康权损害的赔偿标准

侵犯公民生命健康权的,《国家赔偿法》规定如下赔偿计算标准:(1) 造成身体伤害的,支付医疗费以及赔偿因误工减少的收入。减少的收入每日的赔偿金按照国家上年度职工日平均工资计算,最高额为国家上年度职工日平均工资的5倍。(2) 造成部分或者全部丧失劳动能力的,应当支付医疗费以及残疾赔偿金,残疾赔偿金根据丧失劳动能力的程度确定,部分丧失劳动能力的最高额为国家上年度职工年平均工资的10倍,全部丧失劳动能力的为国家上年度职工平均工资的20倍。造成全部丧失劳动能力的,对其扶养的无劳动能力的人,还应当支付生活费。(3) 造成死亡的,应当支付死亡赔偿金、丧葬费,总额为国家上年度职工年平均工资的20倍。对死者生前扶养的无劳动能力的人,还应当支付生活费。生活费的发放标准参照当地民政部门有关生活救济的规定办理。

---

① 张新宝:《国家赔偿的若干民法问题》,载《法商研究》1995年第5期。

② 张红:《司法赔偿研究》,中国政法大学2006年博士学位论文,第202页。

③ 在杨小君教授主持起草的《国家赔偿法建议修改稿》中规定:侵犯公民人身自由的,每日赔偿金按照国家上年度职工日平均工资1至3倍以内计算。同时规定侵犯公民人身自由造成其他合法权益损害的,应当予以赔偿。

前述规定中明确规定了赔偿金的最高限额。

与民事领域人身损害赔偿标准相比较，国家赔偿不仅赔偿事项相对较少，而且标准过低，存在的问题主要有：

其一，因误工减少的收入并不按照受害人的实际收入计算，每日赔偿金统一按照国家上年度职工日平均工资计算，且有最高额的限制，赔偿金不能超过国家上年度职工年平均工资的5倍。这对于收入高于国家上年度职工年平均工资的受害人而言是极不公平的。

其二，造成人身伤害的，仅支付医疗费和误工减少收入，而民事领域还包括护理费、交通费、住宿费、住院伙食补助费、必要的营养费。受害人因伤致残的，仅支付医疗费、残疾赔偿金和被扶养人生活费，而民事领域还包括残疾辅助器具费，以及因生活康复护理、继续治疗实际发生的必要的康复费、护理费、后续治疗费等。

其三，造成公民死亡的，仅支付死亡赔偿金和被扶养人生活费，不赔偿医疗费用，而民事领域还包括死亡之前发生的治疗费用、丧葬费、受害人亲属办理丧葬事宜支出的交通费、住宿费、误工损失等其他合理费用。

其四，残疾赔偿金和死亡赔偿金的计算标准均按照国家上年度职工年平均工资标准计算，标准过低。当然，国家赔偿没有像民事赔偿那样区分受害人是城镇居民还是农民，而是适用同样的标准，不会出现民事赔偿中“同命不同价”的现象，这是国家赔偿优于民事赔偿之处。

被扶养人的生活费发放标准参照当地民政部门有关生活救济的规定办理，相对较低。而民事领域中按照受诉法院所在地上一年度城镇居民人均消费支出和农村居民人均年生活消费支出标准计算。

本书前已阐述，国家赔偿不应因为侵权主体是国家而承担较之民事赔偿更低的赔偿责任。如果一定要区别于民事赔偿，那也应当是高于民事赔偿的标准，而非低于之。因此，国家赔偿中的人身损害赔偿标准至少应当考虑适用民事赔偿的计算标准，以更好保护弥补受害人所遭受的损害。

3. 财产损害赔偿的计算标准

《国家赔偿法》第28条规定了数种情形中的具体计算标准之后，用兜底条款规定“对财产权造成其他损害的，按照直接损失给予赔偿”。我国财产损害赔偿贯彻赔偿直接损失的原则，不赔偿间接损失，即不赔偿可得利益的损失。最高人民法院《关于民事、行政诉讼中司法赔偿若干问题的解释》对直接损失的范围作出具体规定,包括:(1) 保全、执行过程中造成财物灭失、毁损、霉变、腐烂等。(2) 违法使用保全、执行的财物造成损害的。(3) 保全的财产系国家批准的金融机构贷款的,当事人应当支付的该贷款借贷状态下的贷款利息。执行上述款项的,贷款本金及当事人应支付的该贷款借贷状态下的贷款利息。(4) 保全、执行造成停产停业的,停产停业期间的职工工资、税金、水电费等必要的经常性费用。(5) 法律规定的其他直接损失。

由于国家赔偿只赔偿直接损失,不赔偿间接损失,与民事侵权所贯彻的全面赔偿原则相比较,国家赔偿的范围小于民事赔偿。对此,学者多持批评意见,认为应当将间接损失如企业的经营收入、司机的运营收入等也纳入其中。

直接损失是一个内涵模糊的概念,其范围在实践中存在很大争议,有的费用支出如利息、受害人为获得赔偿所支付的交通费、住宿费、律师费等是否属于直接损失仍然有争议。

其一,关于返还金钱是否应当返还利息的问题。我国《国家赔偿法》对此没有作出明确规定,实践中一般不支付。例如对收缴的罚款罚金,仅返还等额罚款罚金,不支付利息。我国台湾地区"冤狱赔偿法"第 3 条则规定:"罚金执行的赔偿,应以已交罚金相等金额附加利息返还之。"美国和德国也只支付本金,不支付利息。

对于存款被冻结的情形,由于冻结期间银行仍旧计算利息,存款解除冻结时,利息附随存款本金返还给受害人应当没有问题。对于收缴罚款罚金等货币被侵占的情形则需要进一步分析。在民事侵权中,侵占货币的侵权行为发生时,货币的法定孳息被视为该财产侵害的间接损失。[1] 如果按照《国家赔偿法》确定的只赔偿直接损失、不赔偿间接损失的原则,则利息不属于赔偿的范围。但如此做法似乎对受害人不公平,特别在数额较大的情形。因此,能否考虑返还收缴的罚金罚款时,按照银行同期定期存款利率支付受害人。

其二,关于受害人为恢复被损害的权利,减少损害而支出的必要费用是否属于直接损失范围的问题。受害人在提出国家赔偿请求的同时,往往将在求偿过程中所支付的交通费、住宿费、律师费、鉴定费等费用也列

---

① 王利明、杨立新编著:《侵权行为法》,法律出版社 1998 年版,第 346 页。

入其中,但其请求基本得不到支持。直接损失的范围被狭义理解为被侵害财产的减少。虽然上述费用的发生和数额因案而异,但如果属于个案中的受害人为获得国家赔偿所必须支付的费用,如异地寻求国家赔偿所发生的交通费、住宿费,则应列入直接损失的范围。当然,应当根据当地的实际情况,确定一个统一的计算标准。

三、国家赔偿的费用

国家赔偿费用,是指赔偿义务机关依照国家赔偿法的规定,向赔偿请求人支付的费用,其范围主要包括国家赔偿受害人损失和依法采取恢复原状措施所需要的费用。[①] 国家赔偿的制度设计要转化为对权利受侵害当事人的切实救济,最终都依赖于赔偿费用的支付。因此,国家赔偿费用这一看似技术性的问题,实际上却是公民顺利获得国家赔偿的重要保证。《国家赔偿法》实施十余年来的经验也表明,国家赔偿费用兑现困难已经成为影响受害人赔偿请求权实现的重大障碍。这其中既有财政状况、思想观念等经济社会因素的作用,也有制度设计缺陷的原因。本章主要针对后者,从国家赔偿费用的设立、管理和支付分析现有制度的问题并提出改革建议。

(一) 国家赔偿费用的设立与管理

1. 现状与问题

有关国家赔偿费用的制度首先应当解决国家赔偿费用的设立和管理机制。我国《国家赔偿法》第 29 条规定“赔偿费用列入各级财政预算,具体办法由国务院规定”,从而确立了分级管理的模式,即国家赔偿费用由中央和地方各级政府分别负担,上下级政府之间没有相互承担国家赔偿费用的义务。据此,国务院于 1995 年 1 月 25 日颁布了《国家赔偿费用管理办法》,许多省、自治区、直辖市也制定了相关的实施办法或细则,初步建立了我国的国家赔偿费用管理制度。根据笔者的统计,已经有 16 个

① 参见马怀德:《国家赔偿法的理论与实务》,中国法制出版社 1994 年版,第 262 页。

省、自治区、直辖市制定了适用于本行政区的统一的国家赔偿费用管理制度。[①] 各地就国家赔偿费用的设立发展出一些地方经验，主要有以下几种方式：

地方政府根据本地实际情况自行确定一定数额的国家赔偿费用，列入本级财政预算，对于国家赔偿费用的具体数额和比例，不作统一规定。实行这种方式的有黑龙江、吉林、山西、内蒙古、宁夏、四川、云南、湖南、海南、安徽、青海、新疆。

地方政府按照年度财政支出预算或者上年度财政预算正常经费支出数的一定比例列入各级政府财政预算。实行这种方式的有甘肃、湖北。[②]

地方政府参照本地区上一年度发生的行政和司法赔偿案件的情况以及支付的赔偿费用情况，预测本年度所需的赔偿数额，并根据本地区财政的承受能力，确定一定数额的国家赔偿费用，列入本级财政预算。实行这一方式的有广西。[③]

地方政府按上一年度罚没款入库额的一定比例核定，列入当年的财政预算。实行这一方式的有北京。[④]

由此可见，一些地方制定了纳入财政预算的国家赔偿费用数额的计算方式，而绝大多数地方仍然缺乏细致的规定，地方政府的裁量权巨大。另外，对于国家赔偿费用的管理，各地规定则比较统一，都是由各级财政机关作为国家赔偿费用的管理机关，负责国家赔偿费用的监督、管理和核拨。

但是，以上法律文本的规定并未得到完全的执行。一些地方财政未将赔偿费用真正列入预算，有的地方虽有规定但尚未落实，实际上赔偿经费难以保证。这种状况的形成，既有对国家赔偿不够重视等观念上的原因，也有地方财政收入低，不肯也不能为赔偿费用做出单独预算的原因。[⑤] 而前述很多地方的对国家赔偿费用列入预算的方式仅有原则规

---

① 它们是北京、黑龙江、吉林、山西、内蒙古、宁夏、甘肃、四川、云南、广西、湖南、湖北、海南、安徽、青海、新疆。资料来源：http://www.lawyee.net，访问于2006年12月23日。

② 参见《甘肃省国家赔偿费用管理规定》第6条、《湖北省国家赔偿费用管理规定》第3条。

③ 参见《广西壮族自治区国家赔偿费用管理规定》第2条。

④ 参见《北京市实施〈国家赔偿费用管理办法〉的规定》第3条。

⑤ 参见龙思敏：《赔礼还要赔钱——国家赔偿法实施四周年回顾》，载《北京法制报》1999年1月4日。

定，而缺乏硬性指标约束的状况，也在一定程度上加剧了这一问题。

2. 域外经验

域外国家赔偿费用的设立与管理制度具有极大的差异性，不仅各国（地区）的模式不同，而且一国（地区）对不同领域的国家赔偿也往往采用不同的模式，归纳起来主要有以下几种模式：

一是分级管理模式，即我国实行的这种模式。在这种模式下，各级政府分别负责编制国家赔偿费用的预算，哪一级政府所属的机关造成了损害需要赔偿，就由哪一级政府从其专项赔偿费用中支付。实行这一模式的，除我国大陆外，还有我国台湾地区。台湾“国家赔偿法”第 7 条规定，前项赔偿所需经费，应由各级政府编列预算支应之；“国家赔偿法施行细则”第 4 条也明确规定，本法第 7 条第 2 项之经费预算，由各级政府依预算法令之规定编列之。此外，在美国，联邦政府机关承担的 25000 美元以内的赔偿，由行政机关的预算拨款内支付，也属于这种模式。①

二是统筹管理模式，即中央政府按照各项赔偿的基本情况，确定每年所需费用的基数，在编列预算时作为一项专项支出列入收支科目，地方支出的赔偿费用由中央财政统一拨付，地方不负责筹措；或者国家设立专项基金，发生赔偿时从基金拨付赔偿。在法国，国家从总预算中，每年拨一部分预算，各部的预算中留有一部分机动使用于赔偿的钱。② 在德国，国家赔偿费用由国家财政列支，司法部或其他行政部门每年都有预算，由政府向议会提出。如果预算不足，还可以向议会提出，由议会给予追加预算，以补偿不足的费用。③ 新加坡在总检察署的行政经费上编列 30 万元预算，必要时还可以动用政府预备金。如果难以拨付时，由律政部提请国会拨款支付。④ 在美国，联邦政府财政部设立了判决基金（judgment fund），这个基金称为经常性不确定拨款，和行政机关的预算无关。联邦政府机关承担超过 25000 美元以上赔偿时，由基金付款。⑤ 一些国家在司

① 参见《美国法典》£ 2672（28 编），转引自王名扬：《美国行政法》，中国法制出版社 1995 年版，第 746 页。

② 〔法〕让·高杜松：《法国国家赔偿制度》，载《行政立法研究参考资料》1989 年编，转引自马怀德：《国家赔偿法的理论与实务》，中国法制出版社 1994 年版，第 262 页。

③ 参见汤鸿沛、张玉娟：《德国、法国与中国国家赔偿制度之比较》，载《人民司法》2005 年第 2 期。

④ 参见林准、马原：《外国国家赔偿制度》，人民法院出版社第 1992 年版，第 159 页。

⑤ 参见王名扬：《美国行政法》（下），中国法制出版社 1995 年版，第 750 页。

法赔偿领域也采用了这种制度,如英国规定设立受害人赔偿基金,由中央政府拨付给地方政府,由专门成立的刑事赔偿委员会负责裁决和支付。这是因为司法是国家职能的,地方自治团体没有司法权,因此由国家统一赔偿体现了司法职能的国家性。①

三是保险模式,即由相关政府机关或者公民个人向保险公司投保,当发生行政行为侵权时,由保险公司向受害人支付赔偿费用,这样将国家赔偿的某些具体工作交由专业性较强的保险公司进行,既可减轻国家有关机关的负担,又能使赔偿工作更谨慎合理。美国地方政府就广泛采用保险制度来规避风险和管理赔偿费用,州政府可设立专用的储备金为自己投保,地方政府则通过独立的保险公司的网络上保险。② 在法国,一些地区和部门也采取这种方式,保险公司向受害人支付了赔偿后,可以向政府提出赔偿请求。③

3. 我国国家赔偿费用设立管理模式的改革

在我国,国家赔偿费用分级管理模式的形成有一定的背景,它和我国现行的财政体制相契合,能够有效利用现有制度在预算编制、国库管理方面的行政管理资源。同时,这种管理模式可以提高各级政府的警觉,避免因不承担赔偿费用而丧失责任心。④ 但是,在我国现行财政体制下,基层财政困难是无法回避的问题。据财政部统计,2005 年全国财政困难县为 437 个,占全部县级单位的 15.5%。⑤ 但考虑到隐性负债,这一数字还要大的多,有学者估算,全国县乡债务的规模不少于 1 万亿元,意味着每个县均摊到了约 5 亿元的负债,而财政部官员在非正式场合认可的县乡负债规模也高达 5000 多亿元,每年以 200 亿元的速度递增。⑥ 为此,财政部下发了《关于切实缓解县乡财政困难的意见》(财预[2005]5 号),并专门制定了《缓解县乡财政困难工作绩效评价暂行办法》,但效果还不明显。

在这种情况下,基层政府的国家赔偿费用来源无法得到保障,从而产

① 参见高家伟:《国家赔偿法》,商务印书馆 2004 年版,第 306—308 页。

② 参见张红:《中美国家赔偿法学术研讨会综述》,载《行政法学研究》2005 年第 4 期。

③ 〔法〕让·高杜松:《法国国家赔偿制度》,载《行政立法研究参考资料》1989 年编,转引自马怀德:《国家赔偿法的理论与实务》,中国法制出版社 1994 年版,第 264 页。

④ 参见马怀德:《国家赔偿法的理论与实务》,中国法制出版社 1994 年版,第 263 页。

⑤ 资料来源:http://www.mof.gov.cn/news/20070202_3124_23778.htm,访问于 2006 年 12 月 23 日。

⑥ 参见张刚:《县乡债务破万亿　财政部今年起化解》,载《经济观察报》2005 年 1 月 7 日。

生相当严重的后果。赔偿义务机关要么因赔偿费用无保障而拒绝支付，从而使相对人无法得到救济；要么挪用其他经费，影响了公共职责的履行。特别是在我国的西部地区，多数财政是工资财政，许多财政没有国家赔偿预算，赔偿义务机关到财政机关核销不了，有的赔偿义务机关就用职工的工资支付赔偿费用。[①] 云南省一位检察官就坦言："从 1995 年开始，财政就开始拨付国家赔偿专项资金，但云南省有 68 个贫困县，国家赔偿难就难在基层单位。例如，云南省很多县级检察院，全年经费才 3 万元，一旦办错案件进行赔偿，就要花去几年的经费。因此，一些赔偿义务机关，以财政部门没有核拨经费为借口不兑现国家赔偿，或者确实没有赔偿经费，影响了赔偿的执行。"[②]

由于我国现行财政体制造成的基层财政紧张的局面在短时期内无法得到根本改变，这样和广大行政相对人关系最密切、发生国家赔偿概率最高的基层政府的国家赔偿费用无法得到保证，势必使《国家赔偿法》成为一纸具文，极大的影响公民权利的救济。因此，对国家赔偿费用设立、管理制度进行改革，以最大限度的保证国家赔偿费用的充足性是非常必要的。就改革的路径而言，学界有不少的建议，主要从以下几个思路展开：

第一，适度统筹管理。针对分级管理制度下基层国家赔偿费用无法得到保障的状况，有学者认为应当改变现有国家赔偿费用设立管理层级过多的弊病，对国家赔偿费用的设立管理进行适度统筹。但是，在具体的制度设计上，学者们也存在分歧，这主要集中在两个方面：一方面，对于赔偿费用的设立管理方式，有学者认为应当保留原来由财政建立预算进行管理的模式[③]；而有学者认为应当通过建立国家赔偿基金的方式来对赔偿费用进行管理。[④] 另一方面，在国家赔偿费用的管理应当包括哪几个层级上，学者们也有分歧：有学者认为应当设立中央、省（自治区、直辖

---

① 参见沈德咏：《在全国部分高、中级人民法院赔偿办主任座谈会上的讲话》，载江必新主编：《国家赔偿指导（2004 年第 1 辑）》，人民法院出版社 2004 年版，第 50—57 页。

② 陈娟：《国家赔偿费用列入当地财政预算并及时核拨——云南杜绝'赔偿白条'》，载《人民日报》2005 年 9 月 26 日。

③ 参见徐勇：《我国国家赔偿费用管理制度的完善》，载《天水行政学院学报》2006 年第 3 期。

④ 参见周晓旭：《浅谈国家赔偿费用支付方式的完善》，载《行政与法》2004 年第 4 期。

市)、市(自治州)三级国家赔偿基金[①];有学者认为应当建立中央、省级两级财政负担制度[②];有学者认为应当设立全国统一的国家赔偿基金。[③]

第二,强化人大监督。针对现实中很多地方政府不把国家赔偿费用列入预算的做法,有学者指出,应当通过强化人大在审议预算时对赔偿经费专项监督的办法解决。同级人大在审议预算时,发现赔偿费用未列入预算或数额显然过低时,应不通过对其的审议,对列入预算的资金的使用,同级人大及上级财政机关应当加强监督。[④]

第三,借助保险制度。即政府向保险公司投保,通过保险途径来筹集赔偿费用。在支付时,赔偿请求人凭赔偿决定书直接向保险机构申领赔偿金。[⑤] 此外,一些外国专家也建议通过法律规定所有地方政府按照一定比例缴纳费用,设立一个全国性的索赔保险基金,由地方政府投赔偿责任险,并通过为地方政府以往的工作经验评级来确定其保险费。[⑥]

以上三种思路对于解决国家赔偿费用来源的问题都具有重要意义,而且三种思路之间并不存在根本的矛盾,可以同时展开。但在实际操作过程中应当有主次之分。强化人大监督可以督促政府在制作预算时考虑国家赔偿费用,并且在一定程度上保障国家赔偿费用专款专用。但是,考虑到财政困难的现实并不能通过人大监督予以解决,现行体制下人大对预算编制和执行监督乏力的状况也很难在短时间内改变,因此,强化人大监督无法在保障国家赔偿费用的充足性方面发挥主要作用。同样,借助保险制度解决国家赔偿费用具有广阔的前景,也与现代公共管理体制改革强调的借助市场的思路相契合,代表了未来发展的方向。但是,由于借助商业保险来解决国家赔偿费用问题,需要在政府管理成本的减少和保

① 参见沈开举:《中华人民共和国国家赔偿法(修改建议稿)及理由说明》,载《修宪之后的中国行政法》,中国政法大学出版社 2005 年版,第 18—28 页。

② 参见徐勇:《我国国家赔偿费用管理制度的完善》,载《天水行政学院学报》2006 年第 3 期。

③ 参见王麟:《论国家赔偿经费的设立、管理与支付》,载《法律科学》2006 年第 5 期。

④ 参见马怀德、高辰年:《国家赔偿法的发展与完善》,载《修宪之后的中国行政法》,中国政法大学出版社 2005 年版,第 3—17 页;宋飞、王雪梅:《关于完善国家赔偿制度的一些思考》,载《修宪之后的中国行政法》,中国政法大学出版社 2005 年版,第 43—49 页;杨小君:《国家赔偿法律问题研究》,北京大学出版社 2005 年版,第 323 页。

⑤ 参见马怀德、高辰年:《国家赔偿法的发展与完善》,载《修宪之后的中国行政法》,中国政法大学出版社 2005 年版,第 3--17 页。

⑥ 参见张红:《中美国家赔偿法学术研讨会综述》,载《行政法学研究》2005 年第 4 期。

证商业保险机构有利可图之间寻找到一个合适的平衡点，这是一个长期探索的过程。在美国，一些保险公司就因为费用太高而不给政府开设保险业务。[①] 而且国家赔偿的领域十分广泛，在一个领域适合运用的保险制度在另一个领域未必能够适用。因此，保险制度在国家赔偿领域的推行应当是一个不断试验和逐步推进的过程，在相当时间内不能承担起解决国家赔偿费用的主要责任。

因此，通过适度统筹管理来解决国家赔偿费用的问题应当成为当下改革的主要方向。就具体操作而言，考虑到中国地广人多的现实，设立全国统一的国家赔偿基金在管理上存在一定的难度。因此，可以考虑设立中央和省两级国家赔偿基金。中央国家赔偿基金由中央财政出资，负责中央国家机关及中央垂直管理的机关的国家赔偿；省级国家赔偿基金由省、市、县各级地方政府按一定比例缴纳，负责本辖区内国家机关的国家赔偿，省级国家赔偿基金由省财政机关统一管理，并根据情况拨付给辖区内各级政府财政机关使用。同时，对于经济落后的省份，如果财政有困难，中央国家赔偿基金有补贴的义务。这是因为：虽然很多国家和地区实行分级管理的制度，但是它们大多有实行联邦制或者地方自治的制度背景。在这种背景下，中央政府和地方政府是不同的法人，各自之间的权责有明确的法律界限，国家赔偿费用的分级设立管理是符合这种制度的逻辑的。而在中国这样的单一制国家，全国所有的行政机关理论上都同属一个系统，赔偿责任也应当统一。

之所以采用基金的方式管理国家赔偿费用是因为：首先，基金的方式能比较切实的将国家赔偿费用独立出来，保证专款专用。其次，基金的方式可以保证资金能够通过稳健的投资保值增值，扩大国家赔偿费用的基础。例如，可以借鉴社会保障基金的管理经验，在保证基金资产安全性、流动性的前提下，实现基金的增值。[②] 最后，基金的管理方式也便于灵活地进行投保和接受捐赠，向社会募集资金。相反，在国家赔偿种类越来越多、赔偿范围越来越大的情况下，政府财政拨款的局限则日益突出。[③]

---

① 马怀德：《国家赔偿法的理论与实务》，中国法制出版社 1994 年版，第 264 页。

② 参见《全国社会保障基金投资管理暂行办法》。

③ 参见高家伟：《国家赔偿法》，商务印书馆 2004 年版，第 308 页。

（二）国家赔偿费用的支付

1. 现状与问题

对于国家赔偿费用的支付，我国实行的是由赔偿义务机关先行支付，然后向财政机关申请核拨的支付方式。根据《国家赔偿费用管理办法》第7条规定，国家赔偿费用由赔偿义务机关先从本单位预算经费和留归本单位使用的资金中支付，支付后再向同级财政机关申请核拨。但是，对于因赔偿金数额较大，赔偿义务机关无力先行支付的情况如何处理，该办法没有规定。根据对已经制定了统一的国家赔偿费用管理制度的16个省、自治区、直辖市的情况的统计，有6个地区的国家赔偿费用管理制度对此也没有明确规定，它们是吉林、宁夏、青海、湖北、广西、海南。在剩下的北京、黑龙江、山西、内蒙古、甘肃、四川、云南、湖南、安徽、新疆等10个地区中，绝大多数是通过设计申请先行核拨或者预拨的方式来解决该问题。只有云南比较特殊，规定由赔偿义务机关向同级财政部门申请借款用于先行支付，并规定了借款数额不得超过国家赔偿费用的70%。[①] 这一规定反映了该省对国家赔偿费用的支出进行严格控制的思路。

对于财政机关核拨国家赔偿是否应当有数额或者比例上的限制，《国家赔偿费用管理办法》没有规定，但是该办法第10条将赔偿义务机关自行承担部分或者全部国家赔偿费用的情况限于该赔偿义务机关因故意或者有重大过失造成国家赔偿的，因此从立法意图来看，如果没有该类情况，财政机关应当全额核拨国家赔偿费用。但是，一些地方的国家赔偿费用管理制度却增设了一些限制核拨数额或比例的规定。例如，北京规定，对不按规定上缴罚没款的单位，要减拨或者不予核拨国家赔偿费用[②]；湖北规定，赔偿义务机关是全额预算的，全额核拨国家赔偿费用，是差额预算的，核拨数额不超过30%，是自收自支的，不予核拨[③]；广西规定，赔偿义务机关属行政机关、司法机关的，核拨不超过80%，属法律、法规授权的组织的，不超过财政的预算拨款数额[④]。这些规定在一定程度上将国

① 参见《云南省国家赔偿费用管理规定》第4条。

② 参见《北京市实施〈国家赔偿费用管理办法〉的规定》第13条。

③ 参见《湖北省国家赔偿费用管理规定》第11条。

④ 参见《广西壮族自治区国家赔偿费用管理规定》第6条。

家赔偿责任转化为机关责任，与《国家赔偿法》的意旨是背道而驰的。同时，也进一步反映了地方政府严格控制国家赔偿费用支出的立法思路。

就国家赔偿的实际运作而言，由财政机关核拨的国家赔偿费用也非常有限。有媒体曾报道过某市赔偿费用5000万元从未动用的情况。[①] 山西省省级的第一批国家赔偿费用40913.68元于2002年9月20日才正式拨出。而据内蒙古自治区高级人民法院赔偿委员会统计，1999年全区法院直接受理国家赔偿案件32件，涉及赔偿金额22万元，经自治区人民法院赔偿委员会受理的赔偿案件44件，决定赔偿的有27件，涉及金额25万元以上。但自治区财政部门设立的国家赔偿专用基金设立六年多，只有一家提出过申请。[②] 在这种情况下，国家赔偿费用设立、管理及支付制度最终导致了一个十分尴尬的局面：一方面是一些基层政府财力不足，无力将国家赔偿费用列入预算；另一方面是即使在设立了国家赔偿费用预算的地方，其资金也是闲置的。

2. 域外经验

严格控制国家赔偿费用拨付的支付制度导致了大量国家赔偿费用无法顺利支付，形成了《国家赔偿法》对受害人的救济承诺“口惠而实不至”的局面，有改革的必要。为此，我们不妨先进行比较法的考察。和国家赔偿费用的设立与管理制度一样，各国(地区)在国家赔偿费用支付的制度细节方面也存在很大的差异，但是总体说来，可以分为以下模式：

分别支付，即由赔偿义务机关各自负责本机关国家赔偿费用的支付。实行这种制度的，除了我国大陆地区之外，还有韩国、我国台湾地区等。韩国《国家赔偿法细则》规定，审议会负责赔偿申请的审理，但是赔偿金的支付由有关的机关首长负责。[③] 我国台湾地区“国家赔偿法施行细则”第5条规定，请求权人于收到协议书、诉讼上和解笔录或确定判决后，得向赔偿义务机关请求赔偿。赔偿义务机关收到前项请求后，应于30日内支付赔偿金或开始恢复原状。此外，美国联邦行政机关对于25000美元以下的赔偿，由该机关自行支付，也属于这种模式，且具体操作很简便，通

① 参见杨玲：《5000万元国家赔偿费用分文未动》，载《北京青年报》2000年9月29日。

② 参见庄会宁、黄玉蓉：《法学专家谈〈国家赔偿法〉四个缺陷》，载《瞭望新闻周刊》2001年9月17日。

③ 参见高家伟：《国家赔偿法》，商务印书馆2004年版，第307页。

常由行政机关对当事人发出通知,通知书分为两部分:一部分为批准付款的通知,一部分为要求当事人签字后寄回的收据。收据上载明当事人收到该款后,对国家和有关官员的一切请求不再存在。行政机关收到当事人寄回的收据后,即可安排开出支票,由银行付款,全部手续大约两星期左右。[①]

统一支付,即由赔偿义务机关之外的某个机关负责全部或者特定领域内的国家赔偿费用的支付。如奥地利《国家赔偿法细则》第 2 条规定,财政部门负责赔偿义务的确认和履行;在美国,超过 25000 美元的赔偿由财政部判决基金付款,行政机关把当事人的收据和司法部长的批准移送总审计署,由总审计署通知财政部从判决基金项目付款。[②] 德国和法国在一些特定领域也采用这种支付模式。例如,德国刑事赔偿由第一审法院所在地的州国库支出,由司法行政机关负责受理赔偿请求人的支付申请,法国大审法院犯罪受害人赔偿委员会作出的赔偿决定,也由社会保障机构负责支付。[③]

3. 我国国家赔偿费用支付方式的改革

从域外的实践可以看出,我国《国家赔偿费用管理办法》所确立的由赔偿义务机关先行赔偿,再向财政机关申请核拨的支付方式,是具有域外经验支持的。而且,这种支付方式也有其独特的考虑:因为赔偿义务机关在赔偿费用支付之前全程参与赔偿程序,对赔偿事件的前因后果非常清楚,对赔偿协议书、调解书、决定书、行政赔偿判决书、行政判决书的赔偿部分等法律文书的真实性也最清楚。因此,如果赔偿义务机关能够严格地遵守法律规定,不为难相对人,那么由它负责支付赔偿费用,是最便捷,也能最大限度的减少出错的几率。而且,由赔偿义务机关先行赔偿,再向财政机关申请核拨,也能够对赔偿义务机关形成一种制约,防止其不当支付赔偿费用,造成国有财产的流失。实际上,如果行政文化良好,行政机关之间能够有效配合,无论是赔偿义务机关分别支付,还是由某个机关统一支付,对受害人的影响并不大。因为,无论采用哪种模式,受害人只需要和一个机关交涉,其余的程序都属于行政系统内部的程序。

---

① 参见王名扬:《美国行政法》,中国法制出版社 1995 年版,第 749 页。
② 同上书,第 750 页。
③ 参见高家伟:《国家赔偿法》,商务印书馆 2004 年版,第 307 页。

然而,逻辑完满的制度并不一定能够得到良好的运行。特别考虑到文化、传统等"地方性知识"[①]的差异,两种看起来殊途同归的制度,实际效果往往会差异很大。而现行国家赔偿费用支付方式的弊端在我国目前的行政文化、法治观念的背景下,表现得非常明显:

首先,在长期过于强调集体利益,忽略个人权利的文化下,人们往往对让国家赔钱的行为赋予道德上的责难。因此,在实际运行过程中,《国家赔偿法》往往被理解为责任追究法,国家赔偿费用管理制度也有意或无意的强化了这种理解。如《国家赔偿费用管理办法》第 8 条规定,赔偿义务机关申请核拨国家赔偿费用或者申请返还已经上交财政的财产,应当根据提供赔偿义务机关对有故意或者重大过失的责任者依法实施追偿的意见或者决定,从而很可能导致将责任追究了理解为国家赔偿费用核拨的前提。在这种理解下,赔偿义务机关,维持"形象"、制造"政绩"、避免在有关考核中被抓住把柄,往往动用自己的"小金库"的钱给付赔偿金息事宁人,而不愿向财政机关申请赔偿费用的核拨。而很多地方的国家赔偿费用制度对此不仅没有制止,反而默认或者鼓励这种现象。上述 16 个省、自治区、直辖市的国家赔偿费用管理制度中,仅有安徽和吉林对赔偿义务机关自行支付赔偿费用作了禁止性规定。[②] 而上述北京、湖北和广西对赔偿费用的核拨设定限额更是实际上鼓励赔偿义务机关自行解决赔偿费用问题。

其次,现行国家赔偿费用设立、管理和支付制度所体现出来的严格控制费用支出的立法思路,最终形成了赔偿费用核拨支付程序繁琐、条件苛刻的局面。核拨手续繁复,需要提交大量的文件,造成了经费核拨的大量拖延。尤其考虑到我国目前行政管理中存在的公文旅行现象严重,效率的低下的情况,往往造成申请费用核拨费时费力。这种局面进一步导致了赔偿义务机关不愿向财政机关申请核拨费用。例如,有媒体报道,云南省检察院在办案过程中,发现了一起拖了 5 年之久没有落实的"赔偿白

① 参见〔美〕吉尔兹:《地方性知识——阐释人类学论文集》,王海龙、张家瑄译,中央编译出版社 2000 年版,第 27 页。

② 《安徽省国家赔偿费用管理规定》第 21 条规定,赔偿义务机关违反本规定,支付赔偿金后不依法向同级财政部门申请核拨的,由同级财政部门对其财务收支状况进行审查,发现有违反财政法规行为的,依法追究其法律责任。《吉林省国家赔偿费用管理规定》第 6 条规定,赔偿义务机关必须依照程序申请同级财政机关核拨赔偿费用,不得自行赔偿。

条"案,而该次发现的这类国家赔偿费用一直没有核拨的共有4起;另外还有11起案件,财政部门虽然核拨了赔偿费用,但都不同程度地存在拖延核拨时间的问题。[①]

最后,特别需要指出的是,即使在域外一些实行赔偿义务机关各自负责本机关国家赔偿费用支付的国家或地区,相应的财政核拨也很简便易行,财政机关并无实质上的审查权,不会增加太多的行政管理和时间成本。如我国台湾地区"国家赔偿法施行细则"第5条第3款规定,前项赔偿金之支付或为恢复原状所必需之费用,由编列预算之各级政府拨付者,应即拨付。而根据我国《国家赔偿费用管理办法》的规定,赔偿义务机关申请核拨国家赔偿费用需要提供相关文件,财政机关对赔偿义务机关的申请有审核的权力。在我国的制度文化下,这种审核极易导致财政机关享有对国家赔偿费用核拨的实质控制权,从而导致费用支付的环节增多,影响对相对人的救济。

这些缺陷在实践中带来了严重的问题,使得《国家赔偿法》在很大程度上变为一纸空文。一方面,费用核拨程序的繁琐使得国家赔偿费用拖延支付的问题严重,很多赔偿义务机关以未核拨费用为由拒绝先行支付赔偿费用。另一方面,由于赔偿往往会动用"小金库",从而极大地影响了赔偿义务机关的福利,因此赔偿义务机关总是极力逃避责任。面对赔偿请求人的赔偿申请,行政机关往往采取拖延战术,对申请置之不理,或者在行为的违法确认程序和赔偿程序中百般刁难,不予确认或不积极协商。即使人民法院发生法律效力的赔偿判决,也往往存在执行难的问题。同时,在无钱可赔的情况下,很多机关就搞"创收"[②],原本为救济因政府违法而遭受损害的个人的制度,在实践中却导致了更多的政府违法。

由此可知,赔偿义务机关先行支付,再向财政机关申请核拨的支付方式,在我国的实践中,极易走向过度控制赔偿费用支出的极端。就我国的现实而言,国家赔偿费用支付制度的设计出发点应当是简化国家赔偿费用支付的环节,尽量保障相对人能够及时获得赔偿,避免"赔偿白条",而不是强调对赔偿费用支出的严格控制。为此,建立统一的国家赔偿费用

① 参见陈娟:《国家赔偿费用列入当地财政预算并及时核拨——云南杜绝'赔偿白条'》,载《人民日报》2005年9月26日。

② 参见周晓旭:《浅谈国家赔偿费用支付方式的完善》,载《行政与法》2004年第4期。

支付机关应当成为我国国家赔偿费用支付方式改革的方向：

首先，取消赔偿义务机关先行支付制度，由专门的机关直接向国家赔偿相关法律文书列明的受害人或其他合法权益人支付赔偿金。赔偿义务机关虽然对于赔偿案件的前因后果较为熟悉，如果能秉公执法，能够有效地减少错误的几率。但是，在目前的观念和行政文化下，行政机关往往千方百计地拖延履行，甚至规避赔偿责任，造成了国家赔偿责任无法落实。而且，现行的财政制度也造成在赔偿金额较大的情况下，赔偿义务机关先行支付有极大的困难，申请先行核拨又费力费时，影响对相对人的救济。因此，有必要由专门机关直接向受害人支付赔偿金，减少中间环节。

其次，赔偿相对人只要提交个人身份的有效证明和赔偿协议书、调解书、决定书、行政赔偿判决书、行政判决书的赔偿部分等法律文书，负责赔偿金支付的机关经审查无误，即应当立即付款。赔偿费用支付机关的审查应当限于形式审查，即只是审核文书是否真实有效，无权对赔偿决定的范围、内容、标准等是否正确进行审查。只有当申请领取赔偿金的不是决定赔偿的法律文书中确定应获得赔偿金的合法公民、法人或其他组织，或者作为申请赔偿依据法律文书系伪造时，赔偿费用支付机关才有权拒付。

对于赔偿费用支付机关的设计，目前学界大多主张费用的管理机关直接负责支付，以便减少中间环节。但是，具体应当由谁负责费用管理和支付，学界存在一定的分歧：有学者认为，应当逐渐由社会中介组织管理国家赔偿费用，并负责国家赔偿费用的支付，从而将财政部门和赔偿义务机关从琐碎的赔偿事务中解脱出来，更好地完成提供公共产品的职能①；有学者认为，应当由财政部门负责国家赔偿费用的管理和支付，这也和现行预算和财政管理制度相契合②；有学者认为，应当由司法行政部门负责管理，专款专用③。

上述三种方案中，由财政机关负责国家赔偿费用的管理和支付较为科学。这是因为，国家赔偿基金主要来源是国家财政拨款，需要严格遵守预算管理的要求，而财政机关执掌国库，是预算执行机关，负有统一管理

① 参见周晓旭：《浅谈国家赔偿费用支付方式的完善》，载《行政与法》2004 年第 4 期。

② 参见王麟：《论国家赔偿经费的设立、管理与支付》，载《法律科学》2006 年第 5 期。

③ 国家行政学院有关学者提出的《中华人民共和国国家赔偿法修改建议稿》（2004 年 12 月）第 30 条规定，国家赔偿基金由各级司法行政部门负责管理，专款专用。

预算经费的职责。如果由其他机关负责管理支付,仍然需要接受财政机关的监督,相关的款项仍然需要从财政机关划拨,这样会造成多一道程序,影响国家赔偿费用的及时支付。而且,从我国的实践来看,所谓的专门负责管理支付国家赔偿费用的社会中介组织往往会采用事业单位的形式,其实际运作仍然是行政化的,只是多设立了一个机关而已。至于由司法行政部门负责管理支付国家赔偿费用,由于其并不拥有相关财务管理的专业力量,难以有效的保证基金的保值增值。就比较法的角度看,司法行政机关即使负责管理支付国家赔偿费用,也仅限于能够利用其专业知识的司法赔偿领域。①

就具体的制度设计而言,应当规定赔偿请求权人在赔偿协议书、调解书、决定书、行政赔偿判决书、行政判决书的赔偿部分等法律文书生效之后,可以直接向财政机关申领国家赔偿金。财政机关有权对申请人所持上述法律文书加以审核,但是审核应当限于形式审查,即只是审核文书是否真实有效,如果审核属实,应当立即支付。② 此外,对于财政机关无正当理由拒绝支付或者逾期不予答复,是否可以申请人民法院强制执行的问题应当研究。在英国、法国、美国、西班牙、澳大利亚等国,不能申请强制执行国家赔偿责任。在美国由国会编列预备金支付赔偿费。德国虽然曾规定财政财产可以强制执行,但公有物仍不能强制执行。在我国,国家赔偿法也未规定赔偿决定可由人民法院强制执行,人民法院对国家赔偿责任一般也不强制执行,而往往由赔偿办人员通过协调、沟通或者采取赔偿决定执行督促程序和通报制度等方法落实赔偿责任。③ 这在实际中往往导致国家赔偿责任无法得到切实履行,有媒体就报道过某市下级法院拒不执行上级法院司法赔偿判决,导致78万国家赔偿两年不赔的尴尬局面。④ 因此,考虑到我国法制水平和法律意识的现状,应当赋予人民法院执行权,从而保障相对人能够有效地得到救济。

---

① 如德国,参见高家伟:《国家赔偿法》,商务印书馆2004年版,第307页。

② 参见由马怀德、薛刚凌等拟定的《〈国家赔偿法〉修改建议稿》,载马怀德主编:《国家赔偿问题研究》,法律出版社2006年版,第346—376页。

③ 参见刘德祥、龙飞:《国家赔偿执行难问题研究及对策》,载《山东法制报》2006年7月14日。

④ 参见任彦宾:《下级法院拒不执行上级法院也没办法、78万国家赔偿两年不赔暴露法律漏洞?》,载《中国青年报》2003年1月22日。

第八章　行政补偿制度

行政补偿问题近年来引起了公法学界的广泛关注。但关于行政补偿的基本理论、行政补偿制度的建构，目前学界远未达成共识。本章旨在对上述问题进行细致深入的探讨。

一、行政补偿的界定与历史沿革

（一）行政补偿的界定

对行政补偿的界定是研究行政补偿制度的前提与基础，它直接影响着对行政补偿的范围、标准、方式等具体制度的分析研究，决定着行政补偿制度的总体框架。行政补偿作为行政法上的特有概念在行政法理论界有着较为成熟的表述，各国学者的具体表达虽然稍有差异，但无大的分歧，主要有以下几种：

1.“行政补偿又被称为损失补偿，指的是基于行政上的合法行为的损失补偿，是指对因合法的公权力的行使而蒙受的特别牺牲，从全体公平负担的角度予以调节的财产性补偿。”①

2.“行政补偿为行政法上之损害补偿，是指行政机关给予公益目的，合法实施公权力，致人民之生命、身体或财产遭受损失，而由国家予以适

① 〔日〕田中二郎：《行政法》，弘文堂1976年版，第211页。

当补偿的制度,又可称之为行政法上之损失补偿。”①

3.“所谓国家的损失补偿责任,是指国家因公共福祉之目的,而侵害人民权利,对于人民所受损失的填补义务。”②

4.“行政补偿是有别于国家赔偿的一个概念,它是专指对合法,正当行为所造成的损失予以救济的行为或制度。”③

5.“基于行政上的合法行为的损失补偿,是指对于合法的公权力的行使所带来的财产上的特别损失,为了从整体上公平负担的角度予以调节而进行的财产性补偿。”④

6.“行政补偿,使指行政主体(主要是国家机关)管理国家和社会公共事务过程中的合法行为,使本不应该承担法律责任的公民、法人或其他社会组织的合法权益遭受特别损失,国家基于当事人事前的协商一致以公平合理的原则,根据法律、法规的规定,从经济上、生活上或工作上安置上等方面对其所受损失予以适当补偿的过程或制度。”⑤

7.“行政补偿分为狭义和广义两种概念。从狭义上讲,行政补偿是指行政主体对私人因合法公权力行为而遭受的特别牺牲给予的填补与回复。广义上讲,行政补偿不仅包括征用行为造成的特别牺牲补偿,还包括私人为公共利益主动实施无因管理而受到特别牺牲的补偿。也即,广义的行政补偿是指行政主体对私人为公共利益所遭受的特别牺牲予以的填补与回复。”⑥

8.“行政补偿是指行政主体基于公共利益的需要,在管理国家和社会公共事务的过程中合法行使公权力的行为致使公民、法人或其他社会组织的合法权益遭受特别损害,依公平原则,对遭此损害的相对人给予合理补偿的行为。”⑦

9.“行政上之损失补偿”者,乃“公务员适法之行政行为,致无责任之特定人民受有损失,而由国家或第三人予以补偿。”⑧

---

① 翁岳生主编:《行政法》,翰芦图书出版公司2000年版,第1523页。

② 张梓太、吴卫星:《行政补偿理论分析》,载《法学》2003年第8期。

③ 姜明安:《行政法与行政诉讼法学》,北京大学出版社2000年版,第469页。

④〔日〕盐野宏:《行政法》,杨建顺译,法律出版社1999年版,第497页。

⑤ 胡锦光、杨建顺、李元起:《行政法专题研究》,中国人民大学出版社1998年版,第385页。

⑥ 沈开举主编:《行政补偿法研究》,法律出版社2004年版,第11页。

⑦ 王太高:《行政补偿制度研究》,北京大学出版社2004年版,第48页。

⑧ 徐怀莹:《行政法原理》,五南图书出版公司1987年版,第76页。

10. “行政上之损失补偿乃指行政机关基于公益之目的，合法实施公权力，致人民之生命、身体或财产遭受损失，而由国家予以适当补偿之制度，与国家赔偿制度系对公务员因故意或过失违法侵害人民权力所生之赔偿责任，有所不同。”[1]

11. “行政补偿是指行政机关及其工作人员在行政活动中因正当原因和合法行为致使特定的相对人在经济上承受特殊损失或将遭到损失而进行财产上弥补的补救制度，又称行政损失补偿。”[2]

综合比较上述几种观点，我们可以看出其具有以下三方面的共同点：第一，产生行政补偿制度的前提是基于社会公共利益；第二，产生行政补偿的原因是国家合法的公权力行为，即国家行使法定正当权力的行为；第三，有特别损失的存在。而不同表现在以下几个方面：第一，对该合法行为的主体认识不一致，有学者将其局限于行政机关及其工作人员，有的则泛指国家机关和国家机关的工作人员，甚至还包括公共团体；第二，对原因行为的外延大小认识也有分歧，有人认为仅是具体行政行为，有人认为包括抽象行政行为和事实行为；第三，对补偿范围的大小认识不完全相同，有的学者着眼于合法权利（包括财产、人身），有的学者则强调有形的财产方面；第四，补偿的方式多寡不一，有的认为只给金钱，而有的认为还可以在工作安置、产业政策上予以补偿。

从上述观点我们可以看出，一般认为行政合法行为造成公民权利的特别损害时构成行政补偿。在此，我们需要明确行政合法行为和特别损害的含义。从保护公民权利的角度考虑，笔者认为，行政合法行为不仅包括行政行为，还包括事实行为及行政行为附随的效果，如危险行为属于事实行为，但危险行为造成损害国家仍然要承担补偿责任。特别损害的界定可以参考日本通过判例确认的几个排除补偿的标准，如对财产权的限制相比公共利益的保护要小得多，或财产权存在接受规制的原因，或财产本身价值已经消灭等情况下都不承认补偿。[3] 我国行政补偿的特别损害可以界定为个人遭受了比一般人更严重的损害，且个人没有法定义务忍受这种损害的存在。对特别损害的例外情况还需要通过司法解释或判例进一步细化。[4]

---

① 翁岳生主编：《行政法》（下），中国法制出版社 2002 年版，第 1669 页。
② 杨海坤：《中国行政法基本理论》，南京大学出版社 1992 年版，第 611 页。
③ 〔日〕盐野宏：《行政法》，杨建顺译，法律出版社 1999 年版，第 502—505 页。
④ 特别损害的含义在下文国家补偿要素研究中详述。

对行政补偿的外延,学界主要有以下几种界定:第一种认为,行政补偿是因国家机关和国家机关工作人员的适法行为损害了人民的合法权益,国家依照法律、法规、决定或遵照传统而承担的特殊责任[①],又称为狭义的行政补偿。第二种观点认为,行政补偿是行政机关因实施合法行政行为造成相对人的权益损失,或者因相对人为社会公益而受到损失时,行政机关依法弥补相对人损失的一种行政救济[②],又称为广义的行政补偿。广义的行政补偿包括狭义的行政补偿和公法上的无因管理补偿。还有一种观点认为,行政补偿除了包括狭义行政补偿与公法上无因管理补偿外,还有社会补偿或衡平补偿,即基于福利国家的理念给予私人的救助。[③]笔者认为,从我国现阶段的国力和经济发展水平来看,行政补偿范围界定为合法侵害补偿与无因管理补偿为宜,社会补偿需要经济发展到福利国家的程度时才能实现。因此,对行政补偿可以作如下界定:行政补偿是因行政主体的合法行为造成相对人权利受到特别损害,或因相对人承担行政公务而受特别损害时,行政主体承担的对相对人损失予以补偿的责任。

(二)行政补偿的历史沿革

1. 国外行政补偿制度的产生

行政补偿制度的产生确立,是一个国家文明进步的标志,是民主法治的产物。行政补偿制度是国家调整公共利益与私人或团体利益,全局利益与局部利益之间关系的必要制度。作为一种制度来讲,自从有了国家机关,有了公权力的存在和行使,行政补偿便有可能偶然和不可预期地存在着。[④] 早在法国大革命时期和第一帝国时期就建立了公用征收补偿的原则,以后经过多次立法和判例补充,逐渐发展成为现行制度。在旧制度时期,从理论上说,国王是全国的土地主,对于全国土地享有最高的支配权。私人对土地只有用益物权,政府可用特权状收回私人所有土地,同时予以补偿,金额由行政机关自由决定。在大革命时期,在个人主义思想支

① 肖峋:《中华人民共和国国家赔偿法的理论与实用指南》,中国民主法制出版社 1994 年版,第 264—265 页。

② 方世荣主编:《行政法与行政诉讼法》,中国政法大学出版社 1999 年版,第 188 页。

③ 沈开举、杨俊峰:《行政上之损失补偿范围研究》,载《2004 年海峡两岸行政法学学术研讨会学术论文集》,第 96—97 页。

④ 司坡森:《论国家补偿》,中国法制出版社 2003 年版,第 20 页。

配下，认为私有财产神圣不可侵犯。法国《人权宣言》提出："财产是神圣不可侵犯的权利。除非当合法认定的公共需要显系必要时，且在公平而且预先补偿的条件下，任何人的财产不得受到剥夺。"本着这一精神，法国颁布了第一个行政机关对因实施公共事业而受到损失的人给予补偿的法律。1794 年的《普鲁士联邦法》第 75 条规定："对于因公共福利而牺牲其特别权利及利益之人，国家应予补偿。"

考察历史，我们可以发现，行政补偿制度之发展沿革，同公用征收及财产权之保障息息相关。到了 19 世纪中叶，由于德国各邦宪法中大多设有财产权保障及公用征收制度之规定，行政上的损失补偿与公用征收概念相结合，逐步发展出了公用征收的古典征收理论和公用征收损失补偿的制度。这种古典征收理论是 19 世纪自由法治理念下的产物，其主要特征包括：财产征收之标的，只局限于所有权及其他的物权；征收以行政机关的具体行政行为作为法律手段来达成；征收以公共福利为目的；且要求必须有一个公共事业（或是公用事业，如自来水厂、电厂及政府机构、学校等等）存在；征收必须给予全额补偿。[①] 1919 年颁布的德国《魏玛宪法》第 153 条第 2 项规定："财产征收，惟有因公共福利，根据法律，方可准许之。除了联邦法律有特别规定外，征收必须给予适当之补偿，有关征收之争讼，由普通法院审判之。"在《魏玛宪法》的框架之下，公用征收制度的内涵发生变化，并呈逐步扩大之趋势。"古典征收概念"遂演变成"扩张的征收概念"。随着征收概念的扩张，行政补偿的范围也随之扩大。在征收概念扩张和行政补偿制度发展的历史过程中，陆续出现了许多解释行政补偿理论基础的理论和学说。

但是，作为一项完整的法律制度，行政补偿制度早于国家赔偿制度，但却是在国家赔偿制度发展的基础上不断完善的，因而在历史上的一个较长时期里存在的情形是将国家补偿作为国家赔偿的一部分混合运用，国家补偿制度在一定意义上是依附于国家赔偿制度而发展的。直到 20 世纪以来，各国才逐渐倾向于将两者分离，即在国家赔偿之外，单独确立有关行政补偿的概念、理论依据。

2. 我国行政补偿制度的历史发展

近代中国最早关于行政补偿的规定是 1908 年清政府批准并公布的

① 转引自张梓太、吴卫星：《行政补偿理论分析》，载《法学》2003 年第 8 期。

《钦定宪法大纲》,其第二部分关于“臣民权利义务”一章中规定,“臣民之财产及居住,无故不加侵扰”,但皇帝有“宣告戒严之权。当紧急时,得以诏令限制臣民之自由”。这是我国历史上最早针对公民财产权所作的规定,虽然此文件与现代宪法的精髓还差之甚远,但对财产权既保护又限制的思想已经初现端倪。民国初期颁布的一系列宪法性文件也都一无例外地对此作了原则性的规定,有的在内容上与西方资本主义国家宪法中的征收条款几无差别。[①] 此外,1928 年 7 月 27 日,南京国民政府还专门颁布了《中华民国土地征收法》,对宪法中有关限制公民财产权的思想和内容加以具体化。南京国民政府在后来颁布的宪法性文件或宪法中,也都对征收问题作了规定。[②] 尽管上述规范性文件中的绝大多数在形式上和内容上还不能说是严格意义上的近代宪法,有关公民财产权的保护与限制也还存在着种种缺陷,但宪法中的上述内容实际体现了对私有制的确认和维护,为近代我国宪政理念及宪法的诞生奠定了一定的历史基础,不能不说是我国社会发展的一个巨大历史进步。

中国共产党作为中华民族根本利益的代表,在其领导的解放区边区政府的政策、条例中,也始终贯彻着限制和保护公民财产权的思想。这种对财产权的既限制又保护的思想主要体现在有关土地的政策法规中。1939 年 4 月通过的《陕甘宁边区土地条例》第 18 条规定:“有下列情形之一者,政府得征收人民之土地:(一) 交通道路所必经者;(二) 军事上专有权者;(三) 公共之建筑。”第 19 条规定:“政府征收人民土地时,须按该人民之实际情形,更换其他土地,或予以地价。”1942 年 2 月颁布的《陕甘宁边区保障人民财产权条例》第 6 条规定:“边区人民之财产、住宅、除因公益有特别法令规定外,任何机关、部队、团体不得非法征收、查封、侵入或搜捕。”1944 年 1 月颁布的《陕甘宁边区地权条例》第 13 条规定:“由于建筑国防工事,兴修交通道路,进行改良市政工作以及举办其他以公共利

① 如 1912 年 3 月 11 日,孙中山临时大总统颁行的《中华民国临时约法》第 2 章第 6 条第 3 款规定:“人民有保有财产及营业之自由”;第 15 条规定:“本章所载人民之权利,有认为增进公益、维持治安,或非常紧急必要时,得以法律限制之。”

② 1931 年 6 月 1 日颁布的《中华民国训政时期约法》第 17 条规定:“人民财产所有权之行使,在不妨碍公共利益之范围内,受法律之保障。”第 18 条规定:“人民财产因公共利益之必要,得依法律征用或征收之。”1936 年的“五五宪草”即《中华民国宪法草案》第 17 条规定:“人民之财产,非依法律,不得征用、征收、查封或没收。”并在第 25、26、117、121、123 条中规定了征用的一般原则及征用的有关事项。1947 年 1 月 1 日颁布的《中华民国宪法》也作了类似之规定。

益为目的而经边区政府批准的事业，政府得租用、征用或以其他土地交换任何人民或团体所有的土地。”1946年12月颁布的《陕甘宁边区征购地主土地条例草案》规定：“在未经土地改革区域，发行土地公债征购地主超过应留数量之土地，分配给无地或地少之农民，地价最高不超过该地平均两年收获之总和，最低不得低于该地平均一年收获量。”从上述相关文件的内容可以清楚地看出，征收补偿的思想在这里得到了完全贯彻。①

中华人民共和国成立初期，随着国家建设的发展，行政补偿制度也得到进一步发展。如1950年11月政务院通过的《城市郊区土地改革条例》第14条明确规定：“国家为市政建设及其他需要征用私人所有的农业土地时，须给予适当代价，或以相等之国有土地调换之。对耕种该项土地的农民亦给予适当的安置。并对其他该项土地上的生产、投资（如凿井、植树等）及其他损失，予以公平合理的补偿。”1953年11月，政务院颁布了《关于国家建设用地征用土地办法》，对补偿的程序和范围作了具体的规定。1982年2月国务院发布的《城镇建房用地管理条例》，同年5月国务院公布的《国家建设征用土地条例》，分别就城镇建房用地和国家建设征用土地中的征用标准、补偿条件和补偿额度等补偿问题作出了具体规定。②

党的十一届三中全会以后，为了适应经济和社会发展的要求，制定了相当数量的有关行政补偿的单行法规，行政补偿制度得以进一步的发展。国务院在1982年5月制定了《国家建设征用土地条例》，并于1986年制定了《土地管理法》，1991年1月4日国务院颁布的《土地管理法实施条例》详细规定了征地的程序和有关审批权，从而形成系统的土地征用补偿规定。后来，国家又相继颁布了《中华人民共和国森林法》、《中华人民共和国草原法》、《中华人民共和国渔业法》、《中华人民共和国矿产资源法》、《中华人民共和国水法》、《中华人民共和国野生动物保护法》、《中华人民共和国城市房地产管理法》、《中华人民共和国戒严法》、《中华人民共和国人民警察法》、《中华人民共和国中外合资经营企业法》、《中华人民共和国外资企业法》、《大中型水利水电工程建设征地补偿和移民安置条例》、《长江三峡工程建设移民条例》、《城镇国有土地使用权出让和转

① 马怀德：《国家赔偿法的理论与实务》，中国法制出版社1994年版，第23页。
② 丁丽红：《试论我国行政补偿制度》，载《河南省政法管理干部学院学报》2003年第4期。

让暂行条例》、《城市房屋拆迁管理条例》等一批涉及行政补偿的法律法规，形成了以土地征收补偿为核心的行政补偿法律制度。

如前所述，我国行政补偿制度较之于其他行政法制度有着较长的历史，半个多世纪以来的实践积累了大量丰富的经验。特别是在改革开放后，随着国家大规模经济建设的开始，国家基础设施建设的步伐加快，国家需要大量的建设用地，使得不少集体土地被征收。为了规范政府的征收行为，保障相对人的合法权益，我国行政补偿制度建设也取得了较大的进步。初步形成了以《宪法》为统帅、以全国人大制定法（特别是《土地管理法》）为核心、以国务院相关条例为主体、以地方性法规规章为补充的多层次全方位的行政补偿法律制度，并在实践中明确了征收的公共目的，确认征收的公共目的是征收合法性的唯一来源。从另一方面来看，我国行政补偿制度的状况并不乐观，长期以来由于指导思想上重视不够，相关的理论研究长期停滞不前，使得我国行政补偿的相关立法分散、零碎，缺乏内在的完整性，不仅远远落后于西方发达国家，而且也不如其他行政法制度发展迅速。具体表现在以下几个方面：

第一，宪法对于补偿原则的规定不够具体明确。在宪法层面关注行政补偿并加以原则性规定，是近代以来各国的一致做法。行政补偿的原则是行政补偿制度中一个非常重要的问题，它不仅明确回答了相对人合法权益遭受公权力侵害时要不要补偿的问题，而且还直接决定着国家弥补相对人这种损害的程度。正因为如此，多数国家均在宪法层面上对行政补偿的原则作出规定。2004 年《宪法修正案》第 12 条明确规定："公民的合法的私有财产不受侵犯，国家为了公共利益的需要，可以依照法律的规定对土地实行征收或者征用并给予补偿。"这是我国宪法关于私人财产权保障发展史上的里程碑，弥补了长期以来我国宪法缺失补偿条款的不足，为行政补偿奠定了宪法上的依据，但此次修正并没有明确规定补偿原则。从我国《土地管理法》等相关法律规定来看，补偿的范围往往限于与被征收的客体直接关联的经济上损失，如土地征收补偿中的土地补偿费；土地上有附着物和青苗的，还要支付附着物和青苗补偿费；因征收土地需要安置农业人口的，还要支付安置补助费，并要对多余的劳动力进行适当安排。而对于与被征收客体有间接关联以及因此而延伸的一切附带损失则不予补偿。由此可以推论出，我国行政补偿的原则为不完全补偿。并且，由于上述补偿费的标准非常低，使得被征收人不能维持征收前的生活水平,因而这种不完全补偿仅是一种适当补偿,远没有达到合理补偿的程度。[①]

第二,立法分散,缺乏宪法统帅下的统一的《行政补偿法》或《国家赔偿法》中关于行政补偿的整体性规定。在过去相当长的时期里,我国颁布了许多涉及行政补偿的规范性文件,由于这些规范性文件都是针对各自具体对象制定的,并且多数情况下也不是为解决补偿问题而制定的,因而总体上说来比较零散,彼此间缺乏密切的关联和内在的和谐性,行政补偿实践中暴露出的许多问题大多与此有关。

第三,行政补偿的形式混乱,缺乏对行政补偿进行有效的类型化处理,造成不同的法律法规在涉及行政补偿时使用的名称各不相同,同一名称在不同的规范性文件中、甚至同一个规范性文件中内涵不一致。

第四,关于补偿的规定操作性不强,政策调整的倾向很明显,造成了补偿的标准不稳定和补偿方式的差异性,补偿的随意性和不公正性问题非常严重。[②] 一些法律法规虽然规定了"支付适当的补偿费用"、"给予相应的补偿"等,但对于补多少、补什么、怎样补、何时补、谁来补等问题均不置可否[③],尤其是相关规定中缺乏具体实施程序和救济程序的规定,使得补偿制度残缺不全,不符合有权利必有救济的法治主义的最起码要求。

二、行政补偿的基本理论

(一)行政补偿的性质

探究行政补偿的性质是行政补偿范畴研究的中心问题,由于行政补偿是以行政主体的合法行为为前提的,加之我国尚未有系统的行政补偿立法,因而行政法学界至今未能对行政补偿的性质形成较为统一的看法。

---

① 虽然合理补偿与适当补偿究竟应达致何种程度,都不具有明确性。但是,无论从字义上看,还是从前文中国外行政补偿原则的具体内容来看,合理补偿在程度上无疑要高于适当补偿。从我国的实际情况来看,适当补偿仅限于被征收土地的补偿费、被征用土地的附着物和青苗的补偿费、需要安置的农业人口的安置补助费之总和。王家福、黄明川:《土地法的理论与实践》,人民日报出版社 1991 年版,第 150 页。

② 马怀德主编:《行政法与行政诉讼法》,中国法制出版社 2000 年版,第 335 页。

③ 如《戒严法》规定,应对临时征用的财物按有关规定补偿,但时至今日并无有关规定可资援引,从而使得这一补偿规定形如空文。

归纳起来，主要有以下四种代表性的观点：

1. 特殊行政责任说。该说认为，行政补偿时一种特殊的行政责任，其特殊性表现在：一是该责任不以违法为要件，行政机关对其合法行为给相对人造成的损害依法负损害赔偿责任；二是该责任不以过错为要件，行政机关对其无过错行为造成相对人损害依法负"无过错责任"；三是该责任不以因果关系为要件（并非否认因果关系的存在，只是强调在进行补偿时不深究因果关系），对于法律规定的情形，行政机关对损害负"结果责任"；四是该责任不以行政机关及其公务员的侵权行为未构成要件，行政机关对特定相对人因公共设施或为公共事业而蒙受的损害要依法负"公平责任"。[1]

2. 法律责任说。该说认为行政补偿时国家行使公权力非过失责任的中断"社会义务面前平等原则"的责任。[2] 为了社会利益的需要，国家和政府及其他体现为公权力的行政组织往往以立法、行政法律行为或签订国际条约等方式把一些特殊的社会义务强加在某一部分公民的身上，并使他们遭受损害。这些法律行为被称为中断"社会义务面前平等原则"的行为，由此而导致损害的责任应由国家或政府来承担。需要明确的是，并不是所有的因中断"社会义务面前平等原则"而导致的损害均应得到补偿，只有社会给予"特殊的"和"非正常"损害才有权得到补偿。[3]

3. 例外民事责任说。该说学认为，行政补偿是国家行政机关在没有侵权行为和违约的情况下，由于合法的行为对公民造成的损害给予的补偿。一般应以法律规定为限，因而是一种例外责任，其构成要件有三：一是造成公民法人损害的行政行为是合法行为或无过错行为；二是承担补偿责任必须以法律规定为前提；三是因行政行为受到的侵害必须是特殊的、非普遍的。[4]

4. 危险责任说。危险责任是指国家或公共团体，其公务员因行使公权力执行公务，所形成之特别危险状态，致人民权利发生损害，法律上不评价其原因行为的内容，而由国家给予补偿的责任。[5] 换而言之，危险责

---

① 姜明安：《行政案例精析》，中国人民公安大学出版社 1991 年版，第 380 页。

② 张正钊：《外国行政法概论》，中国人民大学出版社 1990 年版，第 56 页。

③ 李傲、夏军：《试论我国行政补偿制度》，载《法学评论》1997 年第 1 期。

④ 马怀德：《国家赔偿法的理论与实务》，中国法制出版社 1994 年版，第 39—40 页。

⑤ 曹竞辉：《国家赔偿立法与案例研究》，三民书局 1998 年版，第 18 页。

任乃是与公务的违法、过失全无牵涉但却被承认的责任，国家行为即使被证明是合法的、无过失的，在某些情况下，也没有摆脱其责任的可能性，因而这种责任寓于或来自国家对一般公民、法人等给予保护、提供服务的义务之中。①

"法律责任说"、"特殊法律责任说"和"例外责任说"显然都是在"法律责任意义上"使用了"责任"一词，即把行政补偿看成是行政法律责任的一种，因而它是与行政赔偿等行政法律责任的区别是同"质"基础的差别。虽然上述三种观点都注意到了行政补偿作为一种"法律责任"，具有很强的特殊性，然而，"特殊行政责任说"所揭示的四个特点不过是民事责任理论与行政责任理论的简单叠加，其中无过错责任和公平责任直接就是对民事责任的拷贝，因而抹杀了公法责任和私法责任的界限；②另外两个则是"行政赔偿领域的结果责任论或危险责任论不加分析的援用与行政补偿领域，混淆了'损失'与'损害'的区别"③。"法律责任说"、"例外责任说"都从构成要件方面阐述了行政补偿这种法律责任与其他行政法律责任的不同，前者侧重于"中断""社会义务面前平等原则"与违法性之间的区别，后者则用法律规定来说明法律责任和以在缺失违法行为这一构成要素的情况下仍然能够得以成立。客观地说，这两种观点在很大程度上反映了行政补偿的实际内容，尤其是"法律责任说"还充分揭示了行政补偿与"公平负担"原理的关系，因而有一定的合理性。但是，将行政补偿视为行政法律责任在我国目前情况下与法律责任的一般原理有诸多不和谐之处。因为虽然在理论上对法律责任的理解还仍然存在着分歧，如处罚论、后果论、责任论、义务论和新义务论等，但关于法律责任的诸种观点都从不同的角度揭示了违法行为与法律责任之间的因果关系：即违法行为是产生法律责任的原因和依据，法律责任是违法行为引起的后果，没有违法行为的发生，就不应该有法律责任的出现。只有实施了某

① 崔卓兰、施彦：《国家补偿理论与法律制度》，载《社会科学战线》1996年第4期。

② 有学者指出，公私责任本质的区别在于：前者是一种道义性的惩罚而后者是一种功利性的补偿，行政补偿的目的在于平衡行政活动中的利益而不是对行为人的行为进行惩罚和道义谴责，从这一点来看，行政补偿更接近于私法责任而与传统公法责任相去甚远。孙笑侠：《公、私法责任分析——论功利性补偿与道义性惩罚》，载《法学研究》1994年第6期。

③ 胡锦光、杨建顺、李元起：《行政法专题研究》，中国人民大学出版社1998年版，第386页。

种违法行为，才谈得上追究法律责任。因此，行政法律责任应当是违法或不当行政行为或不当行政行为所引起的法律后果[①]，而行政却是以合法行为为前提的，因此，将行政补偿看成一种法律责任在逻辑上无法自足。如果将行政补偿作为例外的民事责任，则存在如下弊端：其一：混淆了引起行政补偿法律关系的性质。众所周知，引起民事责任的行为必然是民事行为，否则就不会引起民事责任。但是行政补偿很明显是行政主体在行使职权时与相对人形成的一种行政法律关系，而不是民事法律关系。其二，提高了补偿的标准。如果按民事责任，则意味着必须完全补偿，否则就不符合民事责任的相当原则。而实践中行政补偿往往是正当补偿。这样，就会造成补偿标准的提高，增加国家的负担。其三，混淆了民事和行政各自的法律关系。在行政补偿法律关系中，行政主体和行政相对人处于不平等的地位，行政主体享有优益权，而相对人却处于弱势地位，二者地位并不平等，并且，这种法律责任是由行政主体的行政行为引起的。如果是民事责任，则行政主体和行政相对人之间就是平等的关系，而实际上两者的地位是不对等的，这样就把民事和行政法律关系混为一谈。其四，不利于救济体系的健全。若为民事责任，就会使行政补偿游离于行政复议或行政诉讼等行政救济之外，不利于监督行政主体依法行政，从而导致滥用职权，不能很好保护行政相对人的合法权益。因此，将其定性为例外的民事责任，是不妥当的。“义务说”认为行政补偿是法律为行政主体设定的一种义务，这是可取的。但该说的缺陷在于未能清楚地说明法律在何情况下才能为行政主体设定这种义务。由于在司法实践中，行政补偿总是有原因行为。这种原因行为在多数情况下表现为行政主体的具体行政行为，并且行政补偿通常要在作为原因行为的那个行政行为之前作出。而“义务说”恰恰忽略了这一点，容易给人造成因果关系颠倒的错觉，甚至行政补偿没有原因行为就能独立存在了，并且该学说将行政补偿的原因行为界定为“行政主体为实现公共利益而实施的一切行为”，显然混淆了行政补行和行政赔偿的区别[②]，因而并不可取。

“将行政补偿作一种具体行政行为看待，将其纳入具体行政行为的范

① 胡建淼：《行政法学》，法律出版社 1998 年版，第 553 页。

② 王太高：《行政补偿制度研究》，北京大学出版社 2004 年版，第 39 页。

畴加以研究更为科学。"[①]称行政补偿为行政主体的具体行政行为，是因为它具备具体行政行为的明显特征，即对象的特定性和不能反复适用性、行政主体的主动性原则，同时具备行政行为的构成要件。一般情况下行政补偿是针对特定的人或事的，直接影响这些特定相对人或与特定事项有关的人的权利和义务的，即对象是特定的，也是只对特定的相对人使用一次，因而它符合具体行政行为的明显特征。行政行为的构成要件主要包括以下四项：行政权能的存在、行政权的实际运用、法律效果的存在和表示行为的存在。[②] 在实现行政补偿的过程中，完全符合行政行为的构成。其一，行政补偿是行政机关行使行政权力的体现，而且还应当是行政机关在合法侵害发生后主动行使其行政权力对行政相对人予以补偿。其二，行政补偿的过程是行政机关根据法律法规行使其行政职能的过程，一般来说就是服务管理平衡的职能。其三，当行政主体依据法律法规作出行政补偿决定后，该决定就具有了公定力、确定力、拘束力和执行力，行政相对人若要不服只能寻求其他的救济措施，像行政复议、行政诉讼等。其四，行政机关作出一项具体的行政补偿决定的过程，也符合行政行为的第四项构成，即是把行政主体的意志通过语言、文字、符号或行动等行为形式表示出来，并告知行政相对人后才能成为一个有效力的行政行为。[③]也因此行政补偿是一种具体行政行为。把行政补偿看作一种具体行政行为，一是有利于建立对行政补偿的行政救济体系，在行政主体的合法行政行为和事实行政行为给行政相对人合法权益造成损害时，或是在行政主体和行政相对人之间就补偿问题发生纠纷时，作为弱势一方的行政相对人就可以通过行政复议和行政诉讼等救济途径，对具有行政优益权的行政主体要求正当、合法、及时的补偿，从而更好地保护公民、法人和其他组织的合法权益。二是有利于对行政补偿进行实体和程序上的法律控制，从而更好地监督行政主体依法行政，保护行政相对人的合法权益。另外，称行政补偿这种具体行政行为具有补偿性，是因为行政补偿是行政救济制度中的一种，它对行政相对人合法权益造成的损害具有补救性。基于上述分析，行政补偿的性质应当界定为：行政补偿是行政主体行使行政权

---

① 方世荣主编：《行政法与行政诉讼法》，中国政法大学出版社 1999 年版，第 188 页。

② 姜明安主编：《行政法与行政诉讼法》，北京大学出版社 1999 年版，第 150 页。

③ 同上书，第 153 页。

的一种补救性具体行政行为,是行政主体实现行政目标手段之一。

(二)行政补偿的正当性

行政补偿的正当性主要体现在行政补偿的理论基础和行政补偿制度的意义上。鉴于行政补偿的理论基础与国家赔偿的理论基础基本相同①,本部分着重论述行政补偿制度的意义。

具体来说,行政补偿制度具有以下重要意义:

1. 构成财产权制度的核心

行政补偿制度最早产生于国家剥夺个人财产权时给予个人的补偿。在德国、日本等国家,行政补偿制度都是以征收补偿为核心发展起来的。征收补偿是保证个人财产权不受国家非法侵害的重大武器,它强调国家权力对个人权利的尊重,其基本特征是公平补偿和正当程序。可以说,行政补偿制度不仅仅是国家责任或国家补偿制度的组成部分,它更为重要的意义在于构筑了财产权制度的核心和基础。而完整、合理的财产权制度是人类社会发展的基本动力。人类社会发展的历史,是一部财产权不断巩固、完善的历史。可以说,西方国家对财产权走过了一条否定—肯定—再否定的发展道路,但对财产权的保护仍然是制度的主线,近代以来建立的行政补偿制度作为财产权制度的核心,更是在激励社会发展方面发挥了巨大的推动作用。而我国的情况与西方国家有很大不同。行政补偿作为财产权制度的核心内容,长期处于仅靠政策而非法律调整的状态。补偿制度的不完善,直接造成了我国财产权制度的残缺,不利于社会财富的创造和社会的全面发展。

2. 保障人权

行政补偿制度作为财产权制度的核心,其在保障人权方面的作用首先体现在保障财产权上。行政补偿制度使财产权免受国家权力的不正当侵害,为人们享有其他基本权利提供了物质基础。在人的基本权利当中,财产权是一项基础性权利。只有拥有取得财产、支配财产并使财产免受侵犯的权利,个人才能获得自由和自治。财产权是人格尊严的基础。除了财产权,行政补偿制度也保障人身权等权利。当国家的合法行为侵害

---

① 包括特别牺牲说、公共负担平等说、国家责任说、结果责任说、社会保险说等多种学说,与国家赔偿基本相同,在此不赘述。

公民的人身权时,国家也要承担公平补偿的责任。因此,行政补偿不仅是财产权制度的核心,还是一项保障人权的民主制度。

3. 保障机会平等

平等是现代法治社会追求的基本目标之一,但平等并不意味着结果均等,而是指机会平等。我们无法否认个性差异导致的个人实际状况的不平等,但一个文明的社会不能容忍人们在机会上的不平等。我国长期以来实行的对失地农民少补、牺牲一部分人的利益图国家发展的政策,人为造成了不平等和两极分化。行政补偿制度正是着眼于弥补人们受到的损害,哪怕损害是由合法公权力行为所引发。一个公正的社会要保证每个人都有平等的机会去生存、竞争和发展,行政补偿就成为确保机会平等的重要制度。

4. 促进社会理性发展

社会的理性发展离不开国家合理地运用宏观调控手段对社会整体情况进行调控和平衡,行政补偿制度是促使国家或政府理性决策和管理的重要保障。行政补偿制度使国家为了发展而牺牲个人利益时变得慎重,因为补偿本身意味着政策的决定和变更需要付出很大的成本和代价。补偿的存在客观上能起到约束政府决策随意性的作用,以促进政府管理的理性化。这一点对正处于转型时期的我国政府非常重要。公平、合理的补偿是对政府决策随意性的最好限制,使政府在作决策的时候必须考虑补偿的成本支出。

(三) 行政补偿的构成要件

行政补偿的构成要件是指什么情况下一个行为导致的损害能够构成行政补偿。研究行政补偿构成要件的必要性体现在三个方面:第一,行政补偿的构成要件是国家决定是否给予权利人行政补偿的标准;第二,行政补偿的构成要件同时决定了申请人应当符合哪些条件才能获得行政补偿;第三,行政补偿的构成要件同时是司法机关要求国家承担行政补偿责任的依据。

根据对行政补偿概念的界定,可以将行政补偿分为两大类型,即行政主体合法行使职权行为或合法行使职权行为的附随效果引起的行政补偿和公民、法人或者其他组织因维护公共利益遭受特别损失引起的行政补偿。这两类行政补偿的构成要件存在一定的差异,故分别表述如下:

1. 行政主体合法行使职权行为或合法行使职权行为的附随效果引起的行政补偿的构成要件

(1) 引起行政补偿的行为主体必须是行政主体及其工作人员

这里所说的行政主体主要包括国家行政机关和法律法规授权行使行政职权的组织。应注意的是行政主体工作人员除包括行政机关工作人员、法律法规授权的组织工作人员外，还应包括受行政机关委托的组织的工作人员以及事实上从事公务的人员。

(2) 必须存在行政主体行使行政职权、执行公务的行为

如果是非职权或执行公务的行为，如行政主体作为民事主体而为的行为，或者行政主体工作人员的个人行为等造成的损失，国家不负补偿责任。需要明确的是，行政补偿通常都是由积极作为行为引起，不作为或迟延作为通常被视为违法而只能引起国家赔偿责任。

(3) 引起行政补偿的行政主体的职权行为必须具有合法性

行政补偿的前提是行政主体的行为必须具有合法性。否则，违法行为只能引起赔偿责任，应适用国家赔偿的有关立法调整。这也是行政补偿与行政赔偿相互区别的根本所在。需要强调的是，根据我国《宪法》的规定，国家依据"法律规定"才能行使对土地、私有财产的征收和征用权，笔者认为，这是对行政补偿中行政主体原因行为"合法性"的直接要求，从有利于保障公民、法人或者其他组织的合法权益的角度出发，对此处的"法律"应作狭义理解，仅限于全国人大及其常委会制定的法律。

(4) 引起行政补偿的行政主体的职权行为必须是基于公共利益需要

行政主体合法行使职权而引起行政补偿的行为必须出于维护和增强公共利益的目的，如果出于不当的私人利益或小团体利益，即便形式上合法，也因目的的非正义性，构成实质意义的违法，所造成的损害应当引起行政赔偿。

什么是公共利益，一直是各国行政补偿制度中普遍争论的问题，因为对公共利益的不同解释，直接影响着国家对个人、组织合法侵害范围的大小。若对公共利益的解释过于宽泛，将导致国家对个人、组织合法强制侵害权的扩大和滥用，不利于保护个人、组织的合法权益，若对公共利益的解释过于苛责，也可能影响国家管理职能的实现，进而影响社会和经济的发展。从各国来看，总的趋势是对公共利益的解释逐步扩大。在法国，公共目的需要最初指公共工程建设的需要。到了20世纪，公共目的需要已

扩大到社会经济生活的各个方面，不仅指公共的、大众的直接需要，而且包括间接的能够满足公共利益的需要以及行政主体执行公务和政府进行宏观调控的需要等。在美国，凡公共建设需要，都可实行土地征收，如果一些私有企业能给它所在的城市，乃至国家经济发展、安置就业、政治稳定都带来益处，支持这样的企业也具有公益性。①

在我国的宪法和法律中，也明确规定对土地和私有财产的征收、征用必须基于公共利益的需要。但由于相关法律欠缺对公共利益的内涵、范围的清晰界定，对于何谓"公共利益"成了行政机关自由裁量权的内容。在实践中，"公共利益的需要"往往成了某些行政机关侵犯公民财产权的借口。因此，在我国加强对"公共利益"的研究和运用上的规制显得十分迫切。由于"公共利益"具有高度的抽象性、不确定性和复杂性，许多人(包括绝大多数政治学家在内)都认为，提出一个能被普遍接受的关于公共利益概念的客观定义是不可能的，尤其不可能为公共利益下定义。②因此，我国学者对"公共利益"的内涵也众说纷纭、莫衷一是。笔者认为，公共利益的基本内涵可归纳为：公共利益是一个特定社会群体存在和发展所必需的、该社会群体中不确定的个人都可以享有的利益。许多学者在界定公共利益时，也往往从描述公共利益的特征入手，一般认为公共利益的特征有客观性、普遍性、整体性、层次性、不确定性和长远性。③ 客观性是指公共利益是真实、独立地存在于个人利益之外的一种利益；普遍性是指公共利益是由社会上不特定的多数人共享的利益；整体性是指公共利益是共同体成员的整体利益，是超越于个人利益之上的独立利益，相对于个人利益而言，它具有一定的权威性；层次性是指公共利益因共同体的大小不同而分成不同的层级；不确定性是指公共利益的内容具有一定的弹性，随着社会的发展而发展；长远性是指公共利益比个人利益更为持久。同时，有学者主张与其挖空心思界定公共利益的概念，不如将视线转移到对公共利益概念适用时所应当遵循的一些规则进行研究，并提出了以下一些规则：第一，用公益条款来限制公民的基本权利时应当遵守法律

① 王太高：《行政补偿制度研究》，苏州大学2003年度博士论文，第78页。

② 王景斌：《论公共利益之界定——一个公法学基石性范畴的法理学分析》，载《法制与社会发展》2005年第1期。

③ 徐银华：《论公共利益的概念、范围和判断标准》，2004年行政法年会论文。

保留原则;第二,行政机关在运用公益条款对相对人权利进行限制时,应当遵循正当法律程序原则;第三,行政机关在对公共利益概念进行解释和裁量时,应当遵循比例原则和有利于相对人原则;第四,公共利益概念应当接受司法审查。[①] 笔者甚为赞同上述观点,加强对"公共利益"概念运用上的规制确实更为现实和有效,同时认为应当强调以下几点:一是在界定公共利益时,必须坚持正当程序原则。最好的形式是通过立法程序由代表公众的人民代表大会制定法律来具体界定。而行政机关在自由裁量判定公共利益时,必须经过正当法律程序包括应当民主决策,做到让公众公开参与、公开听证、接受司法审查等。二是运用法律保留原则在法律中对公共利益进行具体界定时,应尽量细致明确,一般应由列举性条款、概括性条款和排除性条款构成。通过准确描述公共利益的各种现实形态,列举性条款规定哪些事项是公共利益,尽可能详尽列举公共利益的具体事项;概括性条款规定公共利益最起码、最一般、最主要的内涵特质,通过对公共利益表象最本质的描述,使公共利益具体事项具有质的透彻性与内容的补充性;排除性条款规定哪些事项不属于公共利益,这需要在法律条款上明确划定公共利益与非公共利益的界限,描绘假公共利益之名行实现地方利益、部门利益甚至是个人利益之实的形式、方法、手段等,如分清商业性开发与公共事业性开发的区别,并明确地将这些内容和事项排斥在公共利益的范围之外。[②] 三是在对于公共利益的具体判断上,大致可以是否与国家的可持续发展目标相符、是否属于公益事业、受益范围是否属于不特定的多数人等为标准。要注意的是,公共利益并不是在任何情况下都优于个体利益。应当考虑"公共利益"的效益是否大于所造成的损害,是否符合比例原则,是否具有必要性与合理性。

(5) 必须是行政相对人有值得保护的利益

行政补偿的发生,以行政相对人有值得保护的利益为前提。所谓值得保护的利益,是指合法和可受保护的利益,比如生命、身体及自由等非财产权益。如因公益而遭受特别牺牲,国家应给予补偿,但非财产权益如

---

① 刘莘:《公共利益概念辨》,2004 年行政法年会论文,转引自陶攀:《2004 年行政法年会"公共利益的界定"之议题研讨综述》,载《行政法学研究》2004 年第 4 期。

② 沈荣华、汪瑜、韩若铭:《论公共利益的法律边界》,载《江苏行政学院学报》2004 年第 6 期。

果单纯是感情上的利益，则国家不予补偿。违法的利益损失一般不予补偿，比如违法兴建的违章建筑、造成重大污染的装置设备、饲养的狂犬、患口蹄疫的牲畜等因通常不被认为是值得保护的利益，所以可以拆除或灭杀，不一定要加以补偿。①

(6) 行政相对人所受损害已经构成了特别损失

行政补偿的产生，必须因行政主体合法行使职权行为造成了相对人合法权益的损害。同时，对行政相对人来说，对其所受损害并不负有特定的法律义务和责任，没有法律规定其有承受相应损害的义务。因合法行为给行政相对人带来的损失，并不是所有人都必须平等承受的一种负担，对行政相对人来讲，其承担的这种损害，是一种对公共利益的特别损失，国家应予补偿。如果所受损害属于行政相对人应当承担的一般社会责任而不构成特别损失的，国家没有予以补偿的必要。

(7) 行政相对人对损失的发生无过错

在行政主体行为合法的情况下，行政补偿产生的另一个重要要件是行政相对人对损失的发生无过错，如果仅是行政相对人自己的过错造成了损失，行政主体不对该损失负补偿责任。如果是行政主体的合法行为和行为人的过错对损失的产生均有责任时，应当按照作用的大小，运用比例原则，确定行政主体对相对人所受损失补偿额的大小。

(8) 行政主体的合法职权行为和行政相对人的所受损害之间存在因果关系

在行政补偿中，合法职权行为与损害结果是否有法律上的因果关系应当是把握的重点。为了公共利益而实施的合法行为是原因，行政相对人所遭受的损害是结果，二者之间存在的因果关系是行政补偿成立的必要条件。但是，对于因果关系的认识和设定，是一个错综复杂的问题，和特定时期的行政补偿立法的价值取向有关。从目前来看，对因果关系的认定，有渐趋宽松的倾向，不仅仅局限于直接因果关系，在合法职权行为的附随效果引起的行政补偿中，很大一部分是间接因果关系。

① 吴庚:《行政法之理论与实用》，三民书局 1999 年版，第 588—589 页。

2. 公民、法人或者其他组织因维护公共利益遭受特别损失引起的行政补偿的构成要件

(1) 维护公共利益的行为必须是无特定公务义务的公民、法人或者其他组织作出的。从主体要件上讲,该维护公共利益的行为不是行政主体及其工作人员作出的,而是无特定公务义务的公民、法人或者其他组织作出的。

(2) 该行为必须是合法行为。行政补偿成立的前提之一是必须由非违法原因所引起。特定的公民、法人或者其他组织的行为如果违法,则不仅不能获得行政补偿,还要承担相应的法律责任。

(3) 该行为必须是出于维护公共利益的目的。公民、法人或者其他组织的行为必须是以维护和增强公共利益为目的,如行为目的非但不是为了公共利益,还具有违法性和非正义性,即使国家或公众从其行为中受益,也不应予补偿。

(4) 实施行为的公民、法人或者其他组织存在受损的客观事实而且所受损害已构成特别损失。特定的公民、法人或者其他组织为公共利益,作出某种行为,导致自身权益受到损害,而且这种损害超出所应承受的一般义务时即构成特别损失,国家应当对其予以补偿。

(5) 必须存在较为直接的因果关系。与前一类行政补偿的因果关系要求稍有不同,特定公民、法人或者其他组织实施的行为和其遭受的损害结果之间应当存在着较为直接的因果关系,才能由国家承担行政补偿的义务。

三、行政补偿制度的建构

(一) 行政补偿责任纳入国家赔偿责任的必要性与可行性

行政补偿是相对行政赔偿的一个概念,一般指国家对合法的公权力行为造成公民、法人或其他组织损害所给予的补偿。行政补偿与行政赔偿最大的区别在于,前者是由于合法的公权力行为引起的,后者则是违法或过错的公权力行为。调整政府合法行为造成损害的制度是行政补偿制度,行政补偿制度在转型时期的我国具有非常重要的作用。在我国,由于

不存在土地流转市场，土地征收和城市房屋拆迁成为扩大城市建设用地的唯一途径，在城市化进程加快的今天，征地和拆迁补偿引发的争议越来越多。此外，我国正处于计划向市场的转型时期，政府的政策变动具有迅速、随意性的特点，这都给公民、法人或其他组织带来了损害。长期以来，我国行政补偿以依靠政策调整为主，改革开放近三十年来随着法制的发展制定了一些零散的行政补偿规定。但现行补偿规定对补偿标准、范围等重大问题规定不合理、对救济途径缺乏规定，直接造成了我国行政补偿无法可依的局面，制定统一的行政补偿规则成为实践的迫切要求。但从我国立法的现实情况来看，制定单独的行政补偿法可能性较小。笔者认为，将行政补偿责任纳入国家赔偿责任、由《国家赔偿法》专章规定行政补偿具有现实的需要性与可行性。

1. *行政补偿综合立法的必要性*

我国目前行政补偿制度的不完善，突出的矛盾集中在立法的缺位上。缺少法律对行政补偿的基本原则和规则进行统一的规定，导致实践中大量的补偿纠纷解决缺乏法律依据。立法的落后已成为现阶段制约行政补偿制度进一步完善的根本性原因。笔者认为，我国现行补偿规定的不完善和制度条件都要求对行政补偿进行立法。

（1）我国现行行政补偿规定不能满足现实需要

我国目前关于行政补偿方面的立法散见于《土地管理法》、《公路法》、《城市房地产开发法》等单行法中，但由于规定的标准、范围、程序等不统一，包括救济制度在内的许多重要内容缺失，且无法涵盖现实中所有行政补偿类型，使行政补偿在法律规定层面的缺陷非常突出。如农村土地征收补偿由于补偿数额过低、失地农民无法生存造成了大量的信访、群访事件；又如我国因缺乏权利限制行为的行政补偿导致人们的权利受政策调整时没有补偿依据，降低了人们对政府的信任。我国没有对行政补偿进行统一的立法，现行有关补偿的单行法规定又不完善，使行政补偿制度仍然没有解决“有法可依”的问题。现阶段行政补偿引发的冲突、矛盾已经影响到我国社会的安定、团结，影响到社会公平竞争机制的确立，成为制约我国社会全面进步、发展的重要因素。对行政补偿进行立法具有现实的迫切性。

（2）现行制度条件要求对行政补偿进行统一立法

世界上大多数法治国家，包括美国、日本、德国等，都没有统一的行政补偿或行政补偿立法，但这些国家的行政补偿制度却非常发达，补偿的类型、范围、标准、方式、程序、救济等都很科学，适应了社会的需求。这些国家之所以在统一的成文法典缺失的情况下能保证法律救济的有效性，主要有两个制度原因：一个是宪法的直接适用。美国、日本、德国等国家的行政补偿立法由两部分组成，第一位阶是宪法原则，即宪法规定由于公共利益对公民权利造成损害的国家应当给予正当补偿；第二位阶则是各种单行法，一般在比较成熟的行政补偿类型中出现，常见的有土地征收补偿方面的立法。具体的法律虽然没有规定哪些行为可以请求补偿，但宪法规定的直接适用弥补了这一缺陷。如《日本国宪法》第 29 条第 3 款规定，因公用收用及公用限制对私人造成财产上的特别损失时，必须予以正当补偿。这一条款被认为是公民请求行政补偿的宪法依据，即在法律没有具体规定的情况下，公民可以以宪法 29 条第 3 款为依据提出行政补偿请求。如果公民受到的是非财产性质的侵害，则有权依据宪法关于保障人权的其他规定直接请求补偿。[①] 宪法上的补偿请求权给公民提供了范围广泛的请求依据，具有很强的社会适应力。另一个制度原因是行政判例制度。虽然判例法是英美法系的特色，但在行政诉讼领域，许多大陆法系国家都适用判例制度，包括法国、德国和日本。采用行政判例制度可以使法官在具体案件中抽象出一般性的规则。如德国联邦宪法法院通过著名的水沙判决等一系列判决确立了行政补偿的基本类型、行政补偿与赔偿的区别等重要规则。[②] 又如法国最高行政法院有权根据特殊情况，在法律没有规定补偿办法的前提下，判决国家对立法行为负补偿责任[③]，这也弥补了立法不足的缺陷。这两个制度原因使得统一性立法缺失时，公民能够以宪法为基础提起行政补偿诉讼，法院则可以通过判例在实践中不断发展、归纳行政补偿的规则。

我们国家与西方国家不同，既缺乏宪法的直接适用机制，又未确立判

---

① 杨建顺：《日本行政法通论》，中国法制出版社 1998 年版，第 596—597 页。

② 〔德〕哈特穆特·毛雷尔：《行政法学总论》，高家伟译，法律出版社 2000 年版，第 666—678 页。

③ 王名扬：《英国行政法》，中国政法大学出版社 1987 年版，第 230 页。

例法制度,因此难以采用以宪法规定为原则、适用大量判例建立行政补偿制度的方式。适合我国国情的、能够迅速完成制度建立的方式只有统一立法。

2.《国家赔偿法》专章规定行政补偿的可行性

前文已述,我国行政补偿具有综合立法的必要性。对行政补偿进行综合立法有两种方式:一种是将行政补偿规定在修改后的《国家赔偿法》中;另一种是对行政补偿进行综合立法,即制定《行政补偿法》。笔者认为,从尽快制定行政补偿的一般性规则的角度考虑,将行政补偿规定在修改后的《国家赔偿法》中是可行的选择。将行政补偿单独立法,一方面是理论上研究不充分,另一方面立法成本太高,在短期内都无法出台,而现实中行政补偿规范的缺口急需法律调整。在这种情况下,将行政补偿规定在《国家赔偿法》中不失为一个可行的选择。再者,从性质上看,行政补偿与国家赔偿都是国家责任的组成部分,将二者一同规定在逻辑上也是周延的。

在对行政补偿制度进行具体建构的过程中,离不开国外成熟的制度经验和我国的物质条件、实践基础。笔者认为,无论从国外经验借鉴,或我国经济发展水平,还是现实土壤出发,将行政补偿责任作专章在修改后的《国家赔偿法》中进行规定都具有可行性。

(1) 国外成熟的行政补偿制度提供了可供参考的立法经验

世界上许多国家都确立了行政补偿制度。从立法层面上看,许多国家的宪法都规定了行政补偿的基本原则和依据。如法国 1789 年《人权宣言》宣布:"财产是神圣不可侵犯的权利,除非当各法认定的公共需要显系必要时,且在公平而预先补偿的条件下,任何人的财产不得受剥夺。"美国《宪法》第 5 修正案规定,任何人非经正当法律程序,不得被剥夺生命、自由与财产;私有财产未经公平补偿不得剥夺。1946 年《日本国宪法》第 29 条规定,私有财产在正当补偿下得收为公用。许多国家还就成熟的补偿类型进行了单独立法,如日本、英国都对土地征收补偿进行了专门立法。

在制度建构上,英国、美国、德国、日本等国家大多数以《土地收用法》等基本单行法为基础,结合行政补偿的判例来建立完整的行政补偿制度。以德国为代表的大陆法系国家在实践中还确立了行政征收补偿、公平补偿、征收性侵害补偿、准征收性侵害补偿、特别牺牲补偿、危险责任补偿、公法上无因管理补偿等主要的行政补偿类型,并对不同的类型和权利适用不同的补偿范围、标准。[①] 这些从实践中产生再经过理性概括的补偿规则为我国制定《行政补偿法》提供了成熟的经验和参考。

(2) 经济发展水平为行政补偿制度的建立提供了物质基础

新中国成立之初,我国面临的首要任务是国家的富强,追求国家强盛是潜存于中国宪政文化的一个根固理念,《宪法》等法律制度的根本目标是振兴中华。[②] 经济发展到今天,我们已经脱离了一穷二白的状态,工业化已初具规模。此时我们就不能只注重国家的富强,而应关注如何保障社会里每一个人的权利和平等机会。相应地,法律制度的价值也应当从"富国"转变为体现保障人权、有限政府等人类社会追求的共同价值。这一价值取向要求以保障财产权和平等权为基本功能的行政补偿制度的建立。同时,经济发展带来国家财力的增强也允许在公平、合理的范围、程度上承担行政补偿责任。这为行政补偿制度的实施提供了财政支付上的可能性。

(3) 现行立法和制度实践为行政补偿法的实施积累了制度经验

一方面,现行立法已经规定了一些行政补偿条款:[③]我国对行政补偿条款的最早规定可追溯到1944年的《陕甘宁边区地权条例》。[④] 新中国成立后1950年政务院公布的《城市郊区土地改革条例》明确规定了征用私人土地应给予补偿。[⑤] 随后1953年的《关于国家征用土地办法》也对征地补偿的标准和程序作了具体规定。改革以后,行政补偿制度迅速发展,法律对其进行的规定也越来越多。如1982年《海洋环境保护法》、1984年《水污染防治法》、1987年《大气污染防治法》规定:对因水、气受

---

① [德]哈特穆特·毛雷尔:《行政法学总论》,高家伟译,法律出版社2000年版,第665—692页。

② 王人博:《中国宪政文化之自由理念》,载《现代法学》1997年第6期。

③ 参考青锋、张水海:《大陆国家补偿制度的历史、现状与发展趋势》,资料来源:http://www.usc.cuhk.edu.hk/wk_wzdetails.asp? id=3430,2006年4月28日访问。

④ 该《条例》规定:"由于建筑国防工事,兴修交通道路,进行改良市政工作以及举办其他公共利益为目的而经边区政府批准的事业,政府得租用、征用或以其他土地交换任何人民或团体所有的土地。"

⑤ 该《条例》第14条规定:"国家为市政建设和其他需要征用私人所有的农业土地时,须给予适当代价,或以相等之国有土地调换之。对耕种该项土地的农民亦给以适当的安置,并对其他该项土地上的生产、投资(如凿井、植树等)及其他损失,予以公平合理的补偿。"

到损害的单位和个人,有权要求造成污染损害的一方赔偿损失,并规定了纠纷解决途径。1984年《森林法》、1985年《草原法》、1986年《渔业法》、《土地管理法》确定了土地、林地、草原、水面、滩涂的使用权及在各自领域的补偿问题,1986年《矿产资源法》规定了关于关闭和迁移集体矿山企业的补偿问题,《外资企业法》对国有化和征收的补偿作了规定。1988年《水法》、《野生动物保护法》、《城镇国有土地使用权出让和转让暂行条例》、1989年《戒严法》等都对有关范围的行政补偿作了原则性的规定。此后,行政补偿的立法更加丰富、细致。如1992年《矿山安全法》、1993年《水生野生动物保护实施条例》、《长江三峡工程建设移民条例》、1994年《城市房地产开发法》,1994年大陆颁布1995年《固体废物污染环境防治法》、《水污染防治法》(修正案)、1996年《煤炭法》、《环境噪声污染防治法》、1997年《公路法》、《防洪法》、《国防法》、1998年《消防法》、《森林法》、《土地管理法》。2000年的《种子法》、《外资企业法》、2001年的《海域使用管理法》、《防沙治沙法》、2002年的《农村土地承包法》、《水法》、《文物保护法》、《草原法》、《农业法》等都明确提到了行政补偿制度。特别值得一提的是,2003年《行政许可法》的颁布确立了信赖利益保护原则。[①] 2004年的宪法修正案更是赋予了行政补偿以宪法效力:"公民的合法的私有财产不受侵犯。国家依照法律规定保护公民的私有财产权和继承权。国家为了公共利益的需要,可以依照法律规定对公民的私有财产实行征收或者征用并给予补偿。"《宪法》的修改成为行政补偿立法的直接依据。

另一方面,我国自1990年起实施行政诉讼制度,1994年起实施国家赔偿制度,并且现行补偿条款的实施也积累了相关的制度经验,这些都为行政补偿的立法提供了实施的制度基础。

(二)行政补偿的类型

行政补偿类型是依据一定的标准将行政补偿划分为一定的种类。从

---

① 该法第8条规定:"公民、法人或者其他组织依法取得的行政许可受法律保护,行政机关不得擅自改变已经生效的行政许可。行政许可所依据的法律、法规、规章修改或者废止,或者准予行政许可所依据的客观情况发生重大变化的,为了公共利益的需要,行政机关可以依法变更或者撤回已经生效的行政许可。由此给公民、法人或者其他组织造成财产损失的,行政机关应当依法给予补偿。"

其他国家行政补偿的制度发展历史来看,行政补偿类型是随着实践和判例的不断扩充,加之学理的概括和提升而日渐丰富的。西方国家,尤其是大陆法系国家和地区的实践表明,行政补偿类型化是行政补偿制度发展的基本趋势。在我国,由于行政补偿制度尚未完善,离行政补偿类型化程度还相差很远,合理地建构行政补偿的类型就成为我国行政补偿制度的核心内容。建构我国行政补偿的类型离不开域外制度经验的借鉴,同时结合国内已有研究成果,并综合考虑我国各种现实因素。

1. 域外补偿类型的制度经验

(1) 大陆法系的补偿类型

德国国家补偿的类型是随着时代发展由法院通过判例逐步确认的,同时,结合行政行为理论对补偿进行类型划分。德国最早出现行政补偿的立法是关于古典征收补偿的规定[①],19 世纪中叶,德国建立了公用征收制度;[②]《魏玛宪法》将征收的概念扩展至包括对财产权的限制;后来,经过联邦法院和宪法法院不断通过判例完善和丰富,德国的行政补偿对象从财产权扩展至人身权等非财产权利,行政补偿的类型也涵盖了财产权补偿、非财产权补偿、危险责任补偿、无因管理补偿和社会补偿。其中,财产权补偿主要包括征收、公平补偿[③]、征收性侵害[④]、准征收性侵害补偿[⑤];

---

① 1794 年《普鲁士一般邦法序章》第 74 条、75 条。古典征收的主要特征包括以下四个:第一,以土地作为征收之法律形式;第二,将土地之所有权移转于另一权利主体,亦即发生权利变动之结果;第三,以行政处分作为征收之法律形式;第四,以满足某特定公用事业之需要为征收之目的。李建良:《损失补偿》,载翁岳生主编:《行政法》,中国法制出版社 2002 年版,第 1671 页。

② 同上书。

③ 公平补偿请求权主要适用于主权性经营设施或者机构造成的不合乎比例的强烈公害,如文物保护和自然保护领域里的不合乎比例的负担。〔德〕哈特穆特·毛雷尔:《行政法学总论》,高家伟译,法律出版社 2000 年版,第 703 页。

④ 征收性侵害是指多数不规则的、不能预见的,合法行政活动派生后果造成的财产损害,特别持久,因此超过了征收法上的牺牲界限。如道路建设工程,它造成交通不便,对依赖交通的道路沿线企业、特别是对道路沿线的商店、报亭等造成的销售损失。〔德〕哈特穆特·毛雷尔:《行政法学总论》,高家伟译,法律出版社 2000 年版,第 670—671 页。

⑤ 准征收性侵害即对财产的违法侵害,准征收性侵害补偿指国家对其机关违法行为的直接的、无过错的赔偿责任。但由于准征收性侵害实质上是违法行政行为所生损害,从学理上应当遵循行政赔偿规则,权利人可以请求撤销违法的行政行为并赔偿损失,而不是提起行政补偿请求。德国联邦宪法法院著名的水沙案件判决确立了合法行政行为与违法行政行为应当分别适用行政补偿与行政赔偿的规则。〔德〕哈特穆特·毛雷尔:《行政法学总论》,高家伟译,法律出版社 2000 年版,第 670—672 页。

非财产权补偿则是指人身权等非财产权利受到特别损害时的牺牲请求权补偿；[1]危险责任是基于危险行为造成损害后果承担的补偿责任；无因管理补偿是对公民实施了有利于行政机关的无因管理的补偿；社会补偿是最广义的补偿，包括因防止危险发生的补偿、暴行受害人补偿、社会法典规定的补偿等。[2] 从德国行政补偿发展的历史和体系的建构，我们可以看出，德国行政补偿制度主要受到司法实务见解的影响，通过判例的形式逐渐积累而成，且以"公用征收"概念为中心，以"特别牺牲"理论为基础架构的。[3]

在日本，由于没有统一的行政补偿立法，有关行政损失补偿的种类散见于各个有关补偿单行法律之中，概括起来主要有大致以下两种[4]：一是因公权力合法行为造成行政相对人财产损失的特别牺牲补偿，主要包括对财产权的限制与剥夺；二是基于结果责任的损失补偿，主要包括：基于违法无过失行为产生不法结果的补偿，基于合法行为产生不法结果的补偿等。由此观之，日本行政损失补偿包括合法行为和违法行为引起的财产权及非财产权的损失补偿。具体来说主要包括以下几类[5]：第一，公用收用补偿，即公用征收补偿，是基于公共利益的需要强制取得私人土地所有权的制度。第二，公用限制补偿。公用限制即为了公共事业对他人的财产权赋课不作为义务，即设定公用役权。第三，占有许可的撤回补偿。占有许可的撤回补偿是指对于道路、公园、政府办公楼等行政财产的占有许可，在使用期间由于公共利益上的理由而被撤回时，如何进行损失补偿。第四，基于结果责任的损失补偿。基于结果责任的损失补偿是指不问国家或公共团体的活动或行为是合法的还是违法的，只要其结果偶然产生损害，就予以补偿的制度。包括基于违法无过失行为产生不法结果而带来的损害的补偿、基于合法行为产

---

① 德国法中典型的关于非财产权补偿的案例是关于疫苗接种案例，详见下文公共政策措施造成的特别损害补偿部分。

② 〔德〕哈特穆特·毛雷尔：《行政法学总论》，高家伟译，法律出版社 2000 年版，第 662—760 页。

③ 李建良：《损失补偿》，载翁岳生主编：《行政法》，中国法制出版社 2002 年版，第 1683 页。

④ 杨小君、马怀德：《行政补偿调研报告》，载《中欧行政程序法会议和考察调研报告》，第 112 页。

⑤ 杨建顺：《日本行政法通论》，中国法制出版社 1998 年版，第 607—613 页。

生不法结果而导致损害的补偿和原因行为是否具有违法性并不明确而产生损害的补偿。①

我国台湾地区将行政补偿称为“损失补偿”,类型结构基本沿袭德国,总体上分为特别牺牲之补偿与衡平补偿(社会补偿)两大类。特别牺牲补偿按照权利的性质分为财产权补偿与财产权以外权利的补偿。财产权补偿包括公用征收补偿、因财产权之限制所生特别牺牲补偿、因公权力行为之附随效果所生特别牺牲补偿、因违法但无责之公权力行为所生损失的补偿,财产权以外权利的补偿包括合法干预行为所生特别牺牲补偿、因公权力行为之附随效果所生特别牺牲补偿、因违法但无责之公权力行为所生损失的补偿。②

(2)英美法系的补偿类型

英国和美国都没有统一的国家补偿法或行政补偿法,调整国家补偿的主要是一些单行法。在英美国家中,最重要的补偿类型是政府强制购买补偿,相当于大陆法系的公共征收补偿。英国的《强制卖出法》(Planning and Compulsory Purchase Act 2004)、我国香港特别行政区的《官地回收条例》等都是专门调整(土地)征收补偿的法律。除了征收补偿之外,其他补偿类型散见于各个单行法和判例之中。以美国为例,征收补偿之外的补偿类型包括老兵、退伍军人的补偿,刑事犯罪被害人补偿、对劳动者、工人的补偿以及疫苗导致人身损害的国家补偿等③,这些补偿基本上都属于衡平补偿或社会福利补偿的内容。

(3)域外补偿类型评述

以德国为代表的大陆法系国家补偿类型有以下几个共同的特点:第一,狭义的国家补偿指特别牺牲补偿,广义的国家补偿还包括衡平补偿或社会补偿;第二,狭义的国家补偿以损害结果作为划分标准,区分为财产权补偿与非财产权补偿;第三,财产权与非财产权补偿中,又根据是公权力行为本身造成损害,抑或公权力行为的附随效果造成的损害进行区分。可以说,大陆法系国家补偿类型有浓重的学理雕刻色彩。

---

① 杨建顺:《日本行政法通论》,中国法制出版社1998年版,第613—615页。

② 李建良:《损失补偿》,载翁岳生主编:《行政法》,中国法制出版社2002年版,第1697页。

③ 《美国法典》第38编“老兵福利”(veteran's benefits)、第42编“公共卫生与福利”(public health and welfare)等法典相关内容,资料来源:http://www.findlaw.com/casecode/uscodes/,访问于2005年7月14日。

但是,从德国补偿类型的产生来看,它产生于判例的确认,财产权与非财产权的分野同时表明了法律对公民的保护从财产权扩展至其他权利的历史过程;在方法论上,是一种"结果取向"的归类方式[①],即从行为导致的损害结果确定补偿的类型,财产权与非财产权的分类本身缺乏理性雕琢的痕迹。而且,以财产权和非财产权作为划分标准的体系建构无法处理一个合法行为同时造成公民财产权和人身权损害时补偿类型的归属。

英美法系的国家补偿类型不以致害行为的学理分类为依据,各种国家补偿类型没有内在的逻辑统一性,带有明显的经验主义特点。英美法系中包括强制卖出、退伍军人、劳工等补偿类型,更多的是一种从"夜警国家"走向"服务国家"背景下政府责任的扩大,通过判例最终上升为成文法表现出来。

2. 建构我国的行政补偿类型

我国学者倾向于借鉴德国或我国台湾地区的行政补偿类型,将行政补偿总体分为特别牺牲补偿与衡平补偿。其中,特别牺牲补偿分为狭义行政补偿与无因管理牺牲补偿,狭义行政补偿基本按照德国和我国台湾地区的分类,分为财产权与非财产权补偿。对财产权补偿又分为公用征收补偿、财产权限制的特别牺牲补偿、公权力行为附随效果的特别牺牲补偿;非财产权补偿包括非财产权限制的特别牺牲补偿、公权力附随效果的特别牺牲补偿。[②]

笔者认为,从德国补偿类型的产生来看,它产生于判例的确认,财产权与非财产权的分野同时表明了法律对公民的保护从财产权扩展至其他权利的历史过程;在方法论上,是一种"结果取向"的归类方式[③],即从行为导致的损害结果确定补偿的类型,财产权与非财产权的分类本身缺乏理性雕琢的痕迹。而且,以财产权和非财产权作为划分标准的体系建构无法处理一个合法行为同时造成公民财产权和人身权损害时补偿类型的归属。因此,以行政补偿发生的原因作为补偿类型的基

---

① 李建良:《损失补偿》,载翁岳生主编:《行政法》,中国法制出版社 2002 年版,第 1683 页。

② 沈开举、杨俊峰:《行政上之损失补偿范围研究》,载《2004 年海峡两岸行政法学学术研讨会学术论文集》,第 98 页。

③ 李建良:《损失补偿》,载翁岳生主编:《行政法》,中国法制出版社 2002 年版,第 1683 页。

本划分标准符合补偿的特点,也有利于不同类型补偿规则的确立。同时,行政补偿类型的划分还应当考虑以下因素:首先,我国是成文法国家,没有法律的明确规定公民就缺乏法律上的补偿请求权,行政补偿的类型应尽可能涵盖所有的补偿范围;其次,补偿类型的划分应当有利于补偿纠纷的解决。补偿类型是补偿规则确立的前提,不同的类型适用不同的补偿规则。如各国一般都将合法侵害行为补偿与无因管理补偿区分,因为二者适用不同的构成要件和补偿主体等规则。总体上,我国的行政补偿类型宜分为合法侵害行为补偿与公法上无因管理补偿,根据补偿发生的原因前者又可分为公权力致害行为补偿和公权力附随效果补偿,后者可分为行政协助补偿和见义勇为补偿。我国的行政补偿类型建构可如下图:

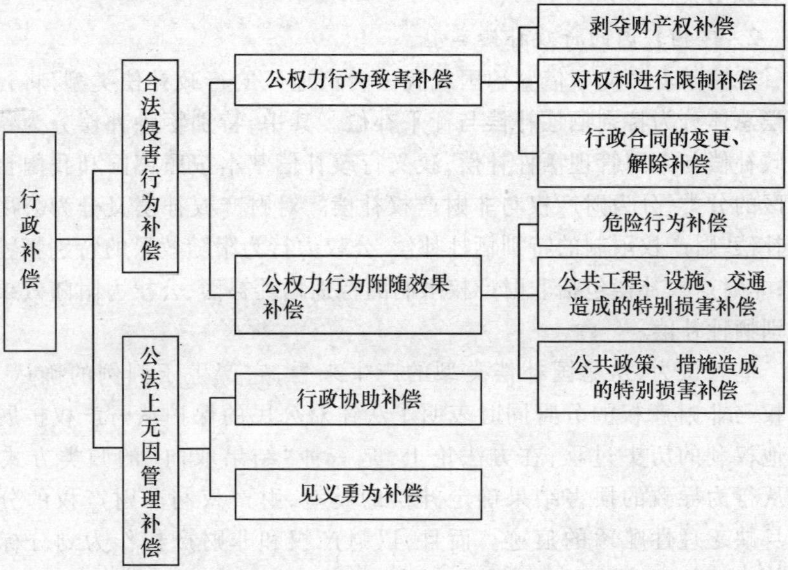

(1) 合法侵害行为补偿

合法侵害行为补偿又称狭义的行政补偿,是对行政主体的合法行为造成的特别损害给予的补偿,可分为以下两种。

第一种是公权力致害行为补偿(行政行为致害补偿)。公权力致害行为补偿是行政行为直接造成公民特别损害时发生的补偿,又可分为三种:

其一,剥夺财产权补偿。剥夺财产权补偿主要是公用征收补偿,这也是行政补偿的核心内容。从历史发展过程来看,行政补偿制度就是以公用征收为源头逐步发展和扩大的。最初,公用征收的对象只能是不动产,后来扩展至动产等财产。到了今天,包括不动产在内的其他财产权利都可能成为征收的标的,如专利权。我国关于公用征收方面的立法主要有《土地管理法》和《城市房屋拆迁管理条例》,二者对农村土地和城市房屋的征收补偿进行了规定。

其二,对权利进行限制。对权利进行限制包含了许多方面,我国台湾地区学者李建良归纳了6种情况[①]:一是财产权使用或收益之禁止与限制。如划定自然保护区或野生动物保护区,禁止人们采伐树木和捕杀动物。二是财产权之公益利用,即基于公益上的需要,强制利用或使用人民的财产。如为了公共需要可以在公、私有土下埋设管渠或其他设备。我国《土地管理法》第57条对此进行了规定。三是对于财产权利用之妨碍,指因兴办公共事业,或因其他公益上之原因,而对财产权的利用有所妨碍或造成延误。如因兴办水利事业使用土地而妨碍了土地所有权人原有交通的,应给予相当补偿。四是对于财产予以除去,指因私人财产的存在对公共事业的实施或其他公益有所妨碍,而有除去的必要。如水道沿岸的种植物或建造物,主管机关认为有碍水流的,可以限令当事人修改、迁移或拆毁。五是即时强制措施,又称排除危险的措施,指行政机关为阻止犯罪、危害之发生或避免急迫危险,而有立即采取强制措施之必要。如防汛紧急时,主管机关为紧急处置,得就地征用关于抢护的必需品,并得拆毁妨碍水流的障碍物。这一类即时强制措施类似我国法律中的紧急避险。六是行政处分之废止,又称信赖保护之补偿,即对授益处分的废止应当给予补偿。我国《行政许可法》对信赖保护之补偿进行了规定。上述6个方面基本概括了对权利进行限制的类型。纵观我国现行立法,对权利限制规定补偿的法律非常少,现实中行政机关随意限制相对人权利的事件比比皆是。如我国《文物保护法》第26条规定:"使用不可移动文物,必须遵守不改变文物原状的原则,负责保护建筑物及其附属文物的安全,不得损毁、改建、添建或者拆除不可移动文物。"这一规定实质上是对不可

---

① 李建良:《损失补偿》,载翁岳生主编:《行政法》(下),中国法制出版社2002年版,第1755—1762页。

移动文物,如古建筑所有者的权利进行了限制,使其不能根据需要对古建筑进行修建。但法律并没有规定对这种权利限制行为予以补偿。

其三,行政合同的变更、解除。行政合同是行政主体通过与相对人协商签订合同来完成行政任务的方式。大陆法系的行政合同将行政主体基于公共利益得单方变更或解除行政合同视为行政主体的特权,英美国家则往往在政府合同的具体条款中约定政府的特殊权力。行政主体在行政合同中享有变更、解除合同的权力是必要的,有利于公共利益的保护。但合同相对人因此受到的损失行政主体应当补偿。

行政合同的变更、解除在德国、我国台湾地区的行政补偿体系中都没有作为一类独立的类型,这是因为德国、我国台湾地区等大陆法系国家和地区的行政合同(契约)制度非常发达,合同相对人的补偿被包含在行政合同制度中。我国由于行政合同制度尚未完全建立,合同相对人由于行政主体变更、解除合同而得不到救济的情况大量存在,因此,有必要在我国的行政补偿体系中单独列明行政合同变更、解除补偿。

第二种是公权力行为附随效果补偿(行政行为附随的效果补偿)。公权力行为附随效果补偿即公权力行为本身是合法行为,但由于个别具体情况造成了特别损害,因而有补偿的必要,在德国称为"具有征收效果的侵害"[①]。也就是说,公权力行为附随效果补偿中,行政主体的本意并不是要对公民的权利造成损失,损失是由行政行为引发的其他事实状态造成了公民的特别损害。由于公权力行政附随效果造成的侵害基本上是事实行为造成的损害,对事实行为很难进行类型化,台湾学者李建良对公权力行为附随效果举了三种代表例子[②]:一是因公共工程施工所生之损失,如公共工程施工会阻碍周边土地或建筑物的交通而影响其价值;二是因"国家"公害行为所生之损失,即"国家"措施所产生之恶臭、噪音、烟气、灰屑、空气污染等公害,而造成人民权益的损害,如因地方政府垃圾处理场所发出之恶臭,影响附近土地价值等;三是因交通噪音所生之损失,如公有道路或高速公路上行使的车辆所发出的噪音,影响道路周边的土地价值及居家品质。

---

① 李建良:《损失补偿》,载翁岳生主编:《行政法》,中国法制出版社 2002 年版,第 1782 页。

② 同上书,第 1783 页。

笔者从现实中事实行为可能造成损害的情形考虑，认为应当包括以下几种典型的行为：

其一，危险行为补偿。危险行为补偿在德国又称危险责任，即对行政主体造成的危险状态导致的特别损害予以补偿。如警察在追捕违法行为人时侵害了偶然出现的第三人，牵引机车的火星引起了森林大火等。[①]日本也肯定了危险责任，在日本的《国家公务员灾害补偿法》、《关于对警察官的职务协力援助者的灾害给付的法律》、《关于基于在日本国滞留的美利坚合众国军队等行为的特别损失之补偿的法律》等都规定了有关危险状态的责任。[②] 我国法律对危险行为补偿几乎没有规定。

其二，公共工程、设施、交通造成的特别损害补偿。公共工程、设施、交通造成的特别损害即公共工程施工、交通噪音、公共设施引发的环境污染等造成的特别损害，其范围基本等同于我国台湾学者李建良概括的三种典型的公权力附随效果补偿。我国在这方面的立法非常缺乏，因公共设施、交通噪音造成的特别损害基本上没有被列入补偿范围。随着相邻权、环境权对人类生存重要性的加强，对其产生的特别损害国家应当予以补偿。

其三，公共政策、措施造成的特别损害补偿。公共政策、措施造成特别损害是指公共政策、措施是对公众有利，但在实施中却意外地造成了某个(些)人的例外损害。如在传染病疫苗的接种中，某人因种疫苗导致身患疾病，遭受了比一般人大得多的痛苦；又如在国家实施野生动物保护区内，农民的庄稼被野生动物吃掉，甚至被野生动物咬伤，这些情况都应当获得补偿。我国在这方面的立法仅《野生动物保护法》中有所涉及[③]，在卫生防疫等其他领域都没有规定。

(2) 公法上的无因管理补偿

公法上的无因管理补偿概念来自于民法中的无因管理。民法中的无因管理是指没有法定或约定的义务，为避免他人利益受到损失而管理他人事务的行为。无因管理之债是法定之债，即无因管理行为的被管理人

---

① 〔德〕哈特穆特·毛雷尔：《行政法学总论》，高家伟译，法律出版社 2000 年版，第 751 页。

② 〔日〕盐野宏：《行政法》，杨建顺译，法律出版社 2000 年版，第 521 页。

③ 1988 年和 2004 年修改后的《野生动物保护法》第 14 条都规定："因保护国家和地方重点保护野生动物，造成农作物或者其他损失的，由当地政府给予补偿。补偿办法由省、自治区、直辖市政府制定。"

负有向管理人支付因管理所生费用的义务。我国《民法通则》和相关司法解释都对民法中的无因管理作出了明确规定。[①]

公法上的无因管理是公民没有法定或约定义务,在紧急情况下,协助国家机关履行公务或主动代替国家机关执行公务,以维护公共利益的行为。德国将公法领域的无因管理分为三种情况:行政机关为行政机关、行政机关为公民以及公民为行政机关[②],其中公民为行政机关属于行政补偿的范围,因无因管理而受益的行政机关负有行政补偿义务。公法上的无因管理大致分为以下两种:

其一,行政协助补偿。行政协助补偿是对没有法定或约定义务的公民协助行政机关履行公务而受损害的,行政机关应当补偿。我国关于行政协助的立法主要是《人民警察法》。该法第34条规定,公民和组织因协助人民警察执行职务,造成人身伤亡或者财产损失的,应当按照国家有关规定给予抚恤或者补偿。但现实中需要对行政协助进行补偿的远不止协助警察执行公务。以2003年的"非典"为例,许多医护人员在抗击"非典"中患病,造成严重的后遗症,甚至死亡。对于公立医院的医生,应当按照公伤进行补偿[③],但对于参加抗击"非典"的私立医院的医护人员和其他志愿者,没有规定任何的补偿,这是非常不公平的。相比而言,我国台湾地区和香港非常重视这方面的补偿。如香港劳工处负责补偿所有因公感染职业病的雇员,SARS及禽流感感染的雇员可以申请补偿。据粗略估计,香港总共有逾8万名公私营医疗机构医护人员及家禽业者将可因此受惠。

其二,见义勇为补偿。见义勇为是没有法定或约定义务的公民在紧急情况下,主动代替国家机关履行公务,维护公共利益的行为。典型的见义勇为行为如公民抓捕行凶歹徒或参加扑救森林火灾等。我国对见义勇为补偿的规定有《中华人民共和国消防法》和《中华人民共和国森林法》等。《消防法》第38条规定:"对于因参加扑救森林火灾受伤、致残或者死亡的人员,按照国家有关规定给予医疗、抚恤。"《森林法》第17条第4

① 《民法通则》第93条。

② 〔德〕哈特穆特·毛雷尔:《行政法学总论》,高家伟译,法律出版社2000年版,第747页。

③ 我国关于公伤补偿也缺乏法律规定,仅由各地人事部门通过规章来调整。

款也有类似的规定。但对公民维护社会治安采取的见义勇为行为却没有规定。

由于法律没有规定,见义勇为的公民无法向行政机关要求补偿,这不仅是社会的不公,也不利于社会形成“我为人人”的良好风气。因此,行政补偿体系中必须增加公法上的无因管理类型,使受益的行政机关向实施无因管理的公民给付补偿成为一种法定的义务。

(三)行政补偿的主体

行政补偿主体是指承担行政补偿责任,向权益受损的相对人提供补偿的责任主体。与国家赔偿的单一主体形式不同[①],行政补偿主体因行政补偿的受益人不同而有所区别。行政补偿所具有的行政性,决定了以国家为核心的公法主体仍是行政补偿最主要的主体,除公法主体外,特定情况下的私法主体亦有可能因受益而成为行政补偿的责任主体。

1. 确定行政补偿主体的原则

(1) 指导性原则——受益者补偿

所谓受益者补偿,是指由因引起行政补偿责任之行为而受益的主体对权益受损者承担补偿责任。由于行政补偿是公民为公共利益而承受的特别牺牲,公益性是行政补偿的基础,无公共利益即不可能发生行政补偿,无论是行政机关主动进行的征收行为或“类似征收行为”[②],还是相对人主动对公共事务进行的无因管理,都是为满足一定的公共利益。可以说,在所有的行政补偿中,国家都存在或大或小、或实质或虚拟的利益,因此国家是行政补偿的最基本主体。

受益者补偿也是国外在确定行政补偿主体时通用的原则。在德国,行政征收中承担补偿义务的人,即为因征收而直接受益的人,或者为其利益而进行征收的私有企业。在没有直接受益人的情况下,实施侵害行为的高权主体方为补偿义务人。根据案件的具体情况,对公共利益负责的

---

① 根据《国家赔偿法》规定,国家赔偿的赔偿主体为国家,国家赔偿的费用来自国库。为便利相对人受偿,通常由作出侵害行为的机关作为赔偿义务机关,先行履行国家赔偿责任。

② “类似征收行为”是从牺牲补偿请求权派生出来的概念。例如道路建设损害沿线居民的利益、道路噪音、飞机噪音、联邦军队的演习误射或者其他类似的侵害行为,德国普通法院认为这些情形属于征收性侵害的补偿。

其他高权主体也可能成为补偿义务人。[①] 如果多个行政主体或者私有企业受益,它们是共同补偿义务人。[②] 在因无因管理引起的行政补偿中,为他人提供管理的人可以要求他人(业主)补偿其支出。[③] 在日本,行政损失补偿的资金来源是业者负担[④],这里的业者是指因行政补偿而直接受益的人,既可以是行政主体,也可以是私法主体。

(2) 辅助性原则——利益平衡

所谓利益平衡原则是指当损害由国家等公法主体以外的私人所造成时,如果国家因请求人的行为而间接受益[⑤],或国家对请求人的损失负有广义上的间接责任[⑥],则不论是否有直接受益人,或直接受益人是否给予请求人补偿,国家都应承担一定的补偿责任。这里的利益平衡是指公益与私益的平衡,是国家基于担保责任对非因其行为所引致的损害予以的补偿。利益平衡的基点决定了依此原则进行的补偿不可能是一种完全补偿,只能是相对补偿或称平衡性补偿。在实践中,基于利益平衡原则所作的补偿,通常须有立法作明确规定。

2. 我国行政补偿主体的类型

我国没有关于行政补偿的专门立法,有关行政补偿主体的规定散见于单行的法律、法规当中,就现有法律规范来看,我国行政补偿主体主要有两大类型:

(1) 公法主体

国家是我国行政补偿最主要的公法主体。通说认为,我国作为单一制国家,不存在严格意义上的地方分权,地方行政机关是国家在地方的代表,其行为后果均由国家统一承担,因此,国家也是公共利益的唯一代表

---

① 〔德〕汉斯·J. 沃尔夫等:《行政法》(第2卷),高家伟译,商务印书馆2002年版,第409页。

② 〔德〕哈特穆特·毛雷尔:《行政法学总论》,高家伟译,法律出版社2002年版,第698页。

③ 同上书,第749页。

④ 杨建顺:《日本行政法通论》,中国法制出版社1998年版,第593页。

⑤ 如见义勇为,因其体现了良好的道德品性,并使特定主体受益,国家对此应予以倡导。国家在此情况下亦是间接受益主体。

⑥ 如对特定刑事受害人的补偿,在德国,被归因为社会国家目的上的补偿请求权。根据德国1976年5月11日颁布、1984年12月20日修订的《暴行受害者补偿法》,因暴力行为而遭受牺牲的人,可以得到补偿。

主体,根据“受益者补偿”原则,凡因公益引起的行政补偿,原则上都应由国家承担补偿责任。这种观点在我国有关行政补偿的立法中有明显体现。例如《中华人民共和国土地管理法》第2条规定,国家为了公共利益的需要,可以依法对土地实行征收或者征用并给予补偿。

此外,笔者认为,结合我国财政“分税制”改革的现实,根据“受益者补偿”原则,在地方政府作为行政补偿直接受益主体的情况下,地方政府亦应作为行政补偿的另一公法主体。这种认定也已隐性地体现在我国有关行政补偿的部分立法之中。如《陕西省重点保护陆生野生动物造成人身财产损害补偿办法》第2条规定,在本省行政区域内,国家和省重点保护陆生野生动物(以下简称重点保护野生动物)造成人身伤害或财产损失有下列情形之一的,受害人有依照本办法取得政府补偿的权利;造成人身伤害的,有得到政府医疗救治的权利。这里的“政府”应当理解为“地方政府”而非“中央政府”。再如,《行政许可法》第8条第2款规定,行政许可所依据的法律、法规、规章修改或者废止,或者准予行政许可所依据的客观情况发生重大变化的,为了公共利益的需要,行政机关可以依法变更或者撤回已经生效的行政许可。由此给公民、法人或者其他组织造成财产损失的,行政机关应当依法给予补偿。这里的“行政机关”亦非统指中央行政机关,应指与各级政府相对应的有关行政机关。

除国家与地方政府外,随着我国行业自治、居民自治的发展,特定自治主体的成员如果为了自治体的利益而承受了特别牺牲,该自治体亦有可能成为行政补偿的公法主体,当然,这是一个尚有争议的复杂领域。[①]

(2)私法主体

根据受益者补偿原则,如果某一引起行政补偿的行为,不仅符合公益目的,而且使国家以外的私法主体直接受益,则该私法主体可与国家同为补偿主体;如果公共利益在其中仅有抽象体现,无具体的物质收益,则该私法主体独为补偿主体。

私法主体作为补偿主体,主要体现在房屋拆迁征用当中,房屋拆迁与土地征收是我国最主要的两项公用征收。根据《城市房屋拆迁管理条

① 关于自治体成员为自治体利益而承受的特别牺牲,英美传统观点认为,此种牺牲是基于契约而产生的特别牺牲,属于民事赔偿的范畴;但大陆法系多有观点认为,此种牺牲因自治体的特殊地位而具有公法性质,应由受益主体予以行政补偿。

例》,房屋拆迁必须符合城市规划和有利于城市旧区改建,这是房屋拆迁的公益目的,为实现此目的,须有开发商投资进行旧城区改造,特定开发商可能因其投资行为而获取经济利益,成为房屋拆迁的直接受益人。《城市房屋拆迁管理条例》将其称为拆迁人[①],城市房屋拆迁由拆迁人对被拆迁人给予补偿、安置。我国各城市制定的房屋拆迁补偿规定或暂行规定遵循了《城市房屋拆迁管理条例》的精神,均以拆迁人为补偿主体。

3. 行政补偿义务机关

行政补偿义务机关是指依法履行补偿义务,接受补偿请求、支付补偿费用,参加补偿诉讼的行政机关。行政补偿义务机关的确定,也要遵循"受益者补偿"的规则,通常情况下,由作为某一具体公益代表的行政机关作为补偿义务机关,在公益主体难以确定的情况下,应由当地政府作为补偿义务机关。在实践中,由于我国行政机关建制复杂,当某一引起行政补偿的行为发生后,有时相对人难以找到具体的责任主体,为此,本书参照《国家赔偿法》,对行政补偿义务机关作以下归类:

(1) 行政机关为补偿义务机关

如果某一引起补偿的行为由行政机关实施,且该行为没有其他的直接受益主体,则该行政机关为补偿义务机关。例如,如果某一区域被划定为蓄滞洪区,则由蓄滞洪区所在地的县级以上人民政府水利部门对蓄滞洪区内居民的损失给予补偿。[②]

与国家赔偿不同,行政补偿中的行政机关通常为单一机关,很少存在共同补偿义务机关的情形,即使是建设跨省区的水利发电站,也是由各省区政府各自进行移民安置,基本不存在共同补偿义务机关的情况。

(2) 法律、法规授权的组织为补偿义务机关

我国享有行政权的主体,除各级人民政府及其所属职能部门外,还包括经由法律、法规授权而享有部分公共事务管理权的企事业单位,如高校、行会、村委会以及行政机关的内部机构等。如果此类法律、法规授权的组织因公益目的而实施的行为给相对人权益造成损害,则该组织为补偿义务机关。如卫生防疫站为防止禽流感扩散,根据有关法律授权,灭杀

① 《城市房屋拆迁管理条例》第 3 条第 1 款规定:"本条例所称拆迁人,是指取得房屋拆迁许可证的单位。"

② 参见国务院《蓄滞洪区运用补偿暂行办法》第 6 条的规定。

可能传染疫情的家禽，当相对人请求补偿时，由卫生防疫站作为补偿义务机关。

由于行政补偿是对相对人因公共利益而承受的特别牺牲的补偿。且以行政征收这种涉及相对人财产权益的剥夺或限制为主要缘由，因此，引起行政补偿的行为的实施通常应由行政机关自身完成，一般情况下，不宜委托其他组织进行。即使有委托，也应只限于补偿金的具体发放。

(3) 行政补偿机关被撤销后的责任承担

如果补偿义务机关尚未履行补偿义务即被撤销，通常情况下，应由继续行使其职权的机关为补偿义务机关，如果没有补偿义务机关，则由撤销该义务机关的行政机关为补偿义务机关。

4. 行政补偿权利人

行政补偿权利人是与行政补偿主体相对应的一方当事人，也即因公共利益而权利受损的当事人。如果说，行政补偿主体以"受益者补偿"为指导原则，那么，行政补偿权利人的确定则应是"受损者受偿"。通常情况下，行政补偿权利人是行政机关合法公权力行为的直接受害人，如房屋拆迁补偿中的所有权人、行政合同的私人相对方。如果直接受害人死亡，其近亲属或其他有抚养关系的人可以续受成为行政补偿的权利人。这里有两个问题值得讨论：第一，在土地征收中，谁为补偿权利人？第二，间接受害人是否有权受偿？

关于第一个问题，就我国现行《土地管理法》来看，我国"实行土地的社会主义公有制，即全民所有制和劳动群众集体所有制"[①]。农村和城市郊区的土地，除由法律规定属于国家所有的以外，属于农民集体所有；宅基地和自留地、自留山，属于农民集体所有。农民集体所有的土地依法属于村农民集体所有的，由村集体经济组织或者村民委员会经营、管理。[②]仅从法律条文的字面分析，对于农村集体所有土地的征用，似乎只有村委会有权作为统一的补偿金受体，由其负责将国家下发的补偿金分配到失地的农民个人。此种制度上的设计使农民无法直接与行政补偿主体对话，而村委会的居间地位又为其截留土地补偿款留下了权力空间。但如果要使农民直接成为行政补偿权利人，必须对宪法上的土地所有权制度

① 《中华人民共和国土地管理法》第2条。
② 《中华人民共和国土地管理法》第10条。

作相应修改。

关于第二个问题,原则上,行政补偿的权利人是作出合法侵害行为的直接受害人,但是损害可能蔓延,合法侵害行为案件中,除直接受害人外,他人也可能因合法侵害的事实而遭受损害,如行政合同中与私人主体签订附属合同的第三人,行政机关单方解除合同的行为亦会导致其与合同承包商签订的合同无效。再如,房屋拆迁中的承租人,土地征收中的承包人等。这亦是一个实际存在的受害群体。发达国家对这些间接受害人通常分析其与损害行为的因果关系,有区分地予以补偿。如房屋承租人通常都可以得到补偿。我国目前缺乏行政补偿的统一立法,单行法一般都以直接受害人为补偿对象。笔者认为,对于间接受害人不能一概而论,应根据其与损害行为距离的远近作不同的认定。对于承租权或承包权的权利人,因其损害实际是因权力行为直接引发,其虽非直接权利人,但亦应获得赔偿。

5. 完善我国行政补偿主体制度的思考

(1) 将"受益者补偿"作为确定行政补偿主体的指导原则

分析我国行政补偿主体制度存在的问题,可以得出一个基本结论:缺乏确定行政补偿主体的指导原则是导致行政补偿主体模糊不清的根本原因。我国行政补偿主体的确定应以受益者补偿为基本原则,以利益均衡原则作为补充和辅助。根据此一原则体系,行政补偿主体可依下列规则确立:

如果引起行政补偿的行为有直接受益人,则直接受益人为补偿主体;如果国家[①]与私法主体同为直接受益人,则二者同为补偿主体;如果引起行政补偿的行为没有直接受益人,则国家作为补偿主体。这种情形可包括:因国家危险责任引起的补偿,因无因管理引起的补偿以及其他因特别牺牲引起的补偿。

实行受益者补偿原则,可以将征收与补偿的性质、征收主体与补偿主体不同的身份定位相区别。征收是一种行政性的行为,而补偿更类似于民事行为,是公共利益与私人利益的谈判,补偿应建立在平等协商的基础上。在政府非为直接受益人的情况下,让政府退出补偿市场,有助于推进

① 在笼统地将国家作为补偿主体的情况下,尚须区分其中的国家利益与地方利益,如果补偿的直接受益主体为地方政府,应由地方政府作为补偿主体。

补偿的市场化,保护被补偿人的合法权益。避免现行土地征收中,实际用地单位完全被“虚化”的现象。

(2) 明确政府在非作为补偿主体身份出现时的职能

行政补偿不仅包括行政征用行为造成的特别牺牲补偿,还包括私人为公共利益主动实施无因管理而受到特别牺牲的补偿。[①] 在后一种情况下,通常不存在国家以外的其他直接受益人,国家是行政补偿的当然主体。但在前一种情况下,如果补偿的受益主体是私人主体,则补偿责任由私人主体担当,国家只作为征收主体存在,在此种情况下,国家在行政补偿中的地位如何,承担何种职能,也需要辨明。

从现有法律规范来看,国家在非为补偿主体的情况下,其在行政补偿中主要承担下述职能:一是确定补偿金额。我国行政补偿不论是否由国家作为补偿主体,补偿金额通常都由补偿地政府确定,特别是在土地征收中,补偿金额基本不存在协商余地。在房屋拆迁中,虽存在事先协商程序,但如果拆迁人与被拆迁人不能就补偿标准达成共识,则由建设主管部门裁决确定补偿金额。二是保证补偿费的按时足额发放。北京市国土房管局 2004 年下了《关于加强土地补偿款监督管理的通知》,该《通知》规定:用地单位需要征(占)用农村集体土地的,在政府批准用地后,领取用地批复前,须到本单位开户银行,将土地补偿安置协议书确定的土地补偿款总额,按规定汇入市土地行政主管部门在监管银行开立的土地补偿款监管专户。监管银行向支付土地补偿款单位和市土地行政主管部门提供入账回单。[②] 上述规定一方面体现了政府是补偿费的发放主体,另一方面,也确定了政府具有保证补偿费按时足额发放的义务。三是裁决补偿争议。根据国务院的《土地管理法实施条例》规定,对征地补偿标准不服的,可由县以上政府协调;协调不成的,再由批准征地的人民政府进行裁决。在房屋拆迁补偿中,如果拆迁人与被拆迁人不能就补偿金额达成协议,由当地建议主管部门进行裁决。

上述职能除第二项外,第一项与第三项的设置均有许多值得斟酌之

① 沈开举:《宪法修正案与我国行政补偿研究的新进展》,引自中国公法论坛,2006 年 4 月 8 日访问。

② 引自《土地政策又出新举措,土地补偿金银行监管发放》,资料来源:http://www.syfun.com/news/2004/9-27/164252.htm,访问于 2006 年 12 月 22 日。

处。首先，就第一项职能而言，政府在非为补偿主体的情况下，是否有权决定补偿金额？对于拆迁补偿，拆迁人与被拆迁人作为平等的市场主体，应该平等协商，政府部门不应利用手中的权力充当开发商的代言人，政府对城市房屋拆迁制定补偿标准，影响了城市房屋拆迁的市场化进程。在土地征收中，在政府非为直接受益人的情况下，仍由政府单方确定补偿金额，并且现行土地管理法规定补偿费由政府向农民支付，而用地单位，即直接受益人使用上述土地应以出让等方式并"缴纳土地使用权出让金等土地有偿使用费和其他费用后"取得。实践中很容易导致政府以低额价格取得土地，然后高价卖出，土地已俨然成为一些地方政府的"二级财政"。其次，将第一项职能与第三项职能联系起来分析，会发现政府既负责确定补偿数额，同时又负责解决因补偿数额引起的争议，加之我国目前缺乏解决行政补偿争议的有效司法途径，政府事实上成了"自己案件的法官"。这种自立自裁的双重身份，容易使政府压低补偿数额，从中渔利。最后，政府承担的第二项职能，即保障补偿费的按时足额发放，其履行也并非尽如人意。据全国人大报告显示，到 2004 年 2 月，全国县级以下政府共查出拖欠农民征地补偿安置费达 98.8 亿元[①]。一个明显的现实就是不少地区征地规模已经远远超过了当地经济发展水平和社会承载能力，一方面，拖欠农民巨额的征地补偿费；另一方面，当地经济的现状与可预见的将来均无法为失地农民提供再就业机会，问题的原因仍然要归到未将"受益者补偿"作为补偿主体确定的根本原则，使政府在征收中有渔利的空间。

要完善行政补偿主体制度，必须理顺政府在行政补偿中的职能定位。承认政府所具有的"经济人"的理性，将其公共利益代言人的身份与经济上的收益人身份剥离。政府对拆迁中属于民事关系的行为，如拆迁当事人之间的补偿安置行为，根据双方的协议，按照《民法通则》、《合同法》等法律去规范。在土地征收中，实行用地单位支付补偿金制度，政府作为监管者而非实际的补偿者，把政府管理与市场主体相剥离。政府要依法行政，管好政府该管的事情。政府的职能应集中于健全补偿主体与受偿人之间平等协商的机制，保证补偿金按时足额发放等方面。"让市场的归市场，行政的归行政。"

---

① 参见全国人大常委会副委员长盛华仁在向第十届全国人大常委会第十次会议汇报土地管理法执法检查情况时的发言，载《中国青年报》2004 年 6 月 25 日。

（四）行政补偿的方式与标准

1. 行政补偿方式

行政补偿方式是指行政补偿主体履行行政补偿责任的方式。补偿是对权利损害的补偿，根据损害的性质、情节及程度不同，补偿方式也应有所不同，正确适用行政补偿方式，直接关涉能否使受害人被损害权益得到有效恢复，对于弥补受害人的损害具有重要意义。

（1）行政补偿的基本方式

综合各国有关行政补偿的立法，行政补偿主要有两种基本方式，一是金钱补偿，一是实物补偿。

其一，金钱补偿。

金钱补偿，又称支付补偿金，是指补偿义务主体以货币弥补受害人所受损失的方式。补偿金一般以本国货币支付，在特殊情形下，对于外国人所受的损失应以可自由兑换的外币支付。金钱补偿是各国行政补偿最主要的方式，其原因在于：第一，金钱补偿的适用性强；第二，金钱补偿的操作性强；第三，金钱补偿的效率性强。

但金钱补偿也有弊端，这种弊端在于金钱与被损害的财产毕竟是两种不同的事物，单纯的金钱补偿有时难以使受害人权益回复到损害未发生时的状态。因此，金钱补偿主要适用于无法恢复原状的情形，例如：第一，生命、身体、健康权益受到剥夺、伤害的情形。在此种情形下，损害一旦发生，即无法恢复原状，因为生命不可复来，身体健康受到破坏也不能再造如初。但金钱补偿可以有助于受害人医治创伤，也可在一定程度上慰藉死者家人。第二，违反公法契约的情形。公法契约的债务人因国家利益和公共利益的需要，不履行契约的，应补偿他方遭受的损害。在这种情形下，恢复原状好让缔约公权力主体继续履行合同，显然是不可能的，这就要采取金钱补偿或者其他方式来填补他方遭受的损害。[①] 第三，存在无因管理的情形。比照私法上的无因管理，民众为政府的行政事务进行无因管理时，应由政府给予补偿。另外，民众为公共利益实施的见义勇为，如果因此而承受了特别牺牲，也应当由政府来给予补偿。德国一个典型的案例是：消防人员扑灭了几处森林大火，这些大火是由联邦铁路机车

① 司坡森：《论国家补偿》，中国政法大学 2004 年度博士学位论文，第 131 页。

喷出的火星造成的。联邦最高法院认为消防人员的行为对于当时是公法组织的联邦铁路来说构成了无因管理。[1] 对于无因管理，适额的金钱补偿通常是其最佳选择。

其二，实物补偿。

实物补偿从其字面理解，即用实物而非金钱弥补受害人的损失。这里的实物补偿是在广义上使用，即包括具体的实物，也包括有关的物权，如对物的使用权、收益权等。返还财产也是实物补偿的种类之一，如返还公民被征用的交通工具、通讯设施等。因行政补偿的前提是相对人因合法的公权力行为或为公共利益而承受了特别的财产损失，如果受损财产是种类物，尚存在完全回复的可能性，如果受损财产是特定物，从物的特性分析，完全回复只能是一种假想，因此实物补偿在适用中有很大的局限性。从目前各国法律规定来看，实物补偿通常作为一种备选的候补方式或附加方式使用。

实物补偿作为一种候补方式使用，尚有其应用前提，此前提即为当事人提出申请；行政补偿作为对相对人权利回复的补救方式，相对人有权选择其认为对其最有利的补偿方式。事实上，以金钱作为补偿手段是建立在市场原理基础之上的：对被剥夺财产权者，只要给予与被剥夺财产基本等价的价值，被收用者可以用这笔补偿金较容易地在附近获得类似的土地，不损也不得，可以继续维持以前水准的生活。但是现代社会却常常欠缺这一前提。例如，在如今的大城市附近，寸土寸金，即使得到补偿金，也不容易马上在附近求得类似土地，更难以维持与以前同等水准的生活。又如，伴随着水库建设等大规模建设工程，整个村落被收用时，对被夺去故乡的居民来说，即使就土地及其房屋进行补偿，他们获得了高额的补偿金，也往往仍然难以使他们满足。特别是由于征收祖祖辈辈生活的地区共同体崩溃，使他们失去了维持以前生活的基础。于是必须重新寻找工作，谋求新的生计手段等，生活的再建将更加困难。可以说，对现代大规模公共事业的收用土地，以金钱补偿为核心的现代行政补偿制度，已难以充分发挥其应用的机能。[2] 为此，许多国家在传统的金钱补偿之外，也规

---

① 〔德〕哈特穆特·毛雷尔：《行政法学总论》，高家伟译，法律出版社 2002 年版，第 748—749 页。

② 杨建顺：《日本行政法通论》，中国法制出版社 1998 年版，第 612—613 页。

定了实物补偿，以供相对人选择。当单一的金钱补偿或实物补偿不足以回复相对人的损失时，金钱补偿也可与实物补偿整合使用。

德国关于实物补偿的内容主要是指土地，也包括与土地有关的其他物权，如土地共有权、类似土地权利、住屋所有权法之权利、征收土地上或征收受益人其他土地上之他物权、征收受益人之已整建土地上之财产权、征收受益人作为自用住宅或小住屋之用之已整建土地上之财产权。[①]

日本关于土地征收的补偿原只有金钱补偿一途，实物补偿为新近增加的种类。近年来，日本理论与实务均对这种偏重金钱补偿的体系进行了检讨。在今后伴随着大规模开发的补偿对策中，除了推进代替金钱的换地补偿、耕地及住宅地的建造等实物补偿之外，着力展开公共设施的整备、职业训练以及职业介绍、转业费用的贷款等措施，以期居民生活的顺利再建，也是非常重要的课题。[②]

我国台湾地区关于征收补偿地价及有关补偿费之发放方式，通常以现金一次全部发给为原则，即所谓“现金补偿”。但依现行法之规定，在特定之土地公用征收情形下，对于征收补偿之给予，尚得以下列方式为之：① 搭发土地债券或发给土地债券：征收土地应发给之补偿费，得报经“行政院”核准以土地债券搭发补偿之。此外，因土地面积超过最高额而予以征收者、政府为创设自耕农场而为土地征收、或以实施都市计划而为土地征收者等，其地价亦得以土地债券给付。② 搭发实物土地债券及公营事业股票：主要系针对征收耕地之补偿，得搭发实物债券7成及公营事业股3成（“实施耕者有其田条例”第15条）。③ 低价地补偿：此类补偿方式主要适用于实施“区段征收”之土地，盖区段征收与通常之征收略有不同，其目的主要在于土地之重新整理与规则，故区段征收之土地，除公共设施用地外，如有可供建筑利用之土地，自宜将该土地发还于原土地所有权人，以符合区段征收之本旨。[③]

（2）我国现有行政补偿方式解析

我国关于行政补偿方式的规定，散见于单行的法律、法规甚至政策性文件之中，除通用的金钱补偿与实物补偿外，我国还有一个非常具有中国

① 王太高：《行政补偿制度研究》，北京大学出版社2004年版，第155—156页。
② 杨建顺：《日本行政法通论》，中国法制出版社1998年版，第614—615页。
③ 翁岳生主编：《行政法》，中国法制出版社2002年版，第1736—1737页。

特色的补偿方式,即政策性补偿。

其一,金钱补偿。这是我国最常采用的补偿方式,无论是土地征用,房屋拆迁,还是无因管理的补偿,都涉及到金钱补偿方式的运用。

其二,实物补偿。实物补偿目前主要在两个领域被普遍运用,一是水库移民,一是房屋拆迁。从实物补偿的内容来看,主要有:产权调换[①]、开发荒地滩涂、调剂土地、外迁等。[②]

金钱补偿与实物补偿方式有时也被称为"直接补偿",其特点均是直接填补受害人所受损失,效果直接、快速,补偿义务机关的给付行为一次完成,无需借助受害人的行为。

其三,政策性补偿。政策性补偿也称间接补偿,其主要表现为提供政策性优惠,其往往侧重于中、长期效果,政策性补偿如果能妥善运用,在社会发展和当事人权益的回复方面,有时会起到单纯经济性补偿所不能起到的作用。在我国政策性补偿主要包括下列种类:第一,在人、财、物的调配上给予优惠。第二,减、免税费。例如,《长江三峡工程建设移民条例》中规定,对为安置农村移民而开发的土地和新办的企业,在征收农业税、农林特产税、企业所得税等方面,国家给予免税或者减税优惠。第三,在晋级晋职、增加工资、安排就业、分配住房和解决农转非的户口指标等问题上给予照顾。第四,给予医疗、抚恤。我国现有法律已有规定,对于公民非因履行职务而为保护国家利益、公共利益和公民人身、财产安全,不顾个人安危,积极同违法犯罪行为作斗争或者在灾害事故中勇于救助,因此受伤、致残或死亡的,国家按照有关规定给予医疗或抚恤。给予医疗、抚恤是国家对因维护公益而受到损失的人提供的社会保障待遇,对于受损失的人而言当然也是一种补偿方式。例如,我国1998年4月29日第九届全国人民代表大会常务委员会第二次会议通过的《消防法》第38条规定,对因参加扑救火灾受伤、致残或者死亡的人员,按照国家有关规定给予医疗、抚恤。第五,提供其他政策性优惠和照顾。例如,《长江三峡工程建设移民条例》中规定,对移民安置区发展种植业、林业、畜牧业、渔业

---

① 产权调换是拆迁人以异地建设的房屋或原地建设的房屋补偿给被拆除房屋的所有人,使其继续对房屋持有所有权的形式。参见《城市房屋拆迁管理条例》第23条、第25条的规定。

② 《大中型水利水电工程建设征地补偿和移民安置条例》第4条第3项规定:"移民安置应当因地制宜、全面规划、合理利用库区资源;就地后靠安置;没有后靠安置条件的,可以采取开发荒地滩涂、调剂土地、外迁等形式安置,但应当遵守国家法律、法规的有关规定。"

和乡镇企业以及旅游业的，国家在专项贷款、技术改造、科技开发等方面给予照顾和扶持等。

就基本种类而言，我国的行政补偿方式与西方国家并无大的差别，我国政策性补偿的内容主要表现为与财产相关的权益，可以合并入广义的实物补偿当中。至于政策性补偿中一些不属于物权的种类，如农转非等，随着社会的发展，该类补偿方式的适用范围越来越窄，就逐渐失去意义，目前主要适用于因大中型水利水电工程建设土地被征收而确实安置不了的移民。并且采取这种方式还要经过非常严格的审批程序，在计划经济时代，这种补偿方式的作用是显而易见的，但在目前的条件下，这种补偿方式的作用已大打折扣了，从长远看更有取消之必要。[①]

(3) 我国行政补偿方式存在问题及完善思路

征地补偿纠纷与拆迁补偿纠纷一直是近年来我国上访问题的焦点。撇开争议最大的补偿标准问题不谈，单就补偿方式而言，我国现有补偿方式仍有许多有待完善之处。

首先，实物补偿的种类过少。目前我国土地征用补偿基本上局限于金钱补偿，除了大型库区移民外，少有采取土地调换的方式。而对多数并无一技之长的农民而言，土地是其唯一熟悉的谋生手段，采取单一的金钱补偿，对于失地农民而言，极易使其失去生活目标[②]，而且一旦为数不多的补偿金用尽，这些农民的生活将立时陷于困顿。

其次，在金钱补偿与实物补偿并存的情形下，当事人的选择权常被剥夺。一些地方政府为了提高拆迁效率，下发文件规定对被拆迁户一律采取货币补偿方式；还有的地方虽然规定城市房屋拆迁安置补偿有产权调换和货币补偿两种方式，却规定产权调换只能异地安置，不得回迁，严重侵犯被拆迁人安置补偿的选择权。

国务院总理温家宝在第十届全国人大第三次会议上做政府工作报告时强调，着力解决与人民群众切身利益相关的突出问题，维护社会稳定，努力构建社会主义和谐社会。一个和谐的社会，应该是民主法治、公平正

① 沈开举、王红建：《中国大陆行政补偿法治及研究之发展》，引自中国公法论坛，2006 年 4 月 8 日访问。

② 前文所述的重庆爆炸案，无论是案件成因还是惨痛后果，其中都有因失地而迷失的因素。

义、诚信友爱、充满活力、安定有序、人与自然和谐相处的社会。从公正的角度出发,行政补偿方式的完善应注意以下几点:

第一,在补偿方式的设置上,应以有效回复为原则,科学设定补偿方案。在征地补偿中,由于我国土地资源的稀缺,调换土地除了针对库区移民外,确实没有普适的余地。但可以将失地农民纳入社会保障系统,为其提供基本的生活保障。另外,应为失地农民组织职业训练以及职业介绍,使其在失地之后可以尽快找到谋生之路。在土地征收中,还存在一种"残存地"的问题,即成片土地的大部分已被征收,余下土地的价值无法合理利用。针对此种情况,英国规定有强制卖出制度,从一定意义上讲,强制卖出也可以认为是公权力主体一种特殊的承担补偿义务方式。根据英国 1971 年《城乡计划法》的规定,公民的土地或房屋因受公共机构执行计划的影响而不能合理利用时,可以请求执行计划的机构购买公民因此而不能利用的地产。英国 1973 年的《土地补偿法》扩大强制卖出范围,包括已经宣布尚未执行的计划所产生的损害在内。同时,法律也规定了计划机构拒绝购买的理由。[①]我国在成片土地的征收中对"残存地"可以考虑引进此种制度。

第二,充分保障当事人对行政补偿方式的选择权。各种补偿方式,在有其优点的同时,都还存在自身的缺陷,并不存在完美的补偿方式。就补偿最基本的方式来说,不管是金钱补偿或者是恢复原状,严格来说都无法尽善尽美地达到完全回复的目的。当一种补偿方式不能完全弥补其损失时,可以将多种补偿方式组合运用。如对于房屋拆迁,拆迁已购公有住房、经济适用房或者无偿取得土地使用权的房屋,拆迁人应当按照房地产市场评估价对被拆迁人给予补偿。补偿价格低于当地同区域经济适用房价格或者安置用房面积低于当地人均住房面积标准的,应按当地同区域经济适用住房价格和人均住房面积标准补偿安置。按照相关标准补偿后,被拆迁人仍无能力解决住房,属于公益性项目的,则由城市人民政府提供廉租住房予以安置;属于房地产开发等经营性项目的,由拆迁人为被拆迁人提供安置用房。如被拆迁人以被拆迁房屋的经营收入为主要生活来源,且要求产权调换的,拆迁人应提供可用于经营活动的安置用房。[②]对于征用土地,农民可同时选择金钱补偿与纳入社会保障体系两种方式,

① 王名扬:《英国行政法》,中国政法大学出版社 1987 年版,第 231 页。
② 《政府不得指定拆迁补偿方式》,载《新疆都市报》2005 年 1 月 27 日。

同时还有权接受政府为其提供的职业训练与职业培训。

2. 行政补偿标准

（1）确定行政补偿标准的指导原则

我国确定行政补偿标准的指导原则从宪法上找不到直接依据，2004年宪法修正案分两个条款对征收、征用土地和其他财产作出规定。《宪法》第10条第3款规定："国家为了公共利益的需要，可以依照法律规定对土地实行征收或者征用并给予补偿。"第13条第3款规定："国家为了公共利益的需要，可以依照法律规定对公民的私有财产实行征收或者征用并给予补偿。"上述条款只明确了征收须以补偿为基础，但并未提到补偿的指导性标准。我国现行关于补偿标准的指导原则主要见于宪法的下位法，包括法律、行政法规和规章。有学者将我国单行法律规范关于补偿标准的指导原则归纳为以下四种①：

其一，"适当补偿"原则。规定给予适当补偿的法律法规主要有：《中华人民共和国草原法》②、《中华人民共和国国防法》③、《中华人民共和国防震减灾法》④、《城市房屋拆迁管理条例》⑤等。

其二，"相应补偿"原则。规定给予相应补偿的法律主要有：《中华人民共和国城市房地产管理法》⑥、《中华人民共和国外资经营企业法》⑦、《中华人民共和国台湾同胞投资保护法》⑧、《中华人民共和国外资企业法》⑨、《中华人民共和国公路法》⑩等。

其三，"合理补偿"原则。规定给予合理补偿的法律法规主要有：《城市私有房屋管理条例》⑪、《中华人民共和国归侨侨眷权益保护法》⑫等。

① 沈开举、王红建：《中国大陆行政补偿法治及研究之发展》，引自中国公法论坛，2006年4月8日访问。

② 《中华人民共和国草原法》第7条。

③ 《中华人民共和国国防法》第48条。

④ 《中华人民共和国防震减灾法》第14条。

⑤ 《城市房屋拆迁管理条例》第13、16条。

⑥ 《中华人民共和国房地产管理法》第19条。

⑦ 《中华人民共和国外资经营企业法》第2条。

⑧ 《中华人民共和国台湾同胞投资保护法》第4条。

⑨ 《中华人民共和国外资企业法》第5条。

⑩ 《中华人民共和国公路法》第31条。

⑪ 《城市私有房屋管理条例》第4条。

⑫ 《中华人民共和国归侨侨眷权益保护法》第13条。

其四,"完全补偿"原则。1998年通过的《土地管理法》对土地征用的土地补偿原则没有明确规定,但是规定了支付土地补偿费和安置补助费,尚不能使需要安置的农民保持原有生活水平的,经省、自治区、直辖市人民政府批准,可以增加安置补助费,事实上确立的是"完全补偿"的原则。1991年2月15日发布的《大中型水利水电工程建设征地补偿和移民安置条例》规定,水利水电工程建设征地补偿和移民安置应当将移民安置与库区建设、资源开发、水土保持、经济发展相结合,逐步使移民生活达到或者超过原有水平,事实上确立的也是"完全补偿"原则。2001年《城市房屋拆迁管理条例》对房屋拆迁的补偿标准没有规定,但是从其规定的评估程序来看似乎采取的是"完全补偿"的原则。值得指出的是,虽然上述法律法规规定了"完全补偿"的原则,但执行的情况并不容乐观。

上述原则,无论是"合理"、"相当"还是"适当",均体现为一种不完全的补偿。相比而言,西方国家普遍确立了完全补偿或正当补偿的标准。

(2) 影响补偿标准确定的因素

除确定补偿标准的指导原则外,下列几项因素尚决定着具体补偿标准的确定:

第一项因素是主观计算,还是客观计算的问题。区别在于是否考虑财产受损人的主观特别因素。从各国行政补偿的实践看,在每个个案中均特别考虑每个当事人个体的差异,是不可能实现的理想状态,通行的做法是以一般群体为基准,确定普适性的标准,在个体确实存在非比寻常的差异时,对其差异性予以考虑。

第二项因素是受损财产结构的确定。这是决定补偿数额大小的关键性因素之一。受偿财产的构成物越多,补偿数额也会随之增加。如日本关于房屋征收的补偿中,除包括房屋补偿费外,还包括动产搬运费(因收用土地致有搬迁动产之必要时,其所需费用之补偿)、暂时居住费用补偿、承租人所受损失补偿(因土地收用致建筑物之承租人显难继续租赁时,该承租人必须重新租赁其他建筑物所需之费用或从前之租金远比就重新租赁之建筑物通常支付之租金相当额为低时之差额的补偿)、迁移杂费补偿等。我国台湾地区依"土地征收条例"、"土地法"及其他相关法规之规定,土地之公用征收所生之补偿范围与项目计有:地价补偿、佃农补偿、土地改良补偿、迁移费补偿、营业损失补偿及接连地损失补偿等数种。德国补偿原则上限于与交易价值相应的财产损失数额。除此之外,根据立法机关实际上遵从的联邦最高法院判决，还应当补偿所谓的结果损失或者结果费用。这是一种财产不利益，虽然不是物质损失损失的组成部分，却是征收造成的直接后果，因此属于特别牺牲。[①] 司法界认可的结果损害是商业企业的搬迁费用、财产所有人搬迁的差旅费、存货不可利用的损失，申办新企业的费用等。在特定条件下对一定的顾客遭受的损害也予以公平补偿等。[②] 我国《土地管理法》规定的土地征收补偿也是个复合的结构，包括地上附着物补助费、青苗费、土地补偿费、安置补助费等。

第三项因素涉及的是财产价值的评估主体，即是由独立的评估机构来评估还是由补偿主体来评估。在国外，受损财产的评估一般都由补偿主体或由补偿主体与受害人共同选择的独立评估机构进行评估。我国关于土地征收并未规定评估主体，关于房屋补偿，从各地关于拆迁补偿的地方性法规来看，主要采用补偿主体委托有资质的房地产价格评估机构的方式。[③]

第四项因素是财产价值的评估标准，即财产价值依据何种标准进行评估，如对于土地是按照其现有用途还是按照征收后用途，对于房屋是按照建造价值还是按照区位价值，这在具体补偿数额的确定上会有相当大的差距。在美国，财产法将宪法规定的合理补偿规定为补偿所有者财产的公平市场价格，包括财产的现有价值和财产未来盈利的折扣价格。[④] 公平市场价格参照同类私有土地近期自由买卖的价格而确定。它充分考虑到土地所有者的利益，不仅补偿被征土地现有价值，而且考虑补偿土地可预期、可预见的未来价值。[⑤] 德国出于实用性和便利性的考虑，实践中对补偿数额的高低通常根据被征收财产当时的流通价格确定。对可预期的财产增值不予考虑。[⑥] 只要“补偿金额可以购买到同样种类和质量的

---

① 〔德〕哈特穆特·毛雷尔：《行政法学总论》，高家伟译，法律出版社 2002 年版，第 698 页。

② 〔德〕汉斯·J. 沃尔夫等：《行政法》（第 2 卷），高家伟译，商务印书馆 2002 年版，第 408 页。

③ 如《北京市城市房屋拆迁管理办法》第 23 条规定：“拆迁人应当委托有资质的房地产价格评估机构（以下简称评估机构）对被拆迁房屋进行评估，并将评估报告报区、县国土房管局备案。”

④ 郭洁：《土地征用补偿法律问题探析》，载《当代法学》2002 年第 8 期。

⑤ 王太高：《行政补偿制度研究》，苏州大学 2003 年度博士论文，第 95 页。

⑥ 〔德〕汉斯·J. 沃尔夫等：《行政法》（第 2 卷），高家伟译，商务印书馆 2002 年版，第 408 页。

财产,从而平衡被征收人的损失”[1]。就总体而言,公平市场价格是各国普遍采用的评估标准,对于物的补偿,通常应扣除物的折旧。

第五项因素是计算补偿价值的基准日期。不动产的地上和地下附着物、商品的储存数量、租赁权等都是可以变动的,这就需要有一个计算财产结构的基准日期,此外,财产价格本身也存在着变动的可能,货币不稳定时尤其如此,这就需要确定一个财产价值的起算日期。法国以公用征收裁判当天的财产结构,作为计算补偿财产的范围。如果补偿金额已在公用征收裁判以前确定,则以补偿金判决宣告之日作为计算应受补偿财产构成的日期。对于计算补偿财产价格的日期,法国规定,计价日期以第一审法院关于补偿金额判决之日为准。除此之外还有一个参与日期,作为计算补偿金额的补充标准。[2] 我国台湾地区“平均地权条例”规定,政府依法征收时,应按照征收当期之公告土地现值,补偿其地价。由于“公告土地现值”一般远较市价为低,且系每年 7 月 1 日公告一次,无法适时反映征收当时之土地价值,尤以地价飙涨时期,此种不公平的现象更为严重,加以各县市之公告土地现值时有差距,因而经常引发争议,以致被征收人群起抗争之情节,屡有所闻。[3]

(3) 具体补偿标准的确定

各国补偿标准的确定均在不同程度上考虑了上述五项因素,并且结合补偿的不同种类,有不同的计算方法。以土地征收为例,日本《土地收用法》第 71 条规定,补偿的标准为“考虑到近旁类似土地的交易价格等而计算的事业认定公示时的相当价格,乘以对应至权利取得裁决时的物价变动的修正率,所得的数额”(土地收用损失补偿 = 确定收用时邻近同各类的土地交易价格所确定的相当价格 × 确定征收至实际征收间的物价指数变动)。这里实际存在着两种价格:交易价格为原则和告示认定时的固定制。以交易价格为基准,是非常公平的。但是后者即价格固定制却是存在着一些问题,因为在公共事业的情况下,从发表计划到作出收用裁决,需要一定的时间,在这期间地价暴升已成为通例。因此,如果以裁决时为基准的话,则必须进行包括超额利益在内的补偿,因而有必要避免这

① 〔德〕哈特穆特·毛雷尔:《行政法学总论》,高家伟译,法律出版社 2002 年版,第 696 页。

② 王名扬:《法国行政法》,中国政法大学出版社 1988 年版,第 394—395 页。

③ 翁岳生主编:《行政法》,中国法制出版社 2002 年版,第 1730—1731 页。

样做。所以《基准纲要》进一步规定对土地以正常的交易额为补偿额，计算的时期为契约缔结时。[①] 英国的土地补偿标准非常具体，对于土地的补偿以公开市场的市价，并且不得因征收而给予被征收者救济或其他优惠；对于残余地的侵害或损害补偿的标准为市场的贬值价格；租赁权损失补偿的标准为契约未到期的价值及因征收而引起的损害。至于迁移费、经营损失及其他必要的费用支出的补偿，则按其客观价值进行补偿。[②] 我国台湾地区关于土地补偿的法律复杂，标准也不统一，依“土地征收条例”、“土地法”及其他相关法规之规定，土地之公用征收所生之补偿范围与项目计有：地价补偿、佃农补偿、土地改良补偿、迁移费补偿、营业损失补偿及接连地损失补偿等数种，其中连接地补偿之标准，依“土地法”第217条规定，应予相当之补偿，且以不超过接连地因受征收地使用影响而减低之地价额为准；佃农补偿之标准，依“平均地权条例”第11条之规定，由土地所有权人以其所得之地价补偿扣除土地增值税后余额之三分之一，补偿耕地承租人；至于迁移费补偿及营业损失补偿之标准，则中央主管机关定之为“相当之补偿费”。[③]

关于土地征收之外的其他行政受益行为补偿，如果国家为直接受益人，或该行为由国家所引起，则各国一般是根据损失的实际数额予以补偿。如对无因管理的补偿、对野生动物的补偿、对财产权限制的补偿、对行政处分的废止等，均以补偿实际损失为标准。“补偿金之估算，依公理合理价格为之。”[④]德国对于主权性经营设施或者机构造成的不合乎比例的强公害，以及文物保护和自然保护领域里的不合乎比例的负担。[⑤] 适用公平补偿标准，公平补偿是指以宪法允许的方式对财产作一般限制的法律规则在特殊情况下可能导致特别负担，从比例原则的角度来看不再具有正当性和可预期性。在这种例外情况下，这些额外负担可以通过财产公平补偿予以消除，并且据此避免违反比例原则和财产保障原则。公

① 〔日〕盐野宏：《行政法》，杨建顺译，法律出版社1999年版，第507—508页。

② 陈泉生：《海峡两岸土地征用补偿之比较研究》，载《亚太经济》1998年第3期。

③ 翁岳生主编：《行政法》，中国法制出版社2002年版，第1728页。

④ 同上书，第1755页。

⑤ 〔德〕哈特穆特·毛雷尔：《行政法学总论》，高家伟译，法律出版社2002年版，第701—702页。

平补偿请求权不是可有可无的补偿,通常是完全补偿。[①] 至于非由国家行为所引起的补偿,且国家非为直接受益人时,如果根据利益平衡原则,国家得以一定补偿时,其公平标准常常体现为对损失的部分弥补,此种标准某种程度上亦可归入适当补偿的范畴。

我国行政补偿的具体标准针对征收类补偿和非征收类补偿而有不同的规定。

第一,征收类补偿,主要包括土地征收与房屋拆迁。

关于土地征收,目前的补偿标准的主要根据是1998年《土地管理法》第47条的规定。我国的土地补偿标准的评估依据是依土地被征用时的原用途,而非征用后的用途,并且由征收主体单方进行评估,在损害的结构认定上,只包括土地补偿费、安置补助费以及地上附着物和青苗的补偿费四项,农民的承包经营权、生活再建费用等均没有被考虑在内。

关于房屋拆迁,国务院《城市房屋拆迁管理条例》第24条规定了货币补偿与产权调换两种方式,关于货币补偿的金额,根据补拆迁房屋的区位、用途、建筑面积等因素,以房地产市场评估价格确定。

第二,非征收类补偿。

非征收类补偿有些已有具体的补偿标准,这些标准主要规定在单行的法律文件之中,如一些地方制定的野生动物造成人身财产损害的补偿办法[②],以及见义勇为补偿办法等。其基本的特点是人身损害可向国家请求补偿医疗费,如果造成伤残,以予一定数额的伤残救济金,就现有标准看,未能达到完全补偿,仍停留在抚慰性标准阶段。由于缺乏统一的全国性标准,在无地方或部门立法的情况下,并非所有的利益受损人均可得到补偿。除上述类型外,在我国尚有两类特殊的非征收类补偿有作单独讨论的必要:一是对行政合同的补偿,二是政策性补偿。

行政合同中的补偿主要发生在行政主体为公共利益而单方变更或解除合同的情形。无论英美法系还是大陆法系,都确定了行政合同补偿中的充分、完全补偿原则,且对当事人的预期利益都予以补偿。[③] 与国外的

---

① 〔德〕哈特穆特·毛雷尔:《行政法学总论》,高家伟译,法律出版社2002年版,第705页。

② 如《陕西省重点保护陆生野生动物造成人身财产损害补偿办法》(2004年11月4日发布)中对因野生动物所致损害的行政补偿标准作了具体规定。

③ 〔法〕菲利普·泰尔纳:《法国行政法学的现状及发展趋势》,载中国宪政网,2005年7月9日访问。

发展相比,我国行政合同补偿尚无明确的标准可遵循,实践中行政机关以公共利益为由单方变更或解除合同时,相对人通常只可就已有损失通过民事诉讼的途径请求补偿[①],补偿标准并不包括预期利润。

至于政策类补偿,是具有中国特色的补偿。我国处于社会主义初级阶段,各项制度仍处于不断的摸索与完善之中,政策出台与变动频率较快。由于政策涉及人群众多且相对人常处于不确定状态,只有其中承受了"特别牺牲"的主体,方有资格申请行政补偿。这种"特别牺牲"往往缘于适用政策的某个具体行政行为的转化,如对行政许可的废止会对原被许可人利益造成损害。鉴于政策在国民经济中的特殊地位以及其影响范围的广泛,我国对于因政策变动引致的损失补偿,往往规定得比较模糊。实践中,此类补偿标准往往由推行政策的行政机关自行制定,相对人很难拿到足额补偿。在个别情形下,政策变动也有可能直接通过法规的废止来体现。例如长春汇津污水处理有限公司状告长春市政府一案,即是长春市政府以政策变动为由,单方废止了作为汇津公司与长春市政府签订的特许经营合同的法律依据——《汇津污水处理专营管理办法》,该《办法》的废止将使汇津公司失去收费依据,"市政府的做法无异于单方撕毁合同"。[②] 此种法规的废止会直接损害相对人的信赖利益,应给予相对人合理补偿。但就我国目前的实践而言,因此类案件所涉金钱数额巨大,足额金钱补偿现实基础不足,往往通过给予相对人政策类优惠的方式解决,如给予低价地,减免税金等。

(4) 我国行政补偿标准存在问题分析

我国行政补偿标准存在的核心问题有两项:一是补偿标准偏低,二是对某些应予补偿的损害未作法律上的规定。

补偿标准偏低是近年来征地纠纷以及拆迁补偿纠纷的根本所在。过低的土地补偿金使农民一旦土地被征,即失去基本的生活保障。同时过低的土地补偿费也导致了土地资源的严重浪费。土地在我国是一种严重稀缺和不可再生资源,但在现实中之所以占而不用,多占少用的现象比比

① 我国行政合同诉讼不发达,关于行政合同的认定标准、审理规则等都无成文法的依据可遵循,造成实践中大量行政合同纠纷都不得不通过民事诉讼途径解除,但此类合同的公法特性使得相对人往往无法完全适用民事合同规则取得补偿。因《合同法》中只有关于赔偿并无关于补偿的规定。

② 《港商状告长春市政府毁约,污水处理危及松花江》,载《财政时报》2004 年 2 月 2 日。

皆是,一个很重要的原因就是补偿费用低。而城市里低额的土地补偿款让大多数中低收入阶层的居民无法在原地买到同等面积或保持同等生活质量的房屋。专家认为,很多拆迁已基本远离了它改善居民生活条件的初衷,而变成了对广大工薪阶层的一种压榨、掠夺和驱逐,同时成为了一些地方政府的“形象工程”和开发商的“暴利工程”。①

我国行政补偿标准存在的另一个突出问题是对某些应予补偿的损失未做法律上的规定,使其无法得到有效救济。这一点在对财产权的限制使用方面表现得尤为突出。所谓“财产权之限制”,乃指对财产权之使用、收益、处分等权能予以一定之限制或禁止。日本将财产权之限制理解为:为了公共事业对他人的财产权赋课不作为义务,即设定公用地役权,补偿的对象是由于该地役权的设定而产生的所有权价值的降低。也就是说,应该补偿的金额为由于公用限制而产生的地价降低部分。此外,当因此而发生附带性损失时,该损失也应该作为通常损失补偿,加算在补偿的对象中。德国和我国台湾地区都将财产权之限制纳入补偿之列。

我国目前除对水库蓄滞洪区以及野生动物保护区的限制性使用规定有补偿标准外,关于其他种类的限制性使用,几乎没有补偿标准的规定。如对私人承包种植的防护林的限制使用问题,1998 年通过的《森林法修正案》规定,国家建立森林生态效益补偿基金,用于提供生态效益的防护林和特种用途林的森林资源、林木的营造、抚育、保护和管理。2000 年 1 月发布的《森林法实施条例》中明确规定,防护林、特种用途林的经营者,有获得森林生态效益补偿的权利,从而使森林生产经营者获取补偿的权利法定化。但该《条例》并未对补偿标准作出规定,造成实践中的混乱与不统一,一些地方政府干脆以补偿标准不确定为由拒绝补偿,致使防护林承包者的合法权益无法实现。

除财产权的限制外,非征用类的补偿标准,法律规定缺乏或不明确是目前引致其补偿标准偏低甚至不予补偿的重要原因。例如对于见义勇为的补偿,并非所有地方均有立法;而政策类补偿往往不对补偿标准予以规定,为实践中行政机关或者只依据抚慰标准予以补偿,或者干脆拖延或不予补偿。

---

① 王小霞:《部分拆迁成“扰民工程”,专家建议提高补偿标准》,载《中国经济时报》2003 年 11 月 12 日。

(5) 完善我国行政补偿标准的构想

第一,确立充分补偿标准。为切实保障相对人权益,应以完全补偿为衡量标准,同时辅以一定条件下的合理补偿。当因特定的公益事业征收土地时,对土地所有者等蒙受的特别牺牲,应该进行完全补偿,也就是说,应该予以使征用前后被征用者的财产价格相等的补偿。在非征收性的限制性使用上,可以根据限制的程度酌情给予合理补偿。

第二,具体补偿数额的确定,应包含当事人实际发生的所有损失。在土地征收方面,补偿结构除原有事项外,还应包括当事人的承包权和生活再建费用。在损害的评估上,土地应按照被征用时的同类用途土地的市场价格计算,在市场价格不成熟时,应取消补偿上限的规定而做最低限的规定,尽可能使农民生活不低于原水平。在房屋拆迁方面,应根据被拆迁房屋的区位、用途、建筑面积等因素,以房地产市场评估的办法确定,建立客观公正的独立评估体系,在补偿被拆迁方的土地使用权时,要充分考虑到地理位置;而在房屋补偿中,一般住宅按照重置价格加上房屋陈新程度进行补偿,而具有文物价值,如一些高档四合院等要进行文物价格评估,由拆迁方与被拆迁方共同聘请评估部门进行评估估价,进行合理补偿。

对于非征用类补偿,在立法中亦应以完全补偿为指导,补偿相对人实际发生的所有损失,如对于见义勇为者的补偿可参与民事损害赔偿的标准予以执行。至于行政合同的补偿,或者可在合同中约定具体的补偿数额,对于合同没有约定的,鉴于我国的财政现实,补偿相对人已有损失较为妥当。至于政策类补偿,具体数额的确定也应以当事人实际产生的损失为根据。

第三,完善关于财产权之限制的立法。这种完善有两种途径:一种是制定统一的《行政补偿法》,在《行政补偿法》中对财产权之限制作原则性规定,再由单行法作具体规定;另一种是修订现有的关于财产权限制的单行法,在其中增加关于具体补偿标准的规定。就我国现阶段而言,第二种方式更具有可行性。

(五) 行政补偿的程序

行政补偿程序是指行政补偿应遵循的方式、步骤、顺序、时限等的总称。行政补偿程序的设计对于相对人实体权利的实现具有重要意义,科学合理的补偿程序作为一种制约机制，能够保障行政补偿立法得以充分、完整的实施，并为相对人的意见提供表达渠道，确保其受损权益真正得以恢复。

1. 行政补偿的一般程序

国外行政补偿程序分为行政程序与司法程序两种，行政程序的核心是协商补偿程序，如果协商不成，就要通过司法程序确定补偿金额。

在行政补偿中，征收补偿最为常见，因而各国对该程序的规定也最严格、完整。并且，各国都针对征收权行使的不同阶段，设置了相应的救济措施，因此一般说来，行政补偿的程序及救济是很难截然分开的。在法国，公用征收须经历行政阶段和司法阶段。行政阶段解决两个问题：一是审批公用征收的目的，二是确定可以转让的不动产。由于法国传统观念认为普通法院是私人自由和财产的可靠保障，只有它有权剥夺私人的财产[①]，司法阶段要解决两个问题，一是所有权转移，由行政法院管辖；二是补偿金确定，由普通法院管辖，具体而言，由公用征收法官管辖，补偿金确定的程序为：(1) 确定补偿权利人；(2) 协商补偿金额；(3) 法庭审理；(4) 判决；(5) 不服一审判决；(6) 付清补偿金和取得占有。[②] 与法国类似，德国行政补偿程序也不单是只有行政机关参与的程序，普通法院在其中有举足轻重的地位。普通法院的介入前提均是补偿义务机关与当事人在行政程序中未能就补偿数额达成共识。

单就补偿的行政程序考察，其因补偿是主动进行还是依申请进行而有不同的设计，概括而言，一般包括如下步骤[③]：

(1) 通知或公告。通知主要适用于补偿义务机关单方面主动补偿的情形。公告是通知的一种方式，是指补偿义务机关将补偿的范围、标准、程序等有关事项以适当的方式予以公布。

(2) 申请。申请适用于受害人向补偿义务机关提出补偿请求的情形。

(3) 登记或受理。《土地管理法》第46条第2款规定，被征用土地的

---

① 王名扬：《法国行政法》，中国政法大学出版社1988年版，第371页。

② 同上书，第376—379页。

③ 下述程序安排在一定程度上参考司坡森：《论国家补偿》，中国政法大学2004年度博士论文，第158—160页。

所有权人、使用权人应当在公告规定期限内,持土地权属证书到当地人民政府土地行政主管部门办理征地补偿登记。受理适用于当事人申请补偿的情形。

(4) 损害认定及价值评估。这是起决定作用的一个步骤。可通过两种手段进行:其一,审查或调查。审查或调查程序是由补偿义务机关主持对损害是否存在,损害大小进行审查或调查。具体说,审查或调查是补偿义务机关对当事人进行补偿登记受理后,根据当事人提供的证据材料进行审查和调查的活动。审查和调查的方式包括书面审查和实地勘察。在必要时,还可召集听证会,确保国家补偿的公平公正给付。审查和调查主要适用于行政受益性补偿,因该补偿通常涉及人数单一,数额较小。其二,委托损害评估程序。该程序主要适用于损害范围广、数量大、主体多或较复杂的情形。由双方共同委托独立的市场评估机构进行专业的市场评估作价。由中立和独立的专业评估机构进行评估,除了公正的考虑外,还便于解决对补偿义务机关、补偿权利人和法院来说较难解决的专业技术难题,比如对损毁财物的折旧问题。

(5) 协商签订协议或提起诉讼。国家补偿义务机关在评估程序后,可以就是否补偿以及补偿的具体数额问题,按照平等、自愿的原则,与申请人协商,如果协商达成一致,可以签订协议;如果协商不成,就要通过司法途径解决补偿标准。

(6) 执行。执行是指给付补偿,是行政补偿的最后一个环节。

上述行政程序是具有概括性的一般程序,各国在实践中有时会对上述程序作出次序上的调整。

至于非征收类补偿的程序,则主要取决于单行法的规定。如大陆法系对于行政合同的补偿,如果行政机关单方变更或解除的行为已给合同相对方造成了实践损失,则先由行政机关单方决定给予相对人补偿的数额,在这一决定过程中,相对人有权发表意见并与行政机关协商。如果相对人认为行政机关给予的补偿数额过低,则可向行政法院提起行政诉讼,由行政法院决定补偿数额。在德国,此种诉讼归属于一般给付之诉的类型;在法国,其适用完全管辖权之诉的程序。行政合同以外的其他非征收类补偿,如对无因管理的补偿、刑事受害人的补偿等,与行政合同补偿的程序类似,都先由行政机关决定补偿数额,如相对人不服,通过行政诉讼的途径解决。由此可见,大陆法系征收类补偿与非征收类补偿在诉讼程序的路径选择并不相同，前者通过民事诉讼途径，后者通过行政诉讼途径。

2. 我国行政补偿程序及其评析

我国行政补偿程序依行政补偿的类型而有所区别，对非征收类行为的补偿根据单行法的规定进行①，通常包括申请、受理、损害评估、补偿给付等几个阶段。对行政征收的补偿程序作为行政征收的一个分阶段存在，其与行政征收程序有着不可分割的关联。鉴于行政征收对公民财产影响的程度，本部分对行政补偿程序的评析主要以行政征收为重点而展开。

我国的行政征收包括土地征收与房屋拆迁。土地征收的补偿程序，依据现行土地管理法及其配套的法规、规章，具体步骤如下：(1) 征地方案公告。征收土地方案依照法定程序批准后，由县级以上地方政府予以公告并组织实施。(2) 登记。被征收土地的所有权人、使用权人在公告规定的期限内，持土地权属证书办理补偿登记。(3) 补偿费计算。补偿按照被征收土地的原用途给予补偿，征收土地的补偿费用包括土地补偿费、安置补助费、地上附着物和青苗补偿费。土地补偿费和安置费的总和最高不得超过土地被征收前 3 年平均年产值的 30 倍。(4) 补偿安置公告并听证。土地补偿安置方案确定后，有关地方政府应当公告并听取被征收土地的农村集体组织和农民的意见。在报批拟征地项目的补偿标准和安置方案时，国土资源部门应书面告知当事人有要求举行听证的权利，当事人在法定期限内申请的，应当组织听证，报批时应附具听证笔录。(5) 争议处理。对补偿标准有争议的，由县级以上政府协调，协调不成的，由批准征地的政府裁决，征地补偿、安置争议不影响征地方案的实施。(6) 支付。征地的各项费用在征地补偿、安置方案批准之日起 3 个月内全额支付。(7) 分配。土地补偿费归农村集体经济所有；地上附着物和青苗补偿费归附着物和青苗的所有者所有。安置补助费按照“谁安置，谁享有”，不安置，归个人或支付其保险费的原则办理。从 2001 年，国土资源部在全国 5 个省市进行了土地征收改革试点。几年来，各试点地区在征地补偿安置的方式、补偿范围、补偿标准和解决失地农民就业方面作了

① 我国尚有一些非征收类的补偿，如行政许可中的信赖利益补偿，没有规定有补偿的标准、程序，并且就整体来看，我国有关补偿的单行法律规范多数未对补偿程序予以明确规定。

许多有益的改革和探索。国家有关部门也及时总结经验，对农地征收补偿工作进行了一些政策上的改善，但在制度层面还存在一些内在的矛盾和利益冲突需要进一步解决。①

房屋拆迁的补偿程序依据国务院《城市房屋拆迁管理条例》、《城市房屋拆迁行政裁决工作规程》和有关地方性法规，大致包括如下步骤：(1) 公告。房屋拆迁管理部门在发放房屋拆迁许可证的同时，应当将房屋拆迁许可证中载明的拆迁人、拆迁范围、拆迁期限等事项，以房屋拆迁公告的形式予以公布。(2) 协商。拆迁人与被拆迁人应当就补偿方式和补偿金额、安置用房面积和安置地点、搬迁期限、搬迁过渡方式和过渡期限等事项，订立拆迁补偿安置协议。(3) 裁判。如果拆迁人与被拆迁人或者拆迁人、被拆迁人与房屋承租人达不成拆迁补偿安置协议的，经当事人申请，由房屋拆迁管理部门裁决。建设部下发的《城市房屋拆迁行政裁决工作规程》明确了行政裁决及强制拆迁的程序，增加了行政调解程序，建立了拆迁听证制度，确立了拆迁补偿安置标准的裁决原则。(4) 执行。拆迁补偿金额确定后，拆迁人应及时发放补偿金或提供予以产权调换的房屋。

上述征收补偿程序仍处于不断完善的过程之中，就现有规定来看，主要存在以下几方面问题：首先，征收程序与补偿程序的关系不清。补偿是征收的一个环节，但如果补偿程序未完成，征收程序是否可以继续进行，即能否在补偿协议未达成的情况下，对征收进行强制执行，对此问题，现行有关土地征收与房屋拆迁的法律规范作出的回答都是“补偿不破执行”，如《城市房屋拆迁管理条例规定》规定，当事人对补偿裁决不服的，可以自裁决书送达之日起3个月内向人民法院起诉。拆迁人依照本条例规定已对被拆迁人给予货币补偿或者提供拆迁安置用房、周转用房的，诉讼期间不停止拆迁的执行。这种将补偿程序与征收程序分别对待，未将补偿作为征收前置程序的做法在实践中极易对被征收人的权益造成损害。第二，相对人在补偿程序中的参与机制不足。我国征地补偿虽已开始适用听证，但该听证是在补偿方案确定之后进行，因为信息不对称等各方面的原因，听证在很大程度上成了“过场戏”。房屋拆迁目前实行的是

---

① 浙江省法制办行政法制研究所、浙江省经济法研究会：《我国农地征收补偿的制度缺失及其改革论要》，2004年行政法学研究会年会论文。

协商议价,但实践中通常是由政府一方定价,或者由拆迁人单方委托评估机构评估,被拆迁人在其中几乎没有表达意见和被听取意见的机会。第三,土地征收中缺乏协商谈判机制,土地补偿标准完全成了行政定价,背离市场经济法则。我国现在一些地方政府之所以热衷于“圈地”,表面上是政绩工程的推动,但实则不然,经济利益才是政府垄断土地一级市场的根本动因。协商谈判程序的缺乏使农民利益完全没有表达机制,以至土地征收成了剥夺农民利益的圈地运动。第四,评估机制存在缺陷。损害评估是补偿程序的关键一环,损害的认定和评估直接关系到行政补偿的公正是否。我国目前土地征收的年产值评估基本是由当地土地管理部门进行,缺乏中立性与专业性。房屋拆迁的评估机构隶属于特定行政部门,主要是各地政府国土房管部门,使我国拆迁和评估业务具有行政性、部门垄断性或地区封锁性。这种不中立的地位直接影响了评估的中立性。评估机制是行政补偿中亟待完善的一个环节。

至于非征收类补偿,我国现行有关立法通常对其规定了申请、审查、补偿金发放三道程序,以《云南省重点保护陆生野生动物造成人身财产损害补偿办法》(以下简称《补偿办法》)为例,其基本程序包括:(1) 申请。《补偿办法》第4条规定,野生动物造成人身财产损害,受害人要求取得政府补偿的,应当保护现场,并在受损害之日起7日内向当地乡(镇)林业工作站或者自然保护区管理机构递交补偿申请书。补偿申请人递交申请书确有困难的,可以口头申请,由接受申请的机构记入笔录。(2) 审查核实。《补偿办法》规定,乡(镇)林业工作站或者自然保护区管理机构接到申请后,应当及时对野生动物造成损害的情况进行调查核实。调查核实工作必须客观、公正、准确,并在1个月内完成。调查人员不得少于2人,受害人及其亲属应当协助调查并提供证据。调查人员应当做好调查笔录,并如实填写调查登记表;乡(镇)林业工作站或者自然保护区管理机构的调查核实工作完成后,应当将调查登记表报送县级林业行政主管部门审核。县级林业行政主管部门审核后,对事实清楚、证据确凿,并符合本办法第2条规定范围的,应当予以确认;对事实不清、证据不足的,应当进行复查或者发回重新调查;对不符合规定范围的,不予确认。县级林业行政主管部门审核后,认为情况复杂、损害严重的,应当报送地、州、市林业行政主管部门复核;认为情况特别复杂、损害特别严重的,应当报送省林业行政主管部门复核。(3) 补偿金发放,根据《补偿办法》第8条,县以上林业行政主管部门依法确认有本办法第2条规定的造成财产损害情形之一的,应当给予补偿。向受害人发放补偿金。目前我国各地已有的关于野生动物致害与见义勇为的立法中多数均有关于补偿程序的明确规定。但也有一些非征收类补偿,并无适用程序的成文依据,例如政策类补偿、行政合同的补偿等,补偿程序规定的不足使相对人难以有明确的法律程序申请行政补偿,也为行政机关的推诿留下空间。

3. 完善我国行政补偿程序的构想

我国行政补偿程序的完善可从两个途径入手:第一个途径是加强行政补偿程序的立法;第二个途径是健全现有立法。

加强行政补偿程序的立法,就是要在与行政补偿有关的法律规范当中,明确行政补偿的程序。如关于行政许可被撤销后,相对人如何申请行政补偿,就可在行政许可法的实施细则或试行办法中作明确规定。当然,加强补偿程序立法,也包括在统一的《行政程序法》中,规定行政补偿应遵循的基本程序规则。我国征收以外的行政补偿多数未有程序方面的规定,在统一的《行政补偿法》中对补偿程序作原则性规定,对于完善非征收类补偿程序似乎更有效率。

健全现有立法,是指对现存行政补偿程序的缺陷进行分析,在立法中予以改进。健全现有立法,可从以下方面入手:

(1) 建立拆迁谈判机制,让房主和开发商有一个平等交流的机会,平等协商补偿费用和安置问题。在补偿问题上,要贯彻公正补偿原则。公正补偿是以充分补偿被拆迁人利益为核心,拆迁补偿不仅要补偿被拆迁人的房屋损失,而且还要补偿被拆迁人的宅基地使用权。当前房屋拆迁中存在的一个重大问题就是补偿数额过低,之所以过低,原因正在于只补偿被拆迁人的地上建造物,而不补偿其宅基地使用权。

(2) 在房屋价格评估上[①],应取消由开发商聘请评估机构来评估的做法,采取公开、公正的程序如招标方式或开发商与拆迁人代表共同指定的方式来选择评估机构,双方就委托评估机构协商不成的,也可由房屋拆

① 司坡森博士关于建立科学的损害评估机制有系统的论述指出,实现损害评估的市场化是健全损害评估机制的关键,关于损害评估的步骤,包括:(1) 共同委托评估机构;(2) 以评估听证为核心,确保评估过程和结果的民主参与和公开;(3) 再次评估制度;(4) 时效、尽职、解释及回避制度;(5) 评估协作义务;(6) 评估费用;(7) 评估结果无效的原因及对违法评估机构的处理。详见司坡森:《论行政补偿》,中国政法大学2004年度博士论文,第165—166页。

迁管理部门推荐评估机构由双方委托进行评估。评估费用由拆迁人承担,评估机构的独立性与专业性是公正的保障。对拆迁人单方委托的评估公司作出的评估报告,如果被拆迁人提出异议并申请行政裁决的,在行政裁决中裁决机关不得将其作为主要证据使用。[①]

(3) 将补偿程序的完成作为征收的前置程序。未达成补偿协议,不得对公民财产强制征收。近年因拆迁行政裁决和行政强制执行不规范引发的上访已经成为群体性拆迁上访的主要原因之一。将补偿作为征收的前置程序目前在有关房屋拆迁的立法中已开始有所体现。如根据建设部发布的《城市房屋拆迁行政裁决工作规程》[②],拆迁人未按裁决意见向被拆迁人提供拆迁补偿资金或者符合国家质量安全标准的安置用房、周转用房的,不得实施强制拆迁。

(4) 对非征收类补偿,要在有关立法中规定其申请补偿的一般程序,该程序除应包括申请的提出、审查、补偿金发放等基本步骤外,尚应在期限上予以细化,具体应包括相对人提起补偿申请的时限、行政机关审查的时限、补偿金发放的时限,等等。使相对人申请行政补偿有法定的程序可遵循,也使行政机关处于法定程序的监督之下。

(5) 强化公开参与性。以公共利益为由采取强制规划、征收、征用等特殊行政措施,会严重影响到公民的基本权利,必须做到决策和执行全过程的公开透明,依法保障行政相对人的知情权、听证权、陈述权、申辩权、参与决策权等程序权利和民主权利的有效行使。如果在考量土地、财产征收或者征用措施的必要性、公益性及其补偿的公平性的过程中,利害相关的民众却不能表达意愿、协商条件、参与决策、寻求说法,这肯定不符合现代法治的又一基本内蕴——程序公正和参与民主的要求。

(6) 简化行政补偿程序。程序繁琐,求偿路遥,必然望而生畏。成本大于补救的公正很难说是公正,迟来的公正更不是公正。对于权利人寻求补偿救济而言,补偿程序应尽可能简便易行,降低求偿成本(包

---

① 我国实践中已有类似案例,法院在判决时对裁决机关依据拆迁人单方委托的评估机关做出的评估报告所作的判决被法院以证据不足为由撤销。参见《宋莉莉诉宿迁市建设局房屋拆迁补偿安置裁决案》,载《最高人民法院公报》2004 年第 8 期。

② 该《规程》自 2004 年 3 月 1 日起施行。

括财物成本和时间成本)。但简化也是辩证的,基本的补偿程序不能免除。因为行政补偿涉及财政资金(也即纳税人的钱)的大量单方支付,如果程序不健全,易生弊端,故须对行政补偿行为实施有效的法律监督。

第九章　我国香港特别行政区的行政赔偿制度

香港属于普通法适用地区，法律制度基本沿袭普通法的原则与传统。尽管回归后香港需适用中国的部分法律，但所涉范围十分有限[①]，仍以原有的普通法、衡平法、条例、附属立法[②]及习惯法为主。这一特点同样体现在香港的行政赔偿制度上。基于英国法制中"国王不能为非"的法律传统，英国直到1947年《王权诉讼法》颁布以前，并不存在所谓的国家赔偿责任。受其影响，香港的行政赔偿制度建立较晚。在英国的《王权诉讼法》实施10年后，香港制定了《官方法律程序条例》(Crown Proceedings Ordinance)[③]，政府及相关公共机构开始承担侵权行为责任。虽然有学

---

① 《中华人民共和国香港特别行政区基本法》第18条第2款和第3款规定，全国性法律除有关国防、外交和其他按规定不属于香港特别行政区自治范围的法律外，不在香港特别行政区施行。

② 香港的条例(Ordinance)和附属立法(Subordinate Legislation)是香港立法机关制定的成文法。条例是立法会制定的法律；附属立法不是立法会制定的，而是由立法会授权其他个人或机构制定的。除非得到立法会以条例的形式直接授权，任何行政机构或其他政府机构无权制定或颁布有法律效力的规范性文件。参见陈弘毅：《香港法制与基本法》，香港广角镜出版社有限公司1987年版，第13页。

③ 《官方法律程序条例》，1957年A81号政府公告，香港法例第300章。此译名由香港律政司及政府资讯中心提供的双语法例资料系统(Bilingual Laws Information System)提供。

者[①]认为这一条例的颁布使香港的宪政发展更接近法治理念，但与大陆法系地区以及中国的《国家赔偿法》相比，仍显保守与不足。因香港行政申诉体制(the Administrative Complaint System)的复杂性，缺乏明晰可循的法典指引，判例较为繁杂，所以学界及实务界较少有系统、全面的论述。本部分拟对香港的行政赔偿制度作一梳理，在分析其实践的基础上探讨相关的法律问题。

一、香港的行政救济体制与官方诉讼

(一) 行政救济体制概述

香港行政救济体制的确立和发展与社会经济条件的进步密切相关。随着20世纪70年代中产阶层的崛起、公共行政的长足发展，以及新一代公务员的出现，来自外界和政府自身对透明、公开、责任行政的要求日益提高。70年代，香港确立了较为广泛的建议与咨询网络，80年代通过提高民选议员的地位对监督行政和处理行政申诉起到了重要作用。80年代后期、90年代初，行政事务申诉专员(the Commissioner for Administrative Complaints)、行政上诉委员会(the Administrative Appeals Board)和市政服务上诉委员会(the Municipal Services Appeals)的确立，使得香港的行政救济体制得以形成。与此同时，申请司法审查(Judicial Review)的案件数量自70年代后不断增多，表明社会的发展需要一个更加公平、正义的政府。

广义上，在行政系统内存在三种救济形式解决行政争议。[②] 第一种是行政机关的内部申诉制度，凭借重新听证(Rehearing)或上诉(Appeals)[③]，受到争议的行政决定被维持、变更或者撤销；第二种是特定行政机关的特别申诉制度，这类机关往往设置特定的专门机构处理特定

---

① O. Hood Philips & Paul Jackson, *O. Hood Philips "Constitutional and Administrative Law"*, 7th ed., London: Sweet & Maxwell, 1987, p. 704. Cited by Peter Wesley-Smith, *Constitutional and Administrative Law in Hong Kong*, 2nd ed., Hong Kong: Longman Asia Limited, 1994, p. 229.

② 香港的行政申诉类似我国大陆的行政复议，包括对事实问题和程序问题的申诉(complaints on both merits and procedure)；申诉人指受到行政决定侵害并希望对其重新审查的人，申诉可以是上诉(Appeals)、复核(Reviews)和异议(Objections)。

③ 重新听证是对案件的一次新的审查，而上诉仅限于审查行政决定作出过程中的错误。

类型的行政决定，如入境事务审裁处(the Immigration Tribunal)仅受理对入境事务处处长有关迁移或驱逐出境决定的上诉，警务人员申诉办公室(the Complaints Against Police Officers Office)只处理对警务人员提出的申诉；第三种是一般申诉制度，有权的申诉机关能处理任何行政申诉案件，对广泛的行政决定具有管辖权，行政事务申诉专员、行政上诉委员会属于这一模式中的有权机关。另外两个机构，行政长官会同行政会议(the Chief Executive in Council)[①]和立法会秘书处(the Legislative Council Secretariat)也属此类。

由于制度化的行政救济体制在香港历史较短，政府官员、公众，甚至司法机构对于何谓良好行政都缺乏清楚的认识，因此实践中往往借助域外英美法系国家或本地区已经确立的原则或先例进行裁判。

(二) 救济体制之比较

三种行政救济形式各有其适用的范围与特点，不能一概而论何者更完善或更优越，这取决于申请人欲达到的救济目的。

具体说，第一种形式由于没有严格的时间限制和程序规定，因此相对有效、成本较低。但缺乏清楚明确的指导，申诉人不知向谁、怎样以及何时提出申请，整个过程由行政裁量而定，无论申诉成功与否，行政机关在作出最终决定时不须向申诉人说明理由。因此，这种救济形式的公正性受到质疑。[②]

第二种形式相较前者，规则十分清楚，有利于申诉人提出申请。审查程序通常是讯问式的、非正式的，尽管会考虑程序瑕疵，但绝大多数案件只审查事实问题，不涉及法律问题。法定审查机关的权限并不一致，有的仅有建议权，有的则有完全的决定权，可以撤销、变更或维持行

① 香港回归前，行政长官会同行政会议被称为总督会同行政会议(the Governor in Council)。

② See Hannam v. Bradford Corporation [1970] 1 WLR 937. 在这一案件中，地方教育当局维持了一个校董会解雇一名教师的决定。上诉法院依据偏私规则撤销了这一决定，因为地方教育当局作出维持决定的委员会中的三名成员同样也是校董会的董事，即使他们没有参加校董会解雇教师的会议，形式上也有违公正原则。

政决定。① 因这些机关作出的决定会受到司法审查的约束，故有助于促使其严格遵守法定规则，但也正因此导致其在时间限制上过度僵硬、申请条件上过于繁琐，证据发现规则上过于复杂。此外，虽有法律规定保证审查机关的独立性，但因其组成人员多为行政或公共官员，因而其客观公正性也难以保障。

第三种形式的案件管辖权较前两者广泛，审查机关能处理任何类型的行政申诉：行政事务申诉专员具有良好的独立性，程序正规；行政上诉委员会对事实问题具有完全的审查权，聆讯（hearing）公开进行，可以维持、变更、撤销行政决定，或者替代作出它认为合适的决定，或将案件发回被申诉人进一步考虑，对与上诉有关的法律问题，委员会可以请求上诉法院作出决定；行政长官会同行政会议能受理广泛的法律未作明确规定的其他申诉、呈请（petitions）或异议（objections），但其决定属于行政性而非司法性或准司法性，须受司法审查约束；立法会秘书处由非官方人员构成，能处理对所有问题的申诉，但其作用更多的是作为申诉人和政府部门之间的调停者，在政治而非法律方面发挥影响。

上述这些机关中值得一提的是行政事务申诉专员。在一个重要案件的判决中，申诉专员否定了有关官方豁免（Crown Immunity）的主张，指出认为只有政府能决定何为最有利于公共利益及个人利益的观点是错误的。专员认为，如果一个政府坚持这种观点并不听取反对意见，不过是独裁专断罢了。② 政府及其工作人员的豁免问题，与受到行政决定不利影响的申诉人能否获得行政赔偿问题有密切联系。但上述三种行政救济体制中并没有明确规定政府的赔偿责任，如果申诉人希望对因行政决定而遭到的损失进行赔偿，需要通过民事诉讼解决。在香港，不存在一个特别的行政赔偿诉讼程序，以及一个专门处理行政案件的司法机构。

除了上述行政途径能够受理行政申诉外，司法审查（judicial review）

---

① 前者如对渔业统管组织（the Fish Marketing Organization）作出的决定可以向渔业统管顾问局（the Fish Marketing Advisory Board）提出复核申请，顾问局应当向行政首长建议是否维持、撤销或变更决定，而不能直接作出复核决定，该决定权属于行政首长，参见《海洋渔业（统管）条例》第 17 条（Marine Fish (Marketing) Ordinance, s. 17）。后者如精神健康复核审裁处（Mental Health Review Tribunal）、城市规划上诉委员会（Town Planning Appeal Board）和市政服务上诉委员会（Municipal Services Appeals Boards）。

② Case No. OCAC 35/93, *Annual Report of the Commissioner for Administrative Complaints, Hong Kong*, Government Printer, 1994, p. 95.

是有效的司法救济方式。对于申诉决定不服的申诉人可根据香港《高等法院条例》[①]和《高等法院规则》[②],向高等法院的原讼法庭提出司法审查申请。法庭可以作出移审令撤销某一行政决定;也可作出履行义务令,命令行政机关或公共机构作出某种行为;还可以作出禁止令,禁止行政机关或公共机构作出或继续作出有关行为。申请人在申请司法审查的同时提出损害赔偿申索的,法庭根据有关规则进行审查,如果信纳此申索若是申请人在诉讼中提出并可获予赔偿的,法庭可将损害赔偿判给申请人。但实际上,由于司法审查的程序设计极为繁复,加之涉及司法权与行政权的关系,因而法庭判决损害赔偿的比率往往较小,不及一般通过民事诉讼对政府提起诉讼获得赔偿的可能性高。

(三)官方法律程序条例与"官方特权"

在英国,传统法制基于"国王不能为非"和"国王不能被诉于自己法庭"的准则,认为王权不对其契约和侵权行为负法律责任。但随着与契约相关的救济形式——权利请愿书(petition of right)的出现,原告通过获得权利背书"实现正义"(Let right to be done, fiat justitia)而能在普通法院提起诉讼,英国法制的发展影响着香港的法治实践。在官方法律程序条例制定以前,任何在性质上与英国的权利请愿书相同而能对王权提起诉讼的权利主张,都能在最高法院以检察总长为被告提起诉讼。但诉讼的进行必须得到香港总督的同意。总督可以拒绝,理由如同英格兰检察总长拒绝时认为正当的理由。尽管如此,法官仍否定官方的侵权行为责任,只受理针对特定不法行为的官员提起的诉讼。这一情形无疑与法治原则相违,尤其随着政府权力的扩张而日益加甚。因此,仿效英国的《王权诉讼法》,香港终于于20世纪50年代制定了《官方法律程序条例》。

1.《官方法律程序条例》

《官方法律程序条例》就对政府或由政府提起的诉讼,明确规定了实体条件和程序要件,主要包括:(1) 任何针对政府提起的民事诉讼,其权利主张在强制执行以前需得到总督同意的要求被废除,这种主张现在是

---

① 《高等法院条例》第21K条,香港法例第4章。

② 《高等法院规则》第53条,香港法例第4A章。

当然的权利，无须总督同意。[①]（2）凡对政府提起或由政府提起的民事诉讼，或以政府作为一方当事人的民事诉讼，须解释为包括以律政司司长或任何政府部门或任何作为政府人员的工作人员为一方的民事诉讼；政府人员（officer）包括政府的任何受雇人，代理人（agent）包括由政府雇用的独立承办商。[②]（3）政府如果作为一名成年且具完全行为能力的私人时，应对其受雇人或代理人所犯的侵权行为，或违反按照普通法隶属于财产所有权、占有权、持有或控制权的责任，承担侵权行为责任，那么政府就应当对其侵权行为承担全部责任。[③]（4）在诉讼中，法院有权作出其在平等私人之间的民事诉讼中有权作出的所有命令，并有权根据案件所需给予适当的救济，但在对政府提起的诉讼中，如所寻求的救济是一般民事诉讼中以强制令（injunction）或特定履行令（an order for specific performance）的方式作出的救济，则法院不得发出此类命令，可代之以一项宣布诉讼各方权利的命令（an order declaratory of the rights of the parties）；在针对政府提起的收回土地或其他财产的诉讼中，法院不得作出收回土地或交付财产的命令，可代之以一项宣布原告有权享有该土地或财产或其管有权的命令。[④]（5）对政府提起的诉讼如果胜诉，法院应向原告发出载有被告须支付的损害赔偿或其他付款、或规定须支付的任何讼费的证明书，政府库务署署长应当向有权获得款项的人支付证明书上载明的款额，及合法到期应支付的利息（若有）。[⑤]（6）其他例外情形及官方豁免，如对私人身份的英国女皇无权提起侵权行为诉讼，或如对政府人员或代理人的行为、疏忽或失责无权提起诉讼，除非该人已由政府直接或间接委任，并在实际任职时期获得报酬。

就契约责任而言，政府在某些方面相对于其他机构仍享有优越地位。如果立法机关不能给政府提供充分履行其义务的资金，契约就不能被强制执行；受雇于政府的公务员，不能对错误结束他们的雇佣合同的行为提

---

① Cap 300, s.3.
② Cap 300, s.2.
③ Cap 300, s.4(1).
④ Cap 300, s.16.
⑤ Cap 300, s.21.

起诉讼[1];在与社会福利相关的事务中,政府作出行为的自由不能因契约而受限制。

就救济方式而言,用于私人间的强制命令,不能适应于对官方(Crown)提起的诉讼。但是,"官方"究竟何指?尽管一般把官方理解为政府的行政机构(the executive government),但《官方法律程序条例》以及释义及通则条例(Interpretation and General Clauses Ordinance)[2]均没有明确限定。根据《官方法律程序条例》第16条,立法者明显希望将官方和官方人员区别开来,并允许对后者发出强制令,但该强制令不会对官方本身发生效力。韦德认为,官方人员的豁免权从来就不存在。官方豁免与官方人员不受豁免的明确界限,早已为18世纪的两个具有宪法里程碑意义的案件[3]所奠定,它构成法治的基础。[4] 后有学者[5]指出,官方本身亦应服从强制令。香港的《人权法案条例》(Hong Kong Bill of Rights Ordinance)第6条允许法庭作出针对官方的强制令[6],突破了《官方法律程序条例》的限制。

2. "官方特权"(Crown Privilege)

虽然"官方特权"在很大程度上不符合现代法治的要求,但它在香港的《官方法律程序条例》中[7]中仍有所保留。以前,如果某位部长或机关首长在诉讼中对披露有关文件提出异议,那么这种异议是决定性的,法院不能调查这些文件,也不能决定是否应得到这些文件。但现在法庭认为其有权以公共利益为由而推翻政府所声称的异议。

---

① See David Clark, "The Legal Framework", in Ian Scott and John P. Burns (eds.), *The Hong Kong Civil Service: Personnel Policies and Practices*, Hong Kong: Oxford University Press, 1984, ch. 3.

② 《释义及通则条例》,1966年第88号法律公告,香港法例第1章。

③ Willkes v. Wood (1769) 19 St. Tr. 1406 and Entick v. Carrington (1765) 19 St. Tr. 1030.

④ See H. W. R. Wade, "The Rule of Law Only Just Upheld", (1992) 108 (Apr.) L. Q. R. pp. 173—175.

⑤ See Stephen Sedley, "The Insolence of Office", University of Hong Kong, Law Working Paper No. 2. 1992.

⑥ See Andrew Byrnes, "The Impact of the Bill of Rights on Litigation", in Judith Sihombing (ed.), *Law Lectures for Practitioners* 1992, Hong Kong: Hong Kong Law Journal Ltd., 1993, 225n.

⑦ 如《条例》第24条第(1)项规定:"在符合并按照法院规则的情况下,(a) 在以官方作为一方的最高法院或地方法院的任何民事法律程序中,法院可规定官方透露文件和交出文件以供查阅;及(b) 在前述的法律程序中,法院可规定官方回答咨询,但本条并不损害以披露文件或回答问题会危害公共利益为理由而授权或规定不交出文件或不回答问题的任何法律规则。"

实际上,"官方特权"之所以用引号表示,是因为首先它已不再被认为是一项特权,而是一种豁免,不能被放弃;其次,不仅仅只有官方才能反对披露有关文件,如果这种文件危害公共利益,那么另一方当事人也能作出反对,这时法院应在要求者与反对者之间,根据公共利益进行权衡并作出决定。因此,"官方特权"与其称为"特权",毋宁称为"公共利益豁免"更为恰当。

实际上,《官方法律程序条例》的适用范围有限。律政司的一项研究认为,尽管《香港特别行政区基本法》第 14 条和第 22 条清楚地规定,中央及各部门、各省、自治区、直辖市在香港设立的一切机构及其人员,以及驻军人员必须遵守特别行政区的法律,但并没有说明哪些条例应约束他们。国家是一个独一无二的权力和责任机构,职能和职责有别于私人机构。因此,在对公共机构提起法律诉讼的特别规则发展过程中需注意,用私法的补救方法控诉国家不一定符合公共利益。容许提起一般诉讼以寻求公法救济,可能会严重影响公共机构的工作效率。从公共政策或公共行政的角度看,把国家赔偿的范围延伸至刑事程序以外的赔偿,可能会涉及庞大费用并使其他有关资源受到影响。这种认识与我国大陆制定《行政诉讼法》和《国家赔偿法》时的考虑因素相似。

总体上看,香港的行政赔偿受英国普通法的影响很深,政府按照民事诉讼程序及民事赔偿的原则承担责任。政府被视为有行为能力的成年人,强调主观过错责任,法律规定的豁免范围较宽。

二、行政赔偿的类型与实践

由于深受英国法制影响,因此香港在行政赔偿问题上多借鉴英国及其他普通法地区的规则与实践,案件的判决遵循先例原则。在香港回归前,当事人依普通民事诉讼对政府提起的损害赔偿诉讼,以英国的检察总长为被告,回归后则改为政府律政司司长。行政赔偿类型以侵权行为责任为主,但随着现代行政的发展,危险责任以及契约责任开始逐步受到重视。实践中一般遵循这一原则,即行政对于有过错的行为应当承担责任,因此无效的行政行为、提供错误建议、违反行政契约等行为引起的经济损失都有可能引起赔偿责任。普通法上的某些范畴,如过失、违反法定义务、故意侵害等,同样适用于行政赔偿领域。

(一) 侵权行为责任

按照普通法,行政机关工作人员执行职务时的侵权行为责任,适用雇主对受雇人职务上的侵权行为负连带责任的原则。在一个诉警务人员的案件中①,上诉法官认为,法律的基本原则是,如果雇主明确或暗示地授予其雇员代表雇主行为的权利,那么不论雇员的行为是否违法或不当,也不论违法的程度或性质,雇主对于雇员的这种职务行为应承担代理人的责任。

《官方法律程序条例》(以下简称《条例》)第 4 条规定了行政机关的侵权法律责任。其中第 1 款规定:"在符合本条例条文的规定下,官方假若为一名成年而具有完全行为能力的私人时本会(a) 就其受雇人或代理人所犯的侵权行为;(b) 就某些责任的违反,而按照普通法该等责任是任何人因作为雇主而对其受雇人或代理人负有的;及(c) 就某些责任的违反,而按照普通法该等责任是依存于财产的拥有、占用、管有或控制的,而须承担某些侵权法律责任,则官方须承担所有该等责任:但不得就官方的受雇人或代理人的任何作为或不作为而凭借(a)段针对官方进行法律程序,除非该作为或不作为若非有本条例的条文本会产生一项针对该受雇人或代理人或其遗产的侵权诉讼因由。"②根据《条例》规定及相关判例,侵权行为责任主要包括下述四类:

1. 职务违法责任

职务违法行为是指违法执行职务的行为,强调行为人的主观过错,即恶意或故意违反。在检察总长诉 Ng Kee 一案中③,答辩人(被上诉人)申

① Kimmy Suen King-on v. Attorney General [1987] HKLR331 (CA).

② 该条款的英文表述是:"Subject to the provisions of this Ordinance, the Crown shall be subject to all those liabilities in tort to which, if it were a private person of full age and capacity, it would be subject-(a) in respect of torts committed by its servants or agents; (b) in respect of any breach of those duties which a person owes to his servants or agents at common law by reason of being their employer, and (c) in respect of any breach of the duties attaching at common law to the ownership, occupation, possession or control of property. Provided that no proceedings shall lie against the Crown by virtue of paragraph (a) in respect of any act or omission of a servant or agent of the Crown unless the act or omission would apart from the provisions of this Ordinance have given rise to a cause of action in tort against that servant or agent or his estate."

③ Attorney General v. Ng Kee [1978] HKLR 52(CA).

请对其出租车重新发出许可牌照，运输署署长意图根据《道路交通（出租车、公共小型巴士和公共汽车）规例》（现已废除）第6(c)条拒绝其申请。此后确定，运输署署长错误地适用了法律，尽管他可能合法地依据第6(b)条行使其职权。初审法院认为该案存在一个职务行为且损害应当恢复，因为运输署署长的行为不仅未能遵守对官方及其工作人员具有约束力的法定义务，而且构成故意、独立的误用职权。但在上诉中，上诉人争辩，代表官方执行职务的行为并不构成法律规定的侵权。上诉获胜。上诉法庭判决认为，尽管运输署署长的行为超越权限，并且该行为给答辩人造成了损失，但答辩人无权请求损害赔偿，唯一可得的救济是获得一项确认行为违法的宣告（declaration）。因为对原告而言仅证明被告的行为造成了损失是不够的，他还必须证明被告的行为构成法律上承认的侵权行为，但本案中运输署署长的行为并不是普通法所规定的任何侵权行为。法院也不需要考虑违反或可能违反契约，因为双方当事人之间并不存在契约关系。并且判决表明，法官认为运输署署长的行为是一个"诚实的错误"（an honest mistake）。这个案件的关键问题在于，如果执行职务的行政人员没有恶意或不知道超越职权，那么因该行政行为而遭受损失的人有无提起侵权诉讼的理由？作出判决的法官否认了这种可能性，他引用另一著名判决[①]的判词予以说明，"要求一个人履行作出一项决定的公共义务，如果他履行了义务并且是出于诚实与善意，那么即使该决定的法律效果对其他人的自由或财产造成了不利影响，我们基本的法律原则是对他予以保护，因为要求一个秉承善意履行义务的人，仅因该决定对他人产生的法律效果而受到危险，与我们的法律原则不相符"。从判决理由和结果看来，法律过于强调行为人的主观过错，忽视了作为行政机关相对人和其他人合法权益的保护。

另外，对于职务违法责任，《官方法律程序条例》规定了某些特定情况下适用该《条例》的条件。《条例》第4条第2款规定，政府受任何法定责任的约束，但其条件为，如果该责任对非政府及政府人员的人亦具约束力，那么在符合条例规定时，若政府作为一名成年且具完全行为能力的私人需对其未履行责任承担侵权法律责任，则政府须承担所有该等责任。第3款规定，根据普通法的任何规则或根据成文法则或法规，将任何职能

① Lord Moultion in Everett v. Griffiths [1921] 1 AC 631.

赋予或委予政府人员,而该名人员在履行或其意是履行该等职务时犯有侵权行为,则政府的侵权法律责任与其下达之命令相当。也就是说,只有在该人员履行其所授职权时发生侵权行为,才可能导致政府应承担的侵权法律责任,如果不是因该等授权而发生的侵权行为,政府不需负侵权责任。《条例》还对某类人员作出免责规定并保留对政府提起的对物诉讼。根据《条例》,司法人员①、邮政人员②、武装部队成员③均属于免责人员。有关对属于政府的船舶或航空器,或属于政府的货物或其他财产提起的申索,不被法律允许,法院也不能授权扣留或就上述物或财产给予任何人留置权,除非原告有合理理由证明该物或财产并非政府所有。④

2. 过失责任

根据布莱克法律词典⑤,过失是指依据调整人们行为的通常考虑因素,疏忽去作一个理性的人应作出的某种行为,或某种行为的作出是一个理性、谨慎的人本不会去作的;这一概念仅指法律上的过错或失职,它导致一个人未能表现出应尽的注意,无论这种过失是轻微、一般还是严重。过失主要以怠慢(inadvertence)、轻率(thoughtlessness)、不经心(inattention)等类似表现为特征,而恶意(wantonness)或鲁莽(recklessness)则以故意为特征。过失规则的基础在于每个人对他人作出行为时,应当履行其应尽的正当注意(due care)义务,这种义务有可能导致损害的发生。在这里,行政赔偿中的过失责任就是指行政机关执行职务时没有履行应有的注意义务,即有过失存在,构成侵害行为。

(1) 疏忽调查或监督

在考虑过失责任时,如果涉及行政机关运用制定法上的职权,法院有权对授权进行解释。如果没有过失,即使产生损害,行政机关也不承担法

---

① Cap 300, s.4(5).

② Cap 300, s.7.

③ Cap 300, s.8.

④ Cap 300, s.25. 该条规定:"Nothing in this Ordinance shall authorize proceedings in rem in respect of any claim against the Crown, or the arrest, detention or sale of any ships or aircraft belonging to Her Majesty or the Government, or of any cargo or other property belonging to the Crown, or give to any person any lien on any such ship, aircraft, cargo or other property."

⑤ See Black's Law Dictionary: Definitions of the Terms and Phrases of American and English Jurisprudence, Ancient and Modern, 6th ed., St. Pan, Minn: West Publishing Co., 1990, 1032.

律责任。英国上议院一个关于公共机构疏忽调查责任的判决[①]，对过失责任的法律发展具有重大影响。

上议院认为，地方当局有责任遵循1936年的《公共卫生法》规定的检查房屋地基，给予房屋最终所有者相应关注的职能。如果雇员粗心大意地检查地基，或根本没有检查，那么在履行制定法规定的审慎义务方面，地方当局就没有给予合理的关注以确保相关的职责合理地履行，因此负有过失责任。1978年，韦伯福斯勋爵（Lord Wilberforce）对该案提出了著名的有关过失责任的两阶段确定法："首先，在被指控违法的被告和声称受到损害的原告之间是否存在充分的相邻关系，以至根据前者合理的思考可以预见，其自身的疏忽大意有可能导致后者的损害——在这些案件中一个初步注意义务被确定。其次，如果第一个问题的答案是肯定的，那么就有必要考虑是否对责任范围，或负有注意义务人的类型，或违反该义务引起的损害，存在某些否定、减少或限制因素。"[②]

尽管这一确定方法被广泛接受，并被大量引用于其后的案件审理中[③]，但仍有不同意见或主张。金克尔的凯思勋爵（Lord Keith of Kinkel）在1985年的皮波第捐赠基金管理人诉林塞·帕金森爵士及有限公司案[④]中认为，在每个案件中真正的问题是，一个特定的被告是否对一个特定的原告负有注意义务，并有努力履行义务的机会，是否该被告处于违反义务的状态并因此给原告造成损失。义务的范围取决于案件中所有的环境因素。在判定一项注意义务时，法庭应当考虑其是否正当、合理。在枢密院审理的阮昆钥诉检察总长案[⑤]中，凯思勋爵更明确指出，恩斯案中的两步确定方法并不能适用于判断注意义务的任何情形，仅有对损害的可预见性不能创设一种义务。在1991年墨菲诉布兰特伍德地区议会案[⑥]中，凯

---

① Anns v. Merton London Borough Council [1978] AC 728，即恩斯诉伦敦的默顿镇（1978年）。

② Anns v. Merton London Borough Council [1978] AC 728, 751—752.

③ 例如，在1983年上议院审理的小布莱克诉威特奇一案中，罗斯奇尔勋爵运用这种方法判决一个建筑物的所有者对承约建造地板的专业机构造成的工厂地板缺陷引起的损害，获得赔偿。上议院的判决认为，承约者负有义务不安装有缺陷的地板，不使建筑物的所有者遭受因此种瑕疵而引起的经济损失。

④ Governors of the Peabody Donation Fund v. Sir Lindsay Parkinson & Co Ltd [1985] AC 210.

⑤ Yuen Kun Yeu v. Attorney General [1987] HKLR 1154；[1988] AC 175 (PC).

⑥ Murphy v. Brentwood District Council [1991] AC 398 (HL(E)).

思勋爵认为,只有在某些公共政策的特别考虑因素排除了任何注意义务后,确定的第二步才开始起作用。第二步判断只是确认,这种性质的损害是否属于地方当局对原告应尽的注意义务。凯思勋爵指出,施加于地方当局的义务在性质上远远超出了对安全和健康造成损害的合理注意义务。如果地方当局对某义务负有责任,那么房屋的建造商也必须负有类似的这种义务;如果建造商应当如此,那么在逻辑上或原则上,这一义务就没有理由不延伸到类似的动产制造商,这可能会开启一个非常广泛的索赔范围。在美国,法院已经发展出一种观点,因粗心大意的制造引起的对动产本身的损害,不能构成过失责任或产品责任的诉因。恩斯案的判决效力必须保持在合理的范围内,而且只有严格地适用韦伯福斯勋爵的观点,以及排除判决本身的逻辑暗示才可能使判决合理有效,因为这种逻辑推理与长期确定的过失侵权责任相冲突。基于公共利益,地方当局和建造商应承担的责任范围和程度,最好留给立法者考虑。

凯思勋爵在皮波第捐赠基金管理人诉林塞·帕金森爵士及有限公司案的判决,被英国上诉法院援引于 1986 年审理的工商投资有限公司诉南贝得福德夏区议会一案。法院认为,房地产开发商本身违反制定法义务,在不适当的地基上建造仓库,指控地方当局未对其尽保护义务,使之免受因对地方当局专业性咨询的"灾难性依赖"而受的损失,既非正当也非合理。尽管凯思勋爵的不同主张在其他案件中得到尊重,其他法官也有不同意确定注意义务的两步方法[①],但是在加拿大和新西兰,韦伯福斯勋爵的确定方法仍然继续得到适用。这些普通法地区的判例对于香港来说,具有先例作用。当然,法院在审理判决时究竟适用哪一个,取决于案件的具体情况以及审理法官的判断。

(2)过失建议

行政机关或公共机构是政策的制定者和执行者,尽管根据当事人申请对有关政策作出的意见并不具有强制力,也不产生直接的法律效果,但如果当事人因对其意见或建议产生合理的信赖并据此而采取某种行动,

① 如 Council of the Shire of Sutherland v. Heyman (1985) 157 CLR 424,澳大利亚高等法院拒绝遵循恩斯案的判决,法官布伦南(Brennan J.)表达了不同意见,认为法律有关过失种类的确定,应该逐步地并通过与已确定类型相类比发展,而不应该通过广泛适用初步注意义务来确定,这种初步注意义务仅仅只为定义不清的"应当对责任的范围,或负有注意义务人的类型,或违反该义务引起的损害存在否定、减少或限制因素"所限制。

那么若该意见或建议不正确且出自疏忽大意，由此而给当事人造成的损害，当事人有权申请赔偿。

1964 年的赫德利·拜伦诉赫纳及其合伙人案，确定了过失作出错误陈述的人对信赖其陈述的人造成的经济损失负有赔偿责任。这一原则同样适用于行政机关或公共机构。罗森伯格法官（Rosenberg J.）在贝尔诉萨尼市一案中①，清楚阐明了确立这种侵权责任的四个要件：第一，注意义务；第二，作出陈述；第三，信赖该错误陈述而遭受不利；第四，因信赖导致的损失。这一判决被援引在其他案件中。

在 1981 年夏多克诉帕拉玛特市议会案中②，澳大利亚高等法院首席法官吉布斯（Gibbs C. J.）经审查后发现，上诉人在订立合同购买一块土地之前，其法律顾问向当地城市规划部门以及市议会咨询，是否当地的道路拓展计划会影响到当事人意欲购买的土地。在得到规划部门的口头否定回答和市议会的书面证明文书后，当事人签订了土地购买合同，但此后市议会制作了道路拓展计划并拟实施。吉布斯根据赫德利·拜伦诉赫纳及其合伙人案确定的原则认为，一个人过失地错误陈述事实或意见，尽管是诚实作出的，且双方当事人之间不存在合同或信托关系，但他人因信赖其错误陈述而采取某种行为所遭受的损害，过失建议者应当对此负有经济损失赔偿责任。

这一案件中的关键问题是确定市议会是否存在注意义务。依据一般原则，除非一个人知道或应当知道，他人相信其在作出建议或提供信息时已经给予合理的注意，依据这种建议或信息他人采取了某种行动，并且这种信赖和行为是合理的，否则该人并不对他人负有合理注意的义务去提供正确的建议或信息。通常，如果与商业或职业交易有关的建议或信息，明显对接受建议者十分重要，或提供建议者具有某种专业技能，或他人合理地相信提供建议者具有作出建议的能力，那么提供建议者对他人应负的注意义务就是合理的。该案中，市议会正居于这种合理义务的位置中，因此它对该法律顾问的当事人，即上诉人负有注意义务。市议会知道或应当知道，上诉人会依据其作出的证明书采取行为，如果证明错误，他会因此而遭受损失。法庭判决上诉成立，并判决市议会赔偿上诉人因其过

---

① Bell v. City of Sarnia (1987) 37 DLR (4th) 438 (Ont HC).

② Shaddock v. Paramatta City Council (1981) 36 ALR 385 (HCA).

失的错误陈述而受到的经济损失。法庭支持了原审判决所确定的赔偿额,包括上诉人购买土地的价格与受道路拓展计划影响时土地的价值之间的差价,以及因错误陈述而造成的损害金额和相关利息。吉布斯法官认为,上诉人的损失不仅仅包括土地价值的减损,而且包括在合理的时间内为保持土地价值而支出的费用,以及若非市议会的疏忽大意本不会产生的费用。这些费用并不是不可预见的,对过失的错误建议可恢复损害的标准,应当相当于能使原告回复到信赖该建议之间的状态。法官墨菲爵士(Murphy J.)同意该判决,并认为这种过失侵权责任不仅及于经济损失,而且应当延伸至非经济损失。①

从上述案例可以看出,对行政机关或公共机构的过失侵权责任,法庭一般会首先确定是否存在一个合理的注意义务,如果答案肯定,则进一步考虑行政机关或公共机构未能履行该义务是否出于疏忽大意或过失,而非故意。对于当事人因这种过失行为而遭受的损害,法庭一般将赔偿责任限制在可预见的经济损失上,大多数情况下不会涉及非经济损失赔偿。赔偿是补偿性而非惩罚性的,以恢复原状为标准。

3. 违反法定义务的责任

行政机关或公共机构未履行制定法规定的义务,可能引起相应的损害赔偿责任。但这种法定义务只能是有关行政的,而非司法的或准司法的。1987 年的 M. Y. Khan 诉检察总长案中②,上诉人通过电话向香港廉政公署匿名举报俱乐部委员会的经理、官员以及成员有腐败行为。廉政公署的工作人员向被举报人播放电话录音时,举报人的身份被俱乐部得知,并因此而遭解雇。上诉人指称,廉政公署工作人员泄露其身份的行为违反了《防止受贿条例》③第 30 条④的规定,上诉人声称自己因工作人员违反法定义务而受到的损害应得到赔偿。初审判决认为,违反第 30 条规定并不能成为上诉人提起诉讼的诉因,判决原告败诉。上诉人因此而提

① See Mutual Life and Citizens' Assurance Co. Ltd. v. Evatt (1968) 122 CLR 556; [1969] ALR 3; (1970) 122 CLR 628; [1971] ALR 235; also Caltex Oil (Australia) Pty Ltd. v. The Dredge "Willemstad" (1976) 136 CLR 529; 11 ALR 227.

② M. Y. Khan v. Attorney General [1987] HKLR 145 (CA).

③ Cap 201, Prevention of Bribery Ordinance, L. N. 157 of 1999.

④ 该条规定,向任何受调查之人披露他是该项调查的标的,或任何有关该项调查的细节等,即构成犯罪。

起上诉。

主审法官认为,第30条的主要目的在于保证调查的秘密性和效力,因此禁止未授权或无合法权限地向受调查人披露,其正受到一项调查或任何有关调查的细节。从整个条例看,该案中的上诉人并不属于第30条意欲保护的人,上诉被驳回。审理上诉案的其他法官发表意见时进一步指出,判断上诉人是否就第30条规定的法定义务享有诉权,应当从整体上考虑制定法,明确施加给行政机关或公共机构的法定义务究竟用以保护谁的利益。显然,第30条的立法目的是为了公共利益保障廉政公署调查的秘密性,而非对任何私人产生一种法定责任。另一法官援引蒂普洛克爵士(Lord Diplock)的判决①表明,如果法定义务的设立是指向一般公众或公共利益,特定的受害人不能请求赔偿。只有符合两个条件时,赔偿才有可能成立:第一,根据制定法的真实意图,一项义务的设定明显是为保护某一特定种类的个人;其次,制定法给一般公众创设的权利(public right)不是、也不同于给特定个人在遭受"特定的、直接的、实质的"损害时享有的权利。本案中,由于第30条意欲保护的是调查本身的秘密性,并没有为任何特定种类的个人创设任何权利,因此上诉人不能依此获得赔偿。

这一案件以及其他在判决中引用的类似案件②说明,制定法可能为行政机关或公共机构提供特殊的保护或免责事由,因为他们追求的是某种公共利益。若法定义务的创设使一般公众享有某种权利,那么特定的受害人无权请求赔偿。如果受害人能证明,该项法定义务的创设是针对某特定类型的人,而他属于其中一个,那么行政机关或公共机构违背该义务而导致损害发生,并且这种损害在法律上规定有赔偿的意图,则该行政机关或公共机构就负有损害赔偿责任。可见,能够请求赔偿的损害必须是特定的而非一般的、直接的而非间接的,法院有权对违反法定义务是否引起赔偿责任,依据制定法的立法意图作出解释。

4. 故意侵害行为的责任

这种侵权责任的基础是行政机关或公共机构的故意侵权行为,它发

---

① See Lord Diplock in Lonrho Led v. Shell Petroleum Co Ltd (No. 2) at p. 185.

② See Leung Chow Public Car Co. v. Attorney General [1981] HKLR 202; Lonrho Ltd. v. Shell Petroleum Co. Ltd. (No. 2) [1982] AC 173.

生在其履行公共义务的过程中。不论是滥用权力——确切享有的权力的行为，还是超越权限实施的行为，本质要点在于运用或意图运用法定权力时表现出来的故意。故意通常就是怀有恶意，包括动机不正当或恶意的态度。在明知没有权限而仍采取行为，即存在越权或滥用职权的情况下，故意会表现为不同的个人心理状态。但在没有个人恶意或故意的条件下，也可能构成故意侵害行为。这类案件中，执行公共职务的官员由于受到附属于、但未经授权的对其有约束力的行为规则的驱使，会运用职权作出对另一个人不利的决定，尽管没有恶意，但有达到某种结果的动机，而这并不在其作出决定或经授权的裁量权限范围内，那么仍属故意侵害行为。

1986 年 Vermeulen 诉检察总长案中①，原告是一位归化的西萨摩亚人，以未被任命为卫生署署长为由，向法院申请发出多项命令，包括一个确认任命另一人为署长属于违法的宣告令、一个自己有权受到任命的权利宣告令、一个要求有关机构作出任命行为的履行义务令、一个确认调查委员会的调查程序违反自然正义的宣告令，以及一个请求撤销委员会决定和建议的移审令。诉讼一共包括 5 名被告，第一位是前任总理（由检察总长代表政府应诉），第二位是公共服务委员会，第三位是前任卫生部长，第四位是与原告在同一部门的执行署长，第五位是调查委员会的成员，该调查委员会由前任总理设立。原告诉称，被告中的许多人包括前总理故意或恶意地对他实施了各种不利行为，阻止他被任命为卫生署署长。原告因此申请对这种故意侵害行为的惩罚性损害赔偿。

法庭认为，尽管本案中不存在部长对原告的恶意或故意，而且尽管部长阻止任命的原因在于他认为原告的种族出身预先排除了这种任命，但这种心理状态仍达到了法律定义的“故意”。所有这些相关的被告都是公共官员，他们故意滥用其职权，或故意实施了其知道超越职权但仍损害原告的行为。原告受到的损害是被告作出的与职务有关的故意侵害行为所造成。因此，法庭判决原告胜诉，允许发出移审令撤销被告的行为，并判决被告承担惩罚性损害赔偿的责任。

对于这种故意侵权行为的构成要件，大多数判决认为应当包括四个，即（1）公共官员；（2）恶意作出或知道是（3）滥用职权的行为；（4）导致

① Vermeulen v. Attorney General [1986] LRC (Const) 786 (Western Samoa SC).

对原告的损害。实际上,关于"故意"或"恶意"的讨论一直没有定论。英国枢密院认为具有故意是这种侵权行为的本质要件①,而有的则认为就对一个特定个人的有目的的伤害而言,不需确定存在故意。②

(二)危险责任

普通法在传统上不承认危险原则,认为一个人为了自己的目的而实施危险行为时,如果侵犯了别人的权利,即使没有过失也应当承担赔偿责任。但行政活动的目的是为了公共利益,因而普通法事实上否定了与政府有关的行政领域内的危险责任。

在香港,对于行政活动内的危险责任的案例和讨论较少。制定法涉及危险责任的领域一般在环境卫生、职业安全和建筑物法令内。《官方法律程序条例》第 4 条第 1 款承认政府对财产的所有、占有或控制的危险责任。该款第 3 项规定,在符合条例条文的规定下,官方假若为一名成年且具有完全行为能力的私人时,本会就违反普通法上隶属于财产的所有、占有、管有或控制的责任承担某些侵权法律责任,则官方须承担所有该等责任。第 34 条第 4 款也规定,"凡任何财产凭借任何独立于官方的作为或意图而实施的法律规定而归属官方,不得纯粹因财产如此归属官方而致根据本条例官方须承担任何侵权法律责任;但本款的条文并不影响官方根据本条例就官方或代表官方行事的人在事实上取得管有或控制或占用有关财产后的任何期间而须负的法律责任。"

尽管有如此规定,但为了公共利益而实施的行为,如果不存在过错,那么即使对个人造成损害,一般也难以通过诉讼获得赔偿。实际上,在环境保护方面,法律往往会作出比较详细、周全的规定,明确有关政府机关的职责和权限。香港的环境法律适用于政府部门以及私人机构经营的设施或工程。如果私人机构违反法例规定,那么会被发传票,传召到裁判官席前接受聆讯。如果政府部门营办的设施产生污染物而没有立即终止,环境保护署会首先与有关部门联络,有关部门必须制定计划,纠正情况。只有在问题未纠正至环保署署长满意的情况下,署长才会向政务司司长

---

① Dunlop v. Woollahra MC [1981] 1 All ER 1202,1210; [1982] AC 158, 172G (PC).

② R v. Secretary of State for the Home Department, ex p Ruddock [1987] 2 All ER 518, 532 (QBD), accord: Little v. Law Institute of Victoria (No. 3) [1990] VR 257, 270 (Vic SC App Div).

报告违例事项。政务司司长会作出干预，采取最佳的可行办法，终止违例情况或避免有关情况的再次发生。因而，政府部门及公职人员因环境问题违法，一般是通过行政措施解决，而鲜少采取司法途径。

在其他普通法地区，若因公共利益而实施的行为不存在过错，当事人很难就其受到的损害获得行政赔偿。在英格兰和威尔士，有的制定法规定因公共利益而导致的损害，个人可请求获得赔偿，但赔偿额不大。[①] 对此情况，学者们批评认为，既然行政机关为公共利益而活动，那么它造成的损害就应由公众负担，更多地由行政机关承担责任，由受害人单独承担或主要由受害人承担都是不公正的。

（三）契约责任

根据普通法，契约责任的一般规则适用于香港的政府行政机关和有关的公共机构，但由于行政职务的特殊性，在某些方面，行政机关或公共机构比其相对方的普通个人或组织享有更为优越的地位。就此意义而言，在立法机关不能给行政机关提供充足的资金履行其义务时，契约不能被强制执行；受雇于政府的公务人员，在其雇佣合同被错误解除时，不能就该解除行为提起诉讼；并且，当契约关涉的事项与社会福利、公共利益相关时，契约不能限制政府就此事项采取任何行为的自由。实际上，政府的行政契约所能享受到的特权，往往与其行政目的所要维护的公共利益紧密相关，这种目的决定了它不可能像普通私人那样绝对地受契约限制。但是，行政机关也不能借口公共利益随意决定契约的签订或解除。

《官方法律程序条例》第 9 条就政府根据特权或法定权力作出的事情规定了保留条文，主要涉及政府（不论战争时或平时）为保卫领土，或为政府的武装部队的训练或维持效率所可行使的权力或权限。

1976 年的 Choi Sum 等诉检察总长案[②]是行政机关的契约责任与行政特权的一个案例。原告是受雇于政府在新界工作的划界员，依据 1976 年 1 月 7 日开始的与政府发生的劳资纠纷，以合法怠工的方式按章工作。

---

① 如 1979 年《种痘损害偿付法案》规定，在有证据表明种痘引起严重残疾时可支付 1 万英镑的赔偿，1985 年 8 月起增加为 4 万英镑。该数额与有关严重残疾引起的民事侵权赔偿相比，显然很小。

② Choi Sum and others v. Attorney General [1976] HKLR 609.

公务员事务局局长决定，如果划界员仍坚持合法怠工，他们的工资将会被减少30%。这一决定被书面告知划界员并于4月1日起开始执行。与此纠纷相关的另一问题是，划界员为其他政府部门或非政府机构送信，是否属于其职务的一部分。原告向法院提起诉讼，请求获得一项宣告令(declaration)，宣告减薪决定违反契约，送信命令不合法。

法庭审理后判决原告胜诉，认为原告的雇佣契约中没有明确的或暗示的条款使政府能减少其工资，这种减薪构成违约；并且，任何要求原告递送非政府事务的信件的命令违法。在判决中，法庭认为政府与其雇员的关系属于普通契约中的一种，根据一般规则，除非雇员同意，政府只能在契约范围内减薪且契约中有此明确的或暗示的相关规定。实际上，早在1948年，丹宁勋爵就对政府不受约束以免限制其将来行政的原则提出质疑。① 这一质疑被接受，尽管它通常被认为限制在与国家事务相关的范围内。这个案件中，原告非常明确地表示不接受政府的减薪决定，并以公开游行退还了决定书，因此没有理由说存在一个暗示条款表明政府与原告之间的减薪协议。

一般只要契约有效就应当履行。如果契约义务与行政机关的法定权力相抵触，契约就是无效的。实践中，若行政机关或公共机构签订了此类契约，有可能引起契约对方的损失，是否导致行政机关或公共机构的损害赔偿责任仍有争论。普通法上无效的行为并不必然引起损害赔偿，正如前文所述，如果存在故意或恶意，则显然应当承担赔偿责任。

三、行政赔偿的救济方式与相关问题探讨

香港的行政赔偿救济方式分为公法与私法两种。尽管在法制传统上香港没有公、私法的区分，但在救济方式上与政府的行政行为或行政决定有关的申诉或诉讼，仍会不可避免地涉及公法与私法的区分。一般而言，在私法上申请政府的损害赔偿责任，可以通过一般的民事诉讼解决。法庭作出宣告令，宣布双方当事人的权利与义务。在公法上，救济方式表现为特权令，即移审令、禁止令和履行义务令。当事人也可以申请获得司法审查的许可(grant of leave to apply for judicial review)，凭借司法审查获得

① Robertson v. the Minister of Pensions [1949] 1 K.B. 227.

损害赔偿。在司法审查的情形下，法庭可作出任何一种令状，无论是公法上的还是私法上的，如果信纳申请人凭诉讼能得到行政赔偿，那么法庭可以判给申请人损害赔偿。行政申诉专员制度虽然不是司法途径内的救济方式，但它对行政机关和公共机构具有广泛的调查权和管辖权，在实践中起到了促进公开、公正行政和保护申诉人权益的作用。

（一）救济方式及其发展

1. 传统的救济方式

在英国行政法上，传统的公法救济方式被称为特权令，包括移审令（certiorair）——撤销有关行政决定、禁止令（prohibition）——禁止作出或继续作出有关行为，以及履行义务令（mandamus）——命令履行有关义务。对于争议的行政决定，当事人还可寻求私法救济方式，即宣告令（declaration）予以救济，但不能请求法院发出强制令（injunction），强制行政机关履行或不履行特定义务。① 至于暂时权利救济（interim relief）措施，以前认为在未经合适的调查之前，法院不能发出防止权利恶化的临时决定。② 韦德批评了这种做法，认为法院可以作出暂时救济，但只能以宣告令的形式发出命令。目前，临时救济措施已为英国法所接受，法院有权对被诉的政府官员发出临时强制令。香港的行政赔偿救济方式仿效了英国的做法。

（1）特权令

以前特权令的发出需满足两个条件：第一，必须具有影响法律“权利”的权力；第二，作决定者有“以司法方式行为”的职责。这两个条件限制了可予救济的事项以及法庭可以干涉的范围。自 20 世纪 80 年代后，香港法庭开始在判决中改变这一状况。

① 《官方法律程序条例》第 16 条规定，在由政府提出或针对政府提出的任何民事诉讼中，法院有权作出其在平等主体间的法律诉讼中有权作出的所有命令，并有权按案件所需给予适当的救助，但如果所寻求的救济是平等主体间以强制令或特定履行令的方式作出的救济，那么法院不能发出强制令或作出特定履行令，但可代之以一项宣布诉讼各方权利的命令。并且，如果对政府人员授予强制令或作出任何命令的效力是本不可在对政府提起的诉讼中获得的救济，那么法院也不能授予该强制令或作出该命令。

② See Attorney General v. Lam Ying Ching [1964] HKLR 655.

第一,权利与合理期望。

传统上认为权利是一个非常狭窄的概念,存在于某种利益中。只有在有强制性的法律义务不去损害他人利益的情形下,才可认为受损害方存在一个"权利",因而只有影响这种权利的行政决定,才会被适用特权令。但仅仅因为没有"权利"而允许行政机关作出行为却不给予受害人任何救济,在许多情况下是不公平或是错误的。

1967年诉刑事伤害赔偿委员会案中①,尽管申请人没有任何被承认为"权利"的利益,但法庭仍发出移审令。这个案件具有重要意义,一方面它排除了特权豁免,另一方面它承认,行政决定对可实施的权利造成损害的应当予以赔偿。在香港的两个有关案件中②,虽没有严格的法律权利受到影响,但法庭仍认为应当发出特权令以救济相对人的名誉。丹宁勋爵在施密特诉内政部长案③中指出,行政机关必须要给予受其决定影响的人作出陈述的权利。这种义务虽然取决于该人所具有的某种权利或利益,但应当加上合理期望,如果剥夺其听证的机会就会造成不公正。就此,合理期望这一概念被引入英国法。1981年香港判决的 Ng Yuen shiu 诉检察总长案中④,上诉法院认为原告没有在香港逗留的合理期望,但有在被驱逐前得到听证的合理期望。该案以移审令的方式解决。

合理期望可能以公共机构或以其名义作出的某种陈述或承诺为基础,如果有权机构否认这种期望,就会对相对人不公平或与良好行政相违背。这一原则在滥用程序的情况下也适用。但能进行司法审查的行政决定必须已经影响了申请人的权利或合理期望,一个将来可能影响申请人的政策不能被起诉。

第二,以司法方式行为。

以前认为适用特权令的决定不仅要有影响权利的权力,而且还必须是以司法方式作出。如果决定不是以司法或准司法方式,而是以行政或准立法方式作出,则该决定不能适用移审令。这相当于排除了行政接受司法监督的可能性。

① R v. Criminal Injuries Compensation Board, ex parte Lain [1967] 2 QB 864.

② Re Chow Chin wo [1987] HKLR 73 and the Osprey [1987] HKLR 549.

③ Schmidt v. Home Secretary [1969] 2 Ch 149 at 170.

④ Ng Yuen shiu v. Attorney General [1981] HKLR 352.

在一项重要的判决中[①],里德爵士认为误解了这一要求,以司法方式行为的职责应当从影响权利的权力性质中推断。通过行政方式作出的决定不应免予司法监督,因为它具有损害公民权利、利益和合理期望的属性。行政行为必须根据自然正义原则合适地、公平地作出。在帕克爵士一案[②]中,“公平行政”职责首次提出。这一职责被看作是良好行政对作决定者的必需要求,无论决定是司法的、准司法的还是行政的。如今,法庭广泛采纳公平行政的要求作出特权令,以救济受损害的相对人权益。

(2) 宣告令的作用

宣告令属于私法救济方式,能用于对行政机关的决定提起的诉讼中,通过明确的司法判决宣告某一决定越权。它不必受到上述特权令的条件限制,因此被认为能有效弥补公法救济方式的不足。[③]

根据英国法以及香港法律,若政府的某项作为或不作为违法,法院可宣布其不合法。如果作为或不作为引起损害赔偿,法院在评定讼费和应支付的赔偿款项后,应在宣告令中命令行政机关或其人员向胜诉人支付有关赔偿款项。[④]

尽管宣告令并不能要求行政机关或公共机构作任何行为,且其不理会该宣告并不构成藐视法庭,但宣告令仍被认为有效。韦德曾指出:“属宣告令性质的判决本质在于它表明各方的权利或其法律地位”[⑤],“根据行政法,宣告令的一大优点在于它是一个有效方法,补救政府当局(包括部长和官方受雇人,近期更发展至官方本身)任何种类的越权行为。若法院宣布某项行为违法,无论是已经作出的还是建议的,该宣告令就对原告和当局之间的争议作了结论。……由于它不涉及任何强制性的直接威胁但仍有效力,因此特别适用于解决与政府当局之间发生的纠纷。”[⑥]

① Lord Reid in Ridge v. Baldwin [1964] AC 40.

② Lord Parker CJ's judgment in Re HK [1967] 2 QB 617 at 630.

③ Lord Denning in Pyx Grantie Co Ltd v. Minsitry of Housing [1958] 1 QB 554 at 571.

④ Cap 300 s.21.

⑤ William Wade & Christopher Forsyth, *Administrative Law*, US: Oxford University Press, 8th ed., 2000, p.560.

⑥ Ibid., p.562.

2. 公法上救济方式的发展

对于行政行为引起的损害，当事人除可通过普通的民事诉讼请求获得赔偿外，还可寻求司法审查，就行政决定本身的合法性向法院提出复核申请。如果申请人在申请时已同时提出损害赔偿申索，且法庭认为申请人若在民事诉讼中能获得这种赔偿，则可将损害赔偿判决给申请人。[①]由于司法审查专门针对行政行为，因此属于公法救济程序。

司法审查的发展是为了弥补以前公法救济的不足。如前所述，对行政行为提出异议并请求救济的主要方式是特权令，但它们往往设有许多程序条件和限制，在同一诉讼中不能同时请求损害赔偿，再加之存在行政与司法的区分，因此给申请人造成许多困难。这一状况在1979年施行香港最高法院规则后得以改善。通过司法审查，申请人可以在同一程序中获得公法上的特权令或私法上的命令与宣告令。所有种类的救济相互补充，损害赔偿可同时提出，但法律同时对行政机关或公共机构免于无理由或迟延的申索的保护也得到加强。

第一，申请司法审查的条件。

申请人向香港高等法院的原讼法庭提出一项司法审查申请需要满足以下条件：(1) 存在一个行政决定。单纯的意见因并未影响到权利、利益或合理期望，不能申请司法审查。(2) 决定必须由一个享有公法权力的公共机构作出。这种机构可以依据制定法设立，享有法定权力，如死因裁判官和证券交易所；也可以根据特权令设立，如公务员上诉委员会；还可以是其他管制机构，如接管委员小组。但不能对纯粹的内部机构申请司法审查，除非其运用的是准许可性的权力，如赛马会。(3) 决定的性质，需要确定两个问题：第一，公共机构执行的是否是公共职能？第二，决定是否影响的是公法权利？一般规则是，私法的权利申索要以私法诉讼解决，公法的权利申索则以司法审查程序进行。困难的是如何确定公法与私法的区分，当存在公法与私法相混合的情形时应以哪种方式解决？1998年机场管理局案中[②]，法庭认为当不存在欺诈、贪污或恶意时，公共机构作出的终止供应物品或提供服务的商业合同的决定，不能受到司法

① Cap 4 s.21K，《高等法院条例》第21K条，由1987年第52号，第18条增补，由1998年第25号，第2条修订。

② Matteograssi SpA v. The Airport Authority [1998] 2 HKLRD 213.

审查;1999年诉律政司司长案中[①],法庭认为虽然不能对政府批准租约的决定进行司法审查,但可以对地政总署署长为特定目的延长或不延长一项租约的决定进行司法审查。另外有关公共政策的事项,诸如国家安全等,不能被提起司法审查。(4)起诉资格。根据《高等法院条例》第21K条第3款和《高等法院规则》第53条第3款第7项的规定,申请人必须要与所申请的事项有充分的利害关系。由于在程序上申请人如欲进行司法审查,需首先获得高等法院原讼法庭发出的准予复核的许可(leave to apply for judicial review)才能进入司法审查诉讼阶段,因此韦德爵士认为对申请人起诉资格的审查是一个“门槛问题”,通过两个阶段考察。首先,根据对申请的书面审查,在最初阶段排除申请人毫无或没有充分利害关系的简单案件,避免程序滥用;其次,审查申请人在其所申请的事项中是否具有足够的利益,这仅与案件事实有关,不考虑救济方式,因此统一的审查方式可适用于所有类似的救济方式。[②] 香港高等法院的判例同样采用了两阶段审查模式:第一,审查提交给法庭的材料是否可能是一个可获得救济的可争辩的案件,在此过程中,申请人负有举证责任[③];第二,审查申请人是否与申请的事项有足够的利益。当决定影响到一个代表机构的成员的整体利益时,该机构有权申请司法审查[④];对于压力集团,法庭采取严格的态度,没有充分的利害关系一般不予许可司法审查[⑤];对审裁处决定中的证人和受其不利影响的当事人,规定后者才有足够的利害关系提出司法审查[⑥];不允许其他当事人提出申请司法审查的共同诉讼。高等法院规则不准许曾经申请过司法审查许可的当事人再次参加到相关司法审查程序中。[⑦] (5)申请司法审查的理由主要是越权规则,分为实体越权和程序越权,包括不合法、不合理和程序失当。不合理适用的主要

---

① Kam Lan Koon & Others v. Secretary for Justice [1999] 3 HKLRD 12.

② William Wade & Christopher Forsyth, *Administrative Law*, US: Oxford University Press, 8th ed., 2000, p. 678.

③ Ho Ming-sai v. The Director of Immigration [1994] 1 HKLR 21.

④ Royal College of Nursing of the UK v. Dept of Health and Social Security [1982] AC 800.

⑤ R v. Secretary of State for the Environment exp Rose Theatre Trust Company [1990] 1 QB 504.

⑥ Public Disclosure Commission v. Kendal G. S. Isaacs [1988] 1 WLR 1043; John Ho Hung Chiu & Another v. The University of Hong Kong [1996] 2 HKLD 426.

⑦ Nguyuen Tuen Cuong & Ors v. Secretary for Justice [1999] 1 HKC 242.

是 Wednesbury 原则,不合理的程度要求很高,在香港以不合理作为司法审查理由的情形相对较少。(6) 是否存在排除司法审查的情形。法庭对某些附属法例中的条款采取十分严格的限制态度,如“终局”条款被解释为仅仅禁止再次提起上诉而非审查①;“不能质疑”条款被理解为存在司法管辖权错误的情况下,审裁处的决定可能仍需受到司法审查②;“最终与决定性”条款被解释为只有在符合法律规定时该条款才有效③;“不存在司法管辖”条款被认为不能排除司法审查④。

特权豁免也是需考虑的情形,它源于王权豁免,形成了政府可行使的、广泛的非法定裁量权限。《香港回归条例》(Hong Kong Reunification Ordinance)第 24 条第 2 款规定了行政长官及公职人员的官方特权(包括权利、特权及豁免权)。⑤ 现在认为,原则上行使特权的行为也需受到司法审查,唯一的限制在于所涉及的特定问题是否适合审查或可受法院裁判。一般下述情形不适于司法审查:制定条约、保卫领土、授予荣誉和任命部长,但解除公务员的行为可诉。⑥ 此外,对与行政长官会同行政会议有关的任何上诉或异议,不能通过履行义务令、移审令、禁止令、强制令或其他命令的有关程序起诉行政长官会同行政会议。

第二,给予救济的司法裁量权。

救济方式取决于司法裁量,依据法律不易获得。虽然法庭享有最终的裁量权,但它会克制对行政权的干预;虽然行政决定侵害了当事人公法上的权利,但若存在公共利益或良好行政的需要,法庭不会给予当事人救济。⑦ 拒绝救济的理由一般包括:申请人行为不当⑧、不存在实际利益⑨、不适当的迟延⑩、没有穷尽救济以及没有遭受不公正⑪。其中,穷尽救济

---

① R. v. Medical Appeal Tribunal exp Gilmore [1957] QB 574.
② Anisminic Ltd. v. Foreign Compensation Commission [1969] 2 AC 147.
③ Li Hong-mi v. AG [1920] AC 735.
④ Chan Yik-ting v. HK Housing Authority [1989] Hct MP No. 2111 of 1989.
⑤ Cap 2601, s. 24 (2).
⑥ M Y Khan v. Attorney General [1986] HKLR 972.
⑦ Hunsworth v. Registrar of the Supreme Court [1997] 4 HKC 405.
⑧ Re JL Mitchell [1976] HKLR 1005.
⑨ Yau Fook Hong Co. Ltd. v. Director of Lands [1985] HKLR 42.
⑩ Re Ho King Kwan [1986] HKLR 931.
⑪ Re Tran Quoc Cuong [1991] 2 HKLR 312.

被认为是一个首要原则,除非存在极其例外的情形,若尚有其他救济方式且尚未被使用,法庭不会行使司法管辖权。法庭一般会坚持穷尽可使用的上诉权,并会中止司法审查直到上诉决定作出,但上诉权的存在并不能自动限制司法审查。法律如果明确规定了上诉程序,只有在极少情况下法庭才准许运用附属的司法审查程序去审查一个可以上诉的决定[①],但必须要提出充分的理由以符合制定法规定的程序要求。[②] 在某些特殊或例外的情形下,即使申请人没有行使上诉权,法庭可能也会批准司法审查。这种考察要看在特定阶段是否需要司法干涉已经发生的纠纷[③],例如涉及一个行政法规的有效性问题,或者法律争议引起一个普遍的法律问题,而这并不适用于上诉程序审理。

韦德爵士曾强烈反对这一程序上的规定,指出司法审查被"程序上无用的阻碍"削弱了。[④] 确实,希望通过司法审查获得损害赔偿的当事人,可能很难通过一系列程序上的要求和审查。在此意义上,一般的民事诉讼程序或更易达到最后赔偿的目的。

3. 行政申诉专员

1989 年 2 月 1 日生效的《申诉专员条例》确定了香港的行政申诉专员(Commissioner for Administrative Complaints)制度。该《条例》实施后经过 13 次修订,现申诉专员的管辖权已延伸至 80 个政府机构和法定组织,在行使该机构的行政职能时采取或由他人代其采取的任何行为,以及其余 5 个法定机构[⑤]依据政府颁布的《公开资料守则》行使该机构的行政职能时采取或由他人代其采取的任何行为。专员可在有人提出申诉,声称因与该行为相关的行政失当对其造成不公平对待时,对该行为采取调查行动;也可在无人申诉时主动采取调查行动,但必须是专员认为该行政失当可能已致有人遭受不公。并且,条例所授予专员的权力,并不因任何法律条文规定某项决定属最终决定,或规定不得就

---

① R v. Island Revenue Commissioners, exp Preston [1985] AC 835.

② Happy Pacific Limited and Another v. Commissioner of Police, unrep, HCAL 115 of 1999.

③ Nam Pei Hong (Holding) Ltd. v. The Stock Exchange of Hong Kong Ltd. [1998] 2 HKLRD 910.

④ HWR Wade, "Judicial Review and Rights of Appeal" (1986) 102 LQR 177.

⑤ 它们包括:公务员叙用委员会秘书处、投诉警方独立监察委员会秘书处、香港辅助警队、香港警队和廉政公署。Cap 397 schedule I.

该项决定提出上诉，或规定不得反对、审核、推翻或质疑有关机构的处理程序或其所作的决定而受到限制。① 凡专员认为调查一项申诉符合公共利益时，即使申诉人已撤回该申诉仍可继续调查，条例继续适用于该申诉及申诉人。②

虽然申诉专员享有广泛的概括性权力，但条例也明确规定了不能进行调查的情形以及不受调查的行为。对调查结果的处理，经2001年条例修订后增加为两种：一是调解，专员在考虑有关个案的所有情况后，如认为申诉事项不涉及行政失当，或只涉及轻微的行政失当，则可决定以调解方式处理；调解不成功的视为从未进行调解。③ 二是报告和建议，若调查结果显示任何机构有人员行政失当，或事件需作进一步考虑，或不作为应予纠正，或有关行为应予撤销或变更，或有关行为所依据的惯例应予变更，或有关行为所依据的法律观点应予重新考虑，或应说明采取行为的理由以及其他应采取的步骤，则专员可提出他认为适宜的补救方法或建议连同理由作出报告，交予所涉机构的首长，特殊情况下不适宜向该首长报告的则可向行政长官提交报告。专员如认为曾有严重的不当或不公平事件发生，可向行政长官提交另一份报告，说明其意见及理由。④ 任何调查行动结束后，专员如认为公布报告符合公共利益，则可按其认为适当的方式将调查报告公布。⑤

从法律规定可看出，意见或建议不具有任何强制性，专员既不能要求所涉行政机关或公共机构执行，也不能自己强制执行。因此专员能够给予申诉人损害赔偿的权力有限。但这一制度的确立给可能受行政行为侵害的个人提供了一条快捷而便宜的救济途径，由于行政机关或公共机构会与专员保持良好的合作态度，因此在专员建议下，申诉人有可能获得其主张的赔偿。

① Cap 397 s. 7.
② Cap 397 s. 11.
③ Cap 397 s. 12.
④ Cap 397 s. 16.
⑤ Cap 397 s. 16A.

（二）相关问题讨论

1. 惩罚性损害赔偿

1976年发生在香港的Yoo Soon-nam诉检察总长案[①]提出了行政赔偿中能否判决惩罚性损害赔偿金的问题。该案原告是一名韩国人，曾在1971年离开香港后于1973年重新非法进入。1974年韩国领事告知香港入境事务处，原告在韩国有犯罪前科并已采取非法手段进入香港。入境事务处官员据此于1975年根据《入境条例》逮捕了原告，拘留超过48小时，直到其提出人身保护令状才予以释放。原告提起诉讼，申请因错误监禁而遭受的损害赔偿，并指称受到非法拘留。

主审法官认为，如果政府公务员有压迫性的或不合宪的行为，法庭应当判决惩罚性的损害赔偿金。他援引1964年英国上议院罗其斯诉巴纳德案[②]中肯定的这一原则说明，损害性赔偿金的目的在于能有效维护法律的权威。政府的公务员也是人民的公务员，权力的运用必须始终服从他们的服务职责。法庭认为入境事务处官员的行为不属武断性的，但却是压迫性的、不合宪的。在评价损害赔偿时法庭提出两个考虑因素：第一，事务处官员采取了错误方式追求正确结果；第二，若非成功申请人身保护令状，原告可能会被拘留超过7天。拘留原告的公务员相信自己是合法行为的这一认识不能用作辩护理由。若拘留构成非法监禁，则该行为既是不合宪的也是压迫性的，应当判决惩罚性损害赔偿4万港币。

尽管有此先例，香港高等法院在1987年的一个案件中[③]仍然拒绝判决惩罚性赔偿，理由是警察的错误监禁并不足以证明有“严重的侮辱行为”，仅判被告支付4,500港币。类似的判决也出现在新西兰和英格兰的有关案件中。[④]

2. 侵权责任的法定排除或限制

香港有大量的法律条款限制或者意图排除行政机关或公共机构的侵权责任。如《房屋条例》第31条规定：“政府、委员会或任何获授权人员，

---

① Yoo Soon-nam v. Attorney General [1976] HKLR 702 (HC).

② Rookes v. Barnard [1964] AC 1129, 1226.

③ Crawley v. Attorney General [1987] HKLR 379, 388 (HC).

④ Haywood v. O'Keefe [1993] 1 NZLR 181, 187 (HC); Holden v. Chief Constable of Lancashire [1987] QB 380, 388 (CA).

均无须对由于根据第24条所作的任何事情而致任何人遭受的损失或损害负法律责任。”[①]还有其他法律规定则排除指定的某类官员，在善意地为执行条例的规定而行为时免于侵权责任，如《升降机及自动梯(安全)条例》第43条、《建筑物条例》第37条第2款等。在其他情形下，公共官员被给予高等法院法官同样的特权和豁免，因为认为他们不能被诉于其职务行为，如《市政服务上诉委员会条例》第16条第1款规定：“委员会主席、副主席及成员在执行他们在本条例下的职责时，享有一如原讼法庭法官所享有的特权及豁免权。”[②]

在民事诉讼中，被诉的官员在法定权限内作出行为时，也有可能提出合法性的辩护而要求不承担侵权引起的损害赔偿责任。实际上，如果法庭认为被告不存在越权或恶意，当事人往往难以在诉讼中获得侵权损害赔偿。

(三) 香港人权法案条例及政府的有关赔偿规定

《香港人权法案》[③]第10条规定，任何人因其权利和义务涉讼须以判定时，有权受独立、公平之法定管辖法庭的公正、公开审问。这一规定要求，对个人权利——尽管可能不是利益或合理期望，会产生影响的行政决定，能够被一个其组成未受官方代表所干预的机构确定。在许多情形下，司法审查的存在能满足人权法案的这一要求，但由于它仅限于考虑合法性而不关注事实问题，因而对于受行政决定不利影响以致遭受损失的相对人而言，司法审查的保护并不充分。另外，《人权法案》第5条第5款和第11条第5款规定了刑事赔偿问题，但如果其他公共机构的严重错失导致相对人被错误拘留，该人也可据此请求损害赔偿。有关支付赔偿的规定，包括支付赔偿及损失项目，由行政计划作出。当事人根据第11条第5款提出的申索需先通过行政方式与政府达成和解，如若不成功，则须像其他民事申索一样，由法庭作出裁决。可申请赔偿的项目除被定罪兼被羁押一段时间后因无罪释放，或被错误定罪或因警方或其他公共机构的

---

① Cap 283 s.31. 第24条规定的是房屋委员会保管和处置财产的权力。

② 原讼法庭即香港高等法院初审法庭。高等法院另设上诉法庭，二者的司法管辖权有区别。

③ 《香港人权法案条例》，1991年制定，香港法例第383章；第8条规定的是香港人权法案。

严重错失被监控而被羁押一段时间外，在特别值得赔偿的案件中，即使有关损失并非由公共机构的错误作为或不作为引起，也可申请赔偿。

损害赔偿的类型包括金钱损失和非金钱损失。前者主要有入息损失、申索人家人合理招致的损失和开支、其他任何可确定的损失，以及申索人在被定罪的原审诉讼中所招致，如由其承担尚未付还的法律开支；后者主要是指失去人身自由和对个人品格、名誉造成的损害。申索人在寻求赔偿中合理招致的开支，不论是法律开支还是其他，也可获偿付。申索人可请求中期赔偿，但款额总数不得超过最低的可能终局赔偿。

决定赔偿的权力由财经事务及库务局局长行使。政府的律政司也被授权，在某些政府有法律责任作出赔偿的个案中批准付款。同时，律政司就所有根据行政计划提出的其他赔偿申索，包括特惠赔偿申索[①]提供法律意见。对于申请人是否合格获得赔偿以及赔偿金额的确定，财经事务及库务局局长在考虑个别案件、律政司司长和其他相关部门或决策局的意见后，作出最终决定。可予支付的赔偿金没有上限，按惯例，政府不会公布个别赔偿的详情。

---

① 特惠赔偿是指政府在若干特殊情况下，向因警方或其他政府机构的严重失职而被错误定罪或起诉，随后被拘押一段时间的申索人支付特惠补偿金。例如，被告人因检控人员或警方给予法庭不正确的资料而遭拒绝保释，或警方隐瞒本有助于宽免被定罪人罪责的关键性证供。如果错误作为是由法官或裁判官作出，申索人也可据此获得补偿金，但该等案件的赔偿需按司法机构的建议作出。

第十章　德国国家责任法

一、德国国家赔偿法

（一）国家赔偿的概念

德文文献中与国家责任法相关的概念通常有国家责任法（Staatshaftungsrecht）、国家赔偿责任法（das Recht der staatlichen Ersatzleistungen）、公法上的赔偿责任和补偿责任法（das Recht der öffentlich-rechtlichen Schadensersatz-und Entschädigungsleistungen）、对行政的控制和对行政活动后果的补救（Kontrolle der Verwaltung und Ausgleich der Folgen von Verwaltungshandeln）等。一般可以笼统地称之为国家责任法（Staatshaftungsrecht）。[①] 但是，即使是国家责任法这一概念本身，也是

---

① 例如在国家责任法方面最具权威性的奥森比尔（Ossenbühl）的专著即以此为名。需要说明的是，本书中之所以采用国家"责任"法、而不是更为常见的国家"赔偿"法的译法，主要是考虑到根据中国法学用语的习惯，赔偿这一用语一般针对的是国家的违法行为，而德国的"国家责任法"却包含了大量的国家对其合法行为承担的"补偿"责任的在内。另一方面，从词义的角度而言，"Haftung"一词也不宜直接翻译成"赔偿"，而应翻译成"责任"，例如 GmbH（Gesellschaft mit beschränkter Haftung）被翻译为有限责任公司。此外，台湾地区学者采用的也是国家责任法的译法，例如可以参见吴庚：《行政法治理论与实用》，三民书局 2001 年增订第 7 版，第 15 章"国家责任"。另外值得注意的是，在德国国家责任法中，"赔偿"与"补偿"这两个概念之间的区别主要在于承担责任的内容范围不同，而与"违法行为"与"合法行为"这两个概念之间并不具有一一对应关系，这与中国法学中的用语有所不同。在对于财产损害的补偿请求权（Entschädigung für Eigentumsbeeinträchtigungen）中，这一点表现得尤为明显，详见下文第三点的内容。

一个远未得以确定的概念。其中的"国家",不仅可以指国家和各州及其机构、区镇(Gemeinde)、一定情况下公法上的委托人,而且还可以指国际组织——例如欧共体及其他国际性组织。而"责任"一词本身也具有多种含义[①],因为包含于"国家责任法"中的请求权,不仅可以针对国家的违法行为提出,而且还可以针对国家的合法行为提出。然而,仅就"国家责任法"这一称谓而言,在1981年《国家责任法》(Staatshaftungsgesetz)被制定成法律(并随后又被联邦宪法法院宣告为违宪)之后,"国家责任法"的称谓已经基本定型。[②]

德国《国家责任法》与我国《国家赔偿法》的一个基本区别是:《国家责任法》所针对的不仅仅包含"国家的不法(hoheitliches Unrecht oder staatliches Unrecht)"行为,还包括对国家合法的公法行为造成的损害的弥补。后一部分内容主要包括公民对国家的合法行为提出的补偿请求(例如对征收行为提出的补偿请求)以及对于恢复原状的请求。对此,学术界的意见已经趋于一致。[③] 当然,由于德国国家责任法远没有形成完整体系,对于有些与其相关的法律领域——例如对于公民针对国家提出的停止作为请求、国家针对公民提出的赔偿请求、行政主体相互之间提出的赔偿请求、公权力主体在私法活动中的责任、依据社会福利方面的理由提出的补偿请求等——是否应列入国家责任法体系的问题,则不同的学者见解各有不同。但不可否认的是,在例外的情况下,例如在行政机关虽然作出的是私法性的行为、但是其行为却居于一种垄断性的地位(Monopolstellung)的情况下,还是可以构成公法上的责任的。[④]

众所周知,德国是一个非常"愿意"制定专门成文法的成文法国家。因此其在诸多的法律领域中,都制定了颇为详尽的成文法典。但是,与其他的法律制度不同,在对国家责任进行规范方面,却没有形成统一的法律

① *Ossenbühl*, Staatshaftungsrecht, S.2.

② *Windthorst*, in Detterbeck/Windthorst/Sproll, Staatshaftungsrecht, § 1 Rn.2.

③ 奥森比尔(Ossenbühl)的观点始终如此。Vgl. *Ossenbühl*, Staatshaftungsrecht, S.3 ff. Ferner *Windthorst*, in Detterbeck/Windthorst/Sproll, Staatshaftungsrecht, § 1 Rn.15.

④ *Baldus/Grzeszick/Wienhues*, Staatshaftungsrecht. Das Recht deröffentlichen Ersatzleistungen, Heidelberg 2005, Rn.6. Ferner OLG Nürnberg NJW 1994, 2032—Postdienst.

规范，而是散见于不同的法律规范、法院裁判以及习惯法之中。[①] 1981 年制定的《国家责任法》试图建立一种统一的规范，但却从根本上失败了。其形式上的主要原因是当时的联邦立法者没有制定可以普遍适用于各联邦州的《国家责任法》的立法权，实质上的原因则是不同政党之间相互斗争的结果。在这样的背景之下，目前在德国国家责任制度范围内形成的结果是：不存在统一的成文法典，国家责任的“责任漏洞（Haftungslücken）”主要由法官造法来填补。[②] 经过多年的发展，国家责任法到现在已经成为了由不同的观念和法院裁判所组成的“判例法”。[③] 因此有人明确提出，德国国家责任法并无一个完整统一的体系，其主体内容是由司法判例所确定的。[④] 也有人认为，国家责任法“比其他任何地方都多得多地”是由判例所创造和发展起来的。[⑤] 而经过判例所发展起来的规则往往又是法官在下面两个极端之间进行选择和权衡的结果：一方面是主要针对个案的、基于合理性考虑的要求国家负责任的必要性，另一方面是对于支持国家责任请求权之后国家财政负担的顾及。[⑥] 因此，即使经过多年的判例法的发展之后，也只有极少的、零碎的领域被成文法化了。国家赔偿法的这一“司法化”曾一度被大加诟病，这也是促成当年制定成文的《国家责任法》的主要理由之一。

基于上述原因，对于学习德国国家责任法的人来说，国家责任法的内容是很难以一种系统性的方式进行学习的。即使是对于德国的法科高年级学生而言，掌握国家责任法的内容也是困难的。基于这样的背景，学习《国家责任法》所需要的基本方法与学习一般的法律部门不尽相同。这种不同，一方面主要表现在学习者没有一个完整统一的成文规范作为学

---

① 原民主德国（DDR）制定有统一的《国家责任法》，而且该法对于公民权利的保护，在某些方面要优于 1981 年的前联邦德国《国家责任法草案》——至少在其条文的书面规定中是如此。参见 *Rüfner*, in Erichsen/Ehlers (Hrsg.), AllgVerwR, § 46 Rn. 6; § 50 Rn. 7; *Ossenbühl*, Staatshaftungsrecht, S. 457 ff. 根据统一条约的规定，原民主德国制定的《国家责任法》在新联邦州中仍然作为州法继续有效。目前，部分新联邦州已经对该法作出了修正和部分废除。本书限于篇幅，对此不作进一步的阐述。

② *Ipsen*, AllgVerwR, Rn. 1242.

③ *Ipsen*, AllgVerwR, Rn. 1242.

④ *Rüfner*, in Erichsen/Ehlers (Hrsg.), AllgVerwR, § 46 Rn. 1.

⑤ *Ossenbühl*, Staatshaftungsrecht, S. 3.

⑥ *Baldus/Grzeszick/Wienhues*, Staatshaftungsrecht, S. 1.

习的起点；另一方面则是由于国家责任法的主体内容实质上是一个由不同法律部门的相关材料组成的一个横向组合体，其主体内容涵盖了宪法、民法、普通行政法、特别行政法以及国际法（尤其是欧共体法）的相关内容。但是尽管如此，还是可以说《国家责任法》是行政法学中的一个重要的法律部门[①]，或者可以更笼统而言认为国家赔偿法是公法的一部分。[②]

从现代法治国的基本观点看来，所谓的"国王不能为非（The King can not do wrong）"的观点已经彻底退出了历史舞台。如果执行国家职能的法定主体作出了错误的行为，则应由国家来为此承担责任，以消除违法的职务行为所导致的不利后果，这已经是一件理所当然的事情。其根本性的理论基础在于法治国原则：法治国同时意味着国家与其义务之间的不可分割的联系。具体到国家责任制度的根本出发点，主要是考虑国家中的平等原则和负担公平原则（Lastengleichheit）——如果公民被国家以特别的方式施加了负担的话，则应由其他公民共同以物质补偿的方式予以补偿。法治国原则要求，要尽量避免违法的出现。但是如果出现了违法，也不能够简单容忍违法事实的存在，而是要采取措施予以清除或平衡。同税收政策的确定一样，国家责任制度考虑的是对于所有的公民设定相同负担的原则：公权力对于某些公民造成了超出其平等负担的损害时，应该对之进行赔偿或补偿；公权力从某些公民手中得到超出其基于平等原则应负担的利益时，必须返还这种利益或恢复原状。对此，公权力行为的合法与否并不是其应否负担一定责任的核心问题，核心的问题还是公民的负担是否平等。

（二）国家责任与民事责任的区别

《国家责任法》所规范的"责任"范围，原则上仅限于行使国家权力的主体（Hoheitsträger）为其行使国家权力的行为所应承担的责任。这一责任的构成是以公法上的作为或停止作为为必要前提的。《国家责任法》的目的在于明确国家、其他公法主体或其他行使公权力的主体在行使公

---

① S. *Schmalz*, Staatshaftungsrecht—Fälle und Lösungen, S. 5 (Vorwort).

② *Baldus/Grzeszick/Wienhues*, Staatshaftungsrecht. Das Recht deröffentlichen Ersatzleistungen, Heidelberg 2005, Rn. 6.

权力时相对于私方利益所应负担的责任。如果行使国家权力的主体系以私法的形式行为，则其承担责任的形式同于私法主体——即承担合同责任、侵权责任或其他责任。在国家责任法领域，此类私法行为主要包括三类：其一是国家取得某所有物的行为，例如国家购买地产、建设办公用建筑、购买办公用品等；其二是国家雇佣工人或雇员的行为；其三是国家以私法的形式完成国家在生存照顾方面的公法任务的行为，例如通过某企业来设置水电设施、交通设施的行为。当然，由于司法判例中所确定的具体规则的复杂性，从整体上而言，国家责任与民事责任之间的界限非上述简明的文字所能阐明。造成这一现状的另一原因是，作为区分这两种责任之基础的公法行为与私法行为之间的区分本来就是相对的。

其次，国家责任与民事责任并不是同一层面的“责任”。从总体看，相对于德国《基本法》第 19 条第 4 款规定的法律途径保证(Rechtsweggarantie)而言，国家责任是一种从属性的(派生性的)法律保护制度(Sekundärrechtsschutz)，而前者则被称为是基础性的法律保护制度(primärer Rechtsschutz)。面对国家公权力对于公民权利的干涉，公民首要采取的是请求法院提供(基础性的)法律保护的诉讼行为，例如诉至行政法院请求其提供法律保护。但是，这种基础性的法律保护所指向的是对于行政活动的防御义务或附加义务。在这样的法律保护之外，尤其是在损害已经出现的情况下，欲使国家对其所造成的损害负责，还需要有其他的法律保护制度的存在。因此，对于公民而言，通常是在行政法院的基础性法律保护不能奏效或不能充分奏效的情况下，或者是基于事实上或法律上的原因而不能取得基础性法律保护的情况下，还可以通过国家责任法这一途径获得法律保护，所以说国家责任是一种从属性的(派生性的)法律保护制度。也正是由于这样的关系，公民无权在两种法律保护途径之间进行任意选择。[①] 在公民能够获得基础性法律保护的情况下，如果公民不采取相应措施，则同时也丧失了获得国家赔偿的机会。为此，在国家责任的排除理由中，通常专门有“未采取法律途径的排除”。而一般的民事责任则与此不同，其属于基础性法律保护制度。

其三，从法律途径而言，国家责任与民事责任之间也存在区别。与民事责任所不同的是，国家责任领域的主管法院除了主要有民事法院以外，

---

① *Ipsen*, AllgVerwR, Rn. 1239 ff.

行政法院和社会法院也具有一定的管辖权。例如对于后果清除请求权，(Folgenbeseitigungsanspruch)原则上由行政法院主管①，对于从属于后果清除请求权范围之内的社会法上的恢复请求权(sozialrechtlicher Herstellungsanspruch)，则由社会法院主管。② 此外，行政法院还对于基于公法合同的请求权(§ 40 Abs. 2 S. 1 VwGO)、公法主体根据行政法上的债务关系而对公民提起的请求权(§ 40 Abs. 2 S. 1 VwGO)和公务员法上的请求权(§ 40 Abs. 2 S. 2 VwGO, 126 BRRG)具有管辖权。③ 与《国家责任法》在传统上是由民事法院的判例所确立的历史不同的是，近年来司法判例上的重大发展往往是由联邦行政法院和欧共体法院所进行的。④

此外，在司法实践中，与国家责任和民事责任之间的区别相关的另一个问题是：民事法院对于已经不可撤销的行政行为的审查权限如何确定。在行政行为没有被及时撤销、其效力已经得以确定的情况下，可否由民事法院再对行政行为的违法性进行审查？联邦最高法院和文献中的通说对此予以了肯定。但是，在此一方面要考虑到行政行为的确定力问题，另一方面还要考虑职务责任诉讼与行政诉讼在审查对象上的区别。在职务责任的确定上，关键问题是，公务员是否实施了违法行为，以及是否因该行为而造成了损害。之所以提出这样的问题，是基于《德国民法典》第839条第3款的规定："在受损者出于故意或者过失而没有采取法律措施来避免损害的形成的情况下，不形成赔偿义务。"根据该规定，如果受害人非因过错而没有采取法律措施来避免损害形成的话，赔偿义务仍然是存在的。但是对于这样的问题，争议颇大。

(三) 国家责任法的责任分类

国家责任法的根本任务就是实现公民的责任请求权。在不存在统一的成文法典的基础上，司法判例的主要任务之一就是确立公民请求权的法定基础。从这个意义上而言，国家责任法实际上就是一种"请求基础法

① *Ossenbühl*, Staatshaftungsrecht, S. 286 ff.

② Ausführlich dazu *Ossenbühl*, Staatshaftungsrecht, S. 326 ff.

③ S. *Schmalz*, Staatshaftungsrecht—Fälle und Lösungen, S. 22.

④ *Detterbeck/Windthorst/Sproll*, Staatshaftungsrecht, Vorwort.

(Anspruchsgrundlagenrecht)"[1]。在国家责任法的责任体系中,最为确定的就是"国家"这一可能的责任人。但是,具体的请求权所针对的并不见得是抽象的国家,而是所有能够从事公法行为的机构,即所有的公法主体[2]:包括区镇行政机构、自治行政主体、欧盟等机构在内。作为一个公法上的法人,国家可以作出公法行为,也可以作出私法行为。

由于没有完整的成文法体系,对于国家责任制度作出分类是困难的,主要的分类方法有:

其一,根据请求权所指向的对象来划分,可以分为针对国内公法人提起的请求权、针对外国公法人提起的请求权和针对国际组织提起的请求权。

其二,根据国家责任请求权所针对的国家行为分类,可以分为针对国家的不法行为(Hoheitliches Unrecht)所提起的国家责任请求权和针对国家的合法的干涉行为(rechtmäßigen hoheitlicher Eingriff)所提起的国家责任请求权。[3] 有人提出,针对国家的不法行为所形成的国家责任是为狭义上的国家责任,而包括针对国家的合法干涉行为所形成的国家责任在内的国家责任是广义的国家责任。而还有一种更为广义的国家责任则包含国家所有的公法和私法责任在内。[4] 本书中采用的是广义的国家责任。

其三,根据形成国家责任的理由不同,可以分为过错责任以及危险责任(Verschuldenshaftung und Gefährdungshaftung)、不法责任(Unrechtshaftung)、牺牲责任(Aufopferungshaftung)。其中,过错责任是以一个违法的、有过错的国家行为为前提,例如职务责任和基于行政法上的债务关系所形成的请求权。危险责任是一种无过错责任,只适用于过错责任的例外情况,其主要的适用范围是《道路交通法》第 7 条。不法责任是国家为其不法行为所承担的责任:对于违法的措施,国家应该停止作为;对于已经造成的损害,国家应该恢复原状;在恢复原状已经不可能的情况下,国家应该对权利人作出补偿。国家承担不法责任的主要制度有

---

① *Schmalz*, Staatshaftungsrecht—Fälle und Lösungen, S. 17.

② *Windthorst*, in Detterbeck/Windthorst/Sproll, Staatshaftungsrecht, § 1 Rn. 4.

③ *Ossenbühl*, Staatshaftungsrecht, S. 1 ff.

④ Ausführlich dazu *Windthorst*, in Detterbeck/Windthorst/Sproll, Staatshaftungsrecht, § 1 Rn. 7 f.

停止作为请求权、后果清除请求权和类似于征收的请求权。牺牲责任指国家为其施加给某个人的特别的负担所应承担的责任,例如因征收和征收性的干涉所应承担的责任。①

其四,根据国家承担责任的方式(法律后果)的不同,可以分为赔偿责任和补偿责任。国家仅对于过错责任承担赔偿责任(Schadersersatz)。对于其他责任,国家承担的是补偿责任(Entschädigung)。赔偿责任是基于弥补原则的理念(Ausgleichsgedanke)、根据全面赔偿(Totalreparation)的原则来承担的责任。承担赔偿责任的结果是要使受到的损害得以全面恢复。补偿责任则仅仅意味着对于因国家的干涉而导致的财产损害的弥补,在此,申请精神损害赔偿是不可能的。②

此外,可能的分类方法还很多,例如还有直接的国家责任和间接的国家责任(unmittelbare und mittelbare Staatshaftung)、完全的国家责任和累积的国家责任(ausschlißliche und kumulative Staatshaftung)、原始的国家责任和派生的国家责任(primäre und subsidiäre Staatshaftung)等分类方式。③对此,我国台湾地区学者由于对德国法的研究向来颇为深入,已经直接或间接对于德国国家责任制度的系统分类作出了学术上的努力。④ 但是,目前在德国国家责任法领域还未能形成完整公认的分类体系;而且,"(国家责任法这一)判例法仍然处于激烈变动之中"⑤。本章基于篇幅所限,对于国家责任法的系统分类问题不再作进一步的探讨。

尽管体系化的把握如此困难,但是总体而言,国家责任法中最核心的内容还是国家对其不法行为承担的赔偿责任。其中,最为重要的内容则是由于违反职务义务(Amtshaftung)而形成的赔偿请求权(Schadenser-

---

① *Hemmer/Wüst*, Staatshaftungsrecht, 1. Aufl., S. 2 ff.

② Ibid., S. 4 f.

③ Ausführlich dazu *Windthorst*, in Detterbeck/Windthorst/Sproll, Staatshaftungsrecht, § 1 Rn. 11 ff.

④ 参见吴庚:《行政法治理论与实用》,三民书局2001年增订第7版,第15章"国家责任";李建良:《损失补偿》,载翁岳生主编:《行政法》,中国法制出版社2002年版,第21章;黄锦堂:《国家补偿法体系建构初探》,载我国台湾地区行政法学会主编:《行政法争议问题研究》,五南图书出版公司2000年版,第1185页及以下。

⑤ *Ossenbühl*, Staatshaftungsrecht, S. 2 f. 在此,奥森比尔也放弃了对国家责任法进行体系化归纳的努力,而是直接针对各个具体的国家责任的历史和发展进行论述。他认为,这样安排使得读者更易于理解国家责任法,因为目前对于国家责任法的现状只能作出一种"大致的描述(eine ungefähre Beschreibung)"。

satzanspruch)。其次是损害补偿请求权(Entschädigungsanspruch)。此外,公法上的返还请求权(Erstattungsanspruch)、后果清除请求权(Folgenbeseitigungsanspruch)也都是国家责任法上的重要内容。居于次要地位的内容还有:基于公法合同和其他行政法上债务关系的赔偿请求权;无因管理请求权;危险责任;基于社会福利国家目的的补偿请求权;计划保障请求权等。不同的请求权之间并无体系上的紧密联系。

二、职务责任

(一)职务责任的发展历史

职务责任指的是国家就其有过错的、违法的公法行为而对受损害者所负担的责任。其中,"公法性"和"侵权性"是构成职务责任的两大基础。与其他形式的国家责任制度不相同的是,职务责任是主要由成文法作出了规定的国家责任形式。然而,尽管有着这一形式上的区别,还是可以说,从一定意义上而言,职务责任的发展历史就是国家赔偿责任的发展历史。其发展历史大致可以分为以下四个阶段:

1. 公务员个人责任时期(Persönliche Beamtenhaftung)

19世纪以前,理论上认为,国家是不能作出非法的事情的,国家与公务员之间的关系是一种私法上的授权关系,也即私法上的委托合同关系(Mandatskontrakt)。因为国家没有授权公务员作出违法行为,所以官吏的违法行为因超出了其授权范围而成为了个人行为;在此情况下,官吏与其他的个人所承担的责任并无二致,因此国家不为此负赔偿责任。① 这就是所谓的委托人理论(Mandatstheorie)。18世纪的《普鲁士法典》(ALR)②第89条第2款第10项规定:"拥有某一职位的人,必须尽最精确的注意来履行其义务。""在此任何的疏忽,如果以恰当的注意和基于履行该职务所必要的知识而言是可以避免的的话,则必须由其本人负责。"

---

① *Ossenbühl*, Staatshaftungsrecht, 5. Aufl., 1998, S.7.

② 《普鲁士法典》(Allgemeines Landrecht für die preuß. Staaten: ALR)于1794年生效,是对于整个普鲁士法的法典化。该法典在普鲁士的大部分地区一直适用到1899年。其后生效的《德国民法典》(BGB)才取代了其位置。

直到19世纪的第二个三分之一时期,这一"真正骇人听闻的理论"[1]才得以寿终正寝。

2. 国家部分负责阶段

从19世纪的第二个三分之一时期开始直到1900年《德国民法典》出台为止,经历了一个短暂的国家具有双重人格的时期。国家除了是公权力主体以外,同时还是进行财产管理的主体,即国库。国家对于官吏的违法行为,不负赔偿责任;而当国家作为国库主体时,则依照民法负赔偿责任。对于这样的一种二分法,当时并没有能给出清楚的理由说明,而是出现了一种"结构上的错误"[2],因为从理论上而言,职务责任要么应该是一种代位责任,要么是一种直接责任,而不应有其他结论。到19世纪末期,普遍性的观点是反对国家负赔偿责任。

3. 代位责任(全面肯定)阶段

1900年生效的《德国民法典》在形式上沿用了《普鲁士法典》(ALR)第89条第2款第10项的规定。但是,与《普鲁士法典》仍然生效的时期所不同的是,由国家为公务员承担责任的理念在当时已经得到普遍承认,只是由于帝国立法者没有制定适用于各州的国家责任法的立法权限,所以才作出了这样的变通规定。[3] 就在《德国民法典》被颁布的前后时间,巴登-符腾堡、普鲁士等邦国的法律就已经规定了国家为其公务员承担国家责任。与此同时,帝国的立法不仅明确规定了由各州的立法者以州法来确定相应责任的承担,而且还在帝国《公务员赔偿法》[4]中明确规定了由帝国为其公务员承担赔偿责任。

从第一次世界大战前后开始,学术界和具体法律规定中逐渐抛弃了国家的双重人格理论,而认为公务人员与国家之间是一种职务委托关系,国家应对其公务人员的违法行为负赔偿责任。通常也认为这一阶段是所谓的职务责任阶段,这里所谓的职务责任(Amtshaftung)是个人责任(Eigenhaftung)和国家责任(Staatshaftung)的组合。《魏玛宪法》(WRV)第131条规定,由国家或公务人员所服务的团体承担国家赔偿责任。这

---

① *Ossenbühl*, Staatshaftungsrecht, S. 7.

② Ibid., S. 8.

③ 当时的帝国立法者只有制定民事法律的立法权,而国家赔偿的立法显然已经超过了其立法权。Vgl. BVerfGE 61, 149 (179 ff.).

④ Reichsbeamtenhaftungsgesetz vom 22. 5. 1910.

一规定完全封闭了由公务员个人承担责任之门,其条文是二战之后的《基本法》第34条的直接渊源。该条文的具体规定为:"如果公务员在执行其被委托的公权力时违反了其相对于第三人的职务义务,则原则上由国家或其所服务的团体承担责任。对公务员的追偿得以保留。不允许关闭普通法院的法律途径。更为详细的规范由具有管辖权的立法机关制定。"①

同时,在这一时期中,公务员的概念也被扩大使用,不仅仅指《公务员法》中的"公务员",而是指所有受国家委托行使公权力的主体。

4. 二战以后的发展

二战后,《基本法》第34条对于国家赔偿责任的规定几乎是完全沿用了《魏玛宪法》第131条的内容。同时,司法判决方面对于国家赔偿也有一定的发展,具体表现为:从认定职务责任系由目的明确(故意)的损害(Gezielter Eingriff)所形成、到认定直接的侵害(影响)(Unmittelbare Beeinträchtigung)就足以构成职务责任(职务责任的构成不必有故意的情节);职务责任不仅包括法律行为的损害,还包括事实行为的损害(Realakt);严重的不作为(qualifiziertes Unterlassen)也可以构成职务责任;认为公权力的违法对于公民而言是一种特别的牺牲。

但是,二战后德国国家赔偿制度的基础——《民法典》第839条和《基本法》第34条——并没有被作出任何改变。对于公务员的违法行为,在依据《民法典》第839条的规定需要承担民事责任的时候,由国家依据《基本法》第34条的规定负担责任。《民法典》第839条规定了责任的构成要件,《基本法》第34条则规定了责任的归属。② 总体而言,这形式上仍然是一种代位责任,但是实质上则是国家直接承担责任。

(二)赔偿请求权的构成

由于其主管法院是民事法院,所以可以认为,职务责任请求权是一种从属性的(派生性的)"民事"法律保护制度。③ 相对于《基本法》第20条第3款规定的合法性原则和通过行政法院提供的基础性法律保护而言,

---

① *Ossenbühl*, Staatshaftungsrecht, S.9.

② *Windthorst*, in Detterbeck/Windthorst/Sproll, Staatshaftungsrecht, § 8 Rn.3.

③ *Hemmer/Wüst*, Staatshaftungsrecht, 1. Aufl., Rn.11.

这种从属性的（派生性的）民事法律保护制度是一种有力的补充。

1. 请求权的基础

针对国家提出的职务责任请求权的法定基础是《民法典》第839条和《基本法》第34条。其条文具体规定如下：

《民法典》第839条（违反职务义务的责任）规定：

（1）如果公务员因故意或过失而违反了其相对于第三人所负有的职务义务，则其对第三人就由此而形成的损害进行赔偿。如果公务员仅仅是以过失而被归责的话，那么只有在受损者不能以其他方式取得赔偿的情况下，才可以要求公务员承担责任。

（2）如果公务员在其对于一个法律事务作出的判决中违反了其职务义务，那么只有在该职务义务的违反系形成于一个犯罪行为之中的情况下，公务员才对由此而形成的损害负有责任。在公务员违反职务义务地拒绝或迟延行使其职权的情况下，本款不予适用。

（3）在受损者出于故意或者过失而没有采取法律措施来避免损害的形成的情况下，不形成赔偿义务。

《基本法》第34条规定："如果某人在执行委托其执行的公共职务时，违反了其相对于第三方所负有的职务义务的话，那么原则上由国家或其所服务的团体负责。如系故意或重大过失，则保留对其进行追偿。对于损害赔偿和追偿而言，不可被排除在普通法院的法律途径之外。"

根据《民法典》第839条规定，职务责任的前提条件是，"公务员"因其过错、对于公民作出了违法的行为，公民的权利因此而受到了损害。因此，对于就公民因"国家的不法"而提供的保护而言，《民法典》第839条的规定已经是至为全面了。并且，该规范并没有限定对公务员的行为是公法活动还是私法活动，所以实际上是同时包含了对于这两种不同性质的活动的规范在内。此外，该规定中存在的重大问题是将责任归之于公务员个人，因此赔偿责任的负担有赖于公务员的偿付能力这一不稳定因素。

相对于《民法典》第839条而言，《基本法》第34条是一种责任过渡规范（Haftungsüberleitungsnorm），其明确规定了将公务员的责任归之于国家，即国家为公务员职务行为承担代位责任。之所以由国家承担责任，一方面是要使受到损害的公民获得一个有支付能力的债务人；另一方面是出于行政功能方面的考虑，由国家来承担责任，使得公务员的承担个人责任的风险不至于太大。这一承担责任的方式表明,国家承担的赔偿责任本身就是一种间接责任(mittelbare Staatshaftung)。当然,国家为公务员承担代位责任的范围限于公法行为领域,对于私法性的职务行为,仍然由公务员个人承担赔偿责任。[1] 根据这样的规定,国家责任是间接的、派生的和原则上的。尽管从宪法上看来,《基本法》第34条是一种宪法性的、具有更高阶位的规范,其与《民法典》第839条这一一般性法律之间并不一致;但是基本上而言,《民法典》第839条决定了职务责任的构成要件,《基本法》第34条确定了责任的归属,两者共同构成了确定职务责任的基础。至于对两个规范之间的具体关系的理解,则存在一定不同意见。占主导地位的观点认为,请求权的基础决定于《民法典》第839条。只有当该规范规定的必要条件得到了满足以后,才适用《基本法》第34条的关于责任归属的规定。但是也有人认为,《民法典》第839条是对于《基本法》第34条的具体化。[2]

在此,"原则上"一词表明有例外的存在:其中一个例外是公证员,《联邦公证员法》第1条规定,其为一种公法职务的独立主体,只有在违背职务监督的情况下才会出现国家责任的问题。[3] 此外,判例中和文献中的一致意见认为,"原则上"一词还表明,《基本法》第34条中所规定的国家责任可以被一般法律所限制甚至是排除。

2. 职务履行者的"公法活动"

对于公法活动的规定见于《基本法》第34条第1款,《民法典》第839条并未对此作出规定。

公法活动是与私法活动相对应的一个概念。这两个概念相区别的基础是公私法的划分。尽管在有些文献中,公私法之间的划分早已经被认为是"丧失了其存在的理由"[4],但是,这一传统划分的基础性意义仍然不容否认。职务责任中所谓的公法活动的界定,基本上同于一般意义上的公法活动的界定。所应注意的不过是司法实践中对于有些行为性质的认定所具有的重要意义。例如对于驾驶公车的行为,如果其驾驶的目的是

---

① *Rüfner*, in Erichsen/Ehlers (Hrsg.), AllgVerwR, § 46 Rn. 3.

② *Hemmer/Wüst*, Staatshaftungsrecht, 1. Aufl., Rn. 16.

③ BGH, NJW 96, 300.

④ *Wiethölter*, Rechtswissenschaft, 1968, 23, 167 f.

在公法活动的范围之内,则不管是警察在执行巡逻任务,还是公务员将车开往车辆检测所的行为,判例中的一致意见是认为该驾驶行为属于公法活动。[①] 但是,如果公务员开公车从事的是私人的事务,则被认为是在进行“开黑车(Schwarzfahrten)”的行为,其性质上属于事实行为,由此产生的责任由其个人负担;如果公务员开的是私车,则一般不能认为其是在进行公法活动。此外,还值得注意的是,受委托行使国家权力的行为人(Beliehene Unternehmer)不管是——包括受雇于另一私法人主体的自然人在内的——自然人还是法人,其责任原则上都是由作为委托方的公法主体来承担。[②]

此处,值得特别注意的是作为履行职务者的公务员的概念。《民法典》第839条的字面规定是“公务员”,但是通说认为,这里规定的国家责任不是一种基于公务员地位的责任(Statushaftung),而是一种基于职能的责任(Funktionshaftung)。[③] 问题的关键既不在于公务人员的职务委托是以何种方式取得的,也不在于其是否为公务员法意义上的公务员,而在于其完成的是否是国家公务,即其从事的是否为公法活动。同时,《基本法》第34条规定的是“某人(jemand)”——也就是“任何人”。因此,该条中所谓的“公务员”可以包括所有从事国家公职的人员在内,例如公务员、公共职能部门的雇员和工作人员、法官、联邦众议院的议员、州议会的议员、区镇议事团体(kommunalen vertretungskörperschaft)的议员等。此外,还包括经授权的行为人(Beliehene Unternahmer)、非独立的行政协助者(unselbständiger Verwaltungshelfer)和受委托行使公务的个人(Privatunternehmer)在内。

(1) 经授权的行为人

经授权的行为人(Beliehene Unternahmer)本身是司法上的个人或法人,其通过法律、或由行政行为或行政合同依法授权其以自身的名义行使某些具体的国家管理职能。[④] 从其法律地位上来看,其仍然是私法主体,但是从其职能上而言,其相对于公民行使的是——作为间接的国家行政

---

① Wie z. B. BGHZ 29, 38; 42, 176; 49, 267; 50, 271; 68, 217, 218 f. 当然,如果从事公务驾驶的驾驶者能够获得保险赔付的话,相应的职务责任应得以减轻。

② *Steiner*, Jus 1969, 69, 75.

③ *Windthorst*, JuS 1995, 793.

④ *Ossenbühl*, Staatshaftungsrecht, S. 15.

中的一部分的——国家的行政管理权。经授权的行为人通常包括飞机导航员、船长、狩猎监督人、公证员等。①

(2) 非独立的行政协助者

同经授权的行为人一样,行政协助者(Verwaltungshelfer)也在一定情况下承担公共行政任务。所不同的是,经授权的行为人必须要经过一个正式的"授权行为(Beleihungsakt)"才能确立授权关系,而行政机关雇佣的、协助其完成任务的人员(例如对于建筑质量进行审查的工程师或其他方面的专家),是在行政组织内部开展工作的,他们不对外作出行为,是所谓的非独立的行政协助者(unselbständiger Verwaltungshelfer)。对于这些非独立的行政协助者的行为,行政机关无法免责(Vgl. § 831 BGB)。通常认为,此情况下的独立的行为人是行政机关(偶尔会使用的)完成任务的工具,这就是所谓的"工具理论(Werkzeugtheorie)"。关于行政协助者的典型案例是:某教师因紧急情况要离开教室,为此,该教师指定了一位好学生负责看管班级。在教师离开后,由于教室中秩序混乱而使某学生受了伤。该受伤的学生有权针对"好学生"提起职务责任上的请求。②

(3) 受委托行使公务的个人

相对于非独立的行政协助者而言,受委托行使公务的个人(Privatunternehmer)则在一定情况下是独立地在执行委托事务,而不用处处受到行政机关的指令的约束。尽管这种委托本身只能是一种私法上的关系(例如劳务合同),但是为可能会形成的损害承担责任的有可能是国家,而不是该独立的行为人。在此,服务行政和干涉行政之间的区别是重要的。

在干涉行政领域,由于相关的公民负有容忍的义务(Duldungspflicht),因此,一般认为应适用国家责任法。在此,适用的同样是所谓的"工具理论"。不过,与前文所述的"工具理论"所不同的是,这里依据"工具理论"对于受委托行使公务者的行为性质进行判断,主要应从整体上进行考虑。实践中,此处的典型案例主要有作为私法人的拖车公司和建筑公司受委托行使公务时造成损害应由谁负责的问题。

例如,独立的行为人(拖车公司)被警察局委托拖走一辆小轿车。一

① *Hemmer/Wüst*, Staatshaftungsrecht, 1. Aufl., Rn. 20.

② *Ossenbühl*, Staatshaftungsrecht, S. 19 f.

般情况下,总会有一名公务员或(维持停车秩序的)女助理警察在场,这表明了上述拖车行为不是一般的民事关系。但是,独立的行为人只是在实际的拖车过程中是行政机关的工具。如果在实际的拖车过程完成之后,例如在车辆的保管场所对于被拖走的车辆造成了损害的话,就不再由行政机关承担责任。在这种情况下,行为人自行并且独立地对此负有责任。[①]

在本案中,拖车公司与行政机关之间实质上是一种私法上的合同关系。但是从整体上而言,相关的公民(权力受损者)并不清楚拖车公司与警察局之间的"内部关系(Innenverhältnis)"究竟如何,而是会直接认为自己面对的就是警察的权力行为。因此,此处的"工具理论"的适用应从整体上进行考虑,重点要考虑任务的性质以及行为与国家权力之间关系的紧密程度。这就是所谓的"经修正的工具理论"。总之,一项任务的公权力性越强,那么被委托的事务和由行政机关来完成的任务之间的联系就更为紧密,同时独立的行为人的裁量余地也就更为有限,因此,也就更倾向于将之视为"公务员"。[②]

在服务行政领域中,经修正的"工具理论"同样得到了适用。在该领域中,公权力机构可以委托独立的、并不受其指令直接拘束的行为人来完成行政任务。但是,对于该行为人的行为后果是否构成国家责任的问题,司法中尚不完全明朗。有观点认为,如果公权力机构将公法任务通过私法合同的方式委托给其他行为人这一做法为法律所允许,那么公权力机构为此而承担的责任也不应该比一个私法人更多,因此不能在此适用《民法典》第839条。[③] 但是,这种观点实质上是普遍性地否定了在由私法上的行为人经委托实施的服务行政中,国家所应承担的责任,使得公权力机构以"遁入私法"的形式规避了国家责任。正确的看法应该是,依据"经修正的工具理论",如果从相关公民的角度看来,某项措施从性质上看来是对于公法任务的完成的话,那么原则上就应该承认国家责任请求权的成立。在此,"经修正的工具理论"所确立的标准是具有弹性的和评价性的,其基本的着眼点是公民所直接面对的外部行政关系,而不是公权力机

① *Gerke*, in Hofmann/Gerke, Allgemeines Verwaltungsrecht, Rn. 1126.

② *Rüfner*, in Erichsen/Ehlers (Hrsg.), AllgVerwR, § 46 Rn. 12.

③ *Ossenbühl*, Staatshaftungsrecht, S. 23.

构与被委托人之间的内部关系。

例如,某城市委托某私人企业“城市之光公司”设置部分区域的交通信号灯。由于该公司某员工的失误,导致某日信号灯系统出现了相互交叉的两个路口同时为绿灯的错误。某人因此而骑车撞上了从另一方向驶来的汽车。该人得知交通信号灯出错的原因后,准备针对某市提起要求赔偿其医疗费和自行车费的请求。此外,他还提出了精神赔偿。某市告知其应针对“城市之光公司”提出请求。法官认为,对公共交通进行规范是某市政府的义务,该义务也及于“城市之光公司”的员工。因此,从国家责任法的角度而言,“城市之光公司”的员工也是国家责任中的“公务员”,某市应承担国家责任。①

此外,此处还有一种观点支持某市承担国家责任:某市虽然可以通过私法形式将设置交通信号灯的任务委托给私人企业,但是作为主管交通安全的公权力机构,其监管交通安全的公法义务却不能免除。对此,法院并未从一开始就认识到了,而是认为此种义务的违反是一种普通的民事侵权责任。② 后由于多个州法律对于公权力机构在此应承担的公法义务作出了明确规定,才使得法院的观点发生了改变。目前,占主导地位的观点认为,公权力主体在维护交通安全方面的义务不仅及于道路交通,而且还应包括公共场所,例如公共建筑、河流、游戏场所等在内。但是,由于法院的判例确定此项义务为普通的民事侵权责任,所以还是只能在例外的情况下构成职务义务。这里的例外情况指两种情况:其一是上文中提及的法律对于职务义务的明确定性,其二是行政机关在组织方面作出的明确的和公开的决定。③

综上所述,职务责任法中所谓的“公务员”,涵盖了所有从事公法活动的人员。因此,实际上只要确定了某一行为或活动是公法活动(öffentlich-rechtliches Handeln),那么不管该公法活动是立法性活动、司法性活动,还是行政性活动,都可以确定从事该行为的人是职务责任法中所谓的“公务员”。④ 当然,这里要注意的是,造成损害的行为必须是在“执

① *Hemmer/Wüst*, Staatshaftungsrecht, Rn. 1, 29 ff.

② BGH, NJW 1979, 2043 认为此处应适用《民法典》823 条及以下。

③ Ausführlich dazu *Ossenbühl*, Staatshaftungsrecht, S. 32 ff.

④ *Rüfner*, in Erichsen/Ehlers (Hrsg.), AllgVerwR, § 46 Rn. 15; *Ossenbühl*, Staatshaftungsrecht, S. 13.

行公务的过程中”实施的。因此完全出于个人目的对于公车的使用行为，不在应由国家承担职务责任的范畴之内。

3. 对职务义务的违反

职务义务指的是公务员相对于其所属的公法主体所负的所有的个人行为方面上的义务。在此，职务义务是依据公务员与公法主体之间的内部关系（Innenverhältnis）确定的。所有的规范，从宪法到规章、章程和行政内部规定，都可以确定职务义务。但是，实践中主要是由司法判例来确定职务义务的。职务义务的确定，首先在于服务于公共利益的要求，即要求行政是经过法律规范的和具有实际效能的。司法判例中确定的最重要的职务义务包括：作出符合法和法律规定的行为的义务；作出没有瑕疵的裁量的义务；遵守平等性原则的义务、尤其是在作出人事方面的决定时；作出符合事实的、无偏见的决定的义务；作出前后一贯的行为的义务；作出完整的答复和法律途径告知的义务；遵守最高法院的裁判的义务；遵守内部职务命令的义务等。[①] 当然，这些对于职务义务的违反在很大程度上也同时违反了公法主体在“外部关系”中所应承担的义务。

4. 违反相对于第三人所应尽的职务义务（die drittschützenden Amtspflichten）

尽管《民法典》第839条和《基本法》第34条都没有对职务义务的内容和范围作出规定，但是公务员所违反的不应仅仅是为维护公共利益而形成的、而是必须至少同时也旨在保护个人的一种职务义务，即公务员所违反是相对于第三人形成的职务义务。确定该职务义务的法律基础包括各种法规、行政内部规定、一般的职务命令和工作义务等。

例如，提供天气预报的部门，有义务对于船运和航空业提供灾难天气的警告，但是这一义务不是相对于具体的轮船和飞行器的职务义务（BGH NJW 1995, 1828）。上级行政机关对于下级行政机关的监督，仅仅是对于公共利益的维护，而不是旨在保护具体的个人的一种职务义务。

相反，维护交通安全的义务要保护公共街道的使用者免受危害，这一义务也是服务于个人利益的；对于饭店的禁止营业时间的缩短（Sperrzeitverkürzung），影响到了紧邻邻居的个人利益。因为饭店法的规范目的在于针对有害的环境影响提供保护，同时也服务于确实受到影响

① Ausführlich dazu *Ossenbühl*, Staatshaftungsrecht, S. 43 ff.

的第三人的利益(die von den Auswirkungen qualifiziert betroffen sind)(BVerwG DVBl. 1996, 1192)。

通常而言,法律和规章中的规定都是普遍性的和抽象的规定,并不直接涉及特定个人的利益。因此,所谓的规范的不法(normatives Unrecht)在德国法中是不存在的。但是,对于欧共体法规则的错误适用却能够构成国家责任的理由。[①]

5. 过错

职务责任是一种过错责任,只有在公务员因过错违反了其相对于第三人应尽的职务义务时,才构成职务过错。过错的形式为故意和过失。故意意味着,公务员明知、或至少是预计到了其违反职务义务的可能性。如果系因其认识错误而导致了职务义务的违反的话,则不构成故意。过失意味着公务员没有尽到应有的职务谨慎。在此,判断是否尽到应有的职务谨慎的标准是,是否一位“中等程度的尽职的公务员”会尽到该职务谨慎。而确定过错的共同前提则是,每一个公务员都拥有对于其职务而言必要的法律和行政方面的知识,并且还能够取得通常其能够取得的职务协助。公务员不得以缺乏相关知识为由为自己辩护。

在个案中,只要证明公权力的行为没有尽到必要的注意就可以了。至于该行为是否为某一具体的公务员作出的,实际上并不重要。例如,当集体负责制的机构(Kollegialorgan)违反了某职务义务时,往往很难判断具体应由哪位公务员为此负责,在此,通常认为这是一种组织过错(Organisationsverschulden)。这种认定对于相关的公民而言,是一种举证责任上的减负。[②] 此外,行政公务员对不明确的法规的错误适用是否构成职务义务的违反的问题,也在司法中存在争议。一般认为,行政公务员对于不明确的法规的掌握能力要低于法院的合议庭。因此原则上,如果一个由合议庭组成的一审法庭也认同了公务员的意见的话,该公务员的职务过错就不可能构成。[③] 但是,一系列新的判例也对此原则作出了补充,认为在下列情形下不适用这种所谓的“合议法庭准则(Kollegialgerichtsrichtlinie)”原则:当法院进行的只是一种表面审查时;

① LG Bonn, NJW 2000, 815.

② *Windthorst*, in Detterbeck/Windthorst/Sproll, Staatshaftungsrecht, § 9 Rn. 178 f.

③ *Ossenbühl*, Staatshaftungsrecht, S. 75.

当法院的认同是基于对于案件事实的不恰当的或不完整的评价而作出时；当法院忽视了存在的法律问题时；当法院系经错误的程序而作出其决定时；当法院认同公务员意见的理由并未为该公务员自己所虑及时等。①

《基本法》第 34 条第 2 句规定："如系故意或重大过失，则保留对其进行追偿。"但是，该条本身还不是追偿的基础，追偿的构成还需要有特别法上的授权，例如《联邦公务员法》第 78 条第 1 款对于追偿的规定。

6. 损害

受害人的法定权益（Rechtsgut）必须受到了损害。此处的法定权益包括财产权益和非财产权益，因此损害也相应有财产损害和非财产损害（精神损害）之分。财产损害是通过一种区别假设（Differenzhypothese）来加以确定的，即在财产的现有实际价值低于加害事实形成以前的实际价值的情况下，就构成了损害。

7. 违法行为与损害之间的因果关系

国家责任法中违法行为与损害之间的因果关系的确定基本上同于一般侵权法，即要求违反职务义务的行为是构成损害的充分条件。对于程序错误和裁量错误的确定，则适用特别规则：通常情况下，如果在避免了该程序错误的情况下，仍然会作出该措施的话，就不是程序错误的问题；如果在作出了正确的裁量的情况下，会作出不同的决定的话，那么就是基于裁量错误的因果关系。

8. 请求权的范围

职务责任请求权限于金钱赔偿。在健康、人格或类似的权利受到损害的情况下，请求权包括了对于损害的弥补和赔偿金。之所以规定金钱赔偿而排除恢复原状，是因为：其一，判决由民事法院作出，民事法院无权判令国家采取国家权力行为；其二，金钱赔偿比较容易实现。如果公民在赔偿之外，要求国家采取一定的行动纠正其违法行为，那么就必须为此提出义务之诉或一般给付之诉。

9. 被请求人

被请求人通常是作出职务委托的团体，或者说雇佣致害工作人员的团体。《基本法》第 34 条第 3 句规定，民事法院对于职务责任方面的

① *Ossenbühl*, Staatshaftungsrecht, S. 75 f.

请求作出决定。不管争议的数额有多大，进行一审的总是州法院（Landgericht）（§ 71 Abs. 2 Nr. 2 GVG）。

（三）国家责任的排除

1.《民法典》第839条第1款第2句的适用优先——职务责任的辅助性（Subsidiarität der Amtshaftung）

《民法典》第839条第1款第2句规定，如果公务员仅仅是因过失而被归责的话，那么只有在受损者不能以其他方式取得赔偿的情况下，才可以要求公务员承担责任。换句话说，如果公务员系出于过失而导致职务义务的违反的话（通常情况都是如此），那么只有在受害人不能以其他方式取得赔偿的情况下，才由国家承担责任。根据该规定，"以其他方式取得赔偿"是指，其他的赔偿可能性是实际存在的、其他的赔偿可能性是可实现的、职务行使者有（《民法典》第276条第2款中规定的）过失行为。

从立法本意来说，《民法典》立法资料表明，之所以这样规定职务责任的辅助性，直接的原因不是出于减轻国家财政负担的考虑，而是为了防止公务员对于承担责任的过分担心。联邦最高法院认为，除非有特别理由，必须要适用该辅助性原则。这些特别的理由包括：（1）如果赔偿请求系针对另一行政主体而提出的话，不能适用职务责任的辅助性原则，因为公法上责任的承担具有统一性。（2）如果公务员在一般的道路交通关系中造成了交通事故的话，那么根据对于所有交通参与人平等适用责任法的原则，应当排除国家的特权。但是，如果公务员对于道路交通的参与是基于特别法进行的，例如作为警车、救火车、街道清理和垃圾清运车而出现在日常的道路交通中的话，国家责任的辅助性原则同样得以适用，因为此时公务员所负有的责任和义务恰恰同其他一般的道路交通参与人不相同。（3）如果受害人以其他方式——例如通过保险赔付——取得了赔偿的话，那么就不能适用职务责任的辅助性原则。（4）如果涉及（诸如病假期间）工资的照常发放问题，不属于对于损害的补救，而是对于劳动法上的照顾义务的履行。

2. 未采取法律途径的排除

《民法典》第839条第3款规定，如果受害人因其过错而未能及时采取法律上的措施而使其损害不能得到弥补的话，国家不为其损失负赔偿责任。在此,法律途径不仅指正式的法律途径,包括复议和诉讼[①]、诉讼中的暂时性法律保护措施;而且还包括非正式的法律途径,包括职务监督抗告、异议。[②] 但是一般而言,这里的法律途径不包括宪法诉愿在内,除非违反职务义务的行为是一种立法行为;因为在此情况下,没有其他法律救济途径可以对抗这种国家权力行为,因而只有宪法诉愿才是基础性的法律救济手段。[③] 当然,如果适当的法律途径的采取就已经足够,不能对受损者提出过高的要求。例如建房的业主针对停工的命令提出了行政复议就可以了,但是没有必要因为提出了复议之后,在原行政行为被暂时停止执行的情况下,就继续进行已经开始的工作,以避免损失的扩大。

总之,法律途径的采取必须是合理的,公民未采取法律途径的行为必须是有过错的。但是,必须是未采取法律途径的行为与损害的形成或增大之间存在因果关系时,才会使得赔偿请求落空或受到限制。原则上,公民可以信赖公务员对于其可以采取的法律途径的告知。但如果公务员的告知是错误的、并且公民基于该告知而错误地采取了法律救济手段的话,则公民没有过错。

3. 时效的排除

《民法典》第 195 条规定,对于职务责任的请求时效是 3 年。《民法典》第 199 条规定,该期限从请求权成立、受损者知晓确立请求权的事实和责任人时开始计算;在请求权人基于重大过失而对此不知晓的情况下,时效也开始计算。如果违反职务义务的后果在后来才出现的话,那么时效从该后果出现之时开始计算。为使时效的开始不至于无限延长,职务义务的违反所导致的物的损害和财产的损害最迟在其形成之后 10 年(§ 199 Abs. 3 BGB)、其他的损害则 30 年后(§ 199 Abs. 2 BGB),时效

---

① 除非已经明显没有取得胜诉的希望,否则当事人在一审失败后还要上诉;因此,在一般情况下不被看重的上诉程序,在可能涉及国家责任的案件中却经常被当事人提起。

② Gerke, in Hofmann/Gerke, Allgemeines Verwaltungsrecht, Rn. 1133. Dagegen aber Maurer, § 26 Rn. 32. 这里的异议(Gegenvorstellung)指的是对作出原决定或拒绝作出决定的机关所提出的不同意见,其目的在于促使该机关进行自我监督。监督抗告(Aufsichtsbeschwerde)是向作出决定的机关的上级机关提出的,目的在于通过上级机关的监督来改正原决定。这种监督可以是合法性监督,也可以是专业上的监督。职务监督抗告(Dienstaufsichtsbeschwerde)是实践中最常见的情况,属于监督抗告的一种。

③ 参见《联邦宪法法院法》第 93 条第 3 款,在此,宪法诉愿只能在该法律颁布或其他没有(其他)法律救济途径的权力行为作出之后 1 年以内提出。

届满。

4. 作出裁判的法官的特权——法官的排除

《民法典》第 839 条第 2 款第 1 句规定,如果公务员在其对于一个法律事务作出的判决中违反了其职务义务,那么只有在该职务义务的违反系形成于一个犯罪行为之中的情况下,公务员才对由此而形成的损害负有责任。这里所谓的公务员就是法官。直观地看来,该条规定是对于法官的特别保护,但是更为重要的是其同时对于生效判决的维护——即使是重大违法的判决,也具有其确定力;正是由于这种确定力的存在,决定了不能以走职务责任这一“迂回弯路”的形式,来再度对生效判决进行审查。在法官仅仅是因违反职务义务而拒绝或迟延行使其职权的情况下,并不能构成国家责任(《民法典》第 839 条第 2 款第 2 句)。在实践中,只有在两种情况下法官才承担国家责任:即法官故意地曲解法律和受贿,并且还要达到构成刑事犯罪的程度。这种情况是极为少见的。在此问题上,实际上涉及的不是法官的特权(Richterprivileg),而是法官所作出的裁判的特权(Richterspruchprivileg)。

5. 其他的责任排除

《基本法》第 34 条第 1 句规定:“如果某人在执行委托其执行的公共职务时,违反了其相对于第三方所负有的职务义务的话,那么原则上由国家或其所服务的团体负责。”这里的“原则上”一词表明,(狭义的)法律可以规定国家责任的排除——例如《联邦公证员法》(BNotO)第 19 条。原则上,区镇所制定的章程不能规定国家责任排除,除非国家法律对此有明确的授权。在此,对于区镇制定章程的一般性授权,不能构成章程可以规定国家责任的排除的依据。从法治国原则来看,国家对于立法上的不法也应当承担责任。但是,对于立法行为是否能够排除职务责任的追究问题,法律无明文规定。一般认为,对于规章和章程是可以追究职务责任的,尤其是层级比较低的建筑计划(Bebauungsplan),其涉及面比较窄,其违法性和所涉及的影响的范围都比较好确定。至于违宪的法律和其他法规的职务责任问题,理论上可予以肯定,但是司法实践中,联邦最高法院对此持否定态度,其原因法律所涉及的影响面太广,不好确定其责任范围。

(四)欧洲法上的职务责任

上述国家责任法论述的是德国的国家公权力所应负的责任。如果欧共体成员国作出了违反共同体法的行为并导致了损害的形成的话,受损者可以依据共同体国家责任法提出赔偿请求。由于没有成文法对此作出规范,该所谓的共同体国家责任法系由欧洲最高法院(EuGH)发展而来的。该法院认为,"从条约所确定的法律制度的性质出发",成员国应该对其机构违反共同体法的行为负责。

欧洲共同体法的规范形成了一种独立的法律制度,在此制度之下,各成员国及其公民都是其法律主体。共同体法的一项基本原则是:成员国负有义务,对于其因违反共同体法而对个人造成的损害进行赔偿,而不管是行政上的不法,还是立法上的不法。

在欧洲共同体法的规范之下,个人在职务责任上的请求权有四个要件:(1) 所违反的法规准则对于个人而言必须是授益性的;(2) 法规准则的内容必须是确定的,并且是充分确定可被适用的(权利的内容单独取决于该法律准则,无需其他规范的规定);(3) 对于法规准则的违反和受害人的损失之间必须有直接的因果关系;(4) 成员国对于共同体法的违反必须是显然的和严重的(hinreichend qualifizierter Rechtsverstoß)。在此,不需要有"过错"这一条件。但是在对"是否构成对共同体法的显然的和严重的违反"的审查中,要审查过错情况。在上述要件中,最重要的问题是如何确定成员国对于共同体法的违反"必须是显然的和严重的"。一般认为,当成员国显然并且严重地超越了共同体法为其所确定的行为权限的时候,这种对于共同体法的违反就是显然的和严重的。当然,对于这一问题的回答,在很大程度上取决于成员国的形成自由裁量范围(Gestaltungsspielraum)。如果存在裁量范围的话,那么对于立法而言,只有在"显然和严重超越了裁量范围"的情况下才构成对于共同体法显然和严重的违反。

有这样一则案例:一家德国旅行社在 1993 年的时候出现了支付不能的情况,导致许多旅游者必须自己付钱从旅游目的地飞回出发地点。而欧共体的相关法规准则规定,对于此种情况,应由一种保险基金来解决问题。由于德国没有及时适用这一规定,欧洲最高法院(EuGH)认为,德国对此负有赔偿义务,其理由是:德国显然并严重违反了此项于 1990 年 6

月13日制定的《法规准则》(Richtlinie Nr. 90/314/EWG),因为其未在规定期限内采取任何措施;该《法规准则》第7条规定,应该对于以一次性付费的方式参加旅游项目的旅行者(Pauschalreisende),提供针对旅行社之间的竞争所带来的风险的保护;《法规准则》第7条所规定的权利主体是一次性付费的旅行者,从该《准则》中推论出来的是消费者的权利;由于《准则》所确定的期限已过,所以对于《法规准则》的违反和受害人的损失之间显然存在因果关系;德国之所以应该对此违反共同体法的行为负责,是由设立欧共体条约所确立的法律制度的性质所决定的(DVBl. 97, 111-Dillenkofer u. a.)。①

构成国家责任的条件为共同体法所规范,但是损害后果的消除却是在国内责任法的框架内进行的。因此,共同体法上的责任法与国内法中的责任制度形式上是一种并立的关系。实质上,对于两者之间的关系如何确定的问题,存有争议。一种观点认为,在个案中,要分别对基于共同体法和国内法的两种请求权进行审查。另一种观点认为,应该适用成员国国内法的责任请求,但是必须要在共同体法规定的框架内对之作出解释。对此,尽管欧洲最高法院(EuGH)还没有作出司法上的最终认定,但是其更倾向于第二种观点。该种观点将共同体法上的国家责任整合进了国内法,同时也保留了国内立法者制定辅助性规范以及作出相应调整的可能性。②

依据《基本法》第34条之规定,被请求人首先是作出行为的工作人员所属的团体(其雇主),在必要情况下也会以作为成员国的德国作为被请求人。

三、公法上的补偿请求权

(一) 公法上的补偿请求权概述

公法上的补偿请求权之所以形成,主要基于征收、类似于征收的干涉、征收性的干涉、立法者负有补偿义务的对于财产内容和范围的规定、

① *Hofmann/Gerke*, Rn. 1140.

② *Maurer*, § 31 Rn. 9.

以及牺牲和类似于牺牲的干涉等行为。其中，征收的客体是财产性权益，牺牲的客体是非财产性权利。征收与牺牲之间的区别并不在于损害或者干涉的种类（财产损害或者精神损害），而仅仅在于受到损害的法益的种类（财产性权利还是生命、健康等）。对于财产性权利在公法上的补偿请求权，也称为对于财产损害的补偿（Entschädigung für Beeinträchtigungen des Eigentums）。对于非财产性权利，也称为牺牲请求权（Aufopferungsanspruch）。国家由于这两大类行为而对公民承担的责任，统称为"补偿"（Entschädigung）。[①] 形成这两大类请求权的理论基础都是所谓的"牺牲理念（Aufopferungsgedanke）"，即关于公共利益和个人利益发生冲突时如何解决的理念。

首次将该"牺牲理念"予以成文法化的是1794年的《普鲁士法典》（Allgemeines Landrecht für die preußischen Staaten：ALR）。该法序言第74条、第75条至今仍是构成国家补偿责任的基础性渊源。

（二）对于财产损害的补偿

与职务责任上的赔偿请求权不相同的是，对于财产损害的补偿请求权（Entschädigung für Eigentumsbeeinträchtigungen）的目的并不在于对损害进行完全的弥补，而是限于对受损客体的实际价值作出补偿。对于财产损害的补偿请求权制度系基于公正这一基础性理由：在公共利益与个人利益发生冲突的情况下，个人利益服从于公共利益，公民必须容忍对于其权利的剥夺或限制，但同时有权获得补偿。相对于职务责任而言，对于财产损害的补偿请求权制度更为复杂。其基本性的法律基础是《基本法》第14条第3款，其条文内容如下：

《基本法》第14条（财产、继承权、征收）规定：

（1）财产和继承权受到保护。其内容和范围由法律（具体）规定。

（2）财产是负有义务的。其使用应当同时服务于公共利益。

（3）只能是基于公共利益的需要才能够进行征收。征收只能是通过法律或基于一部法律的规定进行，该法律同时对于补偿的方式和范围作出规定。补偿基于对公共利益和相关人的利益之间的公正权衡得以确

① 此处的补偿（Entschädigung）所指向的行为既有合法行为，又有违法行为。其用词上不同于中国的所谓补偿与赔偿之间的区别。

定。对于补偿数额的法律争议以普通法院的法律途径解决。

早在1794年的《普鲁士法典》中,就已经确立了因公民的特别牺牲而给予其补偿的理念。

该《法典》序言第74条规定:“如果(国家成员的具体的权利和利益与整体的利益)这两者之间真的相互矛盾(冲突)的话,国家成员的具体的权利和利益必须服从于促进整体的利益。”同时,《普鲁士法典》序言第75条规定:“相反,国家应该对于为了整体的利益而牺牲其特别权利和利益之人进行补偿。”同时,这两个条文也是确定所谓的牺牲请求权(Aufopferungsanspruch)的基础性规范。

最初,征收只限于对因公共利益的需要而剥夺地产的行为。从一战时期开始,征收这一概念的内涵被逐渐扩大到适用于地产(Grundeigentum)之外的其他财产性权利。与此同时,牺牲的概念则逐渐缩小到只适用于对非财产性权利的损害。①

对于财产损害的补偿主要包括征收(合法行为)、类似于征收的干涉(违法行为)、征收性的干涉(合法行为)、立法者负有补偿义务的对于财产内容和范围的规定(合法的立法行为)。如果国家出于公共利益的需要而剥夺了公民的财产,这就是征收;如果国家的这一要求是违法的,那么这就是一种类似于征收的干涉;征收性的干涉指的是合法的行政活动所产生的征收性派生后果(例如警察执行公务的时候伤及他人);立法者负有补偿义务的对于财产内容和范围的规定是指立法者对于《基本法》第14条第1款第2句的具体化规定。这四种干涉可以统称为征收。对于征收性的干涉,不适用基础性法律保护的优先原则,因为对于征收性的干涉,通常不能通过防御或不作为诉讼予以阻止。②

1. 征收补偿

征收指国家出于公共利益的需要、以国家权力行为全部或部分地剥夺公民财产的行为。征收的构成要件主要有:(1) 征收所涉及的财产权益包括动产、不动产、其他具有财产价值的个人权利(债券、著作权等),但是不包括可得利益和职业机会等;(2) 必须有剥夺这些客体财产的征收过程;(3) 征收的法律形式不仅包括行政行为,还包括直接通过法律进

① *Rüfner*, in Erichsen/Ehlers (Hrsg.), AllgVerwR, § 46 Rn. 4.

② 在德国,针对违法的事实行为可以直接起诉至民事法院。

行的征收。征收的方式不仅是向国家交付财产,还包括对于财产的限制,例如禁止对古建筑的改造。当然,对于具体哪种范围内的权利能够构成征收中所谓的财产利益的问题,在联邦宪法法院和联邦最高法院之间存有争议。

2. 立法者负有补偿义务的对于财产内容和范围的规定

立法者负有补偿义务的对于财产内容和范围的规定(Ausgleichspflichtige Inhalts-und Schrankenbestimmung)本身就是立法者的一种立法行为。立法者在对《基本法》第14条第1款第2句作出具体规定时,有义务在个人的合法利益和公共利益之间进行权衡,在此,立法者必须遵守合理性原则和平等原则;如果这一对于基本法中规定的"财产"进行具体化的法律使某个人承受了不合理的负担的话,则立法者有义务对此作出补偿。

3. 针对类似于征收的干涉和针对征收性干涉的补偿

类似于征收的干涉指的是国家的违法行为对于财产造成的干涉。其形式上类似于合法的征收,但是实质上是一种违法行为。[①] 征收性干涉则是指由合法的国家行为所导致的非正常的、不可预见的、超出合理范围以外的不利。

这两种补偿都是由法官造法(Richterrecht)所确定的。确定这两种补偿的基本依据都是关于牺牲的理念(Aufopferungsgedanke)。对于这两种损失,法官法中所确定的弥补方式都是合理的补偿(angemessene Entschädigung),具体补偿数额的确定则是根据个案中的具体情形、在对公共利益和相关人利益之间作出权衡后才得以确定的。一般情况下,相关人所受到的损失可以得到完全的补偿。但是与赔偿请求权所不同的是,这里所进行的补偿的目的并不在于完全地消除干涉所致的影响。原则上,被请求人就是干涉行为的受益人。对于征收性的干涉而言,被请求权人也可能是一个个人。如果干涉行为没有确定的受益人,则通常由完成公法任务的公权力机构作为被请求人。

(1)类似于征收的干涉

类似于征收的干涉的责任构成取决于下列要件:① 对于财产造成的干涉。这里的财产也包括企业的经营在内。但是,对于企业的影响仅限于对其实体存在的重大影响,如果仅仅是在法律规定方面对于企业作出了不利

① *Ossenbühl*, Staatshaftungsrecht, S.214.

规定的话，则不在此列；同时，仅仅对于经营上的机会或者营利上的可能性造成影响的话，也不构成请求权的基础。构成类似于征收的干涉的必须是国家的权力行为；如果国家作出的是私法上的行为的话，则应适用民事上的法律规范。② 国家的违法行为构成的干涉。这里的国家权力行为主要指的是行政行为和纯粹的权力行为（schlichthoheitliches Handeln）。此外，行政上的制定法规的行为（exekutive Rechtssetzungsmaßnamen）也可能构成类似于征收的干涉。但是，联邦最高法院认为，违宪的法律及其执行不具有构成类似于征收的干涉的可能性，原因是如果作出这样的认定的话，对于国家财政和议会的预算而言造成的影响会太大。[1] ③ 国家的违法行为对于财产损害的造成必须是直接性的。④ 该财产损害对于财产所有人而言必须构成一种特别牺牲（Sonderopfer）。⑤ 财产所有人对于损害的形成没有过错。这里的过错不仅包括在损害形成上的过错，还包括在采取法律手段的方面过错。例如针对违法行政行为，如果相关人怀疑行政行为的合法性，就应该采取相应的法律手段（提起行政诉讼）。换言之，如果相关人没有采取基础性的法律救济手段，则其在此后也不能采取从属性的（派生性的）法律保护手段，除非要求其采取基础性的法律救济手段是不可能的或不合理的。

（2）征收性干涉

征收性干涉是由合法的国家行为所导致的，其具体表现是对于财产所有人造成了非正常的、不可预见的、超出合理范围以外的损害。对此种损害所进行的补偿就是国家在征收性干涉中承担的国家责任。通常而言，造成这一后果的是国家的事实行为。

例如，在合法进行的街道建设工程施工过程中，施工的强度、持续时间和影响对于居住在两旁的居民而言已经超过了其可承受的合理限度，因此应对这些居民作出补偿。[2] 行政机关车辆的进出所发出的噪音对于周围的居民而言已经超过了其可承受的合理限度，因此尽管不能杜绝车辆在行政机关办公场所的出入，但是可以对于邻居所受的损失作出

---

① *Sodan/Ziekow*, Grundkurs Öffentliches Recht, § 87 Rn. 12. 对此，奥森比尔认为，针对具体个人和制定具体措施的法律可以构成类似于征收的干涉，参见 *Ossenbühl*, Staatshaftungsrecht, S. 234。

② Wie z. B. BGH, NJW 1965, 1907 (1908 f.).

补偿。①

在此，重要的是在行政活动及其后果之间作出区分。另外，还要注意的是，公民所受的损失必须是一种特别的、为一般公民所不必或不用承受的损失。

（三）牺牲请求权

牺牲请求权（Aufopferungsanspruch）是出于公共利益的需要、公民由于非财产性权利受到公权力的损害而承受了特别牺牲、从而形成的国家责任请求权。非财产性权利包括《基本法》第 2 条第 2 款规定的权利，即生命和身体不受侵犯、个人行为上的自由等。也有人提出，《基本法》第 2 条第 1 款规定的人格权和第 12 条第 1 款规定的职业自由也应该被列于其中②；但是，目前这一动议还未能实现。如果国家剥夺了公民的非财产性法益（Rechtsgüter），例如生命、健康、自由等，那么这就是牺牲；如果国家的这一要求是违法的，那么这就是一种类似于牺牲的干涉。然而，除了受损害的法益不同之外，作为两种不同的法律制度，牺牲请求权与对于财产损害的补偿请求权（尤其是征收和类似于征收的干涉）之间更多的是其相似性，尤其从其法律制度的构建和请求权的构成而言是如此。所以也有人把对于财产损害的补偿请求权也称为一种广义上的牺牲请求权，而把前者称为狭义的牺牲请求权。③

如前所述，牺牲请求权的渊源在于《普鲁士法典》序言第 74 条、第 75 条。作为一种习惯法，《普鲁士法典》的上述条文至今仍然有效。由于在司法判例中的限制性解释以及牺牲请求权已经被一些具体的成文法所规范，所以上述习惯法的适用范围目前已经极为有限。然而，不管相关内容是否已经被成文法化了，牺牲请求权都是一种从属性的（派生性的）法律保护制度——只有在不存在特别法律的规定、其他法律制度无法提供救济的情况下，才能适用一般的牺牲请求权。

牺牲请求权的责任构成取决于下列要件：(1) 公权力基于公共利益

---

① Wie z. B. BGHZ 122, 76 f.

② *Schenke*, NJW 1991, 1777 (1780 ff.).

③ Wie z. B. *Sproll*, in Detterbeck/Windthorst/Sproll, Staatshaftungsrecht, § 16 Rn. 61 ff.; § 17 Rn. 7.

的需要而对非财产性权利的进行直接干涉。公权力的干涉方式可以是作为，也可以是不作为；可以是一种合法干涉（牺牲），也可以是一种违法干涉（类似于牺牲的干涉）。公权力对于非财产性权利的干涉必须是一种直接的影响（unmittelbare Beeinträchtigung），至于行使该公权力的目的是否就是在于形成这样的影响，则在所不论。此外，公权力应是基于公共利益的需要而作出该干涉行为。在此，只要公权力是为公共利益的需要而启动的就足够了，而并不要求公权力运行的结果对于公共利益而言必须要形成一种具体的利益。(2) 对于相关的公民而言，对其非财产性权利的直接干涉应构成一种特别牺牲。(3) 相关的公民对于损害的形成无过错。

对于牺牲请求权，国家承担责任的形式为合理补偿（angemessene Entschädigung），即国家为相关人所受的损失提供金钱补偿，但是该补偿只及于实体损失的合理弥补，而不及于精神损失的弥补。简言之，国家作出的只是一定合理的物质补偿，而不作出精神补偿。判例中确定的形成牺牲请求权的案例主要有注射疫苗所形成的损害、对于性病的强制治疗、用一种未经人体试验的药物为受伤的士兵疗伤、患有精神病的囚犯杀死一名同牢房的犯人、共同被关押的人犯伤害了一名正在被接受调查的被关押者等。① 在这些确定的案例之外，构成牺牲请求权的可能性是极小的。

（四）警察与秩序法中的国家责任

警察与秩序法中的国家责任（Staatshaftung im Polizei-und Ordnungsrecht）也被称为警察法上的补偿请求权（polizeirechtliche Entschädigungsansprüche）。尽管在许多文献中，警察与秩序法中的国家责任被单独列为一章②，但是从其实质而言，警察与秩序法中的国家责任仍然被认为是属于牺牲请求权中的一种特别的请求权。所有州的警察法都对于公民针对国家的补偿请求权作出了明文规定。值得注意的是，构成这里的请求权基础的，并不仅仅指传统意义上的“警察”机关的干涉行为，而是还包括了其他管理机关和特别警察机关的干涉行为在内，例如建

① Ausführlich dazu *Ossenbühl*, Staatshaftungsrecht, S. 132.

② *Ossenbühl*, Staatshaftungsrecht, S. 392 ff.

筑监管机关和道路交通管理机关。在此,国家责任的构成首先取决于警察机关的行为是合法行为还是违法行为。

1. 对于合法的警察措施的补偿

如果是合法的警察措施给于公民造成了损害,则首先要查明公民系基于何种原因而受到该损害的。在此,公民可能的角色是作为非妨害人(Nichtstörer)、表见妨害人(Störer)、妨害人(Anscheinstörer)和无关者(unbeteiligte)。其中,非妨害人也被称为紧急义务人(Notstandsverpflichteten),指的是出于公共利益的需要、在紧急状态下被警察机关置于其合法的权力行为之下而受到损害的、并未作出警察法上的危险行为的人。对于这样的非妨害人造成的损害,国家承担补偿责任;妨害人也称为警察法上的义务人(Verantwortlicher),指的是因作出了警察法上的危险行为而被警察置于其合法的权力行为之下的人。在此要注意的是,妨害人指的仅仅是直接造成危害者。例如允许停放车辆的道路两旁,在甲将车辆停放在左侧以后,乙又将另一车辆停放在道路右侧,从而造成道路中间不再能够通行车辆,在此情况下,只有乙是妨害人[①];表见妨害人指的是因警察针对一表明上看起来(而实际上并非如此的)危险状态而作出的干涉行为而受到损害的人。对于表见妨害人,国家承担与对于非妨害人相同的补偿责任;无关者指的是出于偶然和无意识而为某一合法的警察措施所伤害之人。对此,最经典的案例是警察射出的子弹误伤了旁边的路人。对于无关者,国家也承担与对于非妨害人相同的补偿责任。当然,州法可以对此作出特别的补偿规定。

2. 对于违法的警察措施的补偿

如果损害是因违法的警察措施而引起的,则不管公民系基于何种原因而受到损害,都构成补偿请求权。在此,补偿请求权的构成并不以过错为前提,因此其从性质上而言是一种危险责任(Gefährdungshaftung);相反,如果在个案中能够认定过错存在的话,那么构成的就是基于职务过错的赔偿责任了。此外,对于这里的"措施",应从广义上加以理解——交通信号灯出现的技术性错误也是一种"措施"。[②]

---

① *Sodan/Ziekow*, Grundkurs Öffentliches Recht, § 79 Rn. 8.

② BGHZ 99, 249.

四、公法上的返还请求权

公法上的返还请求权(Erstattungsanspruch)指的是在以公法为基础的法律关系中,财产的流转(Vermögensverschiebung)已经发生,但是支持该财产流转的前提条件却不具备或不再具备;在此条件下,承受负担的一方有要求其财产得以返还的请求权。设定公法上的返还请求权这一制度的目的,是使没有法律基础的财产流转能够得以返还——除非特别法律另有规定。确定这一请求权的基本依据是行政合法性原则(Grundsatz der Gesetzmäßigkeit der Verwaltung)以及公民所享有的基本权利。一般情况下,公法上的返还请求权类似于民事上的不当得利请求权(§§ 812 f. BGB);但是,参照适用《民法典》的上述规定却不是必要的,因为公法上的利益关系不同于民法。原则上承担责任的形式是财产的返还;只有在财产返还已经不可能的情况下,才可以请求财产价值的补偿。

公法上的返还请求权构成要件如下:(1) 参与人之间的关系是一种公法关系;(1) 财产在两个法律主体之间进行了流转,也就是说,一方增加了财产,另一方减少了财产;(3) 财产的流转没有法律基础。

公法上的返还请求权的行使可以有三种基本形式:(1) 可以由公民针对国家行使。如果是公民针对国家提出请求,则可以有以下三种可能性:其一,如果行政机关应以行政行为的方式对于请求权作出决定,则应提起义务之诉;其二,除第一种情形之外,在一般情况下应向行政法院提出一般给付之诉[①],例如请求返还多交付的税费等;其三,如果实现请求

---

① 一般给付之诉(allgemeine Leistungsklage,《行政法院法》第 43 条第 2 款、第 111 条、第 113 条第 4 款、第 169 条第 2 款以及第 170 条默认其存在),指公民要求公共行政主体作出、容忍或停止作出除行政行为以外的其他所有行为、或公共行政主体要求公民依公法规范作出、容忍或停止作出某行为的诉。一般给付之诉适用的范围非常广泛,其要求的给付通常可以是除行政行为以外的任何一种给付;其原告不仅可以是公民,还可以是行政机关。在公民对行政机关提起的一般给付之诉中,要求给付的标的可以是事实行为或低于法律的行政规章和章程的颁布,其中要求行政机关停止或不再作出某(干涉性)事实行为的诉被称为停止作为之诉(Unterlassungsklage),要求行政机关颁布低于法律的行政规章和章程的诉被称为规范颁布之诉(Normerlassklage),要求行政机关在将来不作出某行政活动的预防性停止作为之诉(vorbeugende Unterlassungsklage)。在行政机关对公民提起的一般给付之诉中,要求给付的是行政机关不能以其单方行为实现的公民的作为、容忍或停止作为,例如行政机关基于公法性合同而对公民提出的给付要求。

权的前提是撤销一个仍然还存在的行政行为的话，则可以在提起撤销之诉的同时，根据《行政法院法》第113条第1款第2项之规定，一并提起行政行为执行回转的请求。(2) 国家针对公民行使。例如请求公务员返还多支付的工资，实现该请求权的形式主要是一般给付之诉。(3) 公法上的返还请求权也可能在不同的公权力主体之间行使。在此情形下，请求权主要是通过一般给付之诉来实现的，而不可以采用作出行政行为的形式。

五、后果清除请求权

后果清除请求权(Folgenbeseitigungsanspruch)是在二战以后才发展起来的。与上述各种承担责任的方式不一样的是，后果清除请求权的目的不在于金钱方式的责任承担，而是在于清除违法干涉的实际后果、恢复原有的状态。对于后果清除请求权，并无法律作出明确规定。《行政法院法》第113条第1款第2句则默示了这种请求权的存在，该条规定："如果行政行为已经被执行，法院也可以依申请作出宣告，行政机关必须以及如何恢复执行之前的状况。"因此，行政法院可以作出指令，一个违反法律被执行的行政行为应该被恢复原状。统计数字表明，后果清除请求权主要涉及的是对于原有状况的恢复，而不是一种一般性的后果补偿请求权(Folgenentschädigungsanspruch)。后果清除请求权直接针对的不是国家的干涉本身，而是其后果。即使干涉本身是合法的，在该干涉所形成的状况变成了违法的情况下，也可以请求予以清除。

一般而言，存在两类后果清除请求权：一类是对于执行后果的清除请求权(Vollzugsfolgenbeseitigungsanspruch)，指的是对于违法行政行为的执行后果的清除；另一类是对于纯粹的公法活动的后果的清除，这就是所谓的一般的后果清除请求权(allgemeine Folgenbeseitigungsanspruch)。后果清除请求权的构成要件主要有：(1) 公权力活动对于公民权利构成了干涉。(2) 形成了违法的状态。在此，重点并不在于构成后果清除请求权的公权力活动本身是否违法，因为合法的公权力活动也有可能形成违法的后果；重点在于由该公权力活动所形成的状态是违法的。但是，如果申请人依据法律、行政行为或出于自愿而有义务忍受这一违法状态的话，则该种状态不具有这里所谓的违法性。[1]（3）恢复原状的可能性与合理性。恢复原始状态必须是可能的、适法的和合理的。在合理性背后，还隐藏着适用于公法中的诚实信用原则。如果后果清除是不符合比例要求的，或者根据相关人的利益和所有其他条件而言构成了不公平的浪费的话，那么就不能满足此要求。

后果清除请求权的实现方式基本上同于上一节中的公法上的返还请求权(Erstattungsanspruch)。如果涉及的是对于执行后果的清除请求权，则可以在提起撤销之诉的同时，依据《行政法院法》第113条第1款第2句提起附带的后果清除请求。在一定的情况下，为了清除行政行为所形成的后果，也可以提出义务之诉。但是，如果涉及的是所谓的一般的后果清除请求权的话，则应向行政法院提出一般给付之诉。至于请求权的期限，由于没有法律作出明文规定，其期限同于职务责任，即原则上是3年。

在司法实践中，后果清除请求权已经为一系列案例所具体化。例如，不具有后果清除可能性的案例——对人的侮辱是不能通过事后的后果清除行为予以清除的；后果清除请求不具有适法性的案例——如果公民事后认可了该违法措施的话，则其提出的后果清除请求不再具有适法性；不符合合理性的案例——对于一个违法的从房屋中抽水的决定，如果要清除其后果，则会导致整个居民区的用水停止；此外还有关于请求权范围的案例，只能够要求强制性迁出被不法安置的无居所人(Obdachlose)，但是不能对于被该人所损害的家具获得赔偿，因为后者是一种职务责任上的请求权。

六、公法性债务关系中的赔偿请求权

除了上述论及的各种国家责任形式以外，还有一些内容上更加不成体系的国家责任形式。这些责任形式可以笼统地归入公法性债务关系中的赔偿请求权(Schadensersatzansprüche aus öffentlich-rechtlichen Schuldverhältnissen)[2]中来。之所以会形成公法性债务关系，是因为公权力主体原则上是可以选择其与公民发生法律关系的法律形式——即其可

① *Sodan/Ziekow*, Grundkurs Öffentliches Recht, § 89 Rn. 5.

② 对于这一概念，目前尚无统一的定义。参见 *Ossenbühl*, Staatshaftungsrecht, S. 353。

以选择，或者以公法形式与公民发生法律关系，或者以私法形式，这就是所谓的行政机关的形式选择自由（sog. Formenwahlfreiheit der Verwaltung）。这种相对而言比较紧密的国家与公民之间在公法上的法律关系，同时也可能发生于不同的公权力主体之间。因此，不仅公民针对国家、国家针对公民提出的赔偿请求是可能的，而且公权力主体之间相互提出赔偿请求也是可能的。在此，主要的责任形式有以下几类：

（一）公法上的保管

公法上的保管（die öffentlich-rechtliche Verwahrung）指的是行政机关依据公法而对于动产的临时性占有，例如在刑事侦查程序中对于某物的暂时保管。在对于该“保管”作出的决定被撤销或者以其他方式被终止的情况下，相关人可以要求物的返还。在此，参照适用《民法典》第688条及以下条款以及《民法典》的其他相关条款。

（二）公法上的无因管理

公法上的无因管理（öffentlich-rechtliche Geschäftsführung ohne auftrag）指的是应依据公法来评价的无因管理行为。至于由此而产生的无因管理之债，则依据民法典的有关规范得以偿付（§ § 683，670，678 BGB）。

有一则案例，由于火灾，消防人员拆掉了B的房屋。此后，消防人员所属的法定主体能否要求B为他们拆房子的行为作出补偿呢？在本案中，消防人员的行为无疑是公法行为。而B如果当时自行拆除了其房屋的话，其行为无疑是私法行为。因此，法院认为，消防人员在作出公法行为的同时，也（为房主B）作出了私法上的无因管理行为，因此可以要求B偿付无因管理之债。[①] 法院的这一看法是错误的，因为当同一行为所顾及的利益既包含了自己的利益、又包含了他人的利益在内的情况下，只能对该行为作出一个整体上的、统一的评价。评价的关键点就在于该行为的重点。对于消防人员的灭火行为而言，行为的重点无疑是公法性的，因此其为B作出的拆除房屋的行为也是公法性的。[②]

---

① BGHZ 40，28（30）；63，167（169 f.）.

② *Bamberger*，JuS 1998，706 f.

值得注意的是,依据行政合法性原则的要求,行政机关原则上不能以公法上的无因管理为理由、作出超出于其职能和管辖权范围之外的行为。但是,在紧急情况之下,这一原则被打破。因此,公法上的无因管理行为,无论是为公民而作出的,还是为其他公权力主体而作出的,都应该是发生在紧急情况下的行为。相应地,公民在紧急情况下,出于保护公共利益或他人利益的需要,也可以作出公法上的无因管理行为。

(三)行政合同

行政合同是一种公法合同,在其范围内形成的违约行为也是一种公法上的债务关系(合同之债)。对此,根据《行政程序法》第62条的指示,应适用《民法典》的有关规定来解决争议。

(四)其他情况

属于公法上的债务关系的其他情况还有:公法上的使用和服务关系(öffentlich-rechtliche Benutzungs-und Leistungsverhältnisse)、公务员关系(Beamtenverhältnis)、民事服役关系(Zivildienstverhältnis)、学校关系(Schulverhältnis)等。[①] 由于这些情况在实践中并不重要,而且与我国情况差别比较大,因此本部分中不予以介绍。[②]

七、德国国家责任法的改革动议

早在1955年召开的德国法学家会议上,就提出了制定统一的国家责任法的动议。1968年的德国法学家会议再度以国家责任法为主题。当时提出的建议是应为国家的不法(Staatliches Unrecht)制定统一的责任法、确立国家赔偿中的违法性原则、使不同领域的国家责任相互协调并符合法律保护的需要。基于这种建议,联邦政府于1970年成立了一个独立的委员会做立法准备工作。1973年,该委员会形成了题为"国家责任法

① *Ossenbühl*, Staatshaftungsrecht, S. 344 ff.

② 此外,基于相同的理由,本部分也没有介绍计划保障请求权(die Plangewährleistung)和基本权利上的对于停止作为、清除和恢复的请求权(grundrechtlicher Schutzanspruch auf Unterlassung, Beseitigung und Herstellung)。

的改革"的报告。1976年,基于该报告的国家责任法参考草案出台。1978年,联邦政府正式提出了《国家责任法草案》[1],其后虽然有联邦参议院的极力反对,但是《国家责任法》还是最终得以于1981年6月26日通过,并将于1982年1月1日生效。

1981年的《国家责任法》一改原来的法律状况,规定国家赔偿责任是国家就其违法权力行为所承担的自己的、直接的、原始的、非从属性的和排他性的责任,而与《民法典》第839条不再有直接的关系。例如该法第1条规定:"如果公权力违反了其相对于他人所负有的公法义务,则其法定主体相对于该他人而对由此而产生的损害承担赔偿责任。"但是,由于当时的联邦立法者没有在国家赔偿事务方面的立法权,该法律于1982年10月19日被联邦宪法法院宣告为自始无效(nichtig)。[2] 当时争议的问题主要有两个:其一,联邦究竟有否制定国家责任法的权能;其二,该法律是否需要由联邦参议院通过。实际上,该法律草案未能通过也是当时两党斗争的结果。[3]

自此之后,制定统一的国家责任法的动议并未完全平息。1987年10月,联邦司法部又以"国家责任法的改革"为题公开出版了一个报告。拜仁和汉堡州甚至分别于1989年11月和1990年9月在联邦众议院提出了国家责任法领域内的法律修改草案,但是都未取得成功。自1994年以后,《基本法》第74条第1款第25项规定联邦对于国家责任问题拥有竞争性的立法权(konkurrierende Gesetzgebungskompetenz)。这样的规定至少确定了联邦在联邦参议院的同意下,拥有一定的国家责任法立法权。因此不少人认为,将来可以以1981年的立法案为原本进行立法上的发展,只不过还要虑及欧共体法近年来的发展而已。但事实上,近年来制定

① 当时一并提出的还有相应的基本法修改案,但是该基本法修改案未获通过。此过程详见 *Rüfner*, in Erichsen/Ehlers (Hrsg.), AllgVerwR, § 50 Rn. 2。

② BverfGE 61, 149.

③ 当时的执政党是SPD,总理是Helmut Schmidt。此后CDU的科尔(Helmut Kohl)是1982年10月2日开始执政的(直到1998年10月27日为总理)。当时的两党竞争非常激烈,标志之一就是Helmut Schmidt不是正常地因竞选失败而下台,而是通过(由CDU/CSU和FDP共同支持的)不信任表决(Misstrauensvotum)下台的。国家责任法的法律议案是由SPD推行的,但是,联邦众议院的CDU反对党党团拒绝作出相应的宪法修改。而CDU占多数议席的联邦参议院则拒绝批准该法。部分州向联邦宪法法院提出了抽象的法规审查申请。联邦宪法法院认为,由于联邦不具有制定国家责任法的权能,因此该法律是违宪的和自始无效的。

统一的国家责任法的动议渐趋平息[①]。然而尽管如此，吕夫纳(Rüfner)还是期望能够再次进行尝试，以在“不要过多吝啬地顾及国家财政的情况下，制定一部更为清晰的法律”[②]。

① 近年来，基本上不再有人提出要制定统一的国家责任法，因此国家责任法在立法上出现变动的可能性基本上不存在。也就是出于这样的原因，毛雷尔教授自其行政法学教科书第14(2002年)版起，干脆将原有的最后一章“国家责任法的改革”完全予以删除。

② *Rüfner*, in Erichsen/Ehlers (Hrsg.), AllgVerwR, § 50 Rn. 8.

第十一章　日本国家赔偿与补偿制度

一、概　　说

（一）沿革

日本的国家赔偿与补偿制度①以第二次世界大战结束为标志明显分为两个不同的发展阶段。这是因为二战前的《大日本帝国宪法》（1889 年制定，以下简称“明治宪法”）与二战后的《日本国宪法》（1947 年制定，以下在本节中简称“现行宪法”，次节以后简称“现行宪法”或者“宪法”）是两部性质完全不同的宪法：前者的基本原理是天皇主权主义，后者的基本原理则是国民主权主义。现行宪法取代明治宪法无异于一场革命。②

1. 明治宪法下的国家赔偿与补偿

（1）国家赔偿

日本在 19 世纪 70 年代就已经出现国家赔偿诉讼制度。③ 但是，由于

---

① 日文中与我国的“国家赔偿”相对应的概念是“损害赔偿”，与我国的“国家补偿”相对应的概念是“损失补偿”，同时，日文中“国家补偿”是“损害赔偿”与“损失补偿”的上位概念。本章在一般情况下按照我国的用法。

② 参照〔日〕芦部信喜：《宪法》，岩波书店 1993 年版，第 18—30 页。

③ 其依据是明治 7（1874）年 9 月 2 日司法省第 24 号通达《人民对院省使府县之诉讼的暂行规则》。

提起该诉讼必须经过当时的最高行政机关——正院的许可[①]，而正院在决定是否许可时享有自由裁量，所以它几乎等同于国家的恩惠性救济，还不能说是司法救济。[②]

1890年公布的《行政裁判所法》第16条规定："行政法院不受理请求损害赔偿之诉。"这一规定在制度上明确否定了权力行政领域的国家赔偿。而当时的司法法院一贯以"关于公益的行政活动不适用民法"为由坚持一个立场：关于公权力行使不适用民法的不法行为规定。这使得关于权力行政的国家无答责原则得以确立。[③]

但是，在这种大的制度背景下，判例在道路、河川、下水道等公共事业的实施以及公物管理领域逐步确立和扩大了国家的赔偿责任。典型判例是大审院1916年6月1日判决（德岛小学游动圆棒事件）。[④] 本案中，小学校园中的玩具有缺陷，导致儿童死亡。大审院依据《民法》第717条认定了市的赔偿责任。

另外，因公权力行使受到侵害尽管不能向国家请求赔偿，但可以根据《民法》第709条向公务员个人请求赔偿。这在明治初年在制度上就是可能的，且不必像国家赔偿请求那样须经过正院的许可。[⑤] 但判例对此一直采取严格限定的态度：只有官吏的行为属于明显的滥用职权以及无权限行为时，才例外地由个人承担赔偿责任。[⑥]

（2）国家补偿

与国家赔偿不同，日本的国家补偿制度在明治宪法下就已经有了相当程度的发展。这是因为：国家补偿制度是以"对私有财产的侵害应当伴随补偿"这一思想为背景发展起来的，而明治宪法第27条第1项规定："日本臣民的所有权不受侵犯"，对私有财产制提供了明确的宪法保障；同时，由于国家补偿在概念上有一个前提——侵害行为是合法的，主权免责的法理或者官吏个人责任的教义（违法行为不归属于国家而归属于官

① 〔日〕行政裁判所：《行政裁判所50年史》，内阁印刷局1941年版，第3—4页。

② 参照〔日〕宇贺克也：《国家补偿法》，有斐阁1997年版，第7页。

③ 同上书，第7—8页。

④ 大审院大正5年（1916年）6月1日《大审院民事判决录》第22辑第1088号。

⑤ 明治7（1874）年9月2日司法省第24号通达。

⑥ 参见〔日〕田中二郎：《从判例看行政上的不法行为责任》，载〔日〕田中二郎：《行政上的损害赔偿和损失补偿》，酒井书店1954年版，第287页。

吏个人)并没有对其发展构成妨碍。事实上,当时很多应当认可补偿的情形都是有相关规定可循的。[①]

但是,战前日本国家补偿制度的发展是有限度的。因为明治宪法在对私有财产制提供保障的同时,在第27条第2项规定:"为公益所必要的处分依据法律规定",没有就私有财产供于公共目的时的补偿问题进行规定。在这种情况下,战前的通说认为:损失补偿不属于宪法上的义务,是否认可损失补偿是一个立法政策问题。[②]

2. 现行宪法下的国家赔偿与国家补偿

(1) 国家赔偿

现行宪法的制定使日本的国家赔偿制度有了质的飞跃。现行《宪法》第17条规定:"任何人因公务员的不法行为受到损害时,都可以根据法律规定向国家或者公共团体请求赔偿。"这一规定全面否定了战前的国家无答责原则。[③]

根据这一宪法规定,1947年日本制定了《国家赔偿法》。《国家赔偿法》在日本第一次把国家赔偿责任导入权力行政领域,被认为具有划时代意义。[④]

需要特别指出的是,尽管日本现行宪法的制定受到了以美军为首的联合国占领军的强烈影响,但作为国家赔偿制度宪法依据的《宪法》第17条,其草案完全出自日本国会之手。这一点在时间上也不难理解,因为美国是在1946年才以《联邦不法行为请求权法》一般性地放弃了主权免责原则。同时,《国家赔偿法》的草案实际上也是由日本政府自行制作和提出的。[⑤] 据说,关于《国家赔偿法》草案,日本政府与GHQ(占领军总司令部)进行了大约10次交涉。GHQ一度主张不必制定单独的《国家赔偿法》,认为对《民法》进行部分修正即可。但GHQ最终还是承认了日美两国法制在基本构造上存在差异,对日本政府的说明表示了谅解。[⑥]

---

① 具体事例见于〔日〕田中二郎:《关于公法上的损失补偿》,载〔日〕田中二郎:《行政上的损害赔偿和损失补偿》,酒井书店1954年版,第230页以下。

② 〔日〕美浓部达吉:《日本行政法》(上卷),有斐阁1936年版,第357页。

③ 〔日〕原田尚彦:《行政法要论》(全订第3版),学阳书房1994年版,第240页。

④ 同上书,第241页。

⑤ 参见〔日〕宇贺克也:《国家补偿法》,有斐阁1997年版,第11—12页。

⑥ 《法令解说资料总览》第12号,第120—121页。

这种立法过程中的自发性提示我们,要了解日本的国家赔偿制度,还是应着眼于日本法本身。当然,日本的行政法包括国家赔偿法受到了德国的强烈影响,研究日本法时,德国法无疑是一个重要的参照系。

(2) 国家补偿

现行宪法也使国家补偿制度有了长足发展。其第 29 条第 3 项规定:"在正当的补偿下,可以将私有财产用于公共目的。"这意味着损失补偿制度已经被定位为一种宪法上的制度。[①]

关于本条的意义,日本最高法院 1968 年 11 月 27 日判决(名取川事件)[②]判示:关于依据《河川附近地制限令》第 4 条第 2 号作出的限制,不能以同条并无损失补偿规定为由认为同条在任何情况下都完全否定所有的损失补偿;受害者可以直接以《宪法》第 29 条第 3 项为依据,对其损失进行具体的主张和举证以请求损失补偿。该判决所表述的是这样一种解释:即使没有特别法上的依据,受害者也可以直接依据《宪法》第 29 条第 3 项请求补偿(请求权发生说)。[③]

(二) 观念与框架

1. 统一的"国家补偿"观念

前面提到,日本的国家赔偿与国家补偿制度受到德国的强烈影响。这一点集中表现在其基本观念——统一的"国家补偿"观念上。奥特·梅耶是奠定德国行政法基础的重要学者,他曾经指出:"个人为共同体不得不承受的不利,必须通过损失补偿转嫁给众人,以使这种不利在国家负担这一组织性的平均化制度中由众人来共同负担。"[④]受其影响,日本行政法学大家田中二郎在 1933 年的一篇论文中认为:如果把国家赔偿责任制度的目的理解为实现关于经济性价值分配的正义,那么有可能也有必要采用一个以公平负担原则为核心的统一的法理论体系,以便于把过去

① 〔日〕宇贺克也:《国家补偿法》,有斐阁 1997 年版,第 394 页。

② 最大判昭和 43(1968)年 11 月 27 日《最高裁判所刑事判例集》第 22 卷第 12 号,第 1402 页。

③ 参见杨建顺:《日本行政法通论》,中国法制出版社 1998 年版,第 594—596 页。

④ Otto Mayer, *Deutsches Verwaltungsrecht*, Bd. 2, 3. Aufl., 1924, S. 296.

在原理上严格区别开来的损失补偿与损害赔偿这两者包摄在一起。[①]

这一观念在日本学术界得到了很多人的赞同，并逐渐扩大影响。在今天的日本，几乎所有的理论著作都将“国家补偿”作为国家赔偿与国家补偿的上位概念来使用。[②]

“国家补偿”这一用语在实定法上也有使用，比如，《战伤病者战殁者遗族等援护法》第 1 条、《战伤病者特别援护法》第 1 条等。同时，它也出现于判例当中。例如，日本最高法院 1978 年 3 月 30 日判决判示：“《关于原子弹被爆者的医疗等的法律》有一个侧面，即，国家作为战争的实施主体基于自己的责任对这种特殊的战争被害进行救济。从这一点来看，国家补偿式考虑实质上是存在于其制度基础的。”[③]

一般认为，统一的“国家补偿”观念至少有以下两个功能：发现问题功能和灵活解释功能。随着行政活动的复杂多样化，很多领域已经不能用传统的损害赔偿和损失补偿来理解了，同时也有很多领域可以通过这两者中的任意一者的扩大解释来涵盖。[④] 在这种情况下，用国家补偿这一上位概念将国家赔偿和补偿包摄在一起进行考察，可以让那些通过这两者都得不到救济的“国家补偿的缝隙”[⑤]得到阳光的照耀。[⑥] 同时，在发现这些缝隙之后，还可以通过“国家补偿”这一观念对现行制度进行灵活解释，以促进弥补这些缝隙的解释论的形成。[⑦]

2. 现行制度框架

但是，统一的“国家补偿”观念得到广泛赞同和普及，并不意味着制定统一的《国家补偿法》已经成为共识。

的确，有人从统一的“国家补偿”观念出发，提出要制定与侵害的违

① 〔日〕田中二郎：《基于不法行为的国家赔偿责任》，载〔日〕田中二郎：《行政上的损害赔偿与损失补偿》，酒井书店 1954 年版，第 287 页。

② 参照〔日〕宇贺克也：《国家补偿法》，有斐阁 1997 年版，第 3 页。

③ 最判昭和 53(1978)年 3 月 30 日《最高裁判所民事判例集》第 32 卷第 2 号，第 435 页。

④ 〔日〕雄川一郎：《国家补偿总说》，载雄川一郎：《行政的法理》，有斐阁 1986 年版，第 483 页。

⑤ 日文为“国家补偿的谷间”，意指通过国家赔偿制度与国家补偿制度都得不到救济、而又有必要给予救济的那些领域。

⑥ 〔日〕宇贺克也：《国家补偿法》，有斐阁 1997 年版，第 4 页。

⑦ 参见〔日〕宇贺克也：《国家补偿法》，有斐阁 1997 年版，第 4—5 页。

法或合法无关的统一的国家补偿法。① 但也有人认为，国家赔偿与国家补偿毕竟存在着本质上的差异，应该在制定统一的《国家补偿法》这一问题上采取慎重态度。比如，东京大学宇贺克也教授指出：在法治国家，违法侵害是本来就应该予以消除的，而合法侵害中存在着忍受义务，不能无视两者的这一本质性差异；国家赔偿既有被害者救济功能、损害分散功能，还有制裁功能、违法行为制止功能、违法状态排除功能（或者说合法状态复原功能）②，制定不问侵害的合法与违法的统一补偿法有可能使国家赔偿丧失其应当具备的制裁功能、违法行为制止功能和违法状态排除功能。③

从现实的角度来看，可以说后者即不主张制定统一的国家补偿法的观点占据了上风，因为迄今未见相关的立法活动实际展开。也就是说，现行的制度框架仍然是对国家赔偿与补偿进行严格区分的，统一的"国家补偿"观念的价值在于对这一框架进行统合性理解并在必要时拾遗补缺。

现行制度的基本框架是：国家赔偿问题由《国家赔偿法》来调整，国家补偿问题则由《宪法》第 29 条第 3 项和各个特别法来调整；国家赔偿清晰地分为两大部分：一是关于国家或者公共团体的公权力行使的国家赔偿（《国家赔偿法》第 1 条）；一是关于公共营造物的设置与管理的国家赔偿（《国家赔偿法》第 2 条）。国家补偿的内容则较为庞杂，需要对各个特别法和判例进行归纳式考察。

日本的相关理论著作，基本上是以"国家补偿法"为标题按照这一框架来安排内容，最后再应用统一的"国家补偿"观念对"国家补偿的缝隙"加以考察。本章也遵循这一体例。

二、关于公权力行使的国家赔偿

日本《国家赔偿法》第 1 条第 1 项规定："行使国家或者公共团体的公权力的公务员，在其履行职务之际，因故意或者过失违法对他人造成损

① 参见〔日〕田中二郎：《行政上的损害赔偿和损失补偿》，酒井书店 1954 年版，第 5 页以下、第 244 页以下。

② 参见〔日〕宇贺克也：《国家责任法的分析》，有斐阁 1988 年版，第 42 页。

③ 〔日〕宇贺克也：《国家补偿法》，有斐阁 1997 年版，第 4—6 页。

害的,国家或者公共团体负责赔偿。”毫无疑问,这一规定所确立的是日本现行国家赔偿制度的主干部分,本部分对此进行介绍。

(一)责任的性质

国家赔偿责任的性质如何,既是一个如何理解实定法的问题,同时也是对如何展开解释论有实质意义的一个非常现实的问题。

关于这个问题,有“代位责任说”与“自己责任说”之争。前者认为所谓的国家赔偿责任不过是由国家代替公务员来承担本来属于公务员个人的责任,后者则认为国家赔偿责任是国家本身的责任。在欧美各国,过去一般认为公务员只被赋予了作出合法行为的权限而没有被赋予作出不法行为的权限,因此,如果公务员作出了不法行为,那么它不是职务的执行而是该公务员的个人行为。这种公务员个人责任的法理与主权免责法理互相呼应,形成了国家无答责法理。① 如前所述,明治宪法下日本实行的是国家无答责原则,同时也采用了公务员个人责任的法理。

日本在国家赔偿法制定过程中进行了比较法研究,其中主要参考了德国的职务责任(Amtshaftung)制度。德国的一部分州从19世纪末开始采用职务责任制度,其核心是:私人因公权力的行使遭受损害的,其责任首先应归于公务员个人的不法行为,但由国家代替公务员个人来承担这一责任。1909年,普鲁士导入该制度后,德国实定法上的国家责任制度就作为职务责任来构成。一般认为,德国《基本法》第34条规定的也是该项制度。②

日本在《国家赔偿法》立法过程中,为了明确代位责任,还曾经研究过是否在其条文中直接采用“代替公务员”的表述方式。但最后还是决定把它交给学说。尽管如此,从其第一条的文本来看,立法者所着意强调的正是代位责任。这一点在立法资料中也可以得到证明。③ 同时,从文理解释的角度来看,理解为代位责任也更为自然和通畅。④

也就是说,作为《国家赔偿法》第1条的解释,应当认为“代位责任

① 参见〔日〕宇贺克也:《国家补偿法》,有斐阁1997年版,第20页。
② 同上书,第22页。
③ 见于我妻文库所藏司法法制审议会资料中的我妻博士的笔记。
④ 〔日〕宇贺克也:《国家补偿法》,有斐阁1997年版,第22页。

说”占据上风。实际参与了国家赔偿法立法工作的田中二郎博士也主张“代位责任说”。[①]

但是,职务责任制度也有自己的局限性。因为它把赔偿责任首先归公务员个人作为国家责任的理论性前提,这就导致主观性归责要件成为必然。主观性归责要件尽管可以通过举证责任的转换和过失的客观化等解释方法得到缓和,但在主张扩大国家责任的一方看来,是应该予以批判的。而且在很多情形下,损害与其说是由各个公务员个人的故意或者过失引起的,不如说是由组织性过失引起的。因而在理论上“自己责任说”逐渐抬头。[②] 同时,很多学者认为,1981年前联邦德国《国家赔偿法》废止了立足于代位责任的职务责任制度,代之以作为自己责任的国家责任制度。既然如此,日本也应当采用“自己责任说”。[③] 当然,需要注意的是,这些学者主张“自己责任说”主要是作为一种立法论。

判例的立场比较微妙。有的判例明确表示采用的是“代位责任说”[④],但也有判例采用了“自己责任说”。[⑤] 更多的判例对此没有明确表态,最高法院的判例也尚无明确表述。有学者认为,这意味着如果灵活地解释“代位责任说”,那么从结果来看,“代位责任说”与“自己责任说”并不存在很大差别。[⑥] 我国有学者将其概括为“两种学说的趋同”。[⑦] 特别需要留意的是,这种趋同是以立足于“代位责任说”为前提的。更准确地说,一方面立足于代位责任说,另一方面对其进行修正乃至加工以适应现代社会的需要,这是目前日本各界的共识。[⑧]

---

① 〔日〕田中二郎:《关于国家赔偿法》,载〔日〕田中二郎:《行政上的损害赔偿与损失补偿》,酒井书店1954年版,第170页。

② 〔日〕宇贺克也:《国家补偿法》,有斐阁1997年版,第21页。

③ 同上书,第24页。

④ 旭川地判昭和42(1967)年10月26日《判例时报》第552号,第49页;札幌高判昭和43(1968)年5月30日《判例时报》第552号,第50页。

⑤ 东京地判昭和39(1964)年6月19日《下级裁判所民事裁判例集》第15卷第6号,第1438页;东京地判昭和45(1970)年1月28日《下级裁判所民事裁判例集》第21卷第1—2号,第32页等。

⑥ 〔日〕宇贺克也:《国家补偿法》,有斐阁1997年版,第23页。

⑦ 杨建顺:《日本行政法通论》,中国法制出版社1998年版,第629页。

⑧ 参见〔日〕盐野宏:《行政法》(第2卷),有斐阁1997年版,第231页。

(二)责任的要件

具体而言,在什么条件下才能认定国家承担损害赔偿责任,或者说国家赔偿请求权才得以发生?这是一个非常技术性且具有实质意义的问题。以下按照《国家赔偿法》第1条第1项的文本,对国家或者公共团体、公务员、公权力的行使、关于职务的执行、违法性、故意或者过失、损害等要件分别进行介绍。

1. 国家或者公共团体

"国家或者公共团体"这一要件所要解决的是侵权主体与赔偿主体的问题,这在逻辑上是容易理解的。但它并非实质要件。因为日本《国家赔偿法》采用的是这样一种机制:加害行为如果属于第1条第1项规定的"公权力的行使",那么该加害者所属团体就应当承担赔偿责任。也就是说,"公权力的行使"这一要件更具实质意义。

例如,日本自行车振兴会作为特殊法人,一般而言既非国家机关又非地方公共团体。但是,其会长、副会长、理事所作出的消除赛车选手登录或者斡旋保留行为,属于国家赔偿法第1条的"公权力的行使"。在这种情形下,日本自行车振兴会属于同条项的"公共团体"。①

2. 公务员

"公务员"这一要件也存在同样问题。这里的公务员并非身份上的公务员,而是指被委以"公权力的行使"的公务员。比如,律师会惩戒委员会的委员既非国家公务员又非地方公务员,但是因为行使对律师的惩戒权,属于《国家赔偿法》上的公务员。② 也就是说,"公权力行使"这一要件在此也具有实质意义。

3. 公权力的行使

关于"公权力的行使"这一核心要件的涵义,有狭义说、广义说、最广义说之争。狭义说主张将公权力限定于命令、强制等传统性权力作用,立

① 东京地判昭和47(1972)年12月25日《下级裁判所民事裁判例集》第23卷第9—12号,第703页。

② 参见〔日〕盐野宏:《行政法》(第2卷),有斐阁1997年版,第233页;〔日〕宇贺克也:《国家补偿法》,有斐阁1997年版,第25页。

法者最初所采用的正是狭义说。[①] 广义说认为在国家与公共团体的作用当中,除了纯粹的私经济性作用和《国家赔偿法》第 2 条的对象即营造物的设置管理作用,所有的作用都属于公权力的行使。最广义说则进一步主张将纯粹的私经济性作用也纳入公权力的对象,它着眼于主体,将国家赔偿法理解为民法不法行为法的特别法。[②]

大多数判例采用的是广义说。典型的如东京高等裁判所 1981 年 11 月 13 日判决。[③] 该判决认为:所谓公权力的行使,是指国家或者公共团体的作用中,纯粹的私经济作用与可以成为《国家赔偿法》第 2 条救济对象的营造物的设置或者管理作用以外的所有作用。多数学说也对此表示支持。判例与学说之所以选择与立法者意思相抵触的广义说,原因之一是《国家赔偿法》第 1 条能够提供比《民法》第 715 条更充分的救济。更为重要的是,根据《民法》第 715 条,国家或者公共团体承担使用者责任时,是可以依据《民法》第 709 条向公务员个人提出损害赔偿请求的。前述判例与学说正是考虑到此点,为避免将公务员个人推到诉讼的前台而对公权力范围进行了目的论解释的。[④] 但广义说的采用也带来了新的问题:《国家赔偿法》第 1 条第 1 项的违法/过失概念的多元化。因为它不但把狭义的权力行政这样的、行为规范很明确的事项纳入了公权力概念,而且把学校教育等行为规范并不明确的事项也包摄在了公权力概念中。这使得设定统一的违法概念和过失概念变得非常困难。[⑤]

另外还需要留意的是,"公权力的行使"还包括不作为即权限的不行使、立法作用与裁判作用。[⑥]

4. 关于职务的执行

如果说前述几个要件是对侵害行为本身的宏观性质进行的限定,那么可以说"关于职务的执行"这一要件是对属于"公权力的行使"的侵害

---

① 〔日〕众议院法制局、参议院法制局:《第一回国会制定法审议要录》,第 178 页;〔日〕田中二郎:《关于国家赔偿法》,载〔日〕田中二郎:《行政上的损害赔偿与损失补偿》,酒井书店 1954 年版,第 168 页。

② 参照〔日〕宇贺克也:《国家补偿法》,有斐阁 1997 年版,第 25 页。

③ 东京高判昭和 56(1981)年 11 月 13 日《判例时报》第 1028 号,第 45 页。

④ 〔日〕宇贺克也:《国家补偿法》,有斐阁 1997 年版,第 28 页。

⑤ 同上书,第 28—29 页。

⑥ 参见〔日〕盐野宏:《行政法》(第 2 卷),有斐阁 1997 年版,第 236 页;〔日〕宇贺克也:《国家补偿法》,有斐阁 1997 年版,第 30 页。

行为的微观范围进行的进一步限定。

关于这个要件,日本《国家赔偿法》参议院司法委员长报告中有这样的说明:这个概念比"职务行为本身"要宽,但比"职务行为之际"要窄。因而,作为职务行为的实施手段所进行的拷问等行为,属于特别公务员暴行凌虐罪,同时也属于《国家赔偿法》第 1 条的"关于职务的执行"。另外,尽管不是"职务行为本身",但在社会通念上与职务执行有关系的行为,也属于《国家赔偿法》第 1 条的"关于其职务的执行"①。

在国家赔偿诉讼中"关于职务的执行"的解释成为问题的,通常是事实行为。与此有关的典型案例是日本最高法院 1956 年 11 月 30 日判决。② 本案中,警视厅的巡查在非值班日和职务管辖区域以外的场所,出于骗取金钱的目的,穿着制服和制帽假装对受害者进行职务质问,并伪称帮助保管骗使受害者提取现金,然后携款逃走。被受害者发现后,该巡查用从同事那里偷来的手枪将其射杀。日本最高法院判示:"为了广泛地维护国民的权益,公务员因自己的行为对他人造成损害的,不管他在主观上是出于行使权限的目的还是出于为自己谋利的意图,只要他作出的行为在客观上具备了职务行为的外型,就应当由国家或者公共团体来承担损害赔偿责任。这是同条(《国家赔偿法》第 1 条)的立法宗旨。"

一般认为,上述判决显示:关于"关于职务的执行"这一要件,日本最高法院采用的是外形主义;而其主要理论根据是"为了广泛地维护国民的权益"③。需要留意的是,由于该判决案情较为特殊,且最高法院并没有对其理论根据以及具体的判断基准进行详细说明,也有人主张关于事实行为应当适用其他基准(比如是否处于支配领域之内)。④

5. 违法性

根据立法资料,日本国家赔偿法使用"违法"一词是因为吸收了《民法》上(《民法》第 709 条)的"从权利侵害到违法性"的判例和学说的发展

① 参见〔日〕宇贺克也:《国家补偿法》,有斐阁 1997 年版,第 38 页。

② 最判昭和 31(1956)年 11 月 30 日《最高裁判所民事判例集》第 10 卷第 11 号,第 1502 页。

③ 参照〔日〕宇贺克也:《国家补偿法》,有斐阁 1997 年版,第 40 页。

④ 参见〔日〕盐野宏:《行政法》(第 2 卷),有斐阁 1997 年版,第 252 页。

成果,其立法意图是:将违法作为客观要件,将故意和过失作为主观要件。[①]

但是,如前所述,"公权力的行使"概念的广泛性使得设定统一的违法概念和过失概念变得非常困难,以至于上述立法意图本身的贯彻也成为问题。比如,过去国立或者公立学校里发生的事故与私立学校相同,是适用民法不法行为法的。但通说与判例采用(关于公权力的)广义说以后,这类案件也适用国家赔偿法。[②] 法院在这类案件的审理和判断中,并不特别提及违法性,而是从是否违反注意义务来认定是否存在过失[③],或者采用"因过失的违法行为"的表述从过失直接推导出违法。[④] 这种一元化审查或者判断尽管使国家赔偿法在问题的处理上与民法不法行为法趋同,却使过失要件失去独立意义,与上述立法意图不尽一致。

这个问题还与如何处理《国家赔偿法》上的"违法"与行政诉讼中的"违法"的关系问题交错在一起,非常复杂。关于《国家赔偿法》上的"违法"与行政诉讼中的"违法"的关系,有一种观点认为:行政诉讼特别是撤销诉讼以否定已经作出的行政行为的效力为目的,而《国家赔偿法》的目的在于实现已经发生的损害的公平分担,并不直接影响行政行为的效力;因此,没有必要将两者的"违法"概念进行相同理解;《国家赔偿法》上的"违法"应该比行政诉讼中的"违法"更为宽泛。这就是所谓的"违法性相对说",代表性学者有有仓辽吉[⑤]、渡边宗太郎[⑥]等。这种观点背后存在着一个实践性意图:尽可能地扩大国家赔偿制度的被害者救济功能。因为他们主张有这样一种情形:即使在行政诉讼中不被认定为违法,也有可能在国家赔偿诉讼中被认定为违法。[⑦] 但是事与愿违,它在逻辑上还包藏

---

① 〔日〕田中二郎:《关于国家赔偿法》,载田中二郎:《行政上的损害赔偿与损失补偿》,酒井书店1954年版,第169页。

② 参见〔日〕盐野宏:《行政法》(第2卷),有斐阁1997年版,第239页。

③ 熊本地判昭和45(1970)年7月20日《判例时报》第621号,第73页;大阪地判昭和51(1976)年2月27日《判例时报》第837号,第75页;神户地判昭和51(1976)年9月30日《判例时报》第856号,第73页。

④ 福冈地判久留米支判昭和53(1978)年1月27日《判例时报》第896号,第70页。

⑤ 〔日〕有仓辽吉:《逐条国家赔偿法解说》,载《法律时报》第25卷第9号,第19页(1953年)。

⑥ 〔日〕渡边宗太郎:《新版日本国行政法要论》(上卷),有斐阁1963年版,第338—339页。

⑦ 参见〔日〕宇贺克也:《国家补偿法》,有斐阁1997年版,第48页。

着一种完全相反的可能：把《国家赔偿法》上的"违法"理解得比行政诉讼更为狭窄。比如，远藤博也教授是这样定义《国家赔偿法》上的"违法"的："从对他人施加损害是否为法所允许这一观点出发的行为规范性。"[①]根据这个定义，在行政诉讼中违法但在《国家赔偿法》上并不一定违法。

这种"违法性相对说"与前述违法性与过失的一元化判断结合在一起，就形成了所谓的"职务行为基准说"。日本最高法院在"芦别事件"判决[②]中明确采用了该说："在刑事案件中，不能因为无罪判决已经确定，就认为起诉前的逮捕、拘留和提起公诉、追诉以及起诉后的拘留是违法的。""进行逮捕和拘留时，如果关于犯罪嫌疑有相当的理由，且存在逮捕和拘留的必要，那么该逮捕和拘留就是合法的。公诉的提起是检察官就犯罪是否成立、刑罚权是否发生向法院请求审判的意思表示，起诉时或者实施公诉时检察官的心证在性质上与判决时法官的心证是不同的，对起诉时或者实施公诉时各种证据资料进行总合判断、经过合理的判断过程认定存在有罪嫌疑即属充分。"其后最高法院也采取了同样立场。[③]

"职务行为基准说"不光适用于检察官的提起公诉等行为，还适用于国会议员的立法行为（包括立法不作为）[④]、税务署长的变更所得金额认定行为[⑤]、司法警察的留置嫌疑人行为[⑥]等，形成所谓的"职务行为基准说一般化"现象。[⑦] 不妨以一个与行政诉讼关系最为密切的判决为例[⑧]，进一步了解一下"职务行为基准说"的基本逻辑。在本案中，原告首先就税务署长作出的更正处分（将原告的所得金额确定为比其申报的金额更高的一个金额）提起撤销诉讼，在该撤销诉讼的判决中，他的诉讼请求得到了部分认可，且该判决已经生效。在这种情况下，原告进一步提起了国家赔偿诉讼。但是，日本最高法院认为："即使税务署长作出的所得税更正处分对（原告的）所得金额进行了过大认定，也不能以此为由直接认定该

① 〔日〕远藤博也：《国家赔偿法》（上卷），青林书院 1981 年版，第 166 页。
② 最判昭和 53（1978）年 10 月 20 日《最高裁判所民事判例集》第 32 卷第 7 号，第 1367 页。
③ 最判平成 2（1990）年 7 月 20 日《最高裁判所民事判例集》第 44 卷第 5 号，第 938 页。
④ 最判昭和 60（1985）年 11 月 21 日《最高裁判所民事判例集》第 39 卷第 7 号，第 1512 页。
⑤ 最判平成 5（1993）年 3 月 11 日《最高裁判所民事判例集》第 47 卷第 4 号，第 2863 页。
⑥ 最判平成 8（1996）年 3 月 8 日《最高裁判所民事判例集》第 50 卷第 3 号，第 408 页。
⑦ 参见〔日〕宇贺克也：《国家补偿法》，有斐阁 1997 年版，第 55 页。
⑧ 日本最高法院 1993 年 3 月 11 日判决。

更正处分存在《国家赔偿法》第1条第1项规定的违法。只有在税务署长在收集资料、根据所收集的资料认定课税要件事实并进行判断的过程中没有充分履行职务上通常应尽之注意义务就稀里糊涂地对所得金额进行了更正的情况下,该更正处分才存在《国家赔偿法》第1条第1项规定的违法。”

需要注意的是,尽管存在“职务行为基准说一般化”现象,还是有学说从充分维持国家赔偿法的制裁功能、违法行为抑制功能和违法状态排除功能的角度,从保持制度上的用语的一致性的角度,特别是从贯彻前述立法者意图的角度,对“职务行为基准说”采取保留态度,主张应采用“公权力发动要件缺失说”①。——这个“公权力发动要件缺失说”认为国家赔偿法上的“违法”与行政诉讼中的“违法”应该是同一的,同时认为应对“违法性”与“过失”进行二元化判断。

有必要充分留意以上立法者意图与判例之间、判例与学说之间的差异。

6. 故意或者过失

如前所述,日本《国家赔偿法》的立法意图是:将违法作为客观要件,将故意和过失作为主观要件。按照这一立法意图,一般认为:所谓“故意”是指作出违法行政行为的公务员明知该行为违法而作出该行为的情形;所谓“过失”是指作出违法行政行为的公务员应该认识到该行为违法却没有认识到的情形。② 在逻辑上,两者都需要对该公务员的主观状态进行追查,这与“代位责任说”是一致的。

但是,我们已经看到,关于“违法性”要件,日本判例普遍采用的是“职务行为基准说”。这种“职务行为基准说”的着眼点在于:行使公权力的公务员是否违反了其职务上通常应尽之注意义务。这个“职务上通常应尽之注意义务”概念,使得“过失”这个主观要件的认定趋于客观化:是否存在过失,不是以各个公务员的主观为基准的,而是以平均的公务员为基准客观地来进行判断。典型判例是日本最高法院1991年7月9日判决。③ 本案中,原告要探视一个因等待判决而被限制人身自由的未成年

---

① 〔日〕宇贺克也:《国家补偿法》,有斐阁1997年版,第61—64页。

② 同上书,第68—69页。

③ 最判平成3(1991)年7月9日《最高裁判所民事判例集》第45卷第6号,第1049页。

人,看守所长根据《监狱法施行规则》(平成3年法务省令22号修改之前的)第120条的规定拒绝了他的探视请求。日本最高法院认为,该规定本身超越了《监狱法》第50条所委任的范围,是无效的,但是它于明治41(1908)年公布以来得到了长期的施行,到本件拒绝探视行为为止,其有效性无论是在行政实务上还是在裁判上都没有成为一个特别的问题;在这种情况下,不能认为看守所长在作出该行政行为的当时预见到或者应该预见到了该规定违反《监狱法》第50条,所以也不能认定他有过失。

由于行政组织固有的特点,这种"过失"认定的客观化进一步演进,以至于其所追究的与其说是公务员个人的责任,不如说是作为组织体的过失。比如,东京高等法院1992年12月18日判决[①]就是如此。该判决在形式上所认定的是厚生大臣的过失(违反结果回避义务),而实质上是在追究厚生省的组织性过失。判决认为:接种疫苗有时会伴随很强的副作用,为了避免危险的发生,应该在制度上使医师进行足够的预诊,以准确地分辨和排除出不宜接种者;厚生大臣有义务按照这一精神研究具体的解决方案并按照其方案制定《省令》等规范性文件,且须依据《地方自治法》第150条的规定对实施接种业务的市町村进行指挥、监督或者依据《地方自治法》第254条等对其进行指导、劝告,还要采取措施向担任接种的医师以及国民宣传接种疫苗的副作用和禁忌。[②]

这种"过失"认定的客观化与组织化,在逻辑上必然影响到对国家赔偿责任本身性质的理解:既然已经不再对具体行使公权力的公务员个人的主观心理状态进行追查,那么还能够坚持说此种国家赔偿责任是国家代替公务员所承担的吗?应当认为,前述判例在认定组织性过失时对到底是采用"自己责任说"还是"代位责任说"保持沉默[③]是一种很容易理解的态度。

综合以上考察,需要留意的有如下三点:第一,前述关于"违法"要件的"职务行为基准说的一般化"与这里的"过失"要件认定的客观化与组织化,两者在逻辑上是结合在一起的;第二,这两者与"公权力的行使"概

---

① 东京高判平成4(1992)年12月18日《高等裁判所民事判例集》第45卷第3号,第212页。

② 参见〔日〕盐野宏:《行政法》(第2卷),有斐阁1997年版,第247—248页;〔日〕宇贺克也:《国家补偿法》,有斐阁1997年版,第74页。

③ 参见〔日〕宇贺克也:《国家补偿法》,有斐阁1997年版,第74页。

念的广泛化有着内在的联系；第三，所有这些都意味着，日本的司法实践与其《国家赔偿法》的立法意图之间有着微妙的不一致。

7. 损害

国家赔偿责任或者损害赔偿请求权要得以发生，很显然，除了上述关于被告一方及其行为的要件外，还需要关于原告的要件——“损害”，以及原告所蒙受“损害”与被告一方所作出行为的关系的要件——“因果关系”。

关于“因果关系”要件，由于其本身主要是一个逻辑上的和认识上的问题，且司法实践中所谓“相当的因果关系”的认定相当宽泛①，没有特别需要考察的问题。关于“损害”要件，从内容上看，它不但包括与生命、健康、财产有关的损害还包括精神上的损害，这一点也没有疑问。② 问题在于，因规制权限的不作为而蒙受损害的是否应当得到赔偿？

关于这个问题，“反射性利益论”与行政便宜主义一道成为请求国家赔偿的障碍。比如，既有业者因行政机关违反《关于公众浴池设置场所配置基准的条例》作出许可而蒙受不利的③、相邻人因行政机关不对违法建筑物行使代执行权而蒙受不利的④、正规业者因通商产业大臣没有对无登录织机进行规制而蒙受营业上的不利的⑤，等等。日本最高法院1990年2月20日判决⑥更明确表明关于国家赔偿请求可以使用“反射性利益论”：被害者或者报案者因搜查或者提起公诉所得到的利益，不过是为了维护公益而进行的搜查或者提起公诉所反射性地带来的事实上的利益，不受法律保护。所以，被害者或者报案者不能以搜查机关搜查不力或者检察机关不予起诉违法为由，提起国家赔偿法所规定的损害赔偿请求。

需要注意的是，这种“反射性利益论”尽管与行政诉讼中的“反射性利益论”有共通之处——两者都需要以公权力发生规范是否对特定利益

---

① 参见〔日〕原田尚彦：《行政法要论》（全订第3版），学阳书房1994年版，第251页；最判昭和43(1968)年6月27日《最高裁判所民事判例集》第22卷第6号，第1339页。

② 参见〔日〕原田尚彦：《行政法要论》（全订第3版），学阳书房1994年版，第251页；杨建顺：《日本行政法通论》，中国法制出版社1998年版，第640页。

③ 东京地判昭和34(1959)年8月4日《判例时报》第200号，第19页。

④ 东京地判昭和40(1965)年12月24日《下级裁判所民事裁判例集》第16卷第12号，第1814页。

⑤ 东京地判昭和44(1969)年12月25日《判例时报》第580号，第42页。

⑥ 最判平成2(1990)年2月20日《判例时报》第1390号，第94页。

提供了法律上的保护为依据来进行判断(“保护规范说”),但一般认为,两者范围不尽一致。有学者指出:对行政诉讼而言,“反射性利益论”有重要功能,它可以通过划定原告资格的范围来防止滥诉;但对国家赔偿诉讼而言,由于诉讼是实际上蒙受了损害的人在事后提起的、没有那种防止滥诉的必要,所以“反射性利益论”不必那么严格。[①] 司法实践中也有判例采取这样的立场:撤销诉讼中的反射性利益,在国家赔偿请求诉讼中并非当然地属于不值得保护的利益。[②] 具体判示是:即使《电气事业法》第19条和《燃气事业法》第17条没有对利用者的个别性权利利益施加保护,因而利用者不具有《行政事件诉讼法》第9条所规定的“法律上的利益”,通商产业大臣也在行使其认可供给规程的权限和变更供给条件的权限之际,在对各个利用者的关系中,负有根据法律规定公正地执行其职务、注意不以违法行政行为使利用者在财产上蒙受损害之义务。当然,两者范围如何需要进一步对判例进行归纳和分析。

(三)求偿权

由于日本《国家赔偿法》第1条第1项规定的是代位责任,国家赔偿责任成立之后,还有一个求偿权的问题。

关于这个问题,该法第1条第2项规定:“在前项的情形下,公务员有故意或者重大过失的,国家或者公共团体有权向该公务员求偿。”一般认为,根据这一规定,求偿权的行使是以国家或者公共团体实际已经作出赔偿为要件的。这一点在其参议院司法委员会的参议员本会议的报告中也可以得到确认。[③] 另外,根据《关于国家的债权管理等的法律》第24条的规定,该公务员处于没有经济能力或者与此接近的状态的,国家可以通过特别约定延期行使求偿权。当初的履行期限起10年后,该公务员仍然处于没有经济能力或者与此接近的状态,且不能预见会有偿还能力的,国家可以放弃该求偿权并将相关滞纳金和利息免除。《地方自治法施行令》第171条第6款也进行了类似规定。

---

① 参见〔日〕芝池义一:《公权力的行使与国家赔偿责任》,载〔日〕杉村敏正编:《行政救济法2》,有斐阁1991年版,第125页。

② 大阪地判平成2(1990)年10月29日《判例时报》1398号,第94页。

③ 众议院法制局、参议院法制局:《第一回国会制定法审议要录》,第184页。

但是,上述规定的国家求偿权实际上几乎没有被行使,也未见关于求偿权行使的案例。一般认为其原因是:公务员明显有故意的会被开除公职或者被追究刑事责任,这导致该公务员一般缺乏作出赔偿的经济能力;如果国家或者公共团体在国家赔偿诉讼中主张公务员没有过失,那么在国家或者公共团体败诉以后,国家或者公共团体难以再以公务员有故意或者重大过失为由进行求偿。另据推测,同僚之间的相互保护意识等也与此有关。[①]

针对这种情况,有学者认为:求偿权具有把从被害者分散给了全体国民的损害重新集中于公务员个人的功能,这当然有可能对公务员造成一定的萎缩效果——他可能因此而在行使职权时过分谨慎;尽管如此,求偿制度还是应当予以维持和贯彻的——在公务员有故意或者重大过失的情况下,没有理由使损害分散功能优先于制裁和违法行为抑制功能,而且,这并不意味着公务员在被害者所提起的国家赔偿诉讼中直接成为被告,因而不会导致出于报复情感或者私人恩怨而提起国家赔偿请求。有学者还为此提出了具体建议,比如,设立被害者可以向会计检查院申请调查的制度,等等。[②]

三、关于公共营造物的国家赔偿

日本《国家赔偿法》第2条第1项规定:“因道路、河川及其他公共营造物的设置或者管理存在瑕疵给他人造成损害的,国家或者公共团体负责赔偿。”这一规定确立了日本国家赔偿责任的另一个基本类型,本部分对此进行介绍。

在进入具体介绍之前,需要指出如下三点:第一,本规定与第1条第1项不同,并非填补空白的立法,而是对战前的判例法的确认。[③] 如前所述,日本的判例在战前就已经通过适用民法的有关规定在事实上确立了这一领域的国家赔偿责任。第二,日本制定《国家赔偿法》时,当时的德

---

① 参见〔日〕宇贺克也:《国家补偿法》,有斐阁1997年版,第88页。

② 同上。

③ 参见〔日〕田中二郎:《关于国家赔偿法》,载〔日〕田中二郎:《行政上的损害赔偿与损失补偿》,酒井书店1954年版,第172页。

国并不存在与此类似的规定,也就是说,这一领域的国家赔偿制度有着较强的独创性。① 第三,日本立法者之所以选择在民法之外另行在《国家赔偿法》设置这一规定,是基于这样的考虑:战前,在适用《民法》第717条第1项时,到底是由设置或者管理者还是由负担费用者承担责任有不同意见,设置本规定有利于消除疑义;同时,对因公共营造物发生的责任,原封不动地适用民法的有关规定是不适当的,在《国家赔偿法》中设置有关规定有利于适当扩大这一领域的权利救济。②

(一)责任的性质

本规定与第1条第1项的不同还表现在,其所确立的国家赔偿责任的性质是不同的。一般认为,第1条第1项所确立的是代位责任,即因公权力行使对他人造成损害的,由国家或者公共团体代替公务员个人履行赔偿责任;而本规定即第2条第1项所确立的是自己责任,即因道路、河川及其他公共营造物的设置或者管理存在瑕疵给他人造成损害的,国家或者公共团体本身承担并履行相应的赔偿责任。③

(二)责任的要件

根据日本《国家赔偿法》第2条第1项的规定,这一领域国家赔偿责任的发生要件主要有两个:第一,造成损害的是"公共营造物";第二,造成损害的原因是其"设置或者管理存在瑕疵"。以下分别进行考察。

1. 公共营造物

日本的"公共营造物"一词源自德语的"öffentliche Anstalt"。但是,由于"公共营造物"这一概念还承担着一个特殊使命:对《国家赔偿法》第1条与第2条的适用对象进行划分,所以日本的"公共营造物"与德国的"öffentliche Anstalt"涵义并不相同(如前所述,关于公共营造物的赔偿责任,日本的制度有独特性。)。具体而言,在德国,"öffentliche Anstalt"是指"公共行政主体为了实现特定的公共目的而设定的人与物的手段的总和

① 参见〔日〕宇贺克也:《国家补偿法》,有斐阁1997年版,第226页。

② 参见〔日〕盐野宏:《行政法》(第2卷),有斐阁1997年版,第256—257页;〔日〕宇贺克也:《国家补偿法》,有斐阁1997年版,第228—229页。

③ 参见〔日〕宇贺克也:《国家补偿法》,有斐阁1997年版,第231页。

体"[1];而在日本,"公共营造物"被限定于其中的有体物,不包括无体财产和人。[2]

但是,判例的立场与上述立法者意图并不完全一致。比如,大阪地方法院 1972 年 11 月 15 日判决[3]认为:人的和物的设施应该作为一个整体视为一个营造物;如果游泳池监视员的人数、监视程度在与物的设备的关系中并不足以保证游泳池的安全,就可以认定其存在《国家赔偿法》第 2 条第 1 项规定的瑕疵。东京地方法院 1990 年 3 月 13 日判决[4]也明确指出:"营造物的设置或者管理的瑕疵,是指营造物欠缺通常所应有的安全性。但这里所谓的安全性欠缺,不光是指因构成该营造物的物的设施本身存在物理上的或者外形上的缺陷或者不备而对他人的生命、身体或者财产构成危险的情形,还包括因该营造物的设置者或者管理者的不当管理行为而构成危险的情形。"有学说明确表示支持这种司法上的解释。[5]

综观有关判例,可以认为,日本法院关于"公共营造物"的解释采取的是这样一种立场:以是否"实际"和"直接"供于公共目的、是否至少处于国家或者公共团体的"事实上的管理"之下为基本判断要素,同时注意具体问题具体分析。这一立场具体体现在如下几个问题的处理上:

(1) 公共目的与经济目的——如果系出于经济目的,那么该营造物的设置或者管理主体即使是国家或者公共团体,也应当适用《民法》。例如,地方公共团体所兴办的燃气事业、所设置的公共汽车站等。[6]

(2) 人工公物与自然公物——《国家赔偿法》第 2 条第 1 项将河川列为公共营造物,据此可知:所谓的公共营造物不仅包括人工公物还包括自然公物。但是,海滨、沼泽等自然公物并没有一个供用开始行为,它们是否属于供于公共目的的公物并非一个自明的问题。千叶地方法院 1974 年 3 月 29 日判决[7]指出:"自然公物虽然也可以说是属于公共营造物,但

---

① Otto Mayer, *Deutsches Verwaltungsrecht*, Bd. 2, 3. Aufl., 1924, S. 268.

② 〔日〕田中二郎:《关于国家赔偿》,载〔日〕田中二郎:《行政上的损害赔偿与损失补偿》,酒井书店 1954 年版,第 172 页;大阪地判昭和 61(1986)年 1 月 27 日《判例时报》第 1208 号,第 96 页。参见〔日〕盐野宏:《行政法》(第 2 卷),有斐阁 1997 年版,第 257—258 页。

③ 大阪地判昭和 47(1972)年 11 月 15 日《讼务月报》第 18 卷第 12 号,第 1837 页。

④ 东京地判平成 2(1990)年 3 月 13 日《判例时报》第 1338 号,第 21 页。

⑤ 〔日〕宇贺克也:《国家补偿法》,有斐阁 1997 年版,第 245 页。

⑥ 同上书,第 233 页。

⑦ 千叶地判昭和 49(1974)年 3 月 29 日《判例时报》第 753 号,第 67 页。

是由于本件池沼处于自然状态，没有证据证明它作为提供公共服务的手段或者供公众和众多个人使用的手段，给公众和众多个人带来利益完成了公共目的。"因此，抽象地论证某种自然公物是否属于公共营造物没有意义[①]。

(3) 自有公物与他有公物——即使所有权属于私人也可能被认定为公物。比如，地方公共团体从私人手里租借土地作为儿童公园使用时，该公园即属于公共营造物，该地方公共团体须承担相应的管理责任；同时，拥有该土地所有权的私人也从这种风险中解放出来，他不会因为地方公共团体被免责而被追究所有者瑕疵责任。[②]

(4) 直接供于公共目的与间接供于公共目的——公共营造物必须由国家或者公共团体直接供于公共目的。关于此点，福冈地方法院1976年2月26日判决[③]颇具典型意义。本案中，市教育委员会根据市《儿童广场设置纲要》，承认了町内会（居民自治组织）从私人手中租借来的土地为儿童广场，并向其无偿出借了玩具、给予了补助金，且免除了该土地所有者的固定资产税。但判决认为，该儿童广场不属于市自行开设、供于公共目的的公共营造物。其理由是："儿童广场是社区居民团体响应被告的奖励措施自行租借土地并自行开设的儿童游戏场所，被告考虑到社区居民的这一行为是出于给社区儿童提供游戏场所这一公益上的目的，故采取了出借玩具等设施、赠与补助金、免除课税等行政手段对其进行了奖励。必须认为，被告所助成的本件儿童广场与被告根据法令自行筹措土地、自行开设的儿童公园，其所发挥的实质性社会功能是相同的，但两者在法律制度上存在着很大差异。"

(5) "事实上的管理"与法律上的权利义务——即使国家或者公共团体完全没有法律上的权利义务，也可以由于其实施着事实上的管理而使特定的营造物成为公共营造物。例如，山口地方法院下关分院1972年2月10日判决[④]指出：即使是私人所有的给水管道，如果它作为市的水道事业的一部分供于向市民供给清洁水源这一特定的目的，且由市实施着

① 参见〔日〕宇贺克也：《国家补偿法》，有斐阁1997年版，第237页。

② 同上书，第239页。

③ 福冈地判昭和51(1976)年2月26日《下级裁判所民事裁判例》第27卷第1—4号，第93页。

④ 山口地下关支判昭和47(1972)年2月10日《判例时报》第667号，第71页。

维持和管理，那么即使法令没有明文规定市的管理义务，该给水管道也属于市的公共营造物。[①]

(6) 行政财产与普通财产——行政财产原则上属于公共营造物，但不一定都是公共营造物；而另一方面，普通财产也可以成为公共营造物。关键要看特定营造物是否实际供于公共目的。关于前者，长野地方法院松元分院 1979 年 3 月 1 日判决[②]认为：国有林地属于行政财产，在广义上，它通过治山、造林事业对增进国民的福祉发挥着自己的作用；但是，由于不能认定其直接供于公共目的，应当认为，它不属于公共营造物。关于后者，东京高等法院 1978 年 12 月 21 日判决[③]认为：作为普通财产管理的土地，由于其上的池塘既用于灌溉、又经指定用于消防，故属于公共营造物。

2. 设置或者管理的瑕疵

关于这个要件，日本最高法院 1984 年 1 月 26 日判决[④]判示：所谓设置或者管理的瑕疵，"是指营造物处于缺乏通常所应有之安全性、存在给他人带来危害的危险性的状态。……关于这种瑕疵的存否，要综合考虑该营造物的构造、用法、场所与环境以及利用状况等各种情况，具体地、个别地进行判断"。这是日本最高法院的一贯立场。[⑤]

但是，如何综合考虑各种情况来具体地、个别地进行判断？有讨论的余地。关于这个问题，学说上存在所谓"瑕疵论争"。在这场论争中，有三种观点具有代表性。

第一种观点是所谓的"义务违反说"（又称"义务违反论"）。它主张从违反回避损害义务这一行为侧面而不是从物的缺陷这一客观侧面来对瑕疵加以认定，其主要理由是：与民法不法行为法的体系相整合；在追究回避损害义务的懈怠这一点上，有抑制损害的效果；可以将避难对策的懈怠也构成为公共营造物的设置或者管理瑕疵，故有利于扩大《国家赔偿

① 参见〔日〕宇贺克也：《国家补偿法》，有斐阁 1997 年版，第 241 页。

② 长野地松本支判昭和 54(1979)年 3 月 1 日《判例时报》第 941 号，第 89 页。

③ 东京高判昭和 53(1978)年 12 月 21 日《判例时报》第 920 号，第 126 页。

④ 最判昭和 59(1984)年 1 月 26 日《最高裁判所民事判例集》第 38 卷第 2 号，第 53 页。

⑤ 参见最判昭和 45(1970)年 8 月 20 日《最高裁判所民事判例集》第 24 卷第 9 号，第 1268 页；最判昭和 61(1986)年 3 月 25 日《最高裁判所民事判例集》第 40 卷第 2 号，第 472 页。

法》第 2 条第 1 项的救济范围。[①]

第二种观点是所谓的"营造物瑕疵说"。它与"义务违反说"正好相反，主张从营造物的瑕疵这一客观侧面来对瑕疵加以认定，其主要理由是：《国家赔偿法》第 1 条第 1 项的责任与第 2 条第 1 项的责任是不同的，第 1 条的责任为行为责任，第 2 条的则为状态责任，不能无视这一区别。[②]

第三种观点即"客观说"，则对以上两种观点都进行了批判，并认为：应该着眼于物的缺陷而不是行为的侧面来判断公共营造物是否缺少通常所应有之安全性；但由于《国家赔偿法》第 2 条第 1 项规定的是设置或者管理的瑕疵而非公共营造物的瑕疵，所以，物的缺陷只有在因设置或者管理作用不完全而发生时，才构成瑕疵。[③]

以上各说各有道理、各具长处。"义务违反说"最适合作为判例的说明。比如，日本最高法院 1975 年 6 月 26 日判决[④]就是如此。本案中，工事标识板、栏杆、红灯柱等被倾倒放置于道路上。该判决一方面认为这导致道路缺乏安全性，另一方面以下述理由否定了瑕疵：倾倒放置的状态是在夜间且是在事故发生前夕由其他事故造成的，道路管理者在时间上不可能及时恢复原状以使道路保持良好的安全状态。但需要留意的是，并不是所有的判例都可以用"义务违反说"来进行说明。[⑤] 而"营造物瑕疵说"虽然目前与判例存在一定距离，却最符合立法者意思。更为重要的是，由于各说都是以瑕疵作为责任要件，故其所要求的都并非绝对的安全性而是通常所应有之安全性，这使得通过对"通常"概念的理解方式的调整，各说完全可能达成相同的结论。[⑥]

综观有关判例，关于"设置或者管理的瑕疵"这一要件，日本法院所采取的总体立场是：具体问题具体分析。但是，在这个大原则之下，从司

---

① 参见〔日〕国井和郎：《关于道路的设置 · 管理的瑕疵(二)》，载《判例 Times》第 327 号(1976 年)。

② 参见〔日〕西埜章：《国家赔偿责任与违法性》，一粒社 1987 年版，第 136 页以下；木村实：《关于营造物的赔偿责任》，载《行政法大系》第 6 卷，第 71 页以下。

③ 参见〔日〕古崎庆长：《国家赔偿法研究》，日本评论社 1985 年版，第 153 页。

④ 最判昭和 50(1975)年 6 月 26 日《最高裁判所民事判例集》第 29 卷第 6 号，第 851 页。

⑤ 例如，金泽地判昭和 47 年 11 月 22 日道路管理瑕疵判例要旨集 12 认为：本件事故因道路损伤部分而发生，故不必就管理状况进行判断，就可以认定存在瑕疵。参见〔日〕宇贺克也：《国家补偿法》，有斐阁 1997 年版，第 251 页。

⑥ 参见〔日〕宇贺克也：《国家补偿法》，有斐阁 1997 年版，第 253 页。

法实践当中我们还是能够抽取出若干基本方针或者说倾向：

第一，坚持一个基本前提：《国家赔偿法》第2条的责任并非结果责任。这既是判例的统一立场，又是学说与判例的一致之处；同时，作为一种解释，它既符合设置或者管理"瑕疵"的文理解释，也与《民法》第717条的解释相对应。[①]

第二，强调人工公物与自然公物的区别。关于人工公物比如道路[②]，财政上的困难不能直接成为免责理由；而关于自然公物比如河流[③]，改修工事等的财政计划是否具有合理性成为一个重要的判断要素。[④] 一般认为，之所以出现这种区别，是因为社会对两者所期待的安全度是不同的：社会期待人工公物有更高的安全性。[⑤]

第三，主张除了与该营造物及其设置或者管理者本身有关的各种要素外，根据情况，还需要考虑与相对一方即该营造物的利用者有关的要素。这涉及一个重要概念，即"通常的用法"：因异常用法导致事故的，管理者不承担责任；而用法是否异常，需要根据利用者的事理识别能力来相对地进行判断。典型判例有东京地方法院1985年11月20日判决。[⑥] 本案发生在公立初中，一个学生挥舞该校的备品——地图挂棒，结果打在另一个学生的眼睛上导致其失明。判决认为：本件地图挂棒对于一个还没有完全成熟的初中男生而言是一个足以使其感兴趣的物品；初中男生拿到本件地图挂棒以后，用其挥舞或者拼刺是完全可以预想到的事情；同时，将其作为一个玩具来使用时具有很高的危险性，这也是完全可以预想到的。故该地图挂棒的管理有瑕疵。

（三）求偿权

日本《国家赔偿法》第3条第1项规定："根据前2条的规定国家或者公共团体承担损害赔偿责任时，选任或者监督公务员、设置或者管理公共营造物者与负担其工资以及其他费用者或者负担公共营造物的设置或者

---

① 参见〔日〕盐野宏：《行政法》（第2卷），有斐阁1997年版，第264页。
② 最判昭和45(1970)年8月20日《最高裁判所民事判例集》第24卷第9号，第1268页。
③ 最判昭和59(1984)年1月26日《最高裁判所民事判例集》第38卷第2号，第53页。
④ 参见〔日〕盐野宏：《行政法》（第2卷），有斐阁1997年版，第262—263页。
⑤ 参见〔日〕宇贺克也：《国家补偿法》，有斐阁1997年版，第263页。
⑥ 东京地判昭和60(1985)年11月20日《判例Times》第614号，第95页。

管理费用者不一致的，负担费用者也承担损害赔偿责任。”同条第2项还规定：“属于前项规定的情形的，已经对损害作出赔偿的主体可以向在内部关系上对该损害有赔偿责任的人求偿。”这意味着关于公共营造物的损害赔偿也存在一个求偿的问题。

需要注意的是，这里的求偿与同法第1条第1项的求偿有很大不同。首先，从理论上的求偿对象上看，第2条第1项要更宽，不仅包括公务员，还包括所有应该对损害承担责任的主体。这与两者所涉及的法律关系主体的范围有关。当然，公务员只有轻微过失的应该免责，且公务员不会被受害者通过国家赔偿诉讼直接追究责任，在这两点上两者是一致的。其次，从实际所要解决的问题的角度看，第2条第1项与第1条第1项也不同，它所要解决的主要是国家与公共团体特别是地方公共团体处于复杂的费用负担关系的情况下由何者承担损害赔偿责任的问题。例如，国家对地方公共团体的公共营造物交付了补助金的，因该营造物的设置或者管理瑕疵发生损害时，国家也须承担赔偿责任；受害者通过国家赔偿诉讼请求赔偿时，不会因国家与地方公共团体的这种复杂的费用负担关系而额外增加一个如何选择被告的负担，他可以直接以该地方公共团体为被告提起国家赔偿诉讼并得到足额的赔偿，该地方公共团体与国家之间的负担份额则作为一个内部问题通过求偿权行使来解决。①

另外，该问题之所以复杂，与日本的特定国情——实行地方自治制度导致国家与地方公共团体之间的法律关系比较复杂有关。在此不再对有关学说和判例作详细介绍。

四、《民法》的适用及相关问题

（一）《民法》的适用

日本《国家赔偿法》第4条规定：“关于国家或者公共团体的损害赔偿责任，除前三条规定外，还依据《民法》的规定。”

这一规定有两个意义：其一是对国家赔偿法的规定与民法的不法行

① 参见〔日〕盐野宏：《行政法》（第2卷），有斐阁1997年版，第268—274页；〔日〕宇贺克也：《国家补偿法》，有斐阁1997年版，第333页。

为法规定的适用进行划分:属于因国家或者公共团体公务员的违法职务行为而发生的损害,但不属于《国家赔偿法》第1条规定的公权力行使的情形的,不适用该条而适用《民法》第715条的规定;属于因国家或者公共团体所有的土地工作物的设置或者保存瑕疵而发生的损害,但不属于《国家赔偿法》第2条规定的公共营造物的情形的,不适用该条而适用《民法》第717条的规定;其二是考虑到国家赔偿法与民法之间的关系[①]和国家赔偿法的非自我完结性[②]:应适用国家赔偿法但该法中没有规定的,依据民法的规定。

(二) 特别法的适用

日本《国家赔偿法》第5条规定:"关于国家或者公共团体的损害赔偿责任,《民法》以外的其他法律有特别规定的,依据该规定。"

这里所谓的"《民法》以外的其他法律有特别规定的",是指关于国家或者公共团体的损害赔偿责任,适用《民法》的规定是不恰当的,因而由《民法》以外的其他法律作出特别规定的情形。[③] 而所谓作出特别规定,是指民法以外的其他法律的规定对《国家赔偿法》第1条至第4条所规定的损害赔偿责任的要件与效果进行了加重或者减轻。[④] 没有对其要件与效果进行加重或者减轻的,不属于"作出特别规定"的情形。另外,民事特别法不属于《国家赔偿法》第5条所谓的"《民法》以外的其他法律",因为:民事特别法的适用对象与国家赔偿法不同——国家赔偿法所规定的是因日本国或者其公共团体的公权力行使以及日本国或者其公共团体的公共营造物设置或者管理瑕疵而发生的损害赔偿责任,因外国的公权力行使或者外国的营造物设置或者管理瑕疵而发生的损害赔偿不属于该法的适用对象;民事特别法不是对国家赔偿法的修正。[⑤]

关于国家或者公共团体的损害赔偿责任的特别法,从类型上看,有以

---

① 一般认为,《国家赔偿法》是《民法》的特则。参见〔日〕盐野宏:《行政法》(第2卷),有斐阁1997年版,第226—227页。

② 参见〔日〕宇贺克也:《国家补偿法》,有斐阁1997年版,第342页。

③ 东京高判昭和49(1974)年9月25日《东京高等裁判所民事判决时报》第25卷第9号,第154页。

④ 东京地判昭和49(1974)年6月27日《行政事件裁判例集》第25卷第6号,第694页。

⑤ 参见〔日〕宇贺克也:《国家补偿法》,有斐阁1997年版,第348页。

下几种：

1. 加重责任型——《消防法》第6条第3项、《国税征收法》第112条第2项等。其中，《消防法》第6条第3项规定：同法第5条规定的防火对象物的改修等命令被判决撤销的，须以时价对因该命令发生的“损失”予以补偿。命令被判决撤销意味着该命令违法，故该规定应视为无过失损害赔偿规定而非损失补偿责任规定。[①]《国税征收法》第112条第1项规定：关于通过公卖处分进行了换价的动产或者有价证券，税收机关的出售决定不能对抗已经缴纳收购价款的善意购买人；同条第2项规定：因第1项的规定蒙受损害的，除非该人对该损害的发生有故意或者过失，由国家承担赔偿其通常所发生之损失金额的赔偿责任。这一制度一方面通过保护善意购买人来维护交易的安全和公卖制度的公信力，另一方面通过承认无过失赔偿责任来对因此而蒙受损失的人进行利害调整。[②]

2. 减轻责任型——《邮便法》第68条第1项等。该条款规定：邮政大臣根据本法或者根据本法制定的《省令》投递邮件，符合以下各号规定的情形之一时承担损害赔偿责任：将挂号信的全部或者部分丢失或者损坏的(1号)；没有收取交换金就将应收取交换金的邮件予以交付的(2号)；将小型包裹(挂号的和《省令》规定的除外)的全部或者部分丢失或者损坏的(3号)。这一规定对邮政大臣所承担的损害赔偿责任进行了限定：普通邮件、迟到的挂号邮件都不属于损害赔偿的对象。[③] 关于其合宪性，大阪高等法院1994年3月15日判决[④]判示：邮政事业的目的在于以尽可能低廉的价格普遍而公平地提供邮政服务，以增进公共的福祉；由于要以有限的人员将大量的邮件迅速而公平地予以处理，且只收取对任何人而言都比较容易接受的低廉费用，所以不可能完全避免邮件的丢失或者损坏；在这种情况下，如果让邮政部门对因邮件的丢失或者损坏而发生的所有损害承担赔偿责任，势必导致其处理和支付费用的大幅提高，而这种费用的提高最后还是要还原到邮费的，在结果上，势必大幅增加一般利用者的负担；正是考虑到此节，《邮便法》第68条对损害赔偿责任进行了限制性规定。

---

① 参见〔日〕宇贺克也：《国家补偿法》，有斐阁1997年版，第349页。

② 同上书，第351页。

③ 高松高判昭和40(1965)年2月25日《高等裁判所民事判例集》第18卷第2号，第143页；山形地判昭和45(1970)年7月16日《判例时报》第606号，第78页。

④ 大阪高判1994年3月15日《判例时报》第1525号，第71页。

3. 混合型——《邮便法》第68条一方面减轻了国家的责任,另一方面在法定赔偿限度内减轻了被害者一方的关于国家的故意过失(不法行为的情形)的举证责任。类似规定还有《(旧)公众电气通信法》第109条。[①]

(三) 安全配虑义务

所谓安全配虑义务,是指"根据某种法律关系而进入特别社会性接触关系的当事人之间,一方或者双方当事人作为该法律关系的附随义务向对方所承担的信义则上的义务"[②]。安全配虑义务本来是使用者对处于劳务提供过程中的被使用者所承担的义务,人们是把它作为附随于雇用合同的义务来加以讨论的。因为"配虑"一词有一种恩惠性语感,所以也有人使用"安全保证义务"一词。

安全配虑义务这一本来适用于民间劳动事件的理论,于20世纪70年代后期开始扩大适用于公务灾害。[③] 关于公务灾害,值得注意的有两个问题:其一,安全配虑义务的认定并不局限于公务员;其二,有一个所谓的"第二次性安全配虑义务"概念。关于前者,高松高等法院1988年1月22日判决[④]判示:私设消防队员以及普通协助者尽管没有与地方公共团体以明确的方式设定法律关系,但消防团副团长在救助现场进行指挥时接受了他们的劳务、使其从事了救助作业,故消防机关对其承担安全配虑义务。关于后者,横滨地方法院1979年3月30日判决[⑤]判示:国家作为行政协定缔结当事人有责任向美国要求安全配虑,没有提出要求或者提出了要求但没有获得效果时,国家承担第二次性安全配虑义务。

不过,德国的保护义务和法国的保安义务将财产也作为保护法益,而日本的安全配虑义务其保护对象一般仅限于生命、身体等非财产性法益。同时,日本判例采用安全配虑义务理论也带来了很困难的理论问题,如基于债务不履行的损害赔偿请求与国家赔偿请求的竞合,等等。从这个意

---

① 参见〔日〕宇贺克也:《国家补偿法》,有斐阁1997年版,第356页。
② 最判昭和50(1975)年2月25日《最高裁判所民事判例集》第29卷第2号,第143页。
③ 最判昭和50(1975)年2月25日判决。
④ 高松高判昭和63(1988)年1月22日《判例时报》第1265号,第31页。
⑤ 横滨地判昭和54(1979)年3月30日《下级裁判所民事裁判例集》第31卷第1—4号,第251页。

义上说，关于安全配虑义务，还有许多问题有待研究。[①]

（四）对外国人的适用

日本《国家赔偿法》第 6 条规定："外国人为受害者的，限于有相互保证时适用本法。"该规定是在司法法制审议会起草过程的最终阶段才被导入的，没有迹象表明委员们曾对此进行议论。《国家赔偿法》实施约一年后（1948 年），当时的法务厅在回答 GHQ 的照会时曾表示：第 6 条虽不违宪，但是在立法政策上没有必要继续保留，故计划在下一期的通常国会提出法案删除该条规定。但最终没能删除，具体原因不详。[②]

一般认为，本条规定意味着日本国家赔偿法采用了"相互保证主义"。但由于"相互保证主义"有不同涵义，要了解日本关于国家赔偿问题对外国人实际采取何种态度，需要对判例进行实证性考察。

"相互保证主义"一般而言有如下三种涵义：第一种是概括性（包括性）、形式性相互保护主义。特定外国人的所属国无条件或者以相互保证为条件对本国公民实行与该国公民平等的保护的，本国也对该外国人实行与本国公民平等的保护。第二种是个别性、形式性相互保证主义。特定外国人的所属国对本国国民实行与该国公民平等的保护，但关于特定的加害行为，该国不实行国家赔偿的，本国也不赋予该外国人关于该加害行为的国家赔偿请求权。第三种是实质性相互保证主义。关于特定的国家赔偿案件，本国国民在特定外国人的所属国能够得到本国同等或者同等以上的保护，只有在这种情况下本国才对该外国人与本国公民平等对待。

至于到底应该采用以上三种涵义中的何者，日本法院目前尚未形成统一的判例法。相当多的判例所采取的是第二种即"个别性、形式性相互保证主义"，更多的判例则一方面原则上采用第三种即"实质性相互保护主义"，另一方面对其加以灵活运用，以较为广泛地对外国人提供国家赔偿救济。学说中有人主张内外平等，但权威意见认为应采用第一种即"包括性、形式性相互保护主义"。[③]

---

① 参见〔日〕宇贺克也：《国家补偿法》，有斐阁 1997 年版，第 368—369 页。

② 关于本条规定的立法经过，参见〔日〕宇贺克也：《国家补偿法》，有斐阁 1997 年版，第 357 页。

③ 参见〔日〕宇贺克也：《国家补偿法》，有斐阁 1997 年版，第 364—365 页。

（五）与损害赔偿责任保险的关系

在法理上，行政主体是否可以加入损害赔偿责任保险本身是个问题。关于这个问题，一般认为，国家赔偿制度本身有这样一个侧面：国民以及居民在将公权力和公共营造物的设置和管理信托给公务员的同时，为了应付因其违法行为或者瑕疵而造成损害这一从某种意义上说有一定必然性的事态，以纳税的方式支付保险金，以便使被害者可以通过赔偿这种形式取得该保险金。国家赔偿制度所具有的被害者救济功能和损害分散功能，可以从这一观念得到很好的说明。[①] 但是，这一观念在逻辑上并没有否定为了使损害赔偿的支付更加确实、同时也为了缓解损害赔偿给财政带来的影响，行政主体加入民间的损害赔偿责任保险这一途径。也就是说，在理论上，行政主体是可以加入损害赔偿保险的。

但日本在国家这个层次上迄今为止所采用的方针是，不加入损害赔偿责任保险。这是由于从其国家的财政能力来看没有必要。不过，这并不意味着将来也不会产生这种必要。比如，1994 年 8 月日本发射技术试验卫星失败、1995 年 1 月发射宇宙飞船失败后，日本宇宙开发委员会已经开始讨论是否加入宇宙保险特别是发射保险，其中，关于实用卫星的讨论据说是倾向于加入保险。[②]

日本的市町村则几乎都加入了损害赔偿责任保险。这是因为市町村一般在财政上能力有限。代表性的险种有：道路赔偿责任保险，学校灾害赔偿补偿保险，接种疫苗事故赔偿补偿保险，总合赔偿补偿保险等。[③]

五、国家赔偿诉讼的若干问题

（一）作为第二次性救济手段的定位

日本最高法院最判昭和 57 年 2 月 23 日民集第 36 卷第 2 号第 154

---

① 参见〔日〕宇贺克也：《国家责任的功能》，载〔日〕兼子仁、宫崎良夫等编：《行政法学的现状分析》（高柳信一先生古稀纪念论集），劲草书房 1991 年版，第 423 页。

② 参见〔日〕宇贺克也：《国家补偿法》，有斐阁 1997 年版，第 373 页。

③ 同上书，第 374—375 页。

页[①]判示：不动产强制竞卖案件中执行法院的处分所依据的是债权人的主张、登记簿上的记载以及其他表现在记录上的权利关系的外形，有可能与关系人之间实体上的权利关系发生龃龉。强制执行法所规定的执行程序中的救济程序正是为纠正这种龃龉而设立的。因此，应当认为，执行法院自行纠正其处分等特殊情况另当别论，权利人因为疏于通过上述程序寻求救济而发生损害的，不能向国家请求赔偿。一般认为，该判决所依据的是所谓的国家赔偿诉讼的“作为第二次性救济手段的定位”。

国家赔偿诉讼“作为第二次性救济手段的定位”，是受德国影响的结果。德国在传统上将国家损害赔偿定位为第二次性救济手段：抗告诉讼等直接排除违法侵害的制度为第一次性的，对已经发生的损害进行金钱上的填补的国家赔偿制度为第二次性的；被害者通过第一次性救济手段完全可以减轻或者回避损害，却因为其自身的原因没有采取第一次性救济手段的，可以不认可其国家赔偿请求或者采用过失相杀制度。[②] 这种定位是基于这样一种观念：在法治国家，国民必须被赋予排除违法侵害的救济手段；但行使这种手段不但是国民的权利同时也是其义务；对没有履行该义务的国民，没有必要认可其国家赔偿请求。这种观念所描绘的是这样一种理想性的国民形象：不是躺在权利上睡大觉，而是积极地参与法治国家原理的实现。[③]

但是，国家赔偿诉讼“作为第二次性救济手段的定位”并不意味着提起国家赔偿请求必须经过一定的前置救济程序，一般认为，对不能直接提起国家赔偿请求的情形应严格加以限定。[④] 这主要是基于如下两个理由：第一，强制执行制度有特殊性。强制执行程序采用的是外形主义，当然可能发生不符合实体上的权利关系的情况；执行程序中的救济程序正是为此而设计的；也就是说，承担着保障强制执行的公正性责任的，与其说是执行法院不如说是有关当事人。很显然，强制执行制度的这种属性不具有普遍意义。例如，关于上诉，日本最高法院 1982 年 3

① 最判昭和 57(1982)年 2 月 23 日《最高裁判所民事判例集》第 36 卷第 2 号，第 154 页。
② 参见〔日〕宇贺克也：《国家责任法的分析》，有斐阁 1988 年版，第 165 页以下。
③ 参见〔日〕宇贺克也：《国家补偿法》，有斐阁 1997 年版，第 377 页。
④ 同上书，第 380 页。

月12日判决[①]就采取了完全不同的立场：对因当事人没有提起上诉而生效的违法判决，当事人可以提起国家赔偿诉讼。这是因为法院在判决时必须依据深入的证据调查慎重地进行判断，当事人并不承担类似于强制执行程序的回避损害义务，即使没有及时上诉也不会因此而丧失国家赔偿请求权。[②] 第二，即使有着类似于强制执行制度的属性，也不见得应当实行行政救济程序前置。例如，登记行为所采用的判断方式尽管也属于或者接近于形式审查，也有采用行政救济程序前置的余地；但是，如果采用行政救济程序前置，既有可能导致撤销诉讼与国家赔偿诉讼之间的制度龃龉（不动产登记法关于登记行为撤销诉讼并没有采用行政复议前置），又有可能加重国民的负担（金钱赔偿可以说是法治国家的终极性救济手段）。[③]

（二）撤销诉讼与国家赔偿诉讼的关系

日本采用的是“撤销诉讼的排他性管辖”：行政行为只要未经撤销诉讼撤销（依职权的撤销与经过行政复议的撤销除外），就应当视为已经发生法律效果；只有撤销判决才能消除该法律效果。[④] 无须赘言，“撤销诉讼的排他性管辖”与行政行为的公定力有着密切关系。这是不是意味着不经撤销诉讼撤销行政行为，就不能就该行政行为提起国家赔偿诉讼呢？

关于这个问题，一般认为：第一，行政行为有无效瑕疵的，撤销诉讼的排他性管辖不会发生，故当然可以当即提起国家赔偿诉讼。第二，行政行为有撤销瑕疵的，原则上也可以不经该行政行为的撤销即可提起国家赔偿诉讼。因为，国家赔偿诉讼所审理的是责任的有无，并不直接否定该行政行为的效力，不服从于撤销诉讼的排他性管辖。国家赔偿诉讼并不因超过撤销诉讼的起诉期限而变为不能。关于这一点，已经确定。[⑤] 第三，

---

① 最判昭和57(1982)年3月12日《最高裁判所民事判例集》第36卷第3号，第329页。

② 参见〔日〕宇贺克也：《国家补偿法》，有斐阁1997年版，第378页。

③ 同上书，第380页。

④ 参见〔日〕盐野宏：《行政法》（第2卷），有斐阁1997年版，第67—68页。

⑤ 岐阜地判昭和31(1956)年12月24日《行政事件裁判例集》第7卷第12号，第2949页；岐阜地判昭和31(1956)年7月16日《下级裁判所民事裁判例集》第7卷第7号，第1910页；德岛地判昭和31年(1956)12月24日《行政事件裁判例集》第7卷第12号，第2949页；山口地判昭和35(1960)年9月5日《行政事件裁判例集》第11卷第9号，第2641页等。

不经行政复议不得提起撤销诉讼(行政复议前置)的,并不妨碍不经行政复议直接提起国家赔偿诉讼。[①] 反之,只以提起国家赔偿诉讼为目的请求该行政行为的撤销或者确认无效的并不具有法律上的利益,因为以行政行为违法为由提起国家赔偿诉讼并不需要事先取得对该行政行为的撤销判决或者确认无效判决。[②]

要言之,"撤销诉讼的排他性管辖"原则上并不及于国家赔偿诉讼,因为两者审理对象不同,提起国家赔偿诉讼与之并不矛盾。但是,需要留意的是,有学说认为这一结论并不适用于所有情形。比如,课税处分或者年金的给付处分等以收缴或者支付金钱为直接目的的行政行为,如果允许当即提起国家赔偿诉讼,就可能使"撤销诉讼的排他性管辖"不能得到实现。[③]

六、损失补偿

(一)补偿的涵义与特征

关于损失补偿的概念,似乎还没有出现公认的权威定义。各种定义的最大公约数是:对那些因合法的公权力行使而财产权受到侵害、作出特别牺牲的人,从公平的观点出发,以全体的负担给予金钱上的填补。[④]

根据以上定义,损失补偿有如下三个基本特征:(1)合法性——给私人造成侵害的国家行为是合法的;(2)公权力行使——给私人造成侵害的国家行为在性质上属于公权力的行使;(3)财产权侵害——私人所蒙受的侵害在性质上属于财产权侵害。需要注意的是,如此表述损失补偿的基本特征是否妥当,有很多不同意见。以下分别阐述。

1. 合法性。"合法性"是损失补偿与损害赔偿(国家补偿与国家赔偿)相区别的主要特征。但对此有不同意见。如前所述,有观点认为:从被害者的角度来看,侵害是违法还是合法并不重要,重要的是发生的损害

---

① 前桥地判昭和32(1957)年6月4日《下级裁判所民事裁判例集》第8卷第6号,第1063页。

② 最判昭和36(1961)年4月21日《最高裁判所民事判例集》第15卷第4号,第850页。

③ 〔日〕宇贺克也:《国家补偿法》,有斐阁1997年版,第381页。

④ 同上书,第387页。

或者损失能否得到填补；所以没有必要以合法侵害为损失补偿的要件。还有观点认为：损害赔偿是对过失（包括故意）的责任，损失补偿是对公益上的特别牺牲的责任，不应该将侵害的合法与违法作为损害赔偿与损失补偿的区别基准。① 但一般认为，还是应该坚持将侵害的合法性作为损失补偿的基本特征。其理由是：在国家赔偿诉讼中，原告在很多情况下期待国家赔偿制度发挥其制裁功能、违法行为抑制功能、违法状态排除功能（合法状态复原功能）。换句话说，对受害人而言，侵害是合法还是违法在很多情况下还是具有重要意义的，单靠金钱填补损失远远不够；同时，如果放弃损失补偿的合法性特征，就可能意味着放弃国家赔偿的违法性特征，这会损害到国家赔偿制度的作为法治国原理担保手段的功能。②

2. 公权力行使。关于这一特征不同意见较少。一般认为，损失补偿具有这一特征意味着：行政主体与私人基于相互合意缔结契约、行政主体承担支付价款义务的情形，比如关于物品的政府采购合同，不属于损失补偿的对象。当然，在有些情况下，形式上是基于双方合意的购买，实质上并非如此，比如以土地收用权为后盾缔结的土地合同。但对这些特殊情形，日本的行政实务一般着眼于其实质，将其作为损失补偿的对象。③

3. 财产权侵害。对这一特征议论最多。反对意见多集中于一点：因合法的公权力行使而蒙受身体或者精神上的损害的，也应当给予损失补偿，因此将侵害法益限定于财产权是不妥当的。比如，为维护公共安全所实施的强制接种疫苗行为，无过失但因副作用而对他人造成损害的，就有适用损失补偿法理的余地。一般认为，这种反对意见也是成立的，同时也与日本现行宪法的精神是一致的。④ 需要注意的是，各种意见也有交集：损失补偿所要保护的主要法益是财产权；同时，损失补偿发挥着对私有财产制的终极保障功能。⑤ 这意味着将财产权侵害作为损失补偿的基本特征并无大碍。

---

① 〔日〕山田准次郎：《国家的无过失责任研究》，有斐阁 1968 年版，第 8 页。

② 〔日〕宇贺克也：《国家补偿法》，有斐阁 1997 年版，第 388—389 页。

③ 比如，1962 年日本内阁会议决定的《一般补偿基准》，关于以取得公共用地为目的而缔结的民事合同也使用了“损失补偿”一词。参见〔日〕宇贺克也：《国家补偿法》，有斐阁 1997 年版，第 389 页。

④ 参见〔日〕宇贺克也：《国家补偿法》，有斐阁 1997 年版，第 389—390 页。

⑤ 同上书，第 390 页。

(二) 补偿的法律依据

日本《宪法》第29条第3项规定:“在正当的补偿下,可以将私有财产用于公共目的。”本条规定是其国家补偿制度的宪法依据。

但是,围绕本条规定的解释有不同意见。一种观点认为,宪法上应当补偿而法律没有作出补偿规定的,该法律所规定的规制应视为违宪无效。这就是所谓的“违宪无效说”。另一种观点则认为,宪法上应当补偿的,可以直接依据《宪法》第29条第3项请求补偿。这是所谓的“请求权发生说”。

以上两种观点各有短长。“违宪无效说”的长处在于,即使法院判断有必要给予补偿,国会还可以就是否维持该规制作出判断(判断维持则支付补偿)。其短处在于,接受规制、蒙受损失的国民得不到救济。“请求权发生说”的长处在于,已经发生的损失可以得到补偿,从救济的角度看较为理想。其短处在于,有可能加重国家的财政负担,从而使国会在设定规制问题上变得消极,而这是有损公益的。[①] 鉴于两者各有短长,有观点认为应该具体问题具体分析,根据具体情况选择其一,而不是二者择一。[②] 但是,在何种情况下应该采用何者,基准是个问题;同时,采用“违宪无效说”的案件与采用“请求权发生说”的案件当事人之间会产生不平等,如何将这种不平等正当化也是一个问题。权威观点认为,不能出示具体而详细的基准,其责任并非全在学术界,这是损失补偿法理本身的内在局限性。[③]

在“违宪无效说”有影响力的时代,日本有很多法律为了回避违宪判决,都规定要对“通常发生的损失”予以补偿。但是,什么是“通常发生的损失”并不明确,行政实务上据此予以补偿的例子也极为少见。也就是说,这些法律规定实际上没有得到完全适用。结果,除个别情况外,补偿的内容、补偿的必要性等都只能通过起诉,由法院来判断。[④]

---

① [日]阿部泰隆:《国家补偿法》,有斐阁1988年版,第266页。

② 同上书,第268页。

③ [日]宇贺克也:《国家补偿法》,有斐阁1997年版,第399页。

④ 参见同上书,第398页。

日本最高法院1968年11月27日(名取川事件)判决[①]作为旁论写道:关于依据《河川附近地制限令》第4条第2号作出的限制,不能以同条并无损失补偿规定为由认为同条在任何情况下都完全否定所有的损失补偿;受害者可以直接以宪法第29条第3项为依据请求损失补偿。自此"请求权发生说"在日本取得了支配地位。

(三)补偿的必要性

如前所述,损失补偿这一概念的一般性理解是:对那些因合法的公权力行使而财产权受到侵害、作出特别牺牲的人,从公平的观点出发,以全体的负担给予金钱上的填补。由此可知,特定的损失要想得到补偿有一个必要条件:该损失违反公平。那么,何谓违反公平呢?一般认为,特定的损失属于特别牺牲时则违反公平。[②] 也就是说,判断补偿是否必要,关键要看其损失是否属于特别牺牲。

而判断特定的损失是否属于特别牺牲,一般认为,应该对如下三个要素进行综合判断:第二项侵害行为的特殊性、侵害行为的强度、侵害行为的目的等。当然,这三个要素孰轻孰重有相当的伸缩空间。比如,田中二郎重视第二项、第三项,但对第一项似乎不够重视。[③] 今村成和主张对第二项、第三项进行总合判断,可以不斟酌第一项。[④] 宇贺克也则认为第一项为次要标准,第二项、第三项是中心。[⑤] 以下以自重至轻的顺序分别进行考察。

1. 侵害行为的目的。这一要素涉及到两个概念,"警察限制"与"公用限制"。所谓警察限制是指出于维持公共安全与公共秩序这一消极目的的限制,所谓公用限制是指出于增进公共福祉这一积极目的的限制。警察限制不须补偿,公用限制则须补偿;换言之,出于消极目的不须补偿,出于积极目的则须补偿。这是大原则。需要注意的是,对目的是消极还

① 最大判昭和43(1968)年11月27日《最高裁判所刑事判例集》第22卷第12号,第1402页。

② 〔日〕盐野宏:《行政法》(第2卷),有斐阁1997年版,第282页。

③ 〔日〕田中二郎:《新版行政法上卷》,弘文堂1974年版,第214—216页。

④ 〔日〕今村成和:《行政法入门》(第6版),有斐阁1995年版,第179页。

⑤ 〔日〕宇贺克也:《国家补偿法》,有斐阁1997年版,第401页。

是积极进行判断的时候，还需要考虑到限制或者说侵害对象物的属性。①

体现上述大原则的典型是所谓的破坏消防。《消防法》第 29 条第 1 项规定："对将要发生或者已经发生火灾的消防对象物及其所在土地，可以进行使用、处分，或者限制其使用。"第 2 项规定："对有可能导致大面积燃烧的消防对象物及其所在土地，可以进行使用、处分，或者限制其使用。"第 3 项规定："对前 2 项规定的消防对象物及其所在土地以外的消防对象物及其所在土地，可以进行使用、处分，或者限制其使用。但为此蒙受损害者要求对其损失予以补偿的，应当以时价补偿其损失。"这些规定中，第 1 项与第 2 项的情形没有规定要补偿，第 3 项则规定要进行补偿。之所以如此，是因为在前两种情形下，作为破坏消防的对象的建筑物等处于对公共安全构成危险的状态，其所有者基于这种危险状态负有状态责任(Zustandshaftung)，换言之，对其进行破坏是出于消极目的，属于警察限制。而第 3 项的建筑物等并不处于违反警察的状态，故对其破坏需进行补偿。②

但是，这种"警察规制不需要补偿原则"并不是绝对的。警察规制如果侵害了既有的权利，有时是需要补偿的。这就涉及下一个要素。

2. 侵害行为的强度。关于这一要素的典型判例是日本最高法院 1968 年 11 月 27 日判决。③ 该判决认为：《河川附近地制限令》第 4 条第 2 号所规定的限制，是为了避免给河川的管理带来妨碍的事态发生而设置的许可制，它属于为公共福祉而进行的一般性限制，原则上任何人都应当予以忍受；但是，本案当事人因河川附近地制限令而转为这样一种状态：没有知事的许可就不能采砂。这使得本案当事人一直以来支付租借费、雇佣工人、投入相当的资本而经营的事业被迫中止，从而蒙受了相当的损失；本案当事人所作出的财产上的牺牲，虽然起因于为公共目的而进行的必要限制，但是超过了一般而言当然应该予以忍受的限制范围，有认定为特别牺牲的余地；从《宪法》第 29 条第 3 项的宗旨以及本条款与规定了损失补偿义务的《河川附近地制限令》第 1 条、第 2 条、第 3 条和第 5 条之间

① 有学者干脆从对象物的属性出发对关于补偿必要性的判断基准进行整理。参见〔日〕盐野宏：《行政法》(第 2 卷)，有斐阁 1997 年版，第 283—284 页。

② 参见〔日〕宇贺克也：《国家补偿法》，有斐阁 1997 年版，第 402 页。

③ 最大判昭和 43(1968)年 11 月 27 日《最高裁判所刑事判例集》第 22 卷第 12 号，第 1402 页。

的均衡来看，有余地认为，本案当事人可以就其现实蒙受的损失请求补偿。

当然，这同时意味着如果侵害的强度不够就可以不予补偿。例如，日本《矿业法》第64条规定："矿业权者要在铁道、轨道、道路、水道、运河、港湾、河川、湖泊、池沼、桥梁、堤防、水坝、灌溉排水设施、公园、墓地、学校、医院、图书馆以及其他用于公共目的的设施和建筑物的地表或者地下50米以内的场所采掘矿物的，根据其他法令的规定取得许可或者认可的情形除外，必须得到管理机关或者管理人的同意。但是，该管理机关或者管理人如无正当理由不得拒绝。"关于这一规定，日本最高法院1982年2月5日判决[①]判示："《矿业法》第64条的限制是为了避免给铁道、河川、公园、学校、医院、图书馆等公共设施以及建筑物的管理运营带来妨碍，而规定在这些设施以及建筑物的近旁采掘矿物时需要得到管理人的同意。这种限制不过是为公共福祉而作出的一般性的最小限度的限制，任何人都必须将其作为不得已而为之的限制来当然地予以忍受，不属于对特定人所强加的特别财产牺牲。因此，即使因同条的规定蒙受了损失，也不能以《宪法》第29条第3项为依据请求补偿。"

3. 侵害的特殊性。这一要素有时成为判断是否有必要补偿的重要因素。比如，《关于船舶所有者等的责任限制的法律》对有关责任进行了限制；因船舶的冲撞事故而死亡的继承人以因该限制而蒙受损失为由请求补偿时，法院以该限制为一般性限制，不属于侵害特定人的财产权或者对特定人课予特别牺牲的情形为由，判决因此而发生的损失并无宪法上的补偿必要。[②] 同样的情形还有战争损害。日本最高法院1978年11月27日判决[③]判示："在战争期间至战后占领时期这一关系着国家存亡的非常事态下，所有的国民都不得不或多或少地蒙受生命、身体、财产上的牺牲。对这些牺牲，任何国民都不得不作为战争牺牲或者战争损害而加以忍受。本案中的因（根据《对日和平条约》作出的）在外资产的充抵赔偿而造成的损害也是一种战争损害，宪法完全没有预想到对此的补偿。"

---

① 最判昭和57(1982)年2月5日《最高裁判所民事判例集》第36卷第2号，第127页。

② 东京高判昭和59(1984)年10月1日《行政事件裁判例集》第35卷第10号，第1595页。

③ 最大判昭和43(1978)年11月27日《最高裁判所民事判例集》第22卷第12号，第2808页。

以上对特别牺牲理论所提供的关于补偿的必要性的判断基准进行了介绍。需要留意的是,有学者指出:特别牺牲是否存在,并不是任何情况下都可以作出明确和没有疑义的判断,很多情况下意见是对立的。这是由于,规制本身是连续的、模拟式的;而特别牺牲理论所提供的判断特定规制是否有补偿必要性的方法是断裂的、数字式的,其所提供的关于补偿必要性的结论是非黑即白(all or nothing)的。[①] 这不可避免地导致特别牺牲理论的局限性。

为了克服特别牺牲理论的上述局限性,有两个办法:其一是采用模拟式理论,以便使连续的补偿成为可能。这一方面的尝试已经存在:将《宪法》第29条第3项所谓的"私有财产"理解为取得价格与该财产的所有者通过自己的努力所附加上的价值之和,在此基础上,将"正当的补偿"理解为因规制所导致的市场价格低于上述之和的部分的填补;另一种方法是以既有的补偿理论为前提导入政策性利害调整机制。比如,政策性补助金交付,固定资产税、都市计划税减免等税收优惠措施,土地收购制度,TDR(可转移开发权),等等。[②]

(四)补偿的内容

日本《宪法》第29条第3项规定:"在正当的补偿下,可以将私有财产用于公共目的。"这里的"正当的补偿"是意味着"完全补偿"还是意味着"相当补偿",有不同意见。但除特殊情况(例如农地改革、产业的社会化立法)外,"正当的补偿"的涵义一般不成问题。因为从公平负担的角度看,相对一方在收用等行为前后其财产性价值不发生增减才称得上是"正当的补偿"。这与"完全补偿"是一致的。[③] 日本最高法院也采取相同立场。[④]

但是,将"正当的补偿"理解为"完全补偿"并不能解决问题。因为"完全补偿"也是一个不确定概念。将其交给立法者的裁量虽很简单但行不通,因为日本的一般理念是:补偿的必要性与内容同时受到宪法的拘

① 参见〔日〕宇贺克也:《国家补偿法》,有斐阁1997年版,第428—429页。
② 同上书,第429—430页。
③ 〔日〕盐野宏:《行政法》(第2卷),有斐阁1997年版,第288页。
④ 最判昭和48(1973)年10月18日《最高裁判所民事判例集》第27卷第9号。

束。比如,关于公用收用总是会有一个问题:土地收用法所规定的补偿是否低于宪法的要求?另外,有的法律将被收用财产价格以外的"通常随收用等发生的损失"也作为补偿的对象,而所谓的"通常随收用等发生的损失"具体是指哪些损失?其算定基准是什么?这些都是问题。

以下从对财产的补偿、对财产以外的补偿、开发利益的反馈等几个方面分别考察。

1. 对财产的补偿

所谓"对财产的补偿",是指对收用土地等财产的剥夺、使用的补偿,也称"对价补偿"。关于"对财产的补偿",土地收用法采用了金钱补偿原则(第70条),并规定其金额为:"参照邻近同类土地的交易价格等计算出事业认定告示时的相当价格,然后以此价格乘以按照至权利取得裁决时的物价变动确定的修正率所得之金额。"(第71条)根据这一规定,确定对财产的补偿金额时,有两点非常重要:一是以交易价格为原则;二是以事业认定告示时为准。

关于这一规定,日本最高法院1973年10月18日判决[①]判示:"土地收用法中的损失补偿,是在为特定公益事业对土地进行收用时,以恢复该土地所有者等因该收用所蒙受的特别牺牲为目的而实施的,所以应该是完全补偿,即应该是使被收用者的财产价值在收用的前后不发生变化的补偿;以金钱补偿的,需要补偿被收用者足以在近旁取得与被收用地同等的代替地等的金额。"

2. 对财产以外的补偿

将私有财产用于公共目的时,私人所蒙受的损失往往不局限于作为收用对象的财产本身。对这些损失日本土地收用法也作出了相应的补偿规定。比如,残地补偿(第74条)、工事费用补偿(通称"沟垣补偿"[②],第75条)、搬迁费补偿(第77条)、弃耕费等补偿(第88条)等。在这些补偿项目中,包含着两类损失:一类是因收用而当然发生的损失("收用损失"),另一类是在使用该收用财产的事业执行过程中发生的损失("事业

---

① 最判昭和48(1973)年10月18日《最高裁判所民事判例集》第27卷第9号,第1210页。

② 所谓"沟垣补偿",是指将某土地用于公共事业时,需要在该公共设施所面对的土地上兴建、改建或者修缮甬路、水沟、墙垣等工作物的,对这些工事所需全部或者部分费用实施的补偿。资料来源:http://great.pobox.ne.jp/cgi-bin/dic/ziten.cgi? action = view&data = 395,访问于2004年7月15日。

损失”)。同时,其性质也不尽相同,既有宪法上的补偿又有政策性补偿,甚至还有带有损害赔偿性质的补偿,需要具体问题具体分析。①

(1)“残地补偿”。《土地收用法》第74条第1项规定:“对属于同一土地所有者的一块土地中的一部分进行收用或者使用,因此而导致其余部分的土地价格降低的,必须补偿其损失。”一般认为,本项所规定的是“残地补偿”的典型,被收用者在此情形下所蒙受的损失属于“收用损失”,国家应对此进行完全补偿。②

(2)“事业损失补偿”。关于事业损失补偿,行政实务与判例采取了不同立场。1962年日本内阁会议决定的《一般补偿基准》第41条但书规定:“因事业的施行而发生的日阴、臭气、噪音及其他与此类似物所造成的不利或者损失,不予补偿。”但判例的主流认为应当将“事业损失”纳入“残地补偿”。③ 需要留意的是,有学者指出,将“事业损失”纳入“残地补偿”有可能导致一种不平衡:只有被收用者才可以得到关于日阴、臭气、噪音等的补偿,被收用者以外的第三者也可能蒙受同样损失,却得不到补偿。当然,还有另一种选择:对被收用者实施完全补偿,同时另谋途径加强对第三者的救济以解消这种不平衡。④

(3)“通损补偿”。前述“沟垣补偿”、搬迁费补偿、弃耕费补偿、营业损失补偿、因建筑物的搬迁导致的租借费损失补偿以及其他土地所有者或者关系人因土地的收用或者使用而蒙受的损失的补偿,一般称之为“通损补偿”,即“通常所蒙受之损失的补偿”,又称“附随损失补偿”。“通损补偿”是否属于《宪法》第29条第3项的“正当的补偿”,有不同观点。一般认为:在私人之间的土地交易中,出让人原则上应自行负担搬迁费或者与之相伴的营业损失,即使这些费用有时甚至高于出让价格。但是,公用收用时,被收用者并非自己希望搬迁或者中止乃至终止营业,而是为了公共事业被迫为之。因此,从平等原则来看,应通过全体的负担来填补这些损失。如果不这样理解的话,被收用者将被置于这样一种窘境:从权利对价补偿中减去附随损失,以剩下的部分来取得代替地。很显然,这一金额

① 参见〔日〕盐野宏:《行政法》(第2卷),有斐阁1997年版,第290页。

② 〔日〕宇贺克也:《国家补偿法》,有斐阁1997年版,第434页。

③ 最判昭和55(1980)年4月18日《判例时报》第1012号,第60页。

④ 参见〔日〕宇贺克也:《国家补偿法》,有斐阁1997年版,第435页。

与前述日本最高法院1973年10月18日判决所谓的“被收用者足以在近旁取得与被收用地同等的代替地等的金额”是两回事。所以，附随损失的补偿也属于《宪法》第29条第3项的“正当的补偿”，而不应将其视为政策上的补偿。①

（4）“生活权补偿”。所谓“生活权补偿”又称“生活再建补偿”，是指着眼于作为整体的人的生活本身或者其生活设计的补偿，是与以个别财产的经济性价值为对象的补偿相区别的一个概念。这一概念的提出是基于这样一种认识：将私有财产用于公共目的时，给私人带来的损失往往不止于收用财产本身。比如，修建一个水库会使一个村落的大部分土地被水淹没，此时村民所失去的将不只是土地，还有其所习惯的生活；对剩下的少数人而言，失去的还有过去集群生活所带来的各种生活便利。即使以补偿金购买新的土地重建家园，也不得不改变过去的生活方式乃至职业。“生活权补偿”迄今未能成为一种法律上的补偿请求权。《关于公共用地取得的特别措置法》（第23条等）、《都市计划法》（第74条）、《水源地域对策特别措置法》（第8条）等法律规定了采取生活再建措施等的努力义务，但毕竟只是努力义务，不能成为向法院请求补偿的法律依据。判例也尚未认可生活再建补偿，因为《宪法》第29条规定的是对财产权的财产上的补偿。② 在行政实务上，1962年3月的《公共用地审议会答申》（该《答申》是前述《一般补偿基准》的基础）更是以“只要财产上的补偿得到公正地进行，就没有必要将生活权补偿设置为一个独立的补偿项目”为由，明确否定了“生活权补偿”。

当然，《一般补偿基准》对第三者的“生活权补偿”还是有一定考虑的：第45条规定了对少数残存者（因土地供于公共事业而被迫脱离生活共同体的人）的补偿，第46条规定了对离职者（受雇于土地所有权人，因该土地被收用或者使用而失去工作的人）的补偿。但是，这两条规定都是从社会政策的观点出发对补偿的例外性认可，并没有肯定其补偿请求权。而且，少数残存者得到补偿的案例事实上只限于水库建设。也就是说，对

---

①　参见〔日〕宇贺克也：《国家补偿法》，有斐阁1997年版，第439页；大阪高判1994年11月29日《行政事件裁判例集》第45卷第10—11号，第1900页。

②　参见〔日〕盐野宏：《行政法》（第2卷），有斐阁1997年版，第292—293页；岐阜地判昭和55（1980）年2月25日《行政事件裁判例集》第31卷第2号，第184页。

"生活权补偿",《一般补偿基准》所采取的态度基本上是消极的。[①]

有学者认为,为了充实生活权补偿,现实的方法是:将处于第一线的用地交涉人员的意见充分反映到补偿基准的修订中去,因为他们对现行补偿基准中存在的问题有切身体会,反映他们的意见可以使修订更加灵活、切实。[②] 这实际上反证了"生活权补偿"难于取得法律地位这一现实。

(5) 精神损失补偿。对精神损失补偿,行政实务一贯持否定态度。在《一般补偿基准》施行时的"内阁会议谅解"曾形成这样的共识:"到目前为止在部分案件中采取的精神损失补偿或者协力奖励金以及其他与此类似的名目不明确的补偿措施,今后不再实施。"判例的立场也是消极的。日本最高法院 1988 年 1 月 21 日判决[③]判示:《土地收用法》第 88 条所谓的"通常蒙受之损失"是指从客观的、社会的观点来看被收用者因收用而当然地蒙受的经济性、财产性损失,非经济性价值的特殊价值并非补偿的对象。这是同法的法意。应当认为,对市场价格的形成不构成影响的文物性价值,其本身不适于经济性评价,不属于土地收用法上的补偿对象。该判决的直接对象虽然是《土地收用法》第 88 条的"通常蒙受之损失",但可以推测,它有一个前提:不被反映到市场价格中的特殊价值,在宪法上不属于补偿的对象。所以,可以认为,最高法院对精神损失的补偿也是消极的。[④]

但是,对以上行政实务和判例的态度,近来有很多不同意见,以至于"精神损失补偿否定说"似乎已经失去其通说地位。很多意见认为:被迫离开已经住惯了的土地、必须应付有关交涉乃至于必须搬迁,无疑会造成精神上的痛苦;这些痛苦以及由生活环境的变化所引发的心理上的不安等都属于公共收用或者以收用权为后盾的任意买取所可能导致的精神损失,将这些精神损失一律归于忍受义务的范围而不予补偿是不妥的。更有学者明确指出:损失补偿不光是为了保障财产权,还是贯彻平等原则的手段;特定的人为公共事业而蒙受超过忍受限度的精神损失的,理应通过全体负担来加以调整。[⑤] 近来,判例的立场也有松动的迹象。福岛地方

① 参见〔日〕宇贺克也:《国家补偿法》,有斐阁 1997 年版,第 441 页。

② 同上书,第 448 页。

③ 最判昭和 63(1988)年 1 月 21 日《判例时报》第 1270 号,第 67 页。

④ 参见〔日〕盐野宏:《行政法》(第 2 卷),有斐阁 1997 年版,第 291 页。

⑤ 〔日〕宇贺克也:《国家补偿法》,有斐阁 1997 年版,第 458 页。

法院郡山分院 1989 年 6 月 15 日判决[1]就是一个典型的例子。新市长上任,对同市的"市街地再开发事业计划"进行了实质性变更;一直对该计划采取合作态度的土地所有权人等以该变更使其在财产上和精神上蒙受损失为由,提起损害赔偿请求。该判决虽然驳回了财产上的损害赔偿请求,但认为市政府应当对原告一方支付慰谢金。

(6) 特别税收措施。对补偿金的课税有可能在结果上使补偿金额变得不充分,即使补偿金本来足以重建从前的生活。针对这种情况,《租税特别措置法》规定了因收用取得代替资产时的课税特例(第 33 条)、收用交换等时的让渡所得等的特别扣除(第 33 条第 4 款)等特别税收措施。

3. 开发利益反馈与社会对策

以上将问题的焦点放在了对个人的补偿上。但实际上,公共事业有时所影响的并不只是个人,还会对周边居民、该事业用地所在的地方公共团体造成很大影响。这些影响中,既有正面的(因开发而受益)也有负面的(比如噪音、振动、居民外迁、产业衰退、社区解体等)。如何将开发利益反馈给社会并降低负面影响,是一个重要课题。

20 世纪 70 年代制定的《琵琶湖总合开发特别措置法》、《水源地域对策特别措置法》、《发电用设施周边地域整备法》等法律,在这方面进行了有益的尝试。例如,《琵琶湖总合开发特别措置法》第 11 条规定了"受益地方公共团体负担",它所确立的是这样一种法律机制:将开发利益从因公共事业而受益的地方公共团体转移到蒙受负面影响的地方公共团体。第 2 年制定的《水源地域对策特别措置法》也规定了类似的下游负担(第 12 条),因为受益的是下游。另外,《发电用设施周边地域整备法》与《电源开发促进税法》、《电源开发促进对策特别会计法》并称为"电源三法",根据这三部法律,发电设施周边地域的市町村可以得到"电源立地对策交付金"。

上述法律又被统称为"公共设施周边地域整备法"[2]。这些法律实现了两个重要突破:第一,不光是个人,将社会也纳入视野;第二,将对策扩大到公共事业负面影响的缓和(mitigation)上,而这个概念是不能用传统

---

① 福岛地郡山支判平成元(1989)年 6 月 15 日《判例 Times》第 713 号,第 116 页。

② 〔日〕远藤博也:《关于公共设施周边地域整备法》,载《北海道大学法学论集》第 3—4 号(1981 年),第 233 页以下。

的补偿(compensation)概念来包摄的。但需要注意的是,社会对策是对传统补偿制度的补充,而不是替代。①

4. 公共补偿

所谓公共补偿,是指处于特定公共事业用地内的既有公共设施因该公共事业的施行而被迫中止或者废止的,对该既有公共设施所实施的补偿。1967 年 2 月 21 日,日本内阁会议通过了《公共补偿基准》。根据该《基准》,公共补偿的目的在于恢复既有公共设施等的功能(第 6 条第 1 项),为此需要对以下费用进行补偿:在建设地点建设用于代替既有公共设施的新公共设施所需费用,或者为将该既有公共设施合理地予以搬迁而取得必要的土地时所需费用(第 7 条第 1 项)。从这些规定可以看出,《公共补偿基准》采用了不同于《一般补偿基准》的原理,《一般补偿基准》只对市场价格进行补偿。另外,根据法令规定有义务将该公共设施保持为一定构造的,还可以在必要的限度内对超过其功能恢复的部分进行补偿(第 12 条)。

有学者指出,公共补偿基准所采用的"功能恢复原则"实际上对一般补偿也有很重要的参考价值。因为一般补偿也应当从恢复从前的生活这一观点出发对超过市场价格的补偿予以认可。也就是说,公共补偿基准的理念不应限定于公共设施,完全应该更加一般化。②

(五) 补偿的时期

如果补偿不及时,那么即使补偿的金额很充分也可能造成受补偿者生活困难。这意味着补偿的时期也是一个重要问题。

关于补偿的时期,日本判例的基本立场是:它属于立法裁量。日本最高法院 1949 年 7 月 13 日判决③判示:"宪法只是规定要进行正当的补偿,没有明确规定补偿的时期。应当认为:宪法并没有保障补偿应当交换性地与财产的提供同时履行。当然,如果补偿过分地迟于财产的提供,会发生一个如何填补因这种迟延而造成的损害的问题。但是,不能以此为由认为宪法对补偿的同时履行也提供了保障。"其后的下级法院也采取了相

① 〔日〕宇贺克也:《国家补偿法》,有斐阁 1997 年版,第 469 页。
② 同上书,第 471 页。
③ 最大判昭和 24(1949)年 7 月 13 日《最高裁判所刑事判例集》第 3 卷第 8 号,第 1286 页。

同立场。[①]

但学说中有观点认为：尽管日本《宪法》第29条第3项没有像法国《人权宣言》第17条和《普鲁士宪法》第9条那样明文规定要事先补偿，但不能因此就认为关于补偿时期同条项向立法者作出了"白纸委任"；"正当的补偿"一词中还包含着对补偿时期的一定的要求。"正当的补偿"的金额中，应当包括损失发生后至实际作出补偿时的利息。[②]

日本土地收用法采用了"没有补偿则没有收用"这一事先补偿或者同时补偿原则。同法中尽管也有事后补偿规定，但都是基于特定理由。例如，第91条规定：因进入土地或者土地工作物进行测量或者调查、伐除障碍物、试挖掘而发生损失的，起业者必须对所发生的损失进行补偿。[③]该规定采用的就是事后补偿。之所以如此，是因为进行测量、调查时发生损失的情况并不多，即使发生了损失，一般也比较轻微。[④] 另外，对事先计算损失并作出补偿比较困难("沟垣补偿"，第93条)、或者需要紧急施行(第124条)[⑤]的情形，同法也采用了事后补偿主义。

特别值得一提的是"以暂先支付补偿金为条件的紧急裁决制度"。《关于公共用地取得的特别措置法》第20条第1项规定："关于特定公共事业的交付裁决的迟延有可能对事业的施行构成妨碍的，收用委员会在收到起业者的申请时，可以在《土地收用法》第48条第1项各号及第49条第1项各号所列关于损失补偿的事项尚未完成审理的情况下，在尚无权利取得裁决时作出权利取得裁决和交付裁决，在已经有权利取得裁决时作出交付裁决。"这种以暂先支付补偿金为条件的紧急裁决制度，其基本特征是：公共事业与公共利益有重大关系且需紧急施行；为此，可以以先支付临时补偿金为条件作出权利取得裁决或者交付裁决，事后支付补偿金时如果发现临时补偿金与应支付补偿金存在差额，将该差额与相关

---

① 高知地判昭和26(1951)年10月24日《行政事件裁判例集》第2卷第10号，第1789页；宇都宫地判昭和28(1953)年1月23日《行政事件裁判例集》第4卷第1号，第173页；东京高判昭和33(1958)年9月13日《行政事件裁判例集》第9卷第9号，第2096页，等等。

② 〔日〕宇贺克也：《国家补偿法》，有斐阁1997年版，第472—473页。

③ 类似规定还有《道路法》第69条、《河川法》第89条第8项等。

④ 〔日〕宇贺克也：《国家补偿法》，有斐阁1997年版，第474页。

⑤ 类似规定还有《灾害对策基本法》第82条、《道路法》第69条、《河川法》第22条、《水防法》第21条等。

利息一并支付。关于该制度的合宪性，判例一贯采取的是肯定立场。[1]但需要留意的是，有学者认为：如果临时补偿金额过低，导致被收用者目前的生活受到影响，应该可以直接根据宪法提起补偿请求。[2]

（六）补偿的程序

根据判例和通说即"请求权发生说"，宪法上有必要补偿的，可以直接根据宪法提出补偿请求。但这只限于没有法定补偿行政程序的情形。法令上有补偿程序规定的，不得跳过该程序而直接根据《宪法》第29条第3项提出补偿请求。[3]

关于"法定行政补偿程序前置制度"，日本学者是这样说明其理由的：第一，它与"请求权发生说"并不矛盾，因为"请求权发生说"尽管将宪法视为补偿请求权的直接基础，但并未否定关于补偿程序的立法裁量；第二，它有自己的长处，一是补偿义务者（行政机关）和补偿请求权者双方都可以因简易而迅速的行政处理而受益，二是法院也会减轻一些负担——即使最后还是提起了诉讼，但因为争执点已经在行政过程中得到整理，法院可以比较容易地对专门技术性事项展开司法审查。[4]

"法定行政补偿程序前置制度"的问题在于：补偿决定是由补偿义务机关作出的，决定机关没有中立性[5]；同时，计算补偿金额需要专门技术性知识，而在制度上，很多情况下行政机关并不必就此听取专家的意见。为了克服这些问题，有学者建议建立这样一种机制：补偿义务机关在作出补偿决定时，应向兼具专业性和中立性的机关听取意见。[6]

---

① 东京地判昭和59(1984)年7月6日《行政事件裁判例集》第35卷第7号，第846页、东京地判昭和63(1988)年6月28日《行政事件裁判例集》第39卷第5—6号，第535页、东京高判平成5年(1993)年8月30日《行政事件裁判例集》第44卷第8—9号，第720页。

② 〔日〕宇贺克也：《国家补偿法》，有斐阁1997年版，第477页。

③ 最判昭和62(1987)年9月22日《最高裁判所裁判集民事》第151号，第685页。

④ 〔日〕宇贺克也：《国家补偿法》，有斐阁1997年版，第478—479页。

⑤ 〔日〕小泽道一：《损失补偿的程序和救济程序(3)》，载《自治研究》第64卷第9号，第44页。

⑥ 〔日〕宇贺克也：《国家补偿法》，有斐阁1997年版，第483页。

七、国家补偿的缝隙及其弥补

(一)国家补偿的缝隙

所谓“国家补偿的缝隙”,是指应用统一的“国家补偿”观念对国家赔偿制度与国家补偿制度进行反省而发现的,通过两者都得不到救济、而又有必要救济的那些领域。这一观念所表述的是这样两点认识:第一,国家赔偿制度与国家补偿制度实际提供救济的领域未能涵盖所有有必要救济的领域,换句话说,有必要进一步扩大救济;第二,有必要进一步扩大救济的领域与国家赔偿制度和国家补偿制度这两者无法对接的领域或者说两者之间的空白领域基本上是重合的,换句话说,要进一步扩大救济,与其着眼于国家赔偿制度与国家补偿制度的分别完善,不如着眼于两者的整合。无须赘言,统一的“国家补偿”观念的出发点在于:国家赔偿制度与国家补偿制度有一个共同的目的——实现关于经济性价值分配的正义。

根据日本学者的整理,日本“国家补偿的缝隙”主要存在于如下领域:

1. 公务员的行为违法但无过失的。日本国家赔偿法的立法意图是:将违法作为客观要件,将故意和过失作为主观要件。按照这一意图,判断关于公权力行使的国家赔偿责任是否成立,需要对违法要件与过失要件分别进行认定(所谓“二元化判断”)。这必然导致“违法但无过失”情形的发生。而对于这一情形,无论是国家赔偿还是国家补偿制度都无法提供救济:违法则不属于国家补偿的对象,无过失则国家赔偿责任不能成立。尽管日本很多判例实际采用的是主张对违法要件与过失要件进行一元化判断的“职务行为基准说”,但其目的在于:不能非难该公务员个人时,不能作出国家赔偿法上的违法评价。就与损失补偿的关系而言,它主张作为损失补偿要件的合法侵害的“合法”应当是公权力发动要件已经充足这个意义上的合法。所以,即使按照这些判例所采用的“职务行为基准说”,这个缝隙也是存在的。①

① 参见〔日〕宇贺克也:《国家补偿法》,有斐阁 1997 年版,第 495 页;〔日〕盐野宏:《行政法》(第 2 卷),有斐阁 1997 年版,第 298—299 页。

2. 公共营造物的设置或者管理无瑕疵的。日本《国家赔偿法》第 2 条第 1 项规定公共营造物的设置或者管理瑕疵为国家赔偿责任的成立要件,这使得以下情形下受害人无法通过国家赔偿得到救济:公共营造物存在某种缺陷并引发损害,但其设置或者管理并无瑕疵。同时,由于大多数判例采取的是在公共营造物的设置或者管理中包摄人的要素这一立场,如果《国家赔偿法》第 2 条第 1 项的损害赔偿责任不能成立,那么同法第 1 条第 1 项的损害赔偿责任也是难以成立的。这意味着在现行制度下这一领域没有救济。[①]

3. 非财产性法益受侵害的。有时法律认可某种强制性的国家活动,但由于因此而发生的侵害或者损失是非财产性的,法律并没有为此提供充分的救济手段。比如,强制接种疫苗制度。有时行政机关依据法律规定充分履行了注意义务,但由于疫苗本身所固有的副作用,相对一方出现后遗症甚至死亡。对于这种事故,由于接种疫苗时国家并无过失,国家赔偿责任不能成立;同时,接种疫苗健康损害救济制度作为一种行政上的补偿制度,并不以填补所有损害为目的。这意味着这一领域也存在国家补偿的缝隙。[②]

4. 不属于特别牺牲的。根据日本的通说,如果不属于特别牺牲,那么即使是财产权侵害也不能根据《宪法》第 29 条第 3 项提起补偿请求,比如战争灾害。[③]

(二) 国家补偿的缝隙的弥补

日本各界为弥补上述缝隙进行了各种尝试。这些尝试,有的试图通过对现行法令的重新解释来解决问题(以下称为“解释论”),有的则主张制定或者修改相应的立法(以下称为“立法论”);有的力图通过扩大国家补偿来实现国家赔偿与补偿的对接,有的则主张应扩大国家赔偿。以下分别介绍。

---

① 参见〔日〕宇贺克也:《国家补偿法》,有斐阁 1997 年版,第 496 页;〔日〕盐野宏:《行政法》(第 2 卷);有斐阁 1997 年版,第 299 页。

② 同上。

③ 参见〔日〕宇贺克也:《国家补偿法》,有斐阁 1997 年版,第 497 页;〔日〕盐野宏:《行政法》(第 2 卷),有斐阁 1997 年版,第 299 页。

1. 公务员的行为违法但无过失的

关于这一领域，弥补的尝试既有解释论也有立法论。

首先是解释论。日本法院主要是通过放宽“过失”要件和转换举证责任来扩大国家赔偿的范围，以弥补“国家补偿”的缝隙。典型判例是关于接种疫苗事故的东京高等法院1992年12月18日判决。[①] 该判决通过适用“过失的推定”（推定发生严重后遗症的被接种人属于禁忌接种者），以没有采取充分措施来避免对禁忌者接种疫苗为由，肯定了厚生大臣的过失，认定了国家的赔偿责任。构成该判决的基础的，是如下两个最高法院判决：一是“小樽种痘事故诉讼”日本最高法院1991年4月19日判决[②]，该判决就禁忌接种者推定作出了重要判示；二是日本最高法院1976年9月30日判决[③]，该判决认为负责接种疫苗的医师承担着高度的注意义务。根据这两个判决，日本法院可以以预诊不充分为由对“过失”进行比较宽泛的认定。这意味着关于此类案件，“国家补偿”的缝隙已经在一定程度上得到弥补。[④]

其次是立法论。如前所述，日本已经有个别实定法明确规定了国家的无过失责任（比如《国税征收法》第112条、《消防法》第6条）。但是，有学者指出：这些个别的无过失责任规定都是基于各自特定的立法理由，并非一般性无过失损害赔偿制度的前奏，所以要通过立法来弥补这一缝隙，最终还是要涉及一个是否对《国家赔偿法》进行根本性修改以从正面承认国家的无过失责任的问题。[⑤]

2. 公共营造物的设置或者管理无瑕疵的

有学者指出：关于公共营造物的设置或者管理，采用结果责任并不妥当；公共营造物的设置或者管理并无瑕疵，但有必要对受害者实施救济的，可以考虑通过立法来对应。[⑥] 当然，具体情况下特定的立法论是否妥当，需要对各种因素进行综合考虑。[⑦]

---

① 东京高判平成4(1992)年12月18日《高等裁判所民事判例集》第45卷第3号，第212页。

② 最判平成3(1991)年4月19日《最高裁判所民事判例集》第45卷第4号，第367页。

③ 最判昭和51(1976)年9月30日《最高裁判所民事判例集》第30卷第8号，第816页。

④ 参见〔日〕宇贺克也：《国家补偿法》，有斐阁1997年版，第500页。

⑤ 〔日〕盐野宏：《行政法》（第2卷），有斐阁1997年版，第301页。

⑥ 〔日〕宇贺克也：《国家补偿法》，有斐阁1997年版，第503页。

⑦ 参见〔日〕盐野宏：《行政法》（第2卷），有斐阁1997年版，第301页。

3. 非财产性法益受侵害的

强制接种疫苗制度是这一领域中的典型。关于强制接种疫苗制度,权威观点认为可以通过援用《宪法》第29条第3项[①]扩大损失补偿,来弥补"国家补偿"的缝隙。其基本理由是:日本国家补偿的法理是以公平负担、特别牺牲的观念为基础构筑而成的,财产权是其重要适用对象,但并非概念上的必要前提;《宪法》第29条第3项是上述法理的具体化,它明确加以保护的尽管只是财产权,但并未排除对其他法益的保护,何况在现行宪法下生命、身体是比财产更为重大的价值;而且,援用《宪法》第29条第3项并不等于从正面认可对生命的剥夺、对身体的侵害,因为援用的对象只是对特别牺牲的立足于公平负担观念的补偿,而非有意图的侵害行为。[②]

以上观点在判例中也有反映。东京地方法院1984年5月18日判决[③]判示:"从宪法第13条后段和第25条第1项规定的宗旨来看,没有任何理由对在财产上被课以特别牺牲的情形与在生命、身体上被课以特别牺牲的情形加以区别对待,使后者蒙受不利处理。应当认为,对生命、身体课以特别牺牲的,被迫作出这种牺牲者可以直接根据宪法第29条第3项向国家请求正当的补偿。"作出类似判断的还有东京地方法院1992年12月18日判决。[④]

根据宪法精神对受侵害法益的价值进行比较,以此为前提展开解释论,论证特定非财产性法益是否属于国家补偿制度的保护对象。这是以上尝试的基本思维。应当认为,它在相当程度上是成功的。

4. 不属于特别牺牲的

战争灾害是这一领域的典型。关于战争灾害,一般认为:"国家补偿"的缝隙是否能够得到弥补主要取决于立法政策。因为尽管私人所蒙受的损失或者损害可能是起因于国家发动战争将其置于危险状态,但这种危险状态越具有一般性,是否属于特别牺牲、或者说是否应当给予补偿

---

① 日本现行《宪法》第29条第3项规定:"在正当的补偿下,可以将私有财产用于公共目的。"

② 参见〔日〕盐野宏:《行政法》(第2卷),有斐阁1997年版,第302—303页。

③ 东京地判昭和59(1984)年5月18日《判例时报》第1118号,第28页。

④ 东京地判平成4(1992)年12月18日判决《判例时报》第1445号,第3页。

的问题就越难以断定。如何填补这种灾害，已经不适合于由司法来判断了。[①]

关于战争灾害，日本制定的法律主要有：(1)《战伤病者战殁者遗族等援护法》，(2)《战伤病者特别援护法》，(3)《关于原子弹被爆者的医疗等的法律》，(4)《关于对原子弹被爆者的援护的法律》等。需要注意的是，其中的(1)和(2)尽管在其第1条立法目的规定中都使用了"国家补偿的精神"一词，但一般认为，其立法理由并不在于要对战争所引发的所有损害承认国家起因性进而实施救济，而在于承认国家对其军人军属负有使用者责任以便给予其不同于平民的优遇[②]；而(3)和(4)在性质上主要是社会保障法[③]，同时带有一定的国家补偿性质。[④]

除了以上法律外，日本还对特殊战争受害者比如"从军慰安妇"实施了一定的救济。但是，对"从军慰安妇"所实施的救济，不是由日本政府而是由"为女性的亚洲和平国民基金"以民间基金为原始资金以"补偿金"支给事业的方式作出的，没有采取"国家补偿"的形式。而对被害者而言，采取"国家补偿"的形式有着极为重要的意义，因为它意味着"从军慰安妇"所受侵害的国家起因性得到了承认。日本政府为此受到了批判。尽管后来日本政府在前述"基金"的努力下决定在10年期间内支出7亿日元用于相关支援，但这一支出也没有被明确定位为"国家补偿"。[⑤]

应当认为，对战争灾害，日本采取了相当保守的立法政策：向日本人倾斜（对为其侵略战争效过命的韩国籍和台湾地区军人差别对待），向军人、军属倾斜。无须赘言，这种保守的立法政策与日本政府一贯采取的逃避战争责任的立场有着内在联系。

至于战争灾害以外的此类"国家补偿"的缝隙，前面已有所触及，其弥补也与战争灾害类似，有赖于立法政策。比如，在国立公园等特殊地域的特殊保护地区，土地利用受到比较严格的规制，受规制者因此会蒙受一

---

① 参见〔日〕盐野宏：《行政法》（第2卷），有斐阁1997年版，第304页。

② 参见〔日〕宇贺克也：《国家补偿法》，有斐阁1997年版，第505、512页。

③ 社会保障是指从社会连带的立场出发对实际所发生的贫困、疾病等施以救济的制度，判断是否给予社会保障，相对人的经济能力等是重要因素，一般不考虑国家起因性。参见〔日〕宇贺克也：《国家补偿法》，有斐阁1997年版，第508页。

④ 参见〔日〕宇贺克也：《国家补偿法》，有斐阁1997年版，第513—514页；〔日〕盐野宏：《行政法》（第2卷），有斐阁1997年版，第304页；(22)日本最高法院1978年3月30日判决。

⑤ 参见〔日〕宇贺克也：《国家补偿法》，有斐阁1997年版，第514—515页。

定的损失。对这种损失,受规制者尽管得不到补偿,却可以享受到固定资产税的减免措施(《地方税法》第348条第2项)。这种减免措施在相当程度上减轻了受规制者的损失,以至于被称为"隐形补助金"。有学者指出,类似的税收优惠措施实际上在一定程度上发挥着国家补偿制度的代替性功能。[①]

另外,某些行政上的社会保障性给付实际上也在一定意义上弥补着"国家补偿"的缝隙。比如,发生水灾后,即使河川管理上的瑕疵没有得到认定——因而国家赔偿责任不成立,受灾者有时也可以得到灾害抚恤金、灾害援助资金等的给付。[②]

总体而言,对因损失或者损害不属于特别牺牲而出现的"国家补偿"的缝隙,日本采用的方式是通过立法政策进行弥补;而这种立法政策,一般要对国家补偿、税收优惠措施以及社会保障性给付等途径进行综合考虑,有时还被政治性因素所左右。

① 〔日〕宇贺克也:《国家补偿法》,有斐阁1997年版,第515页。
② 同上。

第十二章　美国国家赔偿制度

一、美国行政赔偿制度

在美国,政府及其职员的侵权责任是一个重要的法律领域。随着政府权力的扩张,政府发生不法行为的潜在危险性也在加剧。尽管存在着政府非法的状况,但由于受到传统主权豁免思想的影响,美国政府非经自身同意不得被起诉。同样地,《宪法》第 11 条修正案也豁免了州在联邦法院被美国公民或外国人提起诉讼的可能性。建立在英格兰"国王不能为非"法律原则基础上的主权豁免在美国已经广为诟病,但却深深地植根于美国的法律学说之中。目前,尽管这种影响还依然存在,但政府不法行为的受害人已经有了多种选择,其可以依据《联邦侵权赔偿法》、比文思判例(诉讼)以及《美国法典》第 1983 节寻求救济。《联邦侵权赔偿法》允许针对联邦机构及其职员的不法侵权行为提起诉讼;比文思判例是一个法院创制的规则,它允许受害人直接依据宪法对侵犯宪法保护的权利进行诉讼;第 1983 节规定了州和地方政府官员在执行职务时违背联邦宪法和法律的赔偿责任。为了在不同的主体(政府和政府职员)之间分配责任,这些制度都对责任的承担有一些例外性规定。《联邦侵权赔偿法》就包括了大量的例外,其中包括自由裁量权的例外。自由裁量权的例外,排除了美国对政府机构的裁量行为和政策性决定的责任。这种排除是为了阻止过分干预政府的政策制定职能,以保证权力分立的架构。相关的关注与考虑也支持比文思判例和第 1983 节诉讼中政府官员的特免,这是为了保护其独立的为公共利益所必需的决策与判断能力。

可以说,美国联邦层次的行政赔偿制度主要由《联邦侵权赔偿法》、比文思诉讼以及第1983节诉讼构成。① 下文就主要对这些制度进行详细的介绍,然后结合美国理论界的研究成果,对美国行政赔偿制度的发展趋势做一分析。②

(一)美国联邦侵权赔偿法的主要规定

在建国后的一百五十多年的历史中,美国是不能被控告侵权,从而承担赔偿费用的。政府过失或不法行为的受害人只能请求国会通过一个私法律案。而这种方式是一个缓慢的、繁冗的、通常是不平等的程序过程。私法律案是一个只适用于特定人或团体的法律,其不是为了公共利益而普遍制定的法律。国会在制定私法律案时,也没有一致的规则,或者只考虑一方面的证据,极易产生不公平的现象。同时,大量私法律案的存在,也严重干扰了国会的其他立法工作。因此,在美国不论在国会内外,都存在强烈要求改进政府的赔偿方式。美国国会经过1855年设立索赔法院法(Court of Claim Act)、1887年的《塔克法》(Tucker Act)以及一些特殊的政府侵权赔偿法以后,于1946年制定了《联邦侵权赔偿法》。《联邦侵权赔偿法》是美国现行政府侵权赔偿的中心法律。

1. 适用范围

《联邦侵权赔偿法》是美国政府赔偿普遍适用的法律,适用的范围不限于特定的机构,也不限于某一特定类型的受害人,其大大克服了私法案方式的弊端。只要联邦官员执行职务的过失、不法行为或不行为而产生的损害,几乎都能适用,赔偿的数额也不受限制。联邦政府的行为如果私人处在类似的情况下应赔偿时,政府也应当赔偿。不能说同样一个损害,由私人的过错产生应赔偿,由官员的行为产生就不赔。该法明确了美国联邦政府对其职员职务行为的金钱赔偿责任。《美国法典》第28编第1346节规定,"在符合本编第172章的范围内,对由于任何政府职员在执

---

① 各州的情况更为复杂,本书不作介绍。

② 本部分主要根据《政府侵权责任》,载《哈佛法律评论》1997—1998年卷;王名扬:《美国行政法》,中国法制出版社1994年版;Peter H. Schuck: suing government, citizen remedies for official wrongs, 1983。

行职务或工作范围以内的过失或不法行为或不行为而引起的财产损坏或丧失、人身损伤或死亡的金钱赔偿,如果美国作为一个私人时,依照行为或不行为发生地的法律将要对请求人负责的情况下而控告美国请求赔偿的民事案件,地区法院有专有的管辖权”。但《联邦侵权赔偿法》中同时也列举了14种例外情况以排除政府的损害赔偿责任。这些例外情况规定在联邦侵权赔偿法的第2680节中。这14种情况可以分为三大类:其一,政府行使自由裁量权的例外;其二,职员故意侵权行为的例外;其三,联邦侵权赔偿法指出的特定领域中其他法律已经规定补救手段,而不适用联邦侵权赔偿法的例外。同时,法院还认为有两种例外:第一,联邦侵权赔偿法没有提到的某些特定领域,如果法律已经规定有补救手段并且作为唯一的救济手段时,则不能适用联邦侵权赔偿法;第二,其他法律在联邦侵权赔偿法之外规定某种损害国家不负赔偿责任。[①]

自由裁量权的例外体现在第2680节(a)款规定:“本章的规定和第1346节(b)款的规定,不适用于:政府职员已经尽了适当的注意义务,对其执行法律或法规的行为或不行为而提出的任何请求,不论该法律或法规是否合法成立;以及对联邦机构或政府职员行使、履行自由裁量职权或义务而提出的任何请求,不论有关的自由裁量权是否被滥用。”这项规定具有两个内容:(1) 美国对政府职员已经尽了适当的注意义务,在执行法律或法规中的行为或不行为,不负赔偿义务,不问法律是否违宪、法规是否有效成立;(2) 美国对行政机关或其职员行使自由裁量权力的行为或不行为,不负赔偿责任,不问有关的自由裁量权力是否滥用。由于自由裁量权是广泛存在的权力,如果认为一切具有裁量内涵行为都免责的话,则几乎是否定了《联邦侵权赔偿法》的其他规定,也就否定了联邦侵权赔偿责任。这样的解释明显不符合立法原意。美国最高法院通过戴尔海特诉美国案、印第安拖船公司诉美国案以及雷奥尼尔公司诉美国案等已经对自由裁量行为的范围形成了一些原则。最高法院认为美国不是对行使自由裁量权的全部行为都免责。国家不负责任的范围限于计划水平的自由裁量行为,政府职员在执行水平的自由裁量行为的过失所产生的损害,国家应当负赔偿责任。从最近的判例来看,联邦最高法院已经创制了判断自由裁量权的两部分标准,既政府行为必须包含有“判断或选择”(judg-

① 王名扬:《美国行政法》,中国法制出版社1994年版,第777页。

ment or choice)的要素,并且这种判断和选择必须经得起政策分析。[1]

故意侵权行为的内容列举在第2680节(h)中,共11项,即人身攻击、殴打、非法禁闭、非法逮捕、恶意追诉、滥用诉讼程序、诽谤、造谣中伤、虚伪的陈述、欺骗、干涉合同权利。这11项内容是普通法久已承认的侵权行为。但这11项内容不代表政府职员全部的故意侵权行为。如故意侵吞私人财产、破坏私人的隐私权等都不在列举范围内。国家对列举外的职员的故意侵权行为,不能免除赔偿责任。美国国会在1974年对该条文进行了修正,这次修正案是由于麻醉品检查人员被追诉赔偿责任所引起的。[2] 1974年的修改在一定程度上减少了国家免责的范围。国家对执法人员和调查人员在上述11项行为中发生前6项故意侵权行为时,国家负赔偿责任,即国家对执法职员和调查职员所犯的人身攻击、殴打、非法禁闭、非法逮捕、恶意追诉、滥用诉讼程序负担赔偿责任。但国家的责任必须以行为地州法律承认上述行为是侵权行为时才存在。对上述11项行为中的后5项行为,国家不负赔偿责任。除执法人员和调查人员以外。其他政府职员的故意侵权行为,国家完全不负责任。

第2680节还规定了其他例外情况,其主要包括:(1)邮件运输行为(限于邮件的迟延、误投、遗失)。(2)租税或关税的估价、征收,海关职员、内地税职员或其他执法人员对货物扣留引起的赔偿请求,不适用联邦侵权赔偿法。(3)海事案件中对美国提起的诉讼和请求,适用海事诉讼法和公共船舶法的规定,不适用联邦侵权赔偿法。(4)对敌通商管理行为。从第一次世界大战以来,美国已经制定了对敌通商法,授权总统在战争期间可以扣押、管理、控制、出卖敌国及其国民和同盟国的财产。法律对不正当的扣押财产规定有行政的和司法的补救手段,不适用联邦侵权赔偿法。(5)检疫行为。美国的检疫机构或美国采取的检疫措施引起的损害,不适用联邦侵权赔偿法。(6)国家财政行为。财政部的财政活动和金融活动引起的损害,不适用联邦侵权赔偿法。(7)战斗行为。(8)发生在外国的损害。(9)田纳西流域管理机构、巴拿马运河公司、联邦土地银行、合作银行的活动。这些活动另有特别法律规定,不适用《联邦侵权赔偿法》。

---

① 《政府侵权责任》,载《哈佛法律评论》,第2012页,1997—1998卷。

② 相关介绍参见王名扬:《美国行政法》,中国法制出版社1994年版,第784页。

2. 联邦侵权赔偿的程序

联邦侵权赔偿的程序分为两个程序:行政程序和司法程序。当事人请求赔偿必须先经过行政程序,然后才能诉诸法院,进行司法程序。当事人未向行政机关请求赔偿,不能向法院起诉。

(1) 行政程序

美国行政程序是司法程序的强制前置程序,这是1966年修改法律的结果。这次修改的目的是把处理政府侵权赔偿的重心移到行政机关。赔偿问题能够以建议、迅速、廉价的方式解决,就没有必要通过费时费钱的司法程序解决。司法应当是最后的手段。行政机关能够决定的赔偿数额也不受限制,但超过25000美元的赔偿,必须呈报司法部长批准。美国行政程序的强制性规定,规定在2675节(a)款,即法院不能受理追诉美国政府的侵权赔偿诉讼,除非当事人已经向行政机关请求赔偿,行政机关已经作出最后书面决定,并且已经发出通知,或者行政机关在收到当事人的申诉后6个月以内不作出决定。

其一,提出赔偿请求。损害赔偿的请求必须以书面的形式提出。请求书必须记载当事人的身份、是否有代理人、产生损害的行为、情况、时间、地点、证明人、证据。财产损害、人身损害、死亡必须分别填写。要求死亡赔偿的,必须提出死亡的证明、生前的职业状况和收入、抚养义务、医疗和埋葬单据;人身损害的必须有医生的报告、医疗单据和预计必需的费用、所丧失的损失;财产损害必须提出所有权的证明、修理费用、购买费用、救助的日期和费用等。书面记载不够明确的,行政机关可以要求当事人提供其他必需的信息。造成财产和人身损害的,其受害人或其授权的代理人可以依法提出请求;死亡损害的赔偿请求,由遗嘱执行人或遗产管理人提出,或者依据死者所在州法律规定的其他人提出。提出赔偿请求必须在损害发生后2年之内提出。当事人提出的赔偿请求必须有一个确定的赔偿数额,否则就认为没有提出赔偿请求。这就是赔偿数额确定原则。这主要是基于以下考虑:便于行政机关迅速作出决定;赔偿数额的大小也影响行政机关的决定权力以及赔偿金费的来源。超过25000美元的赔偿,必须经过司法部长的批准,并由财政部的经费中拨付,而25000美元以内的赔偿请求,则由行政机关从其预算拨款中支付;当事人向法院提出的赔偿数额请求,不得超过向行政机关提出的赔偿数额。

其二,受理。行政机关认为符合申请条件的,即应受理。如不符合受理条件,则不予受理,但应当说明理由。

其三,协商、调解和决定。行政机关负有赔偿责任的,行政机关首长应当指定工作人员依据有关法律、法规,对赔偿请求人的赔偿请求予以考虑、核计,并与当事人进行协商、调解或裁决。双方达成协议的,行政机关必须得到当事人的明确表示。赔偿数额超过25000元的,还需要司法部长批准。司法部长不批准,协议不成立。行政机关收到当事人的赔偿请求书后6个月内不决定的,当事人可以向法院提起诉讼,要求赔偿,当事人也可以继续等待行政机关作出决定。联邦行政程序法规定,行政机关拒绝当事人的书面请求的,必须简单说明理由,并且,行政机关应当在通知书中说明,当事人不服决定的,应在发出通知之日起6个月内向法院起诉。行政机关部分接受当事人请求的,当事人不同意的,也是一个拒绝的决定,当事人也可以起诉。

其四,申请复议。行政机关作出拒绝的决定以后,当事人在行政机关发出通知之日起6个月内可以申请复议,也可以不申请复议而直接起诉。不服复议决定的,可以在决定发出之日6个月内起诉。

其五,支付赔偿。

行政机关决定的赔偿或者与当事人协商确定的赔偿,如果金额在25000美元以内的,由行政机关在其预算内支付。通常由行政机关对当事人发出通知,通知书分为两部分:一部分为批准付款的通知,另一部分为要求当事人签字后寄回的收据。行政机关收到当事人寄回的收据后,就安排开除支票,又银行付款,全部手续大约需要2个星期左右。如果赔偿金额超过25000元的,行政机关把当事人的收据和司法部长的批准一并移送总审计署,由总审计署通知财政部从判决基金项目付款。全部手续大约需要6到8个星期。

(2) 法院的诉讼程序

其一,法院的管辖。《美国法典》第28编1346节规定:"地区法院……对1945年1月1日以后发生的,由于政府职员执行职务的过失的或不法的行为或不行为引起的财产损害或丧失、人身损害或死亡,而要求政府金钱赔偿的民事案件具有专有的管辖权……。"由此可以看出,地区法院对政府侵权诉讼案件具有专属管辖权。当事人由于错误向其他法院提起政府侵权赔偿诉讼的,其他法院除法律规定可以移送地区法院以外,应拒绝受理。地区法院受理的政府侵权赔偿案件没有金额的限制,没有最低金额与最高金额的要求。根据《美国法典》第28编第1402节的规定,原告可以选择向原告所在地的地区法院或过失的或违法的行为或不行为发生地的地区法院提起诉讼。同时,第1404节也允许地区法院为了审理的方便,或者当事人或证人的方便,把案件从当事人起诉的法院移送其他有管辖权的法院,比如从原稿居住地法院移送过失或违法行为或不行为发生地的法院。

其二,诉讼当事人。任何人由于政府职员执行职务而受到损害的,只要其案件在联邦侵权赔偿法规定的范围之内的都可以作为请求政府赔偿的原告。请求人的范围一般包括,财产损害或损失的所有人或其代理人;人身损害的受害人或代理人;死亡事故的遗嘱执行人、遗产管理人或其他有权得到遗产的人。

根据《联邦侵权赔偿法》,当事人只能以美国作为被告,不能以任何政府机关作为被告,包括有权起诉和被诉的政府机关在内。同时,联邦侵权赔偿诉讼也不能以政府机关的职员作为被告,这是1988年修改联邦侵权赔偿法的产物。政府代替职员负责的,当事人只能以美国为被告,不能再以政府职员做被告。当然,美国也可以在符合普通法共同侵权和法院管辖权的情况下,成为共同被告。

其三,当事人经过诉讼获得赔偿的条件。根据《美国法典》第28编第1346节(b)款的规定,当事人依照联邦侵权赔偿法请求赔偿的,必须符合以下条件:(1)原告的请求只能是金钱赔偿。(2)存在财产的损坏或丧失、或者人身的损伤或死亡。(3)损害是由于过失的或不法的行为或不行为所引起。(4)过失的或不法行为者是联邦政府职员。其中,政府职员的范围包括任何联邦机构的官员或职员、军队的成员以及其他代表联邦机构的人。(5)政府职员的行为在职务范围以内。判断联邦机构职员的行为是否在其职务范围以内,依行为地州的法律确定。(6)私人依行为地或不行为地法所负的责任。美国对其职员过失的或不法的行为的责任,限于"美国如果作为一个私人时,依行为地或不行为地法应向请求人负责的情况","美国负责的程度和方式,与私人在类似的情况下责任相同"。

其四,审判前的和解。《联邦侵权赔偿法》第2677节规定,司法部长或其指定的人,可以通过仲裁、互让、和解,解决根据第1346节(b)所提出的任何请求。和解一般由原告律师提出。司法部一般把代表国家进行诉讼的权力委托于检察官，由法院管辖地区的检察官代表国家进行诉讼，并与当事人的律师进行和解。特殊案件，由司法部直接派人进行协商。检察官进行和解的权力不得超过20万美元；超过的，则由司法部决定。

其五，赔偿的范围、适用的法律以及赔偿金额。《联邦侵权赔偿法》规定的赔偿，属于补偿性赔偿，国家承担实际损失的赔偿责任。国家不负担名义上的损害赔偿责任（nominal damages），也不承担惩罚性赔偿责任（punitive damages）。《联邦侵权赔偿法》第1456节（b）规定，国家的赔偿责任适用政府职员行为或不行为发生地对私人在类似情况下规定责任的法律。也就是说，损害的具体内容和责任范围由行为地的州法决定，其中，也包括州的冲突规则在内。但联邦法律在两种情况下限制州法律的赔偿范围：不适用州法律规定的惩罚性赔偿；美国不负担赔偿前的利息。当事人请求法院判决赔偿金的金额，不得超过其在行政程序中请求的数额，也不得超过州法律对某一损害规定的最高赔偿额，适用联邦法律的赔偿不受州最高额的限制。

其六，判决的执行。法院判决赔偿，司法部不提起上诉。上诉期间过后，判决进入执行阶段。司法部把判决书的副本递交审计署办理付款手续。法院判决的赔偿经费与各部的预算无关，由财政部的经常性补缺顶的拨款中支付。付款支票由司法部交给承办案件的检察官交给原告的律师。检察官在转交付款支票时，必须从原告律师方面取得标准格式的收据。原告在收据中承认对于同一案件不再追诉政府和有关职员。如果原告就同一赔偿请求已经另外追诉政府职员的，应当提出撤诉的申请。

（二）比文思诉讼（判例）

比文思诉讼（Bivens suits）是一种建立在联邦最高法院一系列判例基础上的请求赔偿诉讼类型。这种类型的案件始于1971年比文思案，所以美国法律界将其称为比文思诉讼。[①] 这种类型的诉讼是针对在一般法律规定之外、侵犯《宪法》保护的权利的侵权行为。在该判例中，联邦最高法院确立了当事人可以对侵犯《宪法》保护的权利直接依据《宪法》本身向联邦机构职员提起赔偿诉讼。当事人只要证明其享有某种宪法保护的权利，并且这种权利被联邦机构的职员所侵犯，其就可以在没有具体法

① 案情介绍参见王名扬：《美国行政法》，中国法制出版社1994年版，第819页。

律、法规依据的情况下而直接依据《宪法》本身起诉。这一判例开始只适用于《宪法修正案》第 4 条规定的权利，后来的判例发展了比文思判例，把行政人员违反宪法的侵权行为，只能享有有限特免的原则，也适用于《宪法修正案》第 4 条以外的其他违宪侵权行为。

这里要注意的是，比文思诉讼是针对联邦机构职员的一种普通法上的侵权诉讼。但在比文思诉讼类型中有两种情况当事人针对侵犯宪法权利的行为，不能依据宪法追诉违法人员的赔偿责任：第一，被告证明了国会已经针对某一特定事项的违法规定了救济体系，并这种救济体系是有效的。当事人只能利用国会已经规定的救济体系，不能根据宪法的条款追诉行政人员的赔偿责任。第二，案件中存在特殊因素，以至于法院必须慎重考虑（counselling hesitation），不能轻易受理行政人员的赔偿责任。比如，下级军官追诉上级军官的责任。最近，最高法院模糊和削弱了这两个因素的影响，只要发现存在一个国会创制的救济体系，而不管这种救济体系是否充分和缺乏国会的明确宣告，就可以排除比文思诉讼。因此，在美国，目前比文思诉讼在救济侵犯宪法权利行为方面已经被证明是没有效果的，很少有人能够通过比文思诉讼保护其宪法权利。

（三）第 1983 节诉讼

第 1983 节诉讼是针对地方政府、州和地方政府职员执行职务违背联邦宪法和法律时提起的一种赔偿诉讼。美国成文法创立了一系列针对任何人在州法名义之下侵犯公民联邦宪法和法律规定的权利的诉讼。美国国会在 1871 年通过了第 1983 节，以解决在南方广泛存在的侵犯黑人权益的行为。第 1983 节原本是 1871 节“民权法”第 1 节，后来编入《美国法典》第 42 编第 1983 节。虽然国会在第 1983 节中包含有明确的、广阔的立法意图和语言，但最高法院根据该节受理的诉讼并不多。这种状况直到 1961 年才有了第一次转变，最高法院通过门罗诉佩普案件（Monell v. Pape，365U. S. 167（1961））确立了官员在执行州的法律中违反联邦宪法和法律的侵权行为，既使州的法律规定有救济手段，受害人也可以直接向联邦法院提起诉讼，而无须经过州的救济途径。这就大大打开了联邦法院的诉讼之门，第 1983 节案件大量增加。在 1978 年最高法院通过莫尔诉社会服务部（Monell v. Department of Social Services）的案件，将第 1983 节也适用于地方自治体

(municipalities)[①]的侵权行为,从而开辟了一种新型的公共侵权赔偿责任,其不同于国家赔偿责任,也不同于政府职员的赔偿责任。

第 1983 节的具体规定如下:任何人凭借任何州或领地或哥伦比亚特区的任何法律、法令、条例、习惯、惯例,剥夺或促使剥夺任何美国公民、或在其管辖区域内的其他人,根据宪法和法律而享有的任何权利、特权或特免,必须对受害人依照法律、衡平法提起的诉讼承担责任,或依其他适当的救济程序的责任。从本节的适用而言,国会制定只适用哥伦比亚特区的法律,视为哥伦比亚特区的法律。

1. 法院的管辖权

第 1983 节本身没有规定法院的管辖权,其只是对违反联邦《宪法》和法律的行为提供一个救济手段。根据《美国法典》第 28 篇第 1343 节(3)的规定,联邦地区法院对于凭借州的法律而剥夺联邦宪法权利或违反国会制定的任何保障平等权利的法律所发生的民事诉讼有管辖权。大部分的 1983 节诉讼可以根据这项规定,由联邦地区法院受理。再根据《美国法典》第 28 篇第 1331 节的规定,联邦地区法院对在美国《宪法》、法律或条约的规定下发生的民事诉讼有原始的管辖权。因此,全部的 1983 节诉讼都属于联邦问题,地区法院具有管辖权限。

同时,州法院对受害人依据第 1983 节的诉讼也有管辖权。州法院和联邦法院一样具有执行联邦宪法和法律的权力与职责。当事人依据第 1983 节向州法院提起诉讼的,州法院不能拒绝受理。由于州法院与联邦法院之间在公正性、独立性以及能力等方面存在较大的差距,实际上原告一般都选择向联邦地区法院提起诉讼。

2. 当事人

第 1983 节规定任何美国公民或在美国管辖下的其他人,依联邦《宪法》、法律享有的权利被州或地方官员凭借州的法律而被剥夺时有权提起诉讼。当然,这些人提起诉讼必须符合联邦宪法规定的“案件或争端”的要求,当事人要受到事实上的、特定的、现实的损害,并且法院具备一定的

---

① Municipality 也译为“地方政府”、“市政当局”,在美国是在特定区域内人口特别集中的地方以建立市政法人来行使地方政府职能的城市地方单位,是州所属的政区,其可指市、自治市、村或镇,但新英格兰各州、纽约州和威斯康星州却不同,镇指县以下的地区。参见薛波主编:《元照英美法词典》,法律出版社 2003 年版,第 936 页。

救济手段。

关于被告问题。第1983节规定任何人凭借任何州或领地或哥伦比亚特区的法律、法令、条例、习惯而剥夺或促使剥夺美国公民或美国管辖区域内其他人的联邦《宪法》或法律权利时，应负赔偿责任。因此，被告的范围是凭借州的法律而剥夺或促使剥夺他人联邦宪法或法律权利的人。包括州和地方政府的职员，私人在一定条件下凭借州的法律侵犯他人联邦《宪法》或法律权利时，也可以成为第1983节的被告。地方政府也可以是第1983节诉讼的被告。这是1987年最高法院的发展。但州和州的机构不能成为第1983节诉讼的被告。州政府的职员以其官员身份代表州的机构，不能作为第1983节的被告，但可以作为衡平法上救济手段的被告。涉及州的问题，主要是基于联邦与州的关系的限制。联邦《宪法修正案》第11条规定，联邦法院除非州自愿应诉，不能受理私人控告州和州的机构的诉讼。

在第1983节诉讼中，官员享受特免的程度和范围，适用联邦官员的特免法律。因为第1983节诉讼是联邦的法律，第1983节诉讼的官员特免也是对联邦法律的解释与适用，应由联邦法律决定。

3. 受保护的权利

第1983节诉讼所保护的是联邦宪法和法律规定的权利，不包括州法律和普通法的权利在内。但如果州法律和普通法的权利与联邦宪法或法律规定的权利相同的，也受第1983节的保护。但这是对联邦《宪法》和法律的保护，当事人可以直接请求第1983节的救济，不需要利用州法规定的救济。

4. 地方自治体(Municipalities)的适用问题

最高法院在978年的莫奈尔案件判决中，将地方自治体侵犯联邦宪法或法律权利的行为，也纳入第1983节的管辖范围，并且认为，地方自治体的责任并不是雇主对受雇人行为负责的法律原则的适用，地方自治体是对自己的行为负责，不是对职员的行为负责。但是法院对这种责任限定了严格条件，即必须是地方自治体在执行地方政府的政策或习惯中造成的损害(when executiom of a government's policy or custom inflicts the injury)。地方自治体只在其所采取的政策或制定的法令或其遵从的习惯，在执行中剥夺其他人依据联邦宪法或法律的权利时，才依据第1983节的规定负赔偿责任。受害人只要指出其制定的政策允许某种行为或存在的某种习惯,而这种行为侵害了其联邦权利的,就足以建立地方自治体的责任。地方自治体的政策和习惯是成为赔偿责任的基础。地方政府的政策可以通过其公布的文件、法令、条例、决定等体现。习惯必须是广泛存在并且长久流行于自治体机构之中。

莫奈尔判例所要求的"政策和习惯",已经在适用中引起了极大的学说争议。毕竟,这种要求一般很难被满足。地方自治体在多数案件中并没有被追究责任,而原告只能针对地方自治体的职员个人提起诉讼。被告的身份相当重要,因为官员个人享有相当多的特免,而这些特免就阻止了对侵犯宪法权利的救济,不管这种争议是否像其他案件一种明显符合《宪法》确立的"案件或争议"标准。这样也就造成了宪法权利的受害者经常既不能针对地方自治体,也不能针对其职员在第1983节诉讼中获得救济。可以说,在美国,第1983节适用于地方自治体的情况并不是很理想,其受到多方面的制约。

(四)美国公共侵权法的基本考虑因素

根据美国学者的总结,美国公共侵权法(public tort law)是不同因素与目标角力的过程与结果。这些因素与目标有:损害的补偿(compensation)、风险的分散化(risk-spreading)、保持足够的威慑性(deterrence)、法治(the rule of law)的尊重、保障强有力的决策(the vigorous decisionmaking)、权力分立(separation of powers)的体制以及联邦主义(federalism)的限制等。在这里,损害的补偿、风险的分散化、威慑性的存在、尊重法治等都强有力地要求政府承担损害赔偿责任。公共侵权法的一个基本目标就是对遭受政府官员行为的受害人的损害进行补偿或赔偿。[①] 这种赔偿制度试图将受害人作为一个整体,并且将损害的风险公平地分散在广泛的纳税人之间。另外,公共侵权法通过建立赔偿制度也可以大大降低政府官员的非法行为的发生,其可以起到足够的威慑作用。可能存在的赔偿责任,就促使政府职员降低其非法行为。同时,让政府对其机构在职权范围内的行为负责,也是法治原则的必然要求。如果政府组织不像私人部

① 要注意的是,这里的补偿是针对损害而言的,就是一般意义上的"赔偿"。笔者为了强调填补受害人损害的性质将"compensation"翻译为"补偿"。

门一样承担责任,具有豁免侵权责任的资格,就必然会导致政府组织发生大量侵权的行为而不负责任的不正常现象的发生。如果这样,显然不符合法治平等的精神,其就凌驾于法治之上了。

然而,让政府承担责任,却可能影响政府强有力的执行能力。如果每一个政府职员都对其不当行为独自承担责任,他们就会设法改变他们的行为方式,以求降低他们承担责任的风险。政府职员不愿意承担责任的主要原因是,政府职员很少像私人部门的职员那样会因为行为正确而受到奖赏。这是因为政府职员行为的受益者是大众,而私人部门职员行为的受益者是雇主。另外,政府职员所必须适用的规则的复杂性与变动性、政府所受的资源限制、经常与公众保持联系以及一些决定必须是要在具有很少信息的情况下作出,所有这些都提高了政府职员的行为在事后被认为不当的可能性。同时,政府职员个人因为这些不当行为所要承受的责任也是巨大的,包括名誉损害、诉讼费用和损害赔偿责任。这对于政府职员个人来说实在是一笔不小的支出。这些因素都促使政府职员设法降低其个人的风险责任。其可能包括不积极作为、行动迟缓、采取不必要的措施去证明其行为的正当性或者选择一个不是最佳的行为而是责任更小些的行为。因此,将责任归咎于政府职员就包含了一个实质性的风险,降低了政府官员的决策能力和行为积极性。为了确定适当的政府侵权政策,国会必须将这些因素与损害赔偿的要求、损失风险的分散化、威慑性的存在以及法治原则的贯彻等进行协调。

另外,在美国联邦层次,权力分立的原则也是支持一些政府特免的正当理由。联邦政府职员在作出一个政治选择(political choices)时,其往往的是一个成本收益分析过程。因此,法院在侵权诉讼中评价政府行为的过失时,也进行类似的过程,要权衡成本与收益的关系。毕竟,法院不对选民负责,其在政策选择方面具有宪法上的不足,其缺乏正当性。所有法律和规章都会使一部分人获益,而其他人受损。如果法院允许那些受损者对立法或执行性的政策决定(executive policy decisions)行为提出损害赔偿要求,就会侵犯权力分立的原则。与此类似,法院有限的宪法权力和联邦主义的原则也禁止法院过分干预地方自治体和州的政策选择行为。

(五)美国行政赔偿制度的展望

根据美国学者的研究以及建议,我们可以看出美国联邦层次的赔偿制度将呈现以下一些特点：

1. 公共侵权责任的主体将更多地向国家责任主体发展

第1983节是规定职员个人责任的法律条文，让地方自治体职员个人承担责任，对于受害人的权益保护来说是极为不利的。毕竟，个人承担责任的能力有限。同时，第1983节还有“官员政策”需要，其可以有效地豁免官员职务行为的责任。受害人往往也很难准确找到具体的实施侵权行为的官员；法官们往往也不愿意判决官员个人承担责任，因为法官们认为，政府官员的工作是辛苦且报酬低廉的，并且政府职员仅仅是在做他们自己的工作；政府职员具有大量的职员特免，这也阻止了对受害人的有效救济。第1983节的诉讼在美国并不是很理想，因此，学术上出现了强有力的呼吁，要求将第1983节的责任主体由政府职员转变为地方自治体(municipalities)，适用雇主责任(a system of respondeat superior liability for municipalities)规则。地方自治体成为责任主体，将有利于受害人获得充分及时的救济，也保持了对官员行为的一定威慑性，更加深了法治原则在侵权领域的贯彻。

在联邦政府侵权法方面，学者们建议修改《联邦侵权赔偿法》，使其包括比文思诉讼类型以及联邦官员侵犯联邦制定法权利(statutory rights)的行为。同时建议，在比文思诉讼类型中的责任主体也采取政府责任的方式。政府责任可以有效提高对高层级官员的威慑性，降低对官员执行行为的影响。通过建立政府对其官员行为负责的责任制度，也是对法治的贯彻和促进。同时，也应当将比文思诉讼中保护的权利类型扩大到成文法权利，而不仅仅限于宪法权利。

2. 官员个人的责任范围将呈缩减趋势

由于主张扩大政府自己的责任范围，因此，一些学者主张职员个人除非在一些过分的、明显的不法行为的情况下才承担责任，比如不计后果的、故意的侵权，其他情况下政府职员行使职务行为过程中发生侵权的，都由政府基于雇主责任原理承担责任。让政府承担责任，可以大大强化政府内部的监督与制约机制，从而有效减少职员违法行为的发生。但在明显的、不计后果的故意违法情况下，政府职员应当承担个人责任，这是维持对职员基本威慑性所必需的。

3. 国家责任的范围将呈扩大趋势

在现有的《联邦侵权赔偿法》中，美国政府具有较多的例外，其中，重要一个部分就是自由裁量权例外。由于这一条款所具有的模糊性与不确定性,最高法院在不同时期对此也有不同的解释。美国最高法院在1991年美国诉Gaubert的案件[①]中对自由裁量权又采取了宽松的解释,这就使美国政府的大量不法行为逃脱了司法的审查。因此,一些学者主张基于三权分立的原则,重新考虑与设计政府裁量权豁免赔偿的范围,应当扭转对裁量权豁免宽泛解释的现象。当然,到底将采取什么样的措施与技术,在美国也处于一个探索阶段。不过有一个趋势是比较明显的,即在界定裁量行为范围上将合理考虑政府权力运行的需要与损害救济需要之间的矛盾,而且越来越多地将向损害救济的需要进行倾斜。

4. 美国国家赔偿制度将向统一的国家代位责任阶段过渡

从以上介绍可以看出,美国行政赔偿制度将从国家责任与职员个人责任并存的阶段逐步走向基本采取国家代位责任的学说的阶段。实际上1988年的《联邦职责赔偿责任改革和侵权赔偿法》(Federal Employees Liability Reform and Tort Compensation Act)就已经规定了由国家代替政府职员负担侵权赔偿责任,从而启动了这一进程。由于美国是一个普通法国家,在损害救济上其存在着大量的普通法救济手段。多种救济手段的并存,体现了普通法对受害人权益救济的多样性,但这种多样性并不等同于对当事人权益救济的有效性。尤其是让政府职员个人承担一部分赔偿责任的制度,这为受害人获得赔偿设置了障碍,毕竟,职员个人的赔偿能力很低。因此,美国的行政赔偿制度将走向国家代位责任阶段。可以说,美国行政侵权赔偿制度,也必将发展和完善成一个自成体系的独立于一般民事侵权制度的公共侵权体系。

二、美国刑事赔偿制度

(一) 美国联邦的刑事赔偿制度

美国联邦于1948年通过了有关刑事赔偿的法律规定,主要体现于《美国法典》第28编第1495条和第2513条。《美国法典》第28编第1495条规定了因不当定罪与监禁而以美国为被告的诉讼管辖权。根据

① 499 U.S. 315(1991).

该条规定,联邦索赔法院有权管辖任何人因不当定罪与监禁而起诉美国的损害赔偿案件。

《美国法典》第28编第2513条原则性规定了错误定罪与错误监禁的损害赔偿问题。根据第2513条的规定,任何人依据《美国法典》第28编第1495条起诉时必须宣称并证明下列事实:第一,对他的定罪被撤销,原因是他并没有犯下被判决的罪行;或者在重新审理或重新听证过程中发现他无罪,正如作出撤销判决的法院记录或证明文书所显示的那样;或者是他基于无罪和不当定罪而被赦免;第二,他并没有实施被指控的罪行,或者与指控有关的行为、契约或不作为并未构成针对美国、美国各州或哥伦比亚特区的犯罪行为,并且没有因其自己的不良行为或疏忽而导致对自己的起诉。证明前款事实的证据应当是法院的证明文件或载有他所主张事实的赦免状,其他的证据法院将不予接受。该条还规定,无论此人在联邦监狱被监禁多少年,美国联邦对于受到错误定罪和错误监禁的人的损害赔偿金总额不得超过5000美元。2004年10月,美国国会通过了一项法案修改了此条规定。根据修改后的规定,受到错误监禁的人,国家应当给予其每年5万美元的赔偿金,如果当初被判死刑,应当给予每年10万美元的赔偿金。对于申请刑事赔偿的案件,联邦索赔法院应当适用联邦侵权赔偿法中的程序性规定。

当然,被错误定罪与监禁的人还可以根据《美国法典》第42编第1983条的规定针对联邦或州的司法人员提起公民权诉讼。若要以联邦官员恶意起诉为由提起诉讼,原告必须证明他受到逮捕和起诉,以及联邦官员在对他实施逮捕时并没有正当的理由,且基于事实上的恶意对其提起公诉。若要以错误监禁为由提起诉讼,原告必须证明联邦官员在未征得其同意的情况下违背其意愿对其故意实施了监禁。即使原告能够提起侵权赔偿诉讼或者公民权诉讼,主权豁免原则将使证人、辩护律师、警察、检察官以及法官免于为其在诉讼过程中的错误承担法律责任,故原告很难通过这一途径获得赔偿。

(二)美国各州的刑事赔偿制度

截至2004年9月,美国已经有19个州制定了对错误定罪与错误监禁给予赔偿的法律,另有6个州的议会正在审议有关刑事赔偿的法案。[①]最早制定刑事赔偿法律的是威斯康星州,该州早在1913年就已率先制定法律为受到错误定罪与监禁的人提供损害赔偿金。

在没有制定刑事赔偿法律的州里,受到错误定罪与错误监禁的人可以通过向州议会申请通过“道义责任法案”(moral obligation bill)以获得损害赔偿金。从性质上讲,道义责任法案是一种私法案(private bill)。这种道义责任并无实定法的规定,而是产生于正义感和衡平的理念。道义责任法案主要存在于以下几种情况:一是对私人建筑公司为州修建的建筑进行补偿;二是对某司法行政长官的妻子进行赔偿,这位司法行政长官被其监禁的人杀害;三是对在州看管下却受到严重伤害的小孩进行赔偿;四是对受到错误定罪的人给予赔偿。事实上,对于受到错误定罪的人而言,道义责任法案并非一条充分的救济途径。原因在于:第一,有些州将其宪法解释为禁止运用这种道义责任法案,例如奥克拉荷马州、得克萨斯州等;第二,是否能成功地通过这种道义责任法案,取决于提起该项法案的议员的政治联系以及当时的政治气候,而不是案件事实本身;第三,通过道义责任法案的过程是漫长而无确定结果的。[②]可见,道义责任法案本身并不是一项非常有效而及时的救济方式。

美国各州并没有关于刑事赔偿的专门立法,刑事赔偿的规定往往存在于州索赔法院法中(如纽约州、伊利诺伊州),或者存在于民事诉讼法“以州为被告的特殊诉讼程序”部分(如缅因州、得克萨斯州、新罕布什尔州),或者存在于刑法典中(如加利福尼亚州)。另有个别州在有关公共财政的法律中对刑事赔偿作出规定(如田纳西州、马里兰州)。虽然各州在刑事赔偿的具体规定上存在诸多差异,但在刑事赔偿的范围、条件、方式和标准等方面也存在着许多共同点。

1. 刑事赔偿的范围

美国各州刑事赔偿的范围相对比较狭窄,一般仅限于错误定罪与错误监禁。美国各州法律中所规定的“错误定罪与错误监禁”(unjust/

---

① 这6个州是:宾夕法尼亚州、路易斯安那州、肯塔基州、密西西比州、马萨诸塞州和密苏里州。

② 在佛罗里达州,Freddie Pitts 和 Wilbert Lee 二人被错误判决犯有杀人罪并被判死刑,在刑罚执行9年之后,二人于1975年获得了州长的赦免状,最后通过一项私法案于1998年获得了州的赔偿金。从获得赦免状到最终获得赔偿,共经过了23年时间。

wrongful conviction and imprisonment)，包括两种情况：第一种情况是某人被错误逮捕并随之受到监禁，但在随后的诉讼程序中起诉被驳回或者被法院判决无罪。例如，西弗吉尼亚州法典第 14 章第 2 节第 13a 条的名称为“针对错误逮捕与监禁或者错误定罪与监禁的赔偿请求”。可见，在西弗吉尼亚州，某人若被错误逮捕并随之受到监禁时，可以向州申请刑事赔偿。许多州的法律中并没有明确指出被错误逮捕的人可以获得刑事赔偿，是因为他们认为错误逮捕实际上是错误监禁的一种情形。所以，一般情况下受害人要求获得刑事赔偿，针对错误监禁起诉或者提出赔偿申请即可。阿拉巴马州的法律也规定对于审前羁押给予赔偿。第二种情况是某人被法院判决犯有针对州的犯罪并随后被监禁，在已经服完全部或部分刑罚之后，此人被发现无罪，针对他的有罪判决被撤销或者起诉被法院驳回。例如，根据《西弗吉尼亚州法典》第 14 章第 2 节第 13a 条第 2 款的规定，任何人因针对州的一个或者数个重罪或轻罪而受到逮捕或监禁，或者被判决有罪后随之被监禁，而他并未有犯罪，他可以提起针对州的损害赔偿请求。在上述第一种情况下，受害人一般以错误逮捕或者错误监禁为由要求获得刑事赔偿；在第二种情况下，即在存在错误定罪的情况下，受害人一般是以恶意起诉(malicious prosecution)和错误监禁为由要求刑事赔偿。

对于如何把握何种情况下构成错误监禁与恶意起诉，美国判例法上发展出一些标准。各州法院一般认为只有同时符合下述四个条件时方构成恶意起诉：刑事诉讼程序已经开始；刑事诉讼程序结束且结果对赔偿申请人有利；缺乏启动刑事诉讼程序的正当理由；启动刑事诉讼程序时存在事实上的恶意。认定错误监禁的标准相对比较简单，只要没有法律上的正当理由而对某人的人身进行了一段时间的事实上的限制即可认定为错误监禁。

2. 州承担刑事赔偿责任的条件

各州一般规定，州对于错误定罪与错误监禁承担损害赔偿责任。但只有在赔偿请求人同时满足下述几项条件的情况下，才有可能获得赔偿金。

第一，赔偿请求人被判决犯有针对州的犯罪，并被判一定的刑期，此人已经在州监狱服完全部或部分刑罚。[①] 美国各州的刑法中一般有重罪和轻罪之分,有的州明确规定只有被错误地判决犯有针对州的重罪或加重的重罪,并为此在州监狱受到监禁的人才有权获得刑事赔偿。[②] 而大多数的州都规定只要被错误判决犯罪,无论重罪或轻罪,均有权获得刑事赔偿。当然,赔偿请求人应当在监狱服完全部或部分刑罚。有个别州对服刑有限制性的规定,例如,新泽西州和奥克拉荷马州规定,赔偿申请人若同时因为另一罪而服刑,则无权获得刑事赔偿。

第二,基于事实上的无罪,赔偿请求人获得了州长签发的赦免状(pardon),或者有罪判决被撤销,或者起诉书被驳回。这是赔偿请求人获得刑事赔偿的程序性前提条件。

目前,有12个州明确规定州长基于赔偿请求人无罪而签发的赦免状是获得刑事赔偿的程序性前提条件。其中,有3个州规定赦免状是获得刑事赔偿的唯一前提条件。[③] 经验表明,要求赔偿请求人获得赦免状事实上对其获得刑事赔偿造成了极大的障碍。很多情况下,某人被证明无罪,却无法获得赦免状。赦免状的颁发首先取决于州长是否认为选民们会同意他这么做。有些州的州长甚至以拒绝颁发赦免状为荣。[④] 赦免状的颁发事实上是一个政治的过程。以伊利诺伊州为例,该州于1945年制定了有关刑事赔偿的法律,其中规定被错误监禁的人若要获得赔偿,必须获得州长颁发的赦免状。1945年至1995年的10年间,仅有两人成功地从州得到了刑事赔偿金。然而,1997年至1998年仅两年时间,由于政治气候的变化,共有7人成功地得到了刑事赔偿金。主要原因在于,1990年上任的州长 James Thompson 拒绝为任何无罪的人颁发赦免状,而他的继任者 Jim Edgar 则采取了完全相反的立场。甚至在有些情况下,即使赔

① 换句话说,如果某人被错误定罪,但被判缓刑或者其他比监禁轻微的处罚时,便无权获得刑事赔偿。

② 如加利福尼亚州、北卡罗莱纳州、俄亥俄州、奥克拉荷马州、蒙大拿州和弗吉尼亚州。

③ 这3个州是伊利诺伊州、缅因州、北卡罗莱那州。

④ 1997年9月,时任得克萨斯州州长的乔治·W.布什拒绝了得克萨斯州赦免与假释委员会建议的400项赦免。其中,有一人被判强奸罪并被监禁了12年,后来的DNA测试显示他没有实施强奸罪,后来也没有获得赦免状。

偿请求人获得了州长的赦免状,也无法获得赔偿。[①] 有的州已经认识到获得赦免状这一前提条件已成为获得赔偿的"拦路虎",于是取消了这一要求。如新罕布什尔州于1996年修改刑事赔偿的法律,取消了赦免状这一前提条件。在有的州里,赦免状是获得刑事赔偿的一种条件,另一种情况下,某人即使没有取得赦免状,但有罪判决基于其无罪而被撤销,或者起诉书被驳回,也可以据此申请刑事赔偿。

另有4个州并未规定赦免状作为获得刑事赔偿的前提条件,而是规定在有罪判决被撤销或者起诉被驳回的情况下,被错误定罪与错误监禁的人有权获得刑事赔偿。[②]

还有3个州对获得刑事赔偿的前提条件有特殊的规定。根据《蒙大拿州法典》第53编第1章第214条的规定,被错误监禁的人须因定罪后的DNA测试被证明无罪才可要求刑事赔偿;新罕布什尔州仅简单地规定赔偿请求人"被发现无罪"即可申请刑事赔偿;威斯康星州的法律对此并没有明确的要求。

第三,此人并未因自己的行为导致对自己的定罪,或者(并且)没有自认其罪。目前,共有11个州有此规定。有的州仅要求赔偿请求人并未因自己的行为导致对自己的定罪与判刑[③],有的州仅要求赔偿请求人并未自认其罪[④],另有个别州要求相对严格,如哥伦比亚特区的法律要求申请人并未因其自己的行为导致起诉且没有自认其罪。很显然,如果赔偿请求人在刑事诉讼程序中曾经自认其罪或者因虚假供述等行为或者不作为而导致自己被起诉、定罪与判刑,州将免除赔偿责任。

第四,赔偿请求人因错误定罪与错误监禁遭受到一定的损害。这里

---

① 在得克萨斯州1974年的一个案件中,原告被起诉犯有盗窃罪,在法庭上他申明自己无罪,但经过审判,陪审团认定其有罪,法院据此判决其在州监狱服刑,刑期不得短于2年,且不得超过8年。他在州监狱服刑8个月之后,他的有罪判决被上级法院撤销,并要求原审法院重新审理该案,同时他也被押解回地方监狱。经过重新审理,起诉被法院驳回。约在法院驳回针对他的起诉后两年半的时候,他获得了得克萨斯州州长的赦免状。此人向法院提起赔偿诉讼,诉讼过程中州争辩说州长颁发的赦免状是无效的,原因是在颁发赦免状时,针对他的刑事起诉已经被法院驳回,"事实上并不存在州长赦免的对象"。法院进而认为赔偿申请人"并未全部或者部分地服刑"(这是获得刑事赔偿的必备条件之一),因此州长颁发的赦免状也是无效的。参见Ashford v. State (1974, Tex Civ App Waco) 515 SW2d 758。

② 这4个州是:阿拉巴马州、衣阿华州、俄亥俄州、弗吉尼亚州。

③ 如加利福尼亚州、新泽西州、西弗吉尼亚州、威斯康星州。

④ 如衣阿华州、俄亥俄州、得克萨斯州、弗吉尼亚州。

的损害主要是指金钱损害。例如，加利福尼亚州刑法典第 4900 条规定："已经服完所有的刑期或者部分刑期的人根据下述规定，应当向州监察委员会提出申请，要求州赔偿其因错误定罪和错误监禁而遭受的金钱损害。"

第五，赔偿请求的提出并未超过法定的期限。除个别州外，大多数的州均明确规定了提出刑事赔偿请求的时限。一般以获得赦免状之日或者被释放、起诉书被驳回之日作为赔偿请求时限的起算点，时间期限一般为 2 年或者 3 年。提出赔偿请求的最短时限是 6 个月，例如《加利福尼亚州刑法典》第 4901 条规定，赔偿申请应当在法院作出无罪或释放判决、颁发赦免状或从监狱释放后 6 个月内、州立法机关举行下一次会议之前至少 4 个月前向州监察委员会提出。提出赔偿请求的最长时限是 5 年，北卡罗莱那州规定赔偿请求人可以自颁发赦免状之日起 5 年内提出赔偿请求。

3. 刑事赔偿程序

美国各州中有 9 个州采取诉讼程序处理刑事赔偿案件，另有 9 个州采取非诉讼程序处理刑事赔偿案件，而在得克萨斯州，赔偿请求人可以在行政性程序和诉讼程序之间任意选择。

在采取诉讼程序处理刑事赔偿案件的州里，法律一般规定赔偿请求人可以向法院提起以州为被告的民事诉讼。[1] 部分州的法律并未明确规定刑事赔偿案件的被告，赔偿请求人可以按照民事诉讼法的规定，以州为被告，或者以对其实施逮捕或者起诉的警官、检察官为被告，或者可以同时诉上述二者。有权管辖的法院因各州而异，有的州里刑事赔偿案件由索赔法院管辖[2]，有的州则由普通的地区法院或者高级法院管辖，还有的州采取"两步走"的程序，首先由一个机构决定是否应当给予赔偿请求人刑事赔偿，如果该机构认为应当给予赔偿请求人赔偿金，再由另一个机构决定赔偿金的数额。采用这种程序的有阿拉巴马州和俄亥俄州。根据阿拉巴马州的法律，赔偿请求人应当向州风险管理部门提出赔偿申请，州风险管理部门决定申请人是否有权获得刑事赔偿。如果州风险管理部门认为申请人有权获得赔偿，应当出具证明文件并通知州赔偿委员会，由后者

① 在新泽西州，赔偿请求人提起民事诉讼以州财政厅为被告。
② 分别是伊利诺伊州、纽约州和俄亥俄州。

决定赔偿金数额。俄亥俄州的法律规定，首先由普通诉讼法院确定州是否应当承担刑事赔偿责任，如果普通诉讼法院认为某人受到错误监禁并应当获得刑事赔偿，即应当告知此人及其律师他有权在索赔法院提起以州为被告的民事诉讼。随之，由索赔法院审理此案件并决定赔偿金的数额。许多州的法律还规定检察总长应当为了州的利益出庭辩护，也可以代表州与赔偿申请人达成和解协议（如缅因州）。在这些州里，法院审理刑事赔偿案件适用民事诉讼法中的程序性规定。

在采取非诉讼程序处理刑事赔偿案件的州里，有权管辖的主体一般是赔偿委员会[①]，或者与之类似的独立的委员会。其中，加州和北卡罗来纳州的法律规定了听证会的程序。加州《刑法典》第 4902 条和第 4903 条对听证会的程序进行了规定：监察委员会应当指定一个时间和地点为赔偿申请召开听证会，并至少在召开听证会之日前 15 日向申请人和检察长邮寄通知书。在听证会上，申请人应当提供支持赔偿申请的证据，检察长应当提供相反的证据。

4．刑事赔偿中的证据制度

在美国各州关于刑事赔偿的法律规定中，有 4 个州对于证据没有明确规定[②]，其他 15 各州的法律中均有或繁或简的规定。其中，纽约州和西弗吉尼亚两州的规定最为详细。

部分州的法律中明确规定了刑事赔偿中的证明对象。一般规定，赔偿请求人应当提出证据证明自己无罪却被错误定罪并被错误监禁。具体而言，赔偿请求人应当证明下述事实：第一，赔偿请求人被判决犯有针对州的罪行，并为此被判一定的刑期，随后已经全部或者部分执行了刑罚；第二，基于他没有犯下被判决的罪行这一事实，他获得了州长颁发的赦免状，这是提出赔偿请求的依据，或者是有罪判决被撤销且起诉书被驳回，或法院要求重新审理，在重新审理过程中赔偿请求人被发现无罪或者起诉书被驳回，重新审理并未进行；第三，他在事实上是无罪的，即他并未实施起诉书中所指控的任何行为或者起诉书中指控的作为或不作为并不构

① 设置了赔偿委员会的州有阿拉巴马州、新罕布什尔州、田纳西州、威斯康星州。

② 这 4 个州是阿拉巴马州、蒙大拿州、田纳西州、弗吉尼亚州。

成针对州的犯罪[1];第四,赔偿请求人并未因自己的行为导致对自己的定罪,或者(并且)没有在刑事诉讼过程中自认其罪。许多州都规定赔偿请求须经赔偿请求人宣誓证明。在个别州(如加利福尼亚州)的规定中,还要求赔偿请求人证明因错误定罪与监禁,自己遭受到金钱损害的事实。

就证明责任而言,在规定了证据制度的州里,均规定上述各项事实应当由赔偿请求人提出证据来加以证明。如果赔偿请求人不能提供证据证明其在赔偿请求书或起诉状中主张的事实时,就不能获得刑事赔偿。这种证明责任与民事诉讼中的证明责任相同。此外,纽约州和西弗吉尼亚州的法律规定,赔偿请求人在赔偿诉讼的不同阶段应当提出证据证明不同的事实。首先,在提出赔偿请求时,赔偿请求人必须通过书面证据证明他被判决有罪并判刑,刑罚已经部分或者全部执行,并且基于其无罪,获得了州长的赦免状或者有罪判决被撤销且起诉书被驳回,或法院要求重新审理,在重新审理过程中赔偿请求人被发现无罪或者起诉书被驳回,重新审理并未进行。法院在审查上述证据后,若认为赔偿请求成立,遂决定受理赔偿请求。在赔偿诉讼过程中,为求获得于己有利的判决,赔偿请求人除要提供上述证据外,还应当提供证据证明他并未实施起诉书中所指控的任何行为或者起诉书中指控的作为或不作为并不构成针对州的犯罪,并且赔偿请求人并未因自己的行为导致对自己的定罪,或者(并且)没有在刑事诉讼过程中自认其罪。

就证明标准而言,美国共有13个州关于刑事赔偿的法律中对此作了明确的规定。在这13个州的规定中,有8个州规定了"清晰且令人信服"的证明标准,有3个州规定了"优势证据"的证明标准,另有2个州要求"证据确凿"或者"有正当理由"证明赔偿请求人无罪且应当获得刑事赔偿。在美国,"清晰且令人信服"的证明标准适用于一些特殊的民事案件。这一证明标准介于"排除一切合理怀疑"的标准和"优势证据"标准

① 这里有两点需要注意:第一,实践中,许多州对于什么情况属于"事实上的无罪"会作出很严格的限制。加利福尼亚州法院曾经有这样一个案件:在刑事诉讼程序中法院认为犯罪嫌疑人精神错乱,从而作出无罪判决。此人据此要求刑事赔偿,法院认为他无权获得刑事赔偿,原因是他事实上实施了足以被认定为犯罪的行为,只不过由于其在实施行为当时精神错乱,才被判决无罪。这种情况不属于"事实上的无罪"。参见 Ebberts v. State Board of Control (1978, 3d Dist) 84 Cal App 3d 329, 148 Cal Rptr 543。第二,青少年犯罪也不属于这里讲的"犯罪"。如果某人被错误判决犯有青少年犯罪,他不能获得刑事赔偿。参见 Wright v. State, 69 Ohio App. 3d 775, 781, 591 N. E. 2d 1279, 1283 (10th Dist. Franklin County 1990)。

之间，其对证据的要求低于前一项标准而高于后一项标准。有学者认为“清晰且令人信服”标准比较容易达到，例如，若 DNA 测试发现某人并未实施某一犯罪，就已经满足了这一标准的要求。[①]“优势证据”标准的基本含义是，如果证明责任的承担者所提供的证据在总体上的份量高出对方当事人或者更为可信，证明责任的承担者便完成了他的证明责任。其实质是要求负有举证责任的一方当事人对其所主张的事实提出的证据的分量和证明力比反对该事实存在的证据更具说服力。

5. 刑事赔偿的方式与费用

除蒙大拿州外，美国各州均通过给付损害赔偿金的方式对受到错误定罪与监禁的人进行赔偿。[②] 许多州都规定了赔偿金的最高数额，这主要是因为许多州担心如果不为损害赔偿金设定最高额限制，将对州预算构成威胁。[③] 此外，个别州，如威斯康星州的法律规定如果赔偿委员会认为法定的最高赔偿金不足以对申请人进行赔偿时，可以向州立法机关上下两院的首席秘书提交一份报告，报告中明确指出其认为适当的赔偿金数额。阿拉巴马州的法律也规定，如果赔偿委员会认为法定的最高赔偿金不足以赔偿申请人时，应当通过议案的形式向州议会申请额外的赔偿金。在 19 个州中，仅有纽约州和西弗吉尼亚洲没有赔偿金的最高额限制。两个州均规定如果法院认为赔偿请求人胜诉，应当决定给予赔偿请求人“公平且合理”的赔偿金。同时，值得注意的是，许多州都明确规定不得给予赔偿请求人惩罚性损害赔偿金。[④] 当然，许多州对惩罚性损害赔偿金并未作限制性规定，法院或者赔偿委员会可以给予赔偿请求人惩

① Adele Bernhard, “When Justice Fails: Indemnification for Unjust Conviction”, 6*U. Chi. L. Sch. Roundtable*, 108(1999).

② 根据州《法典》第 53 编第 1 章第 214 条的规定，任何人在州被判决犯有重罪或者在州监狱被监禁，法院根据定罪后的 DNA 测试结果认为此人无罪，并推翻了针对他们的有罪判决，此人有权获得从州经费中支出的教育资助。管教部门应当给予此人教育资助。根据本条规定提供的资助包括在下列学府需要支付的学费、费用、书费以及食宿费：蒙大拿州社区大学；属于蒙大拿州大学系统的大学；经授权的由部落管理的社区大学。

③ 事实上，这种担心是毫无理由的。据统计，纽约州索赔法院在 1994 年 1 月 1 日至 1998 年 3 月 31 日期间，共收到 47 起因错误定罪而提起的赔偿诉讼。在这 47 起案件中，仅有 3 人通过索赔法院的判决获得了赔偿金，另有 6 人与州达成和解协议，其余的赔偿请求均被驳回。这 9 个人共从纽约州获得 2,815,750 美元赔偿金。这一数额与纽约州这一人口最为密集的州的庞大的财政预算比较起来，可以说是微不足道的。

④ 例如哥伦比亚特区、缅因州、奥克拉荷马州等。

罚性损害赔偿金,例如纽约州、哥伦比亚特区等。

在不高于最高限额的范围内,州有权决定应当给予赔偿请求人的赔偿金数额。有的州相对保守,仅规定赔偿金总额应相当于赔偿请求人所遭受到的实际损失,如马里兰州。有的州则明确规定赔偿金往往包括下列几项内容①:第一,与有关的刑事诉讼程序以及上诉程序相关的费用,以及与原告获得释放有关的费用,包括罚款或法庭的费用,合理的律师费;第二,因逮捕、起诉、定罪或者错误监禁而直接导致的原告工资、薪水或者其他收入的损失;第三,因逮捕、起诉、定罪或者错误监禁而直接导致的医疗费用与咨询费用。并且,在决定给予原告赔偿金时,法官不可从中扣除州或者有关机构因针对原告的逮捕、起诉、定罪以及错误监禁而支出的任何费用,包括餐费、置装费、住宿费以及医疗费用。可以看到,美国各州在决定刑事赔偿金的数额时,并未区分人身权的损害和财产权的损害。因为他们认为人身自由的损失无法用固定的公式进行计算,由法院根据具体案情决定赔偿金数额即可。

关于刑事赔偿金的支付方式,部分州的法律进行了规定。马里兰州的法律规定,损害赔偿金可以一次性支付或者分期支付。田纳西州的法律规定赔偿金应当按月分期付款直到全部付清,除非此人在得到全部赔偿金之前死亡。当然,在赔偿请求人提出赔偿申请时或者赔偿委员会作出赔偿决定时,按月支付的赔偿金的全部或者一部分可以折合成一笔赔偿金。在决定是否折合赔偿金时,委员会应当考虑是否存在特殊的需要,折合赔偿金是否对赔偿请求人有利,或者在不存在特殊需要时,此人是否有能力明智地管理赔偿金。赔偿请求人应当举证证明整体支付赔偿金的必要性。得克萨斯州的法律规定,审计官应当在其同意申请人的申请之日起30日内向申请人支付第一笔赔偿金。在第一笔赔偿金支付日第2年的同一天,审计官应当向申请人支付第二笔赔偿金。上述3个州对于损害赔偿金的支付还规定了额外的限制。马里兰州的法律规定,公职委员会不可将损害赔偿金支付给赦免状中指明的人以外的其他人。田纳西州的法律规定了若赔偿委员会决定给予赔偿请求人损害赔偿金并已开始支付后,赔偿请求人死亡的情形下应当如何处理。根据有关规定,如果此人死亡且没有配偶或者未成年子女,赔偿金的支付应当停止。如果赔偿

① 例如得克萨斯州、俄亥俄州、衣阿华州等。

请求人死亡，每月的赔偿金应当在其配偶和未成年子女之间均分。支付给配偶的赔偿金一直持续到配偶死亡或者再婚为止。如果赔偿请求人的配偶死亡或者再婚，应当支付给配偶的赔偿金应当在赔偿请求人的未成年子女之间均分。根据得克萨斯州的规定，某人死亡之日起赔偿金的支付终止。应当支付给此人的赔偿金作为州的存款，不可支付给其他人，包括此人的配偶、继承人、受遗赠人、遗嘱中确定的受益人。

各州刑事赔偿费用来源于州议会的拨款。拨款形式主要有两种：事前拨款和事后拨款。采事前拨款形式的州往往会在每年的预算中预留一部分经费用于支付刑事损害赔偿金，或者将经费直接拨给法律规定的基金，如紧急情况基金等[①]。采事后拨款方式的州往往规定，由负责处理刑事赔偿案件的机构向州立法机关提出报告，州立法机关据此报告进行拨款。例如，加州《刑法典》第 4904 条规定，州监察委员会应当向立法机关报告赔偿案件的事实与结论，并建议州立法机关拨款对申请人遭受的金钱损害进行赔偿。又如，《得克萨斯州注释法典》第 103 章第 152 条规定，审计官应当在每年 11 月 1 日之前向州长、代理州长、立法机关上下两院拨款委员会的主席提供一份根据第二分章和第三分章的规定有权获得赔偿金的申请人名单以及每位申请人应当得到的赔偿金的数额，立法机关可以拨款以支付赔偿金。

（三）美国刑事赔偿制度简评

美国联邦与各州的刑事赔偿制度与美国其他发达的法律制度相比极不协调。时至今日，美国尚有 31 个州没有制定关于刑事赔偿的成文法律，且仍在讨论刑事赔偿立法的必要性问题。而美国的一项研究发现（the innocence project），被错误定罪的人只有 37% 能够从政府获得赔偿金，并且赔偿金也是非常有限的。

可以很明显地看到，美国的刑事赔偿立法与实践相对保守落后，主要体现在以下几个方面：第一，刑事赔偿范围狭窄。从行为标准看，美国联邦与各州的刑事赔偿制度奉行的是无罪羁押赔偿原则，即只有事实上无

---

① 例如，伊利诺伊州议会在 2003 年的财政预算中包括 150 万美元的款项，用以对遭受错误定罪与监禁的人进行赔偿。See *Illinois budgets money for wrongfully convicted*, Chicago Sun-Times, June, 2003.

罪,却遭到错误定罪与监禁的人有可能获得国家的刑事赔偿金。也就是说,如果某人实施了犯罪行为,即使逮捕和定罪判刑均存在违法的情形,联邦与州也不承担赔偿责任。另外,对于重罪轻判的情形,国家也不承担赔偿责任。从损害的利益标准看,许多州的法律均规定州对于错误定罪与错误监禁的行为所直接导致的损害承担赔偿责任,而对于可预期的利益则不予赔偿。第二,法律对于获得刑事赔偿的条件作了较为严格的规定。受害人若要获得刑事损害赔偿金,一般须符合下述几项条件:其一,赔偿请求人被判决犯有针对州的犯罪,并被判一定的刑期,此人已经在州监狱服完全部或部分刑罚;其二,基于赔偿请求人无罪的事实,他获得了州长签发的赦免状,或者有罪判决被撤销,或者起诉书被驳回。这是赔偿请求人获得刑事赔偿的程序性前提条件;其三,此人并未因自己的行为导致对自己的定罪,或者(并且)没有自认其罪;其四,赔偿请求人因错误定罪与错误监禁遭受到一定的损害;其五,赔偿请求的提出并未超过法定的期限。除了个别的州外,大多数的州均明确规定了提出刑事赔偿请求的时限。从前面的论述我们可以看出,赔偿请求人要符合上述5项条件是相当困难的。第三,赔偿请求人须承担严格的证明责任。多数州的法律要求赔偿请求人以“清晰且令人信服”的证据证明自己事实上的无罪。这一证明标准事实上不易达到。第四,许多州均对刑事赔偿金的最高数额进行限制,有的州还特意规定不得提供惩罚性损害赔偿金。所以,赔偿请求人即使能够获得损害赔偿金,也难以慰藉其所受到的物质上的损失和精神上的伤害。

美国联邦与各州之所以会采取如此保守的刑事赔偿制度,一方面是受到“主权豁免”原则的影响,另一方面是出于某些现实的考虑。传统的主权豁免原则认为国家是主权者,主权是最高的权威,主权者不负法律责任。这个原则表现在司法上就是主权者自己不表示同意时不能作为被告。美国的主权豁免原则来源于英国的“国王不能为非”原则。1821年,首席大法官马歇尔在科亨诉弗吉尼亚案的判决中,宣称美国联邦不能作被告。从此之后,美国法院一直适用这个原则。根据美国法院的判例,主权豁免原则具有下列含义:第一,这是一个司法原则,只有国会立法才能变更,即只有国会有权放弃主权豁免,行政机关没有这个权力;第二,放弃主权豁免的范围和条件须按照国会的规定;第三,主权豁免原则假定主权者不能被诉,对主权者起诉,只能在法律放弃主权豁免范围之内;第四,对放弃主权豁免的法律采取严格解释,避免包括法律规定范围之外的诉讼原因。1946年国会制定的《联邦侵权赔偿法》较大程度上放弃了主权豁免原则,但却并不彻底。从美国尚有31个州没有制定刑事赔偿法律的现实观之,足见"主权豁免"的思想对美国法律影响之深远。即使在有刑事赔偿法律的州里,警察、检察官、法官、律师等仍处于"主权豁免"原则的保护之下,除非他们故意对受害人进行错误起诉、定罪。另一方面,许多州议会拒绝通过有关刑事赔偿的法律,是出于某些现实的考虑:一些立法者认为如果通过刑事赔偿法律,州财政将不堪重负;另有的立法者担心部分原本不应获得赔偿的人通过刑事赔偿法律得到州的赔偿。[①]

事实证明,在美国有许多被错误定罪并监禁的案例。至2004年11月,全美已有151人通过DNA测试被证明无罪。但是,一个人若被错误定罪与错误监禁后想获得刑事赔偿,必须经历一个漫长的过程。在这一过程中,他会发现"主权豁免"原则遗留的消极影响,会深切感受到刑事赔偿立法的保守,并进而遭遇到法院或者赔偿机构的严格审查。当然,进入21世纪,刑事赔偿立法已经引起了许多州的重视。1999年至2004年间,有5个州通过了有关刑事赔偿的法律。目前,有6个州的议会正在讨论有关刑事赔偿的法案。不过,美国刑事赔偿立法的完善仍有一段漫长的路要走。

---

① 这些拒绝通过刑事赔偿立法的理由受到了许多学者的质疑,如 Adele Bernhard, "Justice still fails: A Review of Recent Efforts to Compensate Individuals Who Have Been Unjustly Convicted and Later Exonerated", Vol. 52, Drake Law Review, 713—717(2004)。

后　　记

本书系司法部法治建设与法学理论研究重点研究项目“完善国家赔偿立法基本问题研究”(03SFB1019)的最终成果。课题组成员包括中国政法大学宪法学与行政法学专业的部分教师与部分在读博士研究生。全书由马怀德、张红修改定稿。

1995 年 1 月 1 日起施行的《国家赔偿法》正式确立了我国的国家赔偿制度,《国家赔偿法》实施十多年来,对于落实宪法关于国家尊重和保障人权的原则,保障公民、法人和其他组织的合法权益,监督国家机关依法行使职权都发挥了重要作用。然而,必须承认,《国家赔偿法》实施得并不顺利,其中既有法律制度本身不够完善的因素,也有现行国家赔偿制度不能适应经济、社会迅速发展的因素。认真研究国家赔偿制度的相关重大理论与实务问题,进一步完善国家赔偿制度,已成为我国法治建设的客观要求。本书系统探讨了国家赔偿的基础、国家赔偿的体系、国家赔偿的归责原则、行政赔偿制度、司法赔偿制度、公有公共设施致害赔偿、国家赔偿的方式、标准和费用等若干基本问题,还首次系统介绍了我国香港特别行政区以及德国、日本和美国的国家赔偿制度,以期为完善我国国家赔偿制度提供理论参考。

本书撰稿人及写作分工如下:

第一章、第二章:高家伟;第三章:王万华;第四章:周兰领;第五章:马怀德、张红；第六章：赵鹏；第七章：薛刚凌；第八章：王万华、赵鹏；第九章：许炎；第十章：刘飞；第十一章：王天华；第十二章：周兰领、张红。

马怀德

2007年5月8日

《法治政府丛书》书目

- 外国及港澳台行政诉讼制度　　薛刚凌　主编
- 宪政理论与法治政府　　王人博　主编
- 宪法制度与法治政府　　焦洪昌　主编
- 法治政府的基本原理　　张树义　主编
- 行政体制改革研究　　薛刚凌　主编
- 法治政府与行政决策、行政立法　　刘　莘　主编
- 法律的实施与保障　　马怀德　主编
- 学校法律制度研究　　马怀德　主编
- 和谐社会与纠纷解决机制　　何　兵　主编
- 教育行政法　　高家伟　主编
- 卫生行政法研究　　刘善春、吴平　著
- 城市规划行政法　　刘　飞　主编
- 警察行政法治问题研究　　王成栋　主编
- 政府律师　　王进喜、程滔　主编
- 律师职业行为规则论　　陈宜、李本森　主编
- 行政判决的分析与重构　　张旭勇　著
- 司法赔偿研究　　张　红　著
- 行政法合法预期保护原则研究　　张兴祥　著
- 完善国家赔偿立法基本问题研究　　马怀德　主编